福建省年鉴精品工程
High Quality Project of Fujian Yearbook

# 平潭年鉴

PINGTAN YEARBOOK

2024

中共福建省委平潭综合实验区工作委员会党校 编

方志出版社
Publishing House of Local Records

图书在版编目（CIP）数据

平潭年鉴. 2024 /中共福建省委平潭综合实验区工作委员会党校编. -- 北京 : 方志出版社, 2024.10.
ISBN 978-7-5144-6417-7

Ⅰ.Z525.74

中国国家版本馆CIP数据核字第2024ZA4986号

责任编辑：王娜
责任校对：张玉霞
责任印制：梅中英
出 版 者：方志出版社
地　　址：北京市朝阳区潘家园东里9号（国家方志馆4层）
邮　　编：100021
网　　址：http://www.zgfzcb.cn
发　　行：方志出版社图书营销中心（010-67110500）
印　　刷：福州报业鸿升印刷有限责任公司
开　　本：889毫米×1194毫米　1/16
印　　张：23
字　　数：778千字
版　　次：2024年10月第1版
印　　次：2024年10月第1次印刷
定　　价：200.00元

# 《平潭年鉴（2024）》编纂委员会

（2024 年 12 月）



# 《平潭年鉴（2024）》编辑部

# 编辑说明

一、《平潭年鉴》是平潭综合实验区党工委、管委会主办，中共福建省委平潭综合实验区工作委员会党校编纂的年度资料性文献，2015年开始编纂出版，每年出版一卷，《平潭年鉴（2024）》为第10卷。

二、《平潭年鉴》以马克思列宁主义、毛泽东思想、邓小平理论、“三个代表”重要思想、科学发展观、习近平新时代中国特色社会主义思想为指导，坚持辩证唯物主义和历史唯物主义的立场、观点和方法，记载平潭综合实验区年度发展状况，反映物质文明、政治文明、精神文明、社会文明、生态文明建设的新成就、新经验以及出现的新情况、新问题。

三、《平潭年鉴（2024）》资料收录范围为2023年1月1日至2023年12月31日。根据需要，部分内容适当上溯或下延。

四、平潭综合实验区实行“区县合一”（平潭综合实验区＋平潭县）的管理模式，行政区域与平潭县重合。区党工委和中共平潭县委员会、区管委会和平潭县人民政府、区人大工委和平潭县人大常委会、区政协工委和平潭县政协等机构实行合署办公、以区为主的工作模式。因此，此卷年鉴在立目时，既遵循年鉴编纂出版相关规定，亦根据实验区实际情况立目。

五、《平潭年鉴（2024）》的框架结构由类目、分目、条目组成，内容较为丰富的在分目之下增设次分目。条目为基本记述单元，条目统一用黑体加【】表示，少数包含多方面资料的条目在段首加插楷体标题提示。个别地方设“延伸阅读”，收录相关资料，以扩展条目内容的信息量。

六、《平潭年鉴（2024）》设特载、大事记、区情概览、两岸共同家园建设、平潭国际旅游岛建设、中国共产党福建省平潭综合实验区工作委员会、福建省人民代表大会常务委员会平潭综合实验区工作委员会（平潭县人民代表大会）、平潭综合实验区管理委员会、中国人民政治协商会议福建省委员会平潭综合实验区工作委员会（中国人民政治协商会议平潭县委员会）、纪检 监察、民主党派与工商联、群众团体、法治、军事、外事 侨务 港澳事务、经济管理与监督、自然资源管理、口岸管理、开放型经济、农业、乡村振兴、工业、商贸服务业、交通 邮政、信息业、金融业、城乡建设与管理、生态环境保护、教育、科学技术、文化、体育、卫生健康、社会生活、应急管理、片区概览、人物 荣誉、附录。在《平潭年鉴（2023）》的框架基础上，将自然资源管理、口岸管理、乡村振兴分目提升为类目。

七、《平潭年鉴（2024）》使用规范的现代语体文记述。除引文外，一律用第三人称记述。年鉴中数字用法、标点符号用法分别采用国家标准《出版物上数字用法》（GB / T 15835－2011）、《标点符号用法》（GB / T 15834－2011），计量单位采用国家技术监督局1993年12月发布的《量和单位》系列国家标准。特载、附录等内容基于习惯，保留使用单位“亩”等。

八、《平潭年鉴（2024）》所用资料均由全区各级机关、人民团体、企事业单位、片区乡镇提供，并由各参编单位的领导审定；某些类目的内容，编者亦采集有关资料编纂或融合成文。引用的统计数字中，全区性的均以区统计局公布的资料为准；统计局统计范围之外的数据出自各供稿单位。部分数据因四舍五入等原因，总数与分项之和之间存在合理范围内误差。

# 平潭综合实验区地图

编制单位：福建省地图出版社 截至时间：2023年12月 审图号：岚S〔2024〕2号

# 2023
# 平潭数字

| | | | |
|---|---|---|---|
| 总面积 | 396.15 平方千米 | 第二产业增加值 | 88.41 亿元 |
| 海域面积 | 6064 平方千米 | 第三产业增加值 | 238.26 亿元 |
| 耕地面积 | 62.65 平方千米 | 三次产业结构比 | 11.7 ：23.9 ：64.4 |
| 户籍人口 | 45.30 万人 | 农林牧渔业总产值 | 82.93 亿元 |
| 常住人口 | 38.10 万人 | 工业增加值 | 15.91 亿元 |
| 地区生产总值 | 370.19 亿元 | 一般公共预算总收入 | 43.09 亿元 |
| 第一产业增加值 | 43.51 亿元 | 一般公共预算支出 | 67.20 亿元 |

| | |
|---|---|
| 社会消费品零售总额 | 57.20 亿元 |
| 居民消费价格指数 | 100.4% |
| 进出口总值 | 170.60 亿元 |
| 出口总值 | 89.90 亿元 |
| 进口总值 | 80.70 亿元 |
| 交通运输、仓储和邮政业增加值 | 69.86 亿元 |
| 金融机构本外币存款余额 | 830.68 亿元 |
| 金融机构本外币贷款余额 | 927.68 亿元 |
| 全体居民人均可支配收入 | 3.41 万元 |
| 城镇居民人均可支配收入 | 5.08 万元 |
| 农村居民人均可支配收入 | 2.38 万元 |
| 接待国内外游客 | 1026.15 万人次 |
| 国内旅游收入 | 104.80 亿元 |
| 全社会用电量 | 12.40 亿千瓦时 |

2023年12月10日，世界最长的跨海公铁两用大桥——平潭海峡公铁大桥获“中国建设工程鲁班奖（国家优质工程）”，并入选中国“2018—2023十大最美桥梁”名单 （念望舒 摄于2023年11月）

2023年，中共中央、国务院出台《关于支持福建探索海峡两岸融合发展新路 建设两岸融合发展示范区的意见》，国务院批复《平潭综合实验区总体发展规划（2023—2035）》，省委发布加快建设两岸融合发展示范区的22条实施意见，平潭的战略地位、重大使命和重要机遇更加凸显。

2023 年，平潭被《中国国家地理》杂志推荐为“每个人心中的岛屿”之一，获评全国五大取景海岛。图为海坛岛北部航拍

2023 年，平潭综合实验区打造高辨识度的国际旅游岛，以“国际风范、青春时尚”为主线，建设星辰大海浪漫岛、音乐艺术欢乐岛、品牌赛事活力岛、旅游体验舒心岛，旅游主要经济指标增幅居全省前列，获评 2023 年中国体育旅游精品目的地。全年旅游市场接待旅游总人数突破千万人次，实现旅游总收入突破百亿元。

（林君斌 摄于 2023 年 8 月）

2023年，平潭“蓝眼泪”吸引众多游客，“骑”妙追“泪”之旅获评文化和旅游部“大美春光在路上”全国乡村旅游精品线路。图为蓝眼泪集中区域——北部湾海岸线航拍

（林君斌 摄于2023年6月）

平潭长江澳景区夕照

（江信恒 摄于2023年1月30日）

平潭长江澳海岸边的捕鱼设施——石沪，造型如同散落在海中的“珠链”，成为游客赶海玩水的热门打卡地

（冯木波 摄于 2023 年 3 月）

平潭海坛岛东海仙境景区 （杨超 摄于 2023 年 6 月）

2023年11月19日，平潭国际邮轮中心开港，开启邮轮旅游新时代。图为平潭首艘国际邮轮“蓝梦之星”启航前往菲律宾（林君斌 摄）

星辰大海浪漫岛

2023年5月1日，游客在平潭龙王头海域体验海上摩托艇项目 （念望舒 摄）

2023 年 7 月 20 日，平潭坛南湾“星球幻想 蓝眼泪”数字奇幻主题乐园营业。图为游客体验光影互动　（江信恒 摄）

2023 年 10 月 1 日，载人式自动驾驶飞行器在平潭首飞，搭载乘客从空中欣赏平潭海岸　（林君斌 摄）

2023 年 12 月 31 日，平潭跨年烟花秀在平潭国际演艺中心和如意湖举行　（林映树 摄）

| | |
|---|---|
| 1 | |
| 2 | 4 |
| 3 | |

# 音乐艺术欢乐岛

1. 2023 年，平潭以音乐为媒，引入超燃巡演，打造“音乐艺术欢乐岛”。图为 8 月 12 日，“蓝眼泪”音乐节在平潭国际旅游岛沙滩运动基地举行 （林映树 摄）
2. 2023 年 9 月 12 日，平潭第三届两岸青年影展海岛音乐会在龙王头沙滩举行 （林君斌 摄）
3. 2023 年 9 月 22 日，海峡音乐公社颁奖盛典在平潭龙王头海洋公园举行 （江信恒 摄）
4. 2023 年 4 月 28 日，位于平潭“68 海里”景区的黑胶音乐馆进行升级改造，打造集音乐展览、展演于一体的文化综合体，展出黑胶唱片、磁带、CD 等藏品 （念望舒 摄）

2023 年 10 月 12 日—16 日，第十届平潭国际风筝冲浪节在龙王头海滩举行。图为参赛选手们在海面上冲浪

2023 年 8 月 24 日，2023 第八届海洋杯中国·平潭国际自行车嘉年华在环岛路举行。图为比赛现场（江信恒 摄）

2023 年 8 月 25 日—27 日，国际汽联 F4 方程式中国锦标赛在平潭如意湖赛道举行。图为赛车现场（林君斌 摄）

# 品牌赛事活力岛

（江信恒　摄）

2023 年 9 月 27 日，平潭籍风筝冲浪运动员陈静乐获杭州第 19 届亚运会帆船女子水翼风筝板比赛冠军，是平潭首枚亚运会金牌获得者　　（张涛　摄）

2023 年 5 月 28 日，2023 年海峡两岸（平潭）铁人三项公开赛暨城市家庭铁人三项赛在环岛路举行（江信恒　摄）

2023 年 8 月 28 日至 9 月 3 日，2023 年 U18 女子垒球亚洲杯在平潭举行。图为在季军争夺战中，中国队选手击球　　（林君斌　摄）

# 旅游体验舒心岛

2023 年 5 月 19 日，平潭作为参展城市亮相第 18 届海峡旅游博览会，推介平潭国际旅游岛
（林映树 摄）

2023 年 5 月 1 日，游客在坛南湾景区休闲区域打卡拍照，尽情享受平潭之夏 （念望舒 摄）

2023 年 9 月 21 日，平潭北部生态廊道中段的龙头村旅游驿站中心楼主体建筑完工，由景观雕塑、无边泳池及梯形观景台等组成（林君斌 摄）

2023 年 6 月，平潭点亮夜经济，将闲置的旧车站改造升级为“车站夜市”，特色美味吸引游客到来（陈澜清 摄）

2023 年 9 月 28 日，平潭将军山景区推出“岚起山海图”超视距山海实景演艺秀。图为游客在景区内游玩体验（念望舒 摄）

平潭综合实验区因台而设，因台而特，是全国唯一的对台综合实验区。平潭发挥对台先行先试的政策优势和闽台合作的窗口作用，打造两岸同胞合作建设、先行先试、科学发展的共同家园。2023年，“海峡号”货运复航，澳前台湾小镇1号免税商城开业，台胞职业资格一体化服务中心入选国家职业技能等级评价机构名单，采信服务从平潭走向全国，受益台胞超2000人。全年举办涉台交流活动126场，两岸参加活动1.66万人次。

平潭是祖国大陆距离台湾岛最近的地方，直线距离仅68海里，“68海里”景区因此得名。图为2023年6月5日游客打卡景区（林君斌 摄）

2023 年 6 月 15 日，“好的生活 好的未来”第十二届共同家园论坛在平潭综合实验区开幕

（林君斌 摄）

2023 年 6 月 15 日，平潭澳前客运滚装码头对台货运直航航线复航。图为“海峡号”驶出码头 （念望舒 摄）

2023 年 6 月 30 日，完成改造升级的平潭台湾小镇 1 号免税商城开业。图为商城内景

（江信恒 摄）

2023 年 6 月 18 日，平潭海峡两岸交流中心举办端午节游园活动。图为两岸同胞一起制作平潭端午美食“面饼”

（林君斌 摄）

2023 年 8 月 11 日，第五届海峡两岸（平潭）合唱交流音乐会在平潭国际演艺中心举行 （江信恒 摄）

2023 年 8 月 18 日，首届两岸姓氏寻根大会暨《闽台寻根大典》平潭三部曲发布会举行，两岸姓氏宗亲代表和姓氏文化研究专家学者参会交流

（林君斌 摄）

◀ 2023 年，平潭综合实验区首个台胞社区——两岸馨苑交房使用，项目由台企设计施工、台企物业运营管理，面向台胞出售（林君斌 摄于 2023 年 10 月 19 日）

▶ 2023 年，平潭打造台胞“第二生活圈”，吸引台胞台商安居乐业。图为台胞邓信良一家在平潭住所贴上春联（林君斌 摄于 2023 年 1 月）

◀ 2023 年，平潭综合实验区台胞台企服务大厅集成 8 类 263 项涉台便民服务，提供“一站式”服务。图为台胞在服务大厅办理事务（林君斌 摄于 2023 年 12 月 11 日）

▶ 2023 年 12 月 29 日，首届闽台（平潭）儿童戏剧嘉年华在平潭国际演艺中心举行。图为表演嘉宾和学生开展科学实验互动（江信恒 摄）

# 自贸创新

2023年，作为福建自贸试验区的核心片区之一，平潭自贸片区先行先试取得突破。17项制度创新成果入选福建自贸试验区第20批创新举措名单，获评率70%，其中全国首创8项，对台创新4项，台胞职业资格一体化服务、民宿发展经验等制度创新经验获全省推广应用。

2023年10月21日，经省口岸办验收通过后，平潭港口岸金井港区3号泊位国际邮轮码头启用 （念望舒 摄）

2023 年，平潭自贸片区拓展跨境电商保税展示、保税物流等业态，跨境电商保税进口出区货值超 60 亿元。图为“6·18”购物节前夕，物流园区内的工作人员打包快递（林映树 摄）

2023 年 8 月 4 日，平潭在全省首创启用远程智能施封系统。图为货车在监管区通过“5G+AI”技术，实现远程施加海关封志（林君斌 摄）

2023 年 3 月 3 日，福建自贸试验区创新（平潭）中心启用。图为区税务局干部职工参观了解平潭自贸区发展成果（区创新研究院 供图）

# 对外开放

2023 年，平潭对外交流渠道拓宽，国际“朋友圈”扩容。太平洋岛国政治家联合考察团等 10 余批 200 多名高级别外宾来访，“中国—太平洋岛国海洋防灾减灾合作研讨会”“环太平洋史前文化学术研讨会”等涉外活动举行，与太平洋中国友好协会签订“建立友好合作关系备忘录”，与巴布亚新几内亚马当省马当市、汤加塔布岛签订友好城市关系意向书。

2023 年 5 月 14 日，平潭综合实验区外侨办与太平洋中国友好协会签订“建立友好合作关系备忘录”（区外侨办 供图）

2023 年 4 月 23 日，第十批太平洋岛国政治家联合考察团参访平潭。图为考察团成员参观海岛研究中心海岛植物标本馆（海岛研究中心 供图）

2023 年 9 月 23 日，非洲法语国家菌草技术培训班学员到平潭参观考察。图为学员在长江澳菌草种植示范基地学习菌草种植技术（江信恒 摄）

2023 年 8 月 21 日，2023 闽侨青年精英海丝对话活动在平潭举行，来自全球的 140 余名闽侨青年代表参会交流 （林映树 摄）

2023 年 9 月 25 日，世界政治经济学学会第 16 届论坛在平潭开幕，来自 20 余个国家的知名学者聚焦“中国式现代化与世界现代化进程”主题开展交流 （陈澜清 摄）

2023 年 6 月 28 日，全球首台 16 兆瓦海上风电机组在平潭外海吊装完成，标志着中国海上风电在高端装备制造能力、深远海海上风电施工能力上更进一步 （念望舒 摄）

2023年，平潭综合实验区深化结构调整、培育新动能，做强数字、海洋、绿色、文旅“四大经济”。全球首台16兆瓦超大容量海上风电机组在平潭安装并网，创单机单日发电量世界纪录，全省首个大型集中式共享储能电站开工并获批国家新型储能试点示范项目，全国首个全链条、全流程、一站式的数据跨境服务平台投入试运行。船舶总运力突破600万载重吨，占全省运力超1/4，“海通发展”成为首个登陆沪市主板的本土船运公司。

2023年，平潭完善新兴产业园区基础配套设施，壮大高新技术企业群体。图为2月1日，新兴产业园内的威朗生物科技公司工作人员在组装生物反应器 （林君斌 摄）

2023年4月27日，福建平潭瑞谦智能科技有限公司的智能识别眼镜亮相第六届数字中国建设峰会 （林君斌 摄）

2023 年 6 月 18 日，平潭综合实验区在第二十一届中国·海峡创新项目成果交易会进行项目推介　　（区投促委 供图）

平潭新兴产业园

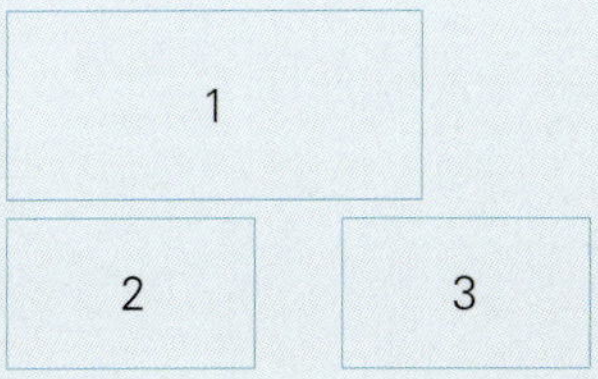


1. 2023 年，平潭新兴产业园示范区重点布局新一代信息技术、大健康等高技术产业及战略性新兴产业，入驻率超 86%。图为新兴产业园航拍（念望舒 摄）
2. 2023 年，平潭综合实验区推进海洋经济发展，远洋捕捞项目延伸至巴基斯坦、阿曼、印度尼西亚等“海丝”沿线国家。图为 8 月 16 日，平潭开渔季启动，澳前中心渔港渔船驶离码头开启捕捞作业（江信恒 摄）
3. 2023 年 11 月 23 日，平潭海洋经济产业合作创新大会召开，对接签约海上风电 7000 吨级全回转海工起重船、万舶石油平台服务等 7 个项目（林君斌 摄）

## 水润岚岛

2023年7月14日，前后历经10余年、奋战6年，国家节水供水重大水利工程项目、福建省最大的引调水工程——平潭及闽江口水资源配置工程（“一闸三线”工程）全线通水。永泰的大樟溪原水，穿山跨海，被输送至平潭三十六脚湖，每日最高可向平潭供水75万吨，平潭人民结束“靠天吃水”历史，从源头上解决平潭的供水短缺问题。

2023年7月14日，“一闸三线”工程全线通水，大樟溪优质水源通过天岭隧洞出口，汇入平潭三十六脚湖（念望舒 摄）

2023年7月14日，“一闸三线”工程全线通水活动以“过水门”仪式迎接原水到来
（念望舒 摄）

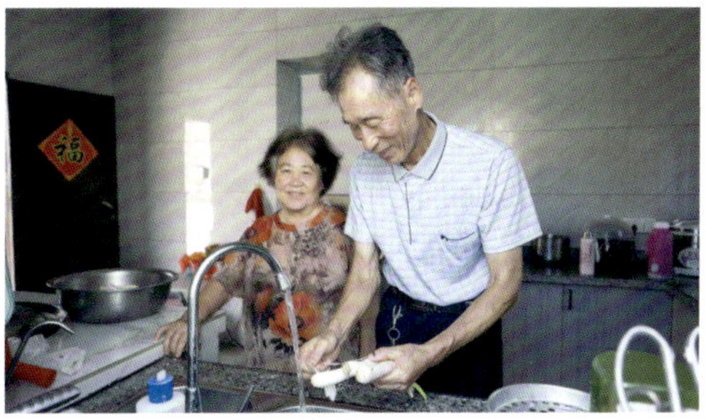

2023年7月14日，“一闸三线”工程通水后，平潭北厝村居民用上来自闽江大樟溪的优质水
（念望舒 摄）

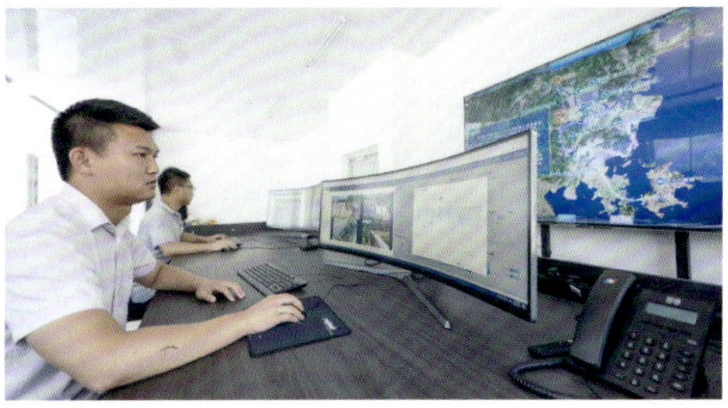

2023年7月14日，“一闸三线”工程平潭段信息化调度中心内，工作人员监测水质、水位数据
（念望舒 摄）

“一闸三线”工程全线通水后，平潭三十六脚湖水库蓄水充盈
（念望舒 摄于2023年7月）

由中国社会科学院考古研究所、福建省考古研究院、厦门大学和平潭综合实验区遗址公园保护与发展中心联合发掘并申报的平潭壳丘头遗址群考古发掘项目，先后获评2023年中国社会科学院考古学论坛“中国考古新发现”和中国文物报社、中国考古学会组织评选的2023年度“全国十大考古新发现”，是全省唯一入选项目。

2023年11月13日，中国社会科学院考古技师在东花丘遗址清理柱洞遗迹　（平潭国际南岛语族研究院 供图）

平潭壳丘头遗址群是南岛语族起源与扩散考古学研究的重要组成部分。图为位于苏平片区上攀村的平潭国际南岛语族考古研究基地

（林映树 摄于2023年1月）

2023 年 11 月 15 日，中国社会科学院考古技师在东花丘遗址绘制地层剖面图（平潭国际南岛语族研究院 供图）

2023 年 11 月 13 日，中国社会科学院考古技师在壳丘头遗址群挖掘陶器碎片（平潭国际南岛语族研究院 供图）

平潭壳丘头遗址群包括壳丘头、西营、东花丘、龟山等遗址。图为上攀龟山遗址（江信恒 摄于 2023 年 1 月）

东花丘遗址距今约 4000 ~ 3500 年，遗物中夹砂绳纹陶与以云雷纹为主要纹饰的印纹硬陶共存，推测代表当时平潭岛本地土著文化与来自闽江下流域外来文化之间碰撞、融合的过程。图为东花丘遗址出土、修复后的陶器

（平潭国际南岛语族研究院 供图）

龟山遗址距今约 4000 ～ 3200 年，陶器以夹砂陶为主，还有一定的泥质陶、印纹硬陶、红衣陶以及少量原始瓷。图为龟山遗址出土、修复后的陶器　（平潭国际南岛语族研究院 供图）

壳丘头遗址距今约 6500 ～ 5000 年，陶器以夹砂陶为主，有少量的施红衣陶。图为壳丘头遗址出土、修复后的陶器　（平潭国际南岛语族研究院 供图）

图为西营遗址发现的人骨和牙齿，经鉴定属于 4 个及以上的个体。人骨直接测年结果距今约 7300 年，表明平潭史前人群与中国南方和东南亚族群有较近的遗传关系

（平潭国际南岛语族研究院 供图）

2023年，平潭综合实验区改善海岛生态环境，提升人居环境和公共服务水平，建设具有“生态美、生活美、生产美”的和美海岛，形成岛绿、滩净、水清的人岛和谐和美新格局。主岛海坛岛获评全国首届和美海岛，海坛岛东南湾区获评全省第一批美丽海湾建设优秀案例。实验区环境空气质量综合指数1.95，近岸海域国控点位优良水质面积比例94.6%，双指数居全省第一。

2023年，平潭竹屿湾蓝色海湾指数提升，成为集湿地生态、休闲观光、科普文化等功能于一体的旅游地

（林君斌 摄于2023年12月）

2023年，平潭依托生态资源优势、挖掘文旅经济潜能，实现“百姓富”。全区年收入100万元以上的村（居）5个、年收入50万～100万元的村（居）23个，海坛片区东澳村年收入超200万元，居全区第一。图为海坛片区老城区焕发新活力，防风林映衬着蓝天和碧海

（林君斌 摄于2023年7月19日）

至2023年底，平潭建有通渔平高速公路（平潭海峡大桥）和长平高速公路（公铁两用大桥）对外通道2条，区内构建“一环两纵三横”干线公路网和通达村居、旅游景点的乡村道路网，公路网面积密度位居全省第一。图为渔平互通立交夜景

（念望舒 摄于2023年3月）

2023年，平潭综合实验区注重对海岛传统民居石头厝的保护，完成228平方千米石头厝村落普查工作，划分出石头厝风貌保护区和建设管控区。图为小庠岛石头厝 （陈颖南 摄于2023年9月）

# 目录

## 特 载



## 大事记



## 区情概览

## 两岸共同家园建设



## 平潭国际旅游岛建设

## 中国共产党福建省平潭综合实验区工作委员会

## 福建省人民代表大会常务委员会平潭综合实验区工作委员会（平潭县人民代表大会）



## 平潭综合实验区管理委员会

## 中国人民政治协商会议福建省委员会平潭综合实验区工作委员会（中国人民政治协商会议平潭县委员会）



## 纪检 监察

## 民主党派与工商联



## 群众团体

# 军事

## 外事 侨务 港澳事务



## 经济管理与监督

## 自然资源管理

## 口岸管理



## 开放型经济

## 农 业

## 乡村振兴



## 工　业



## 商贸服务业

## 交通 邮政

## 信息业



## 金融业

## 城乡建设与管理

## 生态环境保护



## 教　育

## 科学技术

# 文 化

## 体 育



## 卫生健康

## 社会生活

## 应急管理



## 片区概览

## 人物 荣誉



## 附 录



## 索 引

# “一闸三线”工程全线通水 平潭告别靠天喝水历史

> **“一闸三线”工程名片：**
>
> “一闸”：永泰莒口拦河闸；
>
> “三线”：1. 竹岐—大樟溪（补水线），2. 大樟溪—福州—长乐（输水线），3. 大樟溪—福清—平潭（输水线）。
>
> 工程总水缸设在永泰大樟溪莒口，莒口拦河闸拦蓄大樟溪原水；北线从闽江竹岐引水至大樟溪莒口水闸，用于补充大樟溪枯水期水量；中线从莒口水闸至闽侯三溪口水库、青口、长乐；南线从莒口水闸至福清东张水库、平潭三十六脚湖。工程平潭段组成部分：海坛海峡跨海管道、金井湾管道、天岭隧洞。

福建省平潭及闽江口水资源配置工程（简称“一闸三线”工程）是全国172项节水供水重大水利工程之一，也是福建省单体投资最大、跨度最广、长度最长、引调水受益人口最多的民生水利工程。项目总投资额61.60亿元，建设永泰莒口拦河闸1座枢纽水闸以及1条补水线路、2条输水线路，线路全长181.58千米。2023年7月14日，工程全线通水，将闽江大樟溪优质原水分别输送至闽侯三溪口水库、福清东张水库和平潭三十六脚湖，解决闽江口城市群和平潭供水短缺问题，润泽百姓580万人。

工程分设福州段和平潭段，其中平潭段占比11.42%。平潭段投资额7.04亿元，总长13.55千米，由海坛海峡跨海管道、金井湾管道、天岭隧洞3个部分组成。海坛海峡跨海管道段起于福清市小山东入海点，终于娘宫码头南侧。金井湾管道段起于娘宫村，连接跨海管道段，一路沿着金井大道南侧绿化带，终于厝祥村，与天岭隧洞段对接。天岭隧洞起于厝祥村进洞口，终于三十六脚湖（红湖村）。通水后每日最大供水量75万吨，通过南部、北部两个水厂输送给全区城乡居民及用水企业。

## 愁：靠天吃水难解渴

平潭，四面临海，却为水所困。虽然岛上有46条时令溪，但溪流短、流量小，多为依赖降水的间歇河流，还没来得及形成水系，便匆匆流进大海。岛上有着全省最大的天然淡水湖泊——三十六脚湖，是平潭最重要的饮用水水源地，但上宽下窄的湖床蓄水能力有限，岛上年人均水资源量仅260立方米，属于绝对贫水区。

随着城区人口逐年增加、用水量攀升，淡水资源紧张。2000年2月，三十六脚湖最低水位降至7.58米，处于历史最低。湖中可利用水量仅30万立方米，只够维持1个月供应。从2000年后的很长一段时间，平潭的自来水供应都十分不稳定，不仅给百姓生活带来影响，也制约着平潭经济发展，一些项目因缺水问题而无法落地。

万难中的平潭，只能采取限量供水的方式，有时候供一天、断一天；有时候晚上供水、白天停水，甚至有时候一周只能供水两到三天。淡水资源紧缺问题，成为平潭人心中的痛点。别人都在躲台风，当时的平潭人却天天盼台风，盼着多下点雨。

2009年7月，福建省委、省政府决定设立福州（平潭）综合实验区；2010年2月升格成福建省平潭综合实验区；2011年11月，国务院批复《平潭综合实验区总体发展规划》，平潭开放开发上升为国家战略。随着平潭开放开发推进，淡水资源的需求量日益增多，靠天吃水困境需要破局。

随即平潭加快寻水步伐，改造地面水库截留雨水、合理开采地下水、推动水资源有效二次利用。但向天乞水有时候会碰上“刚发射人工增雨炮弹，云就被一阵大风刮跑，周边县市突降大雨，平潭却晴空万里”的心酸。

## 喜：闽水入岚有盼头

向地讨水、向天求水无法实现，唯有从岛外引水。2012年，实验区应急实施福清北林水库引水工程，沿着平潭海峡大桥铺设输水管道，将闽江水引入三十六脚湖，平潭岛内供水短缺的局面暂时得到缓解。但岛外应急调水工程未能根本解决平潭用水问题。

由于闽江调水工程取水口位于闽江南港乌龙江峡南，地处闽江下游，易受咸潮上溯影响，供水不安全、不稳定；且闽江调水龙高支线管道使用20多年，存在材质老化及埋深变化等情况，经常发生爆管。仅2021年前5个月，闽江调水龙高支线管道就发生13次爆管，岚岛供水形势依旧严峻。同样面临用水难题的还有福州长乐、福清等地。

为彻底解决闽江口城市群和实验区供水短缺问题，省委、省政府把平潭及闽江口水资源配置工程提上日程，从根本上解决平潭水源缺乏、用水紧张的问题。

2012年，福建省政府召开关于研究重大水利项目有关工作的专题会议，明确以市、区为单位成立项目业主，平潭辖区内线路工程及供水工程由省水投集团控股组建项目公司，其余线路工程及供水工程以福州市为主、省水投集团参与共同组建项目公司；实验区成立引调水工程指挥部，福建水投集团平潭水务有限公司在平潭注册成立，负责平潭段项目建设及运营。2013年9月，水利部和福建省政府联合批复工程规划。2014年5月，工程列入全国172项节水供水重大水利工程之一。2015年2月，国家发展和改革委员会批复项目建议书。2016年9月，国家发展和改革委员会批复工可报告。2017年4月，水利部批复初步设计报告。2017年12月，平潭段项目主体工程动工，平潭离告别缺水的日子越来越近。

## 通：输水长龙跨山海

全长13.55千米的“一闸三线”工程平潭段，由海坛海峡跨海管道、金井湾管道和天岭隧洞组成，虽然长度占比不大，但施工难度不小。最大的难点在于海坛海峡跨海管道的铺设。

跨海管道横穿海坛海峡，不仅需克服风大、浪急、雾气重的气候条件，还得避开所涉及的主航道，全年施工窗口期仅6个月。工程将4根单管直径1.20米、长4.20千米的钢管焊接并下沉海底，而每节钢管仅12米长，一旦开启施工，就要24小时不停歇，累计需要焊接1400多次。施工要对航道封锁管制，施工船有3000多吨，要时刻防止船只误闯。

从2020年5月11日东瀚侧近岸段礁石破碎开始，到2023年4月11日东瀚侧登陆段管道与五标段隧洞管道合龙，海坛海峡跨海管道的建设历经1066个日夜，不但克服艰难复杂的施工条件，也在施工中不断刷新纪录：跨海管道4个水平口对接，创下国内大口径钢管海上水平口对接新纪录；两根Z形管道单根147米，创国内最长Z形管道海上吊装纪录。

除跨海管道的铺设，登岛上岸的管道施工也十分困难。项目沿途经过的村庄、渠道多，地质复杂多变，涉及地下管网交叉多，有时为避开其他管道，需要挖到地下近10米的深度，需要与村民、与管道业主、与部门、与设计专家反复协调。

施工中还需要破解随时都出现的未知难题。登岛之处的娘宫隧洞，靠近民居和文物保护建筑，建设者因地制宜，采用静态裂解的方式掘进，用化学药物对岩层进行膨胀预裂，再通过液压破碎达到分解目的。隧洞内石头基本属于二级岩石，施工时冲击钻头断裂无数根，即使采取两班倒工作制，但是每天只能掘进30～50厘米。总长137米的隧洞，施工队伍花一年多才得以贯通。

三十六脚湖的天岭隧洞是大樟溪原水抵达三十六脚湖的最后一站，由输水隧洞、出水口工程和应急水源洞组成。天岭隧洞本身的洞径小，为确保水质，汽油、柴油车辆不能投入作业，导致掘进过程缓慢。全长2350米的输水隧洞，建设者们用三年才将其打通，这些潜入海中、铺埋地下的管道形成输水长龙跨越山海进入岚岛。

“一闸三线”工程福州段与平潭段同时建设。2021年9月，“一闸三线”工程完成莒口水闸建设并下闸蓄水。2022年1月，莒口至福清东张水库输水线建设完成。2022年6月，长乐输水线建设完成。2023年7月，“一闸三线”工程全线通水，平潭人民告别靠天喝水的历史。

## 涌：汩汩清水润万家

2019年12月，平潭综合实验区与省水投集团签订水务一体化合作协议，平潭成为福建省率先全面开展城乡水务一体化规划建设的地区。平潭水务一体化项目完成新建、改造供水管道1500余千米，平潭东部区域率先实现供水一体化，管网巩固提升、“小水接大水”、二次供水改造等项目的落地建设，为全区供水“应供尽供”创造畅通的管网条件。

平潭城乡供水一体化巩固提升工程二阶段通水苏平片区看澳村，结束看澳村不通自来水的历史，输水的“毛细血管”不断延展。2023年，平潭新增供水区域包括澳前西片区4个建制村、“小水接大水”工程8个建制村、大练乡饮用水工程8个建制村、巩固提升工程（一阶段）36个建制村、巩固提升工程（二阶段）41个建制村，农村新增供水户数约3万户，城区新增供水户数约1万户。“一闸三线”工程全线通水后，平潭调水能力每日最高75万吨，彻底解决岛内原水不足的问题。平潭城乡水务一体化建设工作初见成效，城乡供水巩固提升等多个项目加快推进，2023年基本实现主岛城乡供水一体化全覆盖。

水的涵养不仅在人，也在岛。波光如画碧如油，三十六脚湖焕然新生的同时，也能为周边生态带去滋养。平潭充分利用富余水量，实施全域生态补水，推动水生态持续改善，打造美丽幸福河湖和滨水生态景观，为“河湖无一不风光、农田处处是景点”注入活力。

### “一闸三线”平潭段建设大事记：

2012年5月24日，福建省政府召开研究重大水利项目专题会，明确平潭境内线路工程及供水工程由省水投集团控股组建项目公司负责。

2012年7月，实验区成立引调水工程指挥部；福建水投集团平潭水务有限公司成立，负责平潭段项目建设及运营。

2012年9月28日，闽江北水南调（平潭引水）工程动工。

2013年8月，天岭隧洞开建。

2016年1月21日，天岭隧洞主洞推进约300米，支洞应急水源隧洞完成挖掘。

2017年11月，天岭隧洞全部贯通。

2017年12月，金井湾管道开工建设，标志着平潭段项目主体工程动工。

2018年8月23日，“一闸三线”平潭段陆地管道工程全线动工。

2020年5月11日，海坛海峡跨海管道项目在福清东瀚侧开始施工。

2021年5月9日，“一闸三线”跨海管道工程二期完成首根海底钢管的铺设任务。

2021年7月11日，海坛海峡跨海管道全线合龙。

2021年8月19日，海坛海峡跨海管道与金井湾管道实现对接。

2022年1月15日，“一闸三线”工程莒口—东张水库通水。

2022年12月，金井湾管道通过完工验收。

2023年3月24日，“一闸三线”工程平潭输水线朝阳至苍霞段改线工程输水隧洞贯通。

2023年4月11日，“一闸三线”工程平潭段与福清段连接，平潭段输水线全部贯通。

2023年5月9日，海坛海峡跨海管道项目完工，“一闸三线”平潭段全线完工，具备通水条件。

2023年7月14日，“一闸三线”工程通水平潭。

（王婷 念望舒 周寒冰 陈玲 李序拓）

# 向洋而兴 逐海之地

## 全国十大考古新发现——平潭壳丘头遗址群

2023年，中国社会科学院考古研究所、福建省考古研究院、厦门大学和平潭综合实验区遗址公园保护与发展中心联合发掘并申报平潭壳丘头遗址群考古发掘项目。项目先后获评2023年中国社会科学院考古学论坛“中国考古新发现”和中国文物报社、中国考古学会组织评选的2023年度“全国十大考古新发现”，是全省唯一入选项目。遗址群的考古发掘，建立起东南沿海岛屿地区距今7500～3000年的考古学文化序列，深化对中国东南沿海地区史前人群利用海洋资源及史前农业文化向东南亚岛屿地区扩散历程的认识，为探索南岛语族起源与扩散提供重要线索，是中华文明和中华民族“多元一体”演进格局的实证。

### 一、平潭是南岛语族的“起锚之地”

在南太平洋和印度洋上，散布着数以万计的大小岛屿。这些相隔万里的岛民有着相似的外貌和风俗习惯，会制作风格相近的陶器和小船，也可以用语言简单交流，语言学家把这些岛屿上的相近语言统称为南岛语系。南岛语系西起非洲东海岸的马达加斯加岛，东到智利西海岸的复活节岛，北到中国台湾岛和美国夏威夷群岛，南抵新西兰群岛，是世界上分布范围最广的跨地域族群，覆盖全球18个国家和地区，有近4亿人口，南岛语族即指南岛语系的族群。

早在欧洲人环球航海时代开始以前，南岛语族祖先就已发现并移民居住于南太平洋地区的大部分岛屿，并凭借高超的航海技术和单边驾艇独木舟、双连独木舟等工具，以及对星辰和洋流的科学认知，能够目标明确地在数万海里的海域内来回航行。国际学术界公认，南岛语族向太平洋地区的扩散，是哥伦布发现新大陆之前人类历史上最伟大的海上移民活动。

南岛语族的起源和扩散是太平洋考古学的重要课题。研究表明，南岛语族的原乡在中国以福建为中心的东南沿海及邻近岛屿地区。20世纪30年代，林惠祥、凌纯声等学者根据新石器时代生产工具——石锛的类型，推测中国是太平洋地区有段石锛的发源地，推测南岛语族祖先在中国东南沿海和东南亚一带。20世纪60年代台湾的大坌坑遗址发掘后，人们发现其跟环太平洋地区的遗址性质相似。考古研究表明，台湾岛上以大坌坑文化为基础发展起来的史前文化，几乎都是在祖国大陆史前文化的影响或参与下发展起来的，具有渊源和传承关系。华裔考古学家张光直认为，平潭壳丘头文化是台湾大坌坑文化的源头或源头之一。

遗传学专家也从远古人骨DNA中追踪到南岛语族基因的发源地，南岛语族祖先远征海洋的路径逐渐清晰，6000多年前，居住在中国东南沿海地区的先民为获取海洋的“渔盐之利、舟楫之便”，开始驾舟出海、逐浪而徙，第一站抵达最近处的中国台湾岛，登岛而居。距今5000年左右，他们继续向东、向南迁徙扩散，终至南太平洋和印度洋地区，组成现在的南岛语族族群。

### 二、揭开东南沿海史前文化“面纱”

平潭壳丘头遗址群位于苏平片区山显美村至剑湖村之间，沿海岸山体东麓背风坡地连续分布，自南向北包含壳丘头、西营、东花丘、龟山等遗址，总面积超16万平方米，距今7500～3000年，是福建沿海地区发现新石器至青铜时代贝丘兼沙丘遗址且年代最早

平潭国际南岛语族考古研究基地内的考古修复器皿陈列柜 （陈澜清 摄于2023年1月）

壳丘头遗址群考古现场的陶片

（陈澜清 摄于 2023 年 1 月）

序列最完整的史前遗址群，也是南岛语族起源与扩散考古学研究的重要组成部分。1991 年，平潭壳丘头遗址群获评省级文物保护单位，2019 年获评第八批全国重点文物保护单位，是国家文物局“考古中国”的重点项目。

1958 年，壳丘头文化遗址被发现。1985 年，福建省考古队对壳丘头遗址进行首次大规模考古发掘。2004 年，由福建博物院、美国夏威夷毕士普博物馆和夏威夷大学人类学系联合组成的中美联合考古队，在壳丘头遗址开启为期一个月的发掘工作。

2010 年盛夏，一场特殊的“寻根之旅”展开，6 名南岛语族后裔、法属波利尼西亚人驾着仿古独木舟，从南太平洋的大溪地启程，借助星象、季风和洋流，一路北上，历时近 4 个月，11 月 17 日，登陆“溯源终点”——中国福建。他们在平潭岛拉开寻访先祖足迹的行程，还在壳丘头遗址种下一棵象征乡愁的榕树，并立碑纪念。

2014 年和 2015 年，福建考古研究院的团队在平潭展开全岛田野考古勘探调查，发现 14 处以上的先秦遗址。东花丘遗址、龟山遗址于 2015 年、2016 年相继被发现，证明平潭有大型青铜时代的聚落遗址等。2016 年，美国夏威夷大学人类学系教授、考古学家罗莱到平潭壳丘头进行调研，表示考古遗址和出土的文物显示出平潭和太平洋岛屿之间的联系，证实平潭壳丘头遗址群是福建沿海最古老的考古遗址。2017 年、2023 年东花丘遗址两次发掘以及 2018 年、2020 年、2022 年龟山遗址三次发掘，揭示出东花丘文化和龟山文化，填补福建沿海新石器末期向青铜时代过渡的考古空白，取得重大突破。至 2023 年底，平潭岛确认有 37 处史前遗址，时间从旧石器时代跨越至商周时期，形成完整的史前文化谱系。

## 三、壳丘头遗址群考古发掘成果

### （一）建立东南沿海岛屿地区 7500 ～ 3000 年考古学文化序列

西营遗址距今 7500 ～ 6500 年，代表平潭岛最早的新石器时代遗存。陶器以夹砂灰陶、黑陶、红陶等为主。

壳丘头遗址距今 6500 ～ 5000 年，陶器以夹砂陶为主，有少量的施红衣陶。相似的遗存见于闽侯溪头遗址下文化层、金门的富国墩等遗址，尤其与台湾大坌坑文化存在相似性，显示出台湾海峡两岸新石器时代的文化关联。

东花丘遗址距今 4000 ～ 3500 年，是遗址群中新石器时代末期的代表性遗存。遗物中夹砂绳纹陶与以云雷纹为主要纹饰的印纹硬陶共存，这种现象可能代表当时平潭岛本地土著文化与来自闽江下流域外来文化之间碰撞、融合的过程。

龟山遗址距今 4000 ～ 3200 年，陶器以夹砂陶为主，还有一定的泥质陶、印纹硬陶、红衣陶以及少量原始瓷。大量成组和修复的陶器，为确立龟山遗址的文化性质及其在福建东南沿海地区史前文化发展谱系中的地位提供重要资料，奠定材料基础。

壳丘头遗址群中各个阶段考古遗存的文化面貌特征明确，发展延续关系明显，存续多个考古学文化，形成完

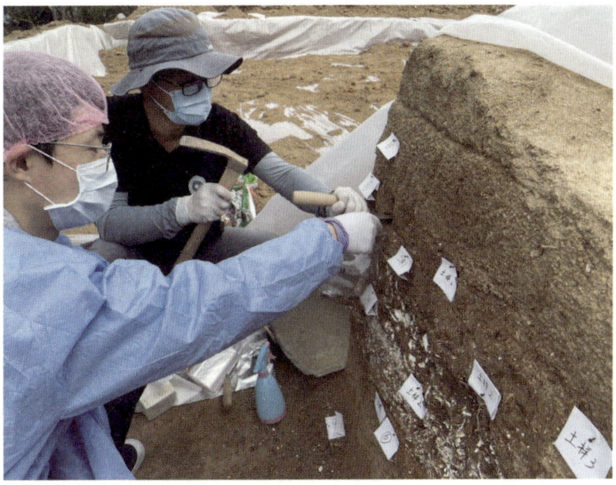

2023 年 11 月 15 日，中国社会科学院考古人员在壳丘头遗址群采集地层土样

（平潭国际南岛语族研究院 供图）

平潭国际南岛语族考古研究基地外景

（江信恒 摄于 2023 年 1 月）

整的考古学文化发展序列。其中，既有以夹砂陶圜底器为代表的土著文化持续发展，也有黄瓜山和黄土仑文化等外来文化因素，为探讨东南沿海地区史前文化发展，以及其代表的南岛语族早期人群起源和迁徙提供直接材料。

**（二）揭露中国东南沿海地区 7000 年以来的史前聚落形态及其变化发展规律**

1. 西营、祠堂后山遗址的遗迹表现为相对小型聚落形态，以贝壳堆、柱洞、灰坑等生活遗迹为主，生活功能区分布相对集中、紧凑。

2. 壳丘头遗址揭露出中国沿海地区年代最早、保存最为完整的一处史前聚落形态，发现的柱洞、贝壳坑、石器加工场、火塘等遗迹为居住区，分布于山坡后缘地势较高处，山坡前缘则为垃圾倾倒区。居住区、餐食加工区、手工业区、垃圾倾倒区等功能分区清晰。发展为中型聚落。

3. 东花丘、龟山遗址时期，发展为大规模、高等级的聚落。揭露出台基、陶片密集堆积层、房址、踩踏活动面、用火遗迹、柱洞、灰坑等重要遗迹。功能分区包括仪式性区域、公共活动区和生活区。表明距今 4000～3200 年，南岛语族人群无论是社会组织形态、生存模式，还是手工业技术水平、精神世界表达显示出新的文明程度。

**（三）多学科研究支撑下的南岛语族早期人群体质特征和生计模式探索**

1. 西营、壳丘头遗址发现人骨遗存，为南岛语族早期人群研究的重要、直接材料。西营遗址发现人骨和牙齿，经鉴定属于 4 个及以上的个体。人骨直接测年结果为距今约 7300 年，表明平潭史前人群与中国南方和东南亚族群有较近的遗传关系。

2. 各时期遗存发现丰富的海、陆生动物资源。遗址贝壳堆积中发现的贝类种类丰富，其中牡蛎数量最多，其次为泥蚶、文蛤、青蛤等。动物包括龟类、鸟类、水牛、鹿、海豚以及各种鱼类，均属于野生动物，反映出渔猎的生业经济形态。

3. 海洋资源背景下的发达农业。西营、壳丘头遗址发现的植硅体水稻遗存可追溯至 7000 多年前，陶片中植物印痕也发现稻、粟、黍痕迹，这也是中国东南沿海岛屿最早的水稻遗存。发现包括稻谷、黍、粟、豆类等农作物淀粉粒，揭示出各个时期海岛史前人群的农业行为。植物考古研究发现，水稻和粟在距今 4800～4600 年期间传入台湾地区，为南岛语族早期人群扩散提供新的确凿证据。

上述发现反映出南岛语族早期人群多样化的生计模式，兼具大陆性和海洋性特征，这种特点贯穿 7000 年以来的各个时期。

**（四）南岛语族早期人群的特征逐渐清晰**

平潭岛系列发现显示出南岛语族早期人群海洋性、大陆性兼备的特征，符合南岛语族起源于大陆，并向海洋扩散的逻辑特征，为探索南岛语族向外扩散的路径提供更广的研究视野。分子生物学的研究结果同样表明南岛语族早期人群的大陆来源。具体文化特征表现为：以圜底器为典型特征的陶器组合；石器技术发达，可能与木质航海器与杆栏式建筑相关；生计资源类型多样；居址以杆栏式为主；航海技术发达；聚落有明显功能分区，公共空间明确；航海、渔猎的生计模式导致仪式性公共活动发达。

以平潭壳丘头遗址群考古重大发现为代表的南岛语族考古研究新进展，促进中国东南沿海史前考古学文化序列的构建，为探究早期南岛语族人群特征、生计模式、迁徙规律提供坚实的考古学材料。

经过数十年的考古研究，在掌握中国东南沿海 7000 多年来大致的史前海洋文化发展序列的基础上，将南岛语族文化与东南沿海史前遗址充分对比之后可以证明，福建沿海地区是南岛语族早期人群形成和向台湾岛扩散的重要出发地。平潭岛则可能是南岛语族海上迁徙的“第一块踏板”，出现一批跨越台湾海峡的史前人群。更印证，从远古时代开始，闽台两地、海峡两岸就是同根相连、血脉相融。

（范雪春 周振宇 杨虹 钟琳煜 王凯琴）

# 深耕自贸试验田　浪涌平潭启新航
## ——平潭自贸片区八周年建设成就

2015年4月21日，中国（福建）自贸试验区平潭片区（简称平潭自贸片区）挂牌成立，作为福建自贸试验区的核心片区之一，实施范围43平方千米，包括港口经贸园区、高新技术产业园区和旅游商贸休闲园区3个功能园区。八周年来，平潭自贸片区围绕“建设两岸共同家园和国际旅游岛”的定位，探索实施差异化、首创性改革，发挥自贸试验示范引领作用。

平潭自贸片区注重发挥自贸创新牵引作用，推动深化改革和扩大开放不断探索新路径、形成新经验。制度创新成果丰硕，推出20批次262项创新举措，其中全国首创125项，对台特色创新占福建自贸试验区七成以上，135项“平潭经验”在全省全国复制推广。贸易通关快速便捷，推行“一线放宽、二线管住”海关分线监管模式，率先试点国际贸易单一窗口4.0版，在通关重点领域和关键环节持续深化改革，仅2019年就有14项快速通关典型经验做法在全省复制推广，平潭口岸进口、出口整体通关时间分别压缩至6小时、1小时以内，通关效率居全国前列。开放型经济发展，培育做大跨境电商、集成电路、特色金融等新平台新引擎，发挥“全球一盘货，一仓发全网”优势，引进沃尔玛、山姆会员店跨境进口业务，2023年跨境电商保税进口出区货值超60亿元，比上年增长67%；基金公司备案率在全国基金小镇中排名前列。融合探索持续深化，主动探索海峡两岸融合发展新路，对台特色创新占福建自贸试验区七成以上，深化对台职业资格采信、“两岸征信互通 优化信贷服务”作为全国自贸区独有的对台改革经验，分别被国务院、商务部向全国复制推广，为全国提供融合示范。平潭口岸对台海运准班准点、“海运成本，空运速度”特点突出，成为两岸贸易主通道之一。国际旅游岛建设更有辨识度，聚焦“国际风范、青春时尚”，打造音乐艺术的欢乐岛、体育赛事的活力岛、旅游体验的舒心岛，塑造旅游新形象。2023年旅游总人数突破1000万人次、旅游收入突破100亿元。

平潭自贸片区金井湾航拍　　（念望舒 摄于2023年4月）

## 一、探索两岸规则对接

（一）构建两岸职业资格共通体系。2018年起在全国率先开展对台职业资格采信，全面研究比对两岸800项职业资格标准，设立福建省（平潭）台胞职业资格一体化服务中心，打造对台“采信+考证+就业”标准化服务，实现106项“平潭标准，全省通用”，并获批成为全国唯一专门面向台胞的职业技能等级评价机构，可为台胞直接采认换发33项祖国大陆技能等级证书。面向祖国大陆台胞集聚区域拓展服务网络，先后在广东、北京设立分中心，发放对台职业资格采信采认证书2300多本，开展台胞培训1200多人次，服务台胞就业400多人次。

（二）集成全链条政务服务。设立全国首个正处级事业单位“台胞台企服务中心”，集成企业注册、往来便利等八大类263项涉台审批服务事项，设立以来受理咨询、办理各项业务超6万余件。全国率先推出台胞登记注册企业“全程网办”等10项高频数字化应用场景，扩大台湾居民居住证社会面应用同等便利，实施台湾居民个税补贴“免申即享”。

（三）探索两岸共同管理新模式。在全国率先通过第三方机构引进台胞人才在行政机关、企事业单位任职，参与区内公共事务管理，出台《台湾人才聘任管理办法（试行）》《台湾人才晋升管理办法（试行）》，构建台胞人才聘任晋升管理体系，在职台胞专才全数实现职务职级套转。借鉴台湾地区基层治理理念，聘用台湾社区营造师参与基层社会治理，担任社区营造师、村（居）委会副主任，培育融合试点村（居），形成两岸基层治理融合“平潭模式”。扩大台胞咨政建言，台胞当选人大代表、政协委员。率先开展台胞担任非宗教社会组织负责人、法定代表人试点，落地全省首个由台胞担任法人的社会组织。

（四）探索两岸司法协作实践。设立全国唯一的专门处理两岸经贸争议的国家级仲裁机构，聘任台湾地区仲裁员25人，打造特色涉台司法服务平台。探索在区内特定事务尝试适用台湾地区法律、法规或相关标准，创新涉台法律查明适用机制，涉台民商事仲裁、调解案件适用台湾地区相关规定，为台胞台企提供多元化纠纷解决方式。扩大多元化司法参与方式，全国率先聘用台湾司法辅助人员、首聘台湾专家咨询顾问、台胞特邀调解员等，设立福建省首个台胞个人调解工作室，形成“以台胞服务台胞台企台商”司法服务模式。

## 二、贸易自由先行先试

（一）开展投资自由便利风险压力测试。扩大投资领域开放。在医疗、金融、旅游、人力资源、演出经纪机构、增值电信等服务业领域对外开放，放宽企业注册资本、投资方式限制。先后吸引台资独资或合资的演出经纪机构、旅行社、专科医院、人力资源机构、学前教育机构、股权基金企业等一批融合示范项目。简化外商投资流程，率先探索实施外商投资负面清单管理模式，基本形成与国际接轨的外商投资管理制度。负面清单之外领域逐步由从审批改备案直至取消备案，从实行准入前国民待遇到实行准入后国民待遇，实现内外资平等。自挂牌以来，新增外资企业1084家，注册资本1567亿元，分别是挂牌前的8倍、21倍。完善知识产权保护。建立知识产权行政司法“三同步”工作机制，实现多部门单线处理向多向联动保护转变，形成知识产权行政调解、人民调解与司法调解多元调解保护格局。

（二）开展贸易自由便利风险压力测试。实行特殊的分线管理模式。实施“一线放宽、二线管住，人货分离、分类管理”监管模式，在全国各类监管区中率先实施全区“电子围网”模式，实施“二线通道+环岛视频监控+信息化平台”三大封关工程，按照“物理围网、电子监控和环岛巡查相结合”方式，实现全岛高质量监管。实现口岸开放。澳前港区、金井港区先后通过验收，平潭口岸跻身国家一类口岸行列。金井港区先后取得进境水果、冰鲜水产品、植物种苗、食用水生动物4类海关指定监管场地资质，成为全省首个“四合一”综合性、集约化指定监管查验场地。打造台货入闽高效通道。量身定制台湾运抵祖国大陆商品快速验放机制、食品和农产品源头管理、口岸验放等，推出一批覆盖申报、查验、放行全流程的对台通关便利化举措，吸引台湾商品从平潭口岸通关。

（三）开展资金自由流动风险压力测试。全省率先试点QFLP政策。降低境外投资者投资设立外商投资股权投资试点企业门槛，仅600万美元即可申请设立外商投资股权投资试点企业，吸引7家合规境外有限合伙人试点企业，拓宽跨境投融资渠道。开展资本项目管理便利化试点。创新突破简化外汇登记管理、提高投融资便利性等6项外汇业务，更新完善区内跨国公司跨境资金集中运营管理业务相关要求，为资本项下资金使用提供更大便利。率先开展本外币合一银行结算账户体系试点。统一人民币和外币银行账户开立、变更、撤销等账户管理规则，支持通过一个账户管理多币种资金。

## 三、培育壮大新兴产业

（一）跨境电商持续壮大。围绕“关、线、仓、配、管、商、业”，推出一批产业链条式创新，如远程智能施封、跨境电商领域运用关税保证保险、全球质量溯源体系等，拓展跨境电商保税展示、保税物流等多元化业态，2016年以来，跨境电商保税进口业务年均增速117%。

（二）打造特色“金融港”。搭建金融港运营管理系统，形成标准化、系统化、智能化的入港服务体系。创新“一港多园”区域联动模式，破除地理和物理空间的限制，构建跨地区金融、产业园区联动、产融优势互补相结合的“双赢”模式，引进企业超1000家，资产管理规模超3000亿元。

（三）发展数字贸易。数据跨境服务试点、国际互联网专用通道建设等政策项目，取得中央网信办支持，平潭数据跨境流动服务枢纽平台投入试运行，全国首个全链条、全流程、一站式、智能化的数据跨境合作服务平台初具雏形，为实现两岸数字经济融合、海丝沿线国家地区数据融合提供支撑。推进城市智慧大脑等19个算力和信息基础设施项目，探索打造以新能源供能为主的智算中心，为数字贸易提供更多基础服务。

（四）集聚运输服务要素。2017年获批设立平潭船籍港，率先试点放宽外资国际船舶管理、国际船舶代理企业股比限制，创新船舶证书联合办理机制、船舶“多证合一”等登记制度改革，实施国际航行船舶进出境通关全流程“一单多报”、海事政务服务事项不见面办理等一批便利化措施，并依托自贸区NRA（境内银行开立的外币账户）账户，构建国际方便旗船东跨境资金便捷结算机制，引入地方船舶检验机构，发展船舶经纪、船舶代理、航运金融等产业要素。至2023年底，全区登记船舶总运力超600万载重吨，占全省运力超过1/4，自主培育的首家民营航运企业登陆沪市主板。

## 四、深化行政体制改革

（一）深化职能集成。“一个部门管审批”。组建行政审批局，在全国率先推行行政审批大集成，将所有行政许可事项全部划归行政审批局承担，实现审批工作“机构、职能、人员、数据”全集中，真正做到“一口受理、一口出件”。“一支队伍管市场”。成立市场监管局，在全国率先整合工商、质监、食药监等6个领域监管职能，形成从源头到终端全过程的市场监管体制。“一支队伍管执法”。成立执法应急局，在全国率先试行跨部门、跨领域的综合执法体制改革，集中行使13个领域的行政处罚权和与之相关的行政强制权，涉及350多部法律、权责事项1501个大项3473个小项，解决基层执法力量分散薄弱、监管缺位问题，实现执法功能从碎片化向集成化转变。

（二）推进政务集成。将医保社保、不动产、公积金等178项公共服务事项全方位“化学融合”，实现“一窗通办、全岛联办、全程网办”，92%的公共服务事项办结时长缩短至30分钟内。推行“全岛办、网上办、云上办”，实现80%高频事项不见面办理。规范政务服务事项标准，推进政务服务“减时间、减跑动”，超93%的行政审批事项实现“一趟不用跑”，平均承诺时限压缩至法定时限的84%。推出“出生一件事”“调动一件事”“退休一件事”等37个一件事套餐服务。推出7个主题17项涉企“一件事”服务清单，支持同时申办餐饮、超市等高频领域的“证”“照”设立、变更、注销，精简办理环节56个，缩短办理时间52个工作日。

（三）强化重点领域改革。深化“证照分离”全覆盖改革。发挥“双区叠加”优势，将自贸试验区“证照分离”改革清单适用范围扩大至全域，与“双告知”“电子证照应用”等改革联动，实现审批监管衔接。推出优化涉企经营许可事项改革清单，率先取消“公共场所卫生许可审批”，为经营主体提供便利。组建投资促进委员会，实行招商项目统一服务、前期手续统一联审、政策创制统一归口、项目决策统一平台。累计签约引进科大讯飞等138个项目。推行不动产登记和交易业务“全程网办、智能审批、无纸办理”，77项不动产登记和交易业务实现“全程网办”和“无纸办理”，业务平均办理时限压缩至一个工作日内，其中有5项业务实现“智能审批”，业务办理时限缩减至5分钟。多部门联合创新涉案房产“e拍即得”协同执行机制，打破司法、行政与金融行业等之间的数据壁垒，实现财产查控、评估拍卖、税费征缴、产权过户等全流程、全闭环线上无纸化流转。

（区自贸办供稿）

# 大事记

## 1月

**3日—5日** 平潭综合实验区政协工作会议暨中国人民政治协商会议第十一届平潭县委员会第二次会议召开。会议听取县政协十一届二次会议提案审查情况报告，审议通过实验区政协工作会议暨政协第十一届平潭县委员会第二次全体会议决议。

**4日—7日** 平潭综合实验区人大工作会议暨平潭县第十八届人民代表大会第二次会议召开。会议表决通过关于平潭县人民政府工作报告决议、关于平潭综合实验区（平潭县）2022年国民经济和社会发展计划执行情况及2023年国民经济和社会发展计划的决议、关于平潭综合实验区（平潭县）2022年预算执行情况及2023年预算的决议、关于平潭县人民代表大会常务委员会工作报告的决议、关于平潭县人民法院工作报告的决议和关于平潭县人民检察院工作报告的决议。

**9日—19日** 由平潭音乐教师及合唱爱好者组成的混声合唱团——平潭蓝眼泪合唱团首次参加国际性专业合唱比赛，选送《蓝眼泪》合唱作品录像，以线上形式参加奥地利2023勃拉姆斯国际冬季合唱节，并获得银奖。

**10日** 平潭综合实验区第三批历史建筑名单公布，25处建筑入选，其中海坛片区5处、苏平片区20处，均是乡村祖厝或民居，形制格局以四扇厝合院、四扇厝为主，具有历史文化价值和石头厝建筑特色。

**11日** 京台高速平潭服务区启用，位于苏平片区梧峰村，建筑面积0.67万平方米，是京台线（北京—台北高速公路）福州祥谦至平潭首个服务设施。服务区另一侧与县道相连，附近居民不上高速可到服务区购物，是福建省首个全开放式的服务区。

**12日** 平潭综合实验区首个“司机之家”在小迪拜国际商贸物流集散中心投用，设有电视、冰箱、按摩椅、微波炉等生活电器，为长时间工作的货车司机提供休息场所。

**14日** 平潭综合实验区农渔业发展协会成立，吸纳在平潭从事农渔业产品生产、加工、流通、科研的单位和个人会员145人，下设种植、畜牧养殖、水产养殖、远洋渔业等9个专业委员会，整合龙头企业、农民专业合作社的优势，助推平潭特色农渔业发展。

**18日** 平潭综合实验区未成年被害人“一站式”办案救助中心挂牌运行，中心依托区公安局执法办案场所，设置询问、综合救助等功能室，配备同步录音录像、心理测评、心理疏导等办案设备，减少对未成年被害人造成二次伤害。

**27日** 平潭综合实验区防洪防潮工程、凤凰湾景区、北部自来水厂工程、壳丘头考古遗址公园等15个项目入选2023年度福建省重点项目名单。

## 2月

**2日** 第二届“岚台创翼”优秀创业项目评选活动结果公布，活动以“扬帆平潭 创业起航”为主题，为期2个月，80个项目参赛，涵盖第一、二、三产业，20个优秀项目获胜，获得奖金146万元。

**8日** 平潭综合实验区苏平镇

红卫村陈立旭户入选福建省“美丽乡村庭院”典型案例名单，金井镇青观顶村微景观入选全省“美丽乡村微景观”案例名单，苏平镇东占村小公园入选全省“美丽乡村小公园（小广场）”案例名单，君山镇大坪村田园入选全省“美丽田园”案例名单。

**10 日** 平潭综合实验区 3 人入选 2022 年度“福建好人榜”名单，魏奕义、俞昌茂获评“见义勇为”好人，丁妹妹获评“孝老爱亲”好人。

**14 日** 民革福建省委员会直属平潭综合实验区基层委员会成立，民革平潭支部升格为民革平潭基层委员会。

**14 日** 平潭综合实验区 4 个村庄入选福建省美丽宜居村庄培育对象名单，分别为金井片区青观顶村、海坛片区上井村、君山片区大坪村、苏平片区凤美村。

**15 日—17 日** 平潭海洋国际会展中心在第 14 届中国会议产业大会上获评“中国最具竞争力国际会展中心”。

**20 日** 平潭综合实验区成为国家外汇局开展跨境金融服务平台“银企融资对接”场景应用的首批 10 个地方试点之一。试点首日，平潭启动首笔授信业务，中国银行平潭分行为 1 家企业授信 65 万元。

**21 日** 平潭综合实验区中医院与福州市中医院签署医疗联合体合作协议，在人员进修培训、远程医疗、学科建设等方面获得资源支持，重点提升骨伤科、外科、妇产科、儿科的医疗服务水平。

**23 日** 平潭综合实验区地方传统舞蹈——藤牌操，入选第一批全国“一县一品”特色文化艺术典型案例名单。

**28 日** 平潭综合实验区举办深圳投资团招商推介会，与深圳投资团签约 10 个产业项目，涉及互联网、文旅、物流贸易、互联网等领域新兴产业业态。

**2 月** 平潭综合实验区技术合同认定登记实现零的突破，台资企业宗仁科技（平潭）股份有限公司与丰原科技（平潭）有限公司签订 LED 驱动装置技术转让合同，完成技术合同认定登记，技术合同成交额 12 万元。

## 3 月

**1 日** 《平潭综合实验区“12345”政务服务便民热线管理办法（试行）》出台。

**1 日—12 日** 平潭综合实验区选送的话剧作品《收信快乐》参加第 16 届福建省戏剧水仙花奖比赛，获得赛事银奖。

**3 日** 福建自贸试验区创新（平潭）中心启用，中心设福建自贸试验区展厅和平潭片区展厅，展示自贸区发展历史和建设成果。

**7 日** “福建平潭‘海岛法庭’服务海岛渔村向海而兴”被写入十四届全国人大一次会议第二次全体会议中的最高人民法院工作报告。

**7 日** 金井 24 小时城市书房对外开放，位于金井片区如意纵二路，占地面积 375 平方米，设有座位 100 个，藏书 4000 册，提供全时段自助借阅等服务，是实验区为民办实事项目之一。

**8 日** 平潭综合实验区启动国际旅游岛“巾帼服务行动”，对获评全国三八红旗手、全国巾帼文明岗、全国巾帼建功标兵的个人和集体颁奖，并启动巾帼志愿服务、美丽经济、两岸旅游交流、公民素质提升和金融助力巾帼创新创业等系列活动。

**8 日** 福建省海洋安全教育基地（平潭）在自然资源部海岛研究中心揭牌成立，设总体国家安全观主题展、深海安全展馆和海洋科普展示馆 3 个展区。

**10 日** 电影《黎明时分见》在平潭北港村开机，电影由张一凡执导，舒淇、张艺兴、梁家辉主演。

**11 日—12 日** 首届全国五人制棒球锦标赛在平潭举行，全国 18 支球队参赛。福建师范大学代表队、中山市东升高级中学代表队、中山市熊猫棒垒球俱乐部代表队分别获得大学组、公开组以及 U15（15 岁以下）组别冠军。

**12 日** 平潭综合实验区 3 人入选第六届福建省工艺美术大师和名人名单，蒋心忠获评第六届福建省公益美术大师，詹胜、郑而华获评第六届福建省公益美术名人。

**18 日** “同在蓝天下，同享音乐美——圆乡村儿童钢琴梦”平潭站活动启动，省政协为平潭实验小学、麒麟小学、平原中心小学、北厝中心小学各建立1间钢琴教室，赠送钢琴合计30台。

**19日** 平潭综合实验区苏平片区青峰村入选第六批中国传统村落名录。青峰村位于苏平片区东北角，拥有400多年历史，保留石头厝等平潭海岛村落原始风貌。

**24日** 平潭综合实验区开展花生新品种免费发放活动，向全区发放15吨花生新品种——“冀花18号”，助力春耕生产。

**24日** 平潭综合实验区蒋心忠、周明的贝雕作品《吉祥如意》《玉堂春晖》获第四届福建省工艺美术创意设计大赛银奖，施孝斌、施伟婷的海柳雕作品《中华腾飞》《人生必定幸福如意》获铜奖，林福平沙画作品《渔乡》获优秀奖。

**28日** 平潭综合实验区4家企业入选福建省2023年第三批创新型中小企业名单，分别是铠强科技（平潭）有限公司、福建新通途信息技术有限公司、福建乐摩物联科技有限公司和福建巨泉水务有限公司。

**29日** 福建海通发展股份有限公司在上海证券交易所主板挂牌上市，成为平潭综合实验区自主培育的首家本土上市公司，也是福建省第四家上市的民营航运企业。

**30日** 平潭综合实验区首个政协委员工作室在区人民法院揭牌成立，开展社情民意的收集、反映和协调处理。

## 4月

**4日** 平潭综合实验区美术家协会新文艺群体创作基地、平潭音乐艺术创作基地分别在海坛街道东门社区和区文化馆成立。

**7日** 平潭综合实验区2023年最大规模校园引才暨招聘两岸英才专场招聘会在广州市暨南大学举行，近400名青年人才参与。配套举办平潭国际旅游岛人才驿站广东中心成立仪式，位于广州人才集团测评中心，是平潭首个异地人才驿站。

**7日** 国际鸽联“世界杯”职业信鸽联赛和国际信鸽交流中心项目落地平潭，开展信鸽进口隔离检疫、种鸽繁育等业务，并在平潭设立结算中心开展赛事奖金结算业务。

**11日** 福建省平潭及闽江口水资源配置工程（“一闸三线”工程）平潭段与福清段连接，历时6年建设的平潭段输水线全线贯通。

**12日** 平潭综合实验区出让首宗地热资源探矿权，由区金泉文化旅游有限公司竞得，矿区面积0.21平方千米，成交价格99万元。

**13日** “星辰大海 舒心平潭”2023年百度“繁星大会”城市创作者大会暨平潭国际旅游岛旅游形象代言人发布仪式举行，100余名来自全国的百家号本地中心负责人和城市创作者推介平潭，平潭歌手欧豪和风筝冲浪运动员陈静乐成为平潭旅游形象代言人。

**18日** 平潭综合实验区3家企业获评2023年度全省数字经济核心产业领域创新企业中的“瞪羚”企业（高成长性科技型企业），分别为宗仁科技（平潭）股份有限公司、平潭智慧岛投资发展有限公司和福建乐摩物联科技有限公司。

**19日** 平潭坪峰农业种植有限公司申报的“平潭番薯”“平潭花生”“平潭马铃薯”“平潭萝卜”4个农产品，通过中国绿色食品发展中心审核，获得绿色食品标志认证。

**22日—23日** 第二届台湾史青年学者研讨会在平潭举行，来自中国社会科学院、北京大学等高校和研究机构的70余名学者参会，入围学术论文26篇，涉及清代以来台湾社会、经济、文化及两岸关系等内容。

**22日—24日** 首届全国高等院校马克思主义学院院长联席会议在平潭举行，由实验区管委会、福建师范大学和高等教育出版社主办，以“共商共研高水平人才培养，谱写学科高质量发展新章”为主题，全国350多名专家学者参会，5名学者作主旨发言，12名全国重点马克思主义学院主要负责人作主题报告。会议设3个平行分论坛，围绕“马克思主义理论人才培养和学科建设”等议题展开探讨交流。

**23日—24日** 以汤加王国副首相兼司法大臣萨缪·瓦伊普卢为团长的第十批太平洋岛国政治家联合考察团到平潭考察，了解国际南岛语族起源扩散和闽台史前文化关系等情况。

**24日—27日** 平潭代表团参

加在南平市举行的福建省第十届少数民族传统体育运动会，参加陀螺、蹴球、射弩、板鞋竞速、民族武术5个竞赛项目和2个表演类项目，获1个银奖、4个铜奖，以及优秀组织奖、体育道德风尚奖。

**29日** 平潭海洋国际会展中心启动暨首届闽台旅游休闲产业博览会开幕，100余家两岸从事休闲业的商家参展，交流探讨闽台旅游休闲产业发展。

## 5月

**7日** 平潭坛南湾—海坛古城旅游区入选福建首届品牌价值百强榜单，旅游区由坛南湾、海坛古城、将军山3个景区组成，总面积近10平方千米，具有原生态无污染、白金海岸、特色文化古城、多元融合等特色。

**9日** 平潭全岛一体化大数据中心基础平台建设项目上线，汇聚市场监督、交通建设、自然资源等多元政务数据，标志着平潭初步形成全岛集约化数字底座和中枢大脑，是全省首个完成地市级一体化公共数据平台的上线项目。

**14日** 以汤加公主皮洛莱乌·图伊塔为团长的中国—太平洋地区民间友好论坛嘉宾一行到平潭参观访问，太平洋中国友好协会与平潭签订“建立友好合作关系备忘录”，双方在文化、教育、旅游等领域深化交流合作。

**16日** 厦门海事法院平潭综合实验区巡回审判点揭牌成立，区人民法院与厦门海事法院签署“深化交流协作、构建平安海域共建协议”，合作内容覆盖诉前调解、立案管理、审务合作等7个方面。

**17日** 平潭综合实验区为25名高层次人才发放首批“麒麟英才卡”，英才卡作为人才身份证明，并提供专属金融、交通、旅游服务等12项功能，提升人才归属感。

**19日—21日** 2023第七届平潭两岸职工自行车赛举行，作为岚台体育交流品牌赛事活动之一，海峡两岸近700名骑手参赛，新竹市自由车队徐御凯、上海链轮车队金玉林和龙港领骑单车高良分获男子公路青年组、男子公路大师组和男子山地组冠军，志庆·JAVA车队粱艳青获女子组冠军。

**23日** 取景于平潭的电影《守岛人》获得第19届中国电影华表奖优秀故事片，刘烨凭借《守岛人》获第19届中国电影华表奖优秀男演员奖。

**29日** 平潭综合实验区金井片区青观顶村、海坛片区澳前村、君山片区北港村、苏平片区上攀村和南盘村5个村入选福建省首批文旅特派员试点单位名单，在文旅经济领域产业融合、对接帮扶、城乡互动等方面获得专业人才支持。

## 6月

**2日** 福建医科大学附属协和医院在平潭院区举办台胞医生专场招聘会，8名台胞通过面试并现场签约。

**2日** 平潭海坛海峡水下考古遗址公园—水下考古基地（一期）项目通过验收。基地位于竹屿湾区域，依托“海丝”文化与海坛海峡水下遗址，改造中国标准砂厂东侧区域原有房屋，主要功能包括文物收藏保护、整理研究、陈列展示、水下考古培训等。

**5日** 在首届中国电视剧大会的子活动——2023影视基地峰会上，平潭被中国广播电视社会组织联合会授予“全国影视指定拍摄景地”称号。

**6日** 平潭综合实验区党工委党校（行政学院）新校区揭牌启用，新校区位于金井片区建民村，总用地面积6.10万平方米，建有教学楼、办公楼、会议中心、公共实训基地等。

**10日** 平潭综合实验区举办海坛海峡海域水下文化遗产保护宣传活动，水下考古专用船“中国考古01”首航福建，协助开展海坛海峡海域水下考古区域调查。

**15日—17日** 第12届共同家园论坛在平潭举行，省政府副省长常斌、全国台企联常务副会长韩萤焕等近300名两岸各界人士参会，论坛延续“好的生活 好的未来”主题，聚焦两岸产业合作、平潭先行示范高质量发展等议题交流探讨，10家企业签订战略合作框架协议。

**15日** 第七届海峡两岸村里长交流会在平潭举行，两岸社区、基层代表等400余人参加，活动采用专家主旨演讲、社区治理案例分享等形式，交流两岸社区治理经验做法，探索两岸基层融合新模式；并为20个岚台融合示范基地授牌。

**15日** 停航1221天的“海峡号”再次穿越台湾海峡驰往台中港，平潭澳前客货滚装码头对台货运直航航线复航。

**22日** “铭发88”轮从平潭金井码头驰往菲律宾马尼拉，该轮用于运输结构用砂、石料，标志着平潭至菲律宾马尼拉国际货运航线首航。

**23日—26日** 2023年亚洲沙滩排球锦标赛（中国平潭）举行，来自中国、日本、伊朗、澳大利亚、卡塔尔等15个国家和地区的59支队伍参赛，中国沙排组合薛晨、夏欣怡夺得冠军。

**27日** 第15届海峡论坛·两岸乡村农田水利建设交流会在平潭举行，两岸农田水利专家、基层民众等150余人参会，分享各地农业水利建设示范经验，开展两岸水文气候、农业发展、水利工程建设领域的交流。

**27日** 福建省政协副主席、省红十字会常务副会长黄玲带队到平潭开展主题教育调研。

**28日** 全球首台16兆瓦海上风电机组在平潭外海风电场完成吊装任务，标志着中国海上风电在高端装备制造能力、深远海海上风电施工能力上实现重要突破，达到国际领先水平。

**28日** 闽东北协同发展区人大工作联席会议在平潭召开，省人大常委会党组副书记、副主任庄稼汉出席会议并讲话。

**30日** 平潭国际旅游岛“星辰大海浪漫一夏”畅游活动暨台湾小镇免税商品提质升级启动仪式在台湾小镇举行，台湾厂商代表签约入驻台湾小镇1号免税商城。

**30日** 平潭综合实验区举行2023岚台夜话活动，百余名两岸各界人士共同探讨岚台融合发展新路。

**30日** “星辰大海浪漫一夏全国最浪漫海岛渔村‘村晚’”活动在平潭龙王头海洋公园启动，并为区级第七批非遗代表性项目授牌。

## 7月

**1日** 第14届闽台中医药学术论坛在平潭举行，海峡两岸200余名中医药领域专家学者参会，17名两岸中医药名家围绕闽台中医药界学术研究成果作学术报告和学术交流，4个平潭名医工作室授牌，5家企业现场签约入驻平潭海峡医药健康产业园区。

**1日** 2023首届闽台妈祖文化三岛会香活动在平潭举行，台湾、湄洲、平潭三岛妈祖宫庙和文化团体代表齐聚岚岛，展示世界非物质文化遗产妈祖信俗“三献礼”仪式，举办妈祖文化主题展，感受两岸亲缘。

**7日** 2023龙王头·“蓝眼泪”海街开街暨海岛音乐季启动，打造美食街区、露营住宿区及文体游乐区等，推出浪漫平潭“爱情公仔”——“鲎生仔”。

**7日** 平潭综合实验区3家具有较强创新能力、高成长性的企业入选2023年福建省科技“小巨人”企业名单，分别为海峡创新互联网股份有限公司、禄可科技集团有限公司和福建工大建设工程检测有限公司。

**7日—9日** CCTV-10科教频道《地理·中国》科普类电视栏目聚焦平潭，连续3天、播出每集时长28分钟的系列节目，揭示平潭海蚀地貌、奇岩怪石、壳丘头遗址群等景观的形成原因。

**14日** 国家节水供水重大水利工程项目、福建省规模最大的跨流域引调水工程——福建省平潭及闽江口水资源配置工程（“一闸三线”工程）全线通水活动在平潭南部水厂举行。工程全长181.58千米，总投资61.60亿元，通水后年供水量8.70亿立方米，惠及闽江口南岸城市群、平潭综合实验区群众580万人。

**14日** 平潭台胞检察事务助理调解室成立，15名台胞被聘为台胞检察联络员，参与检察工作，协助开展涉台矛盾纠纷化解、涉台法治宣传等工作，为台胞台企提供检察服务。

**20日** 平潭综合实验区沉浸式夜游项目“星球唤想·蓝眼泪”在坛南湾景区内试营业。

**20日** 平潭坛南湾蓝眼泪艺

术公园开园，公园设有咖啡馆、文创作坊、蓝眼泪艺术装置等。

**27 日—30 日** 台风“杜苏芮”对平潭造成严重风雨影响，全区出现 8 级及以上阵风，以南海乡 35.20 米 / 秒（12 级）为最大；28 日 8 时至 29 日 8 时平潭普降暴雨，局部大暴雨，其中以北厝 102.90 毫米为最大。

## 8 月

**4 日** 平潭综合实验区与北京大学签署思想政治实践课教育基地合作协议，每年北京大学基础医学院派 20 名学生到平潭开展思政实践活动。

**8 日** 2023 年闽东北协同发展区文化和旅游系统协作交流座谈会在平潭召开，福州、莆田、南平、宁德和平潭“四市一区”的文旅部门交流协作成果，签署合作备忘录。

**11 日** 第五届海峡两岸（平潭）合唱交流音乐会在国际演艺中心举行，台湾台北爱乐妇女合唱团、台中市葫芦墩合唱团、平潭蓝眼泪合唱团等 7 个合唱团 430 余名演员同台演出。

**18 日** 平潭综合实验区社区矫正协同监管中心成立，发挥行政机关、司法机关和行业协会的力量助推社区矫正工作发展，是全省首个社区矫正协同平台。

**18 日—20 日** “环太平洋史前文化”学术研讨会在平潭召开，由省考古研究院、区旅游文体局主办，来自美国、印度尼西亚、帕劳等国家的 60 名专家学者参会，发表《古基因组探究东亚南方古人群演化》《语言学视角下的南岛语族起源与形成》等主题论文演讲，探讨南岛语族起源与扩散。

**20 日—24 日** 2023 年海峡两岸体育嘉年华活动在平潭综合实验区举行，由省体育局、区管委会主办。开幕式上，中国棒球协会、中国垒球协会与实验区签署战略合作备忘录，授予平潭“慢投垒球竞赛训练基地”和“‘麒麟杯’全国慢投垒球总决赛”赛旗。配套举办闽台棒垒球运动交流合作等 30 项海峡两岸品牌体育交流赛事活动。

**20 日—24 日** 海峡两岸青少年棒球冠军赛在平潭综合实验区举行，来自广东、湖北、台湾等 20 支球队 400 余人参赛，广东青年棒球队摘得青年组冠军，高雄市前金中学棒球队摘得 U15（15 岁以下）组冠军。

**23 日** 平潭综合实验区举行“平潭坛紫菜”地理标志授权仪式，向平潭新兴水产养殖农民专业合作社、平潭三特伴手礼发展有限公司授予“平潭坛紫菜”地理标志授权书以及农产品地理标志使用证。

**24 日** 平潭综合实验区与中国农业银行福建省分行签署战略合作协议，围绕平潭发展需求开展全面合作。

**25 日** 平潭综合实验区“最美护林员”称号授予仪式举行，陈世忠、薛金爱等 5 名基层护林员获表彰。

**25 日—27 日** 2023 平潭国际赛车嘉年华在如意湖国际赛道举行。嘉年华包含 China GT（中国超级跑车锦标赛）、国际汽联 F4 方程式中国锦标赛和超吉联赛 PRO（吉利集团发起的国内中高阶房车统规赛事）三大赛事，70 名车手参赛。在 China GT 赛中，郭国信获 GT3 组冠军，黄正滔获 GT4 组冠军，刘嘉伦获 GTC 组冠军。F4 方程式中国锦标赛中，帝雅戈获第九回合冠军，廖启舜获第 11 回合冠军，刘瑞祺获第 12 回合冠军。超吉联赛 PRO 中，高翔 / 李光华获首日赛冠军，蔡虹宇 / 陈义霖获次日赛冠军。

**8 月 29 日至 9 月 3 日** 2023 年 U18（18 岁以下）女子垒球亚洲杯在平潭垒球场举行，来自 8 个国家和地区的 171 名选手参赛。日本队、中国台北队分获冠军、亚军，中国队战胜菲律宾队获得季军，均取得 2024 年 U18 女子垒球世界杯入场资格。

## 9 月

**6 日** 福满金秋·八闽美食嘉年华“尝鲜探味美食岛千年一遇·平潭宴”活动举行，全区 12 支参赛队伍以家国情怀（四碟盘）、创业处世（六佳话）、美好祝愿（三愿景）为脉络，运用厨艺和创意烹调出 12 桌各 13 道平潭特色菜。

**7 日** 平潭口岸首批 12 艘远洋渔船出境，前往印度洋、太平洋公海开展为期 1 年的远洋捕捞作业。

**8 日** 平潭综合实验区在厦门参加第 24 届中国国际投资贸易洽谈会，并举行投资促进推介会，来自国内外的 80 余家企业参会，并与北京联东投资（集团）有限公司、深蓝药机（福建）生物科技有限公司等8家企业签约，涉及智能制造、生物医药、旅游康养等重点产业，协议总投资额45.13亿元。

**11日** 平潭金井码头港区3号泊位技改工程（金井国际邮轮码头）通过对外开放区级验收。码头建有邮轮联检中心、客货运进出关卡、停车场等，满足15万总吨位邮轮和5万吨级货轮靠泊使用要求，年客运通过能力8万人次、货运通过能力105万吨。

**12日** 中共中央、国务院出台《关于支持福建探索海峡两岸融合发展新路建设两岸融合发展示范区的意见》，提出“支持平潭加快构建全方位对台开放格局。逐步构建对台投资贸易自由化便利化政策体系，探索建设两岸共同市场先行区域。支持平潭建设更加便捷的两岸往来通道。研究放开台湾信息服务等行业准入，研究探索加快扩大教育开放相关举措”。

**12日—14日** 第三届IM两岸青年影展在平潭竹屿湖影视基地举行，收到全球331所高校1849部参展作品，征片数量创下历届之最，50部作品入围获奖，其中15部来自中国台湾地区。来自河北科技大学青年导演李家和的作品《地儿》获“麒麟最佳影片”。并举办评审论坛、影视产业论坛、IM毕业生返场谈、72小时极拍等配套活动。

**16日—20日** 中国最高水平三人篮球赛事——2023年中国三人篮球联赛（福建平潭赛区）在龙王头3V3篮球公园举行，平潭站比赛设卫星赛和女子联赛两大项，18支球队进行64场对决，湖北自由时刻队获卫星赛冠军，四川远达美乐队获女子联赛冠军。

**21日** 平潭自然有力农业融合示范基地获评2023年福建省休闲农业示范点，海坛街道东澳村、君山镇马腿村获评省美丽休闲乡村。

**22日** 海峡音乐公社颁奖盛典在平潭龙王头海洋公园举行，东方红等10支乐队获“年度十强”称号，未来世乐队获最佳作词奖，东方红乐队获最佳作曲奖，失眠少年乐队获最佳编曲奖，TWOK乐队获最佳现场奖，允仔乐队、双面镜乐队和太乐队获“平潭驻岛音乐人”称号。

**23日** 20余名非洲法语国家菌草技术培训班学员到平潭参观，考察长江澳菌草种植示范基地。

**24日** 全球首个漂浮式风渔融合项目“国能共享号”平台在平潭金井口岸组装完成，前往并落户莆田市南日岛海上风电场。平台由漂浮式风机和养殖网箱组成，打造海上风电与渔业养殖融合的新模式。

**25日—27日** 世界政治经济学学会第16届论坛在平潭召开，由世界政治经济学学会、福建师范大学、实验区管委会等单位联合主办，以“中国式现代化与世界现代化进程”为主题，来自20多个国家和地区以及50多所高校、350多名专家学者参会。开幕式揭晓2023年度“世界马克思经济学奖”和“21世纪世界政治经济学杰出成果奖”的获奖者名单，并举行颁奖仪式。还举行分论坛报告、2场大会主旨报告和闭幕式。

**27日** 平潭风筝冲浪运动员陈静乐在杭州第19届亚运会帆船女子水翼风筝板比赛中夺得金牌，是平潭运动员在亚运会上的第一枚金牌。

## 10月

**7日** 平潭国际旅游岛北部生态廊道入选文化和旅游部、交通运输部、国家铁路局等部门联合公布的第一批交通运输与旅游融合发展典型案例。

**8日** 平潭港口岸金井港区3号泊位（金井国际邮轮码头）通过省级验收，具备船舶靠泊作业条件。

**11日** 宗仁科技（平潭）股份有限公司和福建乐摩物联科技有限公司入选福建省2023年度科技“小巨人”企业研发投入奖励名单。

**13日—16日** 第十届平潭国际风筝冲浪节在龙王头海滨沙滩举行，来自世界各地的150余名风筝冲浪专业运动员及爱好者参赛，中国选手张宏毅、莫玉璐分获双向板竞速赛男子组、女子组冠军，郑国辉、唐蕾分获风翼竞速赛男子组、女子组冠军，越南选手HOANG PHU LAI获男子风筝冲浪自由花式冠军，平潭选手陈逸嫚获女子风筝冲浪自由花式冠军。

**16日** 平潭首位亚运会金牌获得者、风筝冲浪运动员陈静乐被团省委授予“福建青年五四奖章”。

**19日** 国家统计局党组成员、副局长毛有丰一行到平潭督导主题教育工作。

**21日** 福建省人民政府公报公布，经过省口岸办会同有关口岸查验主管单位验收后，平潭港口岸金井港区3号泊位（国际邮轮码头）具备对外开放条件并同意启用。

**27日** 福建省首个由台胞担任法定代表人的社会组织——岚台同心社工服务中心，在平潭综合实验区海坛片区东门社区揭牌成立。中心社工团队由平潭社工站社工、台湾社工、厦门社工等28名社工组成，为台胞台企提供信息咨询、社区融入等服务，并参与实验区基层治理。

**27日** “海巡08805”船列编仪式在平潭竹屿口海事码头举行，是平潭海事局新建30米级A型巡逻船，最大航速21.50节，续航力500海里，开展平潭重点海域巡航执法。

**30日** 平潭综合实验区入选国家体育总局体育文化发展中心公布的2023中国体育旅游精品项目名单，平潭获评“2023中国体育旅游精品目的地”，“海洋杯”中国•平潭国际自行车公开赛获评“2023中国体育旅游精品赛事”。

**10月** 平潭2件作品入选福建省第十届百花文艺奖获奖名单，分别是电视剧《那些日子》和电影《冰峰暴》。

## 11月

**3日** 平潭综合实验区两岸同根促融检察实践基地揭牌仪式在南岛语族考古研究基地举行，区人民检察院、旅游文体局和南岛语族研究院签约共建，就涉台文物和文化遗产保护建立信息共享、线索移送等7项机制。1名台胞专家受聘担任区人民检察院公益诉讼检察观察员，为涉台文物公益诉讼案件办理提供支持。

**3日** 平潭综合实验区苏平片区钟门村“海边边民宿”在宁波举行的第六届全国民宿品牌大会中，入选2023中国民宿品牌百强榜。

**7日** 福建省政协副主席余军一行到平潭考察，开展省政协提案委与省财政厅支部党建共建、省政协委员联系点揭牌和调研活动。

**8日** 中国—太平洋岛国海洋防灾减灾合作研讨会在平潭举行，来自太平洋岛国及亚洲、非洲、南美洲等地的10余个国家和联合国相关国际组织的官员、驻华使节代表，以及中国海洋管理部门、科研机构和高校的负责人和专家学者近200名参会，会议以“共促防灾减灾合作 共创韧性海岛未来”为主题，就应对气候变化、海洋防灾减灾、蓝色经济发展等问题交流研讨。会上，中国—太平洋岛国防灾减灾合作中心海洋防灾减灾合作分中心在平潭成立。

**10日** 平潭发放福建省首笔台胞数字人民币贷款，台胞曾惠真获得30万元创业贷款，以数字人民币的形式发放到其需支付的厂商数字人民币对公钱包中。

**13日** 九三学社平潭综合实验区支社委员会升格为九三学社平潭综合实验区基层委员会，并召开成立大会。

**19日** 平潭国际邮轮中心开港暨“蓝梦之星”平潭首航仪式在金井国际邮轮码头举行。平潭金井国际邮轮码头是闽东北协同发展区首个15万吨邮轮泊位，也是福建省邮轮产业发展规划中明确定位的对台邮轮始发港。“蓝梦之星”邮轮由金井国际邮轮码头出发，前往菲律宾苏比克湾，旅程为期5天4晚，最后回到厦门入境。

**21日** 以全国人大常委会委员、全国台联会长、台盟中央副主席郑建闽为团长的台湾省第十四届全国人大代表团一行到平潭开展集中视察。

**22日** 平潭县闽剧团选送作品《南归梦》参加第11届福建省中青年演员比赛，其中由刘明焰参赛的老生苏武唱段，运用戏曲老生的“吊毛”“甩髯”身段功法和大段“反二黄”唱腔，表现出苏武梦断长安的悲苦，获得大赛银奖。

**22日—26日** 平潭运动员陈静乐在深圳举行的2023年亚洲大洋洲方程式风筝板锦标赛暨亚洲大洋洲风筝板公开赛中，获风筝水翼板女子组金牌。

**23日** 平潭综合实验区管委会与中铁一局集团有限公司签订战略合作协议，推动双方在基础设施建设、城市配套服务、文旅产业发展等方面的合作。

**26日** 中国农工民主党福建省委员会平潭基层委员会成立，会议宣布农工党平潭基层委员会第一届班子成员，并举行授牌授印仪式。

**28日** 全国人大太平洋岛国议员研讨班学员到平潭考察，来自纽埃、巴布亚新几内亚、萨摩亚、所罗门群岛、汤加等国的21名议员走访南岛语族考古研究基地等地。

**29日** 国家药监局党组成员、副局长赵军宁一行到平潭，开展药物警戒及中药传承创新发展调研。

**29日** 福建省人大常委会副主任檀云坤一行到平潭开展立法调研并走访联系全国人大代表。

**30日** 福建省人大常委会党组副书记、副主任李德金一行到平潭，就教育、文化工作开展调研。

## 12月

**1日** 平潭综合实验区人民法院和厦门大学法学院举行签约共建仪式，为法学教育实践基地授牌，并与区人大工委、人民检察院、旅游文体局、南岛语族考古研究院签署合作备忘录，开展涉台文物和文化遗产司法保护。

**9日** 平潭数据跨境流动服务枢纽平台通过专家评审，投入试运行，是全国首个全链条、全流程、一站式、智能化的数据跨境合作服务平台，为企业提供数据传输、安全加密、合规性管理等服务，加强数字贸易和数据跨境流动的服务监管。

**11日** 平潭综合实验区首宗挂牌出让海域使用权——平潭国际赛车场旅游娱乐项目海域使用权项目，由区文旅集团有限公司以3.28亿元摘得。海域位于幸福洋历史围填海区域，面积47.33公顷，是平潭首例带有土地使用权一并出让的海域使用权，填补实验区海域权招拍挂领域的历史空白，实现从“审批用海”到“交易用海”再到“土地建设”零的突破。

**13日** 平潭综合实验区幸福河湖促进会成立，标志着福建省实现九市一区幸福河湖促进会全覆盖，促进会整合科研院所、高等院校、涉水企事业单位等资源力量建设平潭幸福河湖。

**13日** 平潭综合实验区率先推行的开办民宿“承诺备案+全程网办”新模式案例，入选“中国改革2023年度地方全面深化改革典型案例”名单。

**15日** 全国政协常委、民建中央副主席洪慧民带队到平潭调研，察看壳丘头遗址群考古现场，了解南岛语族考古研究成果。

**15日** 平潭综合实验区4个工程入选2022年度福建省建设工程省级优质工程（“闽江杯”）名单，分别为国际演艺中心、金井湾市民运动中心、海洋国际会展中心、北部生态廊道项目一期工程。“闽江杯”是全省建设工程最高质量奖。

**18日** 平潭综合实验区图书馆在第七次全国县级以上公共图书馆评估定级工作中，入选上等级馆名单，获评国家一级图书馆。

**19日** 平潭综合实验区党工委、管委会举行“岚岛卫士”命名授牌仪式，区消防救援支队被授予“岚岛卫士”称号。

**21日** 国际欧亚科学院院士李乃胜一行到平潭调研，了解环太平洋史前文化研究及海岛研究的科研成果。

**21日** 平潭综合实验区政法工作部、人民检察院、公安局和社会事业局共同签约建立“希望树”未成年人观护基地。基地设在平潭蓝天基地，加大对涉案未成年人的教育和矫治力度，提供司法服务、军事化训练、心理辅导等专业化帮教。

**29日** 平潭综合实验区行政争议调解中心在区党工委政法工作部揭牌，由区党工委政法工作部与区人民法院联合成立，负责组织调处区管委会及县人民政府受理的行政复议案件、人民法院受理的行政诉讼案件以及各级行政机关报送的行政争议。

**29日—31日** 首届闽台（平潭）儿童戏剧嘉年华在区国际演艺中心举行，活动以“一路童行 欢剧岚岛”为主题，福建人民艺术剧院、晋江市掌中木偶艺术保护传承中心、台湾猫头鹰儿童实验剧团等单位团体献上多场儿童戏剧演出，搭建两岸少年儿童文化交流平台。

# 区情概览

## 自然环境

【位置面积】 平潭综合实验区位于福建省东部海域，地处北纬25°15′～25°45′、东经119°32′～120°10′。东临台湾海峡，距台湾新竹港68海里（126千米），是祖国大陆距台湾本岛最近的地区。西接海坛海峡，与福清市、长乐区和莆田市隔海相望。南近莆田市秀屿区南日岛。北望白犬列岛。全区总面积396.15平方千米，海域面积6064平方千米。其中，主岛海坛岛总面积327.65平方千米，是全国第五大岛、福建第一大岛。

【地质】 平潭地质构造以断裂构造为主，属华夏构造体系，位于福建省最大活动断裂构造带长乐—诏安带的东北端。平潭断裂活动年代以第四纪中更新晚期为主，平潭东侧滨海断裂造成海岸曲折，港湾、半岛、岛屿发育。大规模岩浆侵入伴随断裂活动，形成以花岗岩为主体的构造块体。在喜马拉雅山运动和第四纪的世界性冰河期，以竹屿口—城关为隆起中心，与其他隆起或沉降地段呈波浪式起伏状构造形态。后平潭岛礁因海侵而下降，芦洋埔和七里埔一带受断陷影响，下降最烈，海积—风积层厚度40余米。从全新世中期开始，平潭海岸转为上升为主，海岸线外移，岛屿面积扩大，平潭岛雏形基本完成。三十六脚湖所在古海湾在上升中因泥沙淤积而形成潟湖。近2000年内，芦洋埔缓慢上升成为平原。

【地貌】 平潭拥有岛礁、港湾、丘陵、台地、平原、湖泊、滩涂和海岸等相间排列的多种类型地貌。拥有主岛海坛岛等11个有居民海岛、330余个无居民海岛、702个礁石，丘陵、海积平原分别占全区陆域面积的51.45%和42.7%。海坛岛地势南北高、中部低，东海岸多港湾、暗礁，西海岸多泥沙、海涂。北部呈现南北走向的3条丘陵带，间以松散的堆积平原，全区最高峰君山海拔434.60米；芦洋埔是区内最大的沙积平原，面积30.23平方千米。中部多海滨平原，由风海堆积物发育形成，有燕下埔、龙凤头埔、七里埔等。南部多低丘，有牛寨山等山丘13座，间有远中洋埔、苍霞洋、东昆洋等海积平原。

（林宗）

## 自然资源

【土地资源】 2023年，平潭综合实验区总面积396.15平方千米。其中，耕地面积62.65平方千米，园地面积2.67平方千米，林地面积122.46平方千米，草地面积7.79平方千米，湿地面积75.54平方千米，城镇村及工矿用地面积62.54平方千米，交通运输用地面积21.50平方千米，水域面积17.13平方千米，水工建筑用地面积1.14平方千米，其他面积22.73平方千米。

【海洋资源】 *岛礁港湾资源* 平潭有“千礁岛县”之称，常年有人定居的岛屿11个，环绕主岛海坛岛周围，西北有屿头岛、鼓屿、小练岛、大练岛；东北有小庠岛、东庠岛；南部有塘屿、草屿等。有山白岛、三洲岛、大嵩岛、大怀屿、横屿、老箩屿、姜山岛、牛山岛、东甲岛、南横岛等330余个无居民海岛。主要海湾有海坛湾、坛南。主要港澳有观音澳、苏澳港、竹屿港、娘宫港、流水澳、钱便澳等。

*海滨沙滩资源* 平潭海岸线绵长，海滨沙滩长约70千米，滩面广阔，坡度平缓，沙质适中、洁净，

无污染，适合开展休闲度假与海滨运动。海坛湾龙凤头海滨沙滩、坛南湾海滨沙滩、海坛古城、海岛国家森林公园等形成特色海坛湾海滨休闲度假旅游带。

*海洋生物资源* 平潭海洋生物资源丰富，是福建三大渔场之一的闽中牛山渔场的一部分，水产量位于全省前列。海洋生物种类繁多，鱼类242种，虾蟹类75种，贝类169种，藻类153种，腔肠、环节、棘皮动物29种，另外有浮游生物266种。鱼类组成具有热带和亚热带特征，以暖水性种类为主占75%，暖温性种类占25%，未出现冷温性和冷水性种类。平潭甲壳类生物资源以广温低盐性种类和广温广盐性种类为主。平潭头足类生物资源除长蛸为暖温性种类外，其他头足类均是浅海暖水性种类。平潭是鲎的集中繁殖地，敖东、北厝沿海一带列为鲎重点保护区。

*海蚀风蚀地貌* 平潭拥有垄断性自然资源景观“石牌洋”海蚀石、“海坛天神”花岗岩球状风化造型景、南寨山象形奇岩，以及大福村的一片瓦、青峰村的海蚀桥、看澳村的球蛋风化石。

【森林资源】 2023年，平潭综合实验区森林总面积1.23万公顷，其中国家级公益林2458公顷、省级公益林5191公顷。森林覆盖率30.93%，森林蓄积量66.86万立方米。草地面积825.64公顷。平潭山丘坡地以黑松、相思树为主，平原地带沙埔地、沙荒风口以木麻黄林为主。

【矿产资源】 至2023年底，平潭综合实验区发现铁、铜、钨、钼、天然石英砂、明矾石、饰面用石材等矿产15种，其中天然石英砂、饰面用花岗岩、建筑用石料列入省矿产资源储量表。探明保有资源储量的矿产地6处，分别为竹屿至长江澳型砂矿区、芦洋埔标准砂竹屿矿区、芦洋埔标准砂中楼矿区、楼仔石英砂矿区、澳前燕窝饰面用辉长岩矿旭耀矿段和后楼花岗岩矿区。年内平潭保留中楼狼山矿区建筑用花岗矿，面积0.60平方千米，开采规模为大型，年设计生产规模100万立方米，推断内蕴经济资源量1222.29万立方米。平潭地热资源热储量1.54×1015千焦。

【淡水资源】 平潭综合实验区境内多为间歇性独流入海小河流，主要有南松溪、仙霞溪、君山溪、新桥溪、龙山溪、剑湖溪等。由于地壳运动和滨岸沙坝（堤）自然堵塞，在坛南湾内形成一个面积约2平方千米的潟湖——三十六脚湖，是福建省最大的天然淡水湖泊。2023年，平潭水资源总量1.91亿立方米，属缺水县，其中地表水资源量1.91亿立方米，地下水资源量0.54亿立方米。

（郭国铨 林宗 杨心俊 林凯琴 周小凤）

## 气候

【气温】 2023年，平潭综合实验区平均气温21℃，较常年偏高0.7℃。年内极端最高气温36.6℃，为1954年以来历史最高。季节变化上看，夏季气温异常偏高，秋季显著偏高，其余季节气温正常。

【降水】 2023年，平潭综合实验区降水量1176.60毫米，较常年偏少98.40毫米，属正常。春季降水偏少，其余季节正常。逐月降水量与常年相比，8月异常偏多，10月显著偏多，5月、11月显著偏少，1月、3月、6月、7月、12月属偏少，2月、4月、9月属正常。

【日照】 2023年，平潭（潭城站）日照时数1904.50小时，较常年偏多276.90小时。春季日照异常偏多，其余季节正常。逐月日照时数与常年相比，3月、11月属异常偏多，5月属偏多，其余各月均属正常。

【大风】 2023年，平潭综合实验区平均风速3.60米/秒（3级），比上年略小；大风日数18天，比上年减少6天。苏澳平均风速7.90米/秒（4级）为最大，之后依次为岚城、澳前、潭城；大风日数最多的是苏澳106天，岚城和澳前均为81天、潭城18天。平均风速和大风日数的年际变化总体呈下降趋势。

【大雾】 2023年平潭综合实验区出现雾日22天，主要出现在1月、2月、8月，占全年雾日总数的59.1%，其中最小能见度小于200米的浓雾4天。

【气象灾害】 2023年，平潭综合实验区气象灾害以暴雨、热带气旋为主，还出现干旱等灾害。

*暴雨* 全年出现6场暴雨过程。受低层切变影响，4月5日8时至6日8时平潭普降大雨，局部暴雨，最大为南海62.20毫米，潭城37.30毫米。4月19日8时至20日8时普降大雨到暴雨，最大为芦洋82.70毫米，潭城38.50毫米。6月8日20时至10日20时出现暴雨，最大为南海137毫米，潭城101.20毫米。8月7日8时

至8日8时屿头出现暴雨，累计降水量50毫米。8月10日8时至11日8时普降大雨到暴雨，最大为东庠80.10毫米，潭城59.10毫米。8月17日20时至20日20时出现大暴雨过程，累计降水量最大为澳前398.10毫米，潭城265.40毫米；主要降水时段集中在8月19日8时至20日8时，最大澳前为270.30毫米，潭城165.60毫米，其中澳前（132.50毫米）、流水（116.50毫米）、岚城（105毫米）和潭城（86.50毫米）小时降水极值突破建站以来历史纪录。

台风 影响平潭的台风有2号“玛娃”、5号“杜苏芮”、9号“苏拉”、11号“海葵”和14号“小犬”5个台风，均为超强台风级，其中“杜苏芮”和“海葵”造成严重风雨影响。“杜苏芮”影响期间（7月25日—29日），全区出现8级及以上阵风，最大为南海35.20米/秒（12级）；7月28日8时至29日8时平潭普降暴雨，局部大暴雨，最大为北厝102.90毫米。“海葵”影响期间（9月3日—7日），平潭大部出现8级以上阵风，最大为南海31.60米/秒（11级）；受台风“海葵”和冷空气共同影响，9月4日20时至7日20时，平潭出现暴雨过程，累计降水量以东庠416.80毫米为最大。

干旱 平潭出现4段持续性旱情，分别在3月13日—22日、5月19日至6月8日、7月4日—28日、8月5日—9日。

（余文馨 邓以勤）

## 建置 区划

【地名由来】 平潭俗称海山，又名海坛，因主岛海坛岛在海上远望如坛得名。潭城镇（现海坛街道）南街从前有块平坦巨石，民间称此石为“平磹”，又因“磹”与“潭”谐音，后遂作“潭”。海坛岛君山常有岚气弥漫，故平潭简称“岚”，别称“东岚”。又因全岛卫星影像形似麒麟，因此雅称为麒麟宝岛。

【建置沿革】 早在旧石器时代，平潭就有人类栖息繁衍。随着经济发展、社会变革，建置历经变动。秦属闽中郡。三国吴永安三年（260年），属会稽南部建安郡侯官县。南朝陈永定元年（557年）属闽州原丰县。隋大业三年（607年），属建安郡闽县。唐武德元年（618年），平潭属建州闽县。武德八年（625年），平潭属泉州长乐县。武周圣历二年（699年），平潭属泉州（今福州）万安县。宋朝改唐代的道、州、县制为路、州、县制。北宋雍熙二年（985年）置福建路，平潭属福清县。南宋景炎元年（1276年）升福州为福安府，平潭属福安府福清县。元朝元贞二年（1296年），平潭属福建行中书省福州路福清州。明洪武二年（1369年），福清州复为福清县，平潭属福清县。清雍正八年（1730年），福清县丞移设于平潭，海坛岛及周围屿头、小练、大练、小庠、东庠、牛山、吉钓、草屿、塘屿等岛屿归平潭县丞管辖。清嘉庆三年（1798年），析原平潭县丞管辖区域海坛岛及周围9岛置平潭海防厅，直属福建宁福道福州府。民国时期1912年，废平潭海防厅置平潭县。1949年，平潭县人民游击支队攻克平潭县城，成立平潭县人民政府。

1949年10月1日，中华人民共和国成立后，平潭县属福建省第四专署。1956年6月，平潭县属晋江专区。1959年8月，平潭县属闽侯专区。1971年4月，平潭县改隶莆田专区。1983年7月，平潭县实际划到福州管辖。2009年7月底，中共福建省委八届六次全会作出决定，设立福州（平潭）综合实验区。2009年9月，福州（平潭）综合实验区管理委员会成立。2010年2月，福州（平潭）综合实验区更名为福建省平潭综合实验区，行政级别升格为正厅级。

【行政区划】 2010年9月，福建省委、省政府批复《平潭综合实验区管理体制方案》，明确平潭县划归平潭综合实验区管理，同时设立平潭综合实验区党工委、管委会、纪工委，分别作为省委、省政府、省纪委的派出机构。平潭综合实验区级别为正厅级，实行“区县合一、以区为主”（平潭综合实验区+平潭县）的管理模式。

在人大机构设置上，平潭综合实验区人大工委作为省人大的派出机构，与县人大常委会实行合署运行、以区为主的模式，形成区县两级人大会议合并召开、区人大工委暨人大常委会会议合并召开的形式。

在政协机构设置上，平潭综合实验区政协工委作为省政协的派出机构，与县政协实行合署办公、以区为主的模式，形成区县两级政协会议合并召开、区政协工委暨政协常委会会议合并召开的形式。

2023年，平潭综合实验区辖海坛片区、金井片区、君山片区、苏平片区，平潭县辖1个街道（海坛街道），3个镇（金井镇、君山镇、苏平镇），3个乡（屿头乡、东庠乡、南海乡），有28个社区、192个建

表 1 2023 年平潭综合实验区（平潭县）乡镇、村居行政区划一览表

| 乡镇 | 所辖村（社区） | 合计 |
|---|---|---|
| 海坛街道 | 城中、城南、城北、北门、澳前、东澳、岭前、龙山、官姜、龙北、玉道、玉楼、井边、光裕、光楼、紫兰、上井、龙南、磹角底、前进、东星、中甲、磹报、东光、南赖、正旺、上楼、新桥、霞屿、白山、流东、东屿、新门、上洋、下洋、矶屿、中湖、中南、辘门社区、右营社区、城东社区、白鹭社区、瑞龙社区、红山社区、中埔社区、桂山社区、佳林社区、宝湖社区、东门社区、竹园社区、小湖社区、豪景社区、台康社区、万福社区、紫玉社区、坛南社区、佳园社区、华信社区、台岚社区、万嘉社区、悦园社区 | 38 个村、23 个社区 |
| 苏平镇 | 苏澳、钟门、龙头、红旗、下苏澳、斗魁、梧峰、和平、友谊、五一、斗门、紫霞、齐富、南海、看澳、民主、先进、西楼、平原、剑湖、榕山、上攀、红卫、凤美、山显美、梧凤、燎原、江楼、当盛、半山、瓦瑶、梧凤楼、青峰、白胜、白沙、丰田、岱峰、玉堂、招康、国彩、南盘、东占、立新、秀礁、东礁、西礁、渔限、月举、舍仁宫、瑞洋、围东 | 51 个村 |
| 屿头乡 | 东珠、乐屿、屿北、后垱、东贵、东金、田下、玉瑶、屿南、旺宾 | 10 个村 |
| 君山镇 | 中楼、冠山、湖山、昆湖、大坪、凤楼、南楼、大中、韩厝、盐田、芦南、洋中、芦北、黄土墩、马腿、西边寮、鹿寮、大渊、新湖、大埕、大澳、西楼、山边、裕藩、东美、下厝场、五星、港东、松南、后田、流水、石户楼、砂美、磹水、君山、渔屿、北港、山门、坑北、谢厝、五埕、模镜、松厝、南松、潭中社区、流金华府社区 | 44 个村、2 个社区 |
| 东庠乡 | 澳底、东风、澳星、东进、孝（鲎）北、东霞、湖边、南江 | 8 个村 |
| 金井镇 | 湖西、北洋、务里、厝祥、澳尾、跨海、先建、红山、红湖、北厝、庄上、娘宫、芦山、山利、天山、大厝基、美楼、湖南、吉钓、新垄、敖网、向阳、龙海、建民、仙霞、苍海、东崑、华东、建新、桥锦头、渔庄、青观顶、钱便澳、大福、如意社区、山海佳苑社区、盐城社区 | 34 个村、3 个社区 |
| 南海乡 | 陈厝、莲澳、西门、江尾、后坑、北楼、南中 | 7 个村 |

制村。其中海坛片区与海坛街道行政区域重合，金井片区与金井镇、南海乡行政区域重合，君山片区与君山镇、东庠乡行政区域重合，苏平片区与苏平镇、屿头乡行政区域重合。

（陈云花 俞玲燕 洪思佳）

# 人口 民族 宗教

**【人口】** 2023 年平潭综合实验区户籍人口 45.30 万人，其中男性 23.08 万人、女性 22.22 万人。乡村人口 31.14 万人，城镇人口 14.16 万人，全区城镇人口占比 31.25%，比上年增加 0.63 个百分点。从年龄结构看，0～17 岁 9.46 万人，18～34 岁 11.89 万人，35～59 岁 15.58 万人，60 岁及以上 8.37 万人。全区常住人口 38.10 万人。全区总户数 13.52 万户，其中海坛街道 4.74 万户、金井镇 2.24 万户、君山镇 2.70 万户、苏平镇 2.74 万户、东庠乡 0.33 万户、南海乡 0.30 万户、屿头乡 0.47 万户。年内，区公安局开展户口登记管理清理整顿工作，注销重复户口、虚假户口 65 人。

2023 年，全区人口数总体呈负增长，比上年减少 328 人。出生申报 3717 人，其中男性 1976 人、女性 1741 人，出生率 8.21‰；死亡 1107 人，死亡率 2.44‰；全区自然增加 2610 人，人口自然增长率 5.77‰。全年当年出生 2479 人，出生率 5.47‰，其中男性 1333 人、女性 1146 人，性别比为 116（女＝100），比上年男女性别比差距下降 0.05，变动原因有群众生育意愿降低等因素。二、三孩及以上孩次占比 54.69%。全区迁入 5209 人，迁出 8082 人。

**【民族】** 2023 年，平潭综合实验区有回族、畲族、壮族等 27 个少数民族，人口 9364 人，其中回族

人口 8209 人。少数民族人口主要分布在海坛片区和君山片区。全区有民族行政村 4 个，分别是君山片区港东村、君山片区模镜村、海坛片区上楼村、海坛片区玉道村。

【宗教】 2023 年，平潭综合实验区有佛教、道教、天主教、基督教四大宗教。依法登记的宗教活动场所有 221 处，其中佛教 13 处、道教 121 处、天主教 2 处、基督教 85 处。教职人员 239 人，其中佛教 17 人、道教 172 人、天主教 5 人、基督教 45 人。

【民间信仰】 2023 年，平潭综合实验区有民间信仰活动场所520处，其中 100 平方米以上场所 236 处。有民间信仰活动场所联系点41处，其中省级 7 处、区级 34 处，备案点 7 处。

（凌祥锋 林泽禹 林超敏 陈莹）

## 历史人文

【不可移动文物】 2023 年，平潭综合实验区有不可移动文物227处，其中全国重点文物保护单位2处（海坛海峡水下遗址、壳丘头遗址群）、省级文物保护单位 7 处、区（县）级文物保护单位 19 处、一般文物点 199 处。按文物类型分类，有古遗址 46 处、古墓葬 13 处、古建筑 130 处、石窟寺及石刻 20 处、近现代重要史迹及代表性建筑 18 处。按文物时间分类，有以壳丘头遗址群为代表的史前文化遗址 27 处，其中旧石器时代遗址 4 处、新石器时代至青铜时代遗址 23 处；至五代、宋元时期，平潭远离中原、发展较慢；明清时期，随着沿海贸易的兴起，平潭逐步发展，留存有石头厝民居、寺庙、海洋烟墩等明清时期文物点 163 处；至民国及近现代时期，留存烈士墓葬、陵园、抗战遗存遗迹、名人故居等文物点。

【古遗址】 2023 年，平潭综合实验区有古遗址 46 处，主要包括海坛海峡水下遗址、壳丘头遗址群、祠堂后山遗址、平原瓦瑶山遗址、草屿岛后崎山遗址、招康垄烟墩遗址等。

海坛海峡水下遗址 拥有分流尾屿沉船、老牛礁一号沉船、碗礁一号沉船、大练岛西南屿宋代沉船等 10 处沉船遗址，是中国水下文化遗产分布相对密集、数量较多的海域之一，年代序列从五代到清代，是第七批全国重点文物保护单位。

壳丘头遗址群 位于苏平片区山显美村至剑湖村之间，含壳丘头、西营、东花丘、龟山等遗址，总面积超 16 万平方米，距今 7500 ～ 3000 年，是福建沿海地区发现新石器至青铜时代贝丘兼沙丘遗址且年代最早序列最完整的史前遗址群，也是南岛语族起源与扩散考古学研究的重要组成部分，是第八批全国重点文物保护单位，获评中国文物报社和中国考古学会联合评选的“2023 年度全国十大考古新发现”。

瓷园头遗址 位于金井片区南厝场村，面积 2500 平方米，分布有零星陶片和蚶壳。采集的硬陶片为夹砂灰黄陶和泥质陶等。纹饰有贝齿纹、戳印纹、网纹（交错绳纹）、螺旋纹等。其陶系及纹饰，与壳丘头遗址类似，距今 6000 ～ 5500 年。

祠堂后遗址 位于金井镇北厝村林氏宗祠后山坡上。1958 年调查发现。遗址范围面积约 1 万平方米，断面可见 20 ～ 80 厘米厚的贝壳堆积。内含少量硬砂陶、夹砂灰黄陶，纹饰以贝齿纹为主。陶系及其纹饰与壳丘头遗址类同，距今 6000 ～ 5000 年。

【历史名人】 平潭历史上曾出现林颖、林堉、林廷奎、周绍龙、周正峰、施万春进士 6 人，明朝有为民请命、入狱 18 年的“布衣英雄”林杨。清朝平潭设水师海坛镇衙署，造就一批平潭水师人才，计有提督 6 人、总兵 12 人，有“一里六提督”之说；出现有施恩、施国麟、施得高“一门三虎将”和詹殿擢、詹功显“父子双雄”等成海名将，有在鸦片战争中浴血奋战、壮烈殉国的抗英英雄江继芸。土地革命战争至解放战争时期，先后涌现刘尧宸、曾焕乾、周裕藩、林慕曾、吴国彩等革命英烈。还有语言学家高名凯、中医名家李健颐、藻类学家周贞英、体育名人林仰秀、文史专家施天章、地球物理学家曾融生等人。

【红色文化】 平潭有着光荣的革命历史。早在第二次国内革命战争时期，就点燃革命火种。抗日战争时期，爱国军民协同抗日、浴血奋战。解放战争时期，开展农运、学运和武装斗争。1949 年 5 月 5 日，平潭人民游击支队解放平潭县城、成立平潭县人民政府，是福建省解放战争时期第一个由游击队解放并建立红色政权的县份。1949 年 9 月 16 日，配合中国人民解放军渡海作战、解放平潭。中华人民共和国成立后，作为海防前线，平潭人民响应支前战备号召，协助守岛部队构筑国防工事、巩固海防。

平潭非物质文化遗产“藤牌操”源于明朝抗倭名将戚继光创立的“鸳鸯阵”步法。图为非遗传承人演练藤牌操 （念望舒 摄）

【风俗民情】 平潭岁时节庆重视“四年八节”，“四年”指春节、元宵节、端午节、中秋节，“八节”指拗九节、清明、立夏、炒豆节、七夕、七月半、冬至、祭灶等节日。拗九节、炒豆节、立夏和冬至富有平潭特色。拥有藤牌操、平潭词明戏、平潭贝雕等42项区级非物质文化遗产。平潭民居就地取材，以遍布全岛的花岗岩建成石头厝，屋顶常见石头压瓦，石屋抵御风沙且冬暖夏凉。

【特产小吃】 平潭盛产海味咸品，南海乡塘屿出产“坛紫菜”，历史上被列为朝廷贡品。白青乡所产淡菜干品“蝴蝶干”，肉厚味美，是滋补佳品。东庠门海区的金蟳（学名锯缘青蟹），民间视为上等补品用于孩童学步进补。另有丁香、对虾、三疣梭子蟹、石斑鱼、中国仙女蛤、石花菜、黄吉等特色海产。特色小吃有“时来运转”、油茧、薯粉丸、蛎煎、香炒龟足、东庠蟳蒸糯米饭、蟹羹等。

【语言】 平潭话属于以福州话为代表的闽东方言系统，与福清话相同，县境内通行平潭话。南海乡的塘屿，因靠近莆田，这一带居民多说莆田话。还有少数村落，通行闽南话，如流水的后田、中楼的韩厝、澳前的龙山等。

（年鉴编辑部）

## 经济社会发展

【经济建设】 2023年，平潭综合实验区围绕“一岛两窗三区”（即国际旅游岛，闽台合作的窗口、国家对外开放的窗口，新兴产业区、高端服务区、宜居生活区）战略定位开放开发，全区生产总值370.19亿元，比上年增长3%。其中，第一产业增加值43.51亿元，第二产业增加值88.41亿元，第三产业增加值238.26亿元。固定资产投资比上年增长3.8%。特色产业提升，风电行业产值比上年增长24.2%，建筑业总产值增长14.5%，平潭海峡公铁大桥、福州至平潭铁路站房及相关工程平潭站2个项目获中国建设工程鲁班奖；水运总周转量比上年增长12.2%，船舶总运力突破600万载重吨，占全省运力超1/4，“海通发展”成为首个登陆沪市主板的本土船运公司。发展文旅经济，文旅消费供需两旺、实现三大突破，接待旅游总人数1026.15万人次，突破千万人次，比上年增长45.7%，增幅与全省持平；实现旅游总收入105.84亿元，突破百亿元，增长66.7%，增幅比全省高出5.4个百分点；游客人均花费1031元，突破千元，增长14.4%，较全省平均花费低190元。新增酒店住宿床位4500余张，限额以上住宿业、餐饮业营业额分别比上年增长60%、20%。推进投资促进和重点项目建设两大机制，签约起帆平潭海缆基地、岚悦酒店等社会投资项目79个、15个省重点项目超额完成年度计划，政府性投资完成115亿元，比上年增长70%；落实税费优惠政策，出台促进民营经济发展壮大28条政策，全省首推“个转企”（个体工商户现代企业转型升级）改革，全年新登记市场主体2.50万家，比上年增长1.70倍。在自贸试验上，推出海上风电“净零碳”模式、知识产权行政司法“三同步”工作机制等17项创新举措，其中全国首创8项；民宿“承诺备案+全程网办”新模式案例入选“中国改革2023年度地方全面深化改革典型案例”名单；创新远程智能施封系统、进境拼箱货物“拆单”放行等措施，提高口岸通关便利化水平。在投融资模式上，争取到中央预算内投资补助资金3.01亿元，专项债项目资金60.20亿元；区属国企综合运用公司债、点心债、

PPN等融资工具，实现自主融资约70亿元；创新央地合作模式，以资产换产业、以政策引投资，中能建、省能化集团等央企及省属国企项目落地平潭。全年安排重点项目415个，总投资额1982.35亿元，完成投资额197亿元。列入省级重点项目15个，总投资额270.81亿元，年度计划投资额45.32亿元，完成投资额50.98亿元，占年计划的112.48%。围绕产业发展、社会事业、交通、城乡建设与生态环保、农林水利等领域，开工项目126个，总投资额193.86亿元，包括文体科创产业园、南部湾体育休闲公园、棒球公园、新兴产业园综合开发项目、共享储能电站、东大街西段城市更新、海坛街道城市更新完整社区（一期）、福建医科大学附属协和医院平潭分院二期、超融合边缘计算云、跨境贸易枢纽中心及配套云仓、城乡污水处理提升、城乡供水一体化巩固提升、老旧小区改造（四期）等。建成项目85个，包括两岸馨苑、旧城区道路改造提升、城关第二幼儿园、海洋生态保护修复项目、环白青乡生态廊道、国际旅游岛智慧文旅工程等。

**【政治建设】** 2023年，平潭综合实验区落实管党治党政治责任，制定《关于进一步加强对“一把手”和领导班子监督的若干措施》，完善履行主体责任提示、纪检监察组织履职特殊事项月报告等制度，推动审计监督、巡察监督与纪检监察监督贯通协同。巩固巡视巡察等整改成果，开展中央巡视、省委巡视、省委涉粮问题专项巡视、省纪委监委对实验区政治生态“画像”等整改情况“回头看”。全覆盖开展区级主体责任检查，完成省、区两级主体责任检查问题整改294个，问责党员干部32人。巡察党组织15个、村居74个，发现问题746个、问题线索17条。常态化开展政治生态分析研判，形成政治生态分析报告17份、村情报告219份。开展基层党建品牌提升行动，分领域实施“书记领航”党建项目100个，选树党建示范点48个。开展村级党组织“届中”党建体检，整顿软弱涣散村党组织5个。创新基层组织模式，将全区219个村居组建成31个联合党委，提升基层党组织抓党建促乡村振兴、引领基层治理的能力，村集体经济年收入20万元以上的村居数比上年增长27%，推动党建、公安、执法等14个部门147项职能入格。实施“百千万”党员干部素质提升工程和年轻干部“岚才启航”培优训练营计划，抽调400余名干部到招商引资、旅游发展、重点项目一线。深化“不适岗投票”“无任用推荐”，推荐产生67名实绩突出的优秀干部和发现一批不适岗的干部。推进全面从严治党，查处“四风”（形式主义、官僚主义、享乐主义和奢靡之风）方面问题43件71人，立案审查调查136件138人，立案数比上年增长6.25%，给予党纪政务处分134人，移送司法机关5人；坚持受贿行贿一起查，立案审查调查行贿人员6人，5人主动交代问题。运用基层小微权力监督平台，查处群众身边腐败和不正之风27件42人，给予党纪政务处分26人。开展警示教育1026场次、3.40万人次。处置涉及纪检监察干部问题18件，运用第一种形态处理11人、给予党纪处分1人、组织调整1人、问责1人、调离1人。

**【文化建设】** 2023年，平潭综合实验区以“国际风范、青春时尚”为主题，以文化和体育为两大核心竞争力，建设高辨识度的国际旅游岛。打造星辰大海浪漫岛，推出“星辰大海·镜沙”、“星球唤想”无边界海景剧场、“岚起山海图”实景演艺等一批新业态新项目。打造音乐艺术欢乐岛，运用平潭国际演艺中心、“68海里”景区黑礁音乐博览馆、坛南湾音乐文创基地、龙王头城市音乐会客厅、竹屿湾影视基地5个音乐主题载体，举办《李白》《天鹅湖》等优秀剧目和跨年烟花秀、青年影展、“蓝眼泪”音乐节等演艺活动152场。打造品牌赛事活力岛，培育赛车、棒垒球、风筝冲浪、沙滩运动、自行车5种品牌赛事，举办亚洲沙滩排球锦标赛、U18（18岁以下）女子垒球亚洲杯、F4方程式中国锦标赛等体育赛事62场。平潭被评为“中国体育旅游十佳目的地”，平潭籍风筝冲浪运动员陈静乐获杭州第19届亚运会帆船女子水翼风筝板比赛冠军。区棒垒球队获2023年全省青少年棒球锦标赛乙组冠军和甲组亚军。新增公办学位1170个、医疗床位251张、城镇就业人口2394人。学前教育公办率、普惠率、义务教育公办率分别比上年提高5.6%、3.7%、1.5%，均超省定标准。科创支撑增强，新认定国家高新技术企业12家、省级科技“小巨人”企业3家、省“瞪羚”企业1家。新立项国家重点研发计划项目1个，列入省级科技计划项目14个。新增发明专利45件、注册商标1073件，分别比上年增长31.8%、8.3%，新评定国家、省知识产权优势企业各2家。实施“智汇平潭”全方位引才计划，招引人才837人，比上年增长43.39%。各级公共图书馆

平潭综合实验区金井新城 （江信恒 摄于2023年1月）

组织讲座72场次，书刊文献外借19.49万册，总流通52.70万人次（含各分馆）；举办画展32次，参观5.80万人次。文化馆组织举办各类展览11场，参观0.32万人次；各类文艺活动220场次，参与（含线上直播）34.66万人次；免费开放培训80场次，参加人员0.25万人次。

【社会建设】 2023年，平潭综合实验区以人民为中心，推动发展成果普惠共享。推动城乡一体化，福建最大引调水工程——平潭及闽江口水资源配置工程（“一闸三线”工程）全线通水，主岛实现城乡供水一体化，平潭人民结束“靠天吃水”历史。借鉴运用“千万工程”经验，探索推动农村宅基地、承包地、集体经营性建设用地和海域改革，打造“田园风光、城市生活”。分批推进60个村庄13个连片规划编制，选定10个村开展整村示范整治，“骑”妙追“泪”之旅获评全国乡村旅游精品线路，砂美村等4个村庄获评全国“一村一品”示范村、省级“水乡渔村”休闲渔业示范基地、省级美丽渔村。提升城乡建设品质，136个城乡建设品质提升项目完成年度投资额42.10亿元，项目数、投资额分别比上年增长27%、33%，新建改建城乡供水管网近100千米、污水管网44千米，改造老旧小区19个。财政用于民生的比例超70%，全区城乡居民养老保险及城镇职工基本养老保险参保人数26.40万人，城乡居民养老保险待遇从每人每月200元提高至210元；被征地农民养老保险参保人数9.25万人，领取被征地养老待遇2.20万人。医疗保险参保人数39.51万人，生育保险参保人数3.42万人，失业保险参保人数3.98万人，工伤保险参保人数6.04万人。最低工资由1720元提升到1960元，非全日制用工小时最低工资由18.80元提升到20.50元。新增城镇就业人口2394人，城镇失业人员再就业930人。

【生态文明建设】 2023年，平潭综合实验区推进中央第三轮生态环保督察问题整改工作，加大无居民海岛保护力度。成立区幸福河湖促进会，整治修复君山环岛沿线、大澳湾等海岸线生态功能，清退超规划养殖面积30公顷，改造传统养殖渔排6.8万口、筏式养殖泡沫浮球面积1200公顷，主岛海坛岛获评全国“和美海岛”。集中式饮用水水源地——三十六脚湖Ⅲ类水质优良比例100%；近岸海域国省控点位优良水质面积比例96.3%。环境空气质量达标率98.9%；环境空气质量综合指数1.95，位列全省第一；6项污染物指标年均浓度达到国家标准，细颗粒物（PM2.5）浓度均值每立方米14微克。全年清理海漂垃圾1.31万吨，海漂垃圾分布密度270平方米/千米，覆盖度1.6‰。

（年鉴编辑部）

# 两岸共同家园建设

## 综 述

**【两岸融合发展示范区意见落实】** 2023年9月12日，中共中央、国务院出台《关于支持福建探索海峡两岸融合发展新路 建设两岸融合发展示范区的意见》(简称《意见》)，提出“支持平潭加快构建全方位对台开放格局。逐步构建对台投资贸易自由化便利化政策体系，探索建设两岸共同市场先行区域。支持平潭建设更加便捷的两岸往来通道。研究放开台湾信息服务等行业准入，研究探索加快扩大教育开放相关举措”。11月27日，省委台办、省发展改革委、教育厅、公安厅、人社厅和交通运输厅联合发布首批15条政策措施贯彻落实《意见》，其中涉及平潭综合实验区3条，包括开通台资企业注册业务“全程网办”、为就业创业的台胞青年提供一定期限的过渡免费住房和公共租赁住房、拓展台胞参与福建法治建设渠道。12月24日，省委、省政府发布贯彻落实《意见》的22条实施意见，提出“加快平潭综合实验区开放发展。打造两岸共同市场先行区域，优化海关监管模式，推动两岸贸易结算便利化，进一步扩大对台小额贸易，打造两岸农渔产品贸易重要通道和中药材交易平台，推动服务贸易创新发展。推出简化台商台企在平潭投资审批程序的相关措施，推动放开台湾信息服务行业准入，扩大对台教育合作。构建更加便捷的两岸往来通道，培育对台直航通道，推动优化平潭至台湾本岛客货运航线，适时开通平潭至台湾邮轮航线，推进游艇旅游合作，推进一批对台基础设施联通项目建设”。年内，平潭发挥对台先行先试的政策优势和闽台合作的窗口作用，落实落细台胞同等待遇、深化两岸经贸合作、拓展两岸基层交流，打造两岸同胞合作建设、先行先试、科学发展的共同家园。

**延伸阅读：** 平潭是祖国大陆距离台湾岛最近的地方，海坛片区东澳村距离新竹市南寮渔港直线距离仅126千米，立有“祖国大陆—台湾岛最近距离68海里”石碑。平潭综合实验区因台而设、因台而特，是全国唯一的对台综合实验区。

**【涉台项目推进】** 2023年，平潭综合实验区梳理形成重点推进的涉台项目清单，涵盖重点枢纽、能源资源、重点产业等领域，推动平潭

2023年11月，“祖国大陆—台湾岛最近距离68海里”标识石碑修复完成。图为游客在平潭猴研岛拍照留念　（林君斌 摄）

对台客运枢纽、闽北（平潭）外海海上风电场、竹屿口游艇产业基地、新兴产业园区综合开发、海峡医药健康产业园（含中药材交易中心及海西动植物隔离检疫中心）等项目纳入全省重点项目建设。

**【涉台政策研究】** 2023年，平潭综合实验区完成《两岸社区营造标准制定》《就业创业政策创新与提升》《南岛语族文化服务对台交流工作的路径研究》《“台胞低保”政策的研究与探索》等5项课题研究，《深挖南岛语族文化 推动对台交流》研究报告获全省重点课题优秀奖，在省政府政策研究室《政研专报》上刊发，获省领导批示。梳理集成实验区成立以来上级赋予的惠台政策和分散在各部门的政策，编印《平潭综合实验区惠台政策汇编》，通过台胞台企服务中心、“台陆通”App、台湾创业园、澳前台湾小镇、平潭台商协会等平台开展宣传，提高政策知晓率。加强涉台研究智库建设，发挥平潭两岸融合发展研究院力量，编纂刊印《台情参考》《选情分析》等14期。完成《两岸空运客运航点复航情况及推动恢复平潭对台海上客运航线的对策》《中国台湾地区青年社交软件使用情况分析》《对标中央对台工作会议精神 精进平潭对台工作》等调研报告。

**【对台传播】** 2023年，平潭综合实验区邀请两岸新闻媒体报道第12届共同家园论坛、第七届平潭两岸职工自行车赛等重要活动，在《人民日报》、新华社、中新社、《福建日报》、福建广播电视台、《台湾导报》等媒体刊发报道近百篇，浏览量约450万次。通过国务院台湾事务办公室新闻发布会呼吁恢复平潭至台中、台北、高雄等两岸海上客运航线通航。在Facebook（脸书）软件开通“hi平潭”账号，开设“早安平潭”“对台政策帮你问”栏目，获台胞关注点赞，曝光量近1亿次；推出特色节目《平潭郎·台胞》，宣传报道在平潭的15名台胞故事。创设“同心聚岚”微信公众号，运用自媒体提高平潭对台影响力和知名度，全年发布推文721篇，其中原创推文189篇，综合浏览量超19.80万人次。

**【平潭台湾同胞投资企业协会】** 2023年，平潭台湾同胞投资企业协会下属会员企业166个，发挥平台桥梁作用，配合实验区各部门服务台胞台企。年内举行第四届理监事干部就职典礼，邀请全国台企联、省内外台商协会会长、台商代表200余人参加。组织台胞参加第15届海峡论坛、两岸青年论坛、海峡妇女论坛、第12届共同家园论坛。开展“情浓中秋 爱满家园”“冬至叩年 温暖团圆”等活动，两岸台胞近400人次参加。走访台企23家，收集问题建议30余条，选送11条报请有关部门。协助在平潭海域遇险的3名台胞渔民申请应急救助金，做好返台工作。接待省内外考察团100余人次，接待台胞来访来电微信咨询500余人次，联络并协助台胞返台购票400余人次。

（林琳 林芳）

## 岚台交流品牌活动

**【概况】** 2023年，平潭综合实验区开展岚台文化、旅游、体育等多领域全方位交流，推进乡镇村里对接，举办共同家园论坛、海峡两岸村里长交流会、IM（“In Moments”意为“从这一刻起”）两岸青年影展、两岸职工自行车赛、海峡两岸（平潭）跆拳道交流大赛、岚台夜话等涉台交流活动126场，两岸参加活动总人数1.66万人次，邀请中国台湾地区嘉宾3228人次。年内，台湾旅行商业同业公会等重要团组到访。依托海峡两岸南岛语族考古教学实习基地、两岸国学中心、海坛海防博物馆、海峡两岸交流中心等重要平台，开展岚台民俗文化旅游节、台海主题研学营、岚台元宵灯会等主题活动，增强台胞的认同感、归属感。

**【第七届平潭两岸职工自行车赛】** 2023年5月19日—21日，第七届平潭两岸职工自行车赛举行，海峡两岸近700名骑手参赛。赛事分男子公路青年组、男子公路大师组、男子山地组及女子组4个组别。赛道设在环岛东路，以海渔广场为起终点，单圈长度12千米。新竹市自由车队徐御凯、上海链轮车队金玉林和龙港领骑单车高良分获男子公路青年组、男子公路大师组和男子山地组冠军，志庆·JAVA车队梁艳青获女子组冠军。

**【第12届共同家园论坛在平潭举行】** 2023年6月15日—17日，第12届共同家园论坛在平潭综合实验区举行，论坛以“好的生活 好的未来”为主题，聚焦两岸产业合作、平潭先行示范高质量发展等议题展开交流互动。福建省副省长常斌、全国台湾同胞联谊会常务副会长韩萤焕等629名两岸各界人士参会。开幕式上，10 家企业签订战略合作框架协议，5 名两岸企业家、专家学者围绕数字经济、海洋经济、绿色经济、文旅经济等发表主旨演讲。

【第七届海峡两岸村里长交流会在平潭举行】 2023 年 6 月 15 日—17 日，第七届海峡两岸村里长交流会在平潭综合实验区举行，429 名两岸嘉宾参会，其中台胞代表 288 人。交流会以“基层携手同行 增进民众福祉”为主题，包括嘉宾致辞、主旨演讲、授牌仪式、经验分享、两岸同胞合唱等环节，为城中村、东崑村、瑞龙社区等 20 个岚台融合示范基地授牌，两岸村居代表分享基层治理经验。

【第三届 IM 两岸青年影展在平潭举行】 2023 年 9 月 12 日—14 日，第三届 IM 两岸青年影展在平潭综合实验区举行，影展以“风再大又怎样”为主题，以扶持全球高校青年影视创作力量为目标，包括短片评比、论坛、展映等环节。中国电影先锋人物、第六代导演之一的王小帅担任影展主竞赛单元评委会主席，北京师范大学教授胡智锋担任影展学术委员会主席。国际知名电影制片人马可•穆勒、徐小明、阿美、黄旭峰等两岸电影人、导演、编剧及影评人、高校学者共同组成评委会。影展收到全球 331 所高校 1849 部参展作品，其中 88.6% 的主创群体为“95 后”新生代电影人，50 部作品入围，其中 15 部来自台湾地区。配套开展评审论坛、影视产业论坛、IM 毕业生返场谈、72 小时极拍、电影大师班等活动，并设表彰扶持资金 280 万元，其中主竞赛“麒麟表彰”单元最佳影片设奖金 30 万元，是全球短片影展的“顶配”。来自河北科技大学青年导演李家和的作品《地儿》获“麒麟最佳影片”。活动期间给予两岸高校大学生到平潭创作提供配套政策扶持和服务保障，为影视创作人才提供拍摄取景全天候服务，为影视创业者提供从注册到营销等全程服务。

2023 年 6 月 15 日，“基层携手同行 增进民众福祉”第七届海峡两岸村里长交流会在平潭举行。图为开幕式现场 （林君斌 摄）

【第二届台湾史青年学者研讨会在平潭召开】 2023 年 4 月 22 日，第二届台湾史青年学者研讨会在平潭综合实验区开幕，会议由孙中山基金会、中国社会科学院台湾史研究中心与厦门大学台湾研究院联合主办，区台湾工作部协办，近 70 名来自两岸各大高校的台湾史研究学者及硕士生、博士生参会开展交流，涵盖清代台湾史、台湾与抗日战争等主题，征集论文 22 篇，增加两岸共同历史文化记忆。

（林琳 林芳）

## 惠台政策

【概况】 2023 年，平潭综合实验区贯彻落实《中共中央 国务院关于支持福建探索海峡两岸融合发展新路 建设两岸融合发展示范区的意见》、福建省实施意见和《平潭综合实验区总体发展规划（2023—2035 年）》，制定出台《关于进一步推动两岸融合发展若干措施》等系列改善台胞福祉的政策，涵盖停居留政策、服务贸易开放、文体交流活动等方面的 39 条举措。推出在平潭工作的台胞个人所得税税负差额补贴“免申即享”政策，在全国率先开通台资企业注册业务全程网办。为到平潭旅游、交流、就业、生活的台胞提供 100 套为期 1 年以内的免租房，台胞同等申请公共租赁房、保障性租赁住房。

【台胞个税补贴“免申即享”】 2023 年，平潭综合实验区推出在平潭工作台胞个人所得税税负差额补贴“免申即享”政策。对在实验区任职、受雇、履约的台胞，按照在平潭实际申报缴纳个人所得税的 20% 予以补贴，台胞取得的上述补贴免征个人所得税。台胞登录“闽政通”平台办理，经核准后，补贴直接发放到台胞个人账户。年内发放台胞个税补贴 91 人次，兑付补助金近 21 万元。

【台企注册全程网办】 2023 年 10 月，平潭综合实验区获批设立台湾居民居住证身份核验接口，在全国率先开通台资企业注册业务全程网办。在平潭新设立的台资企业通过自主申报、实名认证和电子签名等线上操作，最快 3 个小时内可获批营业执照，无须到登记窗口提交纸质申请材料。

【台湾居民居住证应用场景拓展】 2023 年，平潭综合实验区完善涉台公共服务体系，实现台胞在平潭持台湾居民居住证可直接办理政务大厅自助取号、台胞就诊卡线上办理、高铁站汽车站检票核验、景区景点门票核销、酒店登记、民宿预订、政务服务线上核验、图书馆办理借书卡、公证事项办理和移动支付等 10 个高频事项，提升台胞在平潭生活便利化水平。

【台胞人才"倍增计划"】 2023 年，平潭综合实验区实施台胞人才"倍增计划"，台胞人才数量比上年增加一倍，召开人才惠台政策宣讲会 10 场次。开展台胞人才认定工作，落实人才认定和奖补措施，年内新增认定台胞中高层次人才 29 人；至年底，认定台胞中高层次人才 178 人。开展以台湾创业园、澳前台湾小镇、北港文创村为载体的两岸"三创基地"省级重点平台建设，至年底，吸引 2809 名台胞人才入驻。

【台胞人才职业晋升】 2023 年，平潭综合实验区在全国率先出台台胞人才晋升管理办法，在平潭的综合管理类台胞人才可实现职级套转或晋升，做法获省委领导肯定。探索两岸人才融合发展的"平潭样本"项目，获全省改革创新项目决赛资格，推荐报送至中央改革办。

（林琳 林芳 黄雨翎 陈莹）

# 台胞同等待遇

## ·台胞工作保障·

【概况】 2023 年，平潭综合实验区落细落实台胞台企同等待遇，为台胞在平潭工作提供保障。深化对台职业资格采信，实现 50 项技能类直接采认换发祖国大陆职业资格证书，向台胞发放采信证书 1186 本，实现采信业务区外办埋、线上办理。扩大台胞参与社会组织管理权限，119 名台胞人才就职参与社会公共管理，成立岚台同心社工服务中心。开展 6 批次 149 名台湾青年实习实训活动。

【台胞参政议政】 2023 年，5 名台胞被选举为平潭县第十八届人民代表大会代表，常态化列席区人大工委暨县人大常委会会议，听取和审议各项工作报告。区妇联以换届为契机，吸纳 11 名台胞妇女代表，选举产生 4 名台胞妇联执委，其中 1 名台胞兼职副主席，参与实验区妇女儿童事业发展工作。

【台胞社会公共管理参与】 2023 年，平潭综合实验区鼓励支持台胞参与社会公共管理服务，扩大台胞参与社会组织管理权限。成立岚台同心社工服务中心，组建台胞社工团队参与基层治理工作。至年底，实验区公共管理领域有 119 名台胞人才就职，其中社区营造师 21 人、社工 4 人、专才员工 94 人。

【对台职业资格采信】 2023 年，平潭综合实验区深化对台职业资格采信，提升台胞职业资格一体化服务中心影响力，为台胞提供技能培训、考证和推荐就业等服务。

台胞职业资格直接采信 新增 16 项直接采认技能类职业资格；至年底，台胞在平潭有 50 项技能类可直接采认换发祖国大陆职业资格证书。启动新一轮两岸职业证书标准比对，覆盖台湾地区新公布的 393 项证书。模式被商务部列入《全国自贸试验区重点工作清单（2023—2025 年）》，入选福建自贸试验区第 20 批全国首创举措和第六届全省机关体制机制创新十佳案例名单。

台胞职业技能等级认定 面向台胞开展中西式烹调师、工程测量员、汽车维修工等 33 个工种职业技能等级认定工作，90 名台胞参加认定。中心获人力资源社会保障部批准成为全国唯一专门面向台胞的职业技能等级评价机构。

台胞职业技能培训 引入字节跳动（抖音）、海峡人才市场、省教育学院等机构，开展直播经济、学前教育等热门职业服务，年内服务 97 名台胞参加技能培训。

采信业务区外办理 构建"一中心+多窗口"运作模式，在省内各地市设立服务窗口，在北京、广东设立分中心，直接办理采信业务。年内向台胞发放采信证书 1186 本，换证量是 2018—2022 年累计量的 1.03 倍。

采信业务线上办理 开发"台职通"App，线上办理台胞职业资格服务。年内注册人数约 1 万人次，服务台胞换证 860 人次，接入省内外就业信息 1000 余条。

【台胞实习就业】 2023 年，平潭综合实验区创新台胞实习就业服务模式，整合向岛内招收台胞青年的第三方机构力量并建立资源库，由台胞青年根据自身需求进行个性化“点单”，区台湾工作部根据岗位特质进行“派单”，区直单位、区属国企等承接单位“接单”，零星少数台胞青年“拼团凑单”，全年开展 6 批次 149 名台胞青年实习实训活动。引导扶持符合条件的单位机构申报区级、省级台青实习实训、就业创业基地，年内新培育 1 家省级台青实习实训基地（区文旅集团）、1 家省级台青就业创业基地（卖家孵化基地）。

【平潭发放福建首张台胞游艇驾驶证】 2023 年，平潭综合实验区海事局推出台胞在平潭参与游艇驾驶证考试的政策，台胞通过理论和实操考核后，可在祖国大陆驾驶海上 20 米及以下机械推进动力的游艇。2 月 14 日，平潭海事局向在平潭从事旅游业的台胞陈世斌发放游艇驾驶证，是福建省面向台胞发出的首张游艇驾驶证。

（林琳）

## · 台胞生活保障 ·

【概况】 2023 年，平潭综合实验区围绕台胞在平潭的就医、子女就学等生活方面，落细落实台胞台企同等待遇，为台胞创造愿意来、留得住、过得好的安居环境。台胞子女就读公立学校可自主择校并免学费。在全省率先推出全流程台胞医疗服务，未参保的台胞可领取台胞医疗服务卡，同等享受预约、就诊、结算等服务。台胞可同等申请公共租赁房、保障性租赁住房，123 名台胞入住公租房。平潭首个台胞社区两岸馨苑竣工交房，16 户台胞入住。

2023 年 2 月 14 日，平潭海事局发放福建首张台胞游艇驾驶证。图为台胞(左)拿到驾驶证 （陈仕凯 摄）

【台胞子女平潭就学】 2023 年，平潭综合实验区满足台胞子女就学需求，台胞子女就读公立学校，从学前教育、义务教育到高中阶段教育可自主择校并免学费。年内，实验区在校台胞学生 77 人。

【平潭推出全流程台胞医疗服务】 2023 年，平潭综合实验区打通台胞就医壁垒，开通“台胞参保直通车”，在全省率先推出全流程台胞医疗服务，未参保台胞在医院窗口凭台胞证等证件，可领取台胞医疗服务卡，和祖国大陆居民一样，享受预约、就诊、结算一站式服务，优化台胞就医环节。至年底，参加医社保台胞超千人。

【台胞同等申请保障房】 2023 年，平潭综合实验区保障台胞住房需求，在平潭的台胞可同等申请公共租赁房、保障性租赁住房，将台胞住房需求纳入城乡居民公共租赁住房配租范畴统一保障，年内 123 名台胞入住公租房。创新推出 100 套为期 1 年的免租房，为到平潭旅游、就业、生活的台胞提供拎包入住便利，年内 64 名台胞青年短期入住。

【平潭首个台胞社区交房】 2023 年 9 月 7 日，平潭综合实验区首个台胞社区——两岸馨苑竣工验收，10 月 19 日交房，16 户台胞入住。社区占地约 2 万平方米，总建筑面积 6.50 万平方米，住宅楼 5 栋 388 套、商铺 23 套，总投资额 4.12 亿元。项目由台企设计、台企施工管理、台胞购买、台企物业运营管理，为精装房，面向台胞出售。

（林琳）

## · 台胞权益维护 ·

【概况】 2023 年，平潭综合实验区完善涉台维权工作机制，做好涉台投诉求助调处、纠纷化解等工作，召开台胞权益保障工作专题会议2次。受理涉台投诉求助协调件15件，办结15件，台胞台企满意率100%。9月，国务院台湾事务办公室投诉协调局在平潭召开全国台胞权益保护工作会议，区台湾工作部做好服务保障工作，获国台办肯定。12月19日，“平潭通”服务平台上线“台胞权益保护”栏目，含咨询、建议、诉求、涉税事项援助等服务，受理咨询诉求事项10件。

【台胞应急救助】 2023年，平潭综合实验区做好台胞应急救助帮扶工作，组建一支由台胞青年组成的志愿者服务队，帮扶孤寡老弱困难台胞，开展志愿者服务活动8次，为3名困难台胞送上保暖衣物、提供康复训练和整理居所环境卫生。落实海上涉台风险防范应急协调机制，协调解决3名台湾渔民在平潭海域触礁搁浅事宜，帮助其安全返台。设立台胞应急救助基金，为台胞提供困难救助、医疗救助、临时救助和最高10万元人身意外伤害保险补助等保障，年内受理台胞救助事项8件，拨付救助金额1.60万元，做法入选福建自贸试验区第20批创新举措名单。

【涉台纠纷化解】 2023年，平潭综合实验区创新涉台司法服务模式，全国首个台胞检察事务助理调解室在平潭设立，区人民法院与江苏省昆山人民法院共建涉台融合法庭，化解涉台矛盾纠纷。区台湾工作部实施干部挂钩服务台企制度，掌握台企经营困难问题，开展1031家台企“一企一档”工作，收集台胞台企意见建议20余条，解决问题诉求10余个；走访台商台胞聚集区域，调处涉及台胞利益的“小纠纷”“小隐患”“小需求”问题。

（林琳 林芳）

## 岚台经贸交流

【概况】 2023年，平潭综合实验区建设两岸共同市场先行区域，对接台湾地区优势产业，吸引台湾地区中小企业和工商团体，与台湾旅行商业同业公会、台湾平潭商业联合会、台湾富堡集团交流对接，举行岚台夜话、闽台旅游休闲产业博览会等经贸交流活动。受两岸局势及对台贸易政策调整等因素影响，7月起平潭陆续恢复购入午仔鱼、秋刀鱼、番荔枝等台湾地区农渔产品，购入货值2.60亿元，比上年下降49.5%。年内，平潭口岸对台贸易额145亿元，销往台湾地区的电商货值55亿元。

【岚台物流通道建设】 2023年，平潭综合实验区利用“海运成本，空运速度”优势，通过“海峡号”“台北快轮”“鲁丰轮”两岸直航集装箱班轮等航线，实现与台湾地区北、中、南部主要港口货运航线全覆盖，联动桃园机场、长乐机场、台北港、江阴港，形成双向辐射的物流通道。年内，平潭对台货运航线每周运行4个直航航次，其中台北快轮3个航次、华航1个航次。年内，台北快轮执行往返223航次3.40万标箱。华航执行66航次2.20万标箱。“海峡号”客货滚装船执行7个航次71个标箱。

【平潭对台小额贸易市场】 2023年，平潭对台小额商品交易市场以台湾地区免税商品为核心，进入交易市场的台湾地区粮油食品、土产畜产、纺织服装、工艺品、轻工业品和医药品等6类商品免除关税、消费税等，游客每人每日免税消费额度6000元，接待游客15万人次；购入台湾地区商品货值1.80亿元，比上年增长38%。至年底，吸引游客564万人次，销售额50亿元；签约落地企业198家，包括综合商场1家、品牌旗舰店和特色商铺88个、贸易商及物流服务商74家、

2023年，平潭综合实验区推行全流程台胞医疗服务。图为11月23日，台胞在福建协和医院平潭分院就诊 （江信恒 摄）

游艇产业园项目1个、文创街项目9个、美食街项目3个。

【澳前台湾小镇1号免税商城运营】 2023年10月1日，澳前台湾小镇1号免税商城在平潭对台小额贸易市场内开业，300余个台湾地区品牌入驻，70家台湾企业签约入驻。商城以商超运营模式为主，吸引台湾地区上市企业合作运营，年内销售额近30万元。

【“海峡号”对台货运恢复】 2023年6月15日，运载11个集装箱快件的“海峡号”高速客货滚装船从平潭驶往台中，停航1221天的平潭澳前码头对台货运直航航线复航。年内开通7个航次，往返71个标箱。

【首届闽台旅游休闲产业博览会在平潭举行】 2023年4月29日至5月1日，首届闽台旅游休闲产业博览会举行，是平潭海洋国际会展中心投入使用后的首场展会，两岸从事休闲业的100余家企业参展。会展中心A区设置咖啡、茶专区，两岸咖啡师、茶艺师展开主题对话，茶道表演。B区设置文创“非遗”专区，展出书画作品，现场体验棒球运动，开展跆拳道及瑜伽表演等。下沉式广场设置美食专区，推出台湾和平潭特色小吃。

【2023岚台夜话活动】 2023年6月30日，平潭综合实验区举办2023岚台夜话活动，来自福建省委台港澳工作办公室、省台湾同胞联谊会、平潭综合实验区、新竹市等百余名嘉宾参会，探讨岚台融合发展路径。活动分享平潭文旅经济发展成果及新一轮总体发展规划政策，来自两岸的6家企业、行业协会、智库机构签订战略合作框架协议。

（林超敏 林炜 林琳 林芳）

2023年10月1日，澳前台湾小镇1号免税商城在平潭对台小额贸易市场内开业。图为免税商城入口　（林君斌 摄）

## 岚台社会融合

【概况】 2023年，平潭综合实验区开展岚台农业、文化、体育、医疗、科技等多领域社会融合，打造基层融合品牌，促进岚台民间交流。探索两岸共建共管，推动10个平潭基层组织、行业协会与台湾地区相关社团组织结对，指导台胞社区营造师完成岚台兴旺凤梨园、紫兰海景庄园民宿群等两岸基层合作项目5个，吸引台胞社区营造师、台胞社工参与基层社区治理，成立福建首个台胞持中国台湾居民居住证发起成立的社会组织。推动岚台村里双向交流，举办第七届海峡两岸村里长交流会。共叙两岸宗教文化，举办第九届“禅之声”论坛、《中华续道藏》编纂与海峡两岸道学文化学术研讨会、首届岚台临水陈夫人文化交流会、首届平潭两岸妈祖民俗文化交流会、“三岛迎妈祖，福泽佑闽台”2023首届闽台妈祖文化三岛会香活动等活动。推动民俗文化交流，举办“同‘粽’同源迎端午　同心同行促融合”端午节联谊交流活动、“岚台海峡缘·共圆家园梦”“福籽同心　两岸一家亲”等涉台活动。促进宗亲姻亲交流，举办闽台“山盟海誓”集体婚礼暨闽台婚姻家庭交流活动、首届岚台姓氏寻根大会暨《闽台寻根大典》平潭三部曲发布会等活动。

【岚台农业融合】 2023年，平潭综合实验区高标准建设闽台农业融合发展产业园，15家闽台农业企业和15个闽台产业项目落地平潭，做好创建全省第7个国家级台湾农民创业园准备工作。借鉴台湾地区农业“五新”（新品种、新技术、新农药、新肥料、新机具）模式，种植台湾地区果蔬新品种13个，学习台湾地区凤梨栽培技术、百香果栽培技术、火龙果嫁接技术3项。购入台湾地区设备2台（套），其中花生收获机1台、沉水泵1套。6月26日—29日，第15届海峡论坛·两岸乡村农田水利建设交流会在平潭举行，150余名来自两岸的农田水利专家参会，围绕河湖融合发展、水资源节约集约利用、水生态水环境保护修复等议题展开讨论。

【岚台文化交流】 2023年，平潭综合实验区发挥南岛语族文化、闽台海洋文化、海防文化等特色文化作用，促进岚台文化交流交融。海峡两岸南岛语族考古教学实习基地举办"环太平洋史前文化"学术研讨会、"探源海洋文明源头·传承南岛拓海风路"福建师范大学海外教育学院研习营、"闽台海洋文化探源研学"等活动。海坛海防博物馆开展岚台民俗文化旅游节、台海主题研学营等活动，让两岸同胞体验海防史迹与水师文化，增强家国观念。举办第二届岚台历史文化传承与创新论坛、"瑞兔迎吉·福临岚岛"岚台元宵灯会等主题活动，弘扬中华优秀传统文化，增强台胞认同感、归属感。

【岚台体育交流】 2023年，平潭综合实验区选取在台湾地区普及程度高、流行的运动项目，举办海峡两岸（平潭）铁人三项公开赛暨城市家庭铁人三项公开赛、2023年闽台（平潭）体育名师交流周、海峡两岸体育嘉年华暨海峡两岸青少年棒球冠军赛、第15届海峡论坛·闽台青少年棒球邀请赛等体育赛事活动，吸引台胞参与活动，打造品牌赛事活力岛。平潭城关小学、平潭第一中学获评闽台棒球交流试点校。

【岚台医疗融合】 2023年6月2日—3日，2023年闽台医疗高品质融合发展学术研讨会在平潭综合实验区举行，200余名来自海峡两岸的医疗卫生领域专家学者参会，围绕两岸医疗发展历程、医学技术、医保政策等内容，探讨闽台医疗融合发展路径。7月1日，第14届闽台中医药学术论坛在平潭举行，200余名两岸中医药专家学者互动交流。年内，"高明见名医工作室""余新光名医工作室""张承能名医工作室"等7个两岸名医工作室落地，为平潭提供两岸医疗资源和人才培养等服务。举办台胞医生招聘会，8名台胞医学博士生、硕士生与福建医科大学附属协和医院达成就业意向。

2023年10月27日，平潭综合实验区岚台同心社工服务中心在海坛片区东门社区成立。图为台胞社工（左一）和平潭志愿者分享社区服务经验 （江信恒 摄）

【岚台科技融合】 2023年，平潭综合实验区有省级台胞科技特派员4人、区级台胞科技特派员14人。12月，召开岚台融合科技工作者交流会，交流岚台科技合作经验，助力实验区建设发展。

【闽台乡建乡创合作】 2023年，平潭综合实验区持续开展闽台乡建乡创工作，海坛片区上楼村乡建乡创项目获得省级财政补助资金，聘用台湾长江中兴团队，在上楼村开展陪伴式服务，参与群众文化中心乡村振兴项目建筑方案设计。至年底，龙海村、上楼村、南盘村等8个闽台乡建乡创项目获省级补助资金400万余元，10个村（镇）开展乡建乡创陪伴式服务项目，助力平潭乡村振兴。4个村吸引台湾地区设计团队助力闽台乡建乡创工作。

【台胞社区营造师培育】 2023年，平潭综合实验区培育台胞社区营造师21人，台胞社工4人；组织台胞社区营造师开展茶话会、座谈会等活动10场次，引导营造师互鉴互学；推动营造师打造大埕村"两岸融合"休闲广场、岚台兴旺凤梨园、紫兰海景庄园民宿群等5个两岸基层合作项目。至年底，全区培育64名台胞社区营造师，在86个

2023年5月20日，闽台“山盟海誓”集体婚礼在平潭“68海里”景区举行。图为新人们登上猴研岛“海峡之眼”眺望台

（区台胞台企中心 供图）

村（居）开展闽台融合试点，覆盖率40%。

**【岚台同心社工服务中心成立】** 2023年10月27日，由台胞社工陆盈静发起的岚台同心社工服务中心成立，为台胞台企提供信息咨询、社区融入等服务，参与实验区基层治理。平潭成为《中共中央 国务院关于支持福建探索海峡两岸融合发展新路 建设两岸融合发展示范区的意见》发布以来福建首个台胞持中国台湾居民居住证发起成立社会组织并担任法定代表人的地区。

**【首届2023两岸姓氏寻根大会暨《闽台寻根大典》平潭三部曲发布会举行】** 2023年8月18日，首届2023两岸姓氏寻根大会暨《闽台寻根大典》平潭三部曲发布会在平潭综合实验区举行，大会以“两岸一家亲、共圆中国梦”为主题，两岸姓氏宗亲代表和姓氏文化研究专家学者围绕中华姓氏文化历史、血缘亲情、文脉传承、两岸融合等方面开展交流探讨。推出“中华姓氏文化数字基因库”及《中华姓氏辞海》、《闽台寻根大典》平潭三部曲（《岚岛之光》《隧道之光》《海洋之光》）、“两岸一家亲、共圆中国梦”大型家文化平潭地标雕塑创意活动等10项品牌工程，并举行厦门大学平潭研究院两岸姓氏文化研究中心成立暨专家顾问授牌仪式，以及首届两岸姓氏寻根杰出贡献奖颁奖仪式。由厦门大学平潭研究院、河南省姓氏文化研究会和福建省开闽姓氏文化研究院联合主编的《岚岛之光》大型文献系列丛书，在当天举行全球首发仪式，丛书整理编纂平潭境内人口较多的60余个姓氏的源流迁徙，展示平潭姓氏基本脉络和人文地理文化。

**【闽台“山盟海誓”集体婚礼在平潭举行】** 2023年5月20日，闽台“山盟海誓”集体婚礼暨2023年闽台婚姻家庭交流活动在平潭“68海里”景区举行，活动由海峡两岸婚姻家庭服务中心、区台胞台企服务中心、福州市民政局、漳州市民政局联合主办，21对闽台新人身穿传统婚服、行传统婚俗，面海宣誓，结下海峡姻缘。省家庭服务业协会、平潭旅游行业协会与台湾婚庆产业联盟签订“闽台婚姻家庭幸福产业共同体合作意向书”，并召开闽台婚姻家庭融合发展座谈分享会。

（林琳 严东）

# 平潭国际旅游岛建设

## 综 述

【平潭国际旅游岛品牌打造】 2023年，平潭综合实验区打造高辨识度的国际旅游岛，以“国际风范、青春时尚”为主线，建设星辰大海浪漫岛、音乐艺术欢乐岛、品牌赛事活力岛、旅游体验舒心岛，旅游主要经济指标增幅居全省前列，连续7年获评2023年中国体育旅游精品目的地。全区旅游市场实现“三个突破”，接待旅游总人数突破千万人次，实现旅游总收入突破百亿元，游客人均花费突破千元。推出“星球唤想·蓝眼泪”“岚起山海图”等消费新场景，开启邮轮旅游新时代。策划推动文旅项目，棒球公园、水上卡丁车基地等建成投入使用。开展“星辰大海舒心平潭”海岛旅游推广活动，全网曝光量21亿次。植入文化、音乐、赛事、影视等特色元素，打造“旅游+音乐”“旅游+文化”“旅游+体育”“旅游+海洋”“旅游+演艺”等文旅消费新场景。举办平潭国际赛车嘉年华、蓝眼泪音乐节、“沐音寻星”星空露营音乐节、大型民族舞剧《李白》等高品质活动赛事214场，其中体育赛事62场、音乐活动152场。年内，“骑”妙追“泪”之旅获评文化和旅游部“大美春光在路上”全国乡村旅游精品线路；被《中国国家地理》杂志推荐为“每个人心中的岛屿”之一；携程和爱奇艺平台联合发布《中国影视综取景地报告》，平潭获评全国五大取景海岛。金井镇获评福建省全域生态旅游小镇，海坛街道澳前村获评省水乡渔村，台湾小镇入选省非遗与旅游融合发展十大优秀案例名单。

平潭台湾小镇入选2023福建省非遗与旅游融合发展优秀案例名单。图为平潭台湾小镇俯瞰 （林君斌 摄于2023年9月）

**延伸阅读：**

2016年8月23日，《国务院关于平潭国际旅游岛建设方案的批复》公布，平潭成为继海南之后获批的中国第二个国际旅游岛。

【旅游接待】 2023年，平潭综合实验区接待旅游总人数1026.15万人次，旅游总收入105.84亿元，分别比上年增长45.7%和66.7%。其中接待国内游客1024.81万人次，实现国内旅游收入104.80亿元，分别比上年增长45.6%和65.4%；接待入境游客1.34万人次，实现旅游外汇收入0.15亿美元。游客人均花费1031元，比上年增长14.4%，比全省平均花费低190元。

【旅游规划编制】 2023年，平潭综合实验区推进《平潭国际旅游岛发展规划》《平潭综合实验区民宿总体发展规划》《平潭综合实验区民宿开发控制》等规划编制，修订印发《平潭综合实验区民宿管理办法》。

【旅游山海协作】 2023年，平潭综合实验区加强与南平市合作，融合不同旅游特色及文化，串联“山海联盟”精品旅游线路，共同开拓台湾旅游市场。5月21日，“星辰大海浪漫岛”生活周暨“5·19”中国旅游日平潭分会场活动举行，区旅游文体局与南平市文旅局联合发布“山盟海誓”主题旅游线路。8月，海岛生活季系列活动——“星辰大海”浪漫之旅体验活动举行，来自福州、莆田、宁德、南平等地的文旅局、文旅企业代表考察平潭文旅产业项目；2023年闽东北协同发展区文化和旅游系统协作交流座谈会在平潭召开，“四市一区”（福州市、莆田市、宁德市、南平市、平潭综合实验区）文旅部门交流协作成果，签署合作备忘录。9月，平潭·南平“山盟海誓”旅游联合推介会在安徽合肥举行，平潭、南平、合肥三城联动发展文旅产业。10月，以“环武夷 趣山海”为主题的南平·平潭（广州）联合推介文旅茶会暨浙皖闽赣（衢黄南饶）联盟花园产品推广活动在广州举行。

【平潭获评2023年中国体育旅游精品目的地】 2023年，平潭综合实验区打造品牌赛事活力岛，依托赛车、风筝冲浪、棒垒球等特色体育赛事，形成“周周有赛事，月月有品牌”，带动旅游、餐饮、住宿、购物等文旅消费增长，连续7年获评中国体育旅游精品目的地，“海洋杯”中国·平潭国际自行车公开赛获评2023中国体育旅游精品赛事。

（黄琼云 何明芳）

## 旅游资源

【概况】 2023年，平潭综合实验区做好海坛风景名胜区管理工作，完成石牌洋景区、王爷山景区、南寨山景区、坛南湾景区和将军山景区开发，新增“68海里”景区为国家AAA级旅游景区。年内，到平潭旅游的旅行社组团比例从上年的1.5%提高至5.2%，各景区迎来团队和散客客流高峰。“68海里”和仙人井两大收费景区接待游客328.50万人次，门票收入5342.87万元，分别比上年增长378.7%、317.3%，成为区文旅发展集团收入的主要增长点。

【海坛风景名胜区】 海坛国家级风景名胜区是1994年国务院批准的第三批国家级风景名胜区，总面积116.61平方千米，其中陆域面积75.45平方千米、海域面积41.16平方千米，含石牌洋、长江澳、君山、王爷山、南寨山、坛南湾、山岐澳、将军山、海坛天神9个风景区、75处景点。其中，特级景源3处，为半洋石帆（石牌洋）、海坛天神、仙人井；一级景源14处；二级景源17处；三级景源20处；四级景源21处。2023年，名胜区接待游客人数860.74万人次。至年底，石牌洋景区、王爷山景区、南寨山景区、坛南湾景区和将军山景区完成开发。

表2 2023年海坛风景名胜区景点分级一览表

单位：个

| 等级 | 景点名称 | 数目 |
|---|---|---|
| 特级 | 海坛天神、半洋石帆、仙人井 | 3 |
| 一级 | 君山插云、长江澳沙滩、田美澳沙滩、企沙澳沙滩、海坛天神沙滩、仙人谷、磹水沙丘、看澳海蚀台、凤凰沙坡、神兵谷、王爷山军事遗址、三军演习纪念碑、潭角底澳沙滩、蓝眼泪 | 14 |
| 二级 | 弥勒坐佛、君山观日台、一线天、九龙洞、片瓦仙踪、小北澳沙滩、大北澳沙滩、企澳沙滩、潮蛇洪沙滩、骆驼石、君山溪涧、石牌草屿、仙人台、山岐澳沙滩、仙人洞、建民沙堤、棋盘山 | 17 |
| 三级 | 虎头山、白犬山、风力发电站、南澳底渔港、绵羊峰石景、鳄鱼峰石景、青蛙峰石景、神雕峰石景、仙女峰石景、詹提督墓、大墓水库、坑头顶水库、龙岩寺、望归石、百丈崖、三鞠躬、湾厝角、北山岬角、潭角尾岩岸、洋雷顶古烽火台遗址 | 20 |
| 四级 | 君山水库、君山南谷、阳雷山、观音庙、生态农田、瓜屿渔港、姜山岛、国清院遗址、仙人阶（南北双礁）、东美天后宫、汎爱堂、山利山、南寨山军事遗址、人头山岬角、摩崖石刻、海枯石烂、鹅头岭、蝙蝠洞、东限洋渔港、江斗门山、南楼山 | 21 |

图为平潭坛南湾沙滩俯瞰 （林君斌 摄于2023年9月20日）

【国家A级旅游景区】 2023年4月，平潭综合实验区“68海里”景区新增为国家AAA级旅游景区。至年底，平潭有5处国家A级旅游景区，分别为坛南湾—海坛古城国家AAAA级景区、仙人井国家AAA级景区、石牌洋国家AAA级景区、台湾小镇国家AAA级景区、“68海里”国家AAA级景区。

【坛南湾景区】 坛南湾景区位于平潭综合实验区海坛岛东南侧，东邻台湾海峡，湾口朝向东南，呈新月形，湾内有20多个大小澳口景点，以及雄鸡报晓、小鸡啄米、梦山野猪石、乌坛下等景观。2023年，景区接待412.33万人次，比上年增长160.5%。

【龙王头景区】 龙王头景区位于平潭综合实验区海坛岛东部中段。沙滩紧邻城关，呈U形，朝向台湾海峡。沙滩总长9.50千米，沙滩平均坡度2.20度。沙粒细小洁白，沙质适中无污染，可同时容纳10万名游客。还有雷劈石、龟蛇相会、青屿伏鼠等景点可供观赏。2023年，景区接待361.37万人次，比上年增长183.5%。

【“68海里”景区】 “68海里”景区位于平潭综合实验区澳前镇东澳村，因距台湾新竹仅68海里而得名，是祖国大陆距离台湾岛最近的地方。景区由猴研岛、研后岛及限山岛三岛组成，有墨水石柱、两岸同心窗、两岸同心石、望归石等景点。2023年，景区接待201.82万人次，比上年增长345.7%。门票收入3413.13万元，比上年增长308.9%。

【仙人井景区】 仙人井景区位于平潭综合实验区东海仙境景区内，属于天然海蚀地貌，形状类似一口

表3 2023年平潭综合实验区重点监测景区游客接待情况一览表

| 景区名称 | 接待人数（万人次） | 比上年增长（%） | 门票收入（万元） | 比上年增长（%） |
|---|---|---|---|---|
| 海坛古城 | 479.35 | 269.80 | 64.36 | 37 |
| 坛南湾景区 | 412.33 | 160.50 | — | — |
| 龙王头 | 361.37 | 183.50 | — | — |
| “68海里”景区 | 201.82 | 345.70 | 3413.16 | 308.90 |
| 仙人井 | 126.68 | 440 | 1929.71 | 333 |
| 北港文创村 | 90.97 | 88.50 | — | — |
| 石牌洋 | 16.34 | 399.80 | — | — |
| 将军山 | 9.87 | 184.40 | 98.07 | 194.80 |
| 南寨山 | 2.73 | 144.50 | — | — |
| 总计 | 1701.46 | 214.90 | 5505.29 | 304.60 |

巨井，呈圆形，井壁近于垂直，井底侧有两个洞口通向大海，涨潮时海浪汹涌撞入，井底白浪翻腾，声若洪钟。2023年，景区接待126.68万人次，比上年增长440%。门票收入1929.71万元，比上年增长333%。

（黄琼云 郭剑岚）

## 旅游基础建设

【概况】 2023年，平潭综合实验区实施46个重点涉旅项目，完成投资17亿元。其中，如期开工平潭南部生态廊道（凤凰湾健身步道）、坛南湾游步道及设施提升工程、限山岛游客应急避难场所、环将军山交通及基础设施提升工程、将军山游步道及设施提升工程、环东美滨海景观道、国际风帆运动训练基地配套基础设施工程、滨海骑行徒步道、平潭全区景区基础提升改造工程、平潭海上业态提升项目、“星辰大海”一期项目、台湾风情影视基地等20个项目。仙人井游步道、风帆运动训练基地（一期）等5个项目年内完成验收，坛南湾“星球唤想”、棒球公园、智慧图书馆等项目投入运营。

【廊道步道建设】 2023年，平潭综合实验区南部生态廊道（凤凰湾健身步道）、坛南湾游步道及设施提升工程、环东美滨海景观道等项目开工建设，其中南部生态廊道（三期）、仙人井游步道建设完成。北部生态廊道交旅融合案例入选全国第一批交通运输与旅游融合发展典型案例名单。

【仙人井坛南湾景区提升】 2023年，平潭综合实验区启动全区景区基础提升改造工程项目，总投资额约6000万元，项目分3期实施，一期改造提升景区照明、景观、服务中心等基础设施，二期改造提升全区景区供水系统、污水管网系统，三期建设市民运动中心配套停车场。年内完成仙人井、坛南湾景区改造项目的建设。

【鹅头湾滨海国际旅游度假区开发】 2023年9月8日，在第23届中国国际投资贸易洽谈会上，平潭综合实验区与中和文化传媒集团（香港）有限公司签约，合作开发打造鹅头湾滨海国际旅游度假区项目。项目投资额15亿元，在坛南湾组团建设国际一站式高端海岛度假休闲旅游大本营，包含贝尔乐园、滨海风情小镇、水上运动、滨海户外运动休闲中心等内容，填补坛南湾组团高端旅游项目空白。

（黄琼云 郭剑岚）

## 旅游业态

### ·海洋旅游·

【概况】 2023年，平潭综合实验区打造特色旅游产品，串编星辰大海奇妙夜游、水上运动房车露营游等产品线路，构筑水上产品体系，启用平潭国际邮轮中心，实验区首条“一带一路”国际邮轮航线起航，开启邮轮旅游新时代。“海坛1号”新增海上游“浪漫”主题航班，推出东沙澳水上运动项目如意湖水上卡丁车项目，构建滨海旅游业态体系。整合优质旅游资源，打造“星辰大海·镜沙”“星辰大海·龙王头”等新业态，推出“岚起山海图”实景演艺项目，提升游客体验。

【平潭星辰大海·镜沙度假休闲项目建成】 2023年7月，平潭星辰大海·镜沙度假休闲项目建成，项目以福建“小冰岛”之称的镜沙黑

2023年7月，平潭星辰大海·镜沙度假休闲项目建成上线。图为游客打卡镜沙黑沙滩

（念望舒 摄）

2023年，平潭君山片区依托仙人井、君山、长江澳、东庠岛等风景名胜，发展北港文创村、磹水风韵古村、东美古厝村、马腿意宿村，让古村落焕发新生机。图为磹水村俯瞰　　（林君斌 摄于2023年7月25日）

沙滩为特色，依托君山沿线海洋生态景观，修建崖田山海径、远足径，并增设观景平台等设施，规划星辰瞭望区、儿童休闲区、房车露营区等8个功能区，提升游客体验感。

**【平潭国际邮轮中心开港暨“蓝梦之星”平潭首航】** 2023年11月19日，平潭国际邮轮中心开港暨“蓝梦之星”平潭首航仪式在金井国际邮轮码头举行，近600名游客搭乘“蓝梦之星”邮轮从平潭金井国际邮轮码头出发，前往菲律宾（苏比克），最后从厦门入境，旅程5天4晚，标志着平潭开启邮轮旅游新时代。

**【“海坛1号”海上浪漫游】** 2023年，平潭特色滨海旅游项目——海上观光游轮“海坛1号”打造“活力”“舒心”“欢乐”“浪漫”四大主题航班，推出赏日落余晖、看蓝海风光等滨海短途特色产品，年内开航259个航次，载客4.38万人次，平均上座率58.35%，成为游客热门打卡观光点。

**【平潭新增文旅房车】** 2023年1月12日，平潭综合实验区旅游客运发展有限公司投入20辆自行式房车，成为福建省首家拥有小型旅居车租赁证的企业，为到平潭的旅客提供出游方式新选项。并在“68海里”景区、坛南湾田美澳、坛南湾远垱澳和仙人井等景区配备水电桩，方便房车补给。

（王开艳）

## ·乡村旅游·

**【概况】** 2023年，平潭综合实验区接待乡村旅游人数143.79万人次，比上年增长59%；实现乡村旅游收入7.16亿元，增长43.7%；人均花费498元。金井镇获评全省“全域生态旅游小镇”，海坛街道澳前村获评全省“水乡渔村”，北部生态廊道获评全国交旅融合典型案例，“骑”妙追“泪”之旅获评文化和旅游部“大美春光在路上”全国乡村旅游精品线路。

**【金井镇获评省全域生态旅游小镇】** 2023年，金井镇入选2023福建省“全域生态旅游小镇”名单。金井镇位于平潭西南部，辖区有坛南湾、将军山、象鼻湾、南寨山、山岐澳、三十六脚湖等旅游资源，国际演艺中心、海洋科技文化中心等人文建筑，建有市民运动中心、台创园等配套设施，住宿、餐饮、购物、娱乐、景区、文创、交通等各类业态齐全。

**【“石头会唱歌”北港特色文创村打造】** 北港村位于君山东麓，面积约2平方千米，241座传统石头厝沿山坡而建，附近君山盛产火山岩，敲击可产生不同音阶，当地人称“石锣石鼓”。北港村做好石头文章，吸引两岸创客团队，利用“石锣石鼓”组成打击乐器，改造成“石头会唱歌”文创空间，并整合周边闲置石头厝资源，探索以餐饮民宿、工艺品、台湾文创展示、渔村文化为主的乡村旅游发展模式。2023年，北港村培育民宿135家，接待游客90.97万人次，比上年增长88.5%，旅游收入1.06亿元，获评省首批文旅特派员试点单位和区乡村振兴促进会示范基地。

**【乡村风电旅游开发】** 2023年，平潭综合实验区通过风电项目建设促进旅游资源开发，打造“风电+旅游”模式，长江澳、北部生态廊道风电场等风车海岸成为平潭乡村旅游的主要打卡点。

（刘若伟 黄琼云）

## ·文化旅游·

**【概况】** 2023年，平潭综合实验区打造“旅游+文化”文旅消费新场景，培育平潭特色的非遗旅游路线，台湾小镇入选福建省非遗与旅游融合发展十大优秀案例名单。依托平潭国际南岛语族考古研究基地，围绕民俗体验、研学实践、国际交流3个方面，推出考古旅游精品线路，助力传播南岛语族文化。

**【南岛语族考古旅游】** 2023年，平潭综合实验区海峡两岸南岛语族考古教学实习基地吸引多批次台湾学者到基地开展参访考察及学术研究工作，助力平潭打造“考古+旅游”融合新品牌，年内接待两岸青少年参访研学1600余人次。

**【平潭台湾小镇入选福建省非遗旅游优秀案例名单】** 2023年，在福建省文化和旅游厅公布的省非遗与旅游融合发展优秀案例名单中，“平潭台湾小镇：共筑两岸非遗情缘”案例入选。平潭台湾小镇以“文化+旅游+商业”综合商场为目标，包括两岸文创、闽台非遗、娱乐体验、旅游餐饮等5个板块，建设有非遗展示馆、传承体验中心、传统文化工坊等。

**【平潭最美景区书店网点设立】** 2023年，平潭综合实验区推进文化和旅游融合发展，设立最美景区书店网点。新华发行集团平潭分公司建设完成金井片区钱便澳码头、平潭广电网络营业厅悦读驿站2个网点，推进设立澳前村精品民宿网点、六秀阅读小镇网点、上攀学堂网点、大练岛石头房悦读驿站的考察论证工作，启动福建信息职业技术学院平潭校区高校书店设立工作。

（黄琼云 林世伟 陈常芳 林国春）

## ·体育旅游·

**【概况】** 2023年，平潭综合实验区打造“品牌赛事活力岛”，以聚焦赛车、风筝冲浪、棒垒球、沙滩运动等特色项目，举办亚洲沙滩排球锦标赛、U18（18岁以下）女子垒球亚洲杯、海峡两岸体育嘉年华、国际汽联F4锦标赛、中国超级跑车锦标赛、国际自行车公开赛、国际风筝冲浪节等体旅融合系列特色赛事活动，吸引体育爱好者参赛、观赛、旅游打卡，带动体育旅游消费增长。China GT中国超级跑车锦标赛、壳牌喜力国际汽联F4方程式中国锦标赛、超吉联赛PRO三大赛事吸引5万余人次观赛。提升平潭体育旅游知名度，聘请风筝冲浪国际赛事冠军陈静乐担任平潭国际旅游岛旅游形象代言人。

**【平潭国际自行车赛获评中国体育旅游精品赛事】** 2023年，“海洋杯”中国·平潭国际自行车公开赛获评中国体育旅游精品赛事，平潭获评2023中国体育旅游十佳目的地。公开赛创办于2014年，作为6月8日世界海洋日暨全国海洋宣传日主场活动之一落户平潭，是国内标杆性自行车赛事之一。

**【水上卡丁车项目引进】** 2023年9月29日，平潭如意湖水上运动中心试营业，引进水上卡丁车项目。水上卡丁车赛道与卡丁车赛道、城市越野赛道、城市街道赛道形成联动，成为平潭打造品牌赛事活力岛的载体之一。

（林世伟 黄琼云）

## ·“蓝眼泪”旅游·

**【概况】** 2023年，平潭综合实验区深化“蓝眼泪”宣传营销，活用蓝眼泪IP，塑造“蓝眼泪”成为平潭国际旅游岛高辨识度、高曝光量和高吸引力标志。开展“蓝眼泪”观景配套提升等专项行动，打造“蓝眼泪”主题餐厅、民宿，开发“蓝眼泪”文创产品，推出平潭“蓝眼泪”文创礼盒，携手旅游大V等进行追“泪”直播，前往省内外客源地城市举办“蓝眼泪”主题巡展，让“蓝眼泪”由“网红”现象变为“长红”品牌。平潭多家旅行社、旅游企业推出“蓝眼泪”主题产品，让网络“流量”变成游客“留量”。运用抖音、快手、

平潭君山片区仙人井景区的“蓝眼泪”　（陈颖南 摄于2023年5月）

小红书等平台，加速平潭“蓝眼泪”出圈，新浪微博中“福建平潭蓝眼泪奇观”“陪你去追蓝眼泪”“平潭蓝眼泪”等话题阅读量超千万人次，最高话题阅读量1.40亿人次。在“蓝眼泪”爆发期间，联动40多家省内外媒体开展直播活动，“蓝眼泪”自主IP全网累计曝光超21亿次。

**延伸阅读：**

形成机制：“蓝眼泪”是海洋中浮游生物受到外界刺激而引起海面发光的一种自然现象。平潭“蓝眼泪”受益于闽江入海带来大量的营养物质，经潮汐、海流作用在近岸聚集。当含有大量夜光藻的海水拍打在礁石上、倾泻而下时，宛如石头流下蓝色的眼泪，民间赋予其“蓝眼泪”诗意名称。

观测时机地点：在平潭，最佳追“泪”时间是4月—6月，当海温在21℃～23℃、阵风5级左右、日照时数较小，天气有点潮湿的情况下，更容易在夜间看到高观赏等级的“蓝眼泪”。主要集中在长江澳、海坛湾和坛南湾等湾口，湾口内的田美澳、猫头墘、北港村、流水村、模镜村、东美村、猴研岛等地有大量“追泪族”蹲点打卡。

2023年7月20日，平潭坛南湾“星球唤想·蓝眼泪”实景演艺项目投入运营。图为游客打卡拍照（江信恒 摄）

**【追“泪”游获评全国乡村旅游精品线】** 2023年，平潭“骑”妙追“泪”之旅获评文化和旅游部推出“大美春光在路上”全国乡村旅游精品线路。“骑”妙追“泪”之旅串联起坛南湾、龙王头、北港村、长江澳热门景点，融合山海风情，最佳追“泪”时间为4月—6月，最佳骑行时间为4月—10月。

**【“蓝眼泪”旅游气象预报】** 2023年，平潭综合实验区气象台、自然资源部海岛研究中心共同研究气象预报新技术，集齐“蓝眼泪”、潮汐、日落日出、星空、潮汐等滨海旅游资源气象服务，通过微信小程序“畅游平潭”等发布“蓝眼泪概率预报”“平潭海天景观气象条件预报”。年内，“蓝眼泪”预报准确率提升至78%，助力“蓝眼泪”网络直播，指引游客精准追“泪”。年内，平潭“蓝眼泪”气象景观获评2023年网络热门气象旅游典型案例和全国热门气象旅游典型案例。

**【“星球唤想·蓝眼泪”实景演艺项目】** 2023年7月，“星球唤想•蓝眼泪”实景演艺项目在坛南湾景区投入运营。项目邀请国内外12家团队联合创作，在坛南湾库里澳木麻黄生态林中结合科技手段构建场景，打造出原创“蓝眼泪”沙滩超级艺术装置，游客可进行100分钟行进式的游玩体验。

**【龙王头·“蓝眼泪”海街开街】** 2023年7月7日，龙王头•“蓝眼泪”海街开街暨海岛音乐季启动，邀请本地乐队每日驻唱，在周末、节假日知名乐团及独立音乐人进行音乐演出，持续整个夏天。打造美食街区、露营住宿区及文体游乐区等，设置多个创意打卡点，推出浪漫平潭爱情公仔——“鲎生仔”。

**【平潭“蓝眼泪”音乐节举行】** 2023年8月14日，平潭“蓝眼泪”音乐节在平潭国际旅游岛沙滩运动基地举行，周延、房东的猫等17组音乐人登场，吸引1.80万人参加，实现综合经济效益超4000万元。

**【坛南湾“蓝眼泪”艺术公园开园】** 2023年7月20日，位于平潭综合实验区坛南湾的“蓝眼泪”艺术公园开园，公园由咖啡馆、文创作坊、蓝眼泪艺术装置等组成。其中，“蓝眼泪”艺术装置随着日升日落、光影交替不断变幻，具有科技感，为游客提供别样旅游体验。

（黄琼云）

## ·夜间旅游·

【概况】 2023年，平潭综合实验区围绕夜食、夜游、夜娱培育发展夜间文旅产品，打造多元夜间文旅业态，点燃夜间旅游活力。推出“星球唤想·蓝眼泪”“岚起山海图”等新型夜游产品，打造龙王头·蓝眼泪海街等新业态，新增龙山俚欢乐街夜市、康德花漾街区、海坛古城夜游街等夜间消费街区，推动海岛来信餐厅、68海鲜餐厅等一批餐厅运营。年内，接待国内过夜游客472.93万人次，过夜游客消费总额81.95亿元，占旅游总收入的77.4%。

2023年8月11日，平潭龙山俚欢乐街夜市开业 （林映树 摄）

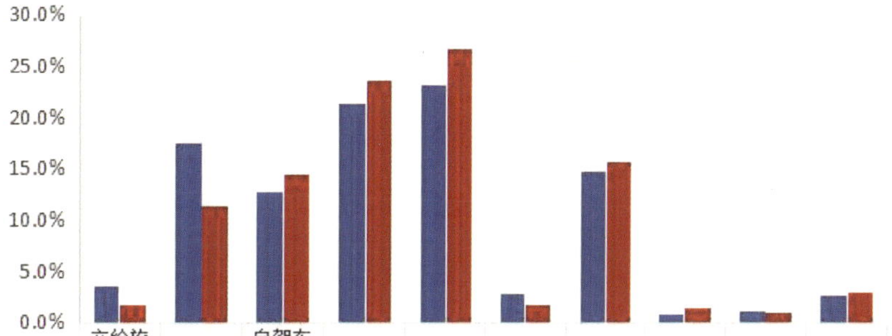


| | 交给旅行社费用 | 长途交通费 | 自驾车或租车花费 | 住宿费 | 餐饮费 | 景区游览费 | 购物费 | 文化娱乐费 | 休闲疗养费 | 其他费用 |
|---|---|---|---|---|---|---|---|---|---|---|
| 2023年 | 3.5% | 17.5% | 12.7% | 21.3% | 23.0% | 2.8% | 14.7% | 0.8% | 1.1% | 2.6% |
| 2022年 | 1.7% | 11.3% | 14.4% | 23.6% | 26.6% | 1.8% | 15.6% | 1.3% | 0.9% | 2.9% |

图1 2023年平潭综合实验区国内游客消费结构占比变化情况图

【过夜游成平潭旅游主力】 2023年，平潭综合实验区接待国内过夜游客472.93万人次，比上年增长73.4%，增幅高出全省4.20个百分点、高于一日游游客45.50个百分点；过夜游客消费81.95亿元，增长75.5%，占旅游总收入的77.4%。其中，接待省外过夜游客300.91万人次，比上年增长178.2%；省外过夜游客旅游消费总额64.30亿元，增长161.6%，占过夜游客消费的78.5%。

【“岚起山海图”山海实景演艺秀】 2023年9月28日，平潭综合实验区夜游体验项目——“岚起山海图”山海实景演艺秀在将军山景区开园迎客，演出以景区内的山、海、石林、纪念碑、战壕等景观为载体，由“山海起”“岚图聚”“岚台安”“岚兴梦”4场实景组成，结合面积近1.80万平方米的一体化多媒体集成投影，融入南岛语族、海丝文化及海防文化等平潭特色文化，演绎海坛历史故事。演艺秀全年演出28场次，参观游客4712人次；以夜游带动景区日间客流量增长，互联网UGC（用户生产内容）话题浏览量突破106万次。

【龙山俚欢乐街夜市开业】 2023年8月11日，龙山俚欢乐街夜市开业。夜市依托台湾风情影视基地打造而成，147家商户入驻，汇聚美食集市、复古打卡、音乐派对等多种体验，分为台味区、国潮区和万国区，激发平潭夜间消费活力。旺季(8月—10月)日均人流量1.50万人次，暑期高峰期日营业额超30万元，年内营业收入约300万元。

【夜游文艺演出】 2023年，平潭综合实验区打造“旅游＋演出”新模式，文艺演出成游客夜游平潭新选择。以音乐为媒，引入超燃巡演、“蓝眼泪”音乐节等，举办音乐活动152场，音乐赛事活动约带动7亿元综合经济效益，吸引选手、游客等近32万人次。邀请法国、德国、意大利等世界多地艺术团体、艺术家到平潭表演，年内，平潭国际演艺中心上演剧目《醒狮》《李白》及沉浸式演出《蓝眼泪的平行宇宙》等演出活动102场。

（黄琼云）

表 4　2023 年平潭综合实验区国内游客人均花费一览表

单位：元

| 周期 | 国内游客消费 | 国内一日游游客消费 | 国内过夜游客消费 |
|---|---|---|---|
| 一季度 | 772 | 329 | 1432 |
| 二季度 | 840 | 328 | 1453 |
| 三季度 | 1139 | 453 | 1874 |
| 四季度 | 1214 | 518 | 1973 |
| 2023 年 | 1023 | 414 | 1733 |

表 5　2023 年平潭综合实验区前十大省外客源市场构成一览表

| 位次 | 来源地 | 占省外游客比重（%） | 比上年变动（个百分点） |
|---|---|---|---|
| 1 | 浙江 | 27.70 | 1.90 |
| 2 | 江西 | 16.20 | 7 |
| 3 | 湖北 | 7.40 | 1.50 |
| 4 | 广东 | 7 | -8.50 |
| 5 | 上海 | 6.50 | -0.30 |
| 6 | 江苏 | 6.30 | 0.10 |
| 7 | 安徽 | 4.60 | 1.30 |
| 8 | 湖南 | 4.30 | 0.50 |
| 9 | 四川 | 4.20 | 1.90 |
| 10 | 北京 | 2.90 | -1.50 |

## 旅游重点活动

**【概况】**　2023 年，平潭综合实验区举办百度“繁星大会”城市创作者大会、2023“海岛生活季”活动、“大美平潭·千百行”采风活动等特色主题活动。加强区域间旅游部门交流，举办闽东北协同发展区文化旅游协作交流座谈会、海洋旅游高质量发展创新交流会暨第三届海洋旅游学术会议。

**【“瑞兔迎春·麒麟献福”主题营销活动】**　2023 年元旦春节期间，平潭综合实验区开展“瑞兔迎春·麒麟献福”主题营销活动，推出全岛景区免费游、百万文旅消费券、文艺会演等特色活动，带旺春节旅游人气。

**【百度“繁星大会”城市创作者大会暨平潭国际旅游岛旅游形象代言人发布仪式】**　2023 年 4 月 13 日，百度“繁星大会”城市创作者大会暨平潭国际旅游岛旅游形象代言人发布仪式举行，邀请全国百余名创作者齐聚平潭，通过图文、短视频创作、大数据、创作达人故事等形式呈现平潭旅游体验，活动总曝光量超 4500 万次。实施名人代言宣传，聘请平潭籍青年演员、歌手欧豪和亚运会冠军陈静乐担任平潭国际旅游岛旅游形象代言人。

**【“星辰大海浪漫岛”生活周暨 2023 年“5·19”中国旅游日平潭分会场活动】**　2023 年 5 月 21 日，“星辰大海浪漫岛”生活周暨“5·19”中国旅游日平潭分会场活动在龙王头海洋公园举行，包括启动仪式、旅行商踩线、网红情侣达人旅游分享、海峡音乐公社颁奖展演、“68海里”平躺青年计划、摄影作品展、房车体验官等10余项子活动。区旅游文体局与南平市文旅局联合发布“山盟海誓”主题旅游线路，加强两地山海联动，丰富山海旅游业态。

【“海岛生活季”活动】 2023年8月8日，“来福建，游海岛，邂逅平潭慢生活”2023“海岛生活季”活动在龙王头沙滩运动基地启动，活动持续一个月，包括“星辰大海”浪漫之旅体验活动、第五届海峡两岸（平潭）合唱交流音乐会、蓝眼泪音乐节、泼水电音节、海岛音乐季、泼海啤酒狂欢节、棒垒球赛事活动、赛车赛事活动、“千年一遇·平潭宴”美食嘉年华等18项子活动，融合“旅游+音乐”“旅游+体育”等多种消费场景。

【闽东北文化旅游协作交流座谈会在平潭召开】 2023年8月8日，闽东北协同发展区文化旅游协作交流座谈会在平潭召开，福州、莆田、南平、宁德、平潭“四市一区”文旅部门参会，交流闽东北协同发展区文化旅游协作交流成果，共同签署合作备忘录。

【海洋旅游高质量发展创新交流会暨第三届海洋旅游学术会议在平潭举行】 2023年9月19日，海洋旅游高质量发展创新交流会暨第三届海洋旅游学术会议在平潭召开，由省文化和旅游厅、实验区管委会、福建师范大学、中国管理科学学会旅游管理专业委员会联合主办，以“新时代海洋旅游高质量发展”为主题，与会嘉宾围绕海洋强国战略与海洋旅游可持续发展展开交流。沿海省（市）文旅部门领导、部分高校、科研院所专家以及省1号滨海风景道沿线六市（区）文旅局负责人参会，100余名嘉宾出席活动。

【“大美平潭·千百行”采风活动】 2023年9月22日，平潭综合实验区举办“大美平潭·千百行”采风活动，邀请知名作家、各地旅游企业、旅游达人及两岸旅行商到平潭参观创作。3家台湾旅行社和3家平潭旅行社签订合作协议，推进两地双向旅游交流。

（朱孝卉 黄琼云）

## 旅游宣传推介

【概况】 2023年，平潭综合实验区实施创意宣传，运用多元平台，推介“星辰大海·舒心平潭”品牌，打造平潭高辨识度的旅游形象。与全球最大中文搜索引擎百度达成战略合作，年内“平潭旅游”网络营销项目活动总曝光超21亿次。

【旅游展会推广】 2023年，平潭综合实验区文旅部门组织参加福建旅游交易会、第18届海峡旅游博览会、第14届海峡两岸文博会等省内重点展会，搭建的“星辰大海·舒心平潭”展馆获“最佳设计奖”“最佳创意奖”“最佳展览展示奖”；参加第17届中国义乌文化和旅游产品交易博览会、第十届四川国际旅游交易博览会、第26届重庆都市文化旅游节暨城际旅游交易会、中国—东盟博览会旅游展、中国国际旅游交易会等省外重点展会，借助展会宣传平潭旅游。

【中央媒体宣传】 2023年，平潭综合实验区与中央广播电视总台视听新媒体中心合作打造《来福建歌唱山海》音乐旅行真人秀节目，采用“总台主持人+音乐人+地方嘉宾”音乐旅人小分队方式，通过“漫游+沉浸式体验”，用音乐串联起城市符号，开启浪漫平潭的海岛寻

2023年8月8日，“来福建，游海岛，邂逅平潭慢生活”2023“海岛生活季”活动在龙王头沙滩运动基地举行。图为旅游达人现场推介平潭旅游 （念望舒 摄）

音之旅。对接央媒、省媒，在央视二套《消费主张》播出《探秘最美“神仙岛（一）：福建平潭岛”》，与央视四套《走遍中国》栏目合作，拍摄制作《来平潭 追风去》25分钟专题节目展现平潭风光。

【户外广告宣传】 2023年，平潭综合实验区文旅部门投放“平潭蓝”动车广告，利用动车车身彩贴、行李架、头片、桌贴、语音播报、LED走字、车外门贴、海报等资源开展平潭文旅宣传。投放福州、上海、北京、杭州、广州、深圳6个城市200余面电梯广告。

【新媒体推广】 2023年，平潭综合实验区文旅部门联合百度公司福建营销中心，在百度App福建首页上线“平潭旅游”专栏，围绕滨海运动游、梦幻追泪游、音浪艺术游等十大主题游线，植入平潭旅游看点、玩点、吃点攻略，让游客在应用搜索和信息流冲浪时触发平潭旅游咨询产品，联合美团和大众点评，在平潭开展“端午文化旅游”专项宣传。线上通过开屏页、专题页、关键词搜索等资源，线下通过达人宣传、宣传物料制作发放等形式，对平潭文旅特色进行全国宣传推广。通过同程旅行App与微信小程序上线平潭国际旅游岛推广专题页，投放平潭文旅宣传广告；线下选取50家旅行社门店通过宣传资料推广宣传，覆盖北京、上海、杭州、武汉、重庆、南昌、福州7个城市55家头部旅行社门店。

【旅游网红流量转化】 2023年4月26日—28日，平潭综合实验区文旅部门联合同程旅行举办网红达人探秘平潭自驾行活动，在平潭开启3天2晚的自驾旅行，以年轻化的游客视角向海内外展示国际化的宝藏海岛胜地。5月10日—12日，邀请5对文旅情侣达人通过慢节奏沉浸式体验，在自媒体账号传播旅拍作品，向全网传播推荐“平潭星辰大海浪漫岛”。

【“星辰大海·舒心平潭”推广活动】 2023年，平潭综合实验区文旅部门与全球最大中文搜索引擎——百度达成战略合作，实现对平潭旅游的强势推广。在北京、上海、南昌、武汉等地举办“非凡平潭 百城追蓝”城市快闪巡游，到西南大学、四川传媒学院举办“星辰大海·舒心平潭”川渝地区高校地推活动，通过明星推广、活动预热、城市名片展示、直播互动、信息流推广等手段，城市名片曝光超1800万次，直播观看人数超50万人次，活动总曝光量超6500万次。举办2023百度“繁星大会”平潭站活动，总曝光量4500万次。到合肥、广州举办“向着星辰大海 许下山盟海誓”南平平潭双城联合推介，推出“跨越山海”南平、将乐等“山盟海誓”浪漫主题线路。

（朱孝卉 黄琼云）

2023年11月27日—29日，中央广播电视总台《来福建歌唱山海》节目组走进平潭录制节目。图为节目组在坛南湾取景拍摄 （林君斌 摄）

## 旅游服务管理

【概况】 2023年，平潭综合实验区强化文旅市场综合监管，实行“12345”热线平台涉旅诉求快速办理制度和“先行赔付，代为追偿”机制，启动“先行垫付”机制3次，垫付金额6886元。实施景区品质提升、餐饮品质提升任务，打造智慧旅游，规范旅行社、导游服务，扶持旅游住宿业发展。出台民宿管理办法，对酒店民宿开展价格检查，检查住宿业经营单位77家次，发出责令改正通知书10份。

【旅游品质提升】 2023年，平潭综合实验区实施景区品质提升专项任务67个，增设灯光照明、打卡点、休憩设施、自动售卖机等设备，完善各景区景点公共基础服务设施、安全防护设施。实施餐饮品质提升任务，重点打造马腿意宿村“民宿+餐饮”项目、68小镇“蓝眼泪”海鲜主题餐厅、赛车主题餐厅、“泰怂”特色主题餐厅、“蓝眼泪”观景餐厅等。

【旅行社管理】　2023年，平潭综合实验区旅游文体局加强旅行社管理，推行“双公示”“红黑榜”制度，建立旅游服务信誉档案。至年底，平潭综合实验区有旅行社57家。其中，外商投资旅行社11家，4家旅行社具备经营出境旅游业务资质，1家旅行社具备经营赴台业务资质。

【导游管理】　2023年，平潭综合实验区旅游文体局开展优秀导游专项培训，遴选导游参加省级导游类比赛，开展选手选拔培育工作，推动“金牌导游”评选，加大“金牌导游”宣传力度。更新优化台胞导游到平潭带团奖励政策，吸引台胞导游到平潭采信、换证、执业。至年底，平潭综合实验区导游人员265人，其中初级导游227人、中级导游36 人、高级导游2人。全区持有“福建省台湾导游专用证”的导游16人。

【旅游安全管理】　2023年，平潭综合实验区旅游文体局建立安全点位责任工作制度，编印生产权力清单和责任清单。对旅游景区、旅行社、星级饭店、乡村民宿等开展隐患排查，出动73个检查组2160多人次，检查各涉旅单位、企业548家次，发现一般安全问题隐患并督促整改75处，开展“回头看”检查，利用官网、官微实行全覆盖安全宣教。

2023年，为迎接旅游旺季，平潭增加旅游厕所供给，68小镇景区新设10座旅游厕所。图为1月17日，景区内公厕投入使用　（林君斌 摄）

【平潭旅游行业协会】　2023年4月，平潭综合实验区旅游行业协会完成届内变更，承办第二届平潭导游词创作及讲解大赛、五星酒店预评、A级旅游景区评选、安全月应急演练活动和金牌旅游村复核工作。

【旅游文创产品开发】　2023年，平潭综合实验区旅游文化发展有限公司打造“平潭有礼”品牌，优化“平潭有礼”门店产品陈列布局，开发具有平潭地域文化特色的贝雕、草燕饮品、非遗米糊等文创产品，推出纪念币、主题冰箱贴、节日文创礼盒、套色印章明信片等文创新品。至年底，“平潭有礼”文创自营产品种类110余款，合作运营产品100余款，营业收入比上年增长376%。

【平潭民宿备案核验细则出台】　2023年，平潭综合实验区行政审批局完善民宿发展制度设计，提升游客住宿体验，出台《平潭综合实验区民宿备案核验细则》，推行连片开发的集群备案政策，针对民宿中餐厅、咖啡馆等配套业态推行综合备案新模式。至年底，连片开发的民宿33家，备案通过13家。全年平潭民宿产业实现总收入2.31亿元，比上年增长262%。

【平潭智慧旅游观光电车一号线开工】　2023年12月19日，平潭智慧旅游观光电车一号线开工建设，位于海坛岛东海岸，线路全长7.90千米，串联老城区、龙王头公园、阳光海岸公园、君山风景区、环岛路、北港村等景区，设4个特色站，分别对应京台高铁的4个站点：北京站、平潭站、新竹站、台北站，寓意两岸统一愿景，动线涵盖上岛90%以上的游客量，提供旅游出行多元服务。

（林鑫保 林学焰 何明芳 黄琼云）

# 中国共产党福建省平潭综合实验区工作委员会

## 综　述

【习近平新时代中国特色社会主义思想学习贯彻】　2023年，中国共产党福建省平潭综合实验区工作委员会（简称平潭综合实验区党工委）开展学习贯彻习近平新时代中国特色社会主义思想主题教育，实施“深学争优、敢为争先、实干争效”行动，建设“一岛两窗三区”（“一岛”指国际旅游岛，“两窗”指闽台合作窗口和国家对外开放窗口，“三区”指新兴产业区、高端服务区、宜居生活区）。坚持“第一议题”抓学习，学习贯彻习近平总书记重要讲话重要指示批示精神，班子成员到基层开展宣讲、上党课59场。围绕习近平总书记21次到平潭调研，形成《习近平平潭调研重要指示摘编》等4本特色教材、4堂特色课程，提升10个现场教学点。围绕两岸融合、国际旅游岛建设、四大经济等主题开展班子成员调研，形成322个调研课题，转化为1312项对策举措。分领域汇总梳理习近平总书记重要指示批示精神6项和党中央、省委重大决策9项，建立任务台账、监督台账，每季度滚动跟进、推动落实。

**延伸阅读：**中国共产党福建省平潭综合实验区工作委员会是中国共产党福建省委员会的派出机构，下设中国共产党平潭县委员会，实行合署办公。

【重要决策部署落实】　2023年，平潭综合实验区党工委落实党中央和省委对平潭发展的战略部署，围绕《中共中央　国务院关于支持福建探索海峡两岸融合发展新路　建设两岸融合发展示范区的意见》（简称《意见》）梳理形成41项重大政策举措，围绕《平潭综合实验区总体发展规划（2023—2035年）》（简称《新总规》）梳理形成68项重大政策、31个重大项目、23项重大活动。结合两岸融合和数字、海洋、绿色、文旅四大经济政策上项目，举办“学思想、谈总规、提思路”夜校研讨班16期，制定台商投资服务等14项政策措施。推进第三轮中央生态环保督察整改，加强生态环境保护，空气质量综合指数连续8年居全省首位，近岸海域国控省控点位水质优良面积比例96.3%、居全省第一，主岛海坛岛获评全国和美海岛。做好中央信访联席办交办的三批312件事项化解工作，化解率99%。抓好安全生产专项整治、食品药品监管，应对经济金融、房地产、地方债务等风险，完成“保交楼”项目13个、交付住宅8000余套，创建平安平潭。守好耕地保护红线和粮食安全底线，完成复垦复耕面积302公顷，超额完成粮食播种面积3667公顷、总产量1.90万吨的省定任务，获评省级农产品质量安全县。

【全面从严治党】　2023年，平潭综合实验区党工委落实管党治党政治责任，制定《关于进一步加强对“一把手”和领导班子监督的若干措施》，推行主体责任提示、纪检监察组织履职特殊事项月报告等制度，推动审计监督、巡察监督与纪检监察监督贯通协同。巩固巡视巡察整改成果，开展中央巡视、省委巡视、省委涉粮问题专项巡视、省纪委监委对实验区政治生态“画像”等整改情况“回头看”工作，进行查缺补漏。开展区级主体责任检查，完成省、区两级主体责任检查问题整改，推进区直部门、片区巡察和村居党组织延伸巡察，全年查处“四风”（形式主义、官僚主义、享乐主义和奢靡之风）方面问题43件71人，立案审查调查136件138人，开展并形成政治生态分析报告17份、村情报告219份。用好基层小微权力监督平台，强化干部廉洁教育，开展纪检监察干部队伍教育整顿，处置涉及纪检监察干部问题18件。

【全过程人民民主践行】 2023年，平潭综合实验区党工委坚持党的领导、人民当家作主、依法治国有机统一，践行全过程人民民主实践。落实民主集中制，召开党工委委员会会议34次。加强民主政治建设，探索实行区人大工委与县人大常委会、区政协工委与县政协常委会融合运转。完善民主监督、考察调研、政党协商机制，推动民革、农工党、九三学社3个党派基层党支部升格为基层委员会。做好法治建设，在全省率先完成党政机关法律顾问全覆盖，完成历年行政规范性文件清理发布，推动《平潭综合实验区条例》修订、《平潭国际旅游岛条例》立法列入省人大常委会五年立法规划；研究出台《关于支持将海峡两岸仲裁中心打造成两岸处理经贸争议重要平台的若干措施》，与江苏昆山共建涉台司法融合调解新模式。

【实验区“谈总规、提思路”夜校学习班】 2023年，平潭综合实验区举办16期“谈总规、提思路”夜校学习班，加深领导干部对《平潭综合实验区总体发展规划（2023—2035年）》的理解，推动决策部署落实，31家单位领导上讲台领学研学，培训区管处级及以上干部3600人次。

【“进村入企话岚图”活动】 2023年，平潭综合实验区党工委践行“四下基层”，开展“进村入企话岚图”活动，组织处级党员干部下沉219个村居、1510家企业，开展微党课近800场、化解信访诉求720余件，现场办公解决群众和企业急难愁盼问题900余件；注重建章立制，出台192项制度机制巩固成果，经验做法在《人民日报》头版刊载。

（薛小妹）

## 重要会议

【概况】 2023年，平潭综合实验区党工委实行民主集中制，落实区党工委议事规则，召开党工委委员会会议、对台工作会议、经济工作会议等重要会议，安排部署全区重点工作，发挥把方向、促落实作用，提高科学议事决策水平。

【党工委委员会会议】 2023年，平潭综合实验区党工委召开委员会会议34次（见表6）。

表6 2023年平潭综合实验区党工委委员会会议一览表

| 会议名称 | 召开时间 | 具体内容 |
| --- | --- | --- |
| 第1次委员会会议（同时作为区党工委理论学习中心组学习会、党工委人才工作领导小组第一次会议） | 1月9日 | 学习领会党的二十大精神，开展交流研讨；审议《平潭两岸融合法务先行区建设方案》《平潭综合实验区台湾人才晋升管理办法》；研究实验区表彰项目五年计划及2023年项目申报、追授林峰“全区优秀共产党员”有关事宜；审议《关于加强对“一把手”和领导班子监督的实施办法》；研究部分干部人事有关事宜 |
| 第2次委员会会议 | 2月1日 | 传达学习习近平总书记在二十届中央纪委二次全会上的重要讲话和省纪委十一届三次全会以及省委常委会会议精神，传达学习习近平总书记在全国政协新年茶话会上的重要讲话和2023年新年贺词以及省委常委会会议精神，传达学习习近平总书记春节前夕视频连线看望慰问基层干部群众时的重要讲话和省委常委会会议精神，传达学习习近平总书记对政法工作作出的重要指示和省委常委会会议精神，研究实验区贯彻落实意见；听取平潭A区海上风电场配置工作进展情况汇报；研究部分干部人事有关事宜 |
| 第3次委员会会议（同时作为区党工委审计委员会会议） | 2月13日 | 传达学习习近平总书记对中央密码工作领导小组呈报党中央的报告上的重要批示精神，传达学习十一届省委审计委员会第三次会议和全省审计工作会议精神，研究实验区2023年审计项目计划安排；审议《平潭综合实验区投资促进机构重组改革实施方案》；研究推荐全国绿化模范单位和全国绿化奖章有关事宜、民主党派聘用专职工作人员有关事宜；研究部分干部人事有关事宜 |

续表 6

| 会议名称 | 召开时间 | 具体内容 |
|---|---|---|
| 第 4 次委员会会议（同时作为区党工委统一战线工作领导小组会议） | 2 月 27 日 | 传达学习习近平总书记同党外人士座谈会上的重要讲话和全国全省组织部长、统战部长、老干部局长会议以及省委常委会会议精神，研究实验区贯彻落实意见；传达学习省政府专题会议精神；审议《平潭综合实验区党工委关于深入开展“深学争优、敢为争先、实干争效”行动的实施方案》；审议《平潭综合实验区投资促进机构重组改革实施方案》 |
| 第 5 次委员会会议［同时作为区党工委（扩大）会议、区党工委理论学习中心组学习会、区党工委宣传思想工作领导小组会议、网络安全和信息化委员会会议］ | 3 月 8 日 | 传达学习习近平总书记在党的二十届二中全会上的重要讲话和全会以及省委常委会（扩大）会议精神，传达学习习近平总书记在新进中央委员会的委员、候补委员和省部级主要领导干部学习贯彻习近平新时代中国特色社会主义思想和党的二十大精神研讨班开班式上的重要讲话精神以及省委常委会会议精神；传达学习习近平总书记在中共中央政治局第二次、第三次集体学习时的重要讲话和向“中国 + 中亚五国”产业与投资合作论坛致贺信以及省委常委会会议精神，传达学习全国、全省宣传系统相关会议精神，传达学习省统计局专项治理行动动员部署会议精神，研究实验区贯彻落实意见 |
| 第 6 次委员会会议［同时作为区党工委（扩大）会议］ | 3 月 20 日 | 传达学习贯彻全国两会精神和习近平总书记出席全国两会有关会议时的重要讲话精神；传达学习中共中央办公厅严明党和国家机构改革工作纪律有关文件精神，研究实验区贯彻落实意见；审议《平潭综合实验区经济社会发展先进集体和先进个人评选表彰方案》；研究增加执行辅警配备最高限额有关事宜 |
| 第 7 次委员会会议（同时作为区党工委理论学习中心组学习会） | 3 月 31 日 | 宣读省委有关任职决定；传达学习习近平总书记对内蒙古阿拉善左旗一露天煤矿坍塌事故作出的重要指示和省委常委会会议精神，传达学习《关于巩固深化十九届中央巡视福建反馈意见整改成果的九条措施》文件精神，研究实验区贯彻落实意见；审议《2023 年全面推进乡村振兴重点工作实施方案》；研究推荐 2023 年福建省劳动模范和先进工作者候选人有关事宜；研究平潭综合实验区平安建设先进集体和先进个人推荐名单有关事宜；研究部分干部人事有关事宜 |
| 第 8 次委员会会议（同时作为区党工委理论学习中心组学习会） | 4 月 20 日 | 传达学习习近平总书记在 3 月 30 日中共中央政治局会议上、中共中央政治局第四次集体学习时、在学习贯彻习近平新时代中国特色社会主义思想主题教育工作会议上的重要讲话和省委常委会会议精神，传达学习习近平总书记对北京长峰医院发生重大火灾事故作出的重要批示精神，传达学习省委一季度工作会议精神，研究实验区贯彻落实意见；听取林锋同志先进事迹学习宣传工作进展情况，研究下一步工作；研究平潭 B 区、草屿海上风电竞配工作有关事宜 |
| 第 9 次委员会会议（同时作为平潭自贸试验区暨实验区全面深化改革工作领导小组会第三次会议） | 4 月 26 日 | 传达学习习近平总书记在中央党校建校九十周年庆祝大会暨 2023 年春季学期开学典礼上的重要讲话和省委常委会会议精神，传达学习习近平总书记对深入开展学雷锋活动作出的重要批示和省委常委会会议精神，传达学习全省机关党的工作会议精神，研究实验区贯彻落实意见；审议《关于在全区大兴调查研究的实施方案》《关于组织 2023 年实验区重点课题调研的通知》《进一步深化对台融合发展的若干意见》《进一步深化改革扩大开放的若干意见》；审议《2023 年度平潭政协重点协商工作计划》 |

续表 6

| 会议名称 | 召开时间 | 具体内容 |
| --- | --- | --- |
| 第 10 次委员会会议 | 5 月 11 日 | 传达学习习近平总书记给中国农业大学科技小院的学生回信和省委常委会会议精神，传达学习中央纪委国家监委关于青海省 6 名党员领导干部严重违反中央八项规定精神问题的通报精神，传达学习省委书记周祖翼在《福建龙岩市新罗区铁山镇 3 名镇干部和 1 名村干部查看水情时因桥梁坍塌被水冲走》讯息上的批示精神，研究实验区贯彻落实意见；审议《平潭综合实验区 2023 年促进有效投资增强发展后劲考核评估办法》；审议《关于 2023 年平潭预算调整方案（草案）的报告》；研究召开平潭综合实验区工会第二次代表大会、共青团平潭综合实验区委员会第二次代表大会、平潭综合实验区妇女第二次代表大会有关事宜；研究部分干部人事有关事宜 |
| 第 11 次委员会会议（同时作为平潭自贸试验区暨实验区全面深化改革工作领导小组会议、区党工委人才工作领导小组会议） | 5 月 16 日 | 传达学习习近平总书记在 4 月 28 日中央政治局会议上的重要讲话、向中国发展高层论坛 2023 年年会致贺信和向“中国式现代化与世界”蓝厅论坛致贺信以及省委常委会会议精神，传达学习习近平总书记在二十届中央财经委员会第一次会议、二十届中央全面深化改革委员会第一次会议、河北雄安新区考察并主持召开高标准高质量推进雄安新区建设座谈会上的重要讲话和十一届省委全面深化改革委员会第七次会议以及省委常委会会议精神，研究实验区贯彻落实意见；传达学习省委书记周祖翼在省委人才工作领导小组会议上的讲话精神，审议《2023 年“智汇平潭”全方位引才行动方案》《平潭综合实验区引进生工作暂行规定》《台湾人才“倍增计划”实施方案》 |
| 第 12 次委员会会议（同时作为平潭自贸试验区暨实验区全面深化改革工作领导小组会议） | 5 月 31 日 | 传达学习中共中央政治局常委、中央纪委书记李希到闽调研时的讲话要求和省委常委会会议精神，研究实验区贯彻落实意见；听取 2022 年度实验区绩效考核情况汇报，审议《2023 年度平潭综合实验区绩效管理工作方案》；审议《平潭综合实验区共青团基层组织改革实施方案》；听取实验区“十三五”期间履行耕地保护责任目标情况汇报，研究下一步工作；研究部分干部人事有关事宜 |
| 第 13 次委员会会议（同时作为区党工委教育工作领导小组会、区党工委对台工作领导小组会议和外事工作委员会会议、党工委理论学习中心组学习会） | 6 月 7 日 | 会议传达学习习近平总书记在中央政治局第五次集体学习时和在北京育英学校考察时的重要讲话以及省委常委会会议精神，研究实验区贯彻落实意见；传达学习习近平总书记在总结推广浙江“千万工程”经验调研报告上的重要批示精神，研究实验区贯彻落实意见；传达学习中央、全省对台工作会议和全省外事工作会议精神，研究实验区贯彻落实意见；传达学习《领导干部报告个人有关事项规定》文件精神，研究实验区贯彻落实意见；传达学习国务院安委会安全生产十五条硬措施和省 66 条细化措施，研究实验区贯彻落实意见 |
| 第 14 次委员会会议（同时作为区党工委理论学习中心组学习会、区党工委党建工作领导小组会议） | 6 月 20 日 | 会议传达学习习近平总书记在文化传承座谈会上的重要讲话和向首届文化强国建设高峰论坛致贺信精神以及省委常委会会议精神；传达学习《习近平著作选读》第一卷、第二卷出版座谈会和福建省相关会议精神，研究实验区贯彻落实意见；听取 2022 年度实验区绩效考核调查处理情况汇报；听取 2022 年度实验区落实全面从严治党主体责任检查情况汇报；审议《2023 年全区治理“餐桌污染”建设“食品放心工程”工作方案》 |

续表 6

| 会议名称 | 召开时间 | 具体内容 |
| --- | --- | --- |
| 第 15 次委员会会议（同时作为实验区党工委理论学习中心组学习会、全面依法治区委员会工作会和党工委对台工作领导小组会议） | 6 月 29 日 | 学习《习近平法治思想学习纲要》；传达学习习近平总书记向第十五届海峡论坛致贺信和中共中央政治局常委、全国政协主席王沪宁出席第十五届海峡论坛时讲话要求以及省委常委会会议精神，传达学习习近平总书记对宁夏银川市兴庆区富洋烧烤店燃气爆炸事故作出的重要指示和省委常委会会议以及全省安全防范工作紧急视频会议精神，研究实验区贯彻落实意见；传达学习《关于在主题教育中对基层治理不良现象开展检视整改和专项整治的通知》文件精神，研究实验区贯彻落实意见；通报实验区省管领导班子和领导干部 2022 年度考核情况；研究区管领导班子及干部 2022 年度考核有关事宜 |
| 第 16 次委员会会议（同时作为实验区党工委审计委员会会议、党工委理论学习中心组学习会） | 7 月 6 日 | 传达学习习近平总书记在二十届中央审计委员会第一次会议上的重要讲话和十一届省委审计委员会第四次会议精神，审议《关于 2022 年度平潭综合实验区（县）本级财政预算执行和其他财政收支情况的报告》；传达学习习近平总书记在同团中央新一届领导班子成员集体谈话时的重要讲话和省委常委会会议精神，研究实验区贯彻落实意见；传达学习习近平总书记对党的建设和组织工作作出的重要指示精神和全国组织工作会议以及省委常委会会议精神，研究实验区贯彻落实意见；传达学习中共中央、国务院关于支持福建进一步探索融合发展的意见有关文件精神，研究实验区贯彻落实意见，并围绕文件精神开展交流研讨；研究部分干部人事有关事宜 |
| 第 17 次委员会会议（同时作为区党工委理论学习中心组学习会） | 7 月 18 日 | 传达学习习近平总书记在中共中央政治局第六次集体学习时的重要讲话和省委常委会会议精神，传达学习习近平总书记对防汛救灾工作作出的重要指示精神，传达学习省委书记周祖翼在全省深入学习“千万工程”经验建设福建美丽乡村现场推进会议上的讲话精神，研究实验区贯彻落实意见；审议《关于 2022 年平潭综合实验区（平潭县）决算的报告》《关于 2023 年上半年预算执行情况的报告》；研究中央和国家机关、央企干部挂职岗位有关事宜 |
| 第 18 次委员会会议（同时作为平潭自贸试验区暨实验区全面深化改革工作领导小组会议、区党工委网络安全和信息化委员会会议、宣传思想工作领导小组会议） | 8 月 1 日 | 传达学习习近平总书记在中央全面深化改革委员会第二次会议上的重要讲话和省委常委会会议精神，传达学习习近平总书记在中央财经委员会第二次会议、全国生态环境保护大会上的重要讲话和省委常委会会议精神，传达学习习近平总书记对网络安全和信息化工作作出的重要指示和省委常委会会议精神，研究实验区贯彻落实意见；听取实验区国防动员工作情况汇报，听取中央信访联席办交办重点事项化解工作情况汇报，研究下一步工作 |
| 第 19 次委员会会议（同时作为实验区党工委理论学习中心组学习会、党工委国安委第一次会议、区党工委统一战线工作领导小组会议、平潭自贸试验区暨实验区全面深化改革工作领导小组会议、区党工委党建工作领导小组会议） | 8 月 25 日 | 学习《习近平新时代中国特色社会主义思想学习纲要（2023 年版）》《习近平著作选读》第一卷、第二卷，开展交流研讨；传达学习习近平总书记在中共中央政治局常务委员会会议上的重要讲话和对防汛救灾工作作出的重要指示以及省委常委会会议精神，传达学习习近平总书记在二十届中央国家安全委员会第一次会议上的重要讲话和福建省相关会议精神，传达学习习近平总书记在党外人士座谈会上的重要讲话和省委常委会会议精神，研究实验区贯彻落实意见；传达学习全省耕地保护和粮食安全工作会议精神；审议《关于贯彻落实党中央 国务院支持福建探索海峡两岸融合发展新路 建设两岸融合发展示范区的实施方案》《关于贯彻落实试点对接国际高标准推进制度型开放若干措施的实施方案》；审议《2023 年省委全面从严治党主体责任落实情况检查“问题清单”整改工作任务分解方案》；研究部分干部人事有关事宜 |

续表 6

| 会议名称 | 召开时间 | 具体内容 |
| --- | --- | --- |
| 第 20 次委员会会议（同时作为区党工委全面依法治区委员会会议、区党工委理论学习中心组学习会和宣传思想工作领导小组会） | 9 月 5 日 | 传达学习习近平总书记在第 31 届世界大学生夏季运动会开幕式上的致辞和省委常委会会议精神，传达学习《全面深化法治领域改革纲要（2023—2027 年）》文件精神，传达学习《福建省统计条例》文件精神，研究实验区贯彻落实意见；审议《关于 2023 年平潭综合实验区（平潭县）预算调整方案（草案）的报告》；通报实验区 2022 年度干部选拔任用工作“一报告两评议”情况 |
| 第 21 次委员会会议 | 9 月 14 日 | 传达学习习近平总书记在中共中央政治局会议上的重要讲话和全省组织工作会议精神和对四川凉山州金阳县山洪灾害的重要指示精神，传达学习中央、全省学习贯彻习近平新时代中国特色社会主义思想主题教育第一批总结暨第二批部署会议精神，研究实验区贯彻落实意见；研究利亚船厂收储项目再融资有关事宜；研究 2024 年城乡居民医保个人缴费和财政补助有关事宜；研究区纪工委监察工委机关、区巡审办首次开展监察官等级确定工作有关事宜；研究部分干部人事有关事宜 |
| 第 22 次委员会会议（同时作为区党工委教育工作领导小组会） | 9 月 20 日 | 传达学习习近平总书记在视察 78 集团军时的重要讲话精神，传达学习习近平总书记向全国优秀教师代表致信和给东北大学全体师生回信精神，传达学习习近平总书记对禁毒工作的重要指示精神，研究实验区贯彻落实意见；审议《平潭综合实验区党工委管委会班子及其成员耕地保护和粮食安全工作职责清单》《平潭综合实验区耕地保护和粮食安全长效监管机制》《2023 年平潭综合实验区耕地保护和粮食安全工作考核方案》 |
| 第 23 次委员会会议（同时作为区党工委学习贯彻习近平新时代中国特色社会主义思想主题教育领导小组会） | 9 月 28 日 | 传达学习习近平总书记向 2023 年中国国际服务贸易交易会全球服务贸易峰会视频致辞和向第十届中国—中亚合作论坛、浦江创新论坛、中欧班列国际合作论坛致贺信以及省委常委会会议精神，传达学习习近平总书记向全国广大农民和工作在“三农”战线上的同志们致以节日祝贺和诚挚问候精神，传达学习省委贯彻落实《中共中央、国务院关于支持福建探索海峡两岸融合发展新路　建设两岸融合发展示范区的意见》专题会议精神；传达学习省委书记周祖翼对武平紫金矿业有限公司事故的批示和省政府第四季度安全生产例会精神，研究实验区贯彻落实意见；听取实验区主题教育工作进展情况汇报，研究下一步工作 |
| 第 24 次委员会会议（同时作为平潭自贸试验区暨实验区全面深化改革工作领导小组会议、区党工委全民国防教育工作领导小组会议） | 10 月 9 日 | 传达学习习近平总书记就深入推进自由贸易试验区建设作出的重要指示精神，研究实验区贯彻落实意见；审议《平潭综合实验区关于促进民营经济发展壮大的若干措施》《平潭综合实验区贯彻落实〈关于加强和改进新时代全民国防教育工作的意见〉的实施方案》 |
| 第 25 次委员会会议（同时作为区党工委学习贯彻习近平新时代中国特色社会主义思想主题教育领导小组会、区级林长会议） | 10 月 13 日 | 传达学习习近平总书记对妇女儿童工作作出的重要指示和第七次全国妇女儿童工作会议精神，学习《关于认真学习贯彻习近平总书记重要批示精神把学习推广“四下基层”作为第二批主题教育重要抓手的通知》文件和福建省相关会议精神，传达学习全省国动办主任会议精神，研究实验区初步贯彻落实意见；审议《支持将海峡两岸仲裁中心打造成为两岸处理经贸争议重要平台的若干措施》；听取实验区省级林长制督查考核工作开展情况汇报 |

续表 6

| 会议名称 | 召开时间 | 具体内容 |
| --- | --- | --- |
| 第 26 次委员会会议 | 10 月 25 日 | 传达学习习近平总书记给中国人民公安大学在读英烈子女回信精神，传达学习省委三季度工作会议精神，研究实验区贯彻落实意见；研究实验区 2024 年省重点项目有关事宜；审议《平潭综合实验区推动跨境电子商务优化提升的若干措施》《平潭综合实验区加快游艇旅游业发展的若干措施》《平潭综合实验区游艇租赁管理办法》；研究实验区土地出让、项目土地出让地价有关事宜 |
| 第 27 次委员会会议（同时作为区党工委学习贯彻习近平新时代中国特色社会主义思想主题教育领导小组会） | 11 月 3 日 | 传达学习习近平总书记在同中华全国总工会新一届领导班子成员集体谈话时的重要讲话和中国工会第十八次全国代表大会精神，传达学习中央、全省主题教育推进会和省委巡回督导组调度会精神，研究实验区贯彻落实意见；听取实验区开展团员和青年主题教育工作有关情况汇报；审议《平潭综合实验区“一老一小”整体解决方案》；研究区纪工委监察工委派驻机构区管干部监察官等级首次确定工作有关事宜 |
| 第 28 次委员会会议（同时作为区党工委理论学习中心组学习会和统一战线工作领导小组会议、区第四季度防范重特大生产安全事故会议） | 11 月 9 日 | 传达学习习近平总书记在中共中央政治局第九次集体学习时的重要讲话和省委常委会会议精神，传达学习习近平总书记同全国妇联新一届领导班子成员集体谈话时的重要讲话和中国妇女第十三次全国代表大会精神，研究实验区贯彻落实意见；审议《支持平潭开放开发 2024 年实施要点》；研究给予区消防救援支队全区通报表扬有关事宜；研究实验区土地出让、项目土地出让地价有关事宜；听取实验区安全生产工作开展情况汇报，研究下一阶段重点工作；研究部分干部人事有关事宜 |
| 第 29 次委员会会议（同时作为实验区党工委理论学习中心组学习会、区党工委人才工作领导小组会议） | 11 月 23 日 | 传达学习习近平总书记在中央金融工作会议上的重要讲话和省委常委会会议精神，传达学习习近平总书记对新时代办公厅工作作出的重要指示、全国党委和政府秘书长会议、全省党委和政府办公厅（室）系统工作会议精神，传达学习习近平总书记致中华全国工商业联合会成立 70 周年贺信精神，研究实验区贯彻落实意见；审议《实施“两岸英才”行动计划　加快推进新时代人才强区战略的意见》《平潭综合实验区高层次人才认定和支持办法》；研究全国殡葬工作先进个人推荐名单有关事宜 |
| 第 30 次委员会会议（同时作为区党工委理论学习中心组学习会和宣传思想工作领导小组会、区党工委学习贯彻习近平新时代中国特色社会主义思想主题教育领导小组会） | 11 月 30 日 | 传达学习习近平总书记在第三届“一带一路”国际合作高峰论坛开幕式上的主旨演讲、在进一步推进长江经济带高质量发展座谈会上的重要讲话和向第六届中国国际进口博览会致信以及省委常委会会议精神，传达学习习近平总书记对宣传思想文化工作作出的重要指示和全国、全省宣传思想文化工作会议以及全省网络安全和信息化工作会议精神，研究实验区贯彻落实意见；传达学习贯彻习近平新时代中国特色社会主义思想主题教育中央巡回指导组座谈会精神，听取实验区主题教育近期开展情况汇报 |
| 第 31 次委员会会议（同时作为区党工委理论学习中心组学习会和党建工作领导小组会议、区党工委学习贯彻习近平新时代中国特色社会主义思想主题教育领导小组会） | 12 月 7 日 | 学习党的十八大以来习近平总书记关于党的建设的重要思想，开展交流研讨；传达学习全省第二批主题教育整改整治工作推进会精神，研究实验区贯彻落实意见；审议《平潭综合实验区政府投资项目建设工程标后管理暂行办法》《平潭县人民政府关于进一步规范坟墓征收补偿安置工作的通知》；研究推荐全国三八红旗集体有关事宜；研究部分干部人事有关事宜 |

续表 6

| 会议名称 | 召开时间 | 具体内容 |
|---|---|---|
| 第 32 次委员会会议（同时作为区党工委学习贯彻习近平新时代中国特色社会主义思想主题教育领导小组会） | 12 月 14 日 | 研究主题教育专项整治工作有关事宜；听取实验区经济运行情况汇报，研究 2024 年经济工作思路 |
| 第 33 次委员会会议（同时作为区党工委理论学习中心组学习会） | 12 月 20 日 | 学习研讨习近平文化思想和习近平总书记在文化传承座谈会上的重要讲话精神，开展交流研讨；审议《平潭综合实验区防范化解地方债务风险工作方案》《平潭综合实验区（平潭县）2023 年预算执行情况和 2024 年预算草案的报告》；研究国际棒垒球基地和海峡两岸青少年体育交流中心项目选址有关事宜；听取实验区人大工委、政协工委关于 2024 年两会筹备工作情况汇报；研究 2023 年全国模范职工之家、全国工会积极分子推荐名单，研究实验区土地出让、项目土地出让地价等事宜；研究部分干部人事有关事宜 |
| 第 34 次委员会会议（同时作为区党工委理论学习中心组学习会、区党工委学习贯彻习近平新时代中国特色社会主义思想主题教育领导小组会、区管委会与区总工会第 5 次联席会议） | 12 月 28 日 | 传达学习习近平总书记在中共中央政治局上的重要讲话精神，传达学习习近平总书记在北京河北考察灾后恢复重建工作时的重要讲话、对低温冻害、防震减灾工作作出的重要指示和福建省相关批示精神，研究实验区贯彻落实意见；听取县人大常委会党组、县政协党组、区法院党组和区检察院党组工作情况汇报；研究召开学习贯彻习近平新时代中国特色社会主义思想主题教育专题民主生活会有关事宜；听取 2023 年实验区为民办实事落实情况汇报，研究 2024 年实验区为民办实事项目有关事宜；听取区总工会 2023 年工作情况和 2024 年工作计划，研究有关事宜；研究协力锦绣城项目破产重整有关事宜，听取房地产信访工作相关情况汇报；研究平潭大屿无居民海岛生态保护修复委托管护有关事宜 |

【实验区对台工作会议】 2023 年 9 月 14 日，平潭综合实验区对台工作会议在区会议中心召开，总结部署实验区对台工作，提出要落实《中共中央 国务院关于支持福建探索海峡两岸融合发展新路 建设两岸融合发展示范区的意见》和《平潭综合实验区总体发展规划（2022—2035 年）》，畅通两岸往来通道、实现更多免税消费场景和便利监管模式，打造平潭成为台湾商品登陆便捷、台湾投资准入开放的区域；制定方便台胞就学就医就业的制度政策，做优海峡两岸仲裁中心，建设两岸数字档案馆，办好两岸赛事活动，实施“南岛语族起源与扩散研究”项目，加强两岸基层交流，促进两岸同胞心灵契合。

【党工委经济工作会议】 2023 年 12 月 27 日，平潭综合实验区党工委经济工作会议召开，落实省委十一届四次、五次全会要求，通报年度经济工作情况。2023 年全区经济指标整体向好，经济发展基本摆脱税收奖补驱动、房地产拉动依赖，文旅市场复苏，社会关注度提高，地区生产总值、固定资产投资实现扭负为正，进入合理健康发展区间；部署 2024 年经济工作，重点做好构建现代化产业体系、扩大消费需求、深化改革、持续扩大对外开放、推进生态文明建设等 8 项工作。

（陈霄璐 陈曦 郭建 陈晓丽）

## 组织工作

【概况】 2023 年，平潭综合实验区党工委落实新时代党的建设总要求和新时代党的组织路线，创新基层组织模式，组建 31 个联合党委，提升基层党组织抓党建促治理能力。开展“进村入企话岚图”活动，组织处级党员干部带头下沉 219 个村居、1510 家企业，开展微党课近 800 场，经验做法在《人民日报》《八闽快讯》刊载。实施“百千万”党员干部素质提升工程和年轻干部“岚才启航”培优训练营计划，抽调 400 余名干部充实到招商引资、旅游发展、重点项目等一线，开展

"不适岗投票""无任用推荐"，推荐产生67名优秀干部和产生一批不适岗干部。选树党员先锋模范，因公牺牲的基层党员干部林锋获评中国好人、福建好人和福建省道德模范。

【基层党建】 2023年，平潭综合实验区党工委增强基层党组织的政治功能和组织功能，召开全区基层党建工作会议，出台《基层党建品牌全域提升行动实施方案》，将党建品牌创建纳入党建述职评议考核内容，开展12期"书记讲给书记听"等系列互学互鉴"岚岛先锋讲堂"活动，分领域实施100个"书记领航"党建项目，建立量化评价体系，授牌48个党建示范点。开展村级党组织届中党建体检，整顿5个软弱涣散村党组织。

【村级联合党委组建】 2023年，平潭综合实验区党工委党群工作部出台《深化联合党委建设 促进"三网"融合实施方案》，在原有村级行政区划、村民自治主体、财务管理体制、目标考核奖惩、村干部职数配置和经济待遇"五个不变"前提下，将全区219个村居组建成31个联合党委。其中，金井片区设置9个联合党委(2个离岛联合党委)，海坛片区设置6个联合党委，君山片区设置9个联合党委（1个离岛联合党委），苏平片区设置7个联合党委（1个离岛联合党委），并从每个片区遴选2个联合党委，打造示范联合党委，分别为坛西、里美、第一街区、第四街区、大坪、君山湾、北部湾、官井街联合党委。并推动党建、公安、执法等14个部门147项职能入格，以组织联建、资源联用、产业联育、治理联抓等方式促进乡村振兴和基层治理，年内村集体经济年收入20万元以上的村比上年增长27%，联合党委经验做法在《人民日报》《八闽快讯》刊载。

【党员队伍建设】 2023年，平潭综合实验区党工委党群工作部根据《中国共产党党员教育管理工作条例》，落实"三会一课"、谈心谈话、党员活动日、党性定期分析、组织生活会等党内制度。从区管党费中安排资金104.34万元用于走访慰问生活困难党员、老党员等，其中申报发放省级关心关爱专项资金10.04万元。年内发展党员239人，其中女性106人、青年159人、产业工人23人、农牧渔民91人、高技能人才1人、非公有制企业从业者20人、社会组织工作人员13人、新就业群体2人。

2023年，平潭综合实验区组建31个村级联合党委。图为6月13日，君山片区各联合党委成立大会暨集中授牌仪式举行 （君山片区 供图）

【干部选拔任用】 2023年，平潭综合实验区党工委集中研究调整区管干部3批次91人次，其中职务提拔21人次、职级晋升24人次、进一步使用6人次、调任3人次、调整交流37人次。抽调超400余名干部服务保障招商引资、重点项目、重大活动等重点工作，作为推动年轻干部提升素质能力的平台。与福州新区合作推动干部双向挂职事宜，引进城市建设、城乡规划等方面的优秀干部。实施"百千万"党员干部素质提升工程和年轻干部"岚才启航"培优训练营计划。开展"无任用推荐""不适岗投票"工作，45家单位1000余名干部对250余名区管领导班子成员开展评价，推荐产生67名优秀科级干部，掌握一批不胜任、不适任的"一般"干部。

【干部教育培训】 2023年，平潭综合实验区党工委党群工作部牵头编研《习近平平潭调研重要指示摘编》等4本特色教材、4门特色课程，提升10个现场教学点。实施"百千万"党员干部素质提升工程，对区管处级干部、科级干部、基层党员干部分层次分领域开展教育培训。举办加强对"一把手"和领导班子监督专题研讨等3个培训班次，147名区管干部参加培训，培训比例60%。举办中青年干部进修班、自贸区建设与深化改革、财税政策支持国际旅游岛建设等9个培训班次，416名科级干部参训。指导各片区管理局、区直各单位、各国企对科级干部和中层干部开展培训，培训1200余人。出台实验区干部教育培训组织调训实施办法、专项经费管理办法。开展“谈总规、提思路”夜校学习班16期，编印“谈总规、提思路”夜校学习材料，培训区管处级及以上干部3600人次。举办“学总规，用总规”系列专题研讨班，在厦门大学、深圳大学举办海峡两岸融合发展、自贸区建设与深化改革、财税专题研讨班等研讨班4期。围绕台海形势、两岸共同市场、国际旅游岛建设等专题开办干部大讲堂4期。

【干部监督管理】 2023年，平潭综合实验区党工委党群工作部加强干部日常监督，开展酒驾醉驾人员身份核查8批次，涉及相关人员374人，确认党员干部24人、公职人员6人。与区纪工委联合开展党员和公职人员涉嫌违纪违法犯罪案件摸排工作，首批筛查涉及6000余条人员信息，逐件逐人调查核实，摸排党员134人、公职人员22人，相关线索移交区纪工委调查。加强选人用人监督，对拟提拔晋升的53名对象征求纪委监委、政法工作部等部门意见。落实任前公示制度，公示期间接到举报电话3件，组建调查小组直接查核。

【公务员管理】 2023年，平潭综合实验区新招录公务员（含参公）38人，接收选调生16人。实施年轻干部“岚才启航”培优训练营计划，以新入职公务员为对象，以入职前两年为周期，优化新入职年轻干部培养路径，年内举办训练营2期、开展轮岗锻炼242人次。

（陈莹 吴德）

## 宣传工作

【概况】 2023年，平潭综合实验区党工委宣传与影视发展部组织编研《习近平系列访谈实录·平潭部分摘编》等资料，在《平潭时报》开设“思想纵横”“平潭浪涌”专栏，刊发《文化自信视角下的“两个结合”》等理论文章42篇，讲好“平潭故事”“百姓故事”“两岸故事”；组建“真宝贝”岚台融合宣讲队、“岚台乡音”讲师团、女警宣讲队，围绕党的二十大等重大主题开展宣传宣讲活动330余场，直接受众2.10万人次。

【理论学习研究】 2023年，平潭综合实验区党工委宣传与影视发展部实施习近平总书记关于平潭开放开发重要指示专项研究计划，筹建“平潭浪涌”主题展览，完成工作方案、设计方案送审。联合区党工委党群工作部编研形成《习近平21次到平潭调研重要指示精神摘编》《习近平系列访谈实录·平潭部分摘编》《习近平21次到平潭亲历者访谈实录》。5月起，在《平潭时报》开设理论版，设置“思想纵横”“平潭浪涌”“前沿关注”“学思践悟”等栏目推出理论文章，刊发《文化自信视角下的“两个结合”》《促进两岸文化交流合作》等文章42篇。

【理论宣讲】 2023年，平潭综合实验区党工委宣传与影视发展部组建“真宝贝”岚台融合宣讲队，面向区第二批主题教育培训班、区党工委党校主体班次学员开展宣讲。结合“进村入企话岚图”活动，推动处级以上干部深入一线宣讲。构建网格化宣讲格局，统筹新时代宣讲师等基层力量，开展近200名宣讲员专题培训，组建“岚台乡音”讲师团、女警宣讲队等特色队伍。用好福建省习近平新时代中国特色社会主义思想研究中心平潭实践基地实践点、宣讲点，盘活革命旧址、政治生活馆、传统古厝、农村戏台、闲置校舍等资源，形成特色宣讲组织模式。采取微宣讲、微视频、“庭院式”微宣讲、“板凳会”讲故事等方式，制作推出《千年一遇平潭浪涌》《红心大坪，幸福家园》《从“旅游兴县”到“国际旅游岛”》等精品微课。举办全省“争优争先争效机关党员在行动”主题宣讲（平潭专场）和学习贯彻习近平新时代中国特色社会主义思想主题教育“新思想微宣讲”（平潭专场）2场省区联合的宣讲示范活动，开展主题教育微宣讲活动、电影艺术党课宣讲活动等近10场，开展全区理论宣讲员业务培训会。年内，开展宣传宣讲活动330余场，直接受众2.10万人次。

【重大题材宣传】 2023年，平潭综合实验区党工委宣传与影视发展部、融媒体中心以平潭国际旅游岛建设为主线，聚焦“时政+旅游”宣传，做好打造星辰大海、风筝冲浪、赛车、“蓝眼泪”、棒垒球、海岛慢生活等主题宣传。结合全国五人制棒垒球锦标赛、亚洲沙滩排球锦标赛、“一闸三线”工程通水、“环太平洋史前文化”

2023年10月25日，平潭综合实验区“岚台乡音”讲师团在海坛片区开展庭院式宣讲 （林璟 摄）

国际学术研讨会等重大活动节点，邀请中央、省级媒体宣传报道，利用报纸电视网站和新媒体平台刊发报道3150条。年内，“中国平潭”在视频号、抖音号、快手号等20多个新媒体平台上总“粉丝”量超260万，生产播出短视频超1000条，抖音年播放量超1亿次。其中，“星辰大海 舒心平潭”海岛旅游宣推全网曝光量18.60亿次；《陈静乐夺得亚运会平潭首金，平潭综合实验区党工委、管委会致贺电》《2023我要去平潭岛 五一来平潭，圆一个星辰大海梦》等291条短视频播放量超627.30万次；《首届全国五人制棒球锦标赛在福建平潭落幕》浏览量超100万次；在“蓝眼泪”爆发期间，联动40多家省内外媒体开展直播，“蓝眼泪”全网曝光量2.10亿次；在省内首创推出《赛车365》《平潭第一棒》《海岛追风去》等节目，推出直播108场。

【出版管理】 2023年，平潭综合实验区党工委宣传与影视发展部牵头组织各成员单位开展非法出版物集中清查行动，对校园周边各类文化经营场所和互联网上经营的涉及未成年人读物的文化经营店开展检查。利用校内广播、橱窗、黑板报、展板、微信、微博等平台，揭露制黄贩黄、侵权盗版等非法出版活动及不健康网站的社会危害。向学校捐赠优秀书籍、派发绿书签和宣传手册。开展实体书店、报刊亭等出版物销售点非法行为巡查。

【对台宣传矩阵搭建】 2023年，平潭综合实验区党工委宣传与影视发展部围绕第七届两岸职工自行车赛、两岸青年影展、第12届共同家园论坛等对台活动开展全矩阵宣推工作。对接中央、省级媒体，协调各单位组织拍摄，《两岸一家亲 闽台亲上亲——平潭构建有效连接渠道，加快建设两岸共同市场》在总台央视《东方时空》栏目播出，《闽台亲上亲，对两岸意味着什么》在《新闻1+1》播出，《两岸一家亲，融合向未来》在《焦点访谈》播出。依托省级媒体与东森电视台合作，推出《海峡拼经济》栏目。在Facebook（脸书）软件开通“hi平潭”账号，开设《早安平潭》《对台政策帮你问》等栏目，获大批台胞关注点赞，曝光量近1亿次。推出特色专栏《平潭郎·台胞》，宣传报道具有代表性的在平潭台胞15人。

【“真宝贝”岚台融合宣讲队】 2023年，平潭综合实验区“真宝贝”岚台融合宣讲队开展近50场“电影艺术党课”微宣讲、庭院式宣讲等活动，传播党的创新理论，入选福建省基层特色宣讲团。台胞林智远的《同心同力 共筑复兴梦》主题宣讲获“让青春绽放绚丽之花”福建青年宣讲党的二十大精神活动三等奖。

（郭宁美）

## 统战工作

【概况】 2023年，平潭综合实验区党工委贯彻落实习近平总书记关于做好新时代党的统一战线工作的重要思想，完善“民主监督＋考察调研＋政党协商”机制，推动3个民主党派基层党支部升格为基层委员会。举办统一战线相关培训10场次，充实民营经济代表人士队伍，做好民主党派人员、经费保障服务工作；召开党内外代表人士情况通报会等8场次，形成调研成果40篇，协助各党派举办活动7场次。推动成立香港平潭社团联会新界分会。组织两岸交流活动20余场次。

【民主党派组织建设】 2023年，平潭综合实验区党工委党群工作部推动民革、九三学社和农工党3个党派基层组织升格为基层委员会。举办实验区统一战线代表人士培训班暨统战干部培训班、新的社会阶层代表人士培训班、民营经济人士培训班10场次，培训500余人次。调整充实民营经济代表人士队伍，增补常委9人、执委22人，实体化运作总商会，聘请13名企业家担任区工商联（总工会）经济顾问，1名企业家获"福建青年五四奖章"。民进平潭总支获评全省基层组织建设先进集体和全省宣传思想工作先进集体。

【多党合作和政治协商】 2023年，平潭综合实验区党工委党群工作部聘请7名民主党派专职工作人员，帮助协调解决民主党派工作人员、经费保障等实际问题。制定政党协商（会议协商）计划，围绕南岛语族研究、跨境贸易、国际旅游岛建设等实验区重点工作开展调研，召开党内外代表人士情况通报会、座谈会8场次，形成调研成果40篇，提交提案议案、社情民意信息等175篇。协助各党派在平潭举办第15届海峡论坛·两岸乡村农田水利建设交流会、第14届海峡两岸中医药学术交流论坛等活动7场次。鼓励民主党派成员投身公益慈善事业，开展各类社会服务30余场，捐款捐物价值24.28万元。

【港澳台统战工作】 2023年，平潭综合实验区党工委党群工作部推动成立香港平潭社团联会新界分会。举办实验区香港岚籍代表人士国情培训班，邀请香港平潭社团联会参访团到平潭交流，吸引香港卫视等10余家媒体宣传推介平潭。组织各类两岸交流活动20余场次，吸引台胞近1000人次参与。形成《关于构建港澳台合作网络服务实验区高质量发展的研究》调研报告，获2023年度全省统战理论政策研究创新成果一等奖。

【党外人士队伍建设】 2023年，平潭综合实验区党工委党群工作部通过摸排汇总，确认全区党外知识分子4500余人，确定重点联络联系对象500余人。年内5名台胞选举为县人大代表，2名台胞增补为县政协委员。

（陈莹 吴德）

## 巡察工作

【概况】 2023年，平潭综合实验区党工委纪检监察机关建立健全《关于审计监督、巡察监督与纪检监察监督贯通协同高效的实施办法》《关于加强巡察整改和成果运用的意见》《巡察整改联合会审实施意见》等8项制度。推进区直部门、片区巡察和村居党组织延伸巡察，对15个党组织、74个村居开展巡察，发现问题746个、问题线索17条。

【常规巡察】 2023年，平潭综合实验区党工委巡察审计办公室对区党工委管委会台湾工作部（区外侨办）、区党工委宣传影视部、区执法应急局、区市场监管局、区农业农村局（区乡村振兴局）、团区委、区妇联、区科协、区计生协、区文联、区侨联、区残联、区红十字会、区农业农村中心（区供销社）、区应急事务中心等15家单位党组织开展常规巡察，发现问题552个、移送问题线索15条。

【村级巡察】 2023年，平潭综合实验区党工委巡察审计办公室启动对全区村级党组织巡察全覆盖工作，对4个片区74个村（社区）开展交叉巡察。在第四轮常规巡察中，选取4个片区的4个村级党组织开展巡察，移送信访件53件、问题线索12条。

【巡察整改】 2023年，平潭综合实验区党工委第二轮巡察反馈问题177个，完成145个，基本完成26个，未完成6个，整改率96.6%，健全完善制度71项，问责追责9人次。第三轮巡察反馈问题275个，完成249个，基本完成14个，未完成12个，整改率95.6%，健全完善制度77项，问责追责29人次。第一轮村级巡察反馈问题469个，完成365个，基本完成78个，未完成26个，整改率94.4%，健全完善制度58项，问责追责22人次。

（薛小妹 刘朝东）

## 网信工作

【概况】 2023年，平潭综合实验区党工委宣传与影视发展部加强网上内容建设和网络生态治理，举办网络安全应急演练、国家网络安全宣传周等活动，联动各部门进基层、进机关、进校园等普及网络安全知识。获评"闽盾2023"网络安全应急演练优秀组织奖和国家网络安全宣传周福建省活动先进单位，网信案例“立足闽台合作窗口 做好对台网络宣传”入选省网络文明建设十佳优秀案例名单。

【网络宣传】 2023年，平潭综合实验区党工委宣传与影视发展部推进网络人士统战工作，发挥网上联合推送机制作用，策划“国际风范、青春时尚”等重大主题作品，制作《红旗颂》山海交响音乐片、《岚海生明月 麒麟传福歌》中秋宣传片。春节期间推出福文化“平潭古诗词街”宣推视频，获《人民日报》、人民网点赞推荐，居微博同城热搜前列。

【网络综合治理】 2023年，平潭综合实验区党工委宣传与影视发展部联合公安等管网部门执法力量，围绕打击网络直播短视频领域乱象、打击网络谣言等10个任务，开展“闽盾2023”网络安全应急演练，举办网络安全宣传周活动。组建技术队伍，对实验区重要系统、网站开展安全检查、攻防演练，引导关键信息基础设施保护部门、运营单位整改。

【平潭网信工作案例获评省十佳】 2023年，平潭综合实验区党工委宣传与影视发展部通过本地微信、微博、网站等新媒体平台开设对台专题专栏，利用平潭网英文版以及Facebook（脸书）、Twitter（推特）等社交平台开展对台网络宣传工作。7月19日，2023年中国网络文明大会两岸青少年网络素养建设论坛在厦门举行，福建省网络文明建设十佳优秀案例发布，平潭网信工作案例“立足闽台合作窗口 做好对台网络宣传”入选。

（郭宁美 陈挺 叶智诚）

## 精神文明建设

【概况】 2023年，平潭综合实验区培育践行社会主义核心价值观，开展文明城市创建活动，完成新时代文明实践所（站）评估验收，建成4个所、219个站，实现区、片区、村三级全覆盖。开展“童心向党”等未成年人德育建设活动。引导志愿者、志愿服务组织开展“文明出行 畅游平潭”等志愿服务活动。调动台胞参与精神文明建设积极性，组建“真宝贝”岚台融合宣讲队。年内，实验区获评中国好人1人、福建好人1人、省道德模范1人、省新时代好少年1人、“感动福建”十大人物 1人。

2023年6月9日，平潭综合实验区党工委宣传与影视发展部开展“闽盾2023”网络安全应急演练

（林爱真 摄）

【文明城市创建】 2023年，平潭综合实验区党工委宣传与影视发展部开展“全民参与、创城有我”卫生清扫活动，发起“全民保洁计划”系列环保主题活动，设立垃圾银行，通过捡拾沙滩垃圾兑换环保奖励，鼓励游客群众参与洁净海滩环境行动。年内，摸排清理陈年垃圾、建筑垃圾288处，规范整治沿街商贩占道经营行为1.20万余起，清理“牛皮癣”小广告2.20万余处，清理海漂垃圾3204吨。开展“食安平潭，你我同查”专项直播行动，评选“放心店”“文明旅游红黑榜”。推动签订住宿价格承诺书542份，警告、责令整改260余家次，罚没款24.50万元，打击住宿价格乱象。打击“黑车司机”，查处非法营运、网约车、出租车违法行为35起，罚没款16.19万元。设置创城办实地督查组，常态化环境卫生治理。组织全区创城集中志愿服务行动3批次，发放创城限期整改通知书196份，印发督查通报8期，推动问题整改4655处。

【文明实践阵地建设】 2023年，平潭综合实验区党工委宣传与影视发展部推进新时代文明实践所（站）

评估验收，实现1个实践中心、4个片区实践所、219个村（社区）实践站全覆盖。打造两岸融合活动基地、文明探源教育基地等33个文明实践基地和8个文明实践志愿服务点。利用文明实践阵地，开展“我们的节日”“百姓大舞台”等活动3800余场，惠及23万余人次，开展“岚台家宴”“橄榄两岸 共谱和谐”等活动120余场，惠及台胞超3000人次。大坪村新时代文明实践站、两岸青少年研学中心获评省首批提质培优工程文明实践单位。

2023年12月20日，平潭综合实验区举办新时代文明实践中心结对共建签约仪式。图为各实践中心代表上台领奖 （林君斌 摄）

【典型推荐选树】 2023年，平潭综合实验区党工委宣传与影视发展部开展身边好人、道德模范、新时代好少年等先进典型选树推荐，评选“十佳放心店”4家，“百优放心店”19家。年内，实验区获评中国好人1人、福建好人1人、省新时代好少年1人、省道德模范1人、“感动福建”十大人物1人，“光明号角”国家电网志愿服务项目候选全国最佳志愿服务项目，区主题党日馆获评第二批“存正心、守正道、养正气”新风正气福建“名片”宣传教育示范点。

【未成年人德育建设】 2023年，平潭综合实验区党工委宣传与影视发展部线上线下多渠道开展“清明祭英烈”“童心向党”“向国旗敬礼”“阳光成长”心理健康教育、科普教育等未成年德育建设活动，参与师生12万余人次。开展“传承雷锋精神 争当新时代好少年”主题活动400余场。组织推选区级“新时代好少年”20人，平潭中湖小学学生刘语霏获评省级“新时代好少年”。组织拍摄平潭籍福建省“新时代好少年”宣传视频，在平潭文明网设置事迹展播专栏，利用微信公众号发布事迹展播20期。开展“凉茶伏酷暑，非遗润童心”等2期新时代文明实践未成年人体验活动。

【志愿服务】 2023年，平潭综合实验区新增志愿项目3688个，新增时长13.30万小时，实名注册志愿者7.27万人，志愿服务团体702个。区党工委宣传与影视发展部引导志愿者、志愿服务组织开展党的声音进万家、新春送福、我为文明代言、“雷锋精神耀八闽”、“春运暖程”、“文明出行 畅游平潭”文明交通劝导活动等主题志愿服务活动。开展实验区第二批三星、四星级志愿者星级评定工作，评定星级志愿者18人。开展年度省、区级学雷锋志愿服务“五个最美”先进典型推荐评选活动，区气象局志愿服务队黄曙杰获评省级最美志愿者，宝湖社区获评省级最美志愿服务社区，13个先进典型获评区级“五个最美”称号。推荐5个项目参加省新时代文明实践志愿服务项目大赛，其中“石头厝‘防火敲门行动’志愿服务项目”获大赛铜奖。

【新时代文明实践未成年人体验站】 2023年，平潭综合实验区人民法院、区税务局第一税务所、金井片区山海佳苑社区、区红十字生命体验馆、区中医院通过验收成为平潭首批新时代文明实践未成年人体验站，涵盖生命健康、法治宣传、中医文化、科普创新、职业体验5种类型，打造家门口的未成年人实践课堂。

（郭宁美 叶智诚）

## 政策研究

【概况】 2023年，平潭综合实验区党工委管委会办公室、创新研究院围绕《中共中央 国务院关于支持福建探索海峡两岸融合发展新路建设两岸融合发展示范区的意见》

和《平潭综合实验区总体发展规划（2022—2035年）》文件精神，做好政策文件起草、信息报送、重点课题调研等工作，起草综合类文稿材料165篇，刊发《平潭快讯》《要情摘编》82期，制定《平潭综合实验区社会投资项目贷款贴息办法》等政策21项。打造“平潭改革”品牌，开展自贸改革经验总结评估。年内，平潭创新研究院获评省重点智库培育单位。

【综合文稿工作】 2023年，平潭综合实验区党工委管委会办公室起草完成区主要领导讲话、汇报等综合类文稿材料165篇超60万字，其中讲话稿116篇、汇报材料49篇。

【信息工作】 2023年，平潭综合实验区党工委管委会办公室改版实验区《要情摘报》刊物，刊发《平潭快讯》《要情摘编》82期，获区领导批示54条次，其中获区主要领导批示21条次。向省委办公厅、省政府办公厅报送信息945条次，被采用251条次。向省政府办公厅上报调研信息79条，被《福建信息》《政讯专报》采用48条，采用率60.76%，其中10条获国务院办公厅采用、4条信息获国务院领导批示。上报主题教育专题信息19条，7条被《八闽快讯》头条采用。

【政策修订】 2023年，平潭综合实验区党工委管委会办公室制定发布《平潭综合实验区社会投资项目贷款贴息办法》《平潭综合实验区国有土地使用权收购暂行办法》等政策21项。创新研究院开展重大政策制定研究，形成《总规政策研究事项动态清单》，起草印发《平潭综合实验区创建智能网联汽车准入和上路通行试点城市实施方案》《平潭综合实验区促进有效投资增强发展后劲考核评估办法》，形成政策汇编手册供各部门参阅；制定《新一轮总体发展规划政策研究和落地工作机制》等，涵盖重点政策68项、重大项目领域34个、重大活动26项，形成区分管领导牵头、职能部门落实的跟踪推进机制。

【课题调研】 2023年，平潭综合实验区创新研究院开展基层走访调研推进研究工作，刊发17篇《政研专报》，获区领导批示12篇19条次，区主要领导批示6条次。参加第二届全省改革财经系统青年干部决策咨询报告评选活动，获三等奖和优胜奖各一篇。分析热点地区改革举措动态，筛选投送相关信息173篇，采用21期53篇，获区领导批示25条次，主要领导批示10条次，在全区事业单位序列中领导批示总量和刊用总量排名第一。

【“平潭改革”品牌打造】 2023年，平潭综合实验区创新研究院将重点政策事项纳入自贸深改领导工作机制协调推进，召开11次自贸深改专题会，形成实验区海关监管办法（修订稿）草案、台胞通信便利实施方案等7项政策成果。开展自贸改革经验总结评估，打造“平潭改革”品牌，向国家部委、省级部门报送平潭改革经验。形成台胞职业资格一体化服务新模式等23项创新举措，参评福建自贸试验区第20批创新举措，17项创新成果获评，获评率超七成，其中全国首创8项。涉案房产“e拍即得”协同执行机制等2项典型改革经验获省自贸办推荐，参与商务部新一批自贸试验区最佳实践案例评选。成立福建自贸试验区创新（平潭）中心，展示平潭自贸片区成立8周年改革创新路径及成果。

【平潭创新研究院获评省重点智库培育单位】 2023年，平潭综合实验区创新研究院发挥智库作用，承担省《智库专报》课题研究，刊发《智库专报》8篇，获省领导批示6篇7条次，承接省新型智库重点课题研究2项，9月28日，获评第二批全省重点智库培育单位。

（薛小妹 吴婉玲 吴继贵 吴仕均 丁瑞）

## 机构编制管理

【概况】 2023年，平潭综合实验区党工委党群工作部调整优化部门机构设置，推进党政机构、行政体制改革。设立区考古遗址公园保护与发展中心、区台胞职业资格服务中心和平潭城关第二幼儿园，设立事业编制池，创新中小学、幼儿园、区人力资源中心岗位聘用办法，拓宽干部晋升渠道。

【党政机构改革】 2023年，平潭综合实验区党工委党群工作部健全完善大部制机构职能体系，在区党工委管委会办公室加挂平潭综合实验区国防动员办公室牌子，增设国防动员处。调整区公安局内设机构，设立区公安局片区支队、森林警察支队、监察协作支队，构建与片区机构设置相适应的基层警务机制。在区纪工委、监察工委增设纪检监察干部监督室。启动新一轮机构改革工作，开展机构改革调研评估，制定报送优化调整党政机构设置方案。

【行政体制改革】 2023年，平潭综合实验区党工委党群工作部理顺部门间职责关系，将区创新研究院负责的高端人才引进管理职责划转至党群工作部，将人力资源机构监管职责归口划转至区社会事业局。优化片区体制，在片区管理局试点开展精准化赋权工作。制定出台《关于加强区直派驻机构管理办法》，赋予片区管理局对派驻机构负责人的提名权，推动派驻机构纳入片区管理局组织协调。

【事业单位改革】 2023年，平潭综合实验区设立区考古遗址公园保护与发展中心、区台胞职业资格服务中心和平潭城关第二幼儿园。统筹设立事业编制池，为厦门大学平潭研究院、海岛研究中心核定专用编制，用于引进相关领域急需人才。落实中小学幼儿园和公立医院人员控制数办法，重新核定全区公立学校教职工人员控制总数。

【事业单位登记管理】 2023年，平潭综合实验区办理事业单位法人设立登记2件，事业单位法人注销登记1件，事业单位法人变更登记36件，事业单位法人到期换证14件，审核事业单位年度报告143家。

【事业单位岗位聘用】 2023年，平潭综合实验区党工委党群工作部调整专技岗位职数，提高中小学（幼儿园）专技岗位结构比例标准，新增教师高级岗位职数58个、中级岗位职数312个。按照新增岗位职数，开展全区中小学（幼儿园）学校第四轮岗位设置和聘用工作，完成66家单位3569人聘用。创新岗位管理模式，对区人力资源中心挂靠人员实行全岗位、实名制动态管理模式，聘用55名人员，拓宽事业干部晋升渠道。完成专业技术人员继续教育学分验证2700余人次，引导各行业主管部门规范开展继续教育活动，全年审核继续教育办班申请48场次5120人次。

（陈莹 吴德）

## 机关党建

【概况】 2023年，平潭综合实验区党工委党群工作部以机关党建发展助推实验区建设，开展达标创新活动，组成7个工作组指导全区机关企事业单位、群团组织情况，打造党建特色品牌，总结先进党建工作经验，评定机关事业单位五星级基层党组织83个、党建示范点8个。推动党委（党组）书记、机关党委书记、党支部书记和机关党委副书记、机关纪委书记“三级五岗”合力抓党建，形成工作合力。举办“学思想、强党性、重实践、建新功”机关党组织书记示范培训班。推荐参加全省机关体制机制创新优秀案例征集评选活动，区党群工作部案例《全国首创台胞职业资格一体化服务模式 打造便利化台胞登陆就业环境》和税务局案例《涉案房产“e拍即得”协同执行机制》分别获评十佳案例和百优案例。

【党员干部学习教育】 2023年，平潭综合实验区党工委党群工作部打造“岚岛先锋讲堂”党员干部学习教育平台，通过理论讲堂、业务讲堂、红色讲堂等6个类别，提升党务干部素质能力。组建由党校教师、党员领导干部、先进模范人物、致富能手等216名各领域优秀党员干部组成的岚岛先锋师资库，统筹干部大讲堂、岚岛先锋讲堂、夕阳红讲师团、党建夜校等青年微学堂等平台。

【党建结亲】 2023年，平潭综合实验区党工委党群工作部推进机关党组织和在职党员双报到制度，报到机关事业单位党组织289个，报到率100%；报到在职党员4876人，报到率99.45%。推行“群众点单、社区派单、党员接单”模式，组织在职党员根据自身特长和岗位职责认领“微心愿”，开展交通文明劝导等活动1391次，解决邻里纠纷等问题491个，争取资金230余万元。

【党建共同家园工程】 2023年，平潭综合实验区党工委党群工作部打造“机关党建＋两岸共同家园”品牌，深化岚台各领域交流融合。区台湾工作部机关党支部推行党建联系服务台胞台企机制，协调解决台企发展难题。平潭法院自贸区法庭党支部建立涉台审判党建工作机制，设立台胞权益党员司法服务驿站、党员法官联络点。海坛片区管理局机关党支部深化“岚台乡音”讲师团，邀请台胞社区营造师交流岚台两地社区治理经验故事。

【“我在岚岛乡间有亩田”机关党员志愿服务】 2023年，平潭综合实验区党工委党群工作部开展

"我在岚岛乡间有亩田"机关党员志愿服务活动，倡导32家单位3700余名党员干部认领认筹耕地面积7.60公顷，认筹金额20余万元，结合主题党日活动体验农事劳动。

（陈莹 吴德）

## 保密工作

【概况】 2023年，平潭综合实验区党工委坚持"党管保密"原则，做好保密严监管、强宣传工作。党工委保密委召开保密委员会(扩大)会议3次，部署保密工作。建立涉密人员脱密期保密管理工作机制，做好相关人员脱密期管理，开展保密督查排查。指导全区各级各部门开展本单位、本行业、本系统的保密宣教活动。

【保密督查检查】 2023年，平潭综合实验区党工委将保密工作纳入实验区党工委巡察、全面从严治党主体责任检查内容，对全区38家单位开展保密检查，梳理各受检单位存在问题清单，发出整改工作函，督促各受检单位开展整改工作。

【保密教育培训】 2023年，平潭综合实验区党工委保密办通过保密宣讲及案例通报等方式强化保密干部"两识"（保密知识、保密意识）教育，在实验区公务员和事业单位初任培训、中青年干部培训等班次中专门开设保密"两识"课程，培训学员150余人。协助省国家保密局在平潭举办全省保密资质审查业务培训班，全省保密专兼职干部100余人参训。

【保密宣传】 2023年，平潭综合实验区党工委保密办结合"4·15"全民国家安全教育日等各类主题宣传活动，联合区融媒体中心、网信、公安等部门，利用新媒体渠道开展国防军事等保密宣传，在机关单位公共区域、社区、村居委会公示栏等公共场所粘贴保密宣传海报，开展保密宣传。

（高萍萍）

## 老干部工作

【概况】 2023年，平潭综合实验区党群工作部推进离退休干部党的建设、发挥作用和服务管理等工作，搭建"岚岛潮声""银发人才"老党员工作室等平台。至年底，全区离退休人员5500余人，其中离休干部（均为解放战争时期参加工作）12人、"5·12"退休干部（1949年10月1日至1950年5月12日之间参加工作，享受供给制待遇的退休干部）7人、区管处级以上退休干部98人。

【离退休干部党建】 2023年，平潭综合实验区党工委党群工作部开展离退休干部党支部书记培训2场、老干部读书班1场、循迹溯源宣讲会1场，组织离退休干部收看线上专题报告会8场，送学上门12次。配齐离退休干部党建联络员42人。推荐获评省级离退休干部"六好"（组织设置好、班子建设好、党员队伍好、学习活动好、作用发挥好、制度坚持好）示范党支部2个、省级"离退休干部党员传承红色基因学习教育基地"1个、银发先锋工作室1个、全省离退休干部乡村振兴指导员1人、党的创新理论离退休干部宣传小分队1支。制作的《海坛夕阳红·晚霞更动人》微视频入选全省离退休干部系统微视频展示活动优秀微视频名单。

【离退休干部作用发挥】 2023年，平潭综合实验区党工委党群工作部打造"夕阳耀岚岛，心映党旗红"品牌，统筹夕阳红老干部宣讲团、"五老"（老干部、老战士、老专家、老教师、老模范）报告团等老干部宣讲力量，组建"岚岛潮声"党的创新理论宣传分队，开展主题宣讲70场次，参与群众5000余人次。发挥银发人才作用，其中农业农村领域"银发人才"开展"我在岚岛乡间有亩田"志愿活动，进行农耕劳作。开展"话传统、谈复兴、聚力量"专题调研，收集71份老干部意见建议。打造"银龄结对互助"等"近邻党建银发力量"特色品牌，在海坛街道红山社区开展试点工作，引导老干部开展社区治理、进行弱势帮扶。

【离退休干部待遇保障】 2023年，平潭综合实验区党工委党群工作部完善工作人员分片挂钩联系机制，配置生活服务员3名联系走访老干部。保障离休干部医疗保健和居家护理服务，开展上门服务337人次。走访慰问离退休干部及遗属等316人次，发放慰问金22.45万元。做好老干部康复协调服务，为全区保健对象提供就医看病服务超550人次。

【离退休老干部文体活动】 2023年，平潭综合实验区党工委党群工作部以离退休干部活动中心、老年大学为阵地，开展离退休干部活动中心活动场所适老化改造，添置功能房设施，举办文体活动35场次。组织离退休干部参与文艺会演、趣味运动赛、传统手艺教学等文体活动。组织开展新老党员“传帮带”、主题党日、书画笔会、专题党课宣讲等文体活动。

【老年大学工作】 2023年，平潭综合实验区老年大学开办课程18门，招生510人。开设微党课，参与老年学员600余人次。组织收听离退休干部学习报告会5场次、老干部宣讲会2场次。组织金融反诈、线上就医、贝雕非遗传承等活动，参与老年学员300余人次。

课程设置创新 设置旗袍、笛子、书法等课程基础班和提高班，新增非洲鼓、象棋等课程。钱便澳教学点采用夜间上课形式，开设音乐、家教等课程。

学员作用发挥 组织书法班学员春节期间进社区义写春联82副。开展“垃圾分类 家家时尚”家庭亲子巾帼志愿服务活动。开展“九九重阳节 浓浓敬老情”重阳节活动，与70多名老人共享平潭传统美食。开展“爱在两岸 情满夕阳”“月满华诞庆团圆 两岸情深在东门”等两岸文化艺术交流。举办“七一献才艺 桑榆展风采”文艺会演，参演老年人200余人。开展“月是故乡明 电影到我家”中秋电影公映主题活动。

智慧助老 邀请中国电信平潭分公司技术人员为老年人开展“便捷生活”专题培训。联合福建医科大学附属协和医院平潭分院开展健康讲座及义诊活动。

【关心下一代工作】 2023年，平潭综合实验区关心下一代工作委员会深化“五老”关爱行动，推进基层关工委建设，获评第八次全国维护妇女儿童权益先进集体。

2023年9月13日，平潭综合实验区海坛片区宝湖社区“银发先锋”工作室的老党员们为居民讲解秋季传染病预防知识 （江信恒 摄）

困难学生帮扶 动员爱心企业和社会人士筹集关爱资金，开展“大手拉小手 把爱带回家”活动，为60名困难学生送去3万元慰问金，帮助100名少年儿童实现心愿。为16所学校送去890份儿童节慰问品。举办“省关心下一代禾和助学金”“金秋助学”等活动，资助39名学生，发放助学金23.16万元。结对帮扶2名中小学生、2名研究生，发放助学金13.80万元。

文体活动培训 举办第23届“关工杯”篮球赛和乒乓球联赛，20所中小学500余名学生参赛。支持开展篮球研训，敖东小学获2023年“姚基金”希望小学篮球联赛全国冠军。利用多个两岸研学中心教学点，聘请台胞教师开展古筝等传统民乐培训。

未成年心理疏导 跟进被侵害未成年人和受校园霸凌学生，开展心理疏导。举办中高考心理调适活动15场，举办“连接你我TA，共建幸福家”直播活动，1000余人次参与。开展未成年社区矫正对象团体心理辅导、失足触法学生心理纠偏等活动，聘请3名台胞心理师举办讲座131场、团体心理辅导活动41场。

未成年人犯罪预防 动员老干部充当合适成年人等角色，参与未成年人案件审讯。开展禁毒教育暑期社会实践，组织参观禁毒教育基地及平潭检察院青少年法治教育基地。开展“关爱明天 普法先行”等活动10余场，受教育学生1500余人次。

（陈莹 吴德 郭思婷）

## 档案工作

【概况】 2023年，平潭综合实验区档案部门贯彻宣传《中华人民共和国档案法》，实施档案法治宣传教育规划。开展档案工作检查，做好档案服务外包监管，完成5家档案服务机构备案及复核工作。举办档案文献展，开展档案知识竞赛等活动，吸引近5000人次参与。汇编《档案利用效果实例》，完成馆藏历史遗留37盘音像档案和4000余张照片档案修复和数字化工作。开展涉台档案挖掘整理工作，推进两岸数字档案文献展工作，到北京市档案馆等调研学习。区档案与大数据中心主楼封顶。接到来函73份、跨馆查档申请85份，全国档案查询利用服务平台16例，到馆查档服务0.28万人次，医保、社保、不动产业务档案查档0.45万人次。年内，区档案与大数据中心项目主体结构封顶。

**【档案管理】** 2023年，平潭综合实验区档案部门开展电子档案单套管理业务指导与推广试点工作，印发《平潭综合实验区电子文件管理细则（暂行）》。建设实验区电子档案一体化管理平台，形成《创新档案治理机制 赋能政务服务高质量发展》创新案例获评全国档案工作创新二类案例。完成2个省重点项目和27个区重点项目档案的登记、指导和验收工作。

**【档案接收】** 2023年，平潭综合实验区档案部门接收国企退休人事档案38卷，政府信息公开文件810件，文书档案1.56万件，婚姻档案1.44万件，涉外婚姻611件，疫情文书档案2345件，照片1832张；精准扶贫文书档案74件，照片153张。完成国际自行车公开赛、中国风筝板巡回赛等重大活动档案接收进馆工作。通过发布公告、上门走访等方式征集重大活动照片5000余张、视频100余条、《古籍史料中的平潭》等书籍100余本、《平潭时报》合订本48册。

**【涉台档案收集】** 2023年，平潭综合实验区档案部门挖掘闽台历史相关档案，梳理文书档案4045件、照片131张、资料95条、视频23条、官方报道62篇，构建涉台档案专题数据库；收集各类涉台档案文献征集线索，走访涉台单位及展馆，征得涉台活动照片4215张、政策文件31件、涉台档案书籍35本。

2023年10月26日，平潭综合实验区档案部门举办“信仰的力量——共产党人的家国情怀”档案文献展 （区档案局 供图）

**【档案文献展】** 2023年10月26日，平潭综合实验区档案部门举办“信仰的力量——共产党人的家国情怀”档案文献展，从中央档案馆和上海市档案馆馆藏中精选近240件珍贵档案文献作为展品。展出为期3个月，纳入实验区主题教育学习内容，吸引70余家单位近万人次参观。

（刘晓娟）

## 党校（行政学院）工作

**【概况】** 2023年，平潭综合实验区党工委党校（行政学院）实施教育培训、教学精品打造、科研咨政提质、现场教学点开发、理论宣讲创新、对外培训提升等工程，增设《习近平新时代中国特色社会主义的理论渊源》等3个教学课程，完成培训20期，培训学员2085人次。打造特色现场教学点，充实内部和外聘师资队伍。党校骨干教师理论宣讲团开展宣讲80场次，受众8000人次。完成新校区搬迁，推进新校区景观提升、湖体山体改造。推进“智慧校园”一期建设及验收，成立信息技术科（图书馆），制作校院培训宣传册及短片，完善对外培训制度，到红旗渠干部学院考察学习。连续3年获评实验区五星级基层党组织，“党校姓党 红色课堂”党建品牌获评新时代福建省党建工作品牌优秀案例。

【教学工作】 2023年，平潭综合实验区党工委党校（行政学院）把学习习近平新时代中国特色社会主义思想作为主干核心课程，增设“习近平新时代中国特色社会主义思想的理论渊源”等3个教学课程。挖掘习近平总书记21次到平潭重要指示批示精神，打造特色课程。实行集体备课、新课试讲和听课评课制度，邀请省委党校专家指导，开展5次轮新专题试讲，其中2门课程获全省党校系统精品课比赛三等奖。充实内部及外聘师资库，引进5名硕士研究生专职教师，优选40余名党政领导干部、省内外专家学者担任兼职教师，邀请实验区各部门领导干部业务骨干26人授课40次。组织教师到谷文昌干部学院、井冈山干部学院、厦门大学、清华大学、省委党校等地交流培训。

【培训工作】 2023年，平潭综合实验区党工委党校（行政学院）实施实验区“百千万”党员干部素质提升工程，完成培训20期，培训学员2085人次，其中主体班7期321人次、其他班次13期1764人次。承办3期实验区学习贯彻习近平新时代中国特色社会主义思想主题教育读书班，培训处级以上干部300余人次。

【科研咨政】 2023年，平潭综合实验区党工委党校（行政学院）围绕实验区中心工作开展课题研究与决策咨询工作，获省委党校立项课题5项，结项课题3项，结项课题包括省委党校研究基地项目2项与省社院课题1项，其中1项获省委党校优秀课题。选派教师参与“习近平总书记关于平潭发展重要指示专项研究”专班，编印形成实体成果4本，作为实验区主题教育读本。设置决策咨询培训课程，邀请区创新研究院专家培训，筛选优秀咨政报告刊发《政研专报》。

2023年6月6日，位于金井片区敖东建民村的平潭综合实验区党工委党校（行政学院）新校区启用。图为新校区综合楼

（区党工委党校 供图）

【特色现场教学点打造】 2023年，平潭综合实验区党工委党校（行政学院）立足红色资源和旅游资源，在巩固提升主题党日馆、将军山等红色教学基地的基础上，新开发龙海村等乡村振兴现场教学点。联合省委党校编写现场教学点教材，打造平潭特色教学点教材。至年底，打造现场教学基地12个，形成特色现场教学线路7条，其中“主题党日馆”“国际南岛语族考古研究基地”等现场教学点申报省委党校（行政学院）现场教学点6个。

【平潭综合实验区党工委党校新校区启用】 2023年6月6日，平潭综合实验区党工委党校（行政学院）新校区启用，位于金井片区敖东建民村，面积6.10万平方米，投资约3亿元，建有综合楼、会议中心、文体中心、学员宿舍、公共实训基地等，是实验区党员干部培训学习和承接对外培训的基地。年内承接全国台联、北京市委党校等对外培训班次39个，参训学员2100人次。

（许恒伟）

## 党史与地方志工作

【概况】 2023年，平潭综合实验区党史方志部门开展党史编研、志鉴编纂、史志文化弘扬等工作，完成《中国共产党福建省平潭县历史第二卷（1949—1978）》出版，编纂出版《平潭年鉴（2023）》，做好《福建年鉴（2023）》《中国地方志年鉴（2023）》平潭部分的编纂工作，《平潭年鉴（2022）》获省优秀年鉴三等奖。编发《平潭史志工作通讯》及文史专刊、理论增刊36期。完成平潭党史方志

2023 年 9 月，《中国共产党福建省平潭县历史第二卷（1949—1978）》出版发行 （胡匡宇 摄）

书库搬迁和整理工作。协助区旅游文体局、社会事业局完成文化旅游资源、未列入革命文物不可移动红色文化遗存的普查审核认定工作。

**【《中国共产党福建省平潭县历史第二卷（1949—1978）》出版】** 2023 年 9 月，《中国共产党福建省平潭县历史第二卷（1949—1978）》出版发行，内容上限自 1949 年 5 月平潭解放，下限至 1978 年 12 月党的十一届三中全会胜利召开。全书 32 万余字，包括人民民主政权的建立、向社会主义过渡的实现、社会主义建设在探索中曲折前进、“文化大革命”的内乱及其结束、在徘徊中前进和伟大历史性转折的实现等历史时期，平潭综合实验区党史方志部门完成平潭党史基本著作的编写出版任务。

**【《平潭年鉴（2023）》出版】** 2023 年 12 月，《平潭年鉴（2023）》由福建美术出版社出版，全书 76 万余字。卷首设城市名片、平潭数字及地图 1 幅，卷首图片设平潭风光、党政要闻、喜迎二十大永远跟党走等专题；除专记、大事记、概览外，设中国（福建）自由贸易试验区平潭片区、国际旅游岛、区情概貌、中共福建省委平潭综合实验区工作委员会等 28 个类目，下设 182 个分目、1127 个条目，收录图片 114 幅、表格 27 张，书后附附录、索引，内容涵盖实验区自然、政治、经济、社会、文化、生态等领域情况。

**【史志资料征集审校】** 2023 年，平潭综合实验区党史方志部门完成抗美援朝战争相关资料收集整理上报工作。向各单位、村居或个人征集《平潭林业志》、苏平片区民主村史志资料、林慕曾《论信仰》手稿、东美村史志资料等，填补和丰富部分历史空白。配合完成《海上福建》平潭部分、《海坛英彦——共和国解放勋章获得者吴兆英传》等书的审校工作。

**【史志文化宣传】** 2023 年，福建省党史方志系统首批宣讲师、全省年鉴专家、平潭党史方志研究室主任蔡荫开展《弘扬传统文化 坚定文化目标》《为国家立心 为民族立魂——确立和坚持马克思主义意识形态领域指导地位》等史志宣讲 10 余场次，受众 1500 余人次。

**【史志交流】** 2023 年，平潭综合实验区党史方志部门参加林慕曾烈士纪念馆向福建革命军事馆捐赠文物仪式，收集部分红色文物，丰富平潭党史方志书库馆藏。与海南省党史方志室、广东省方志馆、湖北省宜昌市史志研究中心等单位开展史志书籍交流。广西壮族自治区党史研究室到平潭交流党史编研、改革开放发展史研究情况。

（胡匡宇）

# 福建省人民代表大会常务委员会平潭综合实验区工作委员会（平潭县人民代表大会）

## 综 述

【区县人大合署运行】 福建省人民代表大会常务委员会平潭综合实验区工作委员会（简称平潭综合实验区人大工委）是省人大常委会派出机构，对省人大常委会负责并报告工作，与平潭县人民代表大会常务委员会（简称县人大常委会）实行区县人大合署运行、以区为主的工作模式，形成区县两级人大会议合并召开、区人大工委暨人大常委会会议合并召开的形式。2023 年，省人大常委会领导到平潭开展视察调研 7 次，协调解决实验区立法保障、人大工委体制机制等问题。区党工委主要领导以人大工委主任身份主持召开区人大工委暨县人大常委会会议，探索出一条既符合法定要求又贴近实验区行政体制特点的人大工作运行之路。

【常委会履职】 2023 年，平潭综合实验区人大工委（县人大常委会）坚持党的全面领导，围绕区党工委中心任务成立 5 个专班协同推进实验区重点工作，区党工委主要领导推动部署人大工作，作出系列指示批示。年内，听取和审议“一府一委两院”（人民政府、监察委员会、人民法院、人民检察院）工作报告 20 项，作出审议意见和决定决议 13 项，作出监督建议 15 件，开展视察调研、执法检查活动 25 次，任免国家机关工作人员 21 人次，督促办理代表建议意见 77 件，完成区人大工作会议暨县十八届人大二次会议确定的各项任务。主题教育期间开展“进村入企话岚图”活动，到基层一线听取意见，帮助解决基层群众问题 9 件，为企业纾难解困 5 件。

【立法工作】 2023 年，平潭综合实验区人大工委（县人大常委会）推进实验区立法前期工作，牵头召开 5 次实验区立法工作协调会议，厘清立法规划，协助建立立法储备项目；争取上级人大对实验区立法的支持，推动《平潭综合实验区条例》修订、《平潭国际旅游岛条例》立法列入省人大常委会五年立法规划。省人大常委会领导到平潭视察调研 7 次，协调解决实验区立法保障等问题，为两岸融合发展、国际旅游岛建设提供法治保障。

【基层人大工作】 2023 年，平潭综合实验区人大工委（县人大常委会）加强基层人大干部队伍建设，

2023 年 6 月 28 日，闽东北协同发展区人大工作联席会议在平潭综合实验区召开。图为与会人员围绕推动旅游一体化发展作交流发言

（区人大工委 供图）

组织乡镇人大主席学习培训，提升基层人大履职能力。推动片区（乡镇、街道）配备专职人员，增强基层人大工作力量。加强对基层人大法定会议、代表活动的指导，提升人大工作合力。

【闽东北协同发展区人大工作联席会议在平潭召开】 2023年6月28日，闽东北协同发展区人大工作联席会议在平潭综合实验区召开，省人大常委会党组副书记、副主任庄稼汉出席会议并讲话，福州、莆田、南平、宁德市人大常委会和实验区人大工委负责人围绕“深入贯彻落实党的二十大精神推动旅游一体化发展”主题交流发言，加强闽东北四市一区的人大工作协同。

（李慧灵 陈美强）

# 重要会议

【概况】 2023年，平潭综合实验区人大工委（县人大常委会）召开的主要会议有：区人大工作会议暨县十八届人大二次会议；区人大工委会议暨县十八届人大常委会会议6次，听取和审议专项工作报告，作出决议决定，任免国家机关工作人员等。

【区人大工作会议暨县十八届人大二次会议】 2023年1月4日—6日，平潭综合实验区人大工作会议暨县十八届人大二次会议在区会议中心举行，应到代表234人，实到代表190人。大会听取区管委会工作报告、区人大工委工作报告、区人民法院工作报告、区人民检察院工作报告，听取和审议县人民政府工作报告、县人民代表大会常务委员会工作报告、县人民法院工作报告、县人民检察院工作报告；审查和批准《关于平潭综合实验区（平潭县）2022年国民经济和社会发展计划执行情况及2023年国民经济和社会发展计划草案的报告》和《关于平潭综合实验区（平潭县）2022年预算执行情况和2023年预算草案的报告》。会议补选林国为县人大常委会副主任，林我彬、郑彪、高文峰、薛玉凤为县人大常委会委员。大会收到代表提出的建议、批评和意见77件。

【区人大工委会议暨县第十八届人大常委会会议】 2023年，平潭综合实验区人大工委暨县第十八届人大常委会召开6次常委会会议，即第八次至第十三次会议。

（李慧灵 陈美强）

表7 2023年平潭综合实验区人大工委暨县第十八届人大常委会会议一览表

| 会议名称 | 召开时间 | 会议内容 |
| --- | --- | --- |
| 第八次会议 | 3月27日 | 会议第一阶段由区人大工委主任赖军主持，听取区管委会（县政府）关于2022年度环境质量状况和环境保护目标完成情况的报告、关于社会救助工作情况的报告、关于旅游品质提升工作情况的报告、关于旅游市场诚信体系建设情况的报告。会议第二阶段由区人大工委副主任、县人大常委会主任陈诗强主持，根据县第十八届人大常委会主任会议的提请，会议任命韩明文为县人大常委会办公室主任，任命陈顺为县人大常委会财经工作委员会主任，任命高文峰为县人大常委会社会建设工作委员会主任。根据县人民法院的提请，会议任命卢椰枫、危胜频为县人民法院副院长、审判委员会委员、审判员。根据县第十八届人大常委会主任会议的提请，会议免去陈学龙县人大常委会办公室主任职务 |
| 第九次会议 | 5月31日 | 会议第一阶段由区人大工委主任赖军主持，审议区管委会（县政府）2023年预算调整方案（草案）的报告，听取区管委会（县政府）关于生活垃圾管理情况的报告、关于劳动就业情况的报告、关于盘活利用农村土地资源助推城乡一体化发展情况的报告。会议第二阶段由区人大工委副主任、县人大常委会主任陈诗强主持，审议县人大常委会关于补选平潭县第十八届人大代表的决定、关于任免个别县第十八届人大常委会代表资格审查委员会组成人员的议案、县第十八届人大常委会代表资格审查委员会关于个别代表的代表资格的报告。任命林国、高文峰为县第十八届人大常委会代表资格审查委员会主任委员，免去游小峰、黄郁沣县第十八届人大常委会代表资格审查委员会委员职务。接受陈学龙、高扬潭辞去县第十八届人大常委会委员职务的请求，接受任贵、陈学龙、黄郁沣、熊志华辞去县第十八届人大代表职务的请求 |

续表 7

| 会议名称 | 召开时间 | 会议内容 |
|---|---|---|
| 第十次会议 | 8月1日 | 会议第一阶段由区人大工委主任赖军主持，审议区管委会（县政府）关于2022年平潭综合实验区（平潭县）决算的报告、关于2022年度平潭综合实验区（平潭县）本级财政预算执行和其他财政收支情况的审计工作报告、平潭综合实验区人大工委（县人大常委会）专题询问办法，听取区管委会（县政府）关于平潭综合实验区（平潭县）2023年上半年预算执行情况的报告、关于平潭综合实验区（平潭县）2023年上半年国民经济和社会发展计划执行情况的报告、关于平潭综合实验区（平潭县）公共法律服务工作及法务区建设进展情况的报告。会议第二阶段由区人大工委副主任、县人大常委会主任陈诗强主持，审议关于接受魏小琴辞去县第十八届人大代表职务请求的决定、县第十八届人大常委会代表资格审查委员会关于个别代表的代表资格的报告。会议接受魏小琴辞去县十八届人大代表职务的请求 |
| 第十一次会议 | 10月18日 | 会议由区人大工委副主任、县人大常委会主任陈诗强主持，审议区管委会（县政府）关于2023年平潭综合实验区（平潭县）预算调整方案（草案）的报告、县第十八届人大常委会代表资格审查委员会关于个别代表的代表资格的报告。会议听取区管委会（县政府）关于平潭综合实验区（平潭县）基层警务机制改革工作情况的报告。会议开展关于深化医药卫生体制改革、推进医疗卫生服务城乡一体化工作的专题询问。会议许可对县十八届人大代表陈庄茂采取行政拘留强制措施。根据县人民检察院的提请，会议任命潘森林、戴惠芳、郑申为县人民检察院副检察长、检察委员会委员、检察员，免去高林县人民检察院副检察长、检察委员会委员、检察员职务 |
| 第十二次会议 | 11月28日 | 会议第一阶段由区人大工委主任赖军主持，听取区管委会（县政府）关于区人大工作会议暨县十八届人大二次会议代表建议意见办理情况的报告、关于平潭综合实验区（平潭县）“十四五”规划纲要实施情况中期评估的报告、关于平潭综合实验区（平潭县）2022年国有资产管理情况的报告、关于平潭综合实验区（平潭县）促进房地产平稳健康发展工作情况的报告、区人民法院（县人民法院）关于平潭综合实验区（平潭县）案件执行工作情况的报告。会议第二阶段由区人大工委副主任、县人大常委会主任陈诗强主持，审议关于补选县十八届人大代表的决定、县第十八届人大常委会代表资格审查委员会关于个别代表的代表资格的报告。会议任命董宇为县人民法院代理院长、副院长、审判委员会委员、审判员，接受林忠明辞去县人民法院院长职务的请求，接受李平、叶苏凤、何盈、孙树群、薛理杰、施敏、林黎、念保雄辞去县十八届人大代表的请求 |
| 第十三次会议 | 12月27日 | 会议由区人大工委副主任、县人大常委会主任陈诗强主持，审议关于召开区人大工作会议暨县十八届人大三次会议的决定、县第十八届人大常委会代表资格审查委员会关于个别代表的代表资格的报告。会议审议区人大工作会议暨县十八届人大三次会议预备会议议程、会议列席人员名单。审议区人大工作会议暨县十八届人大三次会议议程、财政经济审查委员会名单、议案审查委员会名单、主席团和秘书长名单，决定提请区人大工作会议暨县十八届人大三次会议预备会议通过。会议审议区人大工作会议暨县十八届人大三次会议主席团常务主席名单、邀请上主席台就座名单、议案表决办法、代表提交议案截止时间的决定、会议日程，决定提请区人大工作会议暨县十八届人大三次会议主席团会议通过 |

## 人大监督

【概况】 2023年，平潭综合实验区人大工委（县人大常委会）围绕中心、服务大局、依法履职，坚持正确监督、有效监督，做好工作监督和法律监督，助力实验区经济社会发展建设，推动解决人民群众普遍关心的突出问题，推动解决制约经济社会发展的突出矛盾和问题。年内，听取和审议专项工作报告20项，作出监督建议15件。

【经济运行监督】 2023年，平潭综合实验区人大工委（县人大常委会）围绕稳经济促增长，审议“十四五”规划纲要实施情况中期评估报告，督促将“十四五”规划纲要实施与探索海峡两岸融合发展示范区、落实平潭新一轮总体发展规划衔接融合，推动全区重大决策部署落地实施。落实省人大常委会关于加强预算审查监督工作的决定，审议预算决算报告，审查批准预算调整方案，推进完善全口径预决算审查监督。听取和审议国民经济和社会发展计划执行情况报告，跟踪监督经济运行情况。审议国有资产管理情况报告，推进闲置资产盘活，实现国有资产保值增值。监督地方政府债务，督促加强专项债券资金使用管理，守住不发生系统性风险底线。听取和审议审计工作报告，督促健全审计整改工作机制，推进预算监督与审计监督协同联动。

【旅游品质监督】 2023年，平潭综合实验区人大工委（县人大常委会）围绕打造平潭高辨识度旅游形象，组织视察文旅消费市场，推进旅游产品创新、业态创新、模式创新。围绕打造高品质赛事活动，视察垒球馆、棒球公园、如意湖国际赛道等项目建设管理运营情况，推进场馆设施按时完工投入使用。围绕打造高标准旅游设施，听取和审议旅游品质提升工作情况报告，了解南岛语族考古研究基地创建、坛南湾等景区品质提升项目建设情况，推动完善景区基础设施配套。围绕打造高质量市场服务，听取和审议旅游市场诚信体系建设情况报告，推进旅游市场治理，开展涉旅价格政策宣传，推进“红黑榜”曝光行动，探索旅游消费纠纷化解机制。

【生态环境监督】 2023年，平潭综合实验区人大工委（县人大常委会）关注生态文明建设，听取环境状况和环境保护目标完成情况报告，推进生态环境高水平保护。推进海上养殖专项规划修编，督促国际旅游岛规范用海，推动海漂垃圾综合整治。听取和审议农村土地资源盘活利用工作情况报告，加快推进村庄规划，推动土地高效节约利用。听取和审议城乡生活垃圾管理工作情况报告，促进生活垃圾源头减量和资源循环利用。

【民生改善监督】 2023年，平潭综合实验区人大工委（县人大常委会）关注医疗保障工作，推进医疗卫生服务城乡一体化专题调研，听取审议专项报告并进行专题询问，督促完善基本医疗设施、优化医疗卫生资源配置、改善整体就医环境。听取和审议劳动就业工作情况报告，推动落实就业优先政策，促进充分就业。听取和审议社会救助工作情况报告，加强困难群体基本生活保障。

2023年10月24日，平潭综合实验区人大工委（县人大常委会）开展岚台农业融合发展情况调研。图为人大代表调研平潭百佳生物科技有限公司 （区人大工委 供图）

【法律监督】 2023年，平潭综合实验区人大工委（县人大常委会）贯彻执行监督法，加强对“一府两院”工作监督，推进依法行政、公正司法。开展“八五”普法（法治宣传教育第八个五年规划）中期检查，推动普法规划落实。配合省人大常委会开展专利法执法检查、种子法执法检查、未成年人保护法执法检查、省宗教事务条例执法检查。开展基层警务机制改革情况专题调研并听取审议专项工作报告。审议法院关于案件执行工作情况专项报告。听取和审议法务区建设要素保障及法律服务工作情况报告。加大规范性文件备案审查力度，将“一府两院”规范性文件纳入备案审查范围，依托备案审查信息平台，纠正与上位法相抵触的规章和规范性文件。

（李慧灵 陈美强）

## 调研视察和执法检查

【概况】 2023年，平潭综合实验区人大工委（县人大常委会）围绕全区经济健康运行、旅游品质提升、生态环境保护、民生福祉改善等方面，开展专项调研、专题视察、执法检查等活动25次，开展专题询问1项。

【专项调研】 2023年，平潭综合实验区人大工委（县人大常委会）围绕打造高标准旅游设施，调研南岛语族考古研究基地创建情况。开展海上养殖综合整治专题调研，推进海上养殖专项规划修编。开展城乡生活垃圾治理和垃圾分类制度推行情况专项调研。开展生态环境和资源保护司法工作专项调研，督促加大环境资源违法犯罪打击力度。开展深化医药卫生体制改革、推进医疗卫生服务城乡一体化专项调研。开展基层警务机制改革情况专项调研并听取审议专项工作报告，推动完善现代新型警务机制。开展两岸基层融合社区管理情况专项调研，探索两岸基层治理融合模式。开展安全生产工作情况专项调研。专项调研监察机关整治群众身边不正之风和腐败问题工作情况，推进整治群众反映强烈的突出问题。开展涉法涉诉信访问题专项调研，全年接待处理群众信访事项 29 件次 35 人次，依法解决群众合理诉求。

**【专题视察】** 2023 年，平潭综合实验区人大工委（县人大常委会）围绕打造高辨识度旅游形象，组织视察文旅消费市场，推进旅游产品创新、业态创新、模式创新。围绕打造高品质赛事活动，视察垒球馆、棒球公园、如意湖国际赛道等项目建设管理运营情况，推进场馆设施按时完工投用，为举办高级别体育赛事提供保障。围绕打造高标准旅游设施，视察坛南湾、“68 海里”、仙人井、将军山等景区品质提升项目建设情况，推动完善景区基础设施配套。专题视察养老服务事业发展情况，推动解决实验区养老服务需求。推进“保交楼”政策，专题视察房地产项目“保交楼”进展情况，听取和审议房地产平稳健康发展情况报告，推动做好问题楼盘化解工作。开展为民办实事项目专题视察，推进幼儿园、城市图书馆、自来水厂、协和医院平潭分院二期、档案与大数据中心等为民办实事项目建设。

2023 年 9 月 6 日，平潭综合实验区人大工委（县人大常委会）在区医院召开“深化医药卫生体制改革，推进全区医疗卫生服务城乡一体化”座谈会

（区人大工委 供图）

**【执法检查】** 2023 年，平潭综合实验区人大工委（县人大常委会）开展执法检查 4 项。配合省人大常委会开展专利法执法检查，促进专利高效转化运用，优化创新创业环境。开展种子法执法检查，推进依法治种、依法兴种。开展未成年人保护法执法检查，督促健全家庭教育、困境儿童关爱、心理健康等服务机制。开展宗教事务条例执法检查，引导宗教工作规范化、法治化。

（李慧灵 陈美强）

## 议案建议办理

**【概况】** 2023 年，平潭综合实验区人大工作会议暨平潭县十八届人大第二次会议收到代表建议 77 件，涉及财政经济、社会建设、教科文卫、生态文明、环境与城乡建设、农业农村、侨台民宗、监察司法、综合等 9 个方面，按照“牵头归口、分级负责”的原则，交由 26 家单位具体办理，在人大常委会监督指导下，各承办单位均在规定时间内办理并答复代表，答复率 100%。其中表示满意 54 件、基本满意 19 件、初次不满意 4 件。初次不满意的 4 件，经承办单位与代表重新沟通并办理，表示满意或基本满意。代表建议所提问题已解决或基本解决的 24 件，主要涉及环境与城乡建设、教科文卫等方面，占办理总数的 31.2%。正在解决或列入规划逐步解决的 45 件，主要涉及教科文卫、农业农村、社会建设等方面，占办理总数的 58.4%。所提问题因客观条件或其他原因暂时难以解决的 8 件，主要涉及财政经济、农业农村等方面，占办理总数的 10.4%。

**【《关于解决娘宫村道路交通安全隐患问题的建议》】** 2023 年，周建鸿等区县人大代表提出《关于解决娘宫村道路交通安全隐患问题的建议》。平潭综合实验区公安局增加交通安全设施，加强交通安全宣传，消除道路交通安全隐患。区交通建设局负责牵头规划设计单位落实娘宫村道路规划方案修订。

**【《关于解决塘屿岛生活垃圾外运的建议》】** 2023年，吴绳通等区县人大代表提出《关于解决塘屿岛生活垃圾外运的建议》。平潭综合实验区交通建设局协调提出塘屿岛生活垃圾外运滚装船停靠塘屿中楼码头办法，基本满足垃圾外运需求。将北楼陆岛交通码头扩建工程纳入《平潭综合实验区“十四五”综合交通运输规划》，区旅游客运公司作为建设单位推进前期工作。

**【《关于优质教育、医疗资源向金井新城倾斜的建议》】** 2023年，薛雄等区县人大代表提出《关于优质教育、医疗资源向金井新城倾斜的建议》。平潭综合实验区社会事业局推进金井新城学位建设，加快金井小学和初中学校建设。平潭职业技术学校产学研一体化工程（含平潭职业技术学校与平潭两岸现代职业教育产业学院集群两个项目）项目选址金井片区，启动项目前期工作。推动协和医院平潭分院二期建设，6月进场施工。

**【《关于解决东庠岛群众出行难问题的建议》】** 2023年，陈朝雄等区县人大代表提出《关于解决东庠岛群众出行难问题的建议》。平潭综合实验区交通与建设局调整老城区至君山片区公交线网，调整后的15路公交车对接老城区与流水码头，发车班次从往返10趟提高至20趟，对接渡船时刻，每班船次都有对应的公交接驳直达老城区。调整后的16路公交车串联老城区、高铁站与流水码头，缩短高铁站与流水码头间的路程。

**【《关于建立完善老年健康服务体系的建议》】** 2023年，薛玉凤等5名区县人大代表提出《关于建立完善老年健康服务体系的建议》。平潭综合实验区社会事业局组建108个家庭医生签约服务团队、120名家庭医生参与签约服务，提供基本医疗、基本公共卫生、健康管理、健康教育与咨询、优先预约、优先转诊等服务。开展个性化、差异化的家庭医生签约服务工作，做到“签约一人、履约一人、做实一人”。对辖区内提出申请的65岁及以上失能老年人上门进行至少一次的健康评估和服务。开展友善老年医院创建工作，认定14家老年友善医疗机构，老年友善医疗机构创建率82.35%。

（李慧灵 陈美强）

## 代表工作

**【概况】** 2023年，平潭综合实验区人大工委（县人大常委会）践行全过程人民民主理念，优化人大代表建议、批评和意见管理机制，推动代表建议意见高质量办理。加强代表履职平台建设，落实代表“双联系”工作机制。优化代表履职服务保障，创新台胞参政议政方式，选举产生5名台胞人大代表，邀请港澳台胞和侨胞列席人民代表大会。

**【代表建议办理机制完善】** 2023年，平潭综合实验区人大工委（县人大常委会）优化完善代表建议意见办理工作机制，出台《人大代表建议、批评和意见提出质量管理办法》，联合乡镇、街道人大机构加强指导协调、规范要求，在代表议案建议提出环节把好质量。组成建议意见督办工作专班，形成“普通建议协调相关部门及时办、重点建议领导班子成员牵头跟踪办、不满意件督促重新办”工作机制，提升建议办理水平。

**【“双联系”工作】** 2023年，平潭综合实验区人大工委（县人大常委会）发挥人大代表的主体作用，落实代表“双联系”（密切人大常委会同人大代表、人大代表同人民群众的联系）工作机制，制定常委会组成人员分组挂钩片区联系基层人大代表方案，安排人大工委班子成员和人大常委会组成人员到基层一线倾听代表意见建议。成立人大代表“双联系”工作专班，推进代表联系群众活动室规范化，与全国人大代表活动室等加强代表联系点建设。

**【代表履职服务保障】** 2023年，平潭综合实验区人大工委（县人大常委会）做好代表履职管理、政情通报、调研视察、培训提升等服务保障工作。完成省人大平潭代表团代表集中视察调研活动，围绕民营经济发展、为民办实事、基层治理等专题，组织代表开展实地调研和集中视察。组织县人大常委会组成人员、人大代表到全国人大培训中心、厦门大学参加学习培训，年内培训代表及常委会组成人员99人次。

**【台胞人大代表履职】** 2023年，平潭综合实验区人大工委（县人大常委会）贯彻落实《中共中央 国务院关于支持福建探索海峡两岸融合发展新路 建设两岸融合发展示范区的意见》，拓宽台胞知情知政渠道，为台胞参与建言献策创造条件，选举产生5名台胞为人大代表，常态化邀请台胞人大代表列席区人大工委暨县人大常委会会议。

（李慧灵 陈美强）

# 平潭综合实验区管理委员会

## 综 述

**【经济结构调整】** 2023年，平潭综合实验区管理委员会（简称平潭综合实验区管委会）保持战略定力，顶住内外压力，调整结构，转换新旧动能，经济发展基本摆脱税收奖补驱动、房地产拉动的依赖，主要指标回升。全年实现生产总值370.19亿元、比上年增长3%，固定资产投资增长3.8%，一般公共预算总收入增长6.9%，地方一般公共预算收入增长7.9%，城镇居民人均可支配收入与农村居民人均可支配收入增速均超GDP增速，连续5年上榜全国投资潜力百强县市。特色产业稳步提升，风电行业产值比上年增长24.2%，建筑业总产值增长14.5%，水运总周转量增长12.2%，船舶总运力突破600万载重吨、占全省运力超1/4，“海通发展”成为首个登陆沪市主板的本土船运公司。完善投资促进和重点项目建设推进两大机制，签约起帆平潭海缆基地等社会投资项目79个，总投资额339亿元，15个省重点项目超额完成年度计划，政府性投资完成115亿元，比上年增长70%。落实系列税费政策，制定加快游艇旅游业发展若干措施、推动跨境电子商务优化提升若干措施等10余个方面的政策措施，出台28条举措促进民营经济发展，全年新登记市场主体2.50万户，比上年增长1.7倍。

**延伸阅读：**福建省平潭综合实验区管理委员会是平潭综合实验区的行政管理机关，是福建省人民政府的派出机关，实行“政区合一”（行政区+实验区）管理模式，下辖平潭县人民政府，行政区域与平潭县重合。

**【实验区先行先试】** 2023年，平潭综合实验区管委会在全省首推“个转企”（个体工商户向现代企业转型升级）改革，实现93%以上行政许可事项一趟不用跑，事项承诺实现压缩法定时限80%以上。在全省率先实施“政务服务档案+大数据”改革，在不动产、住建、医保等领域先行试点“一人一档”“一企一档”“一项目一档”，提升115类事项审批时效。推出海上风电“净零碳”（净值为零碳排放量）模式、知识产权行政司法三同步工作机制等17项创新举措，其中全国首创8项，民宿“承诺备案+全程网办”新模式案例获评中国改革2023年度地方全面深化改革典型案例。创新远程智能施封系统等措施，提高平潭口岸通关便利化水平。

**【岚台融合深化】** 2023年，平潭综合实验区新增台企74家，15家闽台农业企业和15个闽台产业项目落地平潭。停航3年多的“海峡号”货运复航，台湾地区午仔鱼、番荔枝等农渔产品恢复购入，全年从台湾地区购入农渔产品金额2.60亿元。台胞职业资格一体化服务中心成为国家职业技能等级评价机构，采信服务从平潭走向全国，受益台胞超2000人。平潭推出台资企业注册业务全程网办、台胞个税补贴免申即享、台胞人才职业晋升机制等特色措施。台湾旅行商业同业公会等重要团组到访，推动10个平潭基层组织、行业协会与台湾地区相关社团组织结对，成立全省首个由台胞担任法定代表人的社会组织——岚台同心社工服务中心。举办第12届共同家园论坛、第七届海峡两岸村里长交流会、第14届闽台中医药学术论坛等涉台交流活动120余场，参与台胞超3000人次。

**【文体旅融合发展】** 2023年，平潭综合实验区管委会围绕国际旅游岛建设，丰富旅游产品供给，推出

2023 年 8 月，平潭海洋科技文化中心项目竣工验收。图为中心俯瞰
（江信恒 摄）

“星球唤想•蓝眼泪”“岚起山海图”等新产品业态，平潭国际邮轮中心开港首航，全年接待游客 1026.15 万人次，旅游收入 105.84 亿元，分别比上年增长 45.7%、66.7%。棒球公园、国际风帆运动基地等建成投入使用，全省首个国际二级赛道开工建设，举办 U18（18 岁以下）女子垒球亚洲杯、亚洲沙滩排球锦标赛、国际汽联 F4 中国锦标赛等 62 场体育赛事。举办《李白》《天鹅湖》等优秀剧目和跨年烟花秀、IM 两岸青年影展、“蓝眼泪”音乐节等 152 场演艺活动。新增酒店住宿床位 4500 余张，推动龙山俚欢乐街、龙王头•“蓝眼泪”海街、渔人码头夜市等街区开街。开展平潭开渔节、“千年一遇•平潭宴”等系列活动，撬动消费近 2000 万元，带动住宿、餐饮业分别比上年增长 66.7%、17.7%。

【对外交流拓宽】 2023 年，平潭综合实验区管委会扩容国际“朋友圈”，完成第十批太平洋岛国政治家联合考察团、蒙古国人民党代表团等 10 批次 200 余名外宾接待任务，举办中国—太平洋岛国海洋防灾减灾合作研讨会、环太平洋史前文化学术研讨会等高规格涉外活动，与太平洋中国友好协会签订建立友好合作关系备忘录，与巴布亚新几内亚马当省马当市、汤加塔布岛签订友好城市关系意向书。

【城乡环境改善】 2023 年，平潭综合实验区管委会实施海洋科技文化中心、大练旅游环岛路等城乡建设品质提升项目 136 个，完成投资 42.10 亿元。改造老旧小区 19 个，新建及改建城乡供水管网近 100 千米、污水管网 44 千米。平潭及闽江口水资源配置工程全线通水，主岛供水实现全覆盖。学习运用“千万工程”（千村示范、万村整治）经验，分批推进 60 个村庄 13 个连片规划编制，选定 10 个村开展整村示范整治，“骑”妙追“泪”之旅获评文化和旅游部全国乡村旅游精品线路，多个村庄获评全国“一村一品”示范村、省级“水乡渔村”休闲渔业示范基地、省级美丽渔村。整治修复君山环岛沿线、大澳湾等海岸线生态功能，清退超规划养殖面积 30 公顷，改造传统养殖渔排 6.80 万口、筏式养殖泡沫浮球 1200 公顷，近岸海域国控点位水质优良面积比例 94.6%，全年空气质量综合指数 1.95，双指数排名全省第一，海坛岛获评全国和美海岛。

【民生福祉增进】 2023 年，平潭综合实验区管委会坚持优先保障民生福祉，改扩建城关第二幼儿园等 6 所学校，新增公办学位 1170 个，学前教育公办率、普惠率、义务教育公办率分别比上年提高 5.6%、3.7%、1.5%，均超过省定标准，高考本科上线率高出全省 8.57 个百分点。推动省级优质医疗资源下沉，福建医科大学附属协和医院胸外科等 4 个专科入驻平潭分院，落地 7 个两岸名医工作室。启动卫生院提升能力改造工程，区中医院改扩建、海坛卫生服务中心提升等一批项目建成投入使用。健全区级医院和基层医疗卫生机构双向转诊机制，开展联合病房建设，方便群众就医。举办招聘会 51 场次，新增城镇就业人口 2618 人。面向 14 类老年群体，制定 27 项基本养老服务项目，开展“社区＋物业＋养老”服务项目试点。城乡居民基础养老金标准、低保标准保持全省前列，提升残疾人“两项补贴”（困难残疾人生活补贴和重度残疾人护理补贴）、优抚对象抚恤和生活补助待遇。

【社会治理】 2023 年，平潭综合实验区管委会统筹发展和安全，提升社会治理效能，社会大局稳定。设立 31 个村级联合党委、实现村居全覆盖，完善网格化服务，上楼村入选全国乡村治理示范村，红山社区获评全国文明实践巾帼志愿阳光站。全省首支海峡两岸“蒲公英+调解”普法志愿服务队成立，建立“司法+妇联”婚姻家庭纠纷调解模式。常态化扫黑除恶斗争取得战果，打掉1个涉医美、娱乐等跨行业黑社会性质犯罪组织，刑事发案数比上年下降10%，创近12年来新低。防范化解矛盾纠纷，信访事项按期受理率及答复率100%，中央信访联席办交办3批312件事项化解率99%。完成“保交楼”项目13个，交付住宅8000余套。

【为民办实事项目】　2023年，平潭综合实验区管委会完成41件省、区为民办实事项目，其中投资21.86亿元实施实验区为民办实事项目15项，年内为民办实事项目全部完成（见表8）。

（杨凡 陈柱 郑峥嵘 杨涵）

## 重要会议

【概况】　2023年，平潭综合实验区管委会召开主任办公会议15次、专题会13次，会议内容包括传达学习习近平总书记重要讲话指示批示精神和党中央、国务院决策部署，省委常委会会议精神，省政府常务会议精神，区党工委委员会会议精神，研究和审议相关议题等。

【管委会主任办公会会议】　2023年，平潭综合实验区管委会召开主任办公会15次，研究议定实验区重点事项（见表9）。

【管委会专题会议】　2023年，平潭综合实验区管委会召开专题会13次。会议研究闲置国有资产盘活、重点项目推进、国际汽车文体科创产业园项目推进、社会事业系统项目建设及运营、海西隔检中心及海洋国际会展中心项目推进、实验区经济运行、对台小额商品交易市场及海西隔检中心运营、外贸运行、第七届平潭两岸职工自行车赛筹备、教育交建领域专项债项目推进、资源生态及数字经济领域专项债项目推进、景区秩序管理等工作。

（杨凡 陈柱 郑峥嵘 杨涵）

表8　2023年平潭综合实验区为民办实事工程一览表

| 工程名称 | 建设内容 | 投资金额（万元） |
|---|---|---|
| 口袋公园建设工程 | 利用城区闲置土地建设提升2～3个口袋公园，完成绿化美化、景观改造 | 200 |
| 老旧小区改造工程 | 重点实施老旧小区改造7个，主要进行地下基础设施改造、停车场建设等工作 | 1600 |
| 旧城区供水水质提升工程 | 改造东方明珠、海滨花园、明珠花园、东昇花园、世界城五期等20个小区住户水箱、水表，提升1.20万户居民用水配套设施 | 1050 |
| 区血站（一期）工程 | 选址区教师进修学校附近，新增设固定采血点，连同森林公园献血屋，按固定献血点要求装修和配置设备，承担采血和供血工作 | 100 |
| 区中医院改扩建工程 | 将原公安局办公楼改造为综合业务楼、CT室，含院区内部环境整治以及配套设施等，改造面积3014平方米 | 2000 |
| 城关中学修缮改造工程 | 修缮提升原台胞接待站与渔技站，改造为城关中学教学辅助用房，改造面积3500平方米 | 400 |
| 托育机构完善工程 | 新增托育机构1个，托位70个以上 | 80 |
| 学前教育提升工程 | 新增2所公立幼儿园投用，新增学前教育学位500个，建设幼儿园教学楼、食堂、综合楼等配套设施 | 11400 |
| 校园“明厨亮灶”工程 | 实施“明厨亮灶”工程，优化提升中小学、公办幼儿园校园食堂设施设备 | 100 |
| 建材街区提升改造工程 | 通过政府引导，提升、改造旧城区自发形成的建材商户集聚街区，包括设置临时停车位、街区立面修缮、统一设置店招及街区立牌等 | 50 |

续表 8

| 工程名称 | 建设内容 | 投资金额（万元） |
| --- | --- | --- |
| 景区水资源配置工程 | 在全区供水一体化工程基础上，改造北部生态廊道、长江澳、仙人井、将军山等10个旅游景区及向阳村、华东村、敖网村等7个村庄的供水管网，将市政水输送至各个景区 | 1100 |
| 安全生态水系工程 | 在务里溪流域、流水溪流域建设安全生态水系 8 千米 | 800 |
| 全民健身场地设施建设工程 | 在 4 个片区配置健身设施，建设篮球场、足球场 6 片，配置全民健身路径器材等公共体育场地设施 30 套 | 500 |
| 智慧图书馆工程 | 建设智慧图书馆服务系统和智慧图书馆管理运行系统，打造数字阅读区、视听休闲区、互动体验区以及数字成果展示区等多媒体智能交互阅读场景 | 1000 |
| 新时代电力“双满意”工程 | 1. 升级老旧小区供配电设施，完成老旧小区供配电设施改造 5 个。2. 深化居民智能用电服务，完成智能电表更换 2.50 万只。升级线上线下一体化的供电网格服务模式，方便群众线上办电、家门口办电。3. 完善电动汽车充换电网络。带动新建 20 个充电桩，车联网累计接入充电桩 200 个。4. 提高农村用电品质。深化农村电网巩固提升工程，新建、改造农村配电网台区 10 个，推动建成乡村电气化提升工程项目 8 个 | 1480 |

## 表 9　2023 年平潭综合实验区管委会主任办公会会议一览表

| 会议名称 | 召开时间 | 主要内容 |
| --- | --- | --- |
| 第 1 次主任办公会会议 | 1 月 17 日 | 研究审议并原则通过《平潭综合实验区 2023 年一季度“开门稳”工作方案》及工作措施，审议并原则通过《平潭综合实验区“十四五”城乡社区服务体系建设方案（送审稿）》《平潭综合实验区管委会办公室关于健全重特大疾病医疗保险和救助制度的实施意见（送审稿）》 |
| 第 2 次主任办公会会议 | 2 月 6 日 | 听取 2022 年主要经济指标完成情况和 2023 年 1 月经济运行工作情况，审议并原则通过《平潭综合实验区“12345”政务服务便民热线管理办法（试行）（修订稿）》 |
| 第 3 次主任办公会会议 | 2 月 22 日 | 听取区重点项目盘子谋划、推进情况，研究下一步工作措施；审议并原则通过《平潭综合实验区突发事件总体应急预案（修订稿）》《平潭综合实验区财政投融资建设项目评审管理暂行办法（修订稿）》《平潭综合实验区承接省政府授权部分用地审批权实施方案（送审稿）》《平潭综合实验区关于推行工业用地“标准地”供应的实施方案（试行）（送审稿）》 |
| 第 4 次主任办公会会议 | 3 月 21 日 | 听取全区经济运行、重点项目推进、招商引资情况汇报，调度重点工作 |
| 第 5 次主任办公会会议 | 3 月 31 日 | 听取主任办公会议定事项落实情况和各单位贯彻落实新总规情况汇报，调度重点工作，审议并原则通过《2023 年全面推进乡村振兴重点工作实施方案（送审稿）》《平潭综合实验区地下水资源保护规划（送审稿）》 |
| 第 6 次主任办公会会议 | 4 月 20 日 | 听取一季度经济运行和项目建设进展情况并研究部署下一步工作 |
| 第 7 次主任办公会会议 | 4 月 26 日 | 听取一季度固投完成情况及二季度固投预计完成情况汇报，研究老旧小区改造（四期）项目建设相关事宜，审议并原则通过《平潭综合实验区促进有效投资增强发展后劲考核评估办法（试行）（送审稿）》《平潭综合实验区建筑业龙头企业实施方案（送审稿）》 |

续表 9

| 会议名称 | 召开时间 | 主要内容 |
| --- | --- | --- |
| 第 8 次主任办公会会议 | 5 月 10 日 | 传达学习全省经济运行分析会议精神，研究推动固投、重点项目及专项债等工作；审议并原则通过《平潭综合实验区财政投融资建设项目全链条监督管理办法（试行）（送审稿）》《平潭综合实验区向上争取财政性资金考评管理办法（送审稿）》《2023 年平潭预算调整方案（草案）》《平潭综合实验区粮食风险基金管理办法（送审稿）》 |
| 第 9 次主任办公会会议 | 5 月 19 日 | 分析调度经济运行情况，研究推进中央及省级环保督察反馈问题整改工作，审议并原则通过《2023 年平潭综合实验区城乡建设品质提升实施方案（送审稿）》 |
| 第 10 次主任办公会会议 | 6 月 7 日 | 传达学习国务院安委会安全生产十五条硬措施、省 66 条细化措施，研究实验区贯彻落实意见；听取经济运行情况汇报，部署推进重点工作；审议并原则通过《2023 年平潭综合实验区治理“餐桌污染”建设“食品放心工程”工作方案（送审稿）》 |
| 第 11 次主任办公会会议 | 6 月 19 日 | 分析研判经济运行情况，研究部署下阶段重点工作，审议并原则通过《平潭综合实验区民宿管理办法（送审稿）》《2023 年平潭综合实验区地方储备粮轮换工作方案（送审稿）》 |
| 第 12 次主任办公会会议 | 7 月 6 日 | 研究耕地保护和粮食安全考核工作，研究经济运行和第三季度重点项目开工情况 |
| 第 13 次主任办公会会议 | 7 月 17 日 | 审议并原则通过《关于 2022 年平潭综合实验区（平潭县）决算的报告（送审稿）》《关于 2023 年上半年预算执行情况的报告（送审稿）》 |
| 第 14 次主任办公会会议 | 8 月 2 日 | 研究根治欠薪、实验区行政规范性文件评估清理和集中发布等工作；审议并原则通过《平潭综合实验区地方政府专项债券管理办法（送审稿）》 |
| 第 15 次主任办公会会议 | 8 月 25 日 | 研究实验区殡葬服务管理工作，审议并原则通过《2023 年平潭综合实验区河湖长制工作要点（送审稿）》《平潭综合实验区社会投资项目贷款贴息办法（送审稿）》《2023 年平潭综合实验区（平潭县）预算调整方案（草案）的报告（送审稿）》《平潭综合实验区关于金融支持岚台交流合作的十二条措施（送审稿）》 |

## 政务服务

【概况】 2023 年，平潭综合实验区管委会以改革创新为重心，按照“一窗通办、全岛联办、全程网办”的要求，形成一个区级中心、三个分中心、若干个办事处的政务服务体系，探索并实践 9 项可复制和可推广的经验做法。在全国率先推出台资企业注册全程网办，在全省率先落地台胞跨境移动支付服务。开办民宿“承诺备案＋全程网办”新模式列入中国改革 2023 年度地方全面深化改革典型案例，小型工程验收审批改革列入福建自贸试验区第 20 批创新举措名单。“个转企”（个体工商户向现代企业转型升级）一站式全程网办新模式、投融资项目全链条审批与监管系统集成改革、“信用＋金融”应用新场景、台湾地区公证文书比对核验分点改革、公共资源交易见证数字化改革 5 项改革被各级部门、新闻媒体宣传推广。区行政审批局入选全省优化营商环境工作表现突出集体。

【行政许可事项梳理】 2023 年，平潭综合实验区开展行政许可事项清单梳理工作，印发《平潭综合实验区行政许可事项清单（2023 年版）》，保留行政许可事项 358 项。区直相关部门在省网上办事大厅更新标准化事项目录，推进同一审批服务事项无差别受理、同标准办理，在省网上办事大厅提供 2720 条政务服务事项供企业群众查询。印发《平潭综合实验区政务服务领域强制性中介服务事项清单》，明确 39 项中介服务事项名称、收费标准及设定依据等。

【"个转企"改革试点推行】 2023年，平潭综合实验区行政审批局全省率先推行"个转企"一站式全程网办，依托"信用承诺+数据即时互通+远程身份认证"多重手段，精简转型环节，压缩办理时限，实现全流程线上一表填报、全程网办，线下一口办理、当场办结。推动10余家个体户转型升级为企业，入选2023年全省深化行政审批制度改革持续优化政务服务经典经验做法名单。

【民宿承诺备案全程网办】 2023年，平潭综合实验区推动民宿"承诺备案+全程网办"规范化管理，616栋民宿完成备案，备案率73.6%，排名全省第一。

【台资企业全程网办】 2023年，平潭综合实验区行政审批局依托身份核验及后台数据交互等多点突破，台胞通过线上自主申报、身份核验、电子签名即可开办企业，实现台资企业开办全流程无纸化、网上办目标，年内服务保障30余家台企采取"全程网办"模式注册登记，入选2023年第三批深化行政审批制度改革持续优化政务服务典型经验做法名单，吸引《人民日报》、新华网、央广网等媒体报道。

【涉企一件事专窗推出】 2023年，平潭综合实验区行政审批局推出7个主题17项涉企"一件事"服务清单，支持同时申办餐饮、超市等高频领域的"证""照"设立、变更、注销，设置"涉企一件事专窗"提供集成套餐服务，精简办理环节34个，缩短办理时间52个工作日，办件量超5000件。

【公共资源交易】 2023年，平潭综合实验区推动公共资源交易数字化转型，产权交易、土地招拍挂、海域出让等项目纳入数字化监管，推出公共资源交易见证数字化改革，上线自动退还投标保证金系统。

招投标 完成房建市政、水利工程等26个范本固化工作，调整升级公共资源交易统一平台招标文件模板。完成工程类招标项目93个，总交易额38.51亿元；政府采购项目21个，交易额3.33亿元；产权交易20宗，成交金额2847.14万元；土地和矿业权项目12个，金额2.35亿元；43个项目采用远程异地评标。

政府采购网上超市 常态化征集网超供应商，866个政府采购项目进入政府采购网上超市平台采购，交易金额1971.56万元。

中介服务超市 中介服务超市有代理类、工程类、评估类、检测类和测绘及其他类五大类，服务事项72项，开展业务事项56项。年内完成中介机构选取1212次，新征集入驻中介服务机构301家。

集中采购 完善政府集中采购项目环节，开展集采招标，完成政府集中采购项目4个。

【工程建设审批改革】 2023年，平潭综合实验区实行工程建设项目信任审批改革，入选福建省工程建设项目审批制度改革第五批典型经验做法名单，获中国发展改革报社《中国信用：营商环境创新发展宣传报道汇编》宣传。实行工程建设投融资项目审管系统集成改革，入选2023年福建省深化行政审批制度改革持续优化政务服务典型经验做法，获全省推广。实行简化小型建筑工程竣工验收改革，入选福建自贸试验区第20批创新举措名单。

（刘丽 林杰 张国童）

## 政务督查

【概况】 2023年，平潭综合实验区效能督查部门以效能督查、绩效考评、效能问责为手段，推动实验区各项工作部署落实。年内，获区党工委主要领导批示17件，承办省委省政府决策部署、省领导批示批办73件，落实区党工委、管委会主要领导指示批示158件。督办区党工委、管委会重要会议议定事项165项。运用"12345"热线，督促解决237件民生热点诉求。督促相关部门办理落实77件人大代表建议和139件政协委员提案。

【效能督查】 2023年，平潭综合实验区效能督查部门按月跟进26项省委和省政府为民办实事项目，特别是支持平潭打造国际旅游岛等5项省政府重点工作落实情况，督促责任部门推进落实。对省委、省政府和区党工委、管委会主要领导指示批示及交办事项定期督办。围绕乡村振兴、营商环境、项目推进等工作，联合区投资促进委员会、项目建设总指挥部及区直各单位开展综合性督查。年内，跟进领导关注事项103件，围绕政策落实、为民办实事任务、项目推进开展实地督查19场，督查项目114个，解决任务不落实、审批不规范、要素保障不到位等方面问题33个，推动45项工作落实。

【绩效考评】 2023年，平潭综合实验区效能督查部门优化指标考核体系，制定实施实验区年度绩效管理方案，将区管委会工作报告、年度经济工作会议报告等方案所明确的重点任务和旅游、对台、项目等6个方面578项重点工作细化成绩效考核指标，下发给48家考核单位，并赋予较高的考评权重，保证年度目标任务与实际工作推进不脱节。将落实《平潭综合实验区总体发展规划》、自贸深改、创新案例评审、督查激励等列为重点激励事项，鼓励部门运用改革思维和创新办法推动工作，修订完善绩效考评正向激励和察访核验实施办法。

【“12345”热线诉求办理】 2023年，平潭综合实验区“12345”热线平台受理群众诉求34.28万件，印发《“12345”日报》116期，推动解决民生热点诉求237件。旅游旺季期间，将涉旅诉求纳入平台紧急件管理，实行“秒回分到日结”制度，推动职能部门和企业改进工作方式和方法。建立群众诉求“一日一报”机制，报送区领导以及相关部门，构建“领导重视、效能督办、平台跟办、部门实干”的群众诉求办理运行方式。

【人大代表建议及政协委员提案办理】 2023年，平潭综合实验区管理委员会承办人大代表建议77件，涉及财政经济、社会建设、教科文卫、生态文明、环境和城乡建设、农业农村、侨台民宗、监察司法、综合9个方面，交由26家单位具体办理，承办单位在规定时间内办理并答复代表，满意率100%。承办政协委员提案139件，涉及经济发展、国际旅游岛建设、两岸融合发展探索及民生福祉改善4个方面。其中，涉及经济发展方面的提案30件，占21.6%；涉及国际旅游岛建设方面提案41件，占24.5%；涉及两岸融合发展探索方面提案10件，占7.2%；涉及民生福祉改善方面提案58件，全部办结，满意率100%。

（区办效能与督查处）

# 政府信息化

【概况】 2023年，平潭综合实验区管委会推进基础信息公开和重点领域信息公开工作，优化政府网站及新媒体建设，全年通过实验区党工委、管委会网站公开政府信息1.36万条。

【政府信息主动公开】 2023年，平潭综合实验区管委会推进基础信息公开，主动公开政务信息100余条，包括办事程序、人事任免、计划总结、重点领域动态等重要工作信息。建设完善行政规范性文件库，集中清理并发布行政规范性文件393篇，更新年内制发的规范性文件77篇。加强政策文件解读，发布文字、图解等多种形式解读内容117篇。上线“台湾地区标准题录数据库”等特色专题专栏和“平潭大家谈”在线访谈栏目，回应社会关切。

【政府信息依申请公开】 2023年，平潭综合实验区管委会规范依申请受理答复流程，保障公民、法人和其他组织依法、便捷获取政府信息。年内，收到政府信息公开申请81件，涉及自然人80件、商业企业1件。办结依申请公开81件，其中予以公开及部分公开42件，占51.85%。

【重点领域信息公开】 2023年，平潭综合实验区管委会开展稳岗就业、生态环境、惠民惠农、公共安全等重点民生领域的信息公开，公开信息1654条。其中，稳岗就业相关信息90条；生态环境相关信息78条；安全生产相关信息98条；乡村振兴、涉农补贴相关信息222条。建设完善区重点项目库，开展56个重点项目全生命周期公开工作。推进卫生健康、教育、公共交通、新闻传播、供电、供水供气等多个领域29家公共企事业单位信息公开。

【政府网站管理】 2023年，平潭综合实验区政府门户网站1个、部门网站2个。年内，区党工委、管委会网站升级改造，新增政策文件库多维度分类、政务地图、活动日历等功能；梳理群众高频咨询场景，优化功能设计，实现智能搜索、智能推荐场景化输出；围绕社会保障、住房、交通运输、婚姻生育等重点民生领域，融合政策通知、办事服务、查询服务等资源，建设7项智慧政务一站式服务场景。

【政务新媒体建设】 2023年，平潭综合实验区管委会建有政务新媒体32个。规范政务新媒体运行，实行主办单位校审模式，排查清理脱管漏管账号，注销不合规的政务新媒体2个，新开设政务新媒体1个。

（刘栩昊）

# 人事人才工作

【概况】 2023年，平潭综合实验区提出两岸英才人才计划，出台高层次人才认定和支持办法等7项政策。实施“智汇平潭”全方位引才行动，通过公开招聘、组织遴选、柔性引才、团队挂职等方式，引进各类人才830余人，比上年增长43%。完善党委（党组）联系服务人才工作机制，举办人才研修班7期，培训人才近300人次。通过定向委培、跟班学习、“师带徒”等方式，培训各类人才6000余人次。开展人才系列活动20余场，覆盖1500余人次。

**【人才政策】** 2023年，平潭综合实验区出台实验区成立以来首份人才工作纲领文件《平潭综合实验区“两岸英才”行动计划》，配套出台《平潭综合实验区高层次人才认定和支持办法》《平潭综合实验区引进生工作暂行规定》等7份文件，首次构建实验区人才政策完备体系。

**【区外引才】** 2023年，平潭综合实验区党群工作部首次在区外设立引才联络站点，在广东、陕西等地设立人才驿站分中心，推动赛尔双语学校等“人才驿站”示范站点建设；以当地报名、当地考试、当地体检、当场签约的引才方式，先后到暨南大学、陕西师范大学等高校开展专场招聘活动，精准招聘台胞人才和实验区重点发展领域紧缺人才。

**【岚台人才融合】** 2023年，平潭综合实验区实施台胞人才“倍增计划”，台胞人才数量比上年增加一倍，新增认定台胞人才29人。至年底，实验区认定台胞中高层次人才178人，吸引2809名台胞人才入驻。在全国率先探索台胞人才晋升管理办法，在平潭综合管理类台胞人才实现职级套转或晋升，做法获省委领导肯定。探索两岸人才融合发展的“平潭样本”项目，获全省改革创新项目决赛资格，推荐报送至中央改革办。探索台胞职业资格一体化服务新模式，实现采信业务省外办理、线上办理，模式被列入《全国自贸试验区重点工作清单（2023—2025年）》，获评第六届全省机关体制机制创新十佳案例和福建自贸试验区第20批“全国首创”举措。区台胞职业资格一体化服务中心获人力资源和社会保障部批准成为全国唯一专门面向台胞的职业技能等级评价机构。

**【校地合作】** 2023年，平潭综合实验区党群工作部加强与北京大学、中国人民大学、厦门大学等10余所高校合作。推动与厦门大学新一轮校地战略合作。与北京大学元培学院、基础医学院在平潭共建思想政治实践教育基地。接收北京大学“知行计划”暑期实践团优秀学生到平潭见习。促成北京大学生育健康研究所与区医院签订战略合作协议。与中国人民大学党委研究生工作部开展合作，开展首批“治国理政”实践团到平潭实岗锻炼。

**【麒麟英才卡推出】** 2023年，平潭综合实验区首次推出麒麟英才卡，为人才提供金融、交通、旅游、住宿、就学等便利服务，实现12类27个人才服务事项一卡集成，全年发放麒麟英才卡863张。

**【职称管理】** 2023年，平潭综合实验区党群工作部鼓励实验区专业技术人员申报评审正高级职称，年内9名专业技术人员取得正高级职称，其中卫生领域4人、教育领域2人、工程领域3人。推进职称直聘政策，2名硕士引进生通过直接评审并被聘为工程师职务。

**【工资福利管理】** 2023年，平潭综合实验区党群工作部联合财政、审计部门对机关（参公）单位津补贴发放情况开展全覆盖核查，防范和制止规范津贴补贴发放中的违规违纪行为。保障教师工资待遇，落

2023年5月30日，平潭综合实验区党工委人才办在厦门大学思明校区召开党政类、教育类、医疗类引进生选拔宣讲会（区党群工作部 供图）

实实验区义务教育教师工资收入不低于当地公务员工资收入水平。推动实验区公立医院薪酬改革。

（陈莹　吴德）

## 机关事务管理

【概况】　2023年，平潭综合实验区管委会办公室推进机关事务集中统一管理，规范公车管理，保障公务出行用车需求，开展5次公务用车专项督查，未发现违规使用公车情况。完成办公用房调整分配和督查工作，全区干部职工个人办公用房面积符合规定标准。调配优化干部宿舍，为80名干部提供36套宿舍。办好干部职工“放心食堂”，做到从优从俭不超标，实行一餐一单。区机关食堂就餐98万人次，获评区机关食堂“营养健康食堂（餐厅）”。做好重要团组418批5000多人次政府接待服务工作。

【公车使用管理】　2023年，平潭综合实验区管委会办公室实施公务用车维修、加油、保险政府集中采购和定点维修、定点加油、统一保险制度。进行全区公务车辆统计、联合交管部门核查公务车辆实有数，编制行政事业单位公务用车配备更新计划。开展5次公务用车专项督查，未发现违规使用公车情况。对公务用车实行统一管理、集中调度，年内派遣公务用车3881趟次，比上年增长13.08%；公务用车安全行驶36.98万千米，增长32.26%。

【办公用房管理】　2023年，平潭综合实验区管委会办公室梳理全区可调配办公用房清单，核实协调相关单位的办公用房申请，严格党政机关工作人员办公室使用面积标准。开展专项联合办公用房督查，督查49家党政单位的办公用房配备使用情况，全区干部职工个人办公用房面积符合规定标准，未出现超标准使用情况。

【固定资产调配管理】　2023年，平潭综合实验区管委会办公室合理调配干部宿舍，为80名干部提供36套宿舍。清退一批不符合入住规定的对象，优化整合部分未饱和干部宿舍。对区办公室资产开展清产核资工作，印发《平潭综合实验区管委会办公室固定资产管理规定（暂行）》，提高固定资产使用效益。

（张建斌）

## 信访工作

【概况】　2023年，平潭综合实验区抓好基层治理、制度改革、积案化解等信访各项工作，信访态势总体平稳，完成全国、省两会等重大活动期间安全保障工作。信访总量5935件，信访事项及时受理率100%，信访事项按期答复率100%，求决类初信初访事项一次性化解率98.33%，群众对责任单位满意率97.85%，群众参评率95.87%。

【信访事项化解】　2023年，平潭综合实验区推广“最多投一次”阳光信访工作机制，制定《平潭综合实验区信访工作联席会议关于进一步加强初信初访事项办理的通知》，落实初信初访首办责任制，缩短办理时限，平均办理天数缩短至6.80天，比上年缩短75%。针对中央信访联席办交办平潭3批312件信访积案，落实处级以上干部包案，督促部门逐案化解，化解率99%。区主要领导对信访工作作出18次批示，组织召开5次专题会议。对信访事项受理情况、存在问题、整改建议等进行月通报，刊发通报12期，区信访联席办不定期会商研判，制定信访工作目标考核办法，把信访工作考核结果纳入政府绩效和平安建设考核。

【领导接访】　2023年，平潭综合实验区在落实区党工委管委会领导每月15日接访机制基础上，制定区主要领导到基层开展“接访日活动”办法，区党工委、管委会主要领导分别到4个片区开展接访工作。结合“进村居话岚图”活动，推动领导干部下基层，跟进化解信访矛盾纠纷。

【《信访工作条例》学习宣传】　2023年，平潭综合实验区将《条例》纳入“八五”普法重要内容和区党工委党校（行政学院）干部进修班教学培训内容。悬挂宣传横幅200余条、电子屏幕滚动播放300余条、宣传专栏350面、发放宣传手册1000多份。开展“信访改变人生”“我与《信访工作条例》”等主题征文活动。

（陈婷　丁林兴）

# 中国人民政治协商会议福建省委员会平潭综合实验区工作委员会（中国人民政治协商会议平潭县委员会）

## 综 述

**【政协履职】** 2023年，中国人民政治协商会议福建省委员会平潭综合实验区工作委员会（简称平潭综合实验区政协工委）作为省政协的派出机构，和中国人民政治协商会议福建省平潭县委员会（简称平潭县政协）实行合署办公，发挥专门协商机构优势，围绕经济发展、国际旅游岛建设、探索两岸融合发展、民生福祉改善等方面履行政治协商、民主监督、参政议政职能。平潭综合实验区党工委领导支持参与专题协商，与委员坦诚协商，共同推动成果落地，区领导在重点提案、调研协商等报告上批示13件次。全年开展协商议政10次、民主监督90余次、视察调研26次，开展政协社情民意信息收集工作、政协公益服务，参与举办两岸教育融合发展的实践与展望主旨演讲活动、共同家园论坛等活动，为实验区发展贡献政协力量。

**【政协委员联系点建设】** 2023年，平潭综合实验区政协工委（平潭县政协）在村居、企业、科研机构、律所、银行等设立委员联系点14个。9月27日，首个离岛政协委员联系点在东庠海防派出所成立，畅通委员与离岛群众的联系渠道，推动基层治理新平台建设。11月7日，省政协副主席余军一行到平潭调研，指导省政协委员联系点在平潭瑞谦智能科技有限公司成立，通过联系点收集社情民意，助推提案线索发现和培育生成。

**【政协社情民意信息工作】** 2023年，平潭综合实验区政协工委（平潭县政协）构建由22个信息报送单位和225名政协委员、7名特邀信息员组成的政协信息网络，全年收集社情民意信息120件，向省政协和实验区相关部门报送40余件，其中《关于抓好农村集体“三资”管理中整治腐败和作风问题的建议》被省政协采用，并作为重要社情民意信息上报全国政协。选取小区电梯文明与安全、加快启用公益性公墓、旅游景区公厕改建等6个群众反映强烈的身边事开展微协商，提出的“开展电梯安全隐患排查治理行动，针对不同情况提出点对点治理方案”“加快项目进度，尽快完成剩余8座装配式厕所并安装在‘68海里’景区等重要景区景点”等16条建议

2023年1月2日，平潭综合实验区政协工作会议暨政协第十一届平潭县委员会第二次会议在区会议中心举行。图为开幕式现场

（区政协工委 供图）

全部被区直相关部门采纳并落实。

【平潭首批政协委员工作室成立】 2023年，平潭综合实验区政协工委（平潭县政协）依托法院诉讼服务、执行服务、释法明理3个中心以及公安警律联调驿站，成立法院和公安2个政协委员工作室，选派28名素质高、能力强的政协委员根据界别形成4个小组进驻工作室，协助法院和公安部门做好政策宣传、理顺情绪、调处化解、法律援助和民主监督等工作，打造“有事多商量、遇事多商量”的聚识新平台。全年化解涉物业、涉劳动争议等群体性矛盾纠纷52起，调解疑难复杂矛盾纠纷3起，得到省政协肯定并被《人民政协报》《福建法治报》等报道推介。

【政协公益服务】 2023年，平潭综合实验区政协工委（平潭县政协）成立政协正面宣传引导志愿队，前往景区景点、村居开展环境卫生志愿服务活动26次，向有关部门推送客房价格虚高、垃圾清理不及时等信息40余条。联合省政协举办“同在蓝天下，同享音乐美——圆乡村儿童钢琴梦”公益活动，向乡村学校捐赠钢琴30台。鼓励引导委员和政协各参加单位开展“送温暖、献爱心”活动，为社会公益事业捐款捐物100余万元，为群众办实事80余件，资助贫困大学生130余人。

【政协文史工作】 2023年，平潭综合实验区政协工委（平潭县政协）编写平潭传统音乐文化书籍《海韵悠扬》，摘选平潭传统音乐领域具有代表性的乐种、人物、作品，图文并茂、通俗易懂，弘扬平潭特色音乐文化。

（高嵩 林美玲）

## 重要会议

【概况】 2023年，平潭综合实验区政协工委（平潭县政协）召开政协全体会议1次、政协主席会议20次、政协常委会会议5次。

【区政协工作会议暨县政协十一届二次会议】 2023年1月2日—5日，平潭综合实验区政协工作会议暨政协第十一届平潭县委员会第二次会议召开。会议听取和审议陈乃龙代表平潭综合实验区政协工委所作的工作报告。听取和审议曾艳华代表政协所作的提案工作报告。会议根据《中国人民政治协商会议章程》规定和选举办法，选举产生1名政协常委。会议期间，委员列席平潭综合实验区人大工作会议暨县十八届人大二次会议。听取并讨论“一府两院”工作报告。会议听取提案审查情况的报告，审议通过会议决议。

【区政协工委会议暨县政协十一届常委会会议】 2023年，平潭综合实验区政协工委暨县政协十一届常委会召开5次会议，即第四次至第八次常委会会议（见表10）。

（高嵩 林美玲）

## 协商议政

【概况】 2023年，平潭综合实验区政协工委（平潭县政协）开展协商议政10次。其中，常委会协商议政1次，参加省政协网络议政远程协商1次，专委会对口协商议政3次，重点提案办理协商5次。

【常委会协商】 2023年，平潭综合实验区政协工委（平潭县政协）开展“拓宽台胞台企就业创业平台，加快打造台胞‘第二生活圈’”常委会会议专题协商。组织委员聚焦台胞台企就业创业，打造台胞“第二生活圈”开展调研，访谈台胞台企50余人次、座谈10余场次，到江苏、浙江等地考察学习。聚焦促进两岸同胞心灵契合，《平潭传统福元素探究与岚台福文化交流》调研报告被省政协作为重要调研成果上报省委省政府作为决策参考，《聚力打造“一环”（以澳前为核心）岚台共同市场平台、探索拓展“二环”（福州都市圈）产业飞地合作平台、创新搭建“三环”（省内乃至辐射长三角、珠三角）创业就业服务平台》等27条意见建议获区领导批示肯定，指示有关部门阅研。

【对口协商】 2023年，平潭综合实验区政协工委（平潭县政协）开展“深化教旅融合发展，打造两岸研学旅游发展新格局”对口协商，组织委员围绕加快推进两岸研学旅游发展特别是推动两岸青少年研学教育营地落地平潭等方面开展调研，形成《关于RMP（统一管理原则）理论视角下平潭研学旅行发展提升的对策建议》调研报告，为打造独具对台特色的研学旅游“平潭模式”献计献策。围绕推动民营经济高质量发展开展对口协商，走访代表性民营企业，为平潭鑫盛投资集团有限公司、福建省恒祥渔业有限公司、福建平潭瑞谦智能科技有限公司等企业有针对性地提出拓宽融资渠道、设立企业家日等优化

表 10　2023 年平潭综合实验区政协工委会议暨县政协十一届常委会会议一览表

| 会议名称 | 召开时间 | 内容 |
|---|---|---|
| 第四次常委会会议 | 1 月 2 日 | 审议通过平潭县政协十一届委员建议名单；审议通过卢斌等 4 人辞去平潭县政协十一届委员的决定（草案）；审议通过召开平潭县政协十一届二次会议的决定（草案）；审议通过平潭县政协十一届二次会议议程（草案）；审议通过平潭县政协十一届二次会议日程(草案)；审议通过平潭县政协十一届二次会议邀请上主席台就座名单(草案)；审议通过平潭县政协十一届二次会议邀请列席人员名单（草案）；审议通过平潭县政协十一届二次会议秘书长、副秘书长名单（草案）；审议通过平潭县政协十一届二次会议分组讨论召集人名单（草案）；审议通过平潭县政协十一届二次会议各次大会执行主席日程安排（草案）；审议通过政协工作报告（讨论稿）；审议通过政协提案工作情况报告（讨论稿）；通过关于授权主席办公会议审议政协第十一届平潭县委员会第四次常委会会议未尽事宜的决定（草案） |
| 第五次常委会会议 | 1 月 4 日 | 协商选举办法（草案）；协商总监票人、监票人名单（草案）；协商政协平潭县第十一届常务委员候选人建议人选名单（草案） |
| 第六次常委会会议 | 1 月 5 日 | 听取会议秘书处关于各组讨论情况汇报；听取会议秘书处关于召开界别工作座谈会的情况汇报；听取会议秘书处关于选举办法（草案）、选举总监票人、监票人名单（草案）、常务委员候选人名单（草案）及会议决议（草案）各组酝酿情况汇报；审议通过选举办法（草案）；审议通过选举总监票人、监票人名单（草案）；研究确定总计票人、计票人名单；审议通过政协平潭县第十一届常务委员候选人名单（草案）；审议政协十一届二次会议决议（草案） |
| 第七次常委会会议 | 5 月 10 日 | 传达学习《中国人民政治协商会议章程修正案》；研究《福建省政协平潭综合实验区工作委员会工作细则》；传达学习全国两会精神、习近平总书记在学习贯彻习近平新时代中国特色社会主义思想主题教育工作会议上的重要讲话精神、《平潭综合实验区党工委关于深入开展“深学争优、敢为争先、实干争效”行动的实施方案》；审议通过《2023 年度平潭政协重点协商工作计划（草案）》《中国人民政治协商会议平潭县委员会 2023 年度工作计划（草案）》 |
| 第八次常委会会议 | 12 月 8 日 | 开展“拓宽台胞台企就业创业平台，加快打造台胞‘第二生活圈’”专题协商，参会委员发言，区党群工作部、台湾工作部、经济发展局、公安局、行政审批局等部门发言；传达学习《全国政协关于进一步加强和改进调查研究工作的意见》文件精神；学习领会福建省政协主席滕佳材在全省市县政协主席工作座谈会上的讲话精神；审议通过免去郑英等人政协平潭县第十一届委员会常务委员、委员职务的决定（草案），审议通过政协增补台胞政协委员建议名单；审议通过人事相关事宜 |

民营企业发展环境的思路和举措。聚焦发展海洋经济，就加快构建现代海洋产业体系等议题开展协商活动，提出规范水产养殖秩序、壮大海上风能产业等意见建议 20 余条，被区农业农村局、经济发展局等相关部门吸纳。遴选打造四季海洋旅游品牌等课题开展重点提案协商，提出的《春追沮、夏玩海、秋开渔、冬听风》等意见建议，得到有关部门重视研究。参与旅游市场整治提升行动，围绕“倡议文明旅游诚信经营”主题召开协商建言座谈会。聚焦民宿产业，提出发展“民宿 +”业态、鼓励民宿连片开发等对策建议 30 余条，为修订《平潭综合实验区民宿管理办法》提供参考。

【点题协商】 2023 年，平潭综合实验区政协工委（平潭县政协）围绕社会法治化治理、道路交通安全、社区精神文明建设、旅游景区配套服务、社会民生福祉和两岸交流融合发展等方面，优先以小切口为突破点，明确首批《关于法院设立涉法民事调解“请你来协商”工作室的建议》《关于在实验区公安局海坛支队设立群众信访“我们来协商”工作室的建议》《关于娘宫村出行道路交通安全隐患问题的建议》《关于住宅小区电梯内文明与安全的建议》《关于旅游景区厕所环境卫生整治的建议》《关于加快启用平潭公益性公墓的建议》等 7 个点题协商题目，推动解决群众身边事，落实协商成果。围绕重建祖国大陆距台湾岛最近点标识石碑，组织委员与区旅游文体局、文旅集团进行协商，推动以台湾海峡为背景方向，在限山岛上原样修复“68海里”石碑。关切群众身边问题，就深化社区养老事业发展、文化场馆建设、改善农村人居环境等10个民生议题开展50余场协商活动，组织开展基础教育、医疗卫生等方面提案督办。

（高嵩 林美玲）

## 民主监督

【概况】 2023年，平潭综合实验区政协工委（平潭县政协）开展民主监督90余次，监督涉及法院案件执行、校外培训机构整治、中小学课后服务、高铁站非法营运车辆和台胞同等待遇落实情况。

【政协委员跟案执行】 2023年，平潭综合实验区政协工委（平潭县政协）探索将协商式监督融入日常，与区人民法院在全省首创开展政协委员跟案执行活动，选派120名委员担任区人民法院执行案件跟案执行，参与调解案件70余件，协助执行到位2000余万元，受到省政协肯定并被《人民政协报》《人民法院报》报道推介。

【民生项目监督】 2023年，平潭综合实验区政协工委（平潭县政协）组织委员参与监督选校摇号，通过视察调研学校、医院等多个民生项目建言献策，提出可行性建议，推动群众在教育医疗资源等方面得到公平公正待遇。

【点题整治行动监督】 2023年，平潭综合实验区政协工委（平潭县政协）联合区人大工委、区纪工委开展“点题整治”（纪委监委部门征集群众身边腐败和不正之风问题线索，梳理归纳本地区群众急难愁盼突出问题，以此为小切口，督促职能部门开展专项整治）专项行动，选取群众关注度高的校外培训机构整治、中小学课后服务、高铁站非法营运车辆等14个问题开展监督，提出意见建议，推动相关问题解决。

【台胞同等待遇落实情况监督】 2023年，平潭综合实验区政协工委（平潭县政协）围绕惠台政策和同等待遇落实情况开展民主监督，就台胞台企集中反映的对台通信便利、台企资质评估及认证等问题精准献计，向相关部门提出18条建议并逐一督促落实。

（高嵩 林美玲）

## 提案工作

【概况】 2023年，平潭综合实验区政协工委（平潭县政协）委员、政协各参加单位和各专门委员会提交提案194件，经审查立案139件。其中，围绕经济高质量发展，提出提案30件；围绕建设高品位的国际旅游岛，提出提案41件；围绕探索两岸融合发展，提出提案10件；围绕民生福祉改善，提出提案58件。

【提案办理】 2023年，平潭综合实验区政协工委（平潭县政协）收到提案全部办复，提案所提问题解决或基本解决的54件，占立案总数的38.8%。推进解决或纳入计划逐步解决的68件，占立案总数的49%。17件因条件限制暂无法解决或留作参考的，承办单位均作出说明。

【重点提案】 2023年，平潭综合实验区政协工委（平潭县政协）围绕《关于进一步发挥现有资源优势

表11 平潭综合实验区政协工作会议暨政协第十一届平潭县委员会第二次会议重点提案一览表

| 案号 | 内容 | 提案人 | 提案名称 |
|---|---|---|---|
| 20231039 | 推动国际旅游岛建设方面 | 林晓夏 | 《关于进一步发展滨海旅游，打造四季海洋旅游品牌的建议》 |
| 20231020 | 保障民生建设方面 | 陈　兴 | 《关于进一步促进实验区房地产业发展的建议》 |
| 20232071 | 保障民生建设方面 | 林宇晨 | 《关于加快启用平潭公益性公墓的建议》 |
| 20232064 | 保障民生建设方面 | 陈　曦 | 《关于持续加大“双减”政策执行力度 推动教育高质量发展的建议》 |
| 20233005 | 推动两岸融合方面 | 郭孝仁 | 《关于进一步发挥现有资源助力两岸融合的建议》 |

2023年6月15日，平潭政协工委视察强化基层卫生服务体系建设工作座谈会召开（区政协工委 供图）

助力两岸融合的建议》《关于加快启用公益性公墓的建议》《关于持续加大双减政策执行力度，推动教育高质量发展的建议》《关于进一步促进实验区房地产业平稳健康发展的建议》等重点提案开展协商，承办单位均吸纳相关建议、办理落实，提案人对办理结果满意率100%（见表11）。

（高嵩 林美玲）

## 委员视察

【概况】 2023年，平潭综合实验区政协工委（平潭县政协）委员围绕推动义务教育优质均衡发展、强化基层卫生服务体系建设、助推实验区民营经济高质量发展、实验区中医药医疗服务体系、老旧小区改造工程、旧城区供水水质提升工程等开展视察调研26场次，针对发现的问题建言献策，有关部门吸收采纳。

【强化基层卫生服务体系建设视察】 2023年6月，平潭县政协副主席翁伟强率部分委员对实验区各医疗卫生单位公共卫生服务体系建设等工作开展情况开展视察调研，围绕如何加强人才队伍储备、提高应急处置能力、加强公共卫生体系建设建言，推动全区医疗卫生服务体系发展。

【老旧小区改造工程视察】 2023年8月，平潭县政协副主席曾艳华率部分委员，围绕实验区老旧小区改造工程情况开展视察调研，老旧小区整体面貌效果以及各项细节方面，针对无物业小区后续管养维护等问题建言献策。

【旧城区供水水质提升工程视察】 2023年8月，平潭县政协副主席曾艳华率部分委员，围绕实验区旧城区供水水质提升工程开展视察调研，围绕强化智慧水务平台建设、探索再生水利用新途径等方面建言献策。

【中医药医疗服务体系视察】 2023年8月，平潭县政协副主席翁伟强率部分委员对实验区中医药医疗服务体系建设情况开展视察调研，围绕人才引进、中医药医疗服务水平提升以及中医药文化宣传建言，促进实验区中医人才队伍建设、医技提升和区域平衡发展。

（高嵩 林美玲）

## 交流联谊

【概况】 2023年，平潭综合实验区政协工委（平潭县政协）打造凝聚共识新平台，设立委员联系点14个，开展对台港澳联谊活动、走访企业商会、宗教界人士。联合福建师范大学等举办“两岸教育融合发展的实践与展望主旨演讲”活动，协助举办共同家园论坛、海峡两岸村里长交流会等活动。联合省政协举办“圆乡村儿童钢琴梦”公益活动。

【港澳联谊】 2023年，平潭综合实验区政协工委（平潭县政协）加强与港澳委员的联系联络，参加香港平潭社团联会、香港平潭同乡会相关活动，引导岚籍港澳乡亲投身家乡建设发展。

【宗教事务交流】 2023年，平潭综合实验区政协工委（平潭县政协）建立经常性走访联系民族宗教界人士工作机制，开展推进宗教事务依法治理、加强宗教及民间信仰文物保护专题调研，引导宗教界人士和信教群众依法开展宗教活动。

【企业商会走访】 2023年，平潭综合实验区政协工委（平潭县政协）完善班子成员走访联系企业家委员、异地商会制度，协助片区商会和异地平潭商会成立或开展换届工作，开展招商推介。班子成员定期走访大唐风电等挂钩企业，帮助协调解决存在问题。

（高嵩 林美玲）

# 纪检　监察

## 综述

【纪检监察体制改革】　2023年，中国共产党福建省纪律检查委员会平潭综合实验区工作委员会、平潭综合实验区监察委员会（简称平潭综合实验区纪工委监察工委）推进全面从严治党，持续正风肃纪反腐，坚持主题教育与教育整顿相结合，制定《深化落实“第一议题”制度的实施办法》，召开纪工委委员（扩大）会议、理论学习中心组学习会等26次。完善管党治党责任体系，制定《关于进一步加强对“一把手”和领导班子监督的若干措施》，完善履行主体责任提示、纪检监察组织履职特殊事项月报告等制度。联合区党群工作部举办加强对“一把手”和领导班子监督专题研讨班，对新提任干部开展任前廉政谈话。推动检视整治成果转化，修订完善相关制度16项，巩固提升项目5个。健全信访举报、审查调查制度，印发《初次检举控告办理反馈工作规范》等操作指引3期，完善案件质量评查机制。

【实验区全面从严治党工作会议】2023年2月3日，平潭综合实验区召开全面从严治党工作会议，学习贯彻党的二十大精神和习近平总书记关于全面从严治党重要论述，贯彻落实二十届中央纪委二次全会和省纪委十一届三次全会精神，总结实验区2022年全面从严治党工作，研究部署2023年重点任务。

【全面从严治党主体责任检查】2023年，平潭综合实验区纪工委监察工委协助区党工委开展区级落实全面从严治党主体责任检查，形成问题清单42份，发现问题278个，提出问责建议11个，处置处理24人。

【纪检监察队伍建设】　2023年，平潭综合实验区纪工委监察工委开展主题教育与纪检监察干部队伍教育整顿，通过轮岗交流、跟案实干、跟班锻炼、师傅带徒弟、室组结对等方式，提升全员教育培训质效。采用招录遴选、择优选调等方式，从公检法和审计等部门调入干部16人，优化干部队伍结构。结合体制特点，完成100名监察官等级首次确定工作。处置涉及纪检监察干部问题18件，开展违规打听、干预或请托办事问题等专项整治。

【纪检监察宣传】　2023年，平潭综合实验区纪工委监察工委发挥“一微两网”融合优势，聚焦党的创新理论、党的二十大精神、党风廉政建设等，策划推出视频、长图、文字等宣传报道，平潭网纪检监察专栏推送纪检监察工作动态54篇，“岚岛清风”微信公众号、纪检监察内部工作

2023年3月16日，平潭综合实验区举办加强对“一把手”和领导班子监督专题研讨班。图为开班式现场（念望舒 摄）

网更新推送信息 1885 篇。

（曾台英）

## 党风廉政建设

【概况】 2023 年，平潭综合实验区纪工委监察工委巩固拓展作风建设成果，监督执行中央八项规定精神，严查顶风违纪行为。通报反面典型案例 1 批 3 人，查处“四风”（形式主义、官僚主义、享乐主义和奢靡之风）方面问题 43 件 71 人，其中开展国有企业惩腐纠风，查处“靠企吃企”腐败、“奢靡享乐”歪风等问题 17 件 17 人。给予党纪政务处分 25 人次，第一种形态教育帮助 35 人次。开展各类警示教育 1026 场次，覆盖 3.40 万余人次。

【实验区廉洁教育专线打造】 2023 年，平潭综合实验区纪工委监察工委推进廉洁文化阵地建设，立足本地特色，结合廉洁文化供给与实验区国际旅游岛形象，统筹革命文化、红色资源、教育基地，打造廉洁教育专线，提升“岚岛清韵”廉洁文化品牌标识度。举办清风大学堂，组织全区纪检监察干部参加培训学习。11 月，省直机关工委命名第三批 19 个省直机关廉政教育点，平潭主题党日馆入选，党日馆位于君山片区大坪村，系统展示平潭在党的领导下取得的革命建设发展成就，设有廉洁文化“廉政警示”“廉语清风润无声” 等板块。

【亲清政商关系构建】 2023 年，平潭综合实验区纪工委监察工委利用实验区“入千企　话岚图”活动契机，组织走访 50 家民营企业，收集并帮助推动解决欠款清还、办公用房、建设用地、项目验收等方面问题 44 个，督促职能部门完善涉企服务制度，监督推动构建亲清政商关系。

（曾台英）

## 监督检查

【概况】 2023 年，平潭综合实验区纪工委监察工委做好政治监督、日常监督、专项监督、基层监督，发挥监督保障执行、促进完善发展作用；推进 15 项“点题整治”（征集群众身边腐败和不正之风问题线索，梳理归纳本地区群众急难愁盼突出问题，以此为小切口，督促职能部门开展专项整治）任务。

2023 年，平潭综合实验区防止“四风”反弹回潮。图为 2 月 4 日，驻区自然资源与生态环境局纪检监察组联合区市场监管局等部门到超市、酒店等场所开展监督检查

（区纪工委 供图）

【政治监督】 2023 年，平潭综合实验区纪工委监察工委协助区党工委制定《推进政治监督具体化精准化常态化涵养良好政治生态的若干措施》，开展政治生态分析研判，形成政治生态分析报告 17 份、村情报告 219 份。谋划年度政治监督主题，把监督焦点放在平潭新一轮总体发展规划，确定“监督护航国际旅游岛建设”监督选题，细化分解 6 个方面 12 项监督任务，发现并督促完成整改问题 7 个，给予党纪政务处分 9 人，推动建章立制 10 项。

【日常监督】 2023 年，平潭综合实验区纪工委监察工委重点关注“关键少数”特别是各级“一把手”和班子成员，通过派驻监督、谈话监督、纪律教育、监督检查、制度建设等方式，强化日常监督。协助区党工委制定《关于进一步加强对“一把手”和领导班子监督的实施办法》，完善“一把手”履行全面从严治党主体责任、纪检监察组织履职特殊事项月报告等制度，收集 8 条履职特殊事项，抓好监督落实。围绕年节假期时间节点，推行节前警示提醒、节中联动监督、节后总结剖析工作机制，推进“一县一清单”项目整治，防止“四风”反弹回潮。

【专项监督】 2023 年，平潭综合实验区纪工委监察工委围绕工程项目建设领域，深挖招投标、项目审批等环节，查处 18 件 19 人。开展国有企业惩腐纠风，查处“靠企吃企”腐败、“奢靡享乐”歪风等问题 17 件 17 人。配合开展医药领域腐败问题专项整治，查处违规套取医保基金等问题 5 件 6 人。围绕乡村振兴领域的项目、资金、管理等环节，对涉农惠农重点项目资金使用情况开展专项监督，查处群众身边腐败和不正之风问题 33 件 52 人，给予党纪政务处分 31 人。

【基层监督】　2023 年，平潭综合实验区纪工委监察工委推动监督向基层延伸、向群众身边延伸，用好“线上”基层小微权力监督平台，推动梳理村级小微权力清单 6 类 44 项，建立微信群 347 个，入群人数 11 万余人，公示信息 8140 条，办理群众诉求投诉 381 件，群众评价满意率 91%。印发《深化组团下沉做强基层监督工作细则》，实行“一对一”结对帮带村级纪检委员机制，挂钩监督干部走村入户 3591 次，推动建章立制 13 项。

【点题整治】　2023 年，平潭综合实验区纪工委监察工委在省纪委监委 13 个“点题整治”省级项目基础上，明确 1 个深化推进项目和 1 个新增项目，分别为“整治校园及周边‘三无’产品屡禁不止问题”和“整治平潭高铁站非法营运车辆、出租车、网约车、‘约巴’公交车等公办、民营交通工具违规乱象”。推动检查经营户 418 家次、抽检儿童学生

2023 年 2 月 6 日，驻平潭综合实验区社会事业局纪检监察组到海坛街道社区卫生服务中心开展节前监督检查　（区纪工委 供图）

用品 35 批次，责令改正 3 起，立案 3 件，罚没金额 1 万元；推动组织跨部门联合执法 4 次，查处车辆 34 辆，立案 34 件，罚没金额 17.09 万元。

（曾台英）

## 案件查处

【概况】　2023 年，平潭综合实验区纪工委监察工委坚持全面从严、一严到底，立案审查调查 136 件 138 人，留置 5 人，分别比上年增长 6.25%、66.67%；5 人主动交代问题。坚持受贿行贿一起查，立案审查调查行贿人员 6 人。

【信访举报处置】　2023 年，平潭综合实验区纪工委监察工委运用“三访三查”（对重复实名举报群众入户走访，查找了解群众诉求；对重复举报反映重点问题现场走访，查找信访举报办理中存在的不严不实问题；对举报群众所在的村居干部见面走访，查找问题的难点堵点）工作法规范处理信访诉求，开展专项行动，化解 89 件信访举报案件，维护群众合法权益。

【以案促改促治】　2023 年，平潭综合实验区纪工委监察工委实行以案促改促治工作机制，针对案件暴露的突出问题制发纪检监察建议 13 份，剖析重点领域、重点环节、重点对象违纪违法案件，形成《关于“一把手”违纪违法问题分析与思考》《实验区国有企业领域职务犯罪问题浅析》重点领域调研报告 9 份，把反腐败成果转化为治理效能。

（曾台英）

# 民主党派与工商联

## 中国国民党革命委员会福建省委直属平潭综合实验区基层委员会

【概况】 2023年，中国国民党革命委员会福建省委直属平潭综合实验区基层委员会（简称民革平潭基层委员会）立足本职，强化政治引领，组织全体党员学习贯彻中共二十大精神和习近平新时代中国特色社会主义思想，开展主题教育。年内民革平潭支部升格为民革平潭基层委员会，发展新党员1人、预备党员4人。开展异地学习教育、专题调研活动4次，立足实验区建设调研20余次，完成课题调研报告20余篇、各类社情民意信息24篇。举办第15届海峡论坛·两岸乡村农田水利建设交流会、“乡村母亲健康关爱行动”义诊等活动。

2023年2月14日，民革平潭基层委员会揭牌成立

（民革平潭基层委员会 供图）

【组织建设】 至2023年底，民革平潭基层委员会党员41人，主要分布在党政、医疗、科技、教育、公有制经济等领域，其中厅级干部1人、处级干部3人、科级干部8人；高级职称9人；民革福建省委委员1人，县政协常委2人，县、区政协委员7人。年内发展新党员1人、预备党员4人。

【思想建设】 2023年，民革平潭基层委员会以“凝心铸魂强根基、团结奋进新征程”主题教育为契机，组织党员到漳州市东山县谷文昌纪念馆、南京雨花台等主题教育实践基地开展主题教育；组织民革党员参加民革中央、福建省委会纪念“五一口号”（中国共产党中央委员会于1948年发布纪念“五一”劳动节口号，号召“各民主党派、各人民团体、各社会贤达迅速召开政治协商会议，讨论并实现召集人民代表大会，成立民主联合政府”）发布75周年征文活动，征文《民革以“四个认同”历史经验践行新时代中国新型政党制度》获优秀奖。

【参政议政】 2023年，民革平潭基层委员会开展异地学习教育、专题调研活动4次，立足实验区建设调研20余次，完成课题调研报告20余篇、各类社情民意信息24篇。其中《做好海外宣传，讲好平潭故事》《立足平潭优势，探索两岸影视产业融合新路》调研报告入选平潭县政协2023年调研文稿汇编。2名民革党员获评优秀政协委员，1名民革党员提案获评政协优秀提案，1名民革党员被列入民革省委会参政议政人才种子工程。选派民革党员参加民革福建省委会在中山大学举办的2023年青年骨干参政议政培训班、区统一战线代表人士培训班等活动。

【社会服务】 2023年，民革平潭基层委员会协助举办第15届海峡论坛•两岸乡村农田水利建设交流会。联合区行政审批局、北厝卫生院等5家单位开展义诊活动，受益群众100余人。参加省妇联牵头主办的“乡村母亲健康关爱行动”义诊活动。每月13日民革平潭基层委员会医疗卫生界党员为潭城镇社区卫生院提供医疗援助。赓续孙中山博爱精神，开展金秋助学活动，向受助学生发放资助款2000元。春节期间慰问困难党员、低保户、困难学生并发放慰问金1.70万元。

2023年8月3日，“闽盟烛光行动——走出大山看大海”公益游学活动在平潭举行。图为游学学生在北港村选购贝壳工艺品 （林君斌 摄）

【民革平潭基层委员会成立】 2023年2月14日，民革福建省委员会直属平潭综合实验区基层委员会成立大会召开，民革平潭支部升格为民革平潭基层委员会，会议选举产生第一届基层委员会。马明华、叶俊威、李兹钿、陈光龙、林晓夏、施明、施斌、游媚娜、魏小琴当选基层委员会委员。经民革省直平潭基层委员会一届一次会议推选，魏小琴任基层委员会主任委员，李兹钿、叶俊威、林晓夏任副主任委员。

（马明华 陈莹）

## 中国民主同盟福建省平潭基层委员会

【概况】 2023年，中国民主同盟福建省平潭基层委员会（简称民盟平潭基层委员会）加强自身建设，履行参政党职能，形成调研报告2篇、提案15篇、社情民意信息16篇。开展社会服务，投身防台防汛一线，开展防风抢险救灾工作。优化盟员结构，全体盟员58人，新发展盟员2人。开展助力“闽盟烛光行动——走出大山看大海”公益游学活动。协助全国民盟在平潭召开民盟机关建设工作会议。

【组织建设】 至2023年底，民盟平潭基层委员会盟员58人，其中民盟福建省委各专门委员会常务副主任2人、副主任2人、各专门委员会委员12人、省人大代表1人、县人大代表1人、县政协委员12人（其中副主席1人、常委3人）、山西省运城市政协委员1人。坚持“人才兴盟、人才强盟”战略，考察发展盟员2人，优化盟员结构，增强组织活力。组织开展联谊活动、各支部不定期自行开展支部活动等。

【思想建设】 2023年，民盟平潭基层委员会学习习近平新时代中国特色社会主义思想，以“凝心铸魂强根基、团结奋进新征程”主题教育为主线，加强思想政治建设。通过各类形式组织全体盟员宣传贯彻《中国共产党统一战线工作条例》《中国民主同盟章程》，以及中共党史、盟史和统战理论。

【参政议政】 2023年，民盟平潭基层委员会立足自身界别特色，聚焦国计民生，形成《关于平潭乡村产业新业态发展的研究》《深化海上平潭建设 做大做强海洋经济结构》调研报告，在政协第十一届平潭县委员会第二次会议上提交《关于建立健全校外托管机构管理办法的建议》《关于增加老城区旅游配套设施的建议》等提案15件、《关于创建文明城市过程中存在的问题及改进建议》《关于规范校园周边安全管理工作的建议》《关于加快君山湾各行政村规划调整的建议》等社情民意信息16篇。

【社会服务】 2023年，民盟平潭基层委员会组织盟员投身防台防汛一线，开展防风抢险救灾工作。协助全国民盟在平潭召开民盟机关建设工作会议。

【闽盟烛光行动在平潭举行】 2023年8月3日，民盟平潭县基层委员会联合民盟福建省委会在平潭举办“闽盟烛光行动——走出大山看大海”公益游学活动，邀请省内各地品学兼优的40名学生近距离领略海岛风光。

（李婷婷 陈莹）

## 中国民主建国会平潭综合实验区基层委员会

【概况】 2023年，中国民主建国会平潭综合实验区基层委员会（简称民建平潭基层委员会）加强政治理论学习，开展“凝心铸魂强根基、团结奋进新征程”主题教育。提升参政党建设水平，提交调研报告5篇、提案31篇、社情民意17篇。推送4名骨干会员参加省社会主义学院培训。纪念中共中央发布“五一口号”75周年，举办“翰墨著同心 一起向未来”中共二十大金句书画展、主题教育书画交流笔会和召开纪念座谈会3个活动。组织会员投身社会服务，走访大坪村开展慰问、组织敬老献爱心捐款。

【组织建设】 至2023年底，民建平潭基层委员会会员73人，其中大专学历22人、本科学历49人、研究生学历2人；中高级以上职称11人；任民建省委委员2人，县人大常委1人，县政协常委2人、委员8人。完善理论学习制度和领导班子民主生活会、主委接待日等各项工作制度，开展骨干会员培训工作，年内推送4名骨干会员参加省社会主义学院培训。

【思想建设】 2023年，民建平潭基层委员会加强思想建设，拓展思想舆论宣传，组织学习习近平新时代中国特色社会主义思想、中共二十大精神和民建十二大精神，开展“凝心铸魂强根基、团结奋进新征程”主题教育。

【参政议政】 2023年，民建平潭基层委员会提交调研报告5篇、提案31篇、社情民意17篇。其中，提案《关于进一步优化营商环境助力企业稳健发展的建议》《关于全面整治平潭旅游市场乱象的建议》《关于推进平潭各定点医院医疗服务智能化的建议》及社情民意《各地“内卷式”招商应引起重视并解决》《关于进一步整治实验区网约民宿的建议》《关于优化全区民营口腔诊所医疗服务价格及医保政策的建议》等受到有关单位的重视和关注。调研报告《平潭研学旅行发展提升策略探析》收录到县政协会议发言材料汇编。

【社会服务】 2023年，民建平潭基层委员会组织会员投身社会服务工作，联合香港平潭社团联会向大坪村群众送去慰问金和生活物资，参加民建省委会组织的中秋敬老献爱心捐款、为1名宁德民建会员安配假肢捐款，捐款约5万元。

【“翰墨著同心”书画作品展在平潭举行】 2023年，民建平潭基层委员会举办“翰墨著同心 一起向未来”中共二十大金句书画作品展，展出书画作品120幅，纪念中共中央发布“五一口号”75周年，推动学习中共二十大精神、宣传中国新型政党制度。

（陈明敏 陈莹）

## 中国民主促进会福建省委员会平潭综合实验区总支部

【概况】 2023年，中国民主促进会福建省委员会平潭综合实验区总支部（简称民进平潭总支）做好思想建设工作，巩固政治共识。提升履职能力，提交调研报告7篇、提案13篇、社情民意2篇，为党委政府科学民主决策提供参考。承办第六届共同家园杯·两岸教育融合发展的实践与展望主旨演讲活动，举办开明书屋图书捐赠暨爱心捐助行动。年内获评全省基层组织建设先进集体和全省宣传思想工作先进集体。

【组织建设】 至2023年底，民进平潭总支会员57人，主要分布在教育、媒体、医疗卫生、经济、政府机关等行业领域。其中，高级职称12人，中级职称19人；担任省政协委员1人，县政协委员10人，县人大代表1人。考察发展积极分子8人；推荐总支副主委到南平市政和县挂职，加强平潭与政和两地之间的交流。

【思想建设】 2023年，民进平潭总支根据民进福建省委会“凝心铸魂强根基、团结奋进新征程”主题教育的工作部署，组织学习12次、集中研讨6次，开展走访冰心、郑振铎纪念馆等主题教育联学联建活动。

【参政议政】 2023年，民进平潭总支围绕区党工委、管委会中心工作建言献策，提交调研报告7篇、提案13篇、社情民意2篇。其中《关于加强南岛语族研究成果转化与场景应用的建议》《关于推进义务教育优质均衡发展和城乡一体化的建议》调研报告被民进省委会立项，并转化为省政协报告；《关于调整平潭辖区公交线路的建议》《关于扶持中小企业发展，助力企业高质量发展的建议》《加快提升老旧小区物业管理水平的建议》《关于进一步规范住宅用途房屋改商业用途行为的建议》等13篇提案被县政协立项。

【社会服务】　2023 年，民进平潭总支开展科技“三下乡”、开明书屋“彩虹桥”公益助学活动，捐赠农村实用书籍、儿童绘本 1300 册。到苏平片区东占村开展“不忘合作初心，继续携手前进”植树活动。组织开展“公益家庭教育沙龙”活动，普及家庭教育知识。

【两岸教育融合发展实践与展望主旨演讲在平潭举行】　2023 年 7 月 13 日，第六届共同家园杯·两岸教育融合发展的实践与展望主旨演讲在平潭举行，活动由民进平潭总支承办，来自海峡两岸高校、研究机构近 200 名专家、学者及受邀嘉宾分享两岸教育研究成果，推动教育事业融合发展。

【开明书屋图书捐赠暨爱心捐助行动】　2023 年 11 月 29 日，由民进平潭总支主办的“一本书开启一个梦想”——开明书屋图书捐赠暨爱心捐助行动在平潭金井幼儿园举行，为幼儿园提供儿童故事书、认识启蒙书、科普读物等 300 余册。

（高婉婷　陈莹）

## 中国农工民主党福建省委员会平潭基层委员会

【概况】　2023 年，中国农工民主党福建省委员会平潭基层委员会（简称农工党平潭基层委员会）履行参政党职能，提交调研报告 3 篇、提案 4 篇、社情民意 20 篇。年内，农工党平潭基层委员会成立，党员 52 人，发展入党积极分子 2 人。举办义诊活动 2 场，慰问孤寡老人、重病患者。助力贵州省大方县消费帮扶工作。开展“同心法律行”志愿者活动。协助举办第 14 届闽台中医药学术论坛。

2023 年 11 月 29 日，民进平潭总支开展“一本书开启一个梦想”——开明书屋图书捐赠暨爱心捐助行动

（民进平潭总支 供图）

【组织建设】　至 2023 年底，农工党平潭基层委员会有党员 52 人，其中医卫界党员 28 人、教师 10 人、环保系统 3 人、其他 11 人；高级职称 29 人，中级职称 13 人；博士 1 人、硕士 3 人；任农工党中央专委会委员 2 人、农工党福建省委会委员 1 人、农工党福建省委会专委会副主任委员 2 人、县人大常委 1 人、县政协委员 8 人（其中常委 1 人）。年内发展入党积极分子 2 人。建设支部党员之家，开展党员活动，搭建农工党员学习交流平台。

【思想建设】　2023 年，农工党平潭基层委员会学习中共二十大精神和习近平新时代中国特色社会主义思想，贯彻《中国农工民主党章程》，到江西抚州开展“凝心铸魂强根基、团结奋进新征程”主题教育暨中医药产业调研活动。组织参加各类理论学习和业务培训 100 余人次。

【参政议政】　2023 年，农工党平潭基层委员会提交调研报告 3 篇、提案 4 篇、社情民意 20 篇。收入县政协调研材料汇编 2 篇，其中《平潭打造两岸中药材贸易集散地路径研究》收录到县政协会议发言材料汇编，《依托海峡医药健康产业园助力平潭打造两岸中药材贸易集散地》被中国农工民主党福建省委员会评为优秀调研论文二等奖。联合区市场监管局、农业农村局开展对口联系单位联络交流座谈会 2 场，推动落实参政议政成效。

【社会服务】　2023 年，农工党平潭基层委员会联合君山片区管理局、区政协工委等单位开展义诊活动 2 场，参加义诊的医生党员 50 余人次，免费为近 500 名群众提供医疗和体检服务，捐赠常用药品 180 余种，价值 1.20 万余元。入户为孤寡老人、重病患者进行义诊，

2023年11月26日，中国农工民主党福建省委员会平潭基层委员会成立大会举行
（农工党平潭基层委员会 供图）

慰问6户因病困难的群众，送出慰问金6000元。响应农工党中央开展的“我为大方下一单”活动，助力贵州省大方县的消费帮扶工作，消费2.40万元。联合农工党福建省委会、福建医科大学附属医院平潭分院在平潭开展“同心法律行”志愿者活动。

【农工党平潭基层委员会成立】 2023年11月26日，中国农工民主党福建省委员会平潭基层委员会成立大会召开，中国农工民主党福建省委员会直属平潭支部委员会升格为中国农工民主党福建省委员会平潭基层委员会，福建省政协副主席、农工党福建省委会主委刘献祥出席会议。

（游雪芸 陈莹）

## 中国致公党福建省委员会平潭基层委员会

【概况】 2023年，中国致公党福建省委员会平潭基层委员会（简称致公党平潭基层委员会）开展“凝心铸魂强根基、团结奋进新征程”主题教育，提升党员理论水平和履职能力。年内致公党员47人，新发展新党员9人、入党积极分子3人。建设“金井支部”“海坛支部”党员之家、特色支部、书香支部，举办“岚岛书香·读书分享会”。完成调研报告3篇、提案4篇、社情民意信息5篇。举办第三届“第一家园”闽台职工运动交流赛、2023闽台（平潭）体育名师交流周等活动。

【组织建设】 至2023年底，致公党平潭基层委员会党员47人，主要分布在医疗卫生界、教育界，其中博士1人，硕士4人；高端人才2人，高级职称9人，中级职称7人；县政协委员10人（其中常委3人），教师5人，医疗工作者8人，政府机关工作人员14人。年内新发展党员9人、入党积极分子3人。建设“金井支部”“海坛支部”党员之家、特色支部、书香支部，开展党员活动，搭建党员学习交流平台。联合致公党福建省委会举办“岚岛书香·读书分享会”，常态化开展“书香砺初心‘悦’读促党建”阅书、捐书等文化活动。

【思想建设】 2023年，致公党平潭基层委员会联合致公党厦门大学总支部、致公党晋江市委会青阳支部和青年工作委员会在平潭开展“凝心铸魂强根基、团结奋进新征程”主题教育，通过座谈、实地调研相结合的方式，学习贯彻习近平总书记重要讲话和重要指示批示精神。组织党员到四川省泸定县开展主题教育，每周进行理论学习打卡。选派党员骨干参加致公党福建省委会“凝心铸魂强根基、团结奋进新征程”中青班主题教育学习培训班。选派党员参加实验区统一战线代表人士培训班。

【参政议政】 2023年，致公党平潭基层委员会完成调研报告3篇、提案4篇、社情民意信息5篇，《关于打造国际知名棒球赛岛的对策研究》《关于构建港澳台侨合作网络服务平潭“一岛两窗三区”高质量发展的研究》2篇调研报告收录到县政协会议发言材料汇编。

【社会服务】 2023年，致公党平潭基层委员会发挥特色优势，协助举办第三届“第一家园”闽台职工运动交流赛，构建闽台民间交流平台。联合致公党福建省委会开展“关爱自然 致公添绿”义务植树活动。联合区税务局、区行政服务中心等5家单位开展社保政策宣传、缴费辅导、健康义诊等活动。

【2023闽台（平潭）体育名师交流周活动】 2023年8月15日，由致公党平潭基层委员会协办的2023年闽台（平潭）体育名师交流周在

平潭一中举行，邀请中国棒球国家队原主教练宋平山，第 11、12 届全运会棒球冠军队执行教练何信宜等名师开展名师校园行、名师交流会、名师教练素质提升班、名师训练等活动，帮助两岸青年教练员、运动员群体以更高的标准看棒球、练棒球。

（林力 陈莹）

## 九三学社平潭综合实验区基层委员会

【概况】 2023 年，九三学社平潭综合实验区基层委员会（简称九三学社平潭基层委员会）加强政治学习，学习贯彻习近平新时代中国特色社会主义思想。推进自身建设，召开九三学社平潭综合实验区基层委员会成立大会；社员 39 人，考察发展社员 5 人，新增入社积极分子 5 人。提交调研报告 2 篇、提案 20 篇、社情民意信息 40 篇。派员参加青、闽、琼代表人士及骨干社员培训班，参加九三学社福建省委、九三学社新疆区委联合举办的闽、新一届委员培训班。

【组织建设】 至 2023 年底，九三学社平潭基层委员会有社员 39 人，涵盖工程、法律、财经和教育等领域。其中县人大常委会副主任 1 人，县政协常委 5 人，县政协委员 9 人；研究生及以上学历 12 人，高级职称 16 人、中级职称 13 人。履行民主党派参政议政职责，强化自身建设，加强骨干社员培养，打造高素质的参政党基层组织。实施“人才强社”战略，把积聚人才、培养人才、用好人才作为组织建设的中心环节，年内考察发展社员 5 人，新增入社积极分子 5 人。

【思想建设】 2023 年，九三学社平潭基层委员会坚持在中国共产党的领导下把握政治方向，加强思想政治建设，学习贯彻中共二十大、九三学社十二大精神，开展“凝心铸魂强根基、团结奋进新征程”主题教育。

【参政议政】 2023 年，九三学社平潭基层委员会围绕建设国际旅游岛、打造台胞“第二生活圈”等经济社会发展各方面向县政协提交《新时代闽商精神》《关于探索实验区城乡供水一体化建设》2 篇调研报告、《关于加快老旧小区提升改造的建议》《关于加强“蓝眼泪”保护与开发利用的建议》等 20 篇提案、《关于加强地下水资源保护禁止非法开采地下水的建议》等 4 篇社情民意信息，其中《如何深度开发石厝房旅游资源的提案》《关于平潭北部生态廊道观景平台风貌整治提升的建议》等 15 篇提案被县政协采纳，《关于探索实验区城乡供水一体化建设运行管理模式的调研报告》收录到县政协会议发言材料汇编。

【九三学社平潭基层委员会成立】 2023 年 11 月 13 日，九三学社平潭综合实验区基层委员会成立大会召开，九三学社平潭综合实验区支社委员会升格为九三学社平潭综合实验区基层委员会，大会宣布九三学社平潭基层委员会及其下属的综合、建设、经济支社的选举结果，举行授印授牌仪式。经九三学社平潭基层委员会一届一次会议推选，陈苏任基层委员会主任委员，谢永生任副主任委员，任帅、陈然、郑兴、林志强、张文平任委员。

【济困助学帮扶】 2023 年，九三学社平潭综合实验区基层委员会组织社员捐款 7800 元助力甘肃积石山抗震救灾。向新疆伊宁市托格拉克乡中心学校捐赠价值 4 万元的教学设备，支持学校建设发展。开展“九三同心帮扶计划”助学济困活动，筹集 3 万元资金用于开展帮扶行动。

（张文平 陈莹）

2023 年 5 月 30 日，九三学社平潭基层委员会向新疆伊宁市托格拉克乡中心学校捐赠价值4万元的教学设备（九三学社平潭基层委员会 供图）

# 平潭综合实验区工商业联合会

【概况】 2023年，平潭综合实验区工商业联合会发挥职能优势，凝聚岚商力量，助力实验区民营经济发展。所属商协会12家，异地平潭商会5家；会员2300人，会员数比上年增长10.05%。开展“进村入企话岚图”活动，组织召开座谈会、走访所属商协会及会员企业，做好社会服务和企业服务，形成调研论文6篇、各类信息30余篇，提出建议、议案和社情民意67件。获评全国“五好”（政治引领好、队伍建设好、商会发展好、作用发挥好、工作保障好）工商联、“99公益日”优秀爱心单位，下属商会获评全国“四好”（班子建设好、团结教育好、服务发展好、自律规范好）商会、全省“四好”商会、“万企兴万村”行动典型商会及企业，船东协会获评全省金牌协调劳动关系社会组织，工作人员获评省红十字会“99公益日”优秀个人，并获福建青年五四奖章、省“金牌劳动关系协调员”称号。

【组织建设】 2023年，平潭综合实验区工商业联合会会员2300人，会员数比上年增长10.05%；执委会组成人员169人，其中主席（会长）1人、常务副主席1人、专职副主席1人、兼职副主席18人、副会长21人、常委42人、执委85人；聘请13名优秀企业家担任经济顾问。下属建筑行业协会、船东协会等商协会12家，北京平潭企业商会、上海市福建平潭商会等异地平潭商会5家。

【思想建设】 2023年，平潭综合实验区工商联组织民营经济代表人士学习党的二十大精神、习近平总书记致中华全国工商业联合会成立70周年贺信等精神，引导民营企业和民营企业家正确理解党中央方针政策，增强信心。委托西安交通大学举办实验区民营经济代表人士专题培训班，到延安开展理想信念教育。开展庆“七一”系列活动，到龙岩举办“学思想 强党性 重实践 建新功”专题培训班。组织11名民营经济代表人士参加省委统战部及省工商联举办的主题培训班。做好4个区级民营经济人士理想信念教育基地建设，创建省级民营经济人士理想信念教育基地，邀请省工商联实地考察指导主题党日馆和平潭国际南岛语族考古研究基地等理想信念教育基地建设。

【参政议政】 2023年，平潭综合实验区工商联发挥桥梁纽带作用，以调研报告、信息专报、政策征询等形式反映企业诉求和意见建议，服务职能部门决策。制定《平潭综合实验区工商联关于大兴调查研究的实施方案》，组建5个调研课题组实地考察研究，形成思路办法，撰写《强化党建引领，服务民营经济高质量发展》《商协会组织建设的调查与思考》等调研报告。开展“进村入企话岚图”系列活动，成立3个工作专班，一线调查研究27场次，现场解决问题12个。发动所属商协会和会员企业开展民营企业家履行社会责任调研、民营经济人士思想状况调研、每季度民营企业运行状况调查、上规模民营企业调研，组织调研座谈会10余场，走访所属商协会及会员企业40余家，形成《平潭民宿行业高质量发展调研报告》等6篇调研论文。通过专报渠道和信息直通车，向省工商联和区管委会办公室报送各类信息30余篇。征求民营企业家对《平潭综合实验区关于促进民营经济发展壮大的若干措施》的意见和建议，梳理汇总上报相关部门。担任人大、政协职务的民营企业家提出建议、议案和社情民意67件，为各级各部门提供决策参考。

【社会服务】 2023年，平潭综合实验区工商联组织民营企业家开展社会服务，筹集“光彩助学金”10.50万元，帮助21名品学兼优家庭困难学子完成学业。捐赠10万元为881名环卫工人购买人身保险。为景区景点、基层环卫站所送去矿泉水40万瓶。全年通过各类渠道捐款捐物金额300余万元。

【企业服务】 2023年，平潭综合实验区工商联组织岚籍企业家40余人到西安交通大学开设专题培训班，专题辅导宏观经济形势、企业管理、传统企业转型升级等内容。举办民营经济大讲堂6期，邀请专家学者为企业中层干部230余人讲授建筑企业法律风险防范、企业发展与风险管控、财务管理等知识。联合区党群工作部开展非公有制企业专业技术职称评审，电子类和建筑类专业技术人员等14人获初、中级职称。会同区经发局和金融机构举办2期“助企惠赢·一路同行”活动，宣传中小微企业贷款优惠政策，发放贷款金额约1000万元。增设注册会计师类别进入第三方专业人员库，对2家涉案企业的合规承诺进行调查、评估、监督和考察，推进涉案企业合规改革。

（高瞻 陈强）

# 群众团体

## 平潭综合实验区总工会

【概况】 2023年，平潭综合实验区总工会贯彻习近平总书记关于工人阶级和工会工作的重要论述，开展“中国梦•劳动美”主题宣传教育、劳模“微宣讲”“共话二十大•‘驿’起向未来”等具有工会特色的学习宣传活动10余场，参与职工1000余人次。开展职工体育运动、青年交友联谊、文艺晚会、志愿者公益服务等各类文娱活动20余场，参与职工5000余人次。举办两岸单身职工交友等活动5场次，落实台胞职工同等待遇，1名台胞获评省劳动模范。组织13批470人次参加省、区级职工疗休养，鼓励基层工会20批400余人次参加职工疗休养。新建共享职工之家5个、户外劳动者服务站点3个、妈妈小屋2个。开展“春风送岗、夏送清凉、金秋助学、冬送温暖”等活动，举办招聘会10场，服务职工1000余人次。筹集资金60余万元，慰问困难企业6家、困难职工300余人次，资助29名困难职工子女上学。筹集资金30余万元，开展防暑降温慰问工作。举办职工子女暑托班9个，覆盖学生280余人次，开展女职工免费“两癌”（宫颈癌、乳腺癌）筛检100人次。开展新就业形态劳动者关爱行动，帮助110人实现微心愿。年内获评全国工人先锋号1个、省劳动模范3人、省先进工作者2人。

【劳动技能竞赛】 2023年，平潭综合实验区总工会开展数字经济、海洋经济、绿色经济、文旅经济“四大经济”技能竞赛，开展“建功十四五 奋进新征程”主题劳动和技能竞赛。组织举办全区公安机关交警业务技能竞赛、“星辰大海舒心平潭游你说”第二届平潭导游词创作及讲解大赛、首届两岸职工（烹饪）职业技能大赛、首届平潭辖区银行金融机构职工技能竞赛等竞赛活动10余场。

【劳动者权益保障】 2023年，平潭综合实验区总工会聘请法律顾问在“平潭工会”微信公众号开设“岚工小说法”频道，开展“遵法守法•携手筑梦”公益法律服务活动。开展工会劳动法律监督和安全教育宣传，向企业发出劳动监督提示函。推动区港务有限公司、大唐风电公司开展企业集体协商工作会议，签订《集体合同》《女职工特殊保护专项集体合同》。

【区总工会第二次代表大会召开】 2023年，平潭综合实验区总工会第二次代表大会召开，选举产生总工会第二届委员会、经费审查委员会。吴礼源当选区总工会第二届委员会主席，何盈、刘维忠、宫懿、黄郁沣、李俊明当选区总工会第二届委员会副主席，翁晓萍当选区总工会第二届经费审查委员会主任。

【岚岛工匠学堂设立】 2023年，平潭综合实验区总工会授牌福建信息技术学院平潭校区、平潭两岸人才职业培训学校有限公司、平潭职业中专学校等3家岚岛工匠学堂，发挥劳模工匠引领作用，推动提高产业工人队伍素质。举办互联网营销师培训班2期，参训人数136人；举办信息写作培训班1期，参训人数113人。

【实验区劳模宣讲团成立】 2023年，平潭综合实验区总工会选派6名劳模工匠组成劳模（工匠）宣讲团，宣讲6场次。

【第三届“第一家园”闽台职工运动交流赛在平潭举行】 2023年4月15日，平潭综合实验区总工会在区全民健身中心和区垒球馆举办第三届“第一家园”闽台职工运动交流赛，比赛设慢投垒球、三人制篮球、羽毛球项目，闽台20支职工球队280余人参赛，其中台胞职工运动员160人。马祖泰成批发商行慢速垒球队获慢投垒球赛冠军，平潭海峡两岸志愿者队获三人制篮球赛冠军，飞玲龙文化传媒（厦门）有限公司获羽毛球团体赛冠军。

**【平潭3家酒店获评省级职工疗休养基地】** 2023年，平潭综合实验区总工会推动温德姆酒店、国惠酒店、麒麟荣誉酒店获评省级职工疗休养基地，实现实验区省级职工疗休养基地“零”的突破。至年底，全区有3家省级职工疗休养示范基地、3家区级疗休养示范基地。

（杨露露）

## 中国共产主义青年团平潭综合实验区委员会

**【概况】** 2023年，共青团平潭综合实验区委员会团结带领实验区团员和青年奋发作为，创建“青述大坪”主题党日品牌，获第三届全国优秀主题党日品牌三等奖。首次打造“风起岚岛·青年有为”品牌，发布先进事迹宣传11期。打造“青春岚图”青年微思政课，发布4期。成立实验区少工委，开展“红领巾奖章”争章活动，评选“三星章”45个。开展五四红旗团委、五四红旗团支部、优秀共青团员、优秀共青团干部等典型选树活动，29个集体与个人获全国、省级表彰，组织18个获奖集体和个人开展经验分享。开展实验区共青团基层组织改革，完成42项改革任务，青年大学习学习率、团员身份认定率、2019—2022年未转接团员数、“强基工程”重点任务指标等从全省倒数升至全省前列。

**【团组织建设】** 2023年，共青团平潭综合实验区委员会履行团组织设立、换届手续，新建团组织30家，其中非公团组织12家，在符合建团条件且建有党组织的规模以上企业中实现团组织全覆盖。变更海若海洋文化交流中心、新时代青少年教育促进会主管单位为团区委，完成片区“青年之家”全覆盖。建立一支专职、兼职、挂职相结合的团区委领导班子队伍，干部配备率和在岗率100%。推动由片区党群工作处副处长兼任片区团委书记、党群工作者兼任村团组织书记，配齐配强区直单位团组织书记，团支书配备率100%，为正常履职的社区团支书每月发放100元津贴。制订团员发展计划、全区发展团员调控工作指引，实验区高中毕业班“团学比”（共青团员数量与青年学生总数的比例）下降至37%。落实“推优入团”“推优入党”制度，先后推优入团1115人，推优入党37人。调整1983年前出生的村居团支书10人，村居团支书平均年龄下降至31岁；清退政治面貌非党、非团的村居团支书12人。首次制定全区各级团组织、少先队组织工作考核办法，推动基层团干部履职。成立区团校培训基地，开展培训4期，参训300余人次。建立“新团员自查、学校团委书记初审、教育团工委终审”三审制度，排查整改入团志愿书800余份，梳理解决未达到规定年龄发展入团产生的遗留问题。完成143名2019—2022年未转接团员转接。

2023年9月28日，少先队平潭综合实验区第一次代表大会暨区少工委成立大会召开 （林君斌 摄）

**【实验区少工委成立】** 2023年9月28日，中国少年先锋队平潭综合实验区第一次代表大会暨区少工委成立大会召开，选举产生少先队平潭综合实验区第一届工作委员会，召开少先队平潭综合实验区第一届工作委员会第一次全体会议，选举产生主任2人、副主任6人。

**【青年成长成才服务】** 2023年，共青团平潭综合实验区委员会授牌第一批实验区红领巾校外体验基地8家，打造将军山红领巾校外素质拓展基地，26 所小学 3.60 万余人次参加“学习二十大 争做新时代好队员”等活动。开展北大学子“蒲公英夏令营”、两岸青年思政实践营等社会实践活动 15 场，百余名大学生参与，服务儿童 750 余人次。依托“扬帆计划”平台，收集实习岗位 1373 个，上岗学生 581 人。吸引青年学子 600 余人参加暑期社会实践行动，为学生免费提供人身意外保险、用餐、住宿等保障。开展创业税费讲解、青年农民培训等领域创业就业培训 10 余场，覆盖近 1000 人次。举办“青春筑梦岚岛，青年共话成长”企业团员和青年学习交流活动 6 期，覆盖水产、物流、旅游等企业青年 100 余人。

**【青少年关爱服务】** 2023 年，共青团平潭综合实验区委员会动态更新区内困境青少年、事实无人抚养儿童名单，发放慰问金、“希望工程”助学金近 10 万元，征集 115 名困境青少年“微心愿”并全部完成认领。联合区人民检察院建立党员、团员、少先队员联动普法机制，帮助 20 余名涉罪未成年人提高社会适应能力。与区公安局联合开展防范电信网络诈骗宣传活动 2 次，宣传教育超 500 人。运营校外未成年人心理健康辅导站，开展未成年人关爱活动 10 余场，发放青少年自护教育手册，通过自护学堂专栏推送法治宣传 30 余篇。

**【青年志愿者服务】** 2023 年，共青团平潭综合实验区委员会组织 15 支青年突击队助力实验区重点项目建设。组织青年文明号推出优质服务，开展文化教育、文明旅游等实践活动 185 场次，直接服务群众 1.46 万人次。开展“美丽新福建·青

2023 年 12 月 7 日，共青团平潭综合实验区委员会在平潭台湾创业园举办“青春岚图 凝‘新’力量”新兴青年专场座谈会 （团区委 供图）

春在行动”垃圾分类主题实践活动 30 余场，辐射青少年 5000 余人次。举办“心灵手巧·变废为宝”创意创作大赛，吸引投稿 577 个，网络评审投票总数超 8 万次。揭牌成立“大坪公益学堂”，丰富大坪联合党委下 5 个村居留守儿童课余生活，覆盖学生 62 人。联合区文旅集团探索建立“景区点单、青志协派单、高校接单”志愿服务新模式。组织开展“青春接力 聚焦大坪”“创城有我·‘青’力而为”等志愿活动，超 4 万名青年志愿者参加，服务时数超 11 万小时。依托“志愿汇”平台数字化管理，至年底，全区注册志愿者 6.60 万人，注册率居全省第一，活跃度保持全省第二。

**【少先队建设】** 2023 年，共青团平潭综合实验区委员会印发《关于全面加强新时代少先队工作的实施方案》，在评价激励、职称晋升、经费保障等方面推动实验区少先队工作。提升实验区校外实践教育营地建设情况、校内外辅导员配备率、“红领巾讲解员”注册率等 15 项少先队重点指标。选聘热爱少先队工作、热心少年儿童成长发展的社会人士、少先队工作者，组建区少先队副总辅导员（志愿辅导员）队伍，区少先队辅导员人数比上年增加 6 人。

**【岚台青年交流】** 2023 年，共青团平潭综合实验区委员会举办“岚台海峡缘 共圆家园梦”“情牵两岸 缘定今生”等近 30 场两岸青年交流活动，包括文艺晚会、篮球交流赛、联谊交友等，两岸青年 1500 余人次参加。承接实习实训台胞青年近百人，推动 2 家单位获评省级台湾青年实习实训基地；筹办第十届“创青春”福建社工青年创新创业大赛暨第六届海峡两岸（平潭）青年创新创业大赛，引导两岸青年创新创业。至年底，吸收 50 名台胞青年加入团属社会组织，推荐 1 名优秀台青与 1 个台青集体获福建省青年五四奖章。

**【“青春岚图”青年微思政课打造】** 2023 年，共青团平潭综合实验区委

员会联合区融媒体中心打造“青春岚图”青年微思政课4期，总浏览量超20万次。在台胞青年较为集中的平潭职专、台创园等地举办岚台青年人才学习、交流活动20余场次，覆盖1000余人次。启动“青年讲师团”计划，围绕“清澈的爱，只为中国”等主题开展宣讲超百场次，覆盖超4800人次。探索建立青年人才挂钩联系学校机制，聘任79名硕博士引进生、选调生、高端人才担任校外辅导员，实现中学全覆盖，开展活动80余场次，覆盖学生超2.50万人次，获中新网、《八闽快讯》报道刊发。

（陈鑫）

## 平潭综合实验区妇女联合会

【概况】 2023年，平潭综合实验区妇女联合会发挥妇女在弘扬中华民族家庭美德、树立良好家风方面的作用，落实《中华人民共和国妇女权益保障法》，开展家庭暴力受害妇女的庇护救助，协助做好困难妇女群体司法救助，提供巾帼创业就业服务。制定村居妇联主席年度差异化考核制度，考评村居妇联主席年度工作。开展巾帼志愿服务活动1218场次，在东门社区试点开展“垃圾分类·家家时尚”巾帼志愿服务行动，组建垃圾分类巾帼志愿队伍4支，举办垃圾分类志愿活动25场次。建立重点人群和高风险家庭台账45户，纳入保障、关爱帮扶29人，纳入重点关注6人，推动应纳但未纳的9人纳入保障，调解合法权益受侵害1人达成诉求。开展各类宣讲活动107场次，红山社区文明实践巾帼志愿阳光站获评全国文明实践巾帼志愿阳光站。推动在职村（社区）妇联主席享有每月100元补贴待遇，为任职满15年以上的离任村妇代会主任、社区妇联主席发放每人每月100元生活补助，为基层一线女干部职工购买女性安康险。

【妇女权益维护】 2023年，平潭综合实验区妇女联合会为全区适龄低保特困女性群体和女性环卫工人投保“女性安康险”，鼓励全区适龄女性投保，受保女性7683人。年内，理赔16人、发放理赔金116万元。其中理赔低保特困女性2人、发放理赔金21.60万元，减轻低收入家庭的经济压力。开展“春蕾助学”、“母亲健康1+1”公益募捐、“两癌”（乳腺癌和宫颈癌）贫困母亲救助等公益活动，帮扶困难妇女儿童及家庭122人次，发放慰问金、助学金27.45万元。

【家暴受害人救助】 2023年，平潭综合实验区妇女联合会建立公安、妇联涉家暴警情联动工作机制，加强信息共享，召开涉家庭暴力警情联动处置会商会，实验区全年发生家庭暴力有效警情397起，发放家庭暴力告诫书169份，发放率42.7%。与区政法工作部、法院签订“关于建立婚姻家庭纠纷联合调解机制的备忘录”，构建“区—街道—村社区”三级婚姻家庭纠纷调解平台，调解婚姻家庭纠纷9件，化解率100%；推动法院为家庭暴力事件当事人签发人身安全保护令3件，签发率100%。

【困难妇女司法救助】 2023年，平潭综合实验区妇女联合会联合区人民检察院开展“关注困难妇女群体 加强专项司法救助”行动，移交困难司法救助线索1条，救助困难妇女2人次，发放司法救助金3万元，“平潭周某某虐童案”作为全省落实“春蕾安全员”机制优秀工作案例获省检察院、省民政厅、省妇联肯定。区关工委获评全国维护妇女儿童权益先进集体。

【巾帼创业就业服务】 2023年，平潭综合实验区妇女联合会启动国际旅游岛“巾帼服务行动”，开展巾帼志愿服务、美丽经济、两岸旅游交流、公民素质提升和金融助力巾帼创新创业等系列活动。联合平潭农商银行推出“巧妇贷”“巾帼创业贷”“巾帼旅游贷”等专属信贷资金5亿元，支持平潭女性创新创业。开展“福见乐购 姐妹乡伴”巾帼直播带货平潭文旅专场，吸引网友近50万人次参与。实施“乡村巾帼追梦人计划”，举办育婴师、养老护理员、民宿管家、民宿保洁、电商直播等女性职业技能提升培训7场次，惠及妇女群众364人，其中获得育婴师职业技能等级中级证书49人。探索“持证上岗+就近推介”就业模式，举办家政服务就业岗位推介会，推荐岗位120余个，推介待就业女性65人次。

【岚台女性交流】 2023年，平潭综合实验区妇女联合会以元宵、七夕、中秋等传统佳节为契机，开展岚台传统节日联谊、岚台家庭家教家风分享、岚台女性就业创业等活动5场次，增强岚台姐妹和家庭联络联谊。支持台胞同等参与评先评优，将在平潭的台胞纳入区三八红旗手评选范围。以区妇联换届为契机，吸纳11名台胞妇女代表，选举产生4名台胞妇联执委，其中1名台胞兼职副主席。

【家教家风培育】　2023年，平潭综合实验区妇女联合会组织推荐参加全国、全省最美家庭评选，卓维佳、陈晞家庭获评2023年全国最美家庭，曾若男、林鹏飞等6户家庭获评2023年福建省最美家庭。举办并评选出35户全区最美家庭。开展榜样家庭示范讲带头晒活动、好家庭好家风分享会、“晒家风”、家风书画摄影、征文比赛等活动。举办“立德树人　从家出发”家教公益大讲堂12场次，帮助解决育儿难题，指导育儿方法。

【美丽庭院建设】　2023年，平潭综合实验区妇女联合会开展“美户美家·福进万家”美丽庭院建设，762户家庭获评省、区级美丽庭院示范户，培育4条美丽庭院示范线，金井片区龙海村、海坛片区磹角底村、君山片区磹水村、苏平片区当盛村获评区美丽庭院示范村。联合区融媒体中心推出《春光无限“锁”庭院》等专版报道作品，制作《迎“廊”而上　绘浪漫苏平》等短视频作品，引导更多家庭建设和美乡村。

【实验区家庭教育研究会成立】　2023年，平潭综合实验区妇女联合会成立实验区家庭教育研究会并召开第一届会员代表大会，吸纳台湾家庭教育从业者、儿童工作者、专业社工等会员80人，设立家庭教育指导站5个，创建省家庭教育创新实践基地3个、省家庭亲子阅读活动体验基地1个。定期开展家庭教育赋能培训和选拔展示活动，组织参加省家庭教育优质课程视频征

2023年5月15日，平潭综合实验区妇女联合会在澳前中心小学举办“传承家风家训　弘扬传统美德”岚台家庭教育分享会活动（区妇联　供图）

集评选活动，获全省二等奖1项、三等奖1项、优秀奖1项，区妇联获优秀组织奖。

【“顶梁柱母亲”家庭帮扶】　2023年，平潭综合实验区妇女联合会联动民政、交建、检察院等部门帮扶“顶梁柱母亲”家庭，整合临时救助、司法救助、住房保障、健康保险、子女助学等资金9.50万元，服务“顶梁柱母亲”56人次。

（魏虹）

## 平潭综合实验区科学技术协会

【概况】　2023年，平潭综合实验区科学技术协会建立区科协联系科技工作者制度，开展科技工作者统计工作，新增省级优秀科普教育基地1家。实施基层科普行动计划，打造“平潭坛紫菜科技小院”等“科技小院”载体。开展科技工作者日活动、全国科普日活动，做好典型引领、宣传举荐工作。组织参观科普教育基地、区科技馆展厅3场次，开展福州市科技馆科普大篷车进校园、气象中医等科普讲座进校园活动20余场次。组织青少年参加科技竞赛，城关小学蓝海青少年科学工作室获评国家级特色工作室。开展岚台科技融合，成立4家台资企业科协。年内，区科协获评福建省全国科普日优秀组织单位。

【科普教育基地培育】　2023年，平潭综合实验区科学技术协会整合区内科普教育资源，培育新增省级优秀科普教育基地1家、省农技协科普教育和技术示范基地4家。自然资源部海岛研究中心科普教育基地获评2023年省级优秀科普教育基地，获40万元省级专项经费支持。培育创建金井片区大厝基村、海坛片区南赖村、君山片区渔屿村和苏平片区南盘村等4个科普示范村，设立上楼村、白山村等4个科普宣传栏。依托区气象局省级科普教育基地建设平潭首个乡村气象科普站。

【平潭"科技小院"试点建设】 2023年，平潭综合实验区科学技术协会开展"科技小院"试点建设，依托"平潭坛紫菜科技小院"，举办"紫菜育苗与养殖技术"培训班，年内9名专家、8名研究生入驻福建平潭坛紫菜科技小院。开展土豆种植技术业务、农产品品牌建设、科学安全用药等培训，促进土豆种植增产增收。

【全国科普日活动】 2023年9月20日，"提升全民科学素质，助力科技自立自强"全国科普日活动在福建信息职业技术学院平潭校区举行，由区科学技术协会、省地理信息学会联合主办，平潭第二实验小学等近300名师生代表参加，开展5个大项8个小项系列科普活动，包含气象、中医科普专题讲座、科技模型制作等，开展"无人机飞行之旅""活字印刷""汽车文化之旅"科普实践体验活动。

【科技工作者培育】 2023年，平潭综合实验区科学技术协会召开以"点亮精神火炬"为主题的"全国科技工作者日"座谈会，邀请科技特派员、科技工作者参加。宣传刘燕飞、林河山、林素芳等优秀科技工作者事迹，弘扬新时代科学家精神。年内，实验区获评省先进农技协组织1家、省农村专业技术协会最美科技工作者1人、省农技协优秀乡土人才2人、省优秀农技协工作者1人。邀请区中医院、气象局专家举办2场专题报告。

【青少年科技教育】 2023年，平潭综合实验区科学技术协会开展科普进校园，打造科技教育精品课程，开设气象、中医、南岛语族文化等知识的课后延时服务科普讲座20余场。培育创建山海佳苑、盐城、宝湖3个社区青少年科学工作室，下拨每家工作室专项资金2.50万元。获评第38届省青少年科技创新大赛十佳优秀科技辅导员1人，获优秀科技实践活动三等奖1人。组织区内青少年参加省级科技教育竞赛，获一等奖5项、二等奖7项、三等奖6项，3名教师获评最佳教练员、省先进工作者、省十佳优秀科技辅导员，平潭一中获评省青少年科技教育协会2015—2022年度先进集体。

【岚台科技合作】 2023年，平潭综合实验区科学技术协会搭建两岸科技交流合作平台，召开"畅谈发展成就 共话美好未来"岚台融合科技工作者交流会。推动宗仁科技（平潭）股份有限公司企业科协与中国工程科技发展战略福建研究院签订战略合作框架协议，成为研究院第四批院企战略合作单位，院士专家为台资企业提供科技服务。

【平潭4家台资企业科协成立】 2023年，平潭综合实验区科学技术协会筛选条件成熟的科技型企业成立企业科协，年内成立4家台资企业科协，扩大企业科协建设覆盖面，并免费为台资企业科协征订福建《企业科协》杂志，推进岚台科技融合。

【蓝海青少年科学工作室获评国家级特色工作室】 2023年，平潭城关小学蓝海青少年科学工作室举办各类科学实验和科普讲座，以实物、模型及小实验等形式激发学生科学创造力，获评全国科创筑梦青少年科学工作室和全国2023年度特色工作室，实验区在科学工作室创建方面取得零的突破。

（杜立静）

## 平潭综合实验区归国华侨联合会

【概况】 2023年，平潭综合实验区归国华侨联合会凝聚侨心侨智侨力，加强与40多个海外重点侨团的联络联谊。以侨促融，加强与南太平洋岛国华侨社团联系，邀请嘉宾到平潭参访。聚侨引资，侨银联动；帮扶困难侨胞侨眷，成立区侨联法律顾问委员会。举办第23届世界华人作文大赛、中国侨联"寻根之旅"冬令营——福建平潭营、侨家乐·福建省华侨美食风情文化节等侨文化主题活动。区侨联获评全国侨联系统先进组织，君山片区归国华侨联合会获评全省侨联系统先进集体。

【聚侨联谊】 2023年，平潭综合实验区归国华侨联合会拓展与加拿大福建社团联合总会、欧洲福建发展联盟等40多个海外重点侨团的联络联谊，邀请联系美国、加拿大、爱尔兰、英国、阿根廷、智利、澳大利亚等国家和地区的海外社团到平潭参访考察29批次。与巴布亚新几内亚平潭同乡会开展新春座谈。协助举办2023年闽侨青年精英海丝对话会，邀请全球130名闽籍海外华裔新生代青年代表，到平潭畅叙家国情怀。

【南太平洋岛国华侨社团联谊】 2023年，平潭综合实验区归国华侨联合会重点加强与南太平洋岛国华侨社团联系，邀请巴布亚新几内亚、东帝汶、马绍尔群岛共和国、所罗门群岛等国华侨社团到平潭交流，依托南岛语族考古研究基地加强国际南岛语族起源及扩散、史前文化关系研究。年内，平潭国际南岛语族考古研究基地获评省华侨国际文化交流基地。

【聚侨引资】 2023 年，平潭综合实验区归国华侨联合会配合区经济发展局、投促委向侨商、海外侨团宣传推介实验区招商引资优惠政策，牵线搭桥、聚侨引资。推动在中国侨商投资（福建）大会上签约的蕴莱农业保税加工厂项目建成投产，项目总投资额 1.10 亿元，年内投资额 6000 万元。对接跨境贸易采购项目，引进英国 B1 集团、满利通集团等公司项目落地平潭。

【侨银联动】 2023 年 11 月 22 日，平潭综合实验区侨联召开侨银联动座谈会，联合侨商会与厦门国际银行福州分行签署战略合作协议，厦门国际银行福州分行为实验区侨商侨企和归侨侨眷提供 10 亿元意向授信支持，帮助侨商侨企解决发展资金需求。

【困难侨胞侨眷帮扶】 2023 年，平潭综合实验区归国华侨联合会倾听海外侨胞诉求，协调解决侨胞房屋修缮、土地征迁、子女教育就学等困难问题。摸排侨胞侨眷生活状况，争取省贫困侨救助资金改善侨界民生，走访慰问困难归侨侨眷 39 人次，发放救助金 6.88 万元。“99 公益日”活动中组织海外社团发起网络募捐活动，为困难归侨侨眷募集善款 1.67 万元。

2023 年 12 月 19 日，中国侨联“寻根之旅”冬令营——福建平潭营活动举行。图为参加活动的华侨华人在海坛古城体验高山族舞蹈

（区侨联 供图）

【区侨联法律顾问委员会成立】 2023 年，平潭综合实验区归国华侨联合会法律顾问委员会成立，完善涉侨纠纷诉调机制，为归侨、侨眷和海外侨胞在国内合法权益维护提供法律服务。处理侨联历史遗留问题，历时多年的原华侨大厦职工补偿问题基本解决。

【中国侨联“寻根之旅”冬令营——福建平潭营活动】 2023 年 12 月 18 日—27 日，平潭综合实验区归国华侨联合会举办中国侨联“寻根之旅”冬令营——福建平潭营活动，组织华侨华人参访，与平潭一中、福建信息职业技术学院结对交友，增强对祖籍地的认同感、归属感。

【第 23 届世界华人作文大赛（平潭赛区）举行】 2023 年 9 月，平潭综合实验区归国华侨联合会与社会事业局联合主办第 23 届世界华人学生作文大赛（平潭赛区），收到海内外 2000 多名学生投稿，选出优秀作文 126 篇。实验区学生获奖 16 人，其中一等奖 1 人、二等奖 6 人、三等奖 9 人，获优秀指导教师奖 12 人。

（冯明敏）

## 平潭综合实验区文学艺术界联合会

【概况】 2023 年，平潭综合实验区文学艺术界联合会下属区作家协会、美术家协会、书法家协会、音乐家协会、电影家协会、电视家协会、摄影家协会、戏剧家协会、舞蹈家协会、民间文艺家协会、曲艺家协会、朗诵家协会、合唱家协会 13 个专业艺术协会和文学院、书法院、画院 3 个艺术院，会员 738 人。打造“上攀学堂”党建示范点，以“文艺大讲堂”“文艺示范基地”“‘文艺两新’示范基地”等品牌为载体，组织支部党员、文艺志愿者开展“送文艺进乡村”公益文艺支教、学雷锋志愿服务、清明祭扫、普法宣传和闽剧展演、词明戏表演、电影放映等文艺惠民活动 80 余场，举办

2023年4月8日，由平潭综合实验区文学艺术界联合会主办的“春光锦绣 花开见福”第二届平潭两岸“花朝艺术节”在金井湾市民广场开幕（林君斌 摄）

书法、摄影、文学公益讲座和文艺沙龙活动6场，约2000人次参与。

**【文艺交流】** 2023年，平潭综合实验区文学艺术界联合会召开两岸文艺家座谈会，调研区美术家协会新文艺群体创作基地，了解平潭“文艺两新”（新文艺组织和新文艺群体）工作情况。举办“玉兔迎春”两岸诗歌音乐会、第二届平潭两岸“花朝艺术节”系列文化活动、“海峡情深”两岸民族民间音乐沙龙、“迎国展”美术采风写生等活动。

**【文艺创作】** 2023年，平潭综合实验区文学艺术界组织开展文艺精品艺术精品创作，落实省委关于“探索推出一地一品多品新闽菜”要求，创作“千年一遇平潭宴”菜名故事文学作品《有滋有味平潭菜》。创作出版历史长篇小说《大宋风华》，获2023年省文艺发展专项资金补助。平潭“蓝眼泪”合唱团《蓝眼泪》获勃拉姆斯国际冬季合唱节国际银奖。组织参加第四届省书法双年展、第八届海峡两岸篆刻大赛、第四届省美术双年展等活动。编发《平潭文艺》刊物（春夏秋冬）4卷，作品177件。

**【文艺活动】** 2023年，平潭综合实验区文学艺术界联合会举办“四下基层 心系人民”主题书画展（平潭站），展出书画精品129幅。举办“星辰大海·蓝眼泪”艺术作品展，展出贝雕、沙画、油画、漆画等60余件文艺作品。举办“红心向党 礼献党庆”庆祝中国共产党成立102周年“七一”文艺演出、“福籽同心爱中华 岚台同谱团结曲”文艺晚会。开展“礼赞二十大 书香润校园”赠书活动，赠送《美丽福建看平潭·岚岛家园》《走进“八闽旅游景区”（平潭）》《石帆》《平潭文艺》等文艺书刊2000余册。举办“扇善若水 喜迎新春”百扇展、采薇阁雕版印刷笺谱古籍展、游天河书画展、“在山海间相见”美术采风、书法军民联谊笔会等活动；举办文艺大讲堂2期。开展“玉兔迎春 福进万家”写春联送温暖活动，书写、赠送春联1万余副。

**【文艺关爱留守儿童】** 2023年，平潭综合实验区文学艺术界联合会探索“公益+文艺”进基层和关爱留守儿童模式，组织文艺家开展上攀公益学堂文艺支教活动，为上攀村、榕山村等70名留守儿童开展书法、贝雕手工、剪纸等90余节艺术课程，参加学习约6000人次；组织文艺家为大坪村36名学生开设贝雕、沙画、剪纸、口才4个课程。

**【第五届海峡两岸（平潭）合唱交流音乐会】** 2023年8月11日，平潭综合实验区文学艺术界联合会、旅游文体局打造海峡两岸文化交流重点品牌，联合举办第五届海峡两岸（平潭）合唱交流音乐会，台北市爱乐妇女合唱团、台中市葫芦墩的合唱团、平潭蓝眼泪合唱团等7个合唱团约430名演员参加活动。

**【区曲艺传习中心设立】** 2023年，平潭综合实验区文学艺术界联合会发扬传统闽剧、民俗和现代曲艺，推动成立平潭综合实验区曲艺传习中心，设立金井片区苍海村为词明戏传习基地，助力“岚岛戏曲活化石”之称的词明戏保护与传承。

（林梦婷）

## 平潭综合实验区残疾人联合会

**【概况】** 2023年，平潭综合实验区残疾人联合会完善残疾人工作组织体系，召开区残联第二届主席团第二次全体会议，补选主席团委员2人、副主席1人。充实残联基层组织队伍，全区215个村（社区）成立村（社区）残疾人协会，村（社区）委员会成员兼任联络员。围绕残疾人生活、康复体育、就业教育等方面开展帮扶。开展旅游景区无障碍环境建设督导。至年底，实验区持证残疾人 7779 人，比上年增加 267 人，其中视力残疾 498 人、听力残疾 954 人、言语残疾 173 人、肢体残疾 3345 人、智力残疾 1423 人、精神残疾 1160 人、多重残疾 226 人。各类残疾人中重度残疾人 4339 人。

【残疾人生活帮扶】 2023 年，平潭综合实验区残疾人联合会补助“一户多残”生活困难家庭 616 户 1296 人，发放补助金 153.48 万元。开展春节走访慰问困难残疾人活动，发放慰问金 19 万元。投入 39.77 万元为 7726 人购买残疾人意外伤害保险。加强残疾人托养和照护服务建设，残疾人基本生活照料服务 167 人次，福乐家园日间照料 21 人，残疾人机构托养和居家托养补助 131 人次，发放补助金 49.85 万元。实施残疾人家庭无障碍改造“整镇推进”，改造 30 户。

【残疾人康复服务】 2023 年，平潭综合实验区残疾人联合会实施残疾人家庭医生签约服务，残疾人个性化服务 1585 人次，精准康复服务 1539 人次。新增“残疾人之家”7 家，投入资金 10 万元完善残疾人“康复之家”建设。新增“爱心助残驿站”5 家，残疾人筛查评估 205 人，精准康复服务 550 人次。开展残疾人辅助器具免费维修 201 人次。救助残疾儿童康复 269 人，发放补助金 362.10 万元。发放残疾人基本型辅助补贴 178 人、补助金 34.10 万元。精神残疾人住院医疗补助 133 人，发放补助金 44.10 万元。开展康复体育进家庭活动，入户为 20 户残疾人提供康复体育服务。至年底，实验区残疾人基本康复服务和基本辅助器具适配率 100%。

【残疾人就业帮扶】 2023 年，平潭综合实验区残疾人联合会联合社会事业局等部门举办就业招聘会 5 场。举办盲人按摩培训班，参训 20 人。举办农村残疾人实用技术及职业技能培训班 3 期，参训 100 人。扶持农村困难残疾人就业创业 26 人，发放补助金 10.40 万元。建立残疾人职业技能人才信息库，组团参加福建省第七届残疾人职业技能竞赛，获一等奖 2 人、二等奖 1 人，创历届最好成绩。

【残疾人教育帮扶】 2023 年，平潭综合实验区残疾人联合会开展残疾儿童学前教育资助和残疾人及残疾人子女大中专院校资助，资助 264 人，发放补助金 79.60 万元。开展“金秋助学 扶残筑梦”行动，为企业和学子牵线搭桥，促成 4 家爱心企业认领帮扶残疾学生和低保残疾人子女 8 人，大学全周期按公立大学标准开展全额资助。

【残疾人文化体育】 2023 年，平潭综合实验区残疾人联合会组织开展残疾人文化周、残疾人健身周、全国特奥日及文化进家庭“五个一”等系列活动，开展文体活动 62 场次。选送 5 件残疾人文艺作品参加省第 13 届闽台残疾人文化周文艺作品展播活动，获一等奖 2 个、三等奖 1 个、优秀奖 2 个。参加“福见花开”第二届全省残疾人工艺美术文创作品（产品）征集展览推介活动，获二等奖 1 个、三等奖 3 个、优秀奖 18 个。参加全省第二届残疾人事业公益短视频大赛征集活动，短视频《无障碍 让世界充满爱》获一等奖；残疾人国画作品《家园情》《江山秋韵》入选海峡残障人士书画艺术展。依托平潭特教学校设立首个“特奥项目训练基地”培育特奥运动人才。

【残疾人权益保障】 2023 年，平潭综合实验区残疾人联合会开展残疾人法律讲座 3 场，残疾人法律救助站为残疾人提供法律咨询及援助 16 人。全年，接待残疾人来信来电来访 216 件次。

2023 年 10 月 17 日，平潭综合实验区残疾人联合会在乐天伦爱心助残驿站开展残疾人康复服务 （区残联 供图）

【残疾人驾考补贴】 2023年，平潭综合实验区残疾人联合会制定《平潭综合实验区残疾人考取C5驾驶证补贴实施方案》，对首次取得机动车C5驾驶证的残疾人，给予一次性培训补贴3000元，改善残疾人出行条件。

【平潭组队参加省第九届残运会】 2023年5月19日—22日，平潭综合实验区组织参加福建省第九届残疾人运动会暨第七届特殊奥林匹克运动会，获残运会金牌3枚、银牌9枚、铜牌11枚，获特奥会金牌22枚、银牌12枚、铜牌6枚，特奥金牌数排全省第三名。区残疾人运动员王琦睿、俞雪婷加入2023年全省残疾人体育集训，王琦睿加入中国残联2023年冬残奥运动员训练营。

【平潭旅游景区无障碍环境建设督导】 2023年11月29日，平潭综合实验区残疾人联合会联合交建局、文旅集团等部门，邀请残疾人代表督导仙人井、澳前台湾小镇等旅游景区扶手、盲道、卫生间等无障碍设施配备情况，梳理问题并反馈至相关单位、督促整改。

（陈欢欢）

2023年11月29日，平潭综合实验区残疾人联合会开展平潭旅游景区无障碍环境建设体验督导
（区残联 供图）

## 平潭综合实验区红十字会

【概况】 2023年，平潭综合实验区红十字会发挥“三救三献”（应急救援、应急救护、人道救助和献血、造血干细胞捐献、遗体和人体器官捐献）职能，收到捐款520余万元，物资价值29万余元。开展“红十字博爱送万家”活动，举办红十字救护员培训班53期，举办普及应急救护知识讲座10余场。完成2例器官捐献案例和第四例造血干细胞捐献。在景区、学校、车站等人流量大的公共场所安装AED（自动体外除颤仪）80余台。

【应急救援】 2023年，平潭综合实验区红十字会举办水上安全救生培训，开展海上安全救援演练活动，演示海上救生技能，进行心肺复苏等岸上救护科目操作。省红十字（平潭）海峡两岸水上救援队在平潭海域开展义务巡逻，劝导涉险游客近千人，防范涉水涉险行为200余起，挽救溺水者49人。

【应急救护培训】 2023年，平潭综合实验区红十字会举办红十字救护员培训班53期，获证人员2033人。举办应急救护知识普及讲座10余场，参训600余人次。在城关中学、澳前幼儿园等地开展生命教育进校园活动。开放红十字博爱驿站和生命救护体验馆，开展应急救护知识普及培训，受益6000余人。开通心理热线，提供线上心理咨询服务约500小时。

【人道救助】 2023年，平潭综合实验区红十字会开展大病救助、困难救助和临时救助，举办“红十字博爱送万家”活动，春节慰问困难户1000余户，发放慰问金和慰问品50余万元。协调争取救助资金，为49户困难家庭发放救助款30余万元，为8名困难台胞发放救助金1.60万元。向地震受灾地区甘肃临夏州积石山县捐赠防寒物资，价值6万余元。

【“三献”工作】 2023年，平潭综合实验区红十字会利用报纸、电台、微信等媒介，在清明节、“5·8”世界红十字日宣传“三献”知识，开展无偿献血活动2场，献血人数230余人，献血量7.40万毫升；在国际志愿者日组织志愿者前往福建信息职业技术学院传播造血干细胞知识、分发宣传册，活动中57人献血，献血量1.86万毫升，登记加入中华骨髓库32人。年内，完成2例器官捐献案例和1例造血干细胞捐献，遗体捐献登记1000余例，实现器官捐献“零”的突破。

【红十字志愿服务】 2023年，平潭综合实验区红十字会成立红十字志愿服务队10支，先后组织600余名志愿者，开展义诊、心理辅导、关爱老人、慰问贫困户等志愿服务20余场。福建红十字（平潭）海峡两岸水上救援队常年义务巡逻；平潭红十字义工团组织志愿者开展“三献”宣传。200余名红十字救护员参与马拉松赛事保障服务。在盐田村、五一村开展“安家行动‘救’在身边”活动，发放急救包、血压计、血糖仪等应急用品300份。

【长江澳景区红十字救护站成立】 2023年，长江澳景区红十字救护站在苏平片区上攀村成立，是区红十字会设立的平潭首家救护站，配有专业救援人员15人、志愿者约30人，为景区游客和周边群众提供应急救护志愿服务。

【“99公益日”募款活动】 2023年，平潭综合实验区红十字会开展“99公益日”募款活动，筹款金额81万元，平均筹资金额和平均捐赠人次连续3年在全省红十字系统排名第一，获评2023年福建省红十字会“99公益日”优秀组织单位，获10万元项目支持款。

（陈丽雅）

2023年11月15日，平潭综合实验区苏平片区长江澳景区红十字救护站揭牌成立 （区红十字会 供图）

## 平潭综合实验区计划生育协会

【概况】 2023年，平潭综合实验区计划生育协会落实和推进“六项重点任务”（宣传教育、健康咨询服务、优生优育指导、计生家庭帮扶、家庭健康促进、权益维护）工作，弘扬新型婚姻文化，推进家庭健康促进行动，营造生育友好社会氛围，全区村级计生协会219个，配备小组525个，发展会员6.50万人。举办家庭健康促进工作志愿者培训2期，参训300人次。对中小学专任心理健康教师进行青春健康师资培训，参训老师、志愿者50人。通过“健康知识进万家”小程序，每季度为525人开展培训。

【健康服务】 2023年，平潭综合实验区计划生育协会加强青春健康项目基地建设，举办“沟通之道”家长培训3期、“成长之道”青少年性与生殖健康讲座2场、预防艾滋病讲座1场，受益900余人。在“母亲节”、“5·29”会员活动日、“7·11”世界人口日期间开展“健康科普+义诊”“好家风 健康行”等主题宣传服务活动。组织全区各级计生协会工作人员和育龄群众收看“金秋之光 点亮人生”演讲等主题系列微直播8场。

【计划生育家庭关怀】 2023年，平潭综合实验区计划生育协会投入“生育关怀”专项资金9.20万元，慰问计划生育困难户178户。重阳节期间慰问计划生育特殊家庭6户，每户慰问金500元。为全区6户计划生育特殊家庭购买意外伤害和住院护理补贴保险，每人保费300元。

【金秋助学】 2023年，平潭综合实验区计划生育协会关爱计生家庭子女成长成才，开展“金秋助学”活动，为9名考取大学的计划生育困难家庭女孩提供每年5000元资助，连续资助4年，直至大学毕业。

【“第34个世界人口日”暨婴幼儿照护服务主题宣传】 2023年，平潭综合实验区计划生育协会联合区社会事业局开展“第34个世界人口日”暨婴幼儿照护服务主题宣传活动，举办“预防出生缺陷 孕育健康宝宝”专题讲座和健康义诊，宣传优生育、男女平等、母婴健康和托育服务理念。

（杨栋）

# 法 治

## 人大立法

【概况】 2023年，平潭综合实验区聚焦重点领域、新兴领域立法，以实施实验区新一轮总体发展规划为契机，全面加快立法进程。争取省人大对实验区立法的支持，把《平潭综合实验区条例（修改）》《平潭国际旅游岛条例（制定）》列入省人大常委会五年立法规划。

【立法工作推进】 2023年，平潭综合实验区人大工委（县人大常委会）推进实验区立法前期工作，牵头召开实验区立法工作协调会议5次，厘清立法规划，协助建立立法储备项目。争取上级人大对实验区立法的支持，省人大常委会领导到平潭视察调研7次，协调解决实验区立法保障等问题。

【条例办法修订】 2023年，《平潭综合实验区条例（修改）》和《平潭国际旅游岛条例（制定）》被列入福建省人大常委会2023—2027年立法规划。《平潭综合实验区条例（修改）》《平潭综合实验区电动自行车租赁管理暂行办法》被列入省人民政府2024年度立法预备项目范围。其他领域“小切口”立法工作同步推进，争取综合授权改革试点。

（李慧灵）

## 政法委与综治

【概况】 2023年，平潭综合实验区政法系统学习贯彻习近平法治思想，做好防风险、保安全、护稳定、促发展等各项工作，服务保障实验区“一岛两窗三区”建设。开展平安平潭创建，群众安全感满意度提高，群众安全感98.61%，扫黑除恶好评率99.15%，平安建设考核进入全省优秀等次。推动“平安家园·智能天网”建设，加强社会治理网格化建设，推动区综治中心规范化建设，完成全区992个单元网格边界调整。健全矛盾纠纷预防调处化解体系，建设三级（区、乡镇、村居）调解平台。深化涉台法律服务，推动台胞警务服务站、厦门海事法院平潭巡回审判点、海峡两岸检察制度研讨基地落地。推进一体化大融合行政执法平台建设，运用平台办案594件。

【平安平潭创建】 2023年，平潭综合实验区政法系统开展平安创建活动，常态化推进扫黑除恶斗争，打掉涉医美、娱乐等跨行业黑社会性质犯罪组织1个，关联破获刑事案件107件。推进打击治理电信网络诈骗工作，建立全区三级反诈宣传体系，全年电诈破案数、破案率、抓获数3项指标提升。破获公安部督办特大海上走私毒品案2件，抓获犯罪嫌疑人22人，查扣涉案资金3000余万元。打击海上走私犯罪，全链条摧毁跨省走私国家禁止进出口货物、物品的犯罪团伙1个，抓获犯罪嫌疑人63人，打掉海上走私运输卷烟的犯罪团伙1个，抓获犯罪嫌疑人10人。“平安三率”巩固提升，开展破案大会战和夏季治安打击整治行动。打造未成年被害人“一站式”办案救助中心、执法办案管理中心等示范点，“家事枫桥”获省司法厅推广，君山镇“三字诀”化解涉旅纠纷工作法获评全省新时代“枫桥式工作法”。

【社会治安防控体系建设】 2023年，平潭综合实验区政法系统推动“平安家园·智能天网”建设，实现全区所有行政村、重点公共区域视频监控100%覆盖，推动首批42个智能安防小区及人防通信基础信息建设，健全立体化社会治安防控网络。

【网格化社会治理】 2023年，平潭综合实验区政法系统加强社会治理网格化工作，将流动人口、出租房屋管理、便民服务等5类32项任务入格，推动区综治中心规范化建设，完成全区992个单元网格边界调整。探索“警格+网格”基层社会治理，安排警力入驻警务网格。

【矛盾纠纷化解】 2023年，平潭综合实验区政法系统健全矛盾纠纷预防调处化解体系，建设区、乡镇、村居三级调解平台，其中村（居）调委会219个、乡镇（街道）调委会4个、行政调解组织11个。推进村（居）专职人民调解员队伍建设，配备专职人民调解员62人，各级人民调解组织调解矛盾纠纷3972件。

【涉台法律服务深化】 2023年，平潭综合实验区政法系统深化涉台法律服务，推动台胞警务服务站、厦门海事法院平潭巡回审判点、海峡两岸检察制度研讨基地落地；促进两岸仲裁规则衔接，出台支持海峡两岸仲裁中心发展等政策，打造全国主要处理两岸经贸争议的重要平台和两岸仲裁首选地。

【政法智能化建设】 2023年，平潭综合实验区政法系统推进一体化大融合行政执法平台建设，运用平台办案594件。推进“智慧公安”“智慧法院”“智慧检察”建设，智慧侦查中心和情报导侦联勤工作站揭牌投入使用，运作警税合成作战、警银协作打击等智慧平台。区法院研发的“平易讼”“一站式”司法多元诉讼服务网络平台，亮相第六届数字中国建设峰会，获评省第二批优化营商环境典型经验做法和全国政法智能化建设创新案例。区检察院非法占用海岸线类案法律监督模型获全国检察机关大数据法律监督模型竞赛一等奖。

（陈婷）

# 法治政府建设

【概况】 2023年，平潭综合实验区坚持党对法治政府建设的领导，落实《平潭综合实验区法治政府建设实施方案（2021—2025年）》任务部署，推动各部门负责人履行法治政府建设第一责任人职责，加大法治督查和法治建设考核力度，把关各项述法工作。落实领导干部学法用法制度，将习近平法治思想列入区党工委理论学习中心组、各单位党委（党组）学习内容。区党工委党校举办4期领导干部专题培训班，参训600人次。落实重大行政决策制度，遵循公众参与、专家论证、风险评估、合法性审查、集体讨论决定等重大行政决策法定程序。加强行政执法规范化建设，修订执法机关行政执法3项制度配套8个规定，将制定修订的规定、监督举报行政许可及行政处罚等信息通过中国平潭网公开。

【规范性文件管理】 2023年，平潭综合实验区政法工作部审核区管委会重要文件文稿143件、重要合同36件，提出法律意见600余条，参与《平潭综合实验区民宿管理办法》等重要政策文件的研究、审核。加大行政规范性文件备案合法性审查，向上级政府报送备案规范性文件27件，审查下级机关报送的规范性文件42件。清理规范性文件522件，其中继续有效文件502件、废止20件。

【行政执法体制改革】 2023年，平潭综合实验区开展行政执法体制改革，整合各部门行政处罚、行政检查、行政强制等执法职责，统一划归区执法应急局和市场监管局承担。开展相对集中行政处罚权改革，探索出台《关于明确行业主管部门与综合执法机构职责分工完善工作机制的若干意见》。参加全省行政处罚案卷交叉评查工作，上报7个行政执法领域25卷相关案卷，案卷合格率96%。

【政府法律顾问制度落实】 2023年，平潭综合实验区落实政府法律顾问制度，25家党政机关配备法律顾问，在全省九市一区中首个实现法律顾问制度全覆盖。

【公共法律服务平台全覆盖】 2023年，平潭综合实验区完善公共法律服务体系，建成区级公共法律服务中心1个、乡镇公共法律服务工作站7个、村居公共法律服务室15个，实现三级实体平台建设全覆盖。“12348”法律服务热线平台提供法律咨询470余人次，接“110”转接件93件。办理法律援助案件186件、公证案件2552件。

【实验区行政争议调解中心设立】 2023年，平潭综合实验区政法工作部受理行政复议案件124件，办结122件。联合区人民法院成立实验区行政争议调解中心，负责组织调处区管委会及县政府受理的行政复议案件、人民法院受理的行政诉讼案件及各级行政机关报送的行政争议，加强司法与行政互动，优化行政复议、行政诉讼、行政调解等工作的衔接机制。

（陈婷）

## 公安

【概况】 2023年，平潭综合实验区公安机关推进平安建设，查处1个“美容贷”黑社会性质组织，破获“2·11”走私国家禁止进出口的货物、物品案和“8·18”海上走私假烟案等一系列大要案。侦破部督特大海上走私毒品案，联合台湾地区警方破获公安部目标走私毒品案，获公安部签批嘉奖令。全区刑事发案数比上年下降10%，为近12年新低，破案数、追逃数分别上升34.6%和50.3%，破案率上升20.7个百分点。八类暴力案件和侵害妇女儿童权益类案件全部破获，电诈案件破获数、破案率、抓获数3项指标提升，未发生命案和其他敏感事件。区公安局4个集体、11名个人获得省部级以上表彰。

【刑事犯罪侦查】 2023年，平潭综合实验区公安机关开展打击破案大会战，破获刑事案件1061件，比上年上升34.6%；破案率62.3%，上升20.7个百分点；抓获犯罪嫌疑人1043人，上升21.3%；抓获各类在逃人员272人，上升56.3%。常态化推进扫黑除恶斗争，破获涉医美、娱乐等跨行业黑社会性质犯罪组织案件1件，破获诈骗、贩毒、强迫卖淫、聚众斗殴、敲诈勒索、寻衅滋事等案件112件，查扣涉案资产300万余元。侦破“2302”特大妨害药品管理案，发起全国集群战役，捣毁涉案窝点6处，抓获犯罪嫌疑人25人，涉案金额8500余万元。打击治理电信网络诈骗犯罪，破获电诈案件201件177人，破案率比上年上升36个百分点，冻结涉诈资金4152.80万元，追赃298.80万元。

【经济犯罪侦查】 2023年，平潭综合实验区公安机关破获省公安厅督办的首起全国集群战役特大骗取留抵退税案，涉案金额14.50亿元；破获林某兰等人非法吸收公共存款案，涉案金额3000余万元，利益受损群体300余人。破获各类经济犯罪案件19件，抓获犯罪嫌疑人31人，挽回经济损失1500余万元。

【禁毒工作】 2023年，平潭综合实验区公安机关破获毒品刑事案件38件，其中部级目标案件2件、省级目标案件1件。抓获毒品犯罪嫌疑人54人，查获吸毒人员69人。侦破公安部督办涉台海上走私贩毒案件2件，抓获犯罪嫌疑人22人，缴获毒品630千克、制毒原料566千克，查扣涉案资金3000余万元，经验做法被省禁毒委作为先进典型向全省推广。

【社会治安管理】 2023年，平潭综合实验区公安机关探索预防警务，刑事警情数和“三类可防性”（盗窃、抢劫、抢夺）案件分别比上年下降13.5%和29.8%。查处治安案件2994件612人，分别比上年增长26.6%、62.8%；打击涉黄违法行为98件99人，分别增长63.3%、65%。查处涉赌案件194件220人，分别比上年增长125.6%、65.4%。破获涉跨境网络赌博刑事案件4件，采取刑事强制措施15人、起诉10人。抓获2名公安部督办涉油在逃人员，受到全国油气田及输油气管道安全保护工作部际联席会议表扬。开展打击整治枪爆违法犯罪专项行动，收缴一批炸药、雷管等危爆物品，做到“三电”（电力、电信、广播电视设施）领域“零发案”和油气领域事故“零发生”。

【交通安全管理】 2023年，受平潭游客数大幅上涨影响，平潭综合实验区公安机关接处交通事故约1.05万起，比上年增长61.3%，其中一般程序事故187起，与上年度基本持平；死亡19人，增长90%；受伤199人，增长5.9%；群众财产财损35.20万元，增长39.1%。开展旅游交通勤务改革，创建全域“旅游交通警务”品牌，在国庆旅游高峰车流比上年增长23.1%的情况下，实现堵情下降46.2%。“智能交通”建设应用工作成效在全国智能交通协会智慧赋能研讨会上作经验交流。

【出入境及港澳台往来管理】 2023年，平潭综合实验区公安机关用好“平潭五年期台胞证”“省外居民来岚赴台团队旅游”等优惠政策，总办证量突破108万张，占全国的21.8%、全省的96%。全国率先开通数据核验接口，帮助台胞在平潭注册企业实现“全程网办”。推出便利台胞交管服务8项举措，设立公安行政对台专窗，解决台胞台企诉求。探索建设两岸融合发展创新展示点，创设台胞“办证、旅游、交通、住宿”对应的数字化服务场景。

【海防管理】 2023年，平潭综合实验区公安机关推动船管站实体化运作，建成海上平潭视频监控中心。推进“国门利剑2023”、打击整治沿海区域走私联合专项行动，查处各类涉私案件125件，查获涉私冻品402吨、白酒4.30万升、卷烟2.60万条、澳大利亚龙虾2.90吨，总案值1亿余元、涉税金额977.20万元。

推进“猎鲨”专项行动，查获走私冻品750余吨，涉案金额5700余万元。打击盗采海砂违法犯罪专项整治，查获涉砂案件13件，扣押海砂2.40万立方米，查实贩卖无合法来源砂石13万余吨。开展“三无”（无船名船号、无船舶证书、无船籍港）船舶清理整治、伏季休渔期“靖岸2023”等整治行动，查获禁渔期非法捕捞案件24件，查处涉案人员61人，查扣“三无”船舶9艘，缴获渔获物2.70万千克。

**【警务改革】** 2023年，平潭综合实验区公安机关深化旅游交通勤务改革，推进“智能交通”建设应用，“一点一策”改善景点交通秩序。推进基层警务运行机制改革，整合全区14个派出所，成立4个片区支队，基层警力比上年增长30%，优化改善基层警力配置。设立运行公安监所门诊部，区看守所获评全国医疗卫生专业化建设示范公安监所。执法办案管理中心和监察协作支队揭牌运作，实现执法办案、入所体检、简案快办等全流程规范化运作。实验区综合训练基地综合楼完工。深化公安科技创新，“一警通办”硬件集成模块项目获全国公安基层技术革新专项活动决赛二等奖，做法入选国务院政务服务数字化创新应用案例库。

**【平潭公安行政审批“一警通办”打造】** 2023年，平潭综合实验区公安机关推行“全岛通办 一警（窗）办好”行政审批改革，推动88%的公安行政审批事项实现“一警通办”，群众不受户籍地、警种分工和专窗服务限制，就近到一个公安窗口、取一个排队号码、找一个窗口民警办好多警种

2023年，平潭综合实验区公安局深化“全岛通办 一窗办好”公安行政审批事项改革。图为一窗通办窗口民警为群众办理车辆解除抵押业务
（念可喜 摄于2023年1月20日）

业务；在主岛建成4个片区服务中心、在4个离岛设立一站式综合服务窗口，通办事项250项，形成全岛覆盖的“15分钟便民服务圈”。

**【台湾居民居住证身份核验接口开通】** 2023年，平潭综合实验区公安机关开通数据核验接口，成为全国首批获得台湾居民居住证身份核验接口的地区。身份核验成功后，在平潭的台资企业无须到登记窗口提交纸质申请材料，全程通过自主申报、实名认证、电子签名，即可领取营业执照，帮助台胞注册企业实现全程网办。

（凌祥锋 黄睿）

## 检 察

**【概况】** 2023年，平潭综合实验区人民检察院办理各类案件1200件，其中刑事、民事、行政、公益诉讼检察案件共831件。涉海洋公益诉讼生态检察治理新模式获评全省十大法治事件，非法占用海岸线类案法律监督模型获全国检察机关法律监督模型竞赛一等奖。开展普法宣传活动62次，联合区法院在农村开展巡回法庭。集体、个人获评全国巾帼文明岗等表彰39项。

**【刑事案件检察】** 2023年，平潭综合实验区人民检察院履行刑事检察职能，批捕各类犯罪146件203人，起诉354件436人。加强刑事立案、侦查活动和审判活动监督，联合区公安局、海警局设立侦查监督与协作配合办公室，提前介入案件22件，监督侦查机关立案4件，撤案11件，追捕追诉7件，发出书面纠正意见书31件。强化刑事执行监督，审查提请减刑、假释、暂予监外执行案件13件，纠正刑事执行活动违法12件次，与区政法工作部、台湾工作部等20家单位共建全省首个社区矫正协同监管中心。

**【民事行政案件检察】** 2023年，平潭综合实验区人民检察院办理民

事检察案件7件。发出再审检察建议6件，均被采纳。办理行政检察案件13件。拓宽行政检察案源，摸排线索268条，发出检察建议13份、检察意见书19份。针对某村委会擅自改变林地用途、职能部门未采取有效措施执行法院生效裁定，启动行政非诉执行监督，督促恢复植被林地面积0.41公顷，入选最高人民检察院典型案例名单。

**【公益诉讼检察】** 2023年，平潭综合实验区人民检察院实行公益诉讼一体化办案机制，办理公益诉讼案件26件，针对食品药品、环境资源等领域问题向有相关单位发出检察建议8份、磋商4件，推动修复受损林地面积约3.30公顷、保护古树名木29株，督促清理固体废弃物32吨。开展实验区省级以上文物保护公益诉讼专项监督活动，对红卫村林氏故居修缮不力导致部分围墙存在坍塌风险的问题，开展诉前圆桌磋商。

**【海洋生态检察】** 2023年，平潭综合实验区人民检察院打造“惩治犯罪+综合治理+公益联动+智慧同行+生态修复”五位一体涉海洋公益诉讼生态检察治理新模式，打造“岚岛检察蓝”品牌。严惩非法盗采海砂、非法捕捞水产品等违法犯罪，起诉8件12人。依托区海洋生态协同保护中心，发现公益诉讼线索5条，立案4件，督促行政机关履职。会同金井片区、区资源生态局、文旅集团开展象鼻湾养殖整治磋商，落实生态修复。创新生态环境损害赔偿工作“三衔接三同步”机制（行政、侦查、检察及审判机关在行政执法、刑事诉讼、公益诉讼阶段加强衔接配合协作，同步推进生态损害赔偿工作），督促缴纳生态修复金1583万元，机制入选福建自贸试验区第20批创新举措名单。

**【检察护企】** 2023年，平潭综合实验区人民检察院深化涉案企业合规改革，健全完善企业合规第三方机制专家库，发布类案企业合规整改指南，对41家涉案企业开展合规审查，依法对通过审查的35家企业作不起诉处理。加强知识产权综合履职，创新“专家审核+”监督线索移送机制，办理涉知识产权犯罪案件4件。在区台商协会设立知识产权保护“检警联动示范岗”，联合区人民法院、公安局等单位建立知识产权协同保护机制，获评全国民营企业产权司法保护协同创新百佳实践。

2023年9月26日，平潭综合实验区人民检察院举办“生态环境公益诉讼检察助力美丽中国建设”检察开放日活动 （区检察院 供图）

**【未成年人司法保护】** 2023年，平潭综合实验区人民检察院惩治侵害未成年人犯罪15人，建立未成年被害人一站式办案救助中心，案件入选全省检察机关优秀案例。对涉嫌轻微犯罪的未成年人不捕、不诉17人，附条件不起诉6人。建立未成年人观护基地，建立检校合作普法机制，“护未先锋”团队线上线下开展普法宣讲、家庭教育指导、庭审观摩等活动42场次，制作普法宣传片和“希望树”普法产品，原创普法海报被最高人民检察院官方微博转发。

**【非法占用海岸线行为监督】** 2023年，平潭综合实验区人民检察院与自然资源部海岛研究中心、平潭智慧岛中心合作研发非法占用海岸线类案法律监督模型，监管非法占用海岸线违法行为，获评全省公共数据应用优秀案例。推动福建省大数据集团、平潭大数据中心实现数据共享，运用模型筛查全省非法占用海岸线线索29条，推动福州、泉州等地立案12件、磋商7件，助推整治全省非法占用海岸线2772米、海域面积0.39平方千米，经验做法被《法治日报》《检察日报》专题报道。

**【检察为民办实事】** 2023年，平潭综合实验区人民检察院起诉电信网络诈骗12件25人，涉案金额7710万余元。起诉制售假药、有毒有害食品等犯罪5人。针对涉案药店违规向未成年人出售处方药现象，推动全区开展处方药销售专项整治，督促相关部门检查药店40家，整改违规问题7个，罚没款1.20万元。救助因案件陷入困境的当事人5人、发放救助金11万元。开展军地检察协作，与福州军事检察院共建协作联络点，联合办案解决军用土地使用权确权历史遗留问题。

【“68海里·检察促融”涉台品牌打造】 2023年，平潭综合实验区人民检察院在南岛语族研究院设立两岸同根促融检察实践基地，梳理平潭涉台文物并建档立册，与区人大工委等4家单位会签“涉台文物和文化遗产保护合作备忘录”，形成涉台文物保护社会治理新模式。建立两岸融合发展检察基地，邀请台湾地区法学界人士交流。与中国政法大学共建教学实践基地，开展台湾地区法科学生实习实训，相关工作写入福建建设两岸融合发展示范区首批15条措施。打造“68海里·检察促融”涉台品牌，获评福建2023年全面深化政法改革品牌建设方案，获评福建检察机关“一院一品”最佳典型事例。

【全国首个台胞检察事务助理调解室在平潭设立】 2023年，平潭综合实验区人民检察院推动两岸融合发展示范区建设，在全国率先设立台胞检察事务助理调解室，聘请台胞担任检察事务助理，开展法律咨询15次，化解涉台纠纷4起。

（张雨婷）

2023年7月14日，平潭综合实验区人民检察院台胞检察事务助理调解室成立。图为台胞检察事务助理领取聘书 （区检察院 供图）

## 法 院

【概况】 2023年，平潭综合实验区人民法院受理各类案件1.24万件、办结1.15万件，呈现案件受理数、未结数比上年下降，结案数、法官人均结案数比上年上升的态势，指标向好，诉源治理工作取得成效。“福建平潭‘海岛法庭’服务海岛渔村向海而兴”被写入最高人民法院工作报告。

【刑事审判】 2023年，平潭综合实验区人民法院审结各类刑事案件382件，判处罪犯482人。审结林某等12名被告人涉黑案件。打击毒品犯罪，审结涉毒犯罪案件14件15人，郑某走私毒品、强制猥亵案入选福建法院打击毒品犯罪典型案例。打击多发性违法犯罪，审结侵犯财产犯罪案件61件89人。参与创建实验区首个防范非法集资宣传教育示范社区，审结非法集资犯罪5件9人，涉案金额1.06亿元。审结电信网络诈骗及关联案件8件8人。完善少年司法制度，审结涉少刑事案件25件，推进完善圆桌审判、回访帮教机制，海坛法庭获评福建省家庭教育创新实践基地和实验区第一批新时代文明实践未成年人体验站。

【民事审判】 2023年，平潭综合实验区人民法院审结各类民事案件5463件，标的额28.59亿元。开展家事审判改革，审结婚姻家庭案件627件，发布人身安全保护令、家庭教育督促令3份，设立婚姻家庭纠纷调解中心、家庭教育指导中心，家事案件调撤率47.68%。组建“保交楼”工作专班，推动雍景湾项目复工，696户业主完成交付。强化涉军维权审判工作，联合成立实验区军创企业家研修基地暨退役军人就业创业孵化基地，维护退役军人军属权益。加强法治宣传教育，办好《岚法平话》普法栏目。推进诉源治理，万人成讼率连续2年下降，被《人民法院报》报道。构建涉台、涉金融等专业性调解平台30个，聘任特邀调解员65人，提供分众化诉前调解服务，诉前调解案件4436件，比上年增长16.64%。推进“枫桥式人民法庭”建设，与片区管理局、司法所共建矛盾纠纷化解机制，打造群众家门口法治驿站。

【行政审判】 2023年，平潭综合实验区人民法院审结行政诉讼案件142件，一审行政案件调撤率比上年增长1.88%。会同区政法工作部成立区行政争议调解中心，加强行政争议实质性源头化解。发挥行政审判职能作用，向政府相关职能部门发送行政案件司法审查报告、审判白皮书。开展行政审判庭审观摩活动，推行行政机关负责人出庭应诉备案制度，规范行政机关负责人出庭应诉工作规程。

【执行工作】　2023年，平潭综合实验区人民法院升级执行服务中心，规范资源配置、案款管理、质效考核等执行工作机制，执结案件5298件，执行到位金额8.22亿元。法定期限内有财产案件执结率99.93%，执行质效指标位列全省各地市级法院第一方阵。“e拍即得”协同执行机制获评第六届“推进机制活、建设新福建”全省机关体制机制创新百优案例。加强执源治理，执行案件受理量下降。采用柔性执行方式，开通执行服务热线，打造执行畅联直通车，群众反映涉执问题数量比上年下降45%。开展集中督促执行行动22场，传唤拘留被执行人68人，处置房产222套，成交金额1.75亿元。强化联合信用惩戒机制，多媒介曝光失信人员225人，31名被执行人主动履行义务。

【司法服务平潭发展】　2023年，平潭综合实验区人民法院司法优化营商环境，一站式多元诉讼服务平台入选全省优化营商环境工作典型经验做法，获省营商办推广。联合区市场监管局首创的知识产权司法与行政执法“三同步”（行政处罚、行政调解和司法确认3个环节同步进行）机制，获评2023年民营企业产权司法保护协同创新百佳实践，“味全”商标侵权纠纷系列案获评全省法院知识产权十大典型案例。助力房地产风险防控处置，审结房地产纠纷案件399件，诉前化解纠纷70件，推动金顺新光明城等4个问题楼盘进入预重整流程。司法助力两岸融合发展示范区建设，“三调三进”涉台解纷新模式作为福建省工作亮点写入中央全面依法治国委员会办公室《全面依法治国工作简报》。司法保障国际旅游岛建设，会同区政法工作部、公安局等部门召开旅游纠纷协同合作机制研讨会，推出“旅游＋涉台”纠纷化解模式，特邀省文化旅游系统青年拔尖人才、台胞人大代表等充实调解力量化解旅游纠纷，君山人民法庭获评平潭国际旅游岛建设先进集体。司法保护海岛生态，推进生态环境资源审判归口审理，严惩破坏环境资源保护犯罪8件，审结环境资源民事、行政案件17件。针对非法捕捞水产品罪高发问题发出专项司法建议函，针对海洋生态环境保护发布司法倡议书。推进青年法官乡村行，开展走村入户、送法下乡、巡回办案等活动110场。做到有信必复，办结信访件280件。聚焦个案、类案反映出的社会性、行业性风险，发出司法建议规范海岛摄影作品版权保护，相关侵权案件比上年下降80%。将信息技术嵌入审判执行全流程，707份司法邮件通过“司法云邮”实现云端送达，平均签收用时3分钟，机制获评福建自贸试验区第20批创新举措。“平易讼”一站式诉讼服务平台亮相第六届数字中国建设峰会，入选全国政法智能化建设智慧法院创新案例。

2023年，平潭综合实验区开展涉台司法跨域合作。图为7月25日，区人民法院与江苏昆山法院共设涉台融合法庭　（丁炎燕 摄）

【涉台融合法庭设立】　2023年，平潭综合实验区人民法院创新涉台司法跨域合作，与江苏省昆山法院共建涉台融合调解模式，设立涉台融合法庭，调解化解涉台纠纷案件44件。协办全国台联系统台胞法律服务工作培训班，接收2名台湾青年实习实训，举办两岸青年交流分享会。

【平潭海岛法庭服务】　2023年，平潭综合实验区人民法院围绕海岛产业特色，以派出法庭为依托，建立健全海岛法庭诉讼服务体系。海坛、金井法庭在离岛设立法官工作室和纠纷联合调处中心，定期进离岛、上渔排开展巡回审判、送法下乡。苏平法庭与多家单位共建文化文物司法保护基地，推出文化文物司法保护9条措施，成立文化文物保护审判团队。3月7

日，十四届全国人大一次会议第二次全体会议举行，“福建平潭‘海岛法庭’服务海岛渔村向海而兴”被写入最高人民法院工作报告。

【厦门海事法院平潭巡回审判点成立】 2023 年 5 月 16 日，厦门海事法院平潭综合实验区巡回审判点成立，厦门海事法院和平潭综合实验区人民法院开展“深化交流协作 构建平安海域”签约，共建涉海纠纷协作调处机制，内容覆盖诉前调解、立案管理、审务合作等 7 个方面，加强两地法院工作衔接和职能配合。

（郑岚芳 陈兴）

## 司法行政

【概况】 2023 年，平潭综合实验区司法行政机关做好普法依法治理、社区矫正、基层人民调解、监狱劳教、法律服务、法律援助工作，制定全面依法治区委员会 2023 年工作要点，实施“八五”普法规划（法治宣传教育第八个五年规划），通过省级“八五”普法中期检查。设立社区矫正协同监管中心，健全基层司法所和公安派出所安置帮教工作联动机制，建立“司法 + 妇联”婚姻家庭纠纷调解模式。推动增设涉台公证核验比对窗口，实现台胞台企在平潭直接办理公证核验比对业务。引导律师融入实验区建设，开展“法企同行”等活动。打造普法队伍，组织 5000 余名国家工作人员参加法律知识考试。调整充实新一届法治副校长 82 人，开展“法治护航青少年”活动 30 余场次。开展线上法律知识有奖竞答和线下普法宣传活动

2023 年 6 月 2 日，平潭综合实验区人民法院巡回法庭在君山片区东美村公开审理并当庭宣判 1 件非法捕捞案件 （王梦露 摄）

40 余场次，发放法治宣传材料 3 万余份。

【“八五”普法规划实施】 2023 年，平潭综合实验区围绕“八五”普法规划要求，印发《2023 年普法依法治理工作要点》《2023 年“谁执法谁普法”重点普法责任清单》，推动普法责任指标化。开展“谁执法谁普法”述职评议，落实普法责任。开展“八五”普法中期评估工作，印发《平潭综合实验区“八五”普法规划中期评估工作方案》等文件，组建 4 个督导调研组对各单位进行督导检查，通过省级“八五”普法中期检查。

【社区矫正】 2023 年，平潭综合实验区创新建立社区矫正协同监管工作机制，设立社区矫正协同监管中心，提升社区矫正监管质效，保持社区矫正对象零脱管、零漏管、零重新犯罪。

【安置帮教】 2023 年，平潭综合实验区构建司法和公安信息联采共享机制，建立信息核查、人员衔接、跟踪走访帮教、两所协作等机制，加强安置帮教工作联动。

【人民调解】 2023 年，平潭综合实验区做好家事纠纷化解，建立“司法 + 妇联”婚姻家庭纠纷调解模式，形成特色家事“枫桥经验”。排查矛盾纠纷 3990 起，受理调处 3990 起，调处成功 3988 起，调处成功率 99.9%。开展人民调解宣传，配合省级电视台拍摄并播报调解案例 3 例。

【律师服务】 2023 年，平潭综合实验区律师事务所 7 家，执业律师 42 人，基层法律服务所 4 家，基层法律服务工作者 21 人，律师担任政府、企事业单位法律顾问 42 家，办理各类法律事务 2173 件，业务收费 1414.60 万元。加强律师行业党建，开展“做党和人民满意的好律师”主题活动，提供各类公益法律服务 410 次。

【法律援助】 2023 年，平潭综合实验区开通法律援助“绿色通道”，对经济困难群众、残疾人、未成年人、退役军人军属等群体即时受理、即时指派，年内办理法律援助案件 186 件，接受法律咨询 720 人次。

【公证服务】 2023 年，平潭综合实验区办理公证案件 2552 件，推动

2023年8月17日，平潭综合实验区社区矫正协同监管中心揭牌仪式举行
（区政法工作部 供图）

增设涉台公证核验比对窗口，实现台胞台企在平潭直接办理公证核验比对业务探索“公证+”服务模式，协助区人民法院开展腾空被执行房屋现场保全行为公证，为农村危房拆除工作办理保全现状公证，为海上违建设施拆除工作进行证据保全。

【司法鉴定】 2023年，平潭综合实验区司法鉴定机构1家，鉴定核准执业范围包括法医病理鉴定、法医物证鉴定及法医临床鉴定。年内开展鉴定328件，业务收费109.46万元。

【人民监督员选任】 2023年，平潭综合实验区党工委政法工作部拓宽群众参与司法监督渠道，联合区检察院选任人民监督员10人，其中台胞1人，举办人民监督员颁证宣誓仪式暨岗前培训活动。年内开展办案活动监督42次，参与办案活动监督50人次。

【蒲公英普法志愿者队伍建设】 2023年，平潭综合实验区利用地域优势打造特色普法队伍品牌，组建蒲公英普法志愿者队伍51支，注册志愿者1405人，充实普法讲师团46人，举办普法骨干培训班。成立两岸蒲公英普法志愿服务队，是全省首支两岸同胞携手参与的普法志愿者联盟。区党工委政法工作部与国际南岛语族研究院共建蒲公英普法志愿者联盟培训基地。

【实验区社区矫正协同监管中心启用】 2023年8月17日，平潭综合实验区社区矫正协同监管中心启用，是福建省首个社区矫正协同平台。区宣传影视部、政法工作部、人民法院、人民检察院等20家单位联合签署《关于社区矫正协同监管工作的规定》，发挥行政机关、司法机关、行业协会和爱心企业等多方力量实施救助，促进社区矫正对象融入社会。
（陈婷）

## 仲裁

【概况】 2023年，海峡两岸仲裁中心有法律及行业专家211人，其中台湾地区仲裁员25人。受理案件120件，与上年基本持平。争议金额5213.67万元，比上年增长18.07%。完成审结案件117件，其中裁决97件、和解和调解结案20件。配合厦门海事法院福州法庭完成海事调解案件2件。受理案件类型7种，比上年增加2种，包括委托担保合同争议、房地产抵押典当合同争议、融资租赁合同争议、产品采购合同争议、还款协议争议、建筑工程施工图文件审查合同争议、房屋买卖合同争议。加强和重点行业、协会和企业联系，举办或参与举办各类法律活动近30场。接待商务部、广东省政法委代表团、北京市调研团等参访团60余场次。

**延伸阅读：** 海峡两岸仲裁中心是由中国贸促会（中国国际商会）设立的唯一一个主要处理两岸经贸争议的国家级仲裁机构，2015年在平潭成立。中心受理案件既可以约定适用台湾地区法律，也可以约定或指定台湾地区仲裁员裁判。

【仲裁扶持政策】 2023年2月，平潭综合实验区发布《关于加快促进海峡两岸仲裁中心发展的若干措施》《关于支持将海峡两岸仲裁中心打造成为两岸处理经贸争议重要平台的若干措施》等政策，从加强区内案源集聚、加大司法支持力度、探索推动融合提升、加强研究交流等方面，运用仲裁力量助力改善平潭营商环境。

【仲裁服务创新】 2023年，海峡两岸仲裁中心参与发起海丝中央法务区福州片区两岸法务服务交流中心。探索指定台湾地区仲裁员参与适用祖国大陆地区法律案件审理工作。试运行海峡两岸仲裁中心厦门庭审中心。参加第三届海丝中央法务区论坛。做好福建省人大基层立法联系点建设工作。探索与厦门大学法学院、福州大学法学院共建涉台法治人才培养创新基地。
（黄诗嫔 陈朝晖）

## 人民武装

【概况】 2023年，中国人民解放军福建省平潭县人民武装部（简称平潭县人武部）以习近平强军思想为统领，抓好练兵备战和实战实训，落实党管武装制度，协调召开实验区议军会、党管武装述职报告会。做好一年两次征兵两次退役改革，动员大学毕业生群体踊跃参军。完成全区民兵队伍组织整顿，加强国彩民兵哨所建设。推进“四个秩序”（战备秩序、训练秩序、工作秩序和生活秩序）项目建设，开展全民国防教育和青少年爱国主义教育。

【党管武装】 2023年8月，平潭综合实验区党工委专题召开议军会，分析实验区武装工作形势，研究解决驻岛部队战备、训练、生活中的实际困难和问题，把党管武装工作纳入各级党委、政府年度绩效考核体系，把国防动员、民兵建设、兵员征集、双拥共建等工作列入重点督查范围，实行量化考评、督导责任落实。10月，区党工委书记、人武部党委第一书记赖军参加省委议军会并现场述职。12月，实验区党管武装述职报告会召开，部署党管武装工作，省军区领导出席会议，各片区武装部政治教导员现场述职。

【征兵工作】 2023年，平潭县人武部贯彻一年两次征兵两次退役改革，突出大学毕业生群体、学校主体，精准宣传动员，营造踊跃参军氛围。督导各片区开展兵役登记，登记率100%。按照标准要求把好体格检查、政治考核、学历核查、审批定兵等关口，组织役前教育训练，淘汰无法适应部队训练生活和存在隐性疾病史的青年，完成年度兵员征集任务，大学生征集率88.9%，大学毕业生比例56.7%，较上年提升5.7个百分点，兵员质量提升。

【民兵工作】 2023年，平潭县人武部加强民兵队伍建设，完成全区民兵队伍组织整顿。组织民兵军事训练，突出成建制管理、集中训练、按纲施训，提升战时国防动员质效和民兵队伍遂行任务能力。加强国彩民兵哨所建设，更新完善侦观设备配备，完善民兵哨所软硬件建设，做好战备执勤、训练和日常管理工作。

【国防教育】 2023年，平潭县

2023年，平潭县人武部加强民兵队伍建设，打造海峡女子哨所国防教育基地。图为11月21日，国彩哨民兵所女民兵在沙滩巡逻 （平潭县人武部 供图）

人武部推进全民国防教育，向实验区领导、相关部门及10所学校订赠《国防教育》《中国国防报》《中国民兵》等报刊100余份。与区人民检察院建立"军检协作，共护未来"青少年爱国主义与法治教育协作机制，为接受矫治的未成年人制定爱国主义教育和军事训练计划，选派教官、提供训练场地。

【海峡女子第一哨所建设】 2023年，平潭县人武部联合地方政府利用平潭国彩民兵哨所营区，打造海峡女子第一哨所国防教育示范基地。平潭国彩民兵哨所位于苏平片区国彩村，由女民兵执勤，1950年建哨，长期坚守在海防斗争前线，哨所设有国防教育展厅、活动室等，在履行哨所职能的同时，打造海防文化、巾帼建功文化参观点，兼顾爱国主义教育功能。

（黄兴采 叶思捷）

## 海警工作

【概况】 2023年，平潭海警局守护平潭海域安全，强化海上执法联合协作，与各涉海职能部门建立协作机制，设立3个侦查监督与协作配合办公室。开展"净海"等专项行动，办理案件83件，抓获违法犯罪嫌疑人282人。处置海上救助类警情48起，救助遇险群众125人。宣传《中华人民共和国海警法》，发放普法宣传手册373份。

【海上执法协作】 2023年，平潭海警局与公安、检察院、法院、海事、边检等12个涉海职能部门建立协作机制，实现案件移送、人员羁押、技术侦查等执法支持，情报信息、海上救助、业务培训等执法工作协作。联合7个涉海职能部门召开海上执法工作协调会，协调推动"三无"（无船名船号、无船舶证书、无船籍港）船舶联合认定，助力乡镇船舶管控。与区人民检察院完善制定《加强完善侦查监督与协作配合机制》《侦查监督与协作配合办公室细则》，设立3个侦查监督与协作配合办公室，协同配合打击海上违法犯罪。

【专项执法行动】 2023年，平潭海警局加强对大型海洋工程建设执法监督，办结平潭大唐海上风电有限责任公司非法占用海域案。开展"净海""獴猎""碧海""伏季休渔"等专项执法行动，年内办理案件83件，抓获违法犯罪嫌疑人282人，化解渔船民纠纷矛盾67起，查扣成品油、冻品、活体龙虾等大量走私物品。贯彻海洋恢复性司法理念，自主侦办1件"2022·5·6"林某等人非法捕捞水产品案，当事人缴纳生态修复金1278万元，获评中国海警局年度海洋渔业执法领域典型案例。

【港澳口管控】 2023年，平潭海警局弥补海上执法通信短板，完成白青乡、东庠岛、东澳和塘屿岛350兆基站补点建设，完成平潭海防监控指挥中心和监控站项目6个前端、3个后端项目建设，实现辖区近海和港澳口全方位掌控。

【海上救助】 2023年，平潭海警局联合社会救助力量建立"95110"海上救援联动机制，处置海上救助类警情48起，救助遇险群众125人。1月30日，任务舰艇在台湾海峡某海域成功救援1名腿部被缆绳绞断的船员。

2023年8月10日，平潭海警局执法舰艇进行编队巡航，守护平潭海域安全

（平潭海警局 供图）

【海警普法宣传】 2023年，平潭海警局开展《中华人民共和国海

警法》颁布实施两周年宣传贯彻活动，组织执法员走访辖区码头、澳口、渔船、村委，发放普法宣传手册373份，向各级媒体提供新闻稿件素材53篇，加大执法宣传力度。

【海警执法保障】 2023年，平潭海警局自主设计完成值班室、执法办案场所、训练场等建设，改善执法员生活居住条件。统筹224万元完成港岸营房基础设施整修。推动军地执法办案经费保障机制基本形成，与区管委会达成经费保障意向192万元。

（董凡）

2023年6月28日，平潭海警局执法员在领海基点岛——牛山岛巡查

（平潭海警局 供图）

## 人民防空

【概况】 2023年，平潭综合实验区人民防空办公室坚持“长期准备、重点建设、平战结合”的工作方针，贯彻与经济建设协调发展、与城市建设相结合的原则，推进区本级人防指挥所项目建设，组织防空警报试鸣。推进全区防空地下室建设，做好人防工程质量监督，推进人防各项工作。至年底，全区防空警报覆盖平潭城关城区。

【防空警报】 2023年，平潭综合实验区人民防空办公室推进区本级人防指挥所项目建设，加大年度防空警报巡检力度，邀请厂家配合开展防空警报的维护保养，保障年度防空警报试鸣任务完成。推进重点区域警报补盲建设，提高防空警报覆盖率，完善实验区预警报知体系。

【防护工程体系建设】 2023年，平潭综合实验区人民防空办公室推进全区防空地下室建设，构建防护工程体系，为群众提供战时防空和平时防灾的掩蔽场所，加强事中事后监管，确保人防工程建设质量。

【人防工程质量监督】 2023年，平潭综合实验区人民防空办公室加强在建人防工程质量监管，会同区交建中心开展人防工程防护设计和施工（安装）质量监管工作，审查人防工程施工图质量3个，检查人防工程防护质量5个，督促相关建设单位整改反馈。

【人防宣传教育】 2023年，平潭综合实验区人民防空办公室利用年度警报试鸣活动，联合区宣传影视部、融媒体中心发布活动公告，引导市民了解掌握防空警报信号识别，增强国防意识。运用门户网站、杂志刊物、宣教场所、直播平台、微信公众号等平台开展宣教，打造人防宣传教育矩阵。开展国防（人防）宣教，加大《中华人民共和国国防法》《中华人民共和国人民防空法》《福建省人民防空条例》等法律法规的宣传力度，印制分发国防人防相关法律法规知识宣传手册1.30万余份。

（杨开姿）

## 退役军人事务

【概况】 2023年，平潭综合实验区军地各级各部门落实国防动员和拥军支前各项任务，提升国动援战能力。开展转业士官和退役士兵“阳光安置”工作，做好自主择业军转干部服务管理，及时为自主择业军转干部发放退役金、缴纳保险。组织退役士兵进行职业技能培训，举办专场招聘会3场次，发放退役军人创业贷款550万元。打造“军味”特色工作品牌，引导退役军人返乡创办乡村民宿、回村任职“兵支书”等。开展抚恤优待工作，发放慰问金。做好褒扬纪念工作，改善烈士陵园环境，打造烈士纪念设施全区统一标准，举行烈士公祭日等活动100余场。开展双拥共建，实施医疗拥军、就业拥军和教育拥军3个特色服务项目，推出军人军属景区门票优待政策，开通高山拥军专线。做好支前工作，落实驻平潭部队提报事项，为官兵解决好战备训练、工作生活等问题。深化军地协作，部队支援平潭国际旅游岛和乡村振兴建设，营造军爱民、民拥军氛围。

【退役军人移交安置】 2023年，平潭综合实验区退役军人事务局落实“阳光安置”政策，接收安置转业士官和退役士兵，实行功绩量化打分、按积分排序选岗等做法，安置到事业单位和国有企业，做到服役部队、接收单位、退役士兵“三满意”。加强自主择业军转干部服务管理工作，维护更新转业干部信息管理系统数据，确保自主择业军转干部信息准确。核实领取退役金人员身份信息，确保退役金准确发放。为自主择业军转干部缴纳保险，以线上线下相结合的方式慰问困难自主择业军转干部。

【退役军人就业创业扶持】 2023年，平潭综合实验区退役军人事务局做好退役军人就业创业服务，构建适应性培训、职业技能培训、学历教育、终身职业教育四位一体教育培训体系，组织退役士兵参加适应性培训和职业技能培训。对接区人社部门线上就业服务平台、就业创业村居服务站等平台，扩大退役军人就业面，提供社会就业优选专岗。举办退役军人等专场招聘会3场次，提供就业岗位、达成就业意向。联合金融机构实施拥军创业贷，构建“政府+金融+军人军属”金融服务模式，为退役军人发放创业贷款550万元。

【“军味”特色工作品牌打造】 2023年，平潭综合实验区退役军人事务局打造“军味”特色工作品牌，引导基层退役军人融入实验区建设，退役军人返乡创办特色旅游文化、乡村民宿和国防教育基地，打造富有军旅文化产品。实施优秀人才回归工程，回引优秀退役军人回村任职，打造“兵支书”人才品牌。

2023年7月11日，平潭综合实验区退役军人事务局联合海坛街道、红山社区走访慰问企业军转干部并进行政策宣讲 （区退役军人事务局 供图）

【抚恤优待】 2023年，平潭综合实验区退役军人事务局落实悬挂光荣牌、立功送喜报、春节送年画等尊崇优待工作，打造征兵入伍、部队服役、退役安置服务保障品牌，完善优抚对象抚恤补助标准动态增长机制。开展“八一”驻岛驻训部队官兵走访慰问、春秋两季新兵训练慰问、“情系边海防官兵”拥军优属等活动，并发放慰问金。

【褒扬纪念工作】 2023年，平潭综合实验区退役军人事务局贯彻《中华人民共和国英雄烈士保护法》《烈士纪念设施保护管理办法》，以改建扩建方式改善实验区烈士陵园环境。依托退役军人志愿服务队，开展革命烈士墓巡查维护和英烈宣传讲解工作。出台《平潭综合实验区关于加强新时代烈士褒扬工作十五条措施》，明确管护责任人和联络员，打造烈士纪念设施全区统一标准。举行烈士公祭日活动，开展“百园千校清明祭英烈”活动100余场，组织师生开展“擦拭一遍墓碑、敬献一束鲜花、重温入团（入队）誓词、写一张寄语卡片、讲述先烈故事”等活动。

【支前工作】 2023年，平潭综合实验区退役军人事务局落实军地互提需求、互办实事制度，投入资金300万元，为驻地部队实施营区改造、环境修缮和设施更新等实事项目12个。推进拥军“交钥匙”工程，投入资金655万元，为人武部代建战备、训练、工作和生活“四个秩序”项目，年内6个重点工程和2个配套项目竣工投入使用，军地合力打造海峡女子第一哨所国防教育示范基地。

【拥军优属】 2023年，平潭综合实验区军地各级各部门开展双拥创建工作，营造双拥共建氛围。调整充实区双拥工作领导小组成员，制定拥军支前军地协调小组工作制度，设立心理防护、军警民联防联治、车辆维护支援保障、通信畅通支援保障和道路抢修支援保障5支应急保障支援队伍。实施医疗拥军、就业拥军和教育拥军特色服务项目，为驻军家属减免医疗费用50余万元，通过公益性岗位帮助申请就业的随军家属安排就业，为随军子女办理就近择优入学，推荐优秀退役军人到中小学任教。创新议军工作机制，实行部队问题提报快接快办便捷机制，军地双方联动解决驻训部队宿营、通信和道路维修等后勤保障问题30余个。建立驻地部队垃圾免费清运和市政用水平价收费等保障制度，解决多年来困扰部队的垃圾清运难和用水贵问题。邀请区人民法院、税务局、邮储银行等走进驻岚某部开展法律宣讲10余次。

【军人军属景区门票优待】 2023年，平潭综合实验区面向全国退役军人、现役军人和“三属”（烈士遗属、因公牺牲军人遗属、病故军人遗属）对象，在全省率先推出“国有景区免门票、公交线路免车票”等“两免”政策，率先实施全国现役军人军属到平潭游览景区免门票优待政策，实现全国退役军人同享尊崇殊荣。

2023年5月10日，平潭综合实验区双拥办举办见义勇为官兵表彰仪式。图为区退役军人事务局工作人员向救起落水女孩的官兵送上慰问金

（区退役军人事务局 供图）

【高山拥军专线开通】 2023年，平潭综合实验区退役军人事务局打造特色拥军品牌，为君山驻地部队官兵开通首条高山拥军专线，为部队官兵及家属提供专车专线、定时接送、点对点直达的定制客运出行服务。

【拥政爱民】 2023年，平潭综合实验区驻军联合区退役军人事务局、区气象台、区中医院到区童心颐养中心开展“传承雷锋精神 弘扬时代新风”志愿服务活动。部队官兵救起落水女孩，军地反响良好。与区经济发展局、社会事业局签约共建，开展“党建引领促双拥 同心共筑强军梦”等军地共建活动。与实验区5个村（社区）共建共联，助力乡村振兴事业发展。平潭海警局与驻地单位开展多场文体活动，融合平潭高校人才和共建单位资源，承办福建海警局第五届集体婚礼暨文艺会演。

【双拥宣传】 2023年，平潭综合实验区退役军人事务局运用网站、微博、微信、微视频等方式，开展最美退役军人推荐宣传。组织参加省“学思想 颂英烈”讲解员大赛，获大赛优秀奖。讲好拥军故事、传播退役军人好声音，多篇为驻岛部队和退役老兵办实事报道被退役军人事务部官方公众号、“学习强国”学习平台等采用；实验区双拥共建模式典型案例被退役军人事务部专题报道。

（俞灵燕 王娇）

# 外事 侨务 港澳事务

## 外事

【概况】 2023年，平潭综合实验区加强与太平洋岛国交流交往，组织好以汤加副首相为首的第十批南太平洋岛国政治家联合考察团、以汤加公主为首的中国—太平洋民间友好论坛嘉宾团、斐济青年学生南岛语族文化研习营学员代表团、所罗门群岛官员在闽培训班学员及非洲法语国家菌草技术培训班等团组到平潭考察、研习等活动，接待外宾团组14批次250多人次，举办环太平洋史前文化学术研讨会、中国—太平洋岛国海洋防灾减灾合作研讨会、世界政治经济学学会第16届论坛等多场交流活动。推进友城结好，与太平洋中国友好协会签订“建立友好合作关系备忘录”，与巴布亚新几内亚马当省马当市、汤加塔布岛签订友好城市关系意向书。规范因公出国管理，推动团组到东南亚、太平洋岛屿国家和地区开展招商推介和交流活动，年内受理报批因公出国团组5批次23人次，实际出访4批次18人次。承办闽东北协同发展区外事工作会议。

【友好城市缔结】 2023年，平潭综合实验区将太平洋岛屿国家作为国际友城结好重点方向。5月14日，区外侨办与太平洋中国友好协会签订“建立友好合作关系备忘录”，在经贸、文化、农业等领域开展合作。9月，派团出访巴布亚新几内亚、汤加王国等国，分别与巴布亚新几内亚马当省马当市、汤加塔布岛签订友好城市关系意向书，启动缔结友好城市关系的进程。10月，协同区旅游文体局赴北京与到中国访问的汤加公主特助、太平洋中国友好协会主席会面，交流推进平潭与汤加塔布岛友好城市缔结进程等议题。

2023年9月3日—4日，斐济青年学生南岛语族文化研习团到平潭参观考察。图为团员们体验平潭国际南岛语族文化 （区外侨办 供图）

【涉外营商服务优化】 2023年，平潭综合实验区外侨办围绕企业需求，推广APEC（亚太经贸合作组织）商务旅行卡，回访办卡企业，年内受理旅行卡9批10人次。落实外国人到华签证工作，年底出具邀请外国人到中国核实单5批次14人次。

【国际文体交流】 2023年，平潭综合实验区发挥国际风帆训练基地、国际棒垒球基地、国际汽车文体科创园等项目平台优势，承办U18（18岁以下青年）女子垒球亚洲杯、第十届平潭国际风筝冲浪节、亚洲沙滩排球锦标赛等10场国际赛事活动，吸引来自美国、意大利、日本、澳大利亚、伊朗、泰国、法国等国家400余名选手参赛，提升平潭品牌赛事活力岛的国际影响力。依托平潭国际演艺中心，引进加拿大、德国、美国、意大利、西班牙等国的音乐艺术、儿童剧目、舞台演艺项目10场次。

【第十批太平洋岛国政治家联合考察团参访平潭】 2023年4月23日—24日，以汤加王国副首相萨缪•瓦伊普卢为团长的第十批太平洋岛国政治家联合考察团到平潭参访。考察团了解东南沿海史前文化和南岛语族起源与扩散，以及平潭在海洋生态保护、海岛旅游、文化交流以及海岛特色农业发展方面的成效。

【中国—太平洋地区民间友好论坛嘉宾团组参访平潭】 2023年5月14日—15日，以汤加公主皮洛莱乌•图伊塔为团长的中国—太平洋地区民间友好论坛嘉宾团组到平潭参访，考察国际南岛语族考古研究基地、龙海村、澳前台湾小镇、68小镇等，了解南岛语族历史渊源、平潭乡村振兴新成果以及平潭海岛保护开发等方面的实践成果，区外侨办与太平洋中国友好协会签订“建立友好合作关系备忘录”。

【环太平洋史前文化学术研讨会在平潭举行】 2023年8月18日—20日，环太平洋史前文化学术研讨会在平潭综合实验区举行，由区旅游与文化局、福建省考古研究院主办，邀请来自美国、印度尼西亚、帕劳等国及中国社会科学院、福建省考古研究所、浙江省考古研究所、厦门大学、吉林大学等国内高校和智库40余名环太平洋史前文化研究领域专家学者参加。其中20名专家学者从分子生物学、语言学、民族学、科技信息研究以及海内外南岛语族最新考古研究成果等方面入手，作“古基因组探究东亚南方古人群演化”“语言学视角下的南岛语族起源与形成”等主题演讲，推动“多元一体的中华文明演进”课题进程，以文化力量服务“一带一路”建设。

2023年11月7日—9日，中国—太平洋岛国海洋防灾减灾合作研讨会在平潭综合实验区举行。图为开幕式现场 （林君斌 摄）

【中国—太平洋岛国海洋防灾减灾合作研讨会在平潭举行】 2023年11月7日—9日，中国—太平洋岛国海洋防灾减灾合作研讨会在平潭综合实验区举行。研讨会在“一带一路”倡议提出十周年背景下召开，由区管委会与自然资源部海岛研究中心共同主办，以“共促防灾减灾合作 共创韧性海岛未来”为主题，聚焦太平洋岛国普遍关注的气候变化、海洋灾害风险、蓝色经济与发展等问题进行研讨，并配套召开国际海岛论坛活动。来自所罗门群岛、巴布亚新几内亚等太平洋岛国，亚洲、非洲、南美洲的10余个国家，相关国际组织的官员、驻华使节代表，中方海洋管理部门、科研机构和高校的负责人及专家学者等近200人参加研讨会。活动期间，中国—太平洋岛国防灾减灾合作中心海洋防灾减灾分中心揭牌。自然资源部海岛研究中心与太平洋岛国发展论坛签署合作协议，发布《气候变化下小岛屿国家海平面上升状况（2023）》成果。国家海洋环境预报中心与所罗门群岛气象局签署“海啸预警合作谅解备忘录”。中国自然资源部副部长许大纯、福建省人民政府副省长林文斌参会。

【蒙古国高级别代表团参访平潭】 2023年11月26日，以蒙古国人民党总书记阿玛尔巴伊斯格楞为团长的蒙古国高级别代表团一行到平潭考察。代表团考察长江澳风力发电景观区、坛南湾、跨境电商产业园等地，了解平潭在绿色风电能源、海岛旅游、跨境电商等方面取得的成效。

（林琳 林芳）

## 侨务

【概况】 2023年，平潭综合实验区外侨办联络海外华侨侨胞，吸引海外乡亲回乡兴业。提升为侨服务水平，年内办理“三侨生”（归侨青年、归侨子女和华侨在国内的子女）升学照顾身份证明38件，华侨到福建定居158件，华侨、侨眷及归侨身份证明34件，办结率100%，群众满意度100%。推动侨胞参政议政，向省委统战部推荐3名侨胞代表列席省人大、政协会议，推荐2名侨胞代表担任县政协委员，

2023年12月25日，侨家乐·福建省华侨美食风情文化节平潭专场活动举行。图为营员们体验特色美食（念望舒 摄）

推荐14名侨胞代表列席区人大、政协会议。走访思源中学、红山村、美楼村林日润故居开展侨乡建筑摸排，收集整理平潭侨厝材料，完成省委统战部《侨厝流芳：福建侨乡图鉴》资料征集及报送工作。

【搭“侨”引资】 2023年，平潭综合实验区外侨办联系拓展海外华侨社团力量，邀请巴布亚新几内亚平潭同乡会、东帝汶华商联合会、英国商业联盟总会、阿根廷平潭同乡会等海外侨团故乡行，吸引侨资回归。推动中国侨商投资（福建）大会签约的蕴莱农业保税加工厂项目建成投产，项目总投资额1.10亿元。

【侨银联动】 2023年11月22日，平潭综合实验区侨联召开侨银联动座谈会，联合侨商会与厦门国际银行福州分行签署战略合作协议，厦门国际银行福州分行为实验区侨商侨企和归侨侨眷提供10亿元意向授信支持，解决侨商侨企发展资金需求。

【闽侨青年精英海丝情活动在平潭举行】 2023年8月20日—23日，第五期闽侨青年精英海丝情活动在平潭综合实验区举行，来自89个海外社团的140余名闽籍海外华裔新生代青年代表畅叙乡情，共话发展。活动配套举办2023闽侨青年精英海丝对话、第三届RCEP青年侨商创新创业对接会，通过网络平台直播邀请47个国家和地区的闽籍海外侨团云端参会。

【侨家乐·福建省华侨美食风情文化节在平潭举行】 2023年12月25日，侨家乐·福建省华侨美食风情文化节平潭专场活动举行，中国侨联代表和澳大利亚、加纳、东帝汶、阿根廷等国侨胞代表参加活动，向侨胞传递中国传统美食、戏曲文化魅力，增进与侨胞代表、华裔青少年情谊。

（林琳 林芳）

## 港澳事务

【概况】 2023年，平潭综合实验区加强因公赴港澳审批管理，受理报批因公赴港澳团组5批次11人次。参加第27届香港国际影视展，推介平潭影视资源和扶持政策。发挥岚籍港澳社团作用，推动文旅赛事交流、影视交流互动。香港平潭社团联会组织重要嘉宾及社团联会到平潭参加国情培训。接待海峡两岸暨港澳界圆桌峰会嘉宾到平潭参访。

【岚港影视交流】 2023年3月，平潭综合实验区宣传影视部组团到香港参加第27届香港国际影视展。参展期间，集中展示推介平潭影视资源、外景风光、扶持政策、配套设施等，吸引影视企业、剧组关注平潭，深化岚港电影交流互动，推动平潭影视“走出去”。平潭出品的首部检察官题材影片《检察风云》亮相该次影视展。

【香港平潭社团联会到平潭考察】 2023年11月20日—24日，香港平潭社团联会组织重要嘉宾及社团联会骨干成员130余人到平潭参加国情培训，并开展考察交流活动。培训运用专题讲座、现场教学、参观体验等方式，引导学员感悟实验区开放开发成果。

【港澳界圆桌峰会嘉宾到平潭参访】 2023年12月8日—9日，港澳界圆桌峰会嘉宾到平潭参访。参访团参观平潭跨境电商物流园、“68海里”景区等地，了解实验区在跨境电商发展以及旅游文化产业等方面的情况。

（林琳 林芳）

# 经济管理与监督

## 宏观经济管理

【概况】 2023年，平潭综合实验区转换新旧动能，经济发展基本摆脱税收奖补驱动、房地产拉动的依赖，经济运行稳中向好。实现地区生产总值370.19亿元，比上年增长3%。全年人均地区生产总值9.70万元，比上年增长4.2%。固定资产投资比上年增长3.8%。社会消费品零售总额57.20亿元，比上年下降3.9%。外贸面临挑战，进出口总额170.60亿元，比上年下降19.2%。实际利用外资额601万美元，比上年增长27.9%，增速全省排名第二。一般公共预算总收入完成43.09亿元，比上年增长6.9%；地方一般公共预算收入完成25.41亿元，增长7.9%。全体居民人均可支配收入3.41万元，比上年增长5.1%；城镇居民人均可支配收入5.08万元，增长4%；农村居民人均可支配收入2.38万元，增长6.8%。全年居民消费价格比上年增长0.4%。

【产业结构】 2023年，平潭综合实验区第一产业增加值43.51亿元，比上年增长3.5%；第二产业增加值88.41亿元，增长5%；第三产业增加值238.26亿元，增长2.2%。三次产业结构调整为11.7∶23.9∶64.4。第一产业对经济增长贡献率12.7%，拉动地区生产总值增长0.4个百分点；第二产业贡献率40.8%，拉动地区生产总值增长1.2个百分点；第三产业贡献率46.4%，拉动地区生产总值增长1.4个百分点。

【固定资产投资】 2023年，平潭综合实验区固定资产投资比上年增长3.8%，增速全省排名第三。第一产业投资比上年下降21%；第二产业投资下降42.4%，其中工业投资下降42.4%；第三产业投资增长68.6%。基础设施建设和大型项目投资积极，基础设施投资比上年增长44.4%。房地产开发企业投资比上年下降66.7%，其中住宅投资下降66%。

【重点项目投资】 2023年，平潭综合实验区开展产业发展、社会事业、交通、城乡建设与生态环保、农林水利等领域的重点项目建设，安排重点项目415个，总投资额1982.35亿元，年内完成投资197亿元。其中，被列入省级重点项目15个，总投资额270.81亿元，年度计划投资额45.32亿元，完成投资额50.98亿元，占年计划的112.48%。

【项目建设】 2023年，平潭综合实验区开工平潭文体科创产业园、南部湾体育休闲公园、棒球公园、新兴产业园综合开发项目、共享储能电站、东大街西段城市更新、海坛街道城市更新完整社区（一期）、福建医科大学附属协和医院平潭分院二期、超融合边缘计算云、跨境贸易枢纽中心及配套云仓、城乡污水处理提升、城乡供水一体化巩固提升、老旧小区改造（四期）等项目126个，总投资额193.86亿元。建成两岸馨苑、旧城区道路改造提升、平潭城关第二幼儿园、海洋生态保护修复项目、环白青乡生态廊道、平潭国际旅游岛智慧文旅工程等项目85个。

（林超敏）

## 国有资产管理

【概况】 至2023年底，平潭综合实验区有5家区属国企（平潭城市发展集团有限公司、平潭文旅发展集团有限公司、平潭实业发展集团有限公司、平潭投资促进集团有限公司、平潭金融控股集团有限公司），下属各级控参股企业215家。其中，全资、控股或实际控制企业 125 家，参股企业 90 家。全区区属国企资产总额 1106.44 亿元，负债总额 643.22 亿元，所有者权益总额 463.22 亿元；资产负债率 58.13%。全年实现营业收入 25.48 亿元，比上年增长 84.73%；实现归属于母公司所有者净利润 0.35 亿元，增长 107.19%。国有资本主要投向市政基础设施建设、文旅产业投入、产业园区建设、物流贸易、电子信息及房地产开发等领域。

【国有资产监管体系建设】 2023 年，平潭综合实验区国有资产管理局出台《所出资企业国有资产评估项目管理暂行办法》《区属国有企业投资监督管理办法》《科技人才在所出资企业兼职兼薪、按劳取薪列入工资总额特殊管理清单的补充规定》等办法，完善国资监管体系，做好重点领域和关键环节风险防控。优化企业业绩考核方式，形成不同类型企业、按照不同任务、实行不同比例的“一企一策”差异化考核机制。加强企业经济运行监测，严格企业规范合并范围。建立企业债务风险监测报告机制，指导企业监测预警体系。构建内部审计和外部监督联动体系，4 家区属国企配齐总审计师、设立内审机构、配备审计人员。

【国有企业融资】 2023 年，平潭综合实验区国有资产管理局通过流动性贷款、项目贷款、发行公司债等渠道，推动区城市发展集团成为福州及周边地区首个拥有国际评级的城投类企业。全年区属国企实现筹融资额 128.07 亿元，比上年增长 49.89%。其中，发行公司债 5 亿元；获批非公开发行定向融资工具注册规模 35 亿元，发行 10 亿元，实现平潭定向融资工具“零”的突破，票面利率 3.7%；发行 5.80 亿元点心债，是福州地区首单地方国企点心债及首单地方国企绿色离岸债券。

【国有资产盘活】 2023 年，平潭综合实验区国有资产管理局督促引导区属国企通过解决历史遗留问题、资产权证办理、资产转让、出租、提升改造、合作开发等方式，盘活资产价值 23.18 亿元。推动区城市发展集团竞拍全区停车场特许经营权，为财政创收 5.58 亿元。引导区文旅发展集团利用邓丽君影视基地打造龙山俚欢乐街观光夜市。出租平潭高铁中心站前广场 36 幢石头厝建筑群，溢价率 96%，中原安置小区商业广场引进喜盈门国际商业连锁企业入驻。

【国有企业改革】 2023 年，平潭综合实验区国有资产管理局整合企业间同质业务，推动区投促集团与区金融控股集团资源整合人力资源和资金利用，形成招商引资新模式。推动音乐、体育和会展等业务整合，由区旅游文化公司统筹运营重大体育赛事、音乐文化及大型会展活动。完善国有企业管理人员能上能下等制度，探索国企中层岗位跨集团竞聘模式，开展 12 家区属国企跨集团中层干部岗位公开竞聘，135 人报名参加。

【国企投资建设】 2023 年，平潭综合实验区国有资产管理局推动国有资本向城市服务特色主导产业和新兴产业集中，推进年度重点项目建设。全年区属国企投资项目 245 个，总投资额 914.58 亿元，年度计划投资额 103.41 亿元，完成投资额 114.07 亿元，年度完成率 110.31%。

央地合作　推动区城市发展集团与中能建集团合作海上风电和新兴产业园综合开发项目，与中能建、起帆国际合作起帆电缆生产基地项目，与中国绿发等央企开发两岸融合竞技体育产业。

文旅发展　推动区文旅发展集团建设国际风帆运动训练基地、水下考古基地，推出“星球唤想·蓝眼泪”“岚起山海图”等旅游业态产品，举办海岛生活季、平潭国际赛车嘉年华等重大文化体育赛事。

民生保障　推动区城市发展集团完成“保交楼”任务，交房 2685 套，其中全国首个两岸融合社区——两岸馨苑提前 70 天交付使用。区实业发展集团推进肉联加工厂（二期）、共享储能电站和流水园区标准厂房等项目建设。

企业融资　区金融控股集团旗下信平担保公司为实验区中小微企业提供担保，在保余额 13.36 亿元，放大倍数 6.32 倍，连续 2 年居全省第一，在保户数 1234 户，撬动企业融资额 13.36 亿元。区金融控股集团通过助力海通发展、蜂助手两家企业上市。

两岸融合　台湾小镇吸引新签约台湾地区品牌超 200 个。台湾创业园创业就业台胞 185 人，举办两岸电商主播大赛，吸引台湾地区企业 40 家。区金融控股集团首创台胞个人信用证担保、台胞创业担保和台胞诚信闪贷 3 个融资性担保产品，新增台胞台企贷款担保 17 家，担保金额 1747 万元；提供两岸数字身份应用服务，服务超 24 万人次。区文旅发展集团开展海峡音乐公社等两岸主题音乐活动，举办海峡两岸体育嘉年华等赛事。

（吴凯悦 谭碧龙）

# 财 政

【概况】 2023年，平潭综合实验区全年一般公共预算总收入43.09亿元，比上年增长6.9%。其中，地方一般公共预算收入25.41亿元，比上年增长7.9%。全区一般公共预算支出67.20亿元。全区政府性基金收入10.69亿元，其中国有土地使用权出让收入9.47亿元。政府性基金预算支出78.59亿元，主要是地方政府专项债券支出、专项债务付息支出。

【财政政策助力发展】 2023年，平潭综合实验区财政金融局实施积极的财政政策，优化支出结构，加大重大战略任务和重点民生保障力度，向上争取新增专项债券资金60.20亿元，比上年增长33%。发挥资金直达机制作用，推动涉企资金直达快享，年内实验区中央直达资金支出超4.90亿元。落实平潭新一轮总体发展规划涉及的财税优惠政策，形成优化调整“一线”不予免（保）税和“二线”不予退税货物清单，以及平潭对台小贸市场免税商品种类扩围的初步方案。落实国家结构性减税政策和清理各项涉企收费，联合区税务局成立区退税减税降费工作领导小组，设立减税降费政策咨询专岗，为个体工商户提供财税业务辅导服务。推行“免申即享”“触发即奖”等模式，发放奖补资金超1300万元，全年新增减税降费规模超3.50亿元。

【数字经济资金投入】 2023年，平潭综合实验区财政金融局围绕数字经济产业，争取专项债券资金5.17亿元，安排智慧岛建设专项资金3000万元，支持海峡数据产业园区数据中心、城市基础设施数字化提升、跨境贸易枢纽中心及配套云仓、超融合边缘计算云等项目建设。

【海洋经济资金投入】 2023年，平潭综合实验区财政金融局围绕海洋经济发展，争取专项债券资金1.30亿元，支持平潭海洋科创孵化园区项目建设推进，安排渔业发展补助资金约2000万元，推动深远海养殖和养殖业转型升级。

【绿色经济资金投入】 2023年，平潭综合实验区财政金融局争取专项债券资金3.33亿元，推动城市配电网供电能力提升项目加快建设，完善风电产业等清洁能源的基础配套设施，推进海上风电项目。鼓励金融机构创新绿色金融产品，加大绿色产业信贷支持力度。

【文旅经济资金投入】 2023年，平潭综合实验区财政金融局争取专项债券资金1.50亿元，加快文体科创产业园、竞技体育产业园、汽车运动产业园、壳丘头科技文创产业园等项目建设，吸引社会投资壮大文旅经济产业。安排旅游文体专项资金1.50亿元，发展音乐、赛事、影视、会展等旅游经济。

【民生事业资金投入】 2023年，平潭综合实验区一般公共预算民生相关支出超49.90亿元，占一般公共预算支出74.33%。社会保障和就业支出超8.40亿元，比上年增长4.9%。教育支出超11.80亿元，比上年增长3%。卫生健康支出超5.50亿元，争取专项债券资金1.64亿元，推进协和医院平潭分院二期、区级医院公共卫生救治能力提升等项目建设。区财政金融局通过足额列入预算安排、向上争取补助、下达拨付专项债券资金等方式，保证口袋公园建设等为民办实事项目建设。

【城乡建设资金投入】 2023年，平潭综合实验区健全“三农”投入稳定增长机制，安排贴息专项补助，扶持壮大村集体经济。安排粮食安全专项资金超2400万元，下达衔接推进乡村振兴补助资金超3100万元。争取省级下达资金2460万元、区财政配套1566万元用于乡村振兴试点

2023年，平潭综合实验区争取专项债券资金用于城乡水务一体化建设。图为9月19日，区自来水厂二期项目主体结构封顶 （林君斌 摄）

示范工作。推进城乡融合不断深入，争取专项债券资金4.91亿元用于城乡水务一体化建设，争取老旧小区改造和城市更新项目专项债券资金5.40亿元，争取专项债券资金19.19亿元用于城乡基础设施建设。加大污染防治资金投入力度，一般公共预算节能环保支出超1.8亿元，比上年增长12.8%；其中污染防治支出超1.10亿元，增长146%。拨付1.50亿元用于君山海洋生态保护修复项目，加强重要生态系统保护修复。

【政府债务风险防范】 2023年，平潭综合实验区财政金融局做好政府债务限额管理，举借债务控制在政府债务限额内。加强债务预算管理，还本付息资金足额列入年度预算。用好偿债专户，提前筹集偿债资金。年内按时足额偿还政府债务本息35.36亿元，其中本金19.01亿元、利息16.35亿元，无债务违约情况发生。

【财会监督管理】 2023年，平潭综合实验区财政金融局落实政府过“紧日子”要求，将“三保”（保基本民生、保工资、保运转支出）经费足额列入预算，控制“三公”[因公出国（境）费用、公务接待费、公务用车购置和运行维护费]经费等一般性支出，全年“三保”支出超32亿元。盘活利用国有闲置资源，盘活行政事业国有资产超5亿元。加强财会监督管理，开展预算执行监督、财经纪律重点问题专项整治行动，开展减税降费、基层“三保”等9个方面违法违规问题专项整治工作。开展项目绩效评价，对公园广场、路灯养护等10个项目涉及金额4.43亿元进行资金压减，压减超800万元；压减定额公用经费，加强预算绩效管理。加强项目评审管理，修订《平潭综合实验区财政性投融资建设项目评审管理暂行办法》，审结项目261个，送审金额73.42亿元，审定金额67.71亿元，节约财政资金5.71亿元。做好政府采购管理，协调各单位规范政府采购行为，落实中小企业优惠政策，全年处理政府采购投诉6起，监督检查2起。

（李敏）

## 税务

【概况】 2023年，平潭综合实验区各项税费收入66.67亿元，比上年增加12.44亿元，增长22.9%。其中，税收收入42.35亿元（中央级税收收入21.27亿元，省级税收收入2.69亿元，区级税收收入18.38亿元），社会保险费收入11.61亿元，非税收入和其他收入12.72亿元，海关代征税收完成6.50亿元，税务部门办理出口退税2.12亿元。

【分税种税收】 2023年，平潭综合实验区增值税、企业所得税、个人所得税三大主体税种占全部税收比重的87.65%。其中，增值税入库额15.70亿元，比上年增长36%；企业所得税入库额17.01亿元，增长44.72%；个人所得税入库额4.40亿元，下降57.92%。其他地方税种合计入库额4.24亿元，占全部税的10.01%。

表12 2023年平潭综合实验区税务局各项收入统计表

| 项 目 | 税（费）额（万元） | 比上年增加（万元） | 比上年增长（%） |
|---|---|---|---|
| 各项收入合计 | 666722 | 124409 | 22.94 |
| 一、税收收入合计 | 423452 | 36028 | 9.30 |
| 1. 中央级收入 | 212743 | 18084 | 9.29 |
| 2. 地方级收入 | 210709 | 17944 | 9.31 |
| 其中：省级收入 | 26894 | 33239 | 523.86 |
| 区级收入 | 183815 | -15295 | -7.68 |
| 二、社会保险费收入 | 116073 | 18753 | 19.27 |
| 其中：基本养老保险费收入 | 68996 | 15479 | 28.92 |
| 基本医疗保险费收入 | 43538 | 2108 | 5.09 |

续表 12

| 项　目 | 税（费）额（万元） | 比上年增加（万元） | 比上年增长（%） |
|---|---|---|---|
| 三、非税收入 | 119235 | 66783 | 127.32 |
| 其中：国有土地使用权出让收入 | 95270 | 59180 | 163.98 |
| 四、其他收入 | 7962 | 2845 | 55.60 |
| 五、海关代征 | 64982 | 13232 | 25.57 |
| 六、出口退税 | -21199 | 500 | -2.30 |
| 其中：免抵调库 | -3000 | 0 | — |

表 13　2023 年平潭综合实验区税务局分税种税收收入统计表

| 项　目 | 税（费）额（万元） | 比上年增加（万元） | 比上年增长（%） | 各税种占比（%） |
|---|---|---|---|---|
| 税收收入合计 | 423452 | 36028 | 9.30 | — |
| 一、增值税 | 157061 | 41574 | 36 | 37.09 |
| 二、企业所得税 | 170095 | 54950 | 47.72 | 40.17 |
| 三、个人所得税 | 44035 | -60610 | -57.92 | 10.40 |
| 四、城市维护建设税 | 7569 | -1098 | -12.67 | 1.79 |
| 五、印花税 | 4665 | -192 | -3.95 | 1.10 |
| 六、土地使用税 | 4608 | -694 | -13.09 | 1.09 |
| 七、资源税 | 19 | 12 | 171.43 | 0 |
| 八、车船税 | 3618 | -436 | -10.75 | 0.85 |
| 九、土地增值税 | 9013 | 344 | 3.97 | 2.13 |
| 十、烟叶税 | 0 | 0 | 0 | 0 |
| 十一、耕地占用税 | 2964 | 859 | 40.81 | 0.70 |
| 十二、契税 | 10414 | 479 | 4.82 | 2.46 |
| 十三、环境保护税 | 27 | -22 | -44.90 | 0.01 |
| 十四、房产税 | 3910 | 394 | 11.21 | 0.92 |
| 十五、消费税 | 201 | 144 | 252.63 | 0.05 |
| 十六、车辆购置税 | 5253 | 324 | 6.57 | 1.24 |
| 十七、其他税收 | 0 | 0 | 0 | 0 |

**表 14　2023 年平潭综合实验区税务局分行业税收收入统计表**

| 行业 | 税（费）额（万元） | 比上年增加（万元） | 比上年增长（%） | 各行业占比（%） |
| --- | --- | --- | --- | --- |
| 税收收入合计 | 423452 | 36028 | 9.30 | — |
| 一、第一产业 | 575 | -2262 | -79.73 | 0.14 |
| 二、第二产业 | 66631 | -8174 | -10.93 | 15.74 |
| （一）采矿业 | 45 | -85 | -65.38 | 0.01 |
| （二）制造业 | 4439 | 1634 | 58.25 | 1.05 |
| （三）电力、燃气及水的生产和供应业 | 5052 | 7021 | -356.58 | 1.19 |
| （四）建筑业 | 57095 | -16744 | -22.68 | 13.48 |
| 三、第三产业 | 356246 | 46464 | 15.00 | 84.13 |
| （一）批发和零售业 | 22911 | -14959 | -39.50 | 5.41 |
| （二）交通运输、仓储及邮政业 | 10772 | -19519 | -64.44 | 2.54 |
| （三）住宿和餐饮业 | 513 | -40 | -7.23 | 0.12 |
| （四）信息传输、计算机服务和软件业 | 9960 | -1249 | -11.14 | 2.35 |
| （五）金融业 | 78044 | 10106 | 14.88 | 18.43 |
| （六）房地产业 | 25028 | 26711 | 1587.11 | 5.91 |
| （七）租赁和商务服务业 | 181480 | 42120 | 30.22 | 42.86 |
| （八）其他服务业 | 27538 | 3294 | 13.59 | 6.50 |

2023 年 6 月 28 日，平潭综合实验区税务局联合多部门在红山社区举办“社保服务到家门”活动　（薛隽彬 摄）

**【行业税收】**　2023 年，平潭综合实验区纳税排名前五的行业为租赁和商务服务业、金融业、建筑业、房地产业、批发和零售业，合计纳税额 36.46 亿元，占全区税收的 86.1%，比上年提升 4.2 个百分点。

**【办税缴费服务】**　2023 年，平潭综合实验区税务局优化城乡居民社会保险费征缴服务，升级“税易达”税费驿站服务，在 13 个社区税费驿站提供养老保险和医疗保险缴纳辅导，进驻办费终端设备 65 台。推出台胞个税差额补贴免申即享机制，业务办理用时由20日缩短至5日内，获评福建 2023 年第三批深化行政审批制度改革典型经验案例。

【出口退税管理】 2023年，平潭综合实验区税务局优化出口退税审核流程，做到无疑点出口退税申报“即报即审即退”，退税按时办结率100%。全年受理25家企业出口退（免）税申报172家，办理退税额1.82亿元。其中，外贸企业19家，退税额1.68亿元；生产企业1家，退税额205.48万元；零税率应税服务企业（国际运输）3家，退税额1053.70万元；入区退税企业2家，退税额143.59万元。

【国际税收管理】 2023年，平潭综合实验区税务局完成非居民企业所得税汇算清缴、对外支付备案与扣缴申报后续管理、税收协定宣传与管理等工作，开展跨境资本流动监测。全年入库非居民税收收入8.53亿元，比上年增加8.46亿元。深化“税路通—海丝路·税收情”服务品牌建设，组建“海丝”服务团队，开展国别（地区）投资税收指南解读等服务，收集并解决跨境纳税人涉税疑难问题4个，为10家“走出去”企业开展税务政策服务。

【税务稽查】 2023年，平潭综合实验区税务局联合区公安局制定《关于涉税犯罪移送、受理工作的若干规定》，联合海关、人民检察院等五部门，推进打击虚开增值税发票工作。全年查处虚开增值税发票企业71家，虚开金额3.30亿元、税额3620万元。开展油税专项、农产品虚开虚抵等风险分析、核查应对，查补税款4864万元。

【数字电子发票推广】 2023年，平潭综合实验区税务局开展数电票（数字化的电子发票）推广工作，推广数电票试点1.42万家，覆盖率96.46%，数电票开票份数占比62.72%，开票金额占比88.12%，两个指标均排名全省第一。

【特色税务品牌打造】 2023年，平潭综合实验区税务局在全省率先启动并全覆盖“项目管家”上岗服务，为平潭竹屿湖文旅综合体等10余个项目打造税务服务方案，收集解决诉求45个。制定“枫桥经验”税务实践长期规划，6个基层税务所创建特色税务所中心品牌，第一税务所（办税服务厅）打造“68海里”办税服务厅，探索涉台税费争议处置办法。海坛税务所围绕社区税费争议，创建“海坛春·小巷税事”税费争议处置品牌。

【纳税信用评价】 2023年，平潭综合实验区税务局设立信用服务工作室，解答纳税信用、银税互动问题，年内解答纳税人问题312户次，答复满意率100%。做好银税互动工作，与合作银行联合向区内企业提供银税贷款407笔5.10亿元。

【税收经济分析】 2023年，平潭综合实验区税务局完成税收分析报告17篇，获得各级领导批示4次。其中，完成月度税收收入分析12篇，税收经济专题分析4篇，退税减税效应分析1篇。

（陈培锋 黄茂萌）

## 金融监管

【概况】 2023年，平潭综合实验区金融监管机构强化类金融机构监管，开展融资租赁行业企业专项排查整治工作。开展各类防范非法集资宣传教育活动486场，覆盖群众31万人次。助推福建省防范非法集资宣传教育示范点在平潭设立，推动4件“洗钱罪”案件判决。落实停贷断供风险应急处置指导意见，降低房地产领域风险。

【类金融机构监管】 2023年，平潭综合实验区财政金融局强化融资担保、小额贷款、典当行、商业保理等地方金融组织的监督管理，开展典当行年审和政府性融资担保机构、小额贷款公司年度考核评价工作，开展地方金融组织清理规范、“伪金交所”专项整治、市场主体涉私募业务风险摸排整治等工作，联合市场监管部门现场检查地方金融组织26家。

【融资租赁行业监管】 2023年，平潭综合实验区财政金融局开展融资租赁行业企业专项排查整治工作，督促企业进行信息登记备案，向市场监管部门推送93家失联、空壳、无实际经营地址的融资租赁公司异常名录。配合省金融监管局开展融资担保公司、典当行“双随机”抽查工作。

【房地产风险防范】 2023年，中国人民银行平潭支行牵头制定《平潭综合实验区银行机构停贷断供风险应急处置指导意见》，配合落实交付“保交楼”项目12个，涉及专项借款3.91亿元。全年推动交付房屋8519套，项目完成率78.08%。

【反洗钱监管】 2023年，中国人民银行平潭支行推进地方法人银行稳健经营，央行评级保持无高风险状态。与区人民检察院、公安局、

2023年8月3日，平潭综合实验区防范非法集资宣传教育示范社区揭牌仪式在海坛片区中埔社区举行 （林琴 摄）

监察委健全完善反洗钱案件线索跨部门协同机制，推动4件“洗钱罪”案件判决，其中“1·12”案件处罚金2.20亿元，为国内判处罚金最高的洗钱案件。

【非法集资防范】 2023年，平潭综合实验区财政金融局开展“全民防非 金融当先”等防范非法集资宣传教育活动486场，覆盖群众31万人次，网络宣传互动覆盖79万人次。6月15日，区防范和处置非法集资工作领导小组办公室联合多家单位在海坛古城举办“全福游防非行”活动。8月3日，实验区首个防范非法集资宣传教育示范社区在海坛片区中埔社区揭牌。

【福建省防范非法集资宣传教育示范点在平潭设立】 2023年11月28日，福建省防范非法集资宣传教育示范点在平潭商务营运中心金融产业大厦成立。示范点展厅占地面积400余平方米，包括风险教育宣传区、普法知识展示区、防非视频放映区以及处非大讲堂等。

（李敏 陈鹭）

## 审 计

【概况】 2023年，平潭综合实验区党工委巡察审计办公室完成审计项目17个，查出违规金额1059万元、损失浪费金额77万元、损益（收支）不实金额70万元，审计发现非金额计量问题316个。出具审计报告和审计调查报告19篇，审计处理处罚金额1361万元。审计提出建议57条，被采纳57条，审计促进整改落实有关问题金额239万元，核减投资额1049万元。在全省审计系统审计技能大比拼中获总分团体第二名。

【重大政策措施落实情况跟踪审计】 2023年，平潭综合实验区党工委巡察审计办公室开展区属国有资产管理情况、省重点项目推进实施情况、教育政策和资金落实情况、产业园区高质量发展情况专题审计，出具审计报告4篇，发现非金额计量问题57个。

【财政审计】 2023年，平潭综合实验区党工委巡察审计办公室开展全区预算执行、决算草案及其他财政收支情况审计，延伸开展苏平片区管理局、区农业农村局预算执行审计，发现非金额计量问题64个，审计处理处罚金额338万元。开展信息化建设专项资金审计，发现非金额计量问题17个。

【政府投资审计】 2023年，平潭综合实验区党工委巡察审计办公室开展区环岛路A9合同标段项目建设情况、区建设工程项目招投标情况、区重点工程推进情况审计，涉及投资额33亿元，通过审计核减投资额924万元。

【经济责任审计】 2023年，平潭综合实验区党工委巡察审计办公室开展2家单位3名部门领导的经济责任审计，出具审计报告和审计结果报告6篇，审计问题涉及领导责任金额908万元。

【民生资金审计】 2023年，平潭综合实验区党工委巡察审计办公室开展全区就业补助资金和失业保险基金审计，延伸审计3家单位，审计处理处罚金额6.60万元。

【资源环境审计】 2023年，平潭综合实验区党工委巡察审计办公室开展1名领导干部自然资源资产任中审计，出具审计意见书1份，发现非金额计量问题17个。

【国有企业审计】 2023年，平潭综合实验区党工委巡察审计办公室开展区文旅集团资产负债损益审计，揭示风险隐患，发现非金额计量问题25个，督促国有企业整改。

（刘朝东）

# 统 计

【概况】 2023年，平潭综合实验区经济发展局组织实施地区生产总值核算以及各行业领域统计调查，出版《平潭统计年鉴（2023）》，进行统计信息共享和发布；指导统计基层基础建设，实施统计数据质量审核、监控和评估制度，开展统计执法检查；做好统计信息服务，向部门及社会提供统计数据资料；开展统计业务培训，开展统计培训25场次2300余人次。国家统计局平潭调查队组织采集全区调查样本290余个，开展统计普法宣传50余次。

【统计调查】 2023年，国家统计局平潭调查队开展住户收支与生活状况调查、农民工监测调查、农村住户固定资产投资抽样调查、劳动力调查、流通和消费价格调查、工业生产者价格调查、新设小微企业和个体经营户跟踪调查、采购经理调查、主要畜禽监测调查、农产品价格调查等专项调查任务。组织开展2023年全区政府绩效调查、群众安全感调查等。

【经济普查】 2023年，平潭综合实验区管委会开展第五次全国经济普查，做好普查业务培训工作，开展入户清查登记。在海坛片区选取24个村居设立经普综合试点，选用普查员319人，清查登记底册单位（含个体户）2.39万家。落实人员、经费保障，选聘普查指导员137人，普查员669人。开设微信公众号经普专栏，向社会公示《第五次全国经济普查单位清查告知书》，发放宣传海报1752张。

【统计基础建设】 2023年，平潭综合实验区经济发展局加强统计基础建设，督促各片区做到“六有”（有人员、有经费、有场地、有设备、有统计网络、有统计台账）。调整配齐219名村居统计工作人员，保障乡镇首席统计员待遇，提高乡镇村居统计员补贴发放标准。加强企业源头数据质量管理，开展企业统计人员联网直报报表培训，保证企业数据准确性。

国家统计局平潭调查队组织采集全区调查样本290余个，为32名辅助调查员颁发统计调查证、购买人身团体保险，配备手持价格采集器等设备。开展年度优秀辅助调查员评选表彰。下点指导调查对象设置统计台账、检查数据情况300余人次，开展集中业务培训11场次270余人次。

【统计服务】 2023年，国家统计局平潭调查队创新调查服务，与福建信息职业技术学院商贸管理学院打造大学生校外劳动教育实践基地，推动CATI（计算机辅助电话调查系统）在调查信息、专题调研、课题研究中的拓展应用。开展旅游民宿业、跨境物流产业、居民消费、养老产业等领域调查研究7项、约稿调查57项，形成调查信息和分析报告获各级采用117篇次、区领导批示5篇次。

【统计普法宣传】 2023年，平潭综合实验区经济发展局、国家统计局平潭调查队推动领导干部带头学法，将统计法规纳入区党工委委员会、区党工委党校干部培训班必修课，邀请省统计局专家到平潭授课。利用统计开放日、宪法宣传周等节点开展统计法治宣传活动。联合省统计局在万宝山公园举办《中华人民共和国统计法》颁布40周年暨实验区第五次全国经济普查宣传月启动仪式。在万嘉社区、如意社区、福建信息职业技术学院（平潭校区）开展现场统计法治宣传50余次。坚

2023年9月5日，国家统计局平潭调查队走访超市，开展流通和消费价格调查　（郑婷婷 摄）

2023 年 12 月 8 日，国家统计局平潭调查队在福建信息职业技术学院（平潭校区）举办《中华人民共和国统计法》普法讲座 （郑婷婷 摄）

持防治统计造假，开展 2023 年统计执法“双随机、一公开”抽查工作。

（林超敏 李香妹 罗雪源）

## 工商行政管理

【概况】 2023 年，平潭综合实验区市场监管局开展农资市场、节日市场、旅游市场、网络市场等各类专项整治行动，加强市场主体监督管理，开展市场监管信用体系建设工作，规范市场经济秩序。2023 年，平潭综合实验区市场主体 7.46 万家，注册资本 7597.10 亿元。其中，内资企业 2.22 万家，注册资本 6099.61 亿元；外商投资企业 1412 家，注册资本 1440.45 亿元；农民专业合作社 94 家，出资总额 7.90 亿元；个体工商户 5.09 万家，资金数额 49.14 亿元。

【公平竞争审查清理】 2023 年，平潭综合实验区公平竞争审查工作联席会议召开，区市场监管局开展公平竞争政策宣传周活动，召开公平竞争审查工作宣讲暨培训会，组织各单位开展公平竞争审查清理工作，自查相关政策 61 份，梳理处置问题政策措施 3 份。

【旅游市场整治】 2023 年，平潭综合实验区市场监管局对做出价格承诺的酒店、民宿开展价格检查，要求住宿业从业单位遵守价格法、明码标价和禁止价格欺诈规定等价格法律法规，检查住宿业经营单位 77 家次，发出责令改正通知书 10 份。

【无证无照整治】 2023 年，平潭综合实验区市场监管局围绕经营性自建房、娱乐场所、校外培训等 16 个领域开展无证无照整治专项行动 82 次，检查经营主体 1.65 万家次，下达行政指导、责令整改等文书 224 份，引导办理许可证件 108 户，关停无证经营户 37 家，立案查处无证无照经营案件 101 件，罚没金额 104.70 万元。

【网络市场监管】 2023 年，平潭综合实验区市场监管局加强互联网违法销售商品和服务的监测，移交违法销售无 3C（计算机类、通信类和消费类电子产品）认证商品线索 1 条；加强网络同城快送行业监管，检查“饿了么”、美团外卖平台代理商经营的同城快送落实《中华人民共和国电子商务法》情况，检查同城快送快递站点 7 家，均按要求落实收寄验视制度。

【商标广告管理】 2023 年，平潭综合实验区市场监管局监测大型门户网站、交易类、信息服务类、互联网金融等平台，发现互联网广告线索违法线索 7 条。开展借主题教育等名义从事商业营销整治行动，未发现相关违法违规行为。

【“双随机、一公开”抽查】 2023 年，平潭综合实验区市场监管局制定年度跨部门“双随机、一公开”（监管过程中随机抽取检查对象、随机选派执法检查人员，抽查情况及查处结果向社会公开）联合抽查计划 54 项，比上年增长 12.5%，新增平潭海事局、港务站等部门条线，扩大抽查覆盖面。全年随机抽查市场主体 1334 家，发现问题并查处 356 家，发现问题率 26.7%。开展旅馆业、汽车租赁、娱乐场所等涉旅行业“一业一查”，检查结果通过国家企业信用信息公示系统向社会公示。

【野生保护动物流通整治】 2023 年，平潭综合实验区市场监管局联合区资源生态局等部门开展“2023 年清风行动”，走访码头、超市、农贸市场、花鸟市场、酒店、海鲜店等场所，开展水生、野生动物执法检查，检查农贸市场 4 家次、酒店 8 家次，检查超市、酒店、海鲜店等经营户 228 家次。

【经营异常名录管理】 2023 年

6 月，平潭综合实验区市场监管局印发《助力市场主体纾困解难包容审慎信用监管若干措施》，建立经营异常名录缓冲机制，健全完善企业公示信息轻微差错行为包容审慎监管机制两类 11 条措施。10 月，印发《市场监管领域企业信用合规建设指引（试行）》，为企业建立信用合规制度和防范风险提供基本框架。

【市场主体年报监管】 2023 年，平潭综合实验区市场监管局完成 578 家企业吊销工作，出台《关于市场主体未按规定期限年报行为适用行政处罚指导意见》，实施“宽限期”落实包容审慎监管。2022 年度企业年报率 97.19%，连续 4 年位居全省第三。

【信用承诺修复网上办理】 2023 年 4 月，平潭综合实验区市场监管局印发《市场主体“信用承诺+信用修复”网上办实施方案》，畅通信用修复网上办渠道，指导 39 家市场主体完成信用承诺公示并实施信用修复，创新机制编入省市场监督管理期刊。叠加线下信用修复前约谈制度，全年实验区完成 153 家企业约谈和信用承诺公示，完成 129 家企业信用修复。

（林海娟）

## 价格管理

【概况】 2023 年，平潭综合实验区居民消费价格比上年增长 0.4%，涨幅比上年减少 1.10 个百分点。八大类商品和服务价格呈“六升两降”格局，其中，食品烟酒类价格比上年上涨 0.8%，衣着类下降 1.2%，生活用品及服务类上涨 0.6%，其他用品和服务类上涨 3.8%，交通和通信类下降 3.3%，教育文化和娱乐类上涨 1.8%，医疗保健类上涨 1.1%，居住类上涨 1.3%。

【价格监测】 2023 年，平潭综合实验区市场监管局开展主要食品、防疫物资、药品、酒店住宿业等价格监测，在省价格门户网站、平潭政府网、“平潭市场监管”微信公众号等媒介发布价格信息。全年开展主副食品价格监测 300 余天次，发布主副食品“价比三家”和药品价格行情 48 期，每日价格行情 223 期，酒店住宿价格行情 75 期，出台价格分析、调研报告 56 篇，为价格调控提供参考。

【物价临时补贴】 2023 年，平潭综合实验区市场监管局在春节、中秋、国庆期间启动农副产品平价商品平价销售，以低于市场价格 10% ～ 15% 的协议价销售 15 种农副产品，补贴 10.69 万元。启动联动机制为困难群众发放价格临时补贴约 60 万元，惠及低收入群体 1.20 万人次。

【涉企违规收费治理】 2023 年，平潭综合实验区市场监管局开展政府部门及下属单位、银行、水电气等涉企收费行为检查，年内立案调查银行 1 家、水电气企业 2 家。

【教育收费专项检查】 2023 年，平潭综合实验区市场监管局督促实验区中小学、幼儿园以及学科类校外培训机构开展自查自纠，联合区社会事业局进行抽查。立案查处 3 所学校未执行相关代办费收费政策行为，责令退还多收价款 22.14 万元，罚款 11.07 万元。

【旅游市场价格监管】 2023 年，平潭综合实验区市场监管局在节假日期间，进行酒店民宿、餐饮、旅游、零售、交通等行业价格监督检查；通过召开价格提醒告诫会、联合融媒体推出“平潭旅游市场秩序你我同查”直播、曝光旅游市场违法违规经营行为案例等方式，加强价格

2023 年，平潭综合实验区做好蔬菜保供稳价工作，保证各超市和农贸市场“菜篮子”备货充足。图为 2 月 11 日，市民在金井片区如意社区超市选购菜品

（林君斌 摄）

表 15 2023 年平潭综合实验区居民消费价格指数情况表

| 指标 | 指数（上年为 100） |
|---|---|
| 居民消费价格总指数 | 100.40 |
| 1. 食品烟酒 | 100.80 |
| 2. 衣着 | 98.80 |
| 3. 居住 | 101.30 |
| 4. 生活用品及服务 | 100.60 |
| 5. 交通和通信 | 96.70 |
| 6. 教育文化和娱乐 | 101.80 |
| 7. 医疗保健 | 101.10 |
| 8. 其他用品和服务 | 103.80 |

政策宣传。全年立案查处价格违法违规案件 18 件，罚没金额 21.36 万元；发放《平潭综合实验区明码标价指导手册》1500 余份。起草实验区住宿业价格诚信体系建设工作方案，推动全区 610 家旅游住宿业经营主体做出最高住宿销售价格承诺，规范全区住宿业价格秩序。

【公共服务价格监管】 2023 年，平潭综合实验区市场监管局开展城镇供水定价成本监审，规范城镇供水价格管理。开展公益性公墓成本监审、公墓维护管理费成本调查，出台《关于制定实验区公益性公墓（天慈园）收费标准的通知》，规范实验区公益性公墓价格。按时测算实验区管道天然气采购价格，周期性调整实验区管道天然气价格。出台《关于规范旅游区域道路临时停车泊位收费行为的通知》，制定旅游区域道路临时停车泊位收费标准。

【价格认定】 2023 年，平潭综合实验区市场监管局受理刑事案件涉案财物价格认定 116 件，标的金额 4513 万元。办理法院执行案件财产询价 20 件，涉案金额 219.90 万元。推进“互联网 +”模式，开展网上受理业务，实现让委托单位“最多跑一趟”。

（林海娟）

## 食品药品监督管理

【概况】 2023 年，平潭综合实验区食品药品安全形势稳定，全区食品生产经营主体 5512 家。其中，食品生产主体 27 家，食品销售主体 3213 家，餐饮服务主体 2167 家，单位食堂 105 家。全区药品批发企业 5 家，药品零售企业 116 家，药品使用单位 311 家，医疗器械生产企业 2 家，医疗器械经营企业 180 家，化妆品生产企业 1 家。

【食品生产安全监管】 2023 年，平潭综合实验区市场监管局做好食品生产安全监管，推行风险分级管理，完成食品生产企业、食品小作坊“双随机”检查。对 8 家在产食品生产企业开展全环节风险评估，开展重点食品生产安全整治、乳粉掺杂使假专项整治等行动。全年检查食品生产单位 54 家次，抽检食品 40 批次（合格率 100%），责令整改 8 家，约谈企业 2 家，立案 1 件。建设食品放心工程，开展餐桌污染专项整治，开展中小学配餐及食堂、旅游团餐、集体用餐配送单位专项整治 40 场次。推行包保干部公示卡，包保比例不超过 1 ∶ 40，开展 3 轮包保干部培训和包保工作日通报，包保督导完成率 100%，年度督导问题发现率 0.9%。在 7 个承包经营的学校食堂建立校方、企业双食安总监、双食品安全员的食品安全管理架构，共同履行食品安全主体责任。实施食品快速检测 2.90 万批次，全链条食品监督抽检 3034 批次，达到 7.80 批次 / 千人，合格率 98.3%。查处食安案件 85 件，罚没金额 32.43 万元，移送公安机关涉嫌食安犯罪案件线索 1 条。

【食品流通安全监管】 2023年，平潭综合实验区市场监管局推进“一品一码”追溯管理，生产经营食品上传追溯信息2048万条，源头农产品赋码4.60万批次，源头水产品赋码0.75万条。创新智慧监管，应用“后厨无人值守智能辅助监管”系统，推进冠市场智慧农贸市场监管建设，实施进场食用农产品快检0.75万批次，通过平台销货8.40万笔，购物小票扫码追溯源头0.40万次。

【旅游餐饮监管】 2023年，平潭综合实验区市场监管局开展“旅游旺季食品安全专项整治”“旅游团餐专项整治”等行动，采取“你点名，我抽查”方式开展“网红”餐厅直播检查，对21家团餐接待单位实施食品安全风险评估，排查风险隐患163处。运用“旅游品质提升红黑榜”，加大守信激励和失信惩戒力度。打造23家餐饮行业“十佳百优放心店”，建设食品安全示范街区。

【校园食品监管】 2023年，平潭综合实验区市场监管局加大集中用餐单位和食堂承包经营企业监管力度，开展学校食堂检查3次、校外供餐单位体系检查1次、校园食品专项抽检100批次。召开校园食安点题整治现场观摩会，开展校园食品安全员抽查考核，优化提升18所校园食堂设施，全区中小学、校外供餐单位“互联网+明厨亮灶”覆盖率100%，中小学食堂食安责任险覆盖率100%。

【药品安全监管】 2023年，平潭综合实验区市场监管局围绕药品、医疗器械、化妆品等领域开展安全巩固提升行动，进行处方药销售专项整治。检查排查药械经营使用单位260家次，督促企业限期整改35家次，查办药品领域违法案件9件，罚没金额19.20万元，捣毁违法窝点2个，移送涉嫌犯罪案件2件。

2023年10月26日，平潭综合实验区市场监管局开展校园及校园周边食品安全直播检查工作 （王怡 摄）

【药品质量监测】 2023年，平潭综合实验区市场监管局推进药械监督抽检工作，抽检药械经营使用单位27家次，完成药品、医疗器械、化妆品抽检108批次。加强药品不良反应监测，开展不良反应监测培训指导，全年审核上报药品、医疗器械、化妆品不良反应报告500例。

【药品普法宣传】 2023年，平潭综合实验区市场监管局开展“5•25”爱肤日、医疗器械安全宣传周、药品安全月等宣传活动，发放材料800余份，宣传受众2万余人次，通过微信公众号登载科普文章20余篇。依托平潭海峡医药健康产业园打造药品普法宣传基地，完成药品知识区、药品法律法规区、科普互动区等区域建设，在普法宣传基地开展宣传活动1场次。

（林海娟）

## 质量技术监督管理

【概况】 2023年，平潭综合实验区市场监管局开展特种设备安全监管、质量认证、计量监督管理、计量标准化服务等工作，加强专项检查，排除安全隐患，促进计量诚信行为，维护消费者权益。至年底，实验区有在册特种设备4981台。其中，在用设备4191台（锅炉在用15台，压力容器270台，电梯3627台，起重机械166台，厂内车辆113台），气瓶10.13万粒，压力管道213.10千米。

【特种设备安全监管】 2023年，平潭综合实验区市场监管局检查特种设备生产使用单位458家次，发出特种设备安全监察指令书65份，消除安全隐患586台（件），立案查处3家燃气充装企业，罚没11.50万元。受理特种设备施工告知242家510台（件），发放特种设备使用登记证621本，受理特种设备状态变更53家217台（件）。

开展全国安全生产月特种设备安全知识宣传活动4场，发放材料1200余份，开展特种设备应急演练3次。

【计量器具监管】 2023年，平潭综合实验区市场监管局加强“民用三表”（水表、电表和燃气表）等计量器具强制检定管理，全年检定强制检定计量器具4154台（件）。开展旅游市场贸易结算等重点领域在用计量器具监督检查，检查电子计价秤使用单位378家、电子计价秤507台，立案查处计量违法行为案件3起，罚没金额0.26万元。

【产品质量监管】 2023年，平潭综合实验区市场监管局围绕农资产品、电动自行车、消防产品、电线电缆、儿童学生用品开展重点工业产品质量安全排查专项整治。检查燃气具经营销售店83家次，抽检燃气具相关产品11批次，处理3批次不合格产品。检查电动自行车销售、租赁单位180家次，立案查处4件，罚没金额6.86万元。抽检民生相关产品172批次，其中15批次产品不合格，立案22件，罚没金额12.16万元。

【台湾地区标准题录数据库建设】 2023年，平潭综合实验区市场监管局推进两岸标准共通工作，扩大对台采信试点，在区政府门户网站上设置“中国台湾地区标准题录数据库”查询专栏，收录台湾地区标准题录数据2.20万条次，实现线上检索查询标准题录的功能，为扩大台湾地区商品第三方合格评定结果采信范围提供数据支撑，解决台湾地区标准题录查询难问题。

（林海娟）

## 知识产权管理

【概况】 2023年，平潭综合实验区专利授权量238件。其中，发明专利授权量46件，比上年增长17.95%；有效发明专利量201件，增长30.52%，万人发明专利拥有量5.15件；实验区商标申请量2000件，商标注册量1073件；商标有效注册量1.16万件，增长8.34%。新增“平潭鲍鱼（非活的）”国家地理标志证明商标，新增国家知识产权优势企业2家、省知识产权优势企业2家。至年底，实验区有国家知识产权优势企业3家，省级知识产权优势企业6家，地理标志保护产品1件，地理标志证明商标5件，国家级知识产权信息公共服务网点1个。

【专利授权】 2023年，平潭综合实验区专利授权量238件，其中，发明专利授权量46件，实用新型专利授权量142件，外观设计专利授权量50件，有效发明专利量201件，万人发明专利拥有量5.15件。

【知识产权应用激励】 2023年，平潭综合实验区市场监管局联合中国人民银行平潭支行、区信平担保公司和商业银行，开展知识产权质押融资入园惠企行动，推动5家企业通过专利权质押获得贷款1150万元。落实知识产权激励政策，

表16 2014—2023年平潭综合实验区专利情况统计表

单位：件

| 年份 | 专利授权量 | 发明专利 | 实用新型专利 | 外观设计专利 | 有效发明专利拥有量 | 万人发明专利拥有量 |
|---|---|---|---|---|---|---|
| 2014 | 26 | 2 | 11 | 13 | 11 | 0.26 |
| 2015 | 63 | 7 | 27 | 29 | 20 | 0.48 |
| 2016 | 66 | 6 | 35 | 25 | 31 | 0.72 |
| 2017 | 209 | 6 | 153 | 50 | 42 | 0.96 |
| 2018 | 463 | 31 | 373 | 59 | 67 | 1.49 |
| 2019 | 279 | 15 | 200 | 64 | 74 | 1.61 |
| 2020 | 417 | 23 | 311 | 83 | 87 | 1.90 |
| 2021 | 450 | 21 | 266 | 163 | 105 | 2.70 |
| 2022 | 389 | 39 | 242 | 108 | 154 | 3.95 |
| 2023 | 238 | 46 | 142 | 50 | 201 | 5.15 |

兑现各级知识产权资助奖励资金228.11万元，惠及企业35家次。

**【商标侵权案件查处】** 2023年，平潭综合实验区市场监管局立案查处商标侵权违法案件33件，罚没金额17.72万元。查处首例不良影响商标注册申请案件，罚没金额0.35万元。处理非正常专利申请36件。查办的某公司侵犯“友邦”商标权案入选省商标行政保护典型案例，并作为典型案例推荐至国家知识产权局。

**【商标注册服务】** 2023年，平潭综合实验区优化商标注册服务，成立实验区农渔业发展协会商标品牌培育指导站，为协会会员提供商标和地理标志品牌服务。年内，国家知识产权局商标业务平潭受理窗口受理商标业务677件，比上年增长70.53%。

**【软件版权保护】** 2023年，平潭综合实验区党工委宣传与影视发展部推进机关单位和国有企业软件正版化工作，召开软件正版化工作推进暨培训会议，区管委会办公室机要局作为计算机软件国产化试点单位。全年采购国产办公软件2981套。

**【平潭知识产权保护机制获评全国首创】** 2023年8月3日，平潭市场监管局、平潭法院联合出台的“知识产权行政司法‘三同步’工作机制”入选福建自贸试验区第20批创新举措名单，并被评为全国首创。机制是指行政机关对涉知识产权侵权案件作出行政处罚前，可依当事人申请，同步组织行政调解；经行政机关调解达成协议的，同步进行违法行为综合评判；由行政机关向人民法院提交行政调解材料，法院同步审查作出司法确认。

（林海娟 郭宁美）

## 消费者权益保护

**【概况】** 2023年，平潭综合实验区市场监管局处理各类消费维权咨询投诉举报信访7031件，按时办结率100%、及时查阅率100%、群众满意率超98%。为群众挽回经济损失68万元，诉转案、举报经核实立案11件，罚没金额9.69万元。

**【旅游消费投诉先行垫付机制】** 2023年，平潭综合实验区市场监管局继续实行涉旅投诉“秒回分到日结”和旅游消费投诉“先行垫付、代位追偿”机制，年内启动“先行垫付”机制3次，垫付金额6886.50元。

**延伸阅读：**旅游消费投诉“先行垫付、代位追偿”机制是指游客遇到旅游消费纠纷时，由平潭市场监管局等投诉承办单位先行调解，调解不成的，由区消费者权益保护协会对符合条件的投诉人先行支付垫付款，征得投诉人同意取得代位权，之后免费负责开展代位追偿，追偿未果的，行使民事诉讼权进行追偿。

**【消费者权益日宣传】** 2023年，平潭综合实验区市场监管局开展3月15日国际消费者权益日暨“优化消费环境 助力国际旅游岛建设”宣传活动，40余家单位及企业参加活动，围绕“提振消费信心”主题，为线下购物“七天无理由退货”商家授牌，企业代表作放心消费承诺宣言。发放《食品药品投诉举报知识手册》等宣传材料5000余份，提供消费维权咨询服务100余人次，处理现场投诉3件。

**【“3·15”晚会曝光问题跟进检查】** 2023年，平潭综合实验区市场监管局针对中央广播电视总台“3·15”晚会曝光的“香精大米”、电动车头盔质量、美容针等问题，出动执法人员26人次，检查超市等大米重点经营单位46家，未发现通报的涉案厂家大米，对12家添加剂使用单位进行现场指导，督促其规范使用。检查电动车经营单位、头盔经营单位14家，下架无3C认证（中国合格评定国家认证）头盔7个。

**【“12315”维权监测】** 2023年，平潭综合实验区市场监管局通过“12315”平台大数据监测到住宿经营者单方违约、坐地起价侵害消费者权益、电动车出租店出租改装电动车质量违法等行为，发布热点预警2期，召开专题研讨会研究对策、提出建议。

**【问题食品专项检查】** 2023年，平潭综合实验区市场监管局开展“真味食品”“玉蕾橄榄菜”等问题食品专项检查，检查冻品店31家次、超市17家次、餐饮店4家次，未发现销售“真味”牌冻品包子及“玉蕾”牌橄榄菜。

（林海娟）

# 自然资源管理

## 土地管理

【概况】 2023年，平潭综合实验区完成上半年地类变化监测、年度城市国土空间监测等工作，推进年度国土变更调查工作，查清实验区土地利用现状，为实验区发展规划、自然资源管理等提供基础数据。围绕国家耕地保护和粮食安全责任制“首考”任务，超额完成耕地保有量、永久基本农田保护面积、耕地进出平衡等涉及“一票否决”的关键指标。组织各片区管理局签订年度耕地保护目标责任书，建立健全领导干部耕地保护离任审计制度。整治新增农村乱占耕地建房情况，7宗农村乱占耕地建房问题全部整改到位。完成幸福洋五期土地整治项目验收入库，新增耕地面积7.73公顷，完成年度补充耕地面积26.67公顷任务。年内省级下达耕地恢复任务面积57.33公顷，平潭实际完成面积128公顷，完成率223%。

【土地使用报批】 2023年，平潭综合实验区做好用地报批管理，完成建设项目农用地转用和征收批复26个批次29个项目，用地总面积138.93公顷，其中耕地面积63.47公顷。年内，编制土地成片开发方案9个，面积452.05公顷；其中2个批次3个成片开发方案通过省自然资源厅组织的技术审查。

【林地使用报批】 2023年，福建省林业局下达平潭综合实验区林地定额面积116公顷。区资源生态局审核建设项目征占用林地审批38宗，使用林地定额面积33.86公顷。其中，基础设施21宗，使用林地面积16.82公顷；公共事业与民生2宗，使用林地面积0.49公顷；经营性项目7宗，使用林地面积15.25公顷。办理林木采伐许可证63宗，采伐林木蓄积3368.30立方米。全年占用国家级生态林储备库面积5.92公顷，省级生态公益林储备库面积7.44公顷，沿海防护基干林带储备库面积4.16公顷，为新兴产业园周边基础设施、大练乡环岛路等项目提供林地使用保障。

【土地出让】 2023年，平潭综合实验区供应国有建设用地使用权49宗，面积211.58公顷，价款12.56亿元，入账4.75亿元。其中，划拨新兴产业园区路网项目31宗，面积151.18公顷，划拨价款10.03亿元，入账2.58亿元；协议出让民生养老置换、储能电站等项目7宗，面积22.62公顷，出让金0.20亿元，完成入账；招拍挂出让成交的起帆电缆、莱泽物流等项目11宗，面积37.78公顷，出让价款2.32亿元，入账约1.97亿元。

【耕地保护】 2023年，平潭综合实验区资源生态局组织4个片区签订《2023年耕地保护目标责任书》，建立健全领导干部耕地保护离任审计制度，强化属地监管职责。结合永久基本农田核实整改工作要求，划定永久基本农田面积5026.67公顷，在原有面积2000公顷的基础上，增加3026.67公顷。

【乱占耕地整治】 2023年8月6日，平潭综合实验区资源生态局牵头印发《深化“整治新增农村乱占耕地建房问题 牢牢守住耕地红线”工作方案》，开展新增农村乱占耕地建房问题整治，7宗农村乱占耕地建房问题整改到位。组织片区和区直部门对上海督察局下发的50个疑似问题图斑逐一核查，举证排除44个疑似问题，督促相关单位限期整改6个问题。

【土地批后监管】 2023年，平潭综合实验区资源生态局加强土地使用督查，做好土地批后监管，完成闲置土地处置面积 0.96 平方千米；完成批而未供土地处置面积 181.25 平方千米。督促未开工项目开工，推动取得施工许可证开（复）工建设项目 7 个。

**【土地房屋征收】** 2023 年，平潭综合实验区完成土地征收面积 0.90 平方千米，房屋征收签约 40 座、拆除 87 座。推进中原安置小区一二组团、竹园安置小区一期 B 地块、崇文府回购房等政府性安置房交房工作，保障群众回迁安置需求。优化调整土地房屋征收补偿安置政策，研究土地房屋征收补偿房票安置和坟墓征收补偿安置政策。

**【招商项目规划选址】** 2023 年，平潭综合实验区资源生态局配合投促委开展招商项目预选址工作，完成选址超30个，开展控规调整17个；推进经营性建设用地项目生成实施规划动态维护工作。编制并更新《经营性用地建设项目生成实施规划（修编）》，梳理可用经营性用地，形成招商供地图册，提高招商效率。年内办理各类规划审批许可100项。

（许琳琳 郭国铨）

## 海洋资源管理

**【概况】** 2023 年，平潭综合实验区完善海域海岛监管工作体制机制，做好海洋自然资源综合管理工作。在全省率先执行将“国家围填海管控政策落实成效”纳入 2023 年度实验区绩效管理工作，制定出台《平潭综合实验区海岸线、海域及无居民海岛巡查监管工作方案》，推进海岸线、海域及无居民海岛日常巡查监管工作常态化。全年立案查处违法涉海案件 6 件，收缴罚款入库 1099 万元。

2023 年，平潭综合实验区开展撂荒地复耕复垦行动。图为苏平片区先进村干部和村民在荒地上种下甘薯苗　（林君斌 摄于 2023 年 10 月）

**【海域使用报批】** 2023 年，平潭综合实验区外海海上风电场项目、北楼路、苏平路、山边陆岛交通码头工程、平潭国际赛车场旅游娱乐项目、大练海上风电场项目等 6 宗用海获得省政府批准，批复用海总面积 334.80 万平方米。全区审查出具项目涉海意见 110 个，审批平潭港区进港航道及港池疏浚工程、风渔融合试验项目等 2 个用海面积 111.20 万平方米。收缴用海项目海域使用金 3.31 亿元，减免海域使用金 658.89 万元。

**【用海历史遗留问题解决】** 2023 年，自然资源部批复平潭幸福洋、金井湾区域围填海历史遗留问题处理方案，备案填海面积1326万平方米，平潭综合实验区可通过用海审批、海域验收海转陆方式，解决用海历史遗留问题和项目建设用地需求。

**【无居民海岛管理】** 2023 年 12 月 20 日，福建省自然资源厅在平潭综合实验区组织召开大屿岛用岛审批前方案论证审查会，加快无居民海岛用岛审批进程。年内，实验区收取大屿岛生态修复管护保证金 8.50 亿元，用于海岛综合管理。

**【岸线海域巡查】** 2023 年，平潭综合实验区资源生态局打击各类违法围填海和非法盗采海砂行为，组织开展岸线码头巡查 305 个次、海上执法巡查 58 航次，下达“责令停止违法行为通知书”20 份，立案查处违法涉海案件 6 件，收缴罚款入库 1099 万元。

**【中广核大练海上风电场用海获批】** 2023 年 12 月 28 日，福建省人民政府批复同意中广核大练海上风电场项目用海，涉及大练岛、小练岛及白青乡东北侧面积 237.44 万平方米海域，用海期限 25 年。

**【平潭首例海域与土地使用权共同出让】** 2023 年，平潭国际赛车场旅游娱乐项目海域使用权挂牌出让，出让海域位于平潭幸福洋历史围填海区域，面积 47.33 万平方米，由区文旅发展集团以 3.28 亿元摘牌，用于建设国际二级赛道。实验区实现从依申请审批用海到市场化出让海域使用权的转变，是平潭首例实行海域使用权、土地使用权一并出让的涉海项目，完成从“审批用海”到“交易用海”，再到“土地建设”“零”的突破。

（杨心俊）

## 矿产资源管理

【概况】 2023 年，平潭综合实验区组织编制《平潭综合实验区矿产资源规划（2021—2025 年）》，组织矿山行为违法排查。做好矿产使用报批工作，引导地热和普通建筑用砂集中开采、规模开采和绿色开采。完成实验区首宗地热资源勘查探矿权的公开出让工作，成交价格 99 万元。

【矿产资源开发】 2023 年，平潭综合实验区资源生态局组织编制《平潭综合实验区矿产资源规划（2021—2025 年）》，统筹全区矿产资源开发管理与生态保护工作，设置 4 个地热勘查区块，2 个海砂集中开采区，规划期内计划投放 2 个地热探矿权。

【矿山违法行为监管】 2023 年，平潭综合实验区运用卫星遥感技术等手段，强化“天上看、地上查、网上管”动态监管机制，进行信息化监管，形成全覆盖、无死角的监管体系。做好狼山矿区监管工作，督促矿山企业按照方案要求组织开采和环境治理。对方鼎建材有限公司涉嫌非法采矿进行立案调查，开展涉嫌非法采矿区域面积与土方量等数据测绘工作。

【矿产拍卖】 2023 年，平潭综合实验区规范矿业权出让交易行为，加强对采矿权拍卖的监督管理。年内完成斗魁地热普查探矿权公开拍卖，勘查区块面积 0.21 平方千米，成交价格 99 万元，是实验区公开出让的首宗地热资源勘查探矿权。开展项目多余砂石土拍卖，年内公开拍卖项目多余砂石土 6 宗，总量 2.77 万立方米，收缴自然资源收益 87.68 万元。

（林宗）

## 测绘管理

【概况】 2023 年，平潭综合实验区资源生态局开展《平潭综合实验区基础测绘“十四五”规划（2021—2025 年）》编制工作，建成平潭现代测绘基准体系和覆盖平潭全域的时空信息资源大数据体系。为区内 48 个部门在社会综治、乡村振兴、空间规划、自然资源管理、环境保护、公共安全等方面提供基础地理信息数据服务，提供离线测绘服务 168 批次，数据查询服务 16 批次。

【测绘产品体系提升】 2023 年，平潭综合实验区建成覆盖平潭全域的时空信息资源大数据体系，建立测绘地理信息数据每年更新机制。完成 2009—2020 年时空影像数据库建设，实现 2019 年后陆域影像更新分辨率优于 0.10 米。完成重点区域 200 平方千米 0.02 米地面分辨率的倾斜摄影三维模型建设。编制完成平潭城市地图集，制作全域高清政务影像电子地图和政务矢量电子地图，提供全景等多种新型测绘产品地图服务。

【基础测绘】 2023 年，平潭综合实验区编制完成《平潭综合实验区基础测绘十四五规划（2021—2025 年）》，实现基础测绘融入自然资源管理体系。开展新型基础测绘建设，完成金井片区覆盖城镇开发边界及周边范围约 17 平方千米的城市实景三维建设、时空云平台三维模块升级改造。

【测绘地理信息服务】 2023 年，平潭综合实验区建成平潭自然资源时空信息库、时空信息云平台，完成“天地图 • 平潭”公众版一体化建设。年内为区公安局、农业农村局等 48 个部门在社会综治、乡村振兴、国土空间规划、自然资源管理、生态环境保护、公共安全、招商引资等方面提供测绘成果数据服务，提供离线测绘成果数据服务 168 批次，测绘成果数据查询服务 16 批次。

【地图线索监督】 2023 年，平潭综合实验区资源生态局通过日常检查、部门移送等方式，发现 3 条区内涉嫌违法使用地图线索，移送执法部门依法查处。

【平潭现代测绘基准体系建成】 2023 年，平潭综合实验区完成卫星导航连续运行基准站，似大地水准面精化，城市二、三等水准控制网，城市二、三等 GNSS（全球导航卫星系统）控制网建设。完成卫星导航连续运行基准站系统北斗化改造工作，扩展后具备北斗卫星导航功能，提供全天候高精度实时定位服务，初步建成平潭现代测绘基准体系。

（林宗）

# 口岸管理

## 综　述

**【平潭港口岸】** 平潭港口岸位于台湾海峡中北部，水深5～24米，避风条件好，航道无暗礁，水域自然条件和通航环境良好。平潭港口岸建有澳前港区和金井港区2个港区。2023年，平潭口岸外贸进出口货值189.06亿元；进出口货物41.48万吨，比上年下降46.75%；进出口集装箱6.71万标箱，下降47.25%；出入境船舶618航次，下降37.89%；出入境人次1.19万人次，下降24.88%。

**【澳前港区】** 澳前港区位于平潭主岛海坛岛，北纬25°27′18″、东经119°47′31″和北纬25°27′26″、东经119°51′05″两点连线间，岸线9200米，是祖国大陆距离台湾本岛最近的地方，距台湾新竹68海里。建有2个泊位、1个万吨级客货滚装船泊位、1个待泊泊位，主要经营对台客货滚装航线，配套有对台小额贸易市场，实行“海峡号”“丽娜号”双船三航线运营模式，开通台北、台中、高雄航线。2023年，港区内澳前客滚码头应急修缮工程完工，开展4轮两岸复航演练。6月15日，运载11个集装箱快件的“海峡号”高速客货滚装船从澳前港区驶往台中，停航1221天的平潭澳前港区对台货运直航航线复航；年内开通7个航次，往返71个标箱。

**【金井港区】** 金井港区位于平潭主岛金井片区，北纬25°28′16″、东经119°40′30″和北纬25°25′54″、东经119°41′23″两点连线间，岸线长2.15万米。规划9个万吨级泊位，其中客货运输泊位3个、多用途货运泊位6个，3号、4号、5号多用途泊位完成建设，其中3号泊位为国际邮轮码头。港区以对台客货滚装、国际邮轮靠泊和服务港口物流园区为主，发展多用途运输、车辆滚装和国际邮轮旅游观光等业务。开通平潭至台北、台中、高雄、基隆、马祖、金门等两岸直航航班和“小三通”（与金门、马祖进行的通商、通航和通邮）航线。运行平潭至日本、菲律宾国际邮轮航线。具备进境植物种苗、食用水生动物、水果、冰鲜水产品4类海关指定监管场地资质，是全省“四合一”综合性、集约化指定监管查验场地。2023年，港区3号泊位国际邮轮码头完成升级验收并获批启用，开启“平潭—菲律宾—厦门”首条国际邮轮航线。

**【智慧港口建设】** 2023年，平潭综合实验区探索“智慧海防”管

平潭综合实验区金井港区国际邮轮码头

（林君斌 摄于2023年9月11日）

控体系，区海防办组织海防委成员单位建设一批海防智能管控设施，打造立体智能管控体系，加强涉海区域风险排查，基本实现全岛海岸线全覆盖。平潭港务站开展平潭港邮轮港口智慧服务平台项目建设，探索提高邮轮旅客的通关效率和服务智能化，推动辖区码头企业引入新技术和应用创新，优化智慧港口运营流程。

**【金井港区国际邮轮码头启用】** 2023年10月8日，平潭港口岸金井港区3号泊位（国际邮轮码头）通过福建省口岸办等单位联合验收，具备对外开放条件和国际通航条件。10月18日，省人民政府批复同意启用邮轮码头。邮轮码头满足15万GT（船舶总吨位）邮轮泊位和5万吨级多用途泊位的使用要求，年设计客运通过能力8万人次、货运通过能力105万吨，是福州港及闽东北经济协作区首个国际邮轮码头，是省内除厦门国际邮轮码头外的第二个邮轮码头，与厦门形成“一南一北”发展格局。

**【平潭首条国际邮轮航线开通】** 2023年11月19日，“平潭—菲律宾—厦门”首条国际邮轮航线开启，利比里亚籍“蓝梦之星”邮轮，搭载5503名乘客从全新启用的金井港区邮轮码头出发，前往菲律宾苏比克港，标志着平潭首条“一带一路”航线开通。

**【平潭口岸成沃尔玛中国跨境业务唯一服务口岸】** 2023年，因广州南沙保税仓战略调整，平潭京东协同仓成为沃尔玛中国跨境业务唯一服务商，平潭口岸成为沃尔玛中国跨境业务唯一服务口岸。平潭京东协同仓于2022年开仓运营，与沃尔玛合作开展跨境业务，为沃尔玛线上平台客户提供美妆、个护等全品类服务。

**【平潭口岸远洋渔船出入境】** 2023年6月19日，平潭口岸迎来首批远洋捕捞渔船靠泊，中国籍渔船“福远渔8897”“福远渔8899”2艘千吨级远洋渔船抵达金井港区。9月，12艘远洋捕捞渔船从平潭口岸出境前往印度洋、太平洋公海开展远洋捕捞作业。

**【平潭口岸科技中心移交使用】** 2023年，平潭口岸科技中心移交投用，中心面积3.34万平方米，分为C、D两个地块。C地块位于竹屿湖东路南侧、和平大道东侧，为平潭边检站新业务办公用房，7月3日启用，包括业务综合楼、监护中队、训练馆等。D地块为平潭海事局用房，包括业务综合楼和附属楼，年内用房使用和管理权限移交并投入使用。

（林超敏 何小辉 于琦）

## 海关监管

**【概况】** 平潭海关隶属于福州海关，负责平潭综合实验区行政辖区内一般贸易、对台小额贸易、加工贸易等传统业态及跨境电商、海运快件等新型业态的监管。辖区有2个开放口岸、5个海关监管作业场所，全岛实施分线管理。2023年，平潭海关开展“国门利剑”“蓝天”等专项打击走私行动，立案114件，涉案金额近亿元。关区首个国际邮轮码头开放，“蓝梦之星”邮轮实现首航。发挥隔检中心世界珍稀物种科普展示馆优秀科普教育基地作用，普及环境保护、物种研究、国门安全知识，解读口岸通关、检验检疫等法律法规，开展“海关开放日”等活动23场次，受众1500余人次。启动跨境电商零售进口税款电子支付应用试点，开展“一线放开、二线管住”监管机制研究，完成《海关对平潭综合实验区监管办法》修订草案，围绕两岸融合发展示范区建设出台进一步支持平潭开放开发9项措施。在全省首创启用远程智能施封系统。

**【口岸通关】** 2023年，平潭海关巩固压缩进口通关时长成效，推行“提前申报”“两步申报”等通关便利化措施，应用率居关区前列。发挥“关长送政策上门”机制，解决企业问题14个，帮助企业享受“免、保、退、选”税收红利447万元。创新推出关锁远程智能施封、“随申办”小程序、邮包转关单自动核销等举措，提升口岸通关便利化水平。助推平潭跨境电子商务零售进口退货中心仓验收启用，探索助力企业“5034”监管货物拓宽调拨方向。平潭跨境电商进出口清单货值连续2年破百亿元。关区首个国际邮轮码头开放，“蓝梦之星”邮轮实现首航。

**【检验检疫】** 2023年，平潭海关做好食品安全监管、商品检验、动植物检疫，开展“国门绿盾”、严防外来物种入侵三年等专项行动，截获检疫性有害生物1种次、一般性有害生物5种次，进口货物不合格查获率11.59%。8月，金井港区通过海关总署口岸公共卫生核心能力达标验收。

【走私打击】 2023年，平潭海关打击重点领域、重点商品走私，继续开展“国门利剑”“蓝天”等专项行动。全年刑事立案18件，案值8233万元；行政立案96件，案值1657万元。依法退运固体废物2.71吨。开展专项行动打击对台小贸市场金门高粱酒借铺过货走私行为。

【平潭远程智能施封系统启用】 2023年8月14日，平潭海关在全省首创启用远程智能施封系统，平潭小迪拜·跨境电商海关监管中心是系统启用的首个试点园区。通过“5G+AI”技术，企业人员把锁装在车上后，摄像头可自动识别锁的位置、车辆号码，确认无误后远程上锁、自动放行，实现远程施加海关封志，提高通关便利化水平。每月为企业在人力资源、车辆调运等方面节省10万余元。至年底，系统推广至辖区3家出口场站应用。

【“5034”海关监管模式启用】 2023年，平潭海关启用“5034”监管模式，降低企业在境外的人工成本和仓租成本，让品牌商家实现单一商品多种销售模式。“5034”是“区内物流货物”海关监管模式，境外货物到达平潭保税仓后，经过保税暂存或简单加工、包装后，可申报转为一般贸易或是跨境电商模式进行销售，让货物在线上线下均可销售。

【平潭跨境电商零售进口税款电子支付启动】 2023年6月1日，平潭海关“跨境电商零售进口税款电子支付应用”上线试运行。企业通过登录“单一窗口”“互联网+海关”平台缴纳税款，方便在平潭无常驻地点的电商企业完成线上支付，促进平潭跨境电商零售进口贸易便利化。

2023年8月14日，平潭在全省首创启用远程智能施封系统。图为海关关员在远程指挥台监控安全智能锁施封情况 （邵鹏 摄）

【对台货运通关服务】 2023年，平潭海关支持“海峡号”对台货运复航，办理台湾番荔枝复航后首批通关业务，保障首届平潭海峡漂移邀请赛比赛用车通关，监管“两马同春闹元宵”活动使用花灯通关。与区市场监管局建立药械认定协作机制，帮扶台湾“一条根”贴布等商品完成通关。推动平潭台湾小镇1号免税商场兼容电商网购保税业务展示。

【平潭海西动植物隔检中心竣工】 2023年，平潭海西动植物隔检中心项目竣工并通过验收，初步具备交付使用和产权登记条件。项目占地面积13.30万平方米，计划投资4.83亿元，建设检疫处理区、动物隔离检疫区、植物隔离检疫区、检测研发中心及其他综合配套设施。

【食蟹猴进境业务】 2023年，平潭海关做好支持食蟹猴进境前期准备工作，成立隔检中心运营使用工作专班，协助推进食蟹猴场地改造、进境审批流程办理指导等工作。年内，完成隔检中心食蟹猴临时隔离场地设置，取得区农业农村局核发的动物防疫条件合格证。

（丁俊婷 龚文斌）

## 海事管理

【概况】 2023年，平潭综合实验区优化海事侧营商环境，推进平潭国际邮轮码头验收开放，保障首批远洋渔船靠泊平潭口岸，服务全球单机容量最大海上风电场并网发电，助力海坛海峡水下文化遗产保护，保障全球首个漂浮式风渔融合平台靠泊金井港区，助推首家平潭本土航运企业上市。年内，平潭海事局保障1.30万艘次进出港船舶、33.30万人次旅客、172.20万吨货物，货物吞吐量比上年增长57.5%；组织搜救行动36次，救助人员195人、船舶18艘次，人命救助成功率100%，船舶搜救成功率93.33%。全年受理海事政务1.21万件次，发放各类证书1.04万本，组织培训663期、考试771期，培训船员1.66万人次、考试1.83万人次，涉海重要工程审批43件次。全年发生等级以上海上事故1起，死亡失踪1人。

【航运船舶监管】 2023年，平潭海事局联合各涉海单位开展客渡运安全、休闲船舶、“三无”（无船名船号、无船舶证书、无船籍港）船舶管理、防范商渔船碰撞等专项行动，开展航运公司安全监督质量和安全与防污染管理能力提升三年行动，组织首期航运公司关键岗位人员安全管理培训。开展运输船舶违法违规信息跨区域跨部门通报专项治理，明确通报事项清单，发出通报信息92件，接收信息85件。联合海警、海洋渔业等涉海部门开展专项整治行动12次，查处并拆解“三无”船舶6艘次。全年平潭籍船舶接受安检1170次，平均单船缺陷数7.47个，比上年下降6.3%；滞留率5.38%，下降3.13个百分点。开展水上交通领域重大风险隐患等专项行动11个，把涉水工程、桥梁安全、客渡运管理、船员接驳等重点问题隐患纳入地方政府治理清单，梳理重大风险5项、事故隐患22处，完成整改22处。与区气象局签署合作协议，建立联络员和应急会商制度，加强气象服务保障，提升海上安全和搜救预警能力。推动地方政府建立健全水上交通安全议事协调机制，出台《船管所船管员管理办法》《海上经营性小型休闲船舶活动管理暂行规定》等方案，明确涉海部门及乡镇政府职责，加强乡镇船舶及休闲船舶综合治理。

【通航环境改善】 2023年，平潭海事局推动东甲岛水域海上风电主机打捞，减少辖区碍航安全隐患。创新以水下拍卖的形式推进“宝中26”轮无主沉船处置，获实验区管委会授权批复。划定平潭辖区港外推荐锚区并对外公布，缓解港内锚地容量不足问题。保障平潭港区进港航道及港池水域疏浚项目开工，联合福州航标处印发航标业务相关指南，优化平潭海上通航环境。

【海事设施提升】 2023年，平潭海事局完成竹屿口趸船码头及“海巡0810”艇坞修，推动“海巡08801”艇移交福州海事局。为海巡艇配备5G及CCTV卫星通道视频会议设备，实时回传搜救应急现场音视频信号，保障执法活动。把平潭海上搜救中心及其配套机房项目纳入地方专项债务保障。投资1300万元建设集海域动态感知、应急搜救、水上交通安全监管等功能于一体的综合指挥平台。

2023年10月27日，平潭海事局在竹屿口海事码头举行“海巡08805”列编仪式（平潭海事局 供图）

【海事涉台服务】 2023年，平潭海事局成立对台工作领导小组办公室，编制海事对台工作中远期规划和总体方案，出台两岸客货船舶海事侧服务保障措施，实现对台直航船舶到港“零等待”、离港“零延时”。开展海峡客滚码头通航安全分析论证，保障“海峡号”货运直航航线复航并安全运营7航次。全年安全保障对台直航船舶进出港246艘次，货物42.40万吨，集装箱7.60万标箱。

【国际船舶登记制度试点改革】 2023年12月22日，福建省人民政府新闻办公室召开“优化海事侧营商环境 助力福建高质量发展”新闻发布会，福建海事局介绍计划推出的新一批优化海事侧营商环境重要政策举措，其中1项是在平潭探索试点与国际接轨的便利化船舶登记制度。平潭海事局牵头制定《国际船舶登记制度改革试点的若干措施》，吸引更多船舶到平潭登记落户。

【游艇服务管理】 2023年，平潭海事局协助并推动出台《平潭综合实验区关于培育平潭游艇旅游业发展若干措施》《平潭综合实验区实施闽台游艇旅游自由行实施方案》《平潭综合实验区游艇租赁管理办法》3 项政策。推出台胞在平潭参与游艇驾驶证考试的政策，完成首期台胞游艇操作培训考试，签发福建省首张台胞游艇驾驶证。推进台湾职业资格采认制度，鼓励台胞青年在平潭参加船员考培，完成全国首本台湾同胞大陆游艇驾驶证一、二等证书的换发培训。

【“海巡 08805”新艇列编】 2023 年 10 月 27 日，平潭海事局在竹屿口海事码头举行“海巡 08805”新艇列编仪式，提升平潭水上安全监管能力。新艇是 30 米级 A 型巡逻船，采用双机双桨双舵推进方式，最大航速 21.50 节，续航力 500 海里，自持力 3 个昼夜。

（何小辉 郑敏敏）

2023 年 11 月 19 日，平潭出入境边防检查站在金井港区开展“蓝梦之星”国际邮轮出入境边防检查勤务工作 （白志斌 摄）

## 边防检查

【概况】 2023 年，平潭出入境边防检查站检查出入境交通运输工具 618 艘次，出入境人员 1.19 万人次。与各涉海部门建立执法协作机制，共同促进反恐维稳、执法办案、口岸安全协同治理。打造海港边检立体管控体系，通过人防、物防、技防维护口岸安全稳定。开展“三非”（未经合法手续而在中国非法就业、非法入境和非法居留）外国人治理等工作，查处“三非”外国人 50 余名。为台胞集中办理快捷通道信息采集，实现通关“即办即通”。年内，平潭边检站新业务办公用房在平潭口岸科技中心投入使用。

【边检立体管控】 2023 年，平潭出入境边防检查站打造海港边检立体管控体系，在全省率先建成港口锚地预警管控系统，实现对港区、停泊点、锚地等全覆盖。建立口岸动态监测船舶数据库，入库船舶 900 余艘次，推动锚管系统与一线勤务融合，保障平潭海域出入境秩序。依托无人机组建空中警戒哨，对开放水域、靠港船舶外档及停泊锚地船舶进行巡查监管，日均监测对外开放水域船舶 150 余艘，预警 AIS（船舶自动识别系统）信号异常、非法出入境、非法搭靠等重点船舶 300 余艘次。

【“三非”外国人治理】 2023 年，平潭出入境边防检查站推进“獴猎”行动-2023、“三非”外国人治理“犁平”行动等专项工作。发挥边检大数据研判作用，筛选出可疑对象推送至公安、海警等部门，通报跨境违法犯罪线索 70 余条，推动立案侦办案件 84 件，查处非法雇“三非”人员企业 7 家、非法中介 3 家、“三非”外国人 50 余人。

【台胞通关“即办即通”】 2023 年，平潭出入境边防检查站设立信息采集点，采取预约申请的方式，为台胞集中办理快捷通道信息采集，实现“即办即通”和“一地备案、全国通用”。

（丁倩敏）

# 开放型经济

## 对外贸易

【概况】 2023年，平潭综合实验区进出口额170.60亿元，比上年下降19.2%。其中，出口额89.90亿元，比上年下降26.1%；进口额80.70亿元，下降9.8%。从贸易方式看，跨境电商进出口规模110亿元，比上年下降8.3%，占比64.48%；一般贸易进出口规模60.60亿元，下降28.1%，占比35.5%。从企业类型来看，民营企业是平潭外贸主力军，完成进出口额162.63亿元，占比95.3%。

【出口贸易】 2023年，平潭综合实验区出口额89.90亿元，比上年下降26.1%。其中，跨境电商直购出口出区585万余票，比上年下降27.2%；货值约55亿元，下降21.4%。

【进口贸易】 2023年，平潭综合实验区进口额80.70亿元，比上年下降9.8%。其中，跨境电商保税进口出区2847万票，比上年下降7.5%；出区货值60亿元，增长67%。

【“一带一路”建设参与】 2023年是共建“一带一路”（“丝绸之路经济带”和“21世纪海上丝绸之路”）倡议提出十周年，平潭综合实验区作为“一带一路”倡议支点城市之一，发挥南岛语族起源地核心区等优势融入“一带一路”建设。以国家物流枢纽和国际航运中心建设为核心，扩展对外物流通道，促进国际航运自由化。加强用地、金融、人员出入境等要素保障，发挥QFLP（合格境外有限合伙人）政策优势，推动富运莱、赤道绿洲等纳入外商投资股权投资试点企业。举办中国—太平洋岛国海洋防灾减灾合作研讨会、国际海岛论坛、世界政治经济学学会第16届论坛等活动，邀请共建“一带一路”国家和地区专家学者参加。11月19日，平潭首条“一带一路”邮轮航线开通，利比里亚籍“蓝梦之星”邮轮从金井港区国际邮轮码头起航，开启“平潭—菲律宾（苏克比）—厦门”的旅程，促进与共建“一带一路”国家的多元交流。

（林超敏 林炜）

2023年，平潭综合实验区投入使用的跨境电商保税仓储面积约9万平方米。图为平潭跨境电商园 （林映树 摄于2023年4月）

## 跨境电商

【概况】 2023年，跨境电商成为平潭综合实验区稳外贸主要力量和外贸发展新动能，跨境电商进出口规模110亿元，占比64.48%。其中，跨境电商直购出口货值55亿元，跨境电商保税进口36亿元。平潭跨境电商保税进口额、进口业务量居全省第一。出台《关于推动跨境电子商务优化提升的若干措施》，拓展平潭跨境电商发展新路。年内25家企业开展跨境电商出口业务。创新远程智能施封系统、进境拼箱货物拆单放行等措施，提高口岸通关便利化水平。协调跨境电商园仓储配置，支持区岚和供应链公司引进山姆会员店，做大沃尔玛电商平台的跨境保税进口业务，形成新增量。支持威士忌、香水香氛等类型商品进仓销售，提升单笔订单销售金额，总体货值约60亿元，比上年增长66.7%。

2023年，平潭综合实验区跨境电商进出口规模110亿元。图为“6·18”购物节前夕，跨境电商中心的工作人员打包快递 （林映树 摄）

【跨境电商直购出口】 2023年，平潭综合实验区跨境电商直购出口出区585万票，比上年下降27.22%；货值约55亿元，下降21.4%。受益于“简化归类”“无票免税”“企业所得税核定征收”等通关和财税优惠政策落地，年内，实验区25家企业开展跨境电商出口业务，其中华信物流、莱泽集团、携诚物流集团及宸光物流在区内设置集货仓，通过区内集货降低成本、提高时效。

【跨境电商保税进口】 2023年，平潭综合实验区跨境电商保税进口货值约36亿元，比上年增长38.5%。其中，出区2847万余票，比上年下降7.5%；出区货值60亿余元，增长67%，跨境电商保税进口销售货值连续2年保持全省第一。

【平潭跨境电商园】 2023年，平潭综合实验区完成建设并投入使用的电商园区总面积约15万平方米，其中投入使用的跨境电商保税仓储约9万平方米，集中在平潭跨境电商园内，岚和供应链、福建跨境通、福建有好货供应链、易通供应链管理公司等多家综合服务企业入驻。年内，平潭跨境电商园区周转货值突破115亿元，比上年增长9.5%；电商园进口产品美妆产品占比60%，产品来自韩日、澳大利亚等国家和地区，具备成为跨境电商美妆商品区域集散中心的条件。

【跨境电商通关服务】 2023年，平潭海关制定跨境电商进出口通关作业七项操作规程，在确保“管得住”基础上，实施全天候通关服务，对跨境电商货物海关手续实现当日申报、当日验放、当日办结。打造智慧海关建设，推出“安全智能锁远程智能施封”监管模式，实现关锁“7×24小时”自动施封，货车即封即走，场站每天最多处理集装箱数量从10个增加至18个。模式在平潭海关辖区3个直购出口作业场站11个作业点位实现全覆盖，出口集装箱周转效率提升50%以上。

【会员店跨境业务落地】 2023年，平潭综合实验区保税进口业务形成“全球一盘货，一仓发全网”布局，新落地沃尔玛、山姆会员店跨境业务，拉动平均每笔订单金额上涨至170元，比上年增长50%，成为平潭跨境电商保税进口业务新的增长点。岚和供应链引进沃尔玛山姆全球购，平潭口岸成为沃尔玛跨境中国唯一合作口岸。

【平潭首个跨境电商退货中心仓启用】 2023年11月，平潭首个跨境电商零售进口退货中心仓投入使用，项目位于平潭跨境电商物流园内，仓储面积985平方米，包括快递交接区、退货质检区及出库待查验区、放行待核增区，日均处理量1万余件。中心启用后，区内跨境电商企业无须在跨境电商物流园区外租赁退货仓库，降低经营成本。

（林超敏 林炜）

# 中国（福建）自贸试验区平潭片区

【概况】 2023年，中国（福建）自贸试验区平潭片区（简称平潭自贸片区）围绕建设两岸共同家园和国际旅游岛功能定位，以《关于支持福建探索海峡两岸融合发展新路建设两岸融合发展示范区的意见》《平潭综合实验区总体发展规划（2023—2035年）》为重点，推进自贸创新相关工作。启用福建自贸试验区创新（平潭）中心，开展自贸区8周年宣传工作，展示平潭片区改革创新路径及特色改革成果，打造平潭改革创新展示的新载体新窗口。

【自贸制度创新】 2023年，平潭自贸片区召开自贸深改专题会11次，形成"一线放开、二线管住"海关监管模式、支持对台小额商品交易市场创新发展等政策举措10余项。制定年度要点，对两岸融合发展示范区意见、新总规重点政策内容进行细化分解，形成推进落实的重点政策、重大项目、重要活动清单，协调相关部门向国家有关部委和省直相关部门沟通，推进国际邮轮航线开通等重点政策落地。制定《关于贯彻落实试点对接国际高标准推进制度型开放若干措施的实施方案》，按直接适用、研究争取、重点应用分类推进政策落地，政策可实施率72.2%。其中，特定暂时进境货物暂不缴纳税款入境、境外服务人员专业能力评估等13项措施取得成效。

【自贸创新试验】 *贸易通关便利* 2023年，平潭自贸片区围绕对台小额贸易推出合并申报等通关改革，简化通关流程，促进对台小额贸易市场交易额增长，平潭口岸通关效率长期保持福州关区前列。"一线放开、二线管住"监管方案、小贸市场经营范围扩类清单上报国家部委，优化调整负面清单。

*数据跨境流动* 建成省内首个地市级一体化大数据中心基础平台。启动建设全国首个实质性开展的跨境数据安全评估项目，推进国际互联网专用通道申报工作。

*法治跨域联动* 探索融合法庭机制，与江苏省昆山法院互聘台胞特邀调解员6人，调解涉台纠纷案件8件。建立与国家贸仲委合作机制，共同出台支持将海峡两岸仲裁中心打造成为两岸处理经贸争议主要平台的政策措施。

【自贸平台建设】 *跨境电商基地* 2023年，平潭自贸片区建立跨境电商退货中心仓，推广跨境电商保税展示体验试点，打造跨境电商"海运成本、空运速度"品牌。开发远程智能施封系统，推进跨境电商领域危险品检验模式改革，加快跨境电商转型升级。

*海峡股权交易中心* 发挥海峡股权交易中心"台资板"专业优势，为在闽台资企业提供挂牌交易、股份登记托管等金融服务，促进台资企业发展并上市融资。至年底，挂牌台企131家、展示台企3000家，实现融资额23.17亿元，平潭成为全国区域性股权市场中服务台企数量最多的市场。

*特色金融港打造* 至年底，引进金融企业1021家，资产管理规模超3000亿元，入港企业纳税额约占全区税收总额35%。

【平潭自贸片区2项工作被列入全国自贸试验区重点工作清单】 2023年6月25日，平潭自贸片区2项工作被列入商务部印发的《自贸试验区重点工作清单（2023—2025年）》，分别是"建设两岸职业资格对接互认平台，设立福建省（平潭）台胞职业资格考证认证一体化服务中心，创新考证服务模式，打造对台职业资格一体化全链条服务体系""优化对台货运航线，建设平潭海峡健康产业园等平台，构建两岸货物贸易主通道"。

【平潭17项制度创新成果获评福建自贸试验区第20批创新举措】 2023年，平潭自贸片区17项制度创新成果获评福建自贸试验区第20批创新举措，获评率70%，其中全国首创8项。举措涉及对台创新4项，台胞职业资格一体化服务、民宿发展经验等制度经验在省内推广应用（见表17）。

【福建自贸试验区创新（平潭）中心启用】 2023年3月3日，福建自贸试验区创新（平潭）中心启用。中心位于商务营运中心，包括福建自贸试验区展厅和平潭片区展厅，记录自贸区发展历史和改革成就。年内接待来访16批次，接待280余人。

【平潭数据跨境流动服务枢纽平台试运行】 2023年4月，平潭数据跨境流动服务枢纽平台启动建设。12月9日，平台通过专家评审，投入试运行。平台以安全规范为基础，以降低数据流通门槛为目标，为企业提供数据传输、安全加密、合规性管理等服务，是全国首个实质性开展的跨境数据安全评估项目，是

表 17　2023 年平潭自贸片区入选福建自贸试验区第 20 批创新举措名单一览表

| 序号 | 举措名称 | 举措内容 | 举措创新性 | 创新单位 |
|---|---|---|---|---|
| 1 | 台胞职业资格一体化服务新模式 | 设立福建省（平潭）台胞职业资格一体化服务中心，打造全省统一的职业资格采认标准。培育特色化职业培训学校，打造台胞考证服务模式，实现“全省考试、平潭可办”。与省内外多个城市签订合作协议，为台胞就业提供岗前培训、职业指导、专场招聘、适应性就业等综合配套服务。开发台胞职称线上申报系统、线上技能等级考试系统，实现职称采信、技能等级考试由“线下”转入“线上” | 全国首创。<br>创新点：在对台职业资格采认方面首次实现全省统一标准、服务链条化、需求跨境办 | 区党工委党群工作部 |
| 2 | 海上风电“净零碳”模式 | 落实“碳达峰碳中和”生态发展理念，建设全国首个海上分散式风电项目，借助绿色技术的集成创新，实现项目本身的碳中和，最大限度减小海域占用面积和对公铁大桥周边的生态影响，为全国创新海洋生态资源综合保护开发模式提供参考 | 全国首创。<br>创新点：首创海上分散式风电开发模式，实现项目本身的碳中和 | 区经济发展局 |
| 3 | “海上风电＋海洋牧场”融合发展试点 | 依托平潭大练海上风电场风电桩基设施及风机水下空间，试验“海上风电＋深海养殖”模式，开展风电场各类环境下对鱼类不同影响的技术研究，集成深水检测技术，对养殖网箱、养殖情况、风电机组、环境条件进行参数化和视频监控，创新生态养殖模式 | 全国首创。<br>创新点：创设海洋牧场和风电场融合开放的海洋生态新机制，激活海上养殖的生态、社会、经济多重正向效应 | 区经济发展局 |
| 4 | 知识产权行政司法“三同步”工作机制 | 成立行政调解委员会的行政机关，在对涉知识产权侵权案件作出行政处罚前，可依当事人申请，同步组织行政调解。经行政机关调解达成协议的，行政机关同步进行违法行为综合评判，考虑是否给予从轻或减轻处罚。对于双方当事人申请法院司法确认的，由行政机关通过人民法院调解平台提交相关材料，法院同步审查作出司法确认。形成知识产权行政调解、人民调解与司法调解的多元调解保护格局 | 全国首创。<br>创新点：率先推出知识产权行政司法“三同步”机制，行政司法双向联动，调解结果作为裁量情节正向运用在行政处罚中 | 区人民法院<br>区市场监管局 |
| 5 | “数易治”税收大数据应用系统 | 通过开发以区域经济为导向的税收管理系统，强化税收数据分析监管和联动协作执法，实现纳税人管理“一标签”、大数据汇总“一表格”、数据分析应用“一平台”，提升税收监管效能 | 全国首创。<br>创新点：在税收数据综合分析、运用及税收监管科学化、智能化方面具首创性 | 区税务局 |
| 6 | “精智税”服务管理工作机制 | 通过建立精细的税收服务举措、完备的智能监管系统、成熟的共治监管机制和畅通的税收救济渠道，搭建“服务＋管理＋救济”全链条的税收服务管理平台，满足企业对税务部门征管和服务的个性化需求 | 全国首创。<br>创新点：在完善税收监管的同时，重点加强税收咨询、税收救济等方面的服务，集监管、服务于一体 | 区税务局 |
| 7 | 两岸气象领域标准共通共研机制 | 以全国首个两岸气象标准共通试点项目为契机，率先建立“共同选题、共同对比、共同研制、共同使用”的两岸气象领域标准共研机制，为两岸气象领域标准共通探索路径 | 全国首创。<br>创新点：两岸共同制定全国首个台湾海峡航运气象服务地方标准《台湾海峡海上航运气象灾害风险等级》 | 区气象局 |

续表 17

| 序号 | 举措名称 | 举措内容 | 举措创新性 | 创新单位 |
| --- | --- | --- | --- | --- |
| 8 | “台商台胞金融信用证书”贷款风险化解机制 | 对“台商台胞金融信用证书”实行动态管理。对信用记录良好的客户，给予优惠金融措施；对信用记录不好的客户，落实失信受限惩戒措施，强化守信激励和失信惩戒。支持政府性融资担保公司为持证台商台胞提供贷款担保和信贷增信 | 全国首创。<br>创新点：突破性解决“台商台胞金融信用证书”发放后跟踪管理问题 | 中国人民银行平潭支行<br>区财政金融局 |
| 9 | “出生一件事”集成套餐服务 | 试行提供新生儿出生医学证明办理、预防接种证办理、户口登记、生育保险待遇核准支付、城乡居民基本医疗保险参保登记、社会保障卡申领等“出生一件事”集成套餐服务 | 复制拓展。<br>创新点：采取线上填报、一次性提交材料、多部门依申请协同联办方式，一次即可联办与出生有关的 6 个事项 | 区社会事业局 |
| 10 | 创新台胞应急救助管理 | 设立困难台胞专项公益基金，遵循“财政补助、社会统筹、量力救助、救急救难”基本原则，帮助到平潭就业、创业、生活、学习、旅游的台胞应急纾困解难，提供困难救助、医疗救助、临时救助和最高 10 万元人身意外伤害保险补助等保障 | 复制拓展。<br>创新点：扩大应急救助台胞的途径维度和覆盖广度，不仅针对在平潭就业、创业生活学习的台胞，对来岚旅游、过境的台胞也纳入基金的救助范围，予以补助 | 区社会事业局<br>区党工委台湾工作部 |
| 11 | 小型工程验收审批改革 | 对小型工程实行一次性六方并联验收，依托数字档案馆系统实现档案信息互认共享，转变交警、交通、绿化市容等专业管理部门对小型建筑工程的验收方式，不再设置现场提前察看服务，不再实施专业验收和出具专业验收意见，强化事后监管 | 复制拓展。<br>创新点：对小型工程实行一次性六方并联验收 | 区行政审批局 |
| 12 | 国际海运业回归创新实践 | 组织闽商国际航运方便旗船舶企业成立全国性行业协会，通过 NRA 账户（境内银行开立的外币账户）促进境外资金回归，鼓励在平潭设立投资企业持有境外国际方便旗企业船舶资产，促进国际方便旗船舶回归。建设国际船舶运输综合平台，发展物料集采、船舶融资、航运培训等供应链服务，推动福建海洋经济高质量发展 | 复制拓展。<br>创新点：组织成立全国首个国际海运船东协会，充分发挥自贸区 NRA 账户结汇支付业务功能，为国际方便旗船舶企业提供跨境金融综合服务，促进国际海运业回归 | 区投促委<br>区经济发展局<br>中国人民银行平潭支行 |
| 13 | “司法云邮”机制 | 平潭综合实验区人民法院、中国邮政集团有限公司福建省平潭综合实验区分公司在全国率先运用人脸识别技术，通过手机短信、小程序等线上签收方式，实现受送达人实体司法邮件的“云端”签收 | 复制拓展。<br>创新点：实现司法邮件签收从“线下”到“线上”、“限时”到“全时”、“转达”到“直达”的转变 | 区人民法院 |
| 14 | 生态环境损害赔偿工作“三衔接三同步”机制 | 在办理破坏生态环境资源违法犯罪案件中，行政机关、侦查机关、检察机关、审判机关根据职责分工在行政执法、刑事诉讼、公益诉讼 3 个阶段加强衔接配合协作，同步推进生态损害赔偿工作，实现生态环境损害赔偿与执法司法无缝衔接 | 复制拓展。<br>创新点：在生态环境损害赔偿方面，探索建立行政机关、侦查机关、检察机关、审判机关全程、立体化协作模式 | 区人民检察院 |

续表 17

| 序号 | 举措名称 | 举措内容 | 举措创新性 | 创新单位 |
| --- | --- | --- | --- | --- |
| 15 | 税悦工作室 | 在全省各地设立“诉求快享、疑难快解、协同共治”税务服务场所，整合税务系统骨干力量、涉税专业服务第三方力量和政府部门协同力量，通过实时呼叫、多方在线、视频“会诊”等方式实时响应纳税人缴费人各类诉求，打造全省统一的“税悦工作室”服务品牌 | 复制拓展。<br>创新点：整合各类税务服务资源，打造全省统一的兼具税费争议调解、疑难杂症解决、合法权益保护的全方位、多功能工作室 | 区税务局 |
| 16 | 跨境电商货物快速智能转关模式 | 依托海关信息化系统、智能卡口及安全智能关锁的有机配合，跨境电商企业在属地海关（启运地）申报货物转关，无须申领纸质材料，无须使用物理关锁，转关车辆运抵口岸海关监管场所后，可实现自动解锁、自动核销，有效提升企业通关效率，压缩通关时间 | 复制拓展。<br>创新点：实现企业转关货物监管全程无纸化、信息化，电子锁、智能锁监管 | 平潭海关 |
| 17 | 进境拼箱货物监管新模式 | 海关创新进境拼箱货物监管模式，允许企业在港区内进行拆箱，依托信息化系统在货物报关单放行的前提下，实现整柜提运单“拆单”放行，加快拼箱货物通关时效 | 复制拓展。<br>创新点：对一个进境集装箱内不同报关单的拼箱货物，允许相关企业在港区内特定区域有条件拆箱，缩短货物通关时间 | 平潭海关 |

具备全链条、全流程、一站式、智能化的数据跨境合作服务平台，助力打造数字贸易和加强数据跨境流动服务监管。

（杨腊梅　林超敏　杨开姿）

## 民营经济

**【概况】** 2023 年，平潭综合实验区发布《关于促进民营经济发展壮大的若干措施》《平潭综合实验区社会投资项目贷款贴息办法》等助企惠企发展政策，稳住地方民营经济发展。平潭民营经济贡献 70% 以上的税收，60% 以上的地区生产总值，70% 以上的技术创新成果，80% 以上的城镇劳动就业，90% 以上的企业数量。年内，新登记民营企业 957 家，注册资金 135.80 亿元，民营经济市场主体占全区市场主体数量的 99%。至年底，实验区民营企业 2.34 万家，完成进出口额 162.63 亿元，占全区进出口额 95.3%，民营企业成为平潭外贸主力军。

**【民营经济扶持举措】** 2023 年，平潭综合实验区印发《关于促进民营经济发展壮大的若干措施》，提出鼓励民营经济向高端文体赛事、品牌餐饮、文旅综合体、邮轮游艇等新兴产业高端服务延伸等 28 条措施。支持民营企业融入数字平潭建设，推进海峡数据产业园区数据中心、跨境贸易枢纽中心及配套云仓等项目建设。运用“企话岚图”茶叙活动、新春茶话会、商协会交流会、恳亲会等载体，解决民营企业合理诉求。建立实验区优秀年轻干部和民营企业人才双向挂钩联系。设立“平潭企业家日”，营造尊商、亲商、扶商的氛围。

**【民企市场准入放宽】** 2023 年，平潭综合实验区出台市场准入特别管理措施，放宽民企市场准入门槛。实施政府和社会资本合作新机制，分领域推出一批投资项目推介清单，鼓励民间资本参与集成电路、基础设施、旅游文体等领域投资，扩展民间投资领域范围。支持民营企业参与远洋捕捞、海洋牧场、海洋工程等海洋经济领域发展，鼓励民间资本进入生活性服务业。加大政府采购支持中小微企业力度，将政府采购工程面向中小企业的预留份额提高至 45% 以上。

【民营企业资金奖补】 2023年，平潭综合实验区推进惠企政策免申即享政策，将符合条件的惠企资金纳入直达管理，年内中央直达资金支出超4.90亿元。加大中小微企业提质增产争效专项资金贷款实施力度，发放贷款399笔，放款金额超5亿元。成立区退税减税降费工作领导小组，设立减税降费政策咨询专岗，为个体工商户相关财税业务提供服务，减轻企业负担年内新增减税降费规模超3.50亿元。引导金融机构进企宣传，提高企业入驻“金服云”平台数量，缓解银企信息不对称问题。区工商联举办2期“助企惠赢·一路同行”活动，帮助企业融资500万元。

【“个转企”改革】 2023年，平潭综合实验区在全省首推“个转企”（个体工商户向现代企业转型升级）改革，个体户只需登录一网、填报一次，可同时申办个体工商户注销、企业开办等“个转企”全流程业务，所有申请材料自动生成并嵌入实名认证电子签（章），降低经营者转型成本。全年实验区新登记市场主体2.50万家，比上年增长1.70倍。

【涉企服务优化】 2023年，平潭综合实验区推出7个主题17项涉企“一件事一次办”服务清单，设置“涉企一件事专窗”集成套餐服务，精简办理环节56个，缩短办理时间52个工作日，办件量超过5000件。扩大“免申即享”覆盖面，实现“一趟不用跑”，发放奖补资金1300余万元。

【民企人才培养】 2023年，平潭综合实验区加强民营企业专业技术人才职业发展，完成初、中、高级非公有制企业专业技术职称评审40余人。区经济发展局举办中小企业经营管理人才培训班。区工商联联合区党工委人才办在深圳平潭商会、陕西省闽商商会设立国际旅游岛人才驿站（分中心）。

【民营经济大讲堂】 2023年，平潭综合实验区工商联举办5期民营经济大讲堂，邀请专家学者及税务局、经发局业务骨干讲授建筑企业法律风险防范知识、涉税优惠政策、企业发展与风险管控等专业知识，惠及150余人。

【民营企业典型选树】 2023年，平潭综合实验区工商联选树培育“来这·驿站”“小隐·见道”等5个省级“万企兴万村”行动实验项目，众行文旅发展有限公司获评省级“万企兴万村”助村富民明星企业，金井片区商会获评全省“万企兴万村”行动典型商会。

【“入千企 话岚图”活动】 2023年，平潭综合实验区开展“入千企 话岚图”主题教育，全区处级以上干部挂钩1510家企业，开展党的路线、方针、政策宣讲下基层1910场次，开展调查研究下基层466场次，解决企业问题近600个，激发市场活力。

（林超敏 刘丽 林云英 李敏 高瞻）

## 招商引资

【概况】 2023年，平潭综合实验区投资促进委员会（简称平潭综合实验区投促委）构建一委一局一集团的招商格局，成立区投资促进集团，推动完成第一阶段人员整合工作，壮大投促工作队伍，按照一个重点产业、一张招商图谱、一个招商方案思路，招大引强、招新引优。抓住全国经济复苏机遇，做好投资促进工作，推进起帆平潭海缆生产基地建设、“海峡梦之城”文商旅综合体等重大产业项目招引落地。年内计划策划项目100个全部完成，完成率100%。完成平潭海缆基地、岚悦酒店等社会投资项目签约79个，计划总投资额339.37亿元，完成率105.3%。其中，投资额1亿元以上项目27个，10亿元以上项目11个。落地项目44个，计划投资额46.54亿元。推动一批存量项目签约转落地、落地转开工，全年推动33个新增项目落地，包括起帆海缆生产基地、莱泽闽台融合物流产业园、蔻蒂桑香水工厂等用地类项目6个。创新央地合作模式，以资产换产业、以政策引投资，中能建、省能化集团等央企及省属国企项目落地。推动业态突破，协调跨境电商园仓储配置，引进山姆会员店，做大沃尔玛电商平台跨境保税进口业务，支持威士忌、香水香氛等类型商品进仓销售。

【投促服务提升】 2023年，平潭综合实验区投促委建立项目全程跟踪服务、项目挂钩领办服务、周调度、重点问题督办等8个制度，完善近20项内控制度，为项目签约、落地、动工、达产提供服务。绘制8张产业链招商图谱，牵头编制《中国·平潭》宣传画册、《平潭国际旅游岛》形象宣传册，更新《政策汇编》《政策直通车》《招商项目册》等政策文本。推动解决美涤物联网项目电力杆线迁改、喜盈门建材家具项目道路开口顺接、风渔融合海工智能装备试验基地海域使用权证申请、禹信物流园区监管协议履约等问题 50 余项。

**【招商引资活动】** 2023 年，平潭综合实验区投促委立足招商工作“走出去”“引进来”的理念，到深圳、上海、北京、广州等地开展招商引资活动 60 余次，接洽到平潭考察企业超 280 团次。重点对接中国绿发投资集团、华润集团等企业，促进一批项目落地平潭。参加福建省文旅经济发展大会、第六届海丝博览会、海创会暨民营企业产业项目洽谈会、投洽会等活动，开展招商宣传推介会 10 余次，推动 5 个项目在省级重大活动上集中签约，投资额 51.60 亿元。牵头举办区海洋经济产业合作创新大会。

**【招商扶持政策】** 2023 年，平潭综合实验区投促委联合经发局、中国人民银行平潭支行起草《关于建立金融助力高质量招商引资联动机制的意见》，形成金融助力招商推进机制。梳理分析全国各地固定资产贴息政策、汽车整车制造基地、智算中心建设情况等，出台《平潭综合实验区社会投资项目贷款贴息办法》，降低企业融资成本，吸引企业。开展“企话岚图”茶叙活动，响应企业诉求，年内举办活动 85 场，接洽客商代表 780 余人，收集企业发展问题及建议 280 余条，现场解决 260 条，持续推进事项 20 条。

**【项目落地形式创新】** 2023 年，平潭综合实验区探索推动项目落地的多种形式。国有仓储及土地开发合作项目中，推动社会资本参与到国有企业混改，促进国有资本与民营资本融合发展；大型文商旅综合体项目中，按照“资源换投资”的原则，给予海峡梦之城项目配置相应规模的风电资源，提高项目经济可行性，吸引文旅产业投资；莱泽闽台融合物流产业园项目中，鼓励企业将原财政奖补资金，用于扩大再生产，支持企业做大做强。组织闽商国际航运方便旗船舶企业成立全国性行业协会，发挥平潭自贸区 NRA 账户（境内银行开立的外币账户）结汇支付业务功能，年内为 44 家国际航运企业开立 NRA 账户 77 个，结算金额 20.72 亿元。

**【重点产业引导基金设立】** 2023 年，平潭综合实验区投促委围绕实验区重点产业，设立连力 QFLP 基金（境外投资者作为有限合伙人认缴基金出资的私募股权基金）、平潭智能装备产业基金、华人青年创业发展基金、省能化集团产业基金等产业引导基金，助推旅游、大健康、集成电路、海洋经济等主导产业发展。

**【实验区海洋经济产业合作创新大会举行】** 2023 年 1 月 23 日，平潭综合实验区海洋经济产业合作创新大会举行，由区投促委、经发局、中信银行福州分行、中国船舶集团福建产业联络处联合主办，来自海工、船舶、金融等各界近百名嘉宾齐聚平潭，探讨海洋经济产业发展趋势。会上对接签约七横海上风电 7000 吨级全回转海工起重船、国海三龙 3.70 万吨集装箱船、金井海洋风渔融合等 7 个项目，总投资额超 19 亿元，涵盖海工装备、风渔融合、船舶制造、产融合作等海洋新兴产业领域。

**【“世界杯”职业信鸽联赛引进】** 2023 年 4 月 7 日，国际鸽联“世界杯”职业信鸽联赛以及国际信鸽交流中心项目在平潭综合实验

2023 年 1 月 23 日，平潭综合实验区海洋经济产业合作创新大会举行。图为项目签约现场 （区投促委 供图）

2023 年 4 月 6 日，国际鸽联“世界杯”职业信鸽联赛及国际信鸽交流中心项目签约仪式在平潭举行

（林映树 摄）

区签约。项目由区管委会、中国信鸽协会和北京中竞鸽体育文化发展有限公司三方联合打造，围绕赛事竞技、种源贸易、金融结算 3 个产业环节开展，引进国际信鸽职业联赛等，推动包含信鸽进口隔离检疫、种鸽繁育、拍卖交易等业务发展，并在平潭设立结算中心，开展赛事奖金结算业务。

**【平潭参展第 23 届中国国际投资贸易洽谈会】** 2023 年 9 月 8 日—11 日，第 23 届中国国际投资贸易洽谈会在厦门国际会展中心举行，平潭综合实验区参展，向客商推介实验区投资环境和主导产业相关政策。投洽会举办重大项目集中签约仪式，实验区与中和文化传媒集团（香港）有限公司签约，合作开发打造鹅头湾滨海国际旅游度假区项目。

（陈佩君 刘蕾）

## 外资和台港澳资企业

**【概况】** 2023 年，平潭综合实验区新批准注册外资及台港澳企业 282 家，合同外资及台港澳资额 3.16 亿美元。实际利用外资额 601 万美元，比上年增长 27.9%。年内，推进外商投资股权投资企业试点工作，新增 1 家享受 QFLP 政策试点企业，实际到资 240 万美元。

**【外商投资股权投资企业试点】** 2023 年，平潭综合实验区推进外商投资股权投资企业试点工作，为外资股权投资资金进入区内提供合法通道，简化投资结汇程序。7 月，福建赤道绿洲股权投资合伙企业（有限合伙）注册成功，成为平潭享受 QFLP 政策试点的又一家企业，实际到资 240 万美元。至年底，平潭有 6 家 QFLP 企业，认缴资本额 6.45 亿美元。

**【新增台资】** 2023 年，平潭综合实验区新批准注册台资企业 272 家，实际利用台资额 46.50 万美元。至年底，实验区台资企业 1232 家，注册资本 222.03 亿元；台湾居民个体工商户 187 户，资金额 0.30 亿元。

（林超敏 林炜）

# 农　业

## 综　述

【农业生产发展】　2023年，平潭综合实验区全年农林牧渔业总产值82.93亿元，比上年增长3.5%。其中，农业产值3.14亿元，林业产值0.13亿元，畜牧业产值3.76亿元，渔业产值70.83亿元，农林牧渔服务业产值5.07亿元。全年粮食产量1.90万吨，比上年增长0.1%；油料产量0.66吨，增长0.1%；蔬菜产量5.80万吨，下降6.5%；园林水果产量0.11万吨，下降61.7%；西瓜产量0.19万吨，下降39.5%。肉类总产量0.97万吨，比上年增长3.4%；禽蛋总产量0.15万吨，下降9.5%。水产品总产量48.88万吨，比上年增长3.5%。至年底，全区区级以上农业产业化龙头企业17家，其中国家级农业产业化龙头企业1家、省级农业产业化龙头企业7家、区级农业产业化龙头企业9家。

【农村土地管理】　2023年，平潭综合实验区推进农村承包地细碎化整治，鼓励承包地成片集中流转，全区流转土地面积773公顷。加强对宅基地审批制度的监督管理，全年无新增审批宅基地。

【农村集体经济】　2023年，平潭综合实验区192个村（居）中有经营收入190个，其中年经营性收入100万元以上的村（居）5个、年经营性收入50万～100万元的村（居）23个。安排中央、省级资金500万元用于支持发展实验区农村集体经济。完成村集体经济组织成员身份认定39.68万人，190个村集体经济组织完成换届选举。全区推行“村财片区代管”模式，设立“村财代理服务中心”，规范村（居）集体经济财务核算和管理工作。开展农村集体“三资”监管点题整治，排查合同775份，发现不规范合同103份，督促整改到位。收回被拖欠租金158.52万元，收回历史欠款26.62万元。

【新型农业经营主体补助】　2023年，平潭综合实验区农业农村局为新型农业经营主体发放补助资金130万元。其中，扶持补助天人家庭农场、岚丰家庭农场、宏业家庭农场3家，扶持补助好收成农民专

2023年8月25日，中国农民丰收节暨“两岸一家亲台湾水果推介会”活动在平潭金井片区大厝基村举行。图为观众现场选购百香果

（林君斌 摄）

业合作社、绿绿鑫果蔬农民专业合作社、岚昆农机专业合作社、富鑫农机专业合作社 4 家。

【休闲农业】 2023 年，平潭综合实验区依托创建“美丽乡村”“民俗村”品牌建设，实施休闲农业提升工程。休闲农业投资约 7200 万元，其中政府扶持资金约 650 万元，面积 3.33 平方千米。全区休闲农业经营主体 706 家，比上年增加 103 家。从业人数 2600 人，其中农民就业人数 1800 人，年接待游客 260 万人次，营业收入 3.50 亿元。举办平潭开渔节、中国农民丰收节暨“两岸一家亲 台湾凤梨推介会”等休闲农业节庆活动 2 次。至年底，平潭拥有中国美丽休闲乡村 1 个、福建美丽休闲乡村 5 个、福建休闲农业示范点 2 个。平潭获评省首批文旅特派员试点县，海坛片区澳前村获评省“水乡渔村”，坛南湾远垱澳获评全国夏季“村晚”示范展示点，金井镇获评省全域生态旅游小镇，北部生态廊道获评文化和旅游部、交通运输部等六部门联合评选的第一批交通运输与旅游融合发展典型案例。海坛街道东澳村、君山镇马腿村获评省美丽休闲乡村，自然有力农业融合示范基地获评省休闲农业示范点。

【农产品质量监管】 2023 年，平潭综合实验区农业农村局开展农产品质量安全快速检测 1.47 万批次、安全监测 612 批次。实施非洲猪瘟监测计划，检测 4409 份，结果全部为阴性。开展“瘦肉精”专项整治行动，实行生猪、肉牛、肉羊养殖场户年度抽检全覆盖，排查生猪 12.09 万头、肉牛 2962 头、肉羊 8912 只，结果均为阴性。开展农资打假专项行动，出动执法人员 352 人次，检查农资店、农产品生产主体 273 家次，抽检农药、兽药、肥料等农资产品 56 批次，查办涉农案件 9 件，罚没款 1.64 万元。完成省级农产品质量安全县创建验收，平潭获评省级农产品质量安全县。

（何青青）

## 种植业

【概况】 2023 年，平潭综合实验区粮食播种面积 3677.30 公顷，粮食产量 1.90 万吨，经济作物种植面积 5742.73 公顷。完成土豆、花生、甘薯新品种 4 个省级展示示范片点建设，鼓励扶持特色农产品完成无公害农产品、绿色食品、有机农产品和农产品地理标志发展认证，平潭沙地土豆获评全国名特优新农产品，平潭甘薯和坛紫菜获评省首批“福农优品”。

【粮食种植】 2023 年，平潭综合实验区粮食播种面积 3677.30 公顷，产量 1.90 万吨。其中，薯类种植面积 3491.20 公顷，产量 1.85 万吨（土豆产量 0.34 万吨、甘薯产量 1.51 万吨）；大豆面积 70.13 公顷，产量 182 吨。

【经济作物种植】 2023 年，平潭综合实验区经济作物种植面积 5742.73 公顷。其中，油料（花生）种植面积 3133.40 公顷，产量 0.67 万吨；蔬菜种植面积 2493.27 公顷，产量 5.80 万吨；西瓜产量 0.20 万吨；脐橙、西红柿、草莓、火龙果、百香果等特色园林水果产量 0.11 万吨。

【种植业新品种推广】 2023 年，平潭综合实验区农业农村局完成土豆、花生、甘薯新品种 4 个省级展示示范片点建设，展示示范新品种 56 个次。实施高油酸花生新品种冀花 18 号示范，结果表现不稳定。建设 7 个甘薯新品种示范推广片，示范推广面积 9.33 公顷，示范推广“泉薯 19”“龙薯 601”新品种。

【高标准农田建设】 2023 年，平潭综合实验区农业农村局开工建设高标准农田改造提升项目，面积 333 公顷，工程量完成 90%。开展高标准农田建设项目问题排查整改，落实项目建后管护工作。

【农作物病虫害防治】 2023 年，平潭综合实验区农业科技部门推广土壤改良、地力培肥等技术，引导农民增施有机肥、种植绿肥。全区推广施用有机肥面积 0.41 万公顷次，建立商品有机肥示范点 5 个、示范区面积 418 公顷，辐射带动面积 0.27 万公顷。推广应用测土配方施肥技术面积 0.67 万公顷次，提升耕地质量。采用太阳能杀虫灯、黏虫板、性诱剂等绿色防控手段，推广使用自走式喷杆喷雾机等高效能农药施用器械，农药使用量比上年下降 2.99%，化肥使用量下降 2.35%。

【农业技术推广】 2023 年，平潭综合实验区农业农村局开展基层农技推广体系改革与建设，遴选科技示范主体 308 户，建立农业科技示范基地 4 个，遴选年度农业主导品种 7 个、农业主推技术（种植业）6 项。完成土豆化肥使用量定额技术示范 2 个、土豆有机无机肥配合施用减少化肥使用量技术示范2个，示范面积5.33公顷。举办集中培训、田间实训等各类技术培训班24期，组织参加省级骨干班培训、脱产培训等，更新培训基层农技人员施肥用药、农产品质量安全等知识。

【平潭沙地土豆获评全国名特优新农产品】 2023年，平潭沙地土豆入选2023年第二批全国名特优新农产品名录，是继平潭番薯和平潭花生后第三个列入全国名特优新农产品名录的平潭农产品。土豆是平潭主要的秋冬种粮食作物，品种以“闽薯一号”为主，年产商品量1.75万吨。至年底，全区沙地土豆种植面积467公顷，4家企业的平潭沙地土豆产品获得绿色食品认证。

【平潭甘薯和坛紫菜获评省首批“福农优品”】 2023年9月，平潭坛紫菜和平潭甘薯入选省农业农村厅首批“福农优品”百品榜名单，“福农优品”是福建省级农业区域形象品牌。甘薯是平潭种植最广泛的粮食作物，至年底，全区甘薯种植面积3049.07公顷，5家农业生产经营主体拥有绿色食品标志认证。

（蔡宗信）

## 林业及园艺业

【概况】 2023年，平潭综合实验区林业产值1345万元，比上年增长12.3%。全年造林面积568.67公顷。至年底，全区林地总面积1.24万公顷，其中有林地面积1.23万公顷。种植水仙花面积17.20公顷，产量20万粒；种植其他花卉面积176.40公顷，产值9020万元；种植草坪草面积53.30公顷，产值250万元。

平潭沙地土豆入选2023年第二批全国名特优新农产品名录。图为君山片区中楼村土豆喜获丰收 （林君斌 摄于2023年3月）

【苗木生产管理】 2023年，平潭综合实验区资源生态局做好林木种苗生产经营许可证管理，办理林木种苗生产经营许可证5宗，其中新办2宗、延期3宗。至年底，全区培育生态造林苗木142万株，其中木麻黄91万株、相思树51万株。

【林政资源管理】 2023年，平潭综合实验区资源生态局推进沿海防护林规划编制工作，完成沿海基干林带区划界定成果修编。开展林草湿调查监测工作，完成140个图斑外业核查工作和内业录入更新任务。落实重点区位生态公益林占补平衡制度，调入补充2022年度占用面积33.33公顷省级以上生态公益林。

【花卉园艺种植】 2023年，平潭综合实验区种植水仙花面积17.20公顷，产量20万粒，产量比上年下降13%。种植其他花卉面积176.40公顷，产值9020万元。其中，盆栽种植面积55.90公顷，产值690万元；观赏苗木（绿化苗木）面积58.90公顷，产值6845.50万元；种用花卉面积53.40公顷，产值495万元。种植草坪草面积53.30公顷，产值250万元。

**延伸阅读：**平潭水仙花是中国国家地理标志产品，历经200多年的野化生存，具有叶片矮壮，花箭多，花味浓郁的特点。

【园艺经营】 2023年，平潭综合实验区花卉生产经营企业5家、大型园林施工企业28家，年产值约3.30亿元，其中苗木消耗产值1.53亿元。线上线下市场经营花店20家，营业额0.35亿元。花卉观赏苗木服务企业4家，租赁企业2家，花卉装饰1家，园林管养1家，营业额0.54亿元。

【水仙花产业培育】 2023年，平潭水仙花公司以水养水仙花和雕刻水仙花等产品推动地方特色水仙花产业发展，推广“公司+农户”合作模式，与花农共享收益、共担风险。首次研发“四季开花”水仙花品种，实现5月仍有水仙花开放的突破。扩大平潭水仙花宣传推广，参加全省数据要素与产业生态大会，推广反季节水仙花受到关注。策划平潭水仙花现代产业园项目，打造集保护、种植、研究、观光、展销于一体水仙花全产业链。

**【平潭水仙花节举行】** 2023年1月15日，平潭综合实验区第五届花卉展销会暨平潭水仙花节在万森园林生态园艺体验馆开幕，7家企业参与展销，现场进行年宵花卉展销、水仙花艺术精品展示，同时设贝雕、观赏石、书法、剪纸等艺术作品展区。

（林凯琴 周小凤 林常永 林文鹏）

## 畜牧业

**【概况】** 2023年，平潭综合实验区肉类总产量9696吨，禽蛋总产量1573吨。生猪出栏12.09万头，存栏7.53万头。家禽存栏16.12万羽，牛存栏2962头，羊存栏8912头。区农业农村局推行生猪规模化养殖和生猪良种繁育补贴，平潭肉联加工厂一期项目（生猪定点屠宰场）运营；巩固畜禽整治成果，指导片区开展畜禽养殖情况摸底，整治违规养殖场（户），杜绝养殖回潮。全区畜禽废弃物资源化综合利用率98.65%，区内规模养殖场粪污处理装备配套率100%。

**【生猪规模化养殖】** 2023年，平潭综合实验区有规模生猪养殖场2家。其中，福建阳光生态农业集团有限公司位于芦洋野鹅山，生猪存栏5.16万头，能繁母猪0.47万头，生猪出栏8.40万头；榕岚生态农牧有限公司位于平原獠原村猫仔山，生猪存栏2.38万头，能繁母猪0.24万头，生猪出栏3.61万头。2家生猪规模养殖场获评国家级生猪产能调控基地、福建省畜禽养殖标准化示范场（生猪）和福建省美丽牧场。

**【生猪良种繁育补贴】** 2023年，平潭综合实验区农业农村局出台年度生猪良种补贴办法，按比例分配阳光生态农业集团有限公司完成能繁母猪品种改良4000头补贴32万元、平原榕岚生态农牧有限公司完成能繁母猪品种改良2000头补贴16万元，推动企业按期完成能繁母猪品种改良任务。

**【畜禽生态养殖】** 2023年，平潭综合实验区农业农村局落实省第二轮生态环保督察问题事项整改要求，禁养区内的福建省绿洋农业发展有限公司2栋鸡舍全部清空，清退蛋鸡4.70万羽；阳光生态农业集团有限公司位于海坛国家级风景名胜区内的14栋猪舍全部清空，清退生猪9215头。区内生猪规模养殖场采用免冲洗措施，使用节水型饮水器，配套畜禽饮用水表、粪污无害化处理设施设备等基本符合要求，制定畜禽粪肥还田利用计划并规范台账，基本实现粪污资源化利用。至年底，全区畜禽粪污产生量31.23万吨，利用量30.81万吨，利用率98.65%，规模养殖场粪污综合利用率100%。

**【畜禽疾病防控】** 2023年，平潭综合实验区开展生猪产地检疫11.64万头、屠宰检疫10.19万头、执行病死猪无害化处理2.44万头。区农业农村局强制免疫畜禽119.61万头，涵盖高致病性禽流感、口蹄疫、小反刍兽疫等重大动物疫病免疫，免疫率100%。开展抗体水平监测，监测规模畜禽养殖场、农村畜禽散养户、市场活禽交易摊点血清样品2875份、病毒测试样品1.07万份。开展动物卫生监督执法检查479家次，发放宣传材料1324份。

**【平潭肉联加工厂（一期）运营】** 2023年5月8日，平潭肉联加工厂（一期）投入运营。项目位于君山片区上楼仔村，面积3.16万平方米，建有生猪屠宰车间等相关配套设施，一年可处理生猪20万头，由区农发生鲜冷链有限公司运营，建设具有屠宰、加工、冷链、配送、销售功能的农产品供应链基地。

（蔡宗信）

## 渔业

**【概况】** 2023年，平潭综合实验区水产品总产量48.88万吨，比上年增长3.5%。其中，鱼类产量15.27万吨，甲壳类产量1.37万吨，藻类产量6.60万吨，贝类（不含其他类）产量24.76万吨（其中鲍鱼产量4.41万吨，增长13.3%）。总产量中，海洋捕捞产量14.59万吨，海水养殖产量34.28万吨，淡水养殖产量205吨。海水养殖面积6877公顷，淡水养殖面积46公顷。机动渔船1616艘，总吨位8.04万总吨，总功率15.18万千瓦。实施水产绿色健康养殖“五大行动”，建成骨干示范基地4家、市级水产良种场2家。组织6家渔业企业参加中国（福州）国际渔业博览会，区农业农村局获优秀组织奖，平潭鲍鱼获评金奖产品。

**【海水养殖】** 2023年，平潭综合实验区47个海水苗种养殖场育出6972万贝壳紫菜、2.49亿粒鲍鱼和449吨蛤苗等苗种。贻贝养殖面积458公顷，产量3.31万吨；南美白对虾养殖产量1978吨；海带养殖产量5.02万吨；蛤养殖产量6.33万吨；牡蛎产量10.66万吨；紫菜产量1.35万吨。全区普通网箱7.94万个。

**【水产绿色养殖】** 2023年，平潭综合实验区开展提水式海水养殖池塘尾水分类治理，实现达标排放。区农业农村局实施水产绿色健康养殖“五大行动”，建成骨干示范基地4家开展优良品种与技术的推广服务，覆盖对虾、鱼类、鲍及紫菜等品种，其中国家级水产健康养殖和生态养殖示范区1家、省级水产良种场1家；建成市级水产良种场2家。推动水产品加工企业生产线建设投产，新增水产品初加工和冷藏保鲜设施设备6台（套）。

**【远洋捕捞】** 2023年，平潭综合实验区农业农村局鼓励发展远洋渔业，发放各类补助资金1957.58万元，5艘远洋渔船转产阿曼开辟新渔场。全区远洋捕捞产量4.26万吨，比上年增长40.44%。

**【渔业品牌建设】** 2023年6月2日—4日，平潭综合实验区农业农村局组织6家渔业企业参加2023年中国（福州）国际渔业博览会，展示实验区仙女蛤、鲍鱼、坛紫菜等特色水产品，区农业农村局获渔业博览会优秀组织奖，平潭鲍尚品贸易有限公司获参展金奖企业，鲍鱼罐头礼盒获金奖产品。

**【渔港建设】** 2023年，平潭综合实验区完成渔港项目区级专项债投资额500万元，流水二级渔港工程量完成30%。南海江尾三级渔港等8个项目完成方案编制，白青丰田三级渔港等6个项目处于前期推进阶段。

**【渔业执法】** 2023年，平潭综合实验区农业农村局开展伏季休渔监管执法、打击电炸渔违法犯罪活动、水生野生动物保护、安全生产隐患排查等工作，完成渔业执法行动747次，出动执法人员3037人次，检查港口1666个次，登临检查渔船524艘次。开展海上执法巡查92航次，总航程5822.69千米。

敏感海域管控　区农业农村局将10艘异地挂靠渔船列为重点监管对象，与船东船长签订《禁止进入敏感海域承诺书》。联系区海上应急指挥中心，发挥渔船信息终端作用，提前预防并劝回接近敏感海域生产的渔船。

渔业案件查处　区农业农村局立案查处渔业案件182件，各类涉案船舶165艘次，涉案车辆15辆次，水生野生动物案2件，收缴罚没款182.91万元。

**【渔业防灾减灾】** 2023年，平潭综合实验区农业农村局开展赤潮毒素监测25批次，未检测出腹泻性贝毒和麻痹性贝毒。发送台风、低温和赤潮预警信息5000余条，举办赤潮灾害防范技术指导培训6次，通过媒体播放水质监测简讯等信息7次。

**【水产品质量监管】** 2023年，平潭综合实验区开展水产品质量执法检查66次，出动执法人员271人次，检查养殖（育苗）场126个次，检查覆盖率100%，完成水产品质量安全快速检测、监督抽查和风险监测400余批次。

**【平潭开渔节】** 2023年8月16日—22日，平潭开渔节在东澳渔人码头举行，活动包括渔歌唱晚音乐会、头鱼公益拍卖及头鱼宴流水席等，吸引游客5万人次，经济效

2023年10月，平潭紫菜进入丰收季。图为金井片区新限洋村的养殖户采收头水紫菜 （江信恒 摄）

益超500万元，带动周边临时用工300余人次，带动周边村民收入超20万元。

【“平潭坛紫菜”地理标志授权仪式举行】 2023年8月23日，平潭综合实验区“平潭坛紫菜”地理标志授权仪式举行，区农渔业发展协会向新兴水产养殖农民专业合作社、三特伴手礼发展公司授予“平潭坛紫菜”地理标志授权书和“平潭坛紫菜”农产品地理标志使用证，推广平潭坛紫菜品牌。

（祁剑飞 苏桂山）

## 水利建设

【概况】 2023年，平潭综合实验区水利年度计划投资额8.46亿元，比上年增长22%，完成年度投资任务。争取地方政府专项债2.59亿元、省级专项债3.58亿元、省级以上补助额0.67亿元、第二批农发行基金3.12亿元，合计到位金额9.96亿元。年内，国家节水供水重大水利工程项目——福建省平潭及闽江口水资源配置工程（“一闸三线”工程）全线通水，主岛基本实现城乡供水一体化。完成区防洪防潮工程金井湾片区水系、坛南湾片区六桥水闸项目建设，开展金井、海坛、君山农村抗旱供水工程。举办第15届海峡论坛·两岸乡村农田水利建设交流会，交流探讨两岸生态水利工程建设等方面的建设管理经验。

【平潭及闽江口水资源配置工程全线通水】 2023年7月14日，福建省最大引调水工程——平潭及闽江口水资源配置工程（“一闸三线”工程）全线通水，永泰的大樟溪原水输送至平潭三十六脚湖，平潭人民结束“靠天吃水”历史。“一闸三线”工程平潭段投资7.04亿元，由天岭隧洞、金井湾管道、海坛海峡跨海海底管道三部分组成，起于福清市小山东入海点，终于平潭三十六脚湖（红湖村），每日引水量75万吨。

【农村防洪防潮工程建设】 2023年，平潭综合实验区防洪防潮工程金井湾片区水系、坛南湾片区六桥水闸项目建设完成。区防洪防潮工程总投资额30.95亿元，治理范围包括主岛幸福洋、金井湾、坛南湾3个片区，治理面积80.37平方千米，建设治理和新建20条排洪渠48.36千米，建设排洪渠两岸防洪堤96.53千米，建设滞洪湖围堤7个24.50千米，建设海堤5.16千米，新建水闸6座。

2023年12月，平潭综合实验区完成坛南湾片区六桥水闸项目建设。图为六桥水库

（区农业农村局 供图）

【农村抗旱保供】 2023年，平潭综合实验区农业农村局争取上级补助102万元，用于补助金井、海坛、君山3个片区农村饮水抗旱工作。金井片区实施龙海村、北楼村抗旱供水工程，总投资额50万元，受益人口0.15万人，补助金额40万元；海坛片区实施正旺村、龙南村抗旱供水工程，总投资额46.30万元，受益人口0.12万人，补助金额37万元；君山片区实施五星村、后田村抗旱供水工程，总投资额31.30万元，受益人口0.11万人，补助金额25万元。

【农村水政管理】 2023年，平潭综合实验区农业农村局完成取水许可电子证照更换，注销1本取水许可证，新增1本取水许可证，未发现取用水和水资源方面问题。为全区20个取用水许可户安装水表计量，并征收水资源费224.02万元。委托第三方检测公司对农村饮水水质进行检测，福建水投平潭水务公司和威隆水厂农村供水水质均达标。

【农村水土保持监管】 2023年，平潭综合实验区农业农村局完成7个开发建设项目的水土保持方案审批和35个水保登记表承诺备案，验收备案15个生产建设项目水土保持设施，项目水保审批、验收比例 100%。对全区 30 个在建生产建设项目开展监督检查 41 次。协助省水保监测站开展水土流失年度消长分析，完成年度验证工作。对区内 18 个生产建设项目监督性监测，完成国家水土保持重点治理等项目的信息录入，开展天地一体化的监管，提升水土保持监测信息化水平。

【两岸乡村农田水利建设交流会在平潭举行】 2023 年 6 月 26 日—29 日，第 15 届海峡论坛·两岸乡村农田水利建设交流会在平潭举行。交流会由民革中央、水利部主办，海峡两岸水利科技交流促进工作委员会、中国水利学会农田水利专业委员会、民革福建省委会、省水利厅、区管委会承办。来自两岸的农田水利专家、基层民众等 150 余人参会，围绕生态水利工程建设、水资源管理和保护等方面分享建设管理经验，探讨两岸农田水利合作。

（雷昀伟）

20223 年 6 月 26 日—29 日，第 15 届海峡论坛·两岸乡村农田水利建设交流会在平潭举行。图为参会嘉宾参观金井片区龙海村六桥水库

（林君斌 摄）

## 农业机械化

【概况】 2023 年，平潭综合实验区农作物机耕面积 6520 公顷，机播面积 3620 公顷，机收面积 2707 公顷，节水灌溉面积 1333.30 公顷。全区农业机械总动力 16.08 万千瓦，使用中央、省级农业机械购置补贴 34.48 万元。区农业农村局推广甘薯机械移栽、分段式甘薯机械收获技术，花生机械化播种、花生机械收获面积实现突破；在土豆种植中推广植保无人机，全部实现机械收获。建立花生生产和胡萝卜特色农业生产全程机械化示范基地各 1 个。

【农业机械购置补贴】 2023 年，平潭综合实验区下达农业机械购置补贴中央资金 50 万元、省级资金 8.50 万元，上年结余 7.90 万元，可用资金 66.40 万元；实际使用中央资金 24.97 万元，省级资金 9.51 万元。补贴机具 62 台（套），受益农户 58 户。至年底，实验区农业机械总动力 16.08 万千瓦，其中柴油发动机动力 15.68 万千瓦、汽油发动机动力 0.19 万千瓦、电动机动力 0.21 万千瓦。

【农业机械技术推广】 2023 年，平潭综合实验区示范推广花生联合播种机、花生联合收获机等新农机。建立主要农作物花生生产全程机械化示范基地 1 个，示范面积 13.33 公顷。建立特色农业产业胡萝卜生产全程机械化示范基地 1 个，示范面积 10 公顷。举办新机具新技术现场培训活动 1 次，培训 24 人次。

【农业机械社会化服务】 2023 年，平潭综合实验区有农业机械社会化服务专业合作社 3 个，大中型农机 45 台，作业服务面积 1610 公顷。农机维修点 1 个，农机维修人员 20 人。乡村农机从业人员 1462 人，持有拖拉机驾驶证人员 167 人。

【农业机械安全监管】 2023 年，平潭综合实验区农业农村局开展农机安全事故应急处置演练活动 1 次，隐患排查整治 16 次，检查农业机械 82 台，发现安全隐患 2 处并整改到位。实施拖拉机“亮尾”工程，警醒农机手遵章守法，免费发放反光标识 360 多条，“严禁违法载人”警示标志 5 台（套）。联合区执法应急局、区市场监管局开展农机打假专项行动 1 次。联合区公安局发布全区禁行变型拖拉机通告，对连续 3 年未年检的拖拉机提前 2 个月发送提示通知。开展农机安全宣传 23 次，发放材料 540 份。

（蔡宗信）

# 乡村振兴

## 综述

【乡村振兴发展】 2023年，平潭综合实验区以保障粮食安全、巩固拓展脱贫攻坚成果为基础，发展现代农业、渔业、水利，推动乡村产业、人才、文化、生态、组织“五个振兴”，助推乡村全面振兴。召开专题会议、项目现场推进会，检查督导乡村振兴工作推进情况，统筹推动乡村振兴工作。印发《关于加强实验区乡村振兴特色乡（镇）及省级试点村挂钩联系工作的通知》《推进乡村建设行动工作要点》等政策文件，推进乡村振兴。至年底，实验区23个村庄获评全国或省级乡村旅游重点村、传统村落、美丽渔村和“一村一品”（以村为基本单位推进规模化、标准化、品牌化和市场化建设）示范村。

【乡村振兴资金投入】 2023年，平潭综合实验区筹措各类乡村振兴资金19.85亿元，用于支持农村基础设施、农业产业发展、渔业发展及生态修复等类别项目建设，推动乡村振兴重大工程、重大行动、重大计划实施。争取省级下达资金2460万元、区财政配套资金1566万元，用于乡村振兴试点示范工作。安排贴息专项补助，扶持壮大村集体经济。安排粮食安全专项资金超2400万元，提升粮食生产安全。

【乡村基础设施建设】 2023年，平潭综合实验区基本实现主岛城乡供水、污水、交通、环卫一体化，完成农村公路建设改造3.71千米。至年底，全区农村公路559千米，其中县道88.27千米、乡道280.27千米、村道190.46千米。

【脱贫攻坚成果巩固】 2023年，平潭综合实验区推进脱贫攻坚成果巩固工作，守住不发生规模性返贫底线。摸排农户17.51万户次、57.81万人次，发现疑似对象0人，纳入监测对象0人。对207户674名原区定精准扶贫开发对象落实三级挂钩帮扶，重点关注其“两不愁三保障”（不愁吃、不愁穿，保障义务教育、基本医疗和住房安全）以及饮水安全情况，增设62个困难帮扶岗位，解决23户农户实际困难。

【“一村一方案”规划编制】 2023年，平潭综合实验区探索符合平潭实际的村庄规划方法，分类推进村庄规划编制工作，完成应编尽编村庄规划162个，完成省农业农村厅村庄规划编制三年行动任务，完成率111%，村庄规划备案入库100个，实现“一村一方案”。

【平潭新增7个全省乡村振兴示范点】 2023年4月23日，平潭综合实验区1个街道、6个乡村入选省农业农村厅、省乡村振兴局公布的2022年度省级乡村振兴示范乡镇、示范村创建名单，分别是海坛街道办事处入选示范乡镇创建对象名单，建新村、光裕村、澳前村、马腿村、红卫村、当盛村入选示范村创建对象名单。

（郑惠玉 周小凤 林同璋）

## 产业振兴

【概况】 2023年，平潭综合实验区推动乡村产业振兴，构建现代乡村产业体系。发展新型农村集体经济，投资建设现代农业项目6个，完成投资1.23亿元；促进渔业产业振兴，建设渔业科技示范基地2个，新增省休闲渔业基地1个，建设南盘“美丽渔村”试点村。发展休闲农业，休闲农业经营主体增加至706家，新增省级美丽休闲乡村2个、省级休闲农业示范点1个。培育国家级、省级、区级“一村一品”专业村19个。引导乡村民宿产业特色化发展，全区备案民宿671栋，形成以北港村、磹水村、马腿村等为代表的乡村民宿集聚区，马腿村获评省乡村振兴民宿示范村。

【渔业产业振兴】 2023年，平潭综合实验区促进渔业产业振兴，实施水产绿色健康养殖技术“五大行动”，示范推广生态健康养殖模式，实施基层水产技术推广改革与建设项目，培育渔业科技示范主体2个，建设渔业科技示范基地2个，其中涵盖国家级水产健康养殖和生态养殖示范区1家、省级水产良种场1家。转型升级海洋渔业，改造升级传统养殖渔排6.80万口、泡沫浮球0.12万公顷，新建现代化深水大网箱100口。加快水产加工项目建设，推动水产品加工企业生产线建设投产，新增水产品初加工和冷藏保鲜设施设备6台（套）。

2023年，君山片区砂美村获评第12批全国“一村一品”示范村。图为砂美村附近海域的鲍鱼养殖区 （江信恒 摄于2023年2月）

【澳前村获评省“水乡渔村”休闲渔业基地】 2023年，平潭综合实验区海坛片区澳前村获评省级“水乡渔村”休闲渔业基地，补助休闲渔业各类资金550万元。基地依托猴研岛景区周边海域，开展水产养殖、休闲垂钓、休闲度假、“蓝眼泪”体验等涉渔项目，配套有美食广场、渔家乐、海岛民宿、停车场等服务设施。

【“一村一品”专业村培育】 2023年，平潭综合实验区坚持“一村一品、一村一特”的发展理念，增加农民收入，培育鲍鱼养殖、海蛎养殖、海鱼养殖、淡菜养殖、甘薯种植、乡村旅游等特色产业，发展培育区级“一村一品”专业村13个、省级“一村一品”专业村5个、国家级“一村一品”1个专业村。

表18 2023年平潭综合实验区“一村一品”专业村一览表

单位：个

| 序号 | 类型 | 专业村 | 数量 |
| --- | --- | --- | --- |
| 1 | 区级“一村一品”专业村 | 磹角底村鲍鱼养殖、北楼村鲍鱼养殖、屿南村海蛎养殖、砂美村鲍鱼养殖、建新村紫菜养殖、龙头村海鱼养殖、大坪甘薯种植、北港村乡村旅游、钱便澳村鲍鱼养殖、榕山村淡菜养殖、白胜村蝴蝶干、昆湖村马铃薯、东澳村乡村旅游 | 13 |
| 2 | 省级“一村一品”专业村 | 砂美村鲍鱼养殖、北港村乡村旅游、钟门村网箱鲍鱼、东澳村乡村旅游、建新村紫菜养殖 | 5 |
| 3 | 国家级“一村一品”专业村 | 砂美村鲍鱼养殖 | 1 |

2023年，平潭君山片区马腿村入选全省首批乡村振兴民宿示范村名单。图为马腿村特色民宿 （陈澜清 摄于2023年12月）

【美丽休闲乡村培育】 2023年，平潭综合实验区新增海坛街道东澳村、君山镇马腿村2个省级美丽休闲乡村及自然有力农业融合示范基地1个省级休闲农业示范点。海坛街道东澳村依托东澳中心渔港商业街、“68海里”景区等旅游景点，完善旅游配套设施。君山镇马腿村利用资源优势进行整村文旅综合开发，重点发展休闲农业、海洋牧场、健康疗养、文化旅游等产业项目。自然有力农业融合示范基地位于君山镇芦北村，占地面积4.67万平方米，主要发展休闲农业及观光活动。

【乡村民宿产业振兴】 2023年，平潭综合实验区引导乡村民宿产业从简单利用石头厝改造的农家乐向多元服务、特色化发展，鼓励民宿连片开发、规范发展。区农业农村局参与实验区民宿总体发展规划、民宿开发控制规划、民宿管理办法编制，平潭民宿发展经验获省文旅厅肯定并全省推广。实验区全年备案民宿671栋，提供客房4600间、床位6900张，民宿产业实现总收入1.34亿元，带动与民宿相关的餐饮、租车等10余个行业迅速发展，为1500余名大学生创造就业机会，形成以北港村、磹水村、马腿村等为代表的乡村民宿集聚区，打造精品民宿。全省首家“五星”民宿——枕海入眠民宿落地平潭。

【平潭马腿村获评省乡村振兴民宿示范村】 2023年4月，平潭综合实验区君山片区马腿村获评全省首批乡村振兴民宿示范村。马腿村采取“政府主导+村企合作+村民参与”模式，落地具有特色民宿、休闲商业、岛屿度假功能的文旅综合开发项目。至年底，项目租赁村内53栋旧房屋，完成公共配套、海景民宿、亲子组团的建设并投用；利用马腿村特有海泥，带动村民烧制陶笛等制品作为旅游伴手礼，丰富游客体验，带动村民增收，获得营业收入近500万元。

（郑惠玉）

## 人才振兴

【概况】 2023年，平潭综合实验区重视培养乡村人才，吸引各类专业人才服务乡村，培养懂农业、爱农村、爱农民的“三农”工作队伍。结合“千名党员下基层”活动，实行处级领导干部每人结对帮扶1个村，安排18名选调生到村居工作。推进高素质农民培训，培育51名农村创新创业带头人才。推动科技人才、文旅人才、法律人才下乡，青观顶村、澳前村等5个村入选省文旅特派员试点单位名单。推动台胞人才参与平潭乡村振兴，担任村（居）营造师、副主任。

【高素质农民培育】 2023年，平潭综合实验区推进农村带头人才培育，组织参加省级“头雁”项目培训，培育51名扎根乡村、服务农业、带动农民的农村创新创业带头人才。组织高素质农民省级资金专项培训1026人次、中央资金专项培训211人次。加强农村实用人才队伍建设，举办10期农业生产技术培训和12次网络视频实用技术远程培训，培训约5000人次。

【科技人才下乡】 2023年，平潭综合实验区推荐选任29名（队）省级科技特派员、100名（队）区级科技特派员到片区、村居帮扶，助力乡村振兴。福建信息职业技术学院与苏平片区共建科技特派员工作站，面向苏平片区10个村集体，为村民提供农特产品包装设计服务，形成“一村一品”；挖掘平潭南岛语族文化、贝雕、藤牌操等特色，开发创意伴手礼；指导村民对农特产品开展新媒体传播，拓宽农渔产品的销路。至年底，包装升级后的芦洋村脐橙销售为村民增收近2000万元。

【法律人才下乡】 2023年，平潭综合实验区开展“一村一法律顾问”工作，建立乡镇公共法律服务工作站7个、村居公共法律服务室15个，引导律师、基层法律服务工作者等为村民提供法律意见、法律咨询，参与人民调解和法律援助等，推动公共法律服务向乡村延伸。

【台湾人才下乡】 2023年，平潭综合实验区重视台胞人才参与平潭乡村振兴，21名台胞基层治理专业人才在村（居）担任营造师，聘任10余名在职营造师任村（居）副主任，把台湾地区经验融入平潭乡村治理。举办第七届海峡两岸村里长交流会，400多名海峡两岸的村里长、社区负责人参会，共享借鉴优秀乡村治理案例。

【平潭5个村入选为省文旅特派员试点单位】 2023年，平潭综合实验区根据区位条件比较突出、文旅资源特色明显、乡村产业基础较好、村主干有思路有创业热情的标准，遴选出试点服务对象，鼓励和引导文旅经济领域企事业单位及相关专长技术（技能）和管理人才参与乡村文旅经济产业建设，助力乡村振兴。5月，金井片区青观顶村、海坛片区澳前村、君山片区北港村、苏平片区上攀村和南盘村入选为全省首批文旅特派员试点单位，5个文旅特派员试点村全年实施重点项目25个，总投资额8283万元。

（郑惠玉　陈婷　陈莹）

## 文化振兴

【概况】 2023年，平潭综合实验区实施乡村文化振兴，完善农村公共文化服务供给，完成4个片区综合文化站、20个重点村级综合文化服务中心的改造提升工作。提升基层文化服务，打造“岚台乡音”乡村讲师团，吸引26名台胞参与一线宣讲，开展宣讲活动100余场，直接受众1万余人次。开展惠民演出100余场，放映农村公益电影1915场次。提升乡风文明水平，推进乡村振兴工作，全区219个村（社区）完成村规民约、居民公约修订，组织主题宣讲活动330多场，开展家风提升活动39场。

【乡村文化服务站改造】 2023年，平潭综合实验区完成四大片区综合文化站的基本空间功能提档升级工作。按照一个多功能文化活动室、一个文化广场等“七个一”建设标准，完成全区20个重点村级综合文化服务中心的改造提升工作。

【乡村图书馆延伸】 2023年，平潭综合实验区实现四大片区综合文化服务中心100%挂牌，推进县域内图书馆分馆向乡村延伸，建成分馆26个、流通服务点75个、农村书屋216个，藏书23.85万册。

【上攀学堂文艺支教】 2023年，平潭综合实验区继续探索“公益+文艺”进基层和关爱留守儿童模式，开展上攀公益学堂文艺支教活动，为上攀村、榕山村等70名留守儿童开设书法、贝雕手工、剪纸等90余节艺术课程，参加学习约6000人次，为大坪村36名学生开设贝雕、沙画、剪纸、口才4个课程。自2020年8月创办上攀学堂至2023年底，开展课程300余节，服务乡村儿童约1万人次。

【特色文化村建设】 2023年，平潭综合实验区持续打造文化乡村，探索“一村一特色”，探索各具特色的文化村。海坛片区龙北村、上井村、官姜村分别打造文旅村、文创村和文体村，设立井台文创街，手绘官姜720米山海风情彩绘墙，

2023年，平潭综合实验区持续开展上攀公益学堂文艺支教活动，开设书法、贝雕手工等课程。图为上攀学堂学生们设计绘画鼻烟壶图案

（林君斌 摄于2023年2月）

建设仙人掌产业链特色村，发行平潭蓝眼泪旅游护照。君山片区北港村打造“石头会唱歌”特色民宿村。上井村运用台湾社区大学终身教育办学理念开办社区大学，面向台胞和村民开放。镶门社区继续开展以“镶来是一家”为主题的“近邻学苑”，开设书法、编织培训班等，提升村民文化素养。

【岚台同心书院打造】 2023年2月25日，平潭综合实验区岚台同心书院与平潭摄影家协会联合在龙北村岚台同心书院增设两岸摄影基地。岚台同心书院是平潭首个以乡村形态建成的书院，为在平潭的台胞和市民提供学习休闲空间。

（郭宁美 郑惠玉 林同璋）

## 生态振兴

【概况】 2023年，平潭综合实验区推进乡村生态振兴工作，建设乡村生态家园。选定10个行政村开展“千万工程”“千村示范、万村整治”工程示范整治，推进20个省级乡村振兴试点示范村建设。围绕长江澳、坛南湾、68小镇和仙人井等景区试点景村融合发展模式，推动景区与周边村居融合。推进美丽乡村建设，举办实验区“五个美丽”观摩会，开展庭院经济试点工作。开展“绿盈乡村”创建升级活动，年内新增青观顶村等4个高级版“绿盈乡村”。落实传统村落保护，青峰村入选中国传统村落名录。开展农村人居环境整治，建立网格化城乡环境卫生整治长效机制，实现生活垃圾无害化处理覆盖率100%、畜禽粪污资源化综合利用率超98%，实施城乡污水一体化，建设三十六脚湖保护区生活污水源头深度截污和末端生态净化工程。建设农村污水处理设施，实现182个行政村污水收集、处理设施全覆盖。

【农村人居环境整治】 2023年，平潭综合实验区开展村庄清洁行动，清理农村生活垃圾2.35万吨、村内水塘373口、村内沟渠295.50千米、村内淤泥48.20吨、畜禽养殖粪污等农业生产废弃物634.20吨。在中楼推进垃圾分类亭投放，推行垃圾分类。开展城乡人居环境卫生督查考评，发出通报12期，针对发现的突出环境卫生问题，发出整改通知书180份。落实公厕长效保洁机制，以实现公厕“四净三无两通一明”为目标，改善农村固定公厕维护、管理不到位问题。

2023年，平潭综合实验区在长江澳、南部湾和仙人井等景区实施景村一体融合工程。图为仙人井景区附近的东美村码头被改造成网红打卡点

（江信恒 摄于2023年11月1日）

【农村污水治理】 2023年，平潭综合实验区推动农村污水治理，完成32个村庄农村污水提升治理核查评估，排查12个农村黑臭水体疑似点位，推进潭水村2座污水处理站和渔屿村1座污水处理站建设，农村污水治理（二期）项目施工基本完成。

【景村融合】 2023年，平潭综合实验区在长江澳、南部湾、68小镇和仙人井等景区实施景村一体融合工程，推动景区与周边村居融合，打造景村共享消费空间。至年底，全区23个村庄获评全国或省级乡村旅游重点村、传统村落、美丽渔村、“一村一品”示范村等称号。其中，依托“68海里”景区的海坛片区东澳村坚持以景带村、景村融合，带动近30户村民增收，集体经济收入突破200万元。

【“绿盈乡村”创建】 2023年，平潭综合实验区开展“绿盈乡村”创建升级活动，君山片区大渊村、苏平片区凤美村由初级版“绿盈乡村”升级为中级版，金井片区青观顶村、海坛片区澳前村、君山片区东美村、苏平片区上攀村获评省高级版“绿盈乡村”。至年底，全区创建“绿盈乡村”162个，占全区行政村总数量的84.4%，其中初级版100个、中级版52个、高级版10个。

【美丽乡村建设】 2023年12月18日，在福建省乡村振兴局公布的2023年度全省乡村“五个美丽”建设典型名单中，平潭新增省级美丽乡村庭院之星15户、美丽乡村微景观5个，美丽乡村小公园5个、美丽田园4个、美丽乡村休闲旅游点2个。至年底，全区建成美丽庭院612户、美丽田园5个、美丽乡村微景观100个、美丽乡村小公园15个、美丽乡村休闲旅游点3个。

【平潭150户家庭获评省级美丽庭院示范户】 2023年，平潭综合实验区立足农村家庭最小单元，开展美丽庭院创建示范户工作。12月，平潭150户家庭入选2023年福建省级美丽庭院示范户名单。其中，金井片区28户，海坛片区32户，君山片区45户，苏平片区45户。

【岱峰村获评福建省森林村庄】 2023年12月22日，平潭综合实验区苏平片区岱峰村获评省绿化委员会、省林业局组织评选的“福建省森林村庄”。岱峰村生态造林主树种4种、园林绿化主树种13种、果树7种，森林覆盖率57.31%，村庄居住林木覆盖率25%，适宜绿化地段绿化率超95%。

（郑惠玉 杨开姿 刘小云 俞宏焰 林凯琴）

## 组织振兴

【概况】 2023年，平潭综合实验区提升农村基层党组织的组织力，以党建引领乡村全面振兴。推进联合党委建设，在全区建立31个村级联合党委，实现219个村

表19 2023年平潭综合实验区新增省级乡村“五个美丽”建设典型一览表

单位：个

| 类型 | 名称 | 数量 |
|---|---|---|
| 美丽乡村庭院之星 | 海坛街道办事处磹角底村寨顶48号陈其平庭院、君山镇渔屿村北岚岭64号陈莉庭院、金井镇敖网村龙美楼42号魏守玲庭院、苏平镇白青乡青峰村392号游斌庭院、苏平镇白沙村589号陈贤立庭院、苏平镇看澳村287号高玉官庭院、苏平镇斗魁70号郑飞庭院、苏平镇和平村芹山边4号林信就庭院、海坛街道办事处磹角底村山仔下29-5号何小芳庭院、海坛街道办事处磹角底村李厝110-6李胜庭院、海坛街道办事处磹角底村寨顶32号林仁琳庭院、君山镇磹水村排塘兜14号施春燕庭院、君山镇磹水村排塘兜15号谢忠忠庭院、君山镇磹水村排塘兜12号王丽媛庭院、君山镇磹水村排塘兜33号夏扬帆庭院 | 15 |
| 美丽乡村微景观 | 金井镇澳尾村农业融合示范基地微景观、南海乡后坑村“听潮亭”微景观、君山镇北港村风中旅行周边微景观、君山镇北港村云上海景餐厅周边微景观、苏平镇钟门村“海边边”民宿微景观 | 5 |
| 美丽乡村小公园（小广场） | 金井镇龙海村安海湖公园、苏平镇白沙村白沙公园、君山镇大坪村小公园、君山镇磹水村小公园、苏平镇屿头乡屿南村党建公园 | 5 |
| 美丽田园 | 金井镇东崑村田园、苏平镇红卫村田园、君山镇南楼村田园、苏平镇上攀村田园 | 4 |
| 美丽乡村休闲旅游点 | 海坛街道办事处东澳村、君山镇马腿村 | 2 |

2023年5月，平潭综合实验区开展“我在岚岛乡间有亩田”党员志愿服务活动。图为志愿者在君山片区田间收获甘薯（林君斌 摄）

（社区）党组织覆盖。推广“积分制”“清单制”乡村治理方式，全区50%的行政村完成“积分制”推广工作，25个村推广“清单制”工作，将“积分制”“清单制”融入农村的环境整治、志愿帮扶、权益保障等基层治理各方面工作。海坛片区上楼村入选全国第三批乡村治理示范村名单。

**【村级联合党委建立全覆盖】** 2023年，平潭综合实验区深化联合党委建设，在原有村级行政区划、村民自治主体、财务管理体制、目标考核奖惩、村干部职数配置和经济待遇“五个不变”前提下，在219个村（社区）全覆盖建立31个联合党委，并从每个片区遴选2个联合党委，打造示范联合党委，分别为坛西、里美、第一街区、第四街区、大坪、君山湾、北部湾、官井街联合党委。推动党建、公安、执法等14个部门147项职能入格，以组织联建、资源联用、产业联育、治理联抓等方式促进乡村振兴和基层治理，联合党委经验做法在《人民日报》《八闽快讯》《福建组工信息》《福建支部生活》刊载。

**【“我在岚岛乡间有亩田”活动】** 2023年5月，平潭综合实验区组织全区32家单位机关党组织开展“我在岚岛乡间有亩田”党员志愿服务活动，号召3700余名党员干部以委托第三方代耕代种的方式，助力乡村振兴。活动认种撂荒地面积7.60公顷，用于栽种甘薯，认筹金额20万余元。由认领单位与区农发公司签订种植协议，以全托管模式委托区农发公司进行农作物种植生产、管理、收获及分发等过程，认领单位全程参与种植农作物生产的各环节，收获成果归各认领单位成员所有。收获甘薯114吨，认领甘薯价格每千克2.60元，与上年农户田间收购价格一致。

**【乡村治理积分制推广】** 2023年，平潭综合实验区推广“积分制”“清单制”乡村治理方式，全区50%的行政村完成“积分制”推广工作，25个村推广“清单制”工作，将“积分制”“清单制”融到农村的环境整治、志愿帮扶、权益保障等基层治理各方面工作。鼓励各村针对各自村情实际制定符合村情村况的“积分制”“清单制”制度。通过积分积累、积分兑换、积分超市建设，引导群众参与乡村治理。海坛片区上楼村入选全国第三批乡村治理示范村名单。

**【村级小微权力监督】** 2023年，平潭综合实验区建立小微权力监督平台，用好“线上”基层小微权力监督平台，在小微权力监督平台“云公开”，梳理党务、村务等6类小微权力清单及流程图44项，建立微信群347个，入群人数11万余人，公示信息8140条，办理群众诉求投诉381件，群众评价满意率91%。通过细化村民小微权益清单，利用村级小微权力监督平台，监督维护群众自身合法权益。

（郑惠玉 陈莹 曾台英）

## 综述

【工业生产】 2023年，平潭综合实验区工业增加值15.91亿元，比上年增长2.8%。全年工业用电量1.57亿千瓦时，比上年下降1.9%。全区规模以上工业企业32家（见表20），规模以上工业增加值比上年增长1.8%，回落3.30个百分点；销售产值增长3.4%，出口交货值下降59.4%；实现利润总额3.70亿元，增长345.8%；税金总额0.50亿元，增长61.3%；产品销售率102.7%；资产负债率79.6%，下降0.40个百分点。

分门类看，规模以上制造业增加值比上年下降26.6%。其中，非金属矿物制品业比上年下降38.3%，酒、饮料和精制茶制造业增长108.7%，农副食品加工业下降85.4%，橡胶和塑料制品业增长10.7%，计算机、通信和其他电子设备制造业下降22.3%，金属制品、机械和设备修理业下降10.7%；电力、燃气及水的生产和供应业增长15.5%，其中燃气生产和供应业下降20.8%，电力、热力生产和供应业增长18.7%。

表20 2023年平潭综合实验区规模以上工业企业一览表

单位：家

| 类别 | 企业名称 | 数量 |
|---|---|---|
| 电子信息企业 | 宸鸿科技（平潭）有限公司、福建纳仕达电子股份有限公司、宗仁科技（平潭）有限公司、福建平潭瑞谦智能科技有限公司、凹凸科技（平潭）有限公司 | 5 |
| 能源企业 | 中广核（福建）风力发电有限公司、中闽（平潭）新能源有限公司、中闽（平潭）风电有限公司、龙源平潭风力发电有限公司、福建润峡新能源有限公司、福建平潭大唐海上风电有限责任公司、平潭海峡发电有限公司、平潭北厝垃圾焚烧发电有限公司、国网福建省电力有限公司平潭供电公司、平潭华润燃气有限公司、福建水投集团平潭水务有限公司、福建水投集团平潭环保有限公司、福建大成环保有限公司 | 13 |
| 建材生产企业 | 福建省远大混凝土有限公司、平潭中发商品混凝土有限公司、平潭星泽砼业科技有限公司、平潭华航实业有限公司 | 4 |
| 水产品加工与食品制造企业 | 平潭综合实验区坛南湾水产食品有限公司、福建省恒祥渔业有限公司、博德波特国际酒庄有限公司 | 3 |
| 塑料制品企业 | 福州永鑫塑料包装用品有限公司、平潭县凯隆塑料制品有限公司 | 2 |
| 设备及器械制造企业 | 华广生物技术（平潭）有限公司、福建省祥亿机械制造有限公司、平潭煜想时代科技有限公司 | 3 |
| 船舶修造企业 | 福建省平潭县雄鹰船厂有限公司、福建省平潭县看澳船舶修造有限公司 | 2 |
| 合计 | | 32 |

【工业投资】 2023年，平潭综合实验区工业投资比上年下降42.4%。因大多数工业投资项目2022年底投产或停缓建等原因，特别是大练海上风电和长江澳海上风电等风电投资建成投产，致2023年仅剩外海海上风电场项目支撑工业投资。风电投资比上年下降56.1%，占工业投资比重的51%。

【工业增产促进政策】 2023年，平潭综合实验区印发《一季度推进“开门稳”的若干措施(经发领域)实施细则》，鼓励限额以上企业增产增效，推动工业企业发展。发布《平潭综合实验区推动经济平稳向好发展的若干措施的通知》，推出“对新增规模以上工业企业，在省级补助的基础上，一次性给予每家企业奖励5万元”等工业增产促进政策。

【平潭新兴产业园区】 平潭新兴产业园示范区是新兴产业园区先行示范性项目，总占地面积3.87万平方米，总建筑面积4.83万平方米，包含研发办公楼9栋、办公展示中心1栋、公寓楼1栋，可出租面积4.01万平方米。至2023年底，示范区出租3.38万平方米，出租率84%，大健康和新一代信息技术企业等21家企业入驻，其中省百人计划企业1家、国家高新技术企业5家、科技型“小巨人”企业2家、上市公司控股企业2家。规模以上企业4家，分别为福建万聚福冰雪体育科技有限公司、凹凸科技（平潭）有限公司、福建坛讯信息科技有限公司、福建平潭瑞谦智能科技有限公司。2023年开展产业园基础设施（一期）项目建设，21条园区道路开工建设，完成标准厂房项目桩基工程，进行商务综合体及水系项目方案优化。

【水产品加工业】 2023年，平潭综合实验区规模以上水产品加工企业2家，为平潭综合实验区坛南湾水产食品有限公司、福建省恒祥渔业有限公司。全年产值比上年下降85.3%。在建项目有万吨冷链产业园、鲜有味水产品加工厂项目。推动水产品加工企业生产线建设投产，新增水产品初加工和冷藏保鲜设施设备6台（套）。

【建材工业】 2023年，平潭综合实验区建材工业有预拌混凝土生产企业5家、机制砂生产企业1家、预拌砂浆在建项目1个（见表21）。规模以上建材工业企业4家，增加值比上年下降38.3%。全年实验区预拌混凝土产量54万立方米。

【船舶工业】 2023年，平潭综合实验区规模以上船舶修造企业2家，为福建省平潭县雄鹰船厂有限公司、福建省平潭县看澳船舶修造有限公司。全年船舶工业年产值比上年下降8.2%。

（林超敏）

## 电子信息产业

【概况】 2023年，平潭综合实验区电子信息产业规模以上企业营业收入30.30亿元，其中软件和信息技术服务业营业收入28亿元、电子制造业2.30亿元，业务涉及互联网平台、游戏研发运营、信息系统集成等。

【软件信息服务业】 2023年，平潭综合实验区铠强科技等4家企业入选2023年第三批省创新型中小企业名录，福建乐摩物联科技等3家企业获评省“瞪羚企业”（以科技创新或商业模式创新为支撑、进入高成长期的中小企业）。全区新增省级“专精特新”（中小企业具备专业化、精细化、特色化、新颖化的特征）企业1家，新落地2家台资集成电路企业。至年底，实验区有省“专精特新”企业3家、创新型中小企业8家、

表21 2023年平潭综合实验区建材工业企业（项目）一览表

| 类别 | 企业（项目）名称 | 数量 |
| --- | --- | --- |
| 预拌混凝土生产企业 | 福建省远大混凝土有限公司、平潭中发商品混凝土有限公司、平潭星泽砼业科技有限公司、平潭鸿生环保科技有限公司、平潭翔益混凝土有限公司 | 5家 |
| 机制砂生产企业 | 平潭华航实业有限公司 | 1家 |
| 预拌砂浆在建项目 | 福建中恩新材料科技有限公司新型绿色环保商品砂浆生产项目 | 1个 |

企业技术中心1家、集成电路“专精特新”企业1家。

【集成电路产业】 2023年，平潭综合实验区集成电路企业营业收入约1亿元，新增台资集成电路设计企业2家。至年底，有包括宗仁科技在内的9家台资集成电路企业，涵盖集成电路设计、软件开发、芯片测试等领域，各项专利、版图产权超100项，获评省级“专精特新”企业1家。

【平潭“3D结构光人脸识别方法”上榜全国优秀创新软件产品目录】 2023年4月15日，平潭瑞谦智能科技有限公司开发的一种“3D结构光人脸识别方法”，入选中国电子信息行业联合会发布的《2021—2022年度百项优秀创新软件产品目录》。

【平潭1个芯片项目获评省级软件业技术创新重点项目】 2023年，宗仁科技（平潭）股份有限公司与福州大学联合申报的“面向物联网应用的低能耗Delta-Sigma模数转换器（ADC）芯片”项目入选第二批省级软件业技术创新重点攻关及产业化项目名单。宗仁科技主要提供集成电路设计服务、光罩代工服务、晶圆代工服务、测试代工服务和封装代工服务，是平潭重点创新型半导体技术公司。

【工业数字化转型】 2023年，平潭综合实验区开展“千员万企”数字化诊断专项行动，面向区内制造业企业免费开展企业数字化转型义诊活动，为18家企业提供系统性诊断，支持企业数字化转型，降低数字化起步的成本门槛。

（林超敏 林忍）

2023年，平潭综合实验区4家企业入选第三批省创新型中小企业名录。图为4月10日，铠强科技（平潭）有限公司员工探讨芯片开发工作

（林君斌 摄）

## 风电产业

【概况】 2023年，平潭综合实验区围绕国家“双碳”目标部署，挖掘风能资源优势，开发风电清洁能源，培育风电产业链，推进产业绿色化、生态产业化、能源清洁化、生活低碳化的“零碳岛”建设。全年风电产业产值7.56亿元，比上年增长24.2%。风电占全区规模以上工业总产值的30%，新增并网18.60万千瓦，完成投资超16亿元。至年底，平潭风电场7处，其中陆上风电场4处、海上风电场3处；风电场总规模198.83万千瓦，建成总装机容量67.83万千瓦，建有风力发电机组72台；年发电量22亿千瓦时，抵消节约32.24万吨标准煤、减少85.76万吨二氧化碳排放。

【风电重点企业】 2023年，中国能建集团、华润集团、中广核等风电国家队企业参与平潭综合实验区绿色能源建设，三峡风电集团、大唐风电、金风科技、正力海工等龙头企业在平潭布局拓展风电产业链条。至年底，平潭有中广核（福建）风力发电有限公司、中闽（平潭）新能源有限公司、中闽（平潭）风电有限公司、龙源平潭风力发电有限公司、福建润峡新能源有限公司、福建平潭大唐海上风电有限责任公司及平潭海峡发电有限公司7家规模以上风电能源企业。

【风电产业链拓展】 2023年，平潭综合实验区发展风电产业链，推进风电产业朝着装备制造、技术研究等上下游产业延伸。重点发展海工装备产业，依托海洋工程装备龙头企业正力海工，完善海上风电新能源工程与运维、海底电缆与管线敷设、港口与航道（海岸）建设工程等服务业态，推进海洋智能装备科技创新中心、岚台海上应急救援基地工程、海上风电场运维基地等项目建设。发挥金井港区水深、港

2023年6月28日，全球首台16兆瓦海上风电机组在平潭外海风电场完成吊装任务 （林君斌 摄）

宽的优势，发展海上风机设备等海洋工程装备重大件吊装、转运、维修、保养、预组装等相关业务。至年底，金井港区海上风电等设备港口装卸作业总吞吐量超百万吨。

**【全球首台16兆瓦海上风电机组平潭并网发电】** 2023年6月28日，全球首台16兆瓦超大容量海上风电机组在平潭海上风电场安装完成，标志着中国海上风电在高端装备制造能力、深远海海上风电施工能力上实现重要突破，达到国际领先水平。机组由三峡集团研发实施，距平潭沿海岸线35千米，水深40米左右，轮毂中心高152米，单只叶片长123米、重54吨，叶轮扫风面积约5万平方米，核心关键部件实现全面国产化。在满发风速下，每转动一圈发电34.20千瓦时，单台机组每年输出超过6600万千瓦时清洁电能，满足3.60万户三口之家一年的正常用电，减少燃煤消耗2.20万吨，减少二氧化碳排放5.40万吨。7月19日，16兆瓦风电机组并网发电。9月17日，包括16兆瓦海上风电机组在内的平潭外海海上风电项目实现全容量并网。12月21日，16兆瓦风电机组单日发电38.72万千瓦时，刷新单机日发电量世界纪录，可满足近17万人一天的生活用电需求。年内入选国家能源局发布的“2023年度能源行业十大科技创新成果”。

**【全省首个大型集中式共享储能电站平潭开工】** 2023年6月28日，由平潭综合实验区实发集团投资建设的城市配电网供电能力提升—共享储能电站项目在高新产业园区开工建设，是全省首个大型集中式共享储能电站，也是全省单体容量最大的电化学储能电站。项目位于苏平片区芦洋村，是平潭首个220千伏储能电站，面积2.20万平方米，投资额6.66亿元，分2期建设，一期设计存储电量20万千瓦时，2小时完成一次充电或放电。项目是“源网荷储”（整合电源、电网、负荷和储能4个要素的新型电力运行模式）中的重要一环，为平潭海上风电产业发展提供配套储能，延伸拓展风电产业链，推动平潭从“全绿电岛”向“海上能源岛”转变。12月27日，国家能源局发布国家新型储能试点示范项目名单，平潭共享储能电站项目入选，是全省唯一入选的项目。

**【平潭A区海上风电场项目获批】** 2023年5月，平潭A区海上风电场项目获省发展改革委批复，项目单位为中能建（平潭）新能源有限责任公司。项目位于海坛岛北侧海域，海域面积42平方千米，场址中心离岸距离20千米，装机规模450兆瓦，规划安装38台12兆瓦风电机组，建设海上220千伏升压站及陆上集控中心，建成后年发电量18.90亿千瓦时，每年节省标准煤62万吨，减少二氧化碳排放131万吨。

**【全国首创“海上风电＋海洋牧场”融合发展试点】** 2023年，平潭综合实验区“海上风电＋海洋牧场”融合发展试点入选中国（福建）自贸试验区第20批创新举措名单，并被评估为全国首创。项目位于大练海上风电场，由中广核福建分公司发起，省水产研究所、苏平片区养殖户作为主要技术共同参与，装有1500尾鱼苗的金属网箱，下放至风电场50米范围内海域，在海下28米处育养9个月，实现石斑鱼产量250千克、鲷科产量500千克的预期。

（林超敏 林忍）

## 综述

**【社会消费品零售】** 2023年，平潭综合实验区社会消费品零售总额57.20亿元，比上年下降3.9%。其中，限额以上社会消费品零售总额18.99亿元（限额以上企业城镇消费品零售总额17.60亿元、乡村消费品零售额1.39亿元），比上年下降17.6%。在限额以上企业商品零售额中，家用电器和音像制品类比上年增长9.9%，粮油食品类下降23.6%，石油及制品类下降70%，家具类增长31.5%，日用品类下降11.5%，服装鞋帽针纺织品类下降2.2%。限额以上商贸主体规模扩大，年度新增入库商贸主体38家。

**【商贸载体建设】** 2023年8月11日，由平潭综合实验区文旅发展集团有限公司改造的龙山俚欢乐街夜市开业，汇聚美食集市、复古打卡、音乐派对等多种体验，填补实验区夜游空白。9月26日，由福建省粮油集团联合平潭城发集团共同开发建设的新型商业综合体——新潭城市广场开业，建筑面积1.53万平方米，总投资额2.10亿元，具备农贸集市、商业零售、休闲娱乐、文体教育、宜居住宅等功能。9月，实验区2023年为民办实事项目建材街区提升改造工程完工，打造“建材一条街”集聚商圈。

**【平潭高铁中心站商圈建设】** 2023年，平潭高铁中心站完善出行、住宿、餐饮等业态，居然之家北馆家具馆试运营，经营范围涵盖设计、装修建材、家具、家电等品类，入驻商家经营品类包括电器、瓷砖、家具、涂料等。完善旅游服务，22家出行服务公司进驻，推动全季酒店开业前期工作。建设美食板块，推动南区美食城建设前期工作，汇聚福建特色美食和东南亚美食。站前广场31栋石头厝完成招商并对外运营。

**【“68海里”巾帼两岸直播基地】** 2023年，平潭综合实验区文旅发展集团有限公司打造“68海里”巾帼两岸直播基地，依托“68海里”景区黑礁音乐馆，占地面积1143.11平方米，建筑面积1580.08平方米，设有室内舞台区、文创手工区、产品售卖区等。开展短视频拍摄、直播带货等工作，推广“平潭有礼”品牌，直播上架文创类、文旅体验类、票务类平潭特色文旅产品；搭建直播矩阵，覆盖抖音、微信视频号、小红书等平台。12月29日，“福建乐购 姐妹乡伴”福建省巾帼电商直播活动平潭场在基地举行，推介特惠酒店套餐、房车旅行、卡丁车门票、下午茶套餐等产品，吸引41万人次观看。

**【2023电商主播大赛平潭赛区总决赛举行】** 2023年10月25日，电商主播大赛·两岸（平潭）赛区总决赛启动仪式在平潭台创园举行，进行台创园直播人才产业生态链战略合作签约、台青主播就业意向签约、台湾企业落地平潭台创园签约等环节，举行首批台湾主播互联网营销师证书发放仪式。大赛吸引百名优秀台湾主播到平潭，带动两岸青年就业创业。

**【文旅惠民消费券发放】** 2023年，平潭综合实验区推出新春文旅惠民消费券，设立“满60元立减30元”“满100元立减50元”两种面值，发放时间从1月21日至2月21日，吸引餐饮店、酒店、民宿及景区内的商户参与，市民游客可在入驻“云闪付”及“畅游平潭”的餐饮、住宿、景区等商店使用。

（林超敏 王开艳）

# 批发零售业

【概况】 2023年，平潭综合实验区限额以上批发、零售企业、个体工商户81家，其中批发企业33家、零售企业（含个体）48家。全区批发业年销售总额217.60亿元，比上年下降49.5%；零售额销售总额48.60亿元，下降6.2%。

【消费促进】 2023年，平潭综合实验区深化“全闽乐购·惠聚岚岛”品牌，组织开展家电、汽车、餐饮、商超等专题促消费活动，举办“开渔节 最鲜的海鲜”“千年一遇·平潭宴”八闽美食嘉年华活动，带动消费超3000万元。居然之家·首届家博会在平潭高铁中心站站前广场举行，展会面积4000平方米，聚集55家参展商，展品覆盖大家居各大品类。

【汽车购买补贴】 2023年，平潭综合实验区启动首轮“全闽乐购·惠聚岚岛”汽车补贴促消费活动，对购置7座（含7座）以下乘用车（新车）并在平潭上牌的个人消费者发放购车补贴，其中新能源乘用车每辆补贴4000元、燃油乘用车每辆补贴3000元。全年发放购车补贴40万元。

（林超敏）

# 住宿餐饮业

【概况】 2023年，平潭综合实验区住宿业、旅游业消费市场逐渐转暖，全区住宿业营业总额3.59亿元，比上年增长60.2%，上升65.70个百分点；餐饮业营业总额11.76亿元，增长16.6%，上升8.20个百分点。限额以上住宿、餐饮企业（个体工商户）42家，其中住宿业15家、餐饮业27家。

【饭店住宿扩容】 2023年，受日租型客栈爆发式增长推动，平潭综合实验区住宿体量快速增长，住宿接待承载力增强，年内新增1家五星级饭店，新增酒店住宿床位4500余家，新增民宿532家，民宿产业实现总收入1.34亿元。至年底，全区住宿单位1.05万家，客房数3.59万间，床位数4.59万张。全区纳入监测的6家酒店床位平均出租率49%，与上年相比提高22个百分点。

【特色民宿产业】 至2023年，平潭综合实验区新增民宿532家，民宿产业实现总收入1.34亿元，主要分布于玉堂、寨顶、青观顶、钟门等50余个村落。初步形成以北港文创村、磹水风韵古村、马腿村等为代表的主要集聚区，引进依山依汐、“甄·海域”、默俏岚岳等度假民宿群项目，打造枕海入眠、等风来、松海石器部落、游记等一批品牌民宿。

【平潭民宿管理办法出台】 2023年7月，平潭综合实验区推动旅游住宿品质升级，修订印发《平潭综合实验区民宿管理办法》，调整民宿开发区域范围，设立禁止开发民宿区域，支持民宿连片开发，明确民宿与客栈管理办法，引导民宿产业健康有序发展。9月11日，区行政审批局等部门联合出台《平潭综合实验区民宿备案核验细则》。年内，全区573栋民宿申请备案，备案通过532栋，通过率93%。民宿备案率75%，居全省首位。

【全省民宿发展现场研讨培训班在平潭举行】 2023年7月19日—22日，福建省文化和旅游厅在平潭举办推动民宿发展现场研讨培训班，平潭综合实验区、三明市建宁县、宁德市霞浦县文旅部门作为先进单位，分享民宿政策、简化备案、行业规范和产业培育等方面经验，提升民宿服务质量。

【“十佳百优放心酒店”评选】 2023年，平潭综合实验区举办“诚信促发展 吃住放心游”主题活动暨“十佳百优放心店”

表22 2023年平潭综合实验区住宿设施情况一览表

| 类别 | 宾馆/酒店 | 民宿 | 日租型客栈 | 合计 |
|---|---|---|---|---|
| 数量（家） | 205 | 852 | 9441 | 10498 |
| 房间数（间） | 7832 | 5792 | 22285 | 35909 |
| 床位数（张） | 12425 | 8437 | 25016 | 45878 |

评选活动，5家酒店入选，其中“十佳放心店”3家、“百优放心店”2家。

【餐饮品质提升】 2023年，平潭综合实验区实施餐饮品质提升任务，重点打造马腿意宿村“民宿+餐饮”项目、68小镇蓝眼泪海鲜主题餐厅、赛车主题餐厅、“泰怂”特色主题餐厅、蓝眼泪观景餐厅等，满足游客消费需求。

【“千年一遇·平潭宴”评选】 2023年9月6日，“福满金秋 八闽美食嘉年华暨千年一遇·平潭宴”评选展示活动举行，全区餐饮企业代表、旅游从业者和品鉴体验员等近200人参加。12家餐饮企业烹饪厨师围绕“千年一遇·平潭宴”主题，烹调出以家国情怀（四碟盘）、创业处世（六佳话）、美好祝愿（三愿景）为脉络的13道平潭传统美食菜品。工商银行平潭分行、福建银联现场发放云闪付红包、工行数币通用消费券。

（林超敏）

2023年9月6日，“福满金秋 八闽美食嘉年华暨千年一遇·平潭宴”评选展示活动举行。图为美食专家评选菜品 （林君斌 摄）

## 粮食市场

【概况】 2023年，平潭综合实验区抓好耕地保护和粮食安全工作，推进撂荒耕地复垦复种，新建、改造高标准农田面积667公顷，粮食播种面积3669公顷、总产量1.90万吨。全年发放规模种植粮食作物补贴129.90万元。至年底，实验区国有粮食企业4家，分别为平潭县粮食收储有限公司、平潭县军粮供应站、平潭县粮油工业有限公司、平潭县粮油贸易有限公司。年内，原福州开发区岚粮经贸公司完成注销登记，原实验区基层粮食购销管理站进入企业改制最后阶段。

【粮食供需】 2023年，平潭综合实验区农业农村局区外粮食总购入量10.82万吨，全年粮食消费量12.80万吨，年末粮食库存4.68万吨。

【粮食储备】 2023年，平潭综合实验区农业农村局围绕粮食和物资储备安全核心职能，完成地方储备原粮及应急成品粮油轮换工作。

【粮储基础设施建设】 2023年9月，平潭综合实验区农业农村局完成粮食园区中心粮库信息化升级改造项目的硬件安装工作。10月，选定军粮区域配送中心主食加工项目承租方。

【粮食市场监管】 2023年，平潭综合实验区农业农村局开展骨干粮食加工厂及骨干粮店月度检查12次、政策性粮食企业季度巡查4次、联合执法检查5次，质量抽检85批次，查办涉粮案件2件。开展粮食系统购销领域监管信息化市级平台应用培训会，围绕储备布局、购销经营、动态管理3个方面，培训库存、粮情、质检、视频、出入库单据、动态监管等功能的使用方法。

【粮食种植补助】 2023年，平潭综合实验区继续对规模种植面积30亩（2公顷）以上的土豆、玉米、水稻种植户给予每亩（0.07公顷）200元补助，年内为平潭县绿绿鑫蔬果农民专业合作社等24家生产主体或个人发放财政补助129.90万元。

（念其诚）

## 供销合作

【概况】 2023年，平潭综合实验区农业农村发展服务中心履行供销合作职能，全区供销社系统有直属企业5个、基层供销社8个，惠农综合服务中心3个、日用消费品流通网络经营网点3个、农资配送中心3个、烟花爆竹配送中心1个，实现农资冬储春供1246吨。敖东供销合作社惠农综合服务中心获评全省供销社系统十佳惠农综合服务中心。12月20日，区供销合作社联合社第四次代表大会召开，选举新一届理事会、监事会。

【农资供应】 2023年，平潭综合实验区农业农村发展服务中心实现农资冬储春供1246吨，超额完成化肥冬储任务。6月21日，开展供销农资科技下乡活动，赠送新型肥料2吨、有机肥20吨以及小包装复合肥礼袋百余包，现场推广“五新”（新化肥、新农药、新品种、新技术、新农机具）服务，参加农民群众200余人、农技人员20余人。

【惠农服务中心改造】 2023年，平潭综合实验区农业农村发展服务中心以“保供促销”项目为抓手，完成改造建设省级惠农服务中心1个、区级惠农综合服务中心1个，项目总投资额109万元，改造经营面积1000平方米。

【名优土特产品推介】 2023年，平潭综合实验区农业农村发展服务中心组织区内特色农渔企业、农民专业合作社参加“迎新春福建供销农产品年货嘉年华”“‘贺元宵·供销行’暨‘一县一周’元宵场福建供销农产品展示展销”“‘福建省名特优农产品走进大美新疆’展示展销会”“‘供销优选’博览会”“‘一县一周’名特优农产品展示展销会暨庆丰收‘金秋消费季·供销合作社在行动’”等活动，推送企业、农民合作社参展13家次，推送产品43款。

【平潭1家示范社获评国家农民合作社示范社】 2023年，平潭综合实验区有农民专业合作社94家。5月，平潭好收成农民专业合作社获评全国农民合作社发展部际联席会议认定的国家农民合作社示范社。平潭县好收成农民专业合作社位于君山片区芦北村，流转租用耕地面积73.33公顷，生产花生、番薯、土豆、番茄等农产品，与福建农林大学、省农科院以及泉州市农科所的科研团队合作，开展农业科研试验与示范、大田作物的高产栽培。

【烟花爆竹经营】 2023年，平潭综合实验区供销社系统烟花爆竹配送中心1家，承担全区烟花爆竹批发配送业务。春节期间设有68个烟花爆竹临时销售点，全区均有分布。

（陈芳）

2023年7月13日，平潭综合实验区农业农村局组织参加2023“供销优选”厦门博览会。图为与会嘉宾挑选平潭名优土特产　（区农业农村局 供图）

## 专营专卖

【概况】 2023年，平潭综合实验区完善“海陆一体化”打假打私格局，将卷烟打假打私纳入全区平安综治考评和年度反走私综合治理重点工作，查获各类涉烟违法案件146件。规范食用盐市场价格行为，食盐价格保持平稳。做好成品油零售经营企业专项检查工作、年检工作及安全生产管理指导工作。

【烟草专卖】 2023年，平潭县烟草专卖局（分公司）依法管理平潭地区烟草业，承担全区卷烟营销网络建设和货源供应，实现税利1.34亿元，卷烟市场净化率超96%。破获2023年全省“打击海上走私犯罪”专项行动首起案件——“8·18”海运假烟案件，总案值超千万元。除“8·18”海运假烟案件外，全年查获各类涉烟违法案件 146 件，查获涉案卷烟 8555 条。加强旅游卷烟市场监管，开展“夏日清风”旅游景区专项整治行动，做好电子烟经营监管。

【食盐销售】 2023 年，平潭综合实验区市场监管局针对“抢盐潮”现象发布关于规范食用盐市场价格行为的提醒告诫书，开展食盐价格检查，落实明码标价要求，防范趁机囤积居奇、哄抬价格、扰乱市场价格秩序行为。年内未发现相关违法行为，食盐价格保持平稳。

【石油销售】 2023 年，平潭综合实验区成品油零售经营企业 29 家，其中加油站 20 家、岸基加油点 2 家、加油船 7 家。区经济发展局通过组织企业自查、联合部门检查、重大节日检查、日常工作抽查及成品油零售经营企业“双随机、一公开”专项检查等方式，开展成品油零售经营企业安全生产管理指导工作，全年检查成品油零售经营企业 28 家次，发现隐患 19 处并完成整改。

（刘毅 林海娟 林超敏）

## 生物医药流通

【概况】 2023 年，平潭综合实验区加快培育生物医药产业，扶持“两品一械”（药品、化妆品、医疗器械）企业。加快平潭海峡医药健康产业园建设，推动两岸药品、医疗器械和化妆品等企业入驻园区，年内新增 15 款台湾医疗器械和 21 种药品。打造两岸中药材交易平台，低风险植物源性中药材经平潭口岸通关试点，在区内加工成产品后销往各地。引进各类生物制药、基因制药等企业的研发中心及第三方研发机构，加快形成生物医药产业链。

【美妆企业扶持】 2023 年，平潭综合实验区出台《促进美妆产业发展若干措施的实施细则》，涵盖企业进驻办公场所用房补贴、产品注册备案及检测费用补贴、产品在平潭转化生产补贴以及孵化公司补贴等领域。7 月 21 日，区市场监管局与区投资促进委员会开展平潭美妆产业政策专场推介活动，50 余家台湾化妆品企业到场交流，带动 16 款台湾化妆品在实验区备案，美妆电商交易额超 20 亿元。

【药械企业扶持】 2023 年，平潭综合实验区市场监管局帮助落地平潭的药品生产企业与药品代理批发企业降低仓库面积，由 5000 平方米降至 2000 平方米，减少企业营运成本。

2023 年 8 月 18 日，平潭综合实验区公安局联合平潭烟草专卖局破获销售假冒注册商标的商品案。图为查获海运假烟现场 （区公安局 供图）

【平潭海峡医药健康产业园】 2023 年，平潭海峡医药健康产业园投入运营，打造中药检验检测、仓储物流、溯源追溯、线上交易等功能的专业化中药材交易平台。年内上线对台中药材交易中心、中药材跨境电子交易服务平台，联合内蒙古远东中药材、宁夏中药材等 9 家物流基地，发布枸杞、桔梗、西洋参、红参、五味子等 80 余种中药材品类信息。吸引华广生技、中寰医药等重点医疗器械生产企业和药品流通企业入驻，新增医疗器械 15 款、药品 21 款。至年底，园区入驻企业 10 家。

【生物医药项目签约】 2023 年 7 月 13 日，平潭综合实验区城发集团与军科正源（广西）生物医药科技有限公司签约，双方以隔检中心食蟹猴进境隔离业务为基础，设立食蟹猴繁育基地，在生物医药及种源贸易方面开展产业共建合作，完善实验区生物医药产业链。

【平潭企业获生物医药全国赛优胜奖】 2023 年 11 月 23 日—24 日，

2023 年，平潭综合实验区加快推动两岸药品、医疗器械和化妆品等企业入驻海峡医药健康产业园。图为海峡医药健康产业园

（江信恒 摄于 2023 年 8 月）

平潭综合实验区深蓝药机（福建）生物科技有限公司参加在江苏泰州举行的第 12 届中国创新创业大赛生物医药大赛，公司产品“中药消杀剂”获全国赛优胜奖。

（林海娟 林超敏）

## 物流业

【概况】 2023 年，平潭综合实验区物流贸易产业总体呈下降态势。全区出入境货轮 618 航次，比上年下降 37.89%；平潭口岸外贸吞吐量 41.48 万吨，下降 46.75%；集装箱 6.71 万标箱，下降 47.25%。至年底，实验区投用平潭跨境电商园、澳前保税物流园、小迪拜物流园 3 家物流园区，总面积超 15 万平方米。9 月，莱泽闽台融合物流产业园签约落地平潭。12 月，区城市发展集团三级子公司福建岚和供应链管理有限公司入选第三批国家 A 级物流企业培育对象名单。

【跨境电商物流】 2023 年，平潭综合实验区跨境电商物流园在“6·18”大促活动期间，园区出货 316.20 万单，商品总货值 5.38 亿元，美妆、护肤类产品位居销量前列。平潭海关制定跨境电商进出口通关作业 7 项操作规程，在确保“管得住”基础上，实施全天候通关服务便捷机制，对跨境电商货物海关手续实现当日申报、当日验放、当日办结，保障商品出区“零延时”；开启“5034”监管模式，在小迪拜国际物流园两岸国际保税监管专用仓进行试点。全年实验区跨境电商保税进口额居全省第一。

**延伸阅读：** “5034”为海关监管方式代码，指代“区内物流货物”监管模式，在该模式下，境外货物到达平潭保税仓后，经过保税暂存或简单加工、包装后，可根据业务需求申报转为一般贸易或是跨境电商模式进行销售，让入境货物在线上线下均可销售。

【物流基础设施建设】 2023 年，平潭综合实验区加快物流基础设施建设，跨境电商园八方物流项目一期、海峡一桥集装箱临时堆场等建成投入使用。至年底，全区完成建设并投入使用的电商园区总面积 15 万平方米，其中海关监管区面积 12 万平方米、一般仓储面积 2.50 万平方米。

【莱泽闽台融合物流产业园落地平潭】 2023 年 9 月 10 日，平潭莱泽闽台融合物流产业园项目签约落地平潭。12 月，项目拍下实验区 2023G007 宗地，总面积 9.47 万平方米，东至环岛西路，南邻金井港区，西接海峡大桥，北靠金井大道，投资额 4.30 亿元，是实验区首个具有工业生产、物流集货、跨境电商保税仓等功能的物流综合产业园。

（林超敏）

# 交通 邮政

## 综述

【交通邮政发展】 至2023年底，平潭综合实验区有对外通道2条，分别是通渔平高速公路（平潭海峡大桥）和长平高速公路（公铁两用大桥）。区内构建“一环两纵三横”干线公路网和“一环六纵八横”县道网及通达村居、旅游景点的乡村道路网。港航建设有金井作业区和澳前作业区。

2023年，全区各种运输方式完成交通货运量1.07亿吨，比上年增长4.8%；货物周转量1472.10亿吨千米，增长12.2%；客运量102.28万人次，增长25.7%；旅客周转量7813.08万人千米，增长26.8%。全区邮政业务总量4.18亿元，比上年增长190%；邮政业务收入2.30亿元，增长95.9%。

【公路水路建设投资】 2023年，平潭综合实验区完成公路水路固定资产投资额6.26亿元，占年度计划投资任务6.02亿元的103.99%。其中，普通公路建设与改造完成6.19亿元，港口航运建设完成0.07亿元。

表23 2023年平潭综合实验区公路、水路完成客货运输量情况一览表

| 指　标 | 单位 | 绝对数 | 比上年增长（%） |
| --- | --- | --- | --- |
| 货运量 | 万吨 | 10658.26 | 4.8 |
| 水路 | 万吨 | 9804.45 | 5.4 |
| 公路 | 万吨 | 853.81 | -2 |
| 货物周转量 | 亿吨千米 | 1472.10 | 12.2 |
| 水路 | 亿吨千米 | 1469.43 | 12.2 |
| 公路 | 亿吨千米 | 2.67 | 9.6 |
| 客运量 | 万人次 | 102.28 | 25.7 |
| 水路 | 万人次 | 44.50 | 24.2 |
| 公路 | 万人次 | 57.78 | 27 |
| 旅客周转量 | 万人千米 | 7813.08 | 26.8 |
| 水路 | 万人千米 | 420.65 | -61.8 |
| 公路 | 万人千米 | 7392.43 | 46.1 |

【平潭北部生态廊道获评全国交旅融合典型案例】 2023年10月7日，在文化和旅游部、交通运输部、国家铁路局等部门联合公布第一批交通运输与旅游融合发展典型案例中，平潭综合实验区北部生态廊道入选。北部生态廊道是集旅游、观光、休闲、运动等于一体的蓝色滨海综合旅游公路，廊道沿海而置，总长33千米，沿线有石牌洋景区、长江澳风车田、南岛语族考古基地、壳丘头遗址等自然资源和历史人文资源，还开发猫头墘、后垄村、钟门村、斗魁村4个主题文化旅游村，并吸引民宿、餐饮、旅游等产业入驻，实现以路带村、以路美村、路景融合发展。

（杨开姿 刘卫东）

## 公路

【概况】 2023年，平潭综合实验区普通公路建设与改造完成6.26亿元，占年度计划6.02亿元的103.99%。全区普通公路总里程657.46千米，公路网面积密度175.06千米/百平方千米，居全省第一。乡镇通二级及以上公路率、建制村通硬化路率、农村公路列养率均为100%。构建“一环两纵三横”干线公路网和“一环六纵八横”县道规划网以及通达村居、旅游景点的乡村道路网，建有高铁中心站和新客运站2个主要交通枢纽。开工建设西部生态廊道、坛南八路、滨海旅游路等项目，推进农村公路提升改造工程（二期）（三期）、万顺路等项目建设，完成大练乡旅游环岛路（一期）项目建设，开展和平大道（强盛路—苏平路）、美湖路（中山大道—环岛东路）等项目前期工作，火车站东侧路网竣工验收完成。年内，文化和旅游部办公厅、交通运输部办公厅等六部门公布第一批交通运输与旅游融合发展典型案例，平潭北部生态廊道入选。

【城市道路建设】 2023年，平潭综合实验区结合新兴产业园区建设和旧城区改造，开展路网加密、提质改造、打通“断头路”等行动。全年完成新改扩建城市道路5千米，其中，光荣西路（龙凤中路—海坛中路）工程于3月动工建设、12月竣工验收，两岸馨苑周边路网工程于9月竣工，临湖八路工程于8月竣工验收，如意湖环湖路网水闸桥改造工程于9月竣工验收并投入使用。开展旧城区道路改造提升，总投资额2.56亿元，包含福胜路、中湖路、海坛东路、万顺路(福胜路—海坛东路）、万顺路（平潭一中—海霞东路）、潭城北路、红山西路道路改造提升，年内完成20条背街小巷改造4千米。

2023年，平潭综合实验区构建“一环两纵三横”干线公路网，公路网面积密度居全省第一。图为坛西大道渔平互通立交

（念望舒 摄于2023年1月）

【农村公路建设】 2023年，平潭综合实验区开展以“建好、管好、护好、运营好”为要求的“四好农村路”建设。1月，平潭农村公路提升改造工程（三期）项目竣工；10月，西部生态廊道（二期）复工建设。全区全年完成农村公路建设改造3.71千米。至年底，全区农村公路559千米，其中县道88.27千米、乡道280.27千米、村道190.46千米。乡镇通二级及以上公路率、建制村通硬化路率、农村公路列养率均为100%。

【公路客货运输】 2023年，平潭综合实验区客运量57.78万人，比上年增长26.98%；旅客周转量7392.43万人千米，增长46.07%。货运量853.81万吨，比上年下降2%；货物周转量2.67亿吨千米，增长9.6%。

【道路运输安全监管】 2023年，平潭综合实验区交建部门做好道路运输安全监管工作，出动761人次，检查企业（场站）160家次，排查重点营运车辆370辆，发现隐患293处、整改264处。

【道路养护】 2023年，平潭综合

实验区城乡交建中心完成全区公路与市政道路养护396.18千米，其中国省干线76.65千米、县道88.48千米、其他普通公路66.94千米、市政道路164.11千米。承担道路沿线绿化养护里程250.78千米、面积292.75万平方米。指导片区完成乡道、村道养护468.21千米。完成省级为民办实事项目2个，投入资金4.35万元，增设人行道护栏220米。

【路产路权保护】 2023年，平潭综合实验区交建部门查处各类路损案件，办理57件公路赔（补）偿案件，涉案金额97.08万元。协助做好管养公路涉路施工路政许可事项事务性工作34起，完成监督检查35起、验收28起，送达路政管理通知书6份，发函相关部门9次，办理重大违法行为函告案件2件、案件移送1件。开展路产路权联合巡查，联动多部门进行路域环境专项整治42次。

【京台高速服务区启用】 2023年1月11日，京台高速平潭服务区启用。服务区位于苏平片区梧峰村，建设在京台高速沿线的连接线上，是全省首个全开放式服务区，也是京台线福州祥谦至平潭的首个服务区。服务区分左右两区，包括公共卫生间、加减速车道、停车位、餐厅、购物中心和加油站等。

（杨开姿 林静 张若兰 薛岚 蔡履沐 陈锋 林叶茂 李小蝶）

2023年1月11日，京台高速平潭服务区启用。图为车辆驶入京台高速平潭服务区 （林君斌 摄）

## 铁路

【概况】 平潭站是福平铁路（福州至平潭铁路）的终点站，位于平潭综合实验区君山片区韩厝村境内，由中国铁路南昌局集团有限公司福州车务段管辖。2023年，平潭站日常开行动车组列车19趟，节假日开行22～28趟，主要开行北京、上海、深圳、西安、南昌、九江等方向。年内完成旅客发送161.58万人，比上年增长186.9%；完成客运收入6872.32万元，增长151.09%。

【铁路运输安全】 2023年，平潭站开展安全生产治本攻坚三年行动，开展标准化、规范化、专业化管理，落实行车安全、施工安全、消防安全、劳动人身安全等各项安全卡控措施。开展铁路外部环境安全隐患排查整治，加强关键时段、关键作业盯控，开展安全生产大检查活动，常态化开展安全警示教育和安全责任意识教育。至年底，实现铁路运输安全1101天。

【站点服务提升】 2023年，平潭站在一层候车室设立中欧班列进口免保税商铺直购中心，销售母婴用品、美妆个护、居家用品、酒水饮料和食品食材等商品，丰富旅客体验，服务国家“一带一路”建设。

（南昌铁路局福州车务段平潭站）

【平潭2项工程获中国建设工程鲁班奖】 2023年12月9日，在中国施工企业管理协会发布的2022—2023年度国家优质工程奖名单中，新建福州至平潭铁路平潭海峡公铁大桥项目获国家优质工程金奖。12月10日，平潭2项工程获中国建设工程鲁班奖（国家优质工程），分别是新建福州至平潭铁路平潭海峡公铁大桥、新建福州至平潭铁路站房及相关工程平潭站，填补福建省高速公路建设项目在该奖项上的空白。

【平潭海峡公铁大桥获评全国最美桥梁】 2023年11月4日—6日，在湖南长沙召开的2023桥隧发展科技创新大会暨桥隧创新成果展上，平潭海峡公铁大桥获“2018—2023年全国十大最美桥梁”称号。平潭海峡公铁大桥是中国第

2023年，平潭海峡公铁大桥获中国建设工程鲁班奖，并入选全国十大最美桥梁名单 （念望舒 摄）

一座真正意义上的公铁两用跨海大桥，也是全国施工难度最大的公铁两用跨海桥梁。大桥所处位置是世界三大风口之一，技术挑战和施工风险超过国内已建或在建的其他跨海湾桥梁。

**延伸阅读：**平潭海峡公铁两用大桥是福州长乐至平潭高速公路的关键性控制工程，是中国首座跨海峡公铁两用大桥，也是建设时世界上最长公铁两用跨海大桥。项目总投资额163.27亿元，全长14.50千米，上层公路桥于2020年10月1日建成试通车，下层铁路桥部分同年12月26日开通运营。

（杨开姿）

# 水路

## ·水路客货运输·

【概况】 2024年，平潭综合实验区水路货运量9804.45万吨，比上年增长5.4%；水路货物周转量1469.43亿吨千米，增长12.2%。水路客运量44.50万人，比上年增长24.2%；水路旅客周转量420.65万人千米，下降61.8%。港口航运建设完成投资额0.07亿元，占年度计划0.02亿元的350%。

【陆岛交通建设】 2023年，平潭综合实验区推进陆岛交通码头等水上交通配套基础设施建设，续建屿头东金陆岛交通码头扩建工程。开工建设石牌洋（看澳）陆岛交通码头（新址）、山边陆岛交通码头工程；完成钱便澳、后垱、大练渔限陆岛交通码头提升改造、平潭港区进港航道及港池维护性疏浚工程。开展竹屿湾游艇码头、东澳中心渔港游艇码头等项目前期工作。

【水路运输安全监管】 2023年，平潭综合实验区交通与建设局对区内134家水路运输企业开展上门现场核查，检查期间联合海事、交通执法出动执法人员535人次，排查发现隐患388处，整改率100%。出动244人次，检查企业77家次，发现水路运输隐患问题252个并完成整改。

【岚台海上客货运输】 2023年，平潭综合实验区争取9个两岸融合示范区建设重大项目列入省交通运输厅向交通运输部争取政策内容。推动两岸直航复航，6月15日海峡号恢复对台货运业务，对台客运未恢复。

【平潭至菲律宾国际货运航线首航】 2023年6月22日，“铭发88”轮从平潭综合实验区金井码头驰往菲律宾马尼拉，主要运输结构用砂、石料的运输，标志着平潭至菲律宾马尼拉国际货运航线首航，丰富平潭口岸的国际货运航线网络。

（杨开姿）

## ·航运业发展·

【概况】 2023年，平潭综合实验区航运公司125家，其中体系公司40家。登记船舶589艘，总吨位389.25万吨，总运力603.27万载重吨，占全省运力超1/4，总运力居全省首位。航运业实现增加值69.86亿元，比上年增长5.4%，地区生产总值贡献率34.6%，拉动全区生产总值增长1个百分点。“海通发展”成为首个登陆沪市主板的本土船运公司。

【海运企业回归服务】 2023年，平潭综合实验区交通与建设局引导航运企业大型化、规模化发展，促进海运回归，10万载重吨以上的骨干航运企业增多，吸引区外航运企业和船龄新、吨位大的船舶落户平潭。全年落地航运企业11家，引进运输船舶87艘，新增运力114.50万载重吨。平潭海事局制定《国际船舶登记制度改革试点的若干措施》，促进航运及上下游业态发展，构建航运产业生态圈。

【航运企业融资扶持】 2023年2月17日，平潭海事局和平潭农商银行签署战略合作协议，探索“政府+金融+航运企业”的公共服务模式，帮助企业获得信贷审批、贷款利率、额度等方面的优惠扶持。全年助推39家航运公司获批42笔运输船贷款，贷款金额1.99亿元，加权平均利率5.28%，比正常运输船贷款利率低2.38个百分点，降低航运公司融资成本。

【平潭首家航运企业上市】 2023年3月29日，注册在平潭的福建海通发展股份有限公司在上海证券交易所主板上市，是平潭首家上市的航运企业和自主培育的首家本土上市公司，以及全国首家在主板上市的民营干散货航运企业。公开发行股票4127.60万股，发行价格37.25元/股，新股募集资金15.38亿元，发行后总股本4.13亿股。

【两岸港航业界座谈会在平潭举行】 2023年12月15日—16日，在两岸双向“三通”启动15周年纪念日之际，海峡两岸港航业界座谈会在平潭综合实验区举行。会议由海峡两岸交流协会主办，海峡经济科技合作中心、福建省交通运输厅、区党工委管委会协办，以“加快海峡两岸港航业高质量发展”为主题，两岸港航业界代表百余人参加。中国远洋海运集团、福建港口集团等10家两岸港航业界代表发言，加强两岸港航业交流合作。

【全国首个国际方便旗船东协会在平潭成立】 2023年2月17日，平潭综合实验区国际海运船东协会成立，是全国首个国际方便旗（一国的船舶在另一国登记取得船籍后，所悬挂的表示其船籍的国旗）船东协会，挂有方便旗的船舶，受所属船旗国的管辖和保护。协会会员涵盖平潭周边城市经营国际运输业务的方便旗船东，旗下船舶超200艘。

【平潭船东协会】 2023年，平潭船东协会拥有会员368个，平潭籍船东经营海运企业208家，船舶1050艘，运力1910万载重吨，总资产400余亿元，是平潭所有协会中经济体量最大的协会。

（杨开姿 何小辉）

## ·“三游产业”培育·

【概况】 2023年，平潭综合实验区发展邮轮、游艇、游船“三游产业”，启动游艇基地和游船码头建设。出台《平潭综合实验区培育游艇旅游业发展的若干措施》《平潭综合实验区游艇租赁管理办法（试行）》，完成游艇活动水域选划专家评审。

【平潭国际邮轮中心开港】 2023年10月18日，平潭港区金井3号泊位国际邮轮码头获福建省人民政府批准启用。11月19日，平潭国际邮轮中心开港，是闽东北协同发展区首个15万吨邮轮泊位，也是对台邮轮始发港，“蓝梦之星”邮轮开启厦门—平潭—菲律宾首航，由金井国际邮轮码头出发，前往菲律宾苏比克湾，最后回到厦门入境。

【游艇游船码头建设】 2023年，平潭综合实验区完成竹屿湾游艇码头一期项目施工图审查工作，启动东澳中心渔港配建游艇泊位建设前期工作。11月，石牌洋（看澳）陆岛交通码头、竹屿湾游船码头一期工程开工建设。

【“海坛1号”观光游轮】 2023年6月22日，平潭综合实验区“海坛1号”观光游轮海上环岛游重启运营，新增“浪漫”主题航班，年内开航259个航次，载客4.38万人次，平均上座率58.35%。

（杨开姿 王开艳）

# 邮政业

【概况】 2023年，平潭综合实验区邮政业务总量4.18亿元，比上年增长190%。全年邮政业务收入2.30亿元，比上年增长95.9%。实验区主要快递品牌10余个，邮政普遍服务网点16处，快递末端网点135个，从业人员635人。至年底，全区邮政快递企业业务量4874万件，投递量1247万件。

【邮政设施建设】 2023年，平潭邮政分公司实现全岛服务覆盖，下辖海坛、金井、苏平、君山4个中心支局、16个邮政普遍服务网点、6个金融网点，2个寄递综合营业部和1个专业营业部。年内改造升级澳前、敖东等老旧支局，投入73.75万元升级改造生产场所技物防设备

2023年，平潭综合实验区交建部门推动快递企业与邮政企业开展代投合作，实现快递进村上岛。图为邮政工作人员开展代投服务并送货上门（江信恒 摄于2023年4月）

设施。新增3辆新能源车辆试行农村汽车化投递，实现全区192个行政村周五班以上投递频次94%。

【邮政业监管】 2023年，平潭综合实验区交建部门加强邮政业安全监督检查，检查寄递营业网点216家次，出动检查558人次，抽查邮快件5000余件，协助配合福州市邮政管理局对寄递企业未实名收寄、未按规定办理变更手续等违法行为立案处罚6件，处罚4.80万元。开展寄递渠道重大事故隐患专项排查整治，治理离岛快递末端服务违规二次收费问题，协调各通达系快递企业加强与邮政企业合作，优化派费分配机制，降低离岛快递末端经营压力。

【客货邮融合】 2023年，平潭综合实验区印发《关于进一步深化农村客货邮融合发展工作的通知》，区城乡交建中心、闽运公司和平潭邮政分公司依托平潭客运班车线路，将偏远的马腿、芦南等行政村的邮件，通过公交车往返代运邮政支局和指定行政村站点的邮件。

【快递上岛】 2023年，平潭综合实验区城乡交建中心利用水路交通资源，促进平潭邮政分公司与平潭旅游客运公司、岚通水路客运公司签订船运协议，帮助通达兔等快递企业把快递进村服务送进大练、南海、东庠3个离岛乡镇的24个行政村。开展邮快合作项目，平潭邮政代投民营快递公司邮件量12.71万件，满足离岛乡镇群众用邮需求。

【快递进村试点】 2023年，平潭综合实验区城乡交建中心开展快递进村情况调研，协调片区、村委会给予快递存放便利，向省邮政管理局、省快递行业协会提请将平潭纳入快递进村工程试点范围，试点实施务里、看澳等6个行政村快递进村工程，给予快递服务进村的企业补贴0.30元/件，推动寄递企业在主岛较偏远行政村建立村级邮政快递服务站点。

【邮政惠民】 2023年，平潭邮政分公司与45家单位及社区（行政村）签订共建协议，在屿头岛、南海岛开展普惠金融服务，解决偏远地区农保客户的取款及生活缴费问题，服务离岛居民5326人次。开展进村入户进行金融知识宣传、设置校园快递公益性岗位、“爱心邮路”帮扶困难群众等邮政志愿服务。联合区社会事业局、税务局、行政服务中心组织100场社保服务进万家宣传活动，开发三代卡6495户。新增贷款授信150户2665万元，助力乡村养殖。走访采集农户信息6389户，发展绿卡村、重点村专属会员1583户，打造中邮惠农示范企业——闽味源公司、中邮惠农示范社——藤山李梅农民专业合作社，助销农产品320万元。东大街邮政支局叠加“警医邮”服务，打造驾驶证换证一站式服务。与福建信息职业技术学院开展“福信邮你”系列书信活动，服务师生邮件寄递服务。

【平潭获评邮政三级物流体系建设运营标杆县】 2023年，平潭邮政分公司加快三级物流体系建设，运行160家村级综合便民服务站，全年邮快合作代投邮件量130.10万件，其中3个小岛代投包件量12.71万件，小岛区域南海代投量最大日均180件，获评全省邮政三级物流体系建设运营标杆县。

（张若兰 林静 薛岚 李垚 郑晓捷）

## 智慧城市建设

【概况】 2023年，平潭综合实验区坚持规划先行，推进建设宜居韧性智慧城市，运用数字技术提升城市运行、海洋安全、应急指挥处置等领域管理水平，加快全岛智慧交通网规划布局，开发智慧文旅应用场景，建设智慧康养平台，上线平潭防汛指挥平台。年内，平潭国资控股的唯一上市公司——海峡创新互联网股份有限公司总部从杭州迁回平潭，入驻平潭商务营运中心，业务开展以智慧城市为核心板块。

【智慧旅游服务】 2023年，平潭综合实验区推进物联网设备改造工程，提升改造停车场、厕所、民宿、餐饮、景区门票、公共交通等设备。完善“畅游平潭”智慧文旅平台，上线景区门票联网、承载量预测、数字自助导游、“蓝眼泪”预报、投诉咨询等服务，基本实现景区门票分时预约、景点导览、智慧停车等功能。打造数字文旅夜游产品，推出将军山“岚起山海图”等项目，其中“星球唤想·蓝眼泪”是国内首个数字文旅沉浸式无边界海景剧场和蓝眼泪AR观景项目。

【智慧海岸线治理】 2023年，平潭综合实验区人民检察院与自然资源部海岛研究中心、平潭智慧岛中心合作研发非法占用海岸线类案法律监督模型，运用“大数据+人工智能+卫星遥感技术”，监管非法占用海岸线违法行为。推动省大数据集团、平潭大数据中心数据共享，运用模型筛查全省非法占用海岸线线索29条，推动福州、泉州等地立案12件、磋商7件，助推整治全省非法占用海岸线2772米、海域0.39平方千米，被省数字福建建设领导小组办公室评选为全省公共数据应用优秀案例。

【智慧防汛指挥】 2023年8月，平潭综合实验区智慧岛公司上线平潭防汛指挥平台，联合公安获取河道、堤岸、交通枢纽等重点区域视频监控画面，网格化监控区域地理、气象、水文等数据，掌握防汛现场实况，为实验区防汛指挥调度、综合研判提供数据分析。

【智慧通关建设】 2023年，平潭综合实验区推进智慧海关建设，在3家出口场站启用远程智能施封系统，实现车辆远程上锁、自动放行，提升通关速度，节约企业人力资源、车辆调运成本，缓解平潭跨境电商业务量增长带来的海关人力资源压力。

【智慧停车平台建设】 2023年3月，平潭嘉源信息产业发展有限公司竞得全区特许经营权内存量停车位1.62万个，其中景区停车位18处0.32万个、露天公共停车位12处0.12万个、园区配套车位5处0.69万个、道路泊位停车位49处0.49万个。建设平潭智慧停车平台，打造全区智慧停车“一张网”系统，采用停车设备管理系统，自动化管理全区运营的停车场库及路侧泊位。至年底，平台注册车主用户数25.80万人，成交订单数约500万笔。

（何明芳 张雨婷 林文鹏）

## 数字经济

【概况】 2023年，平潭综合实验区推动数字技术和实体经济融合，以数字技术应用、数字文旅、数字贸易、数字民生、数字政府5个领域为方向，编制《平潭数字经济产业发展的重点方向（2023—2026）》。组织参展第六届数字中国建设峰会，签约落地数据跨境流动服务枢纽项目。全国首个全链条、

2023年9月，平潭综合实验区档案与大数据中心项目主体结构封顶，进入施工收尾阶段 （林君斌 摄）

全流程、一站式的数据跨境服务平台在平潭投入试运行，启动国际互联网数据专用通道申请工作。全岛一体化大数据中心基础平台完成建设并上线，建设“政务云”“企业云”平台，推进区档案与大数据中心建设。区智慧岛公司入选2023年福建省数字经济“瞪羚企业”（以科技创新或商业模式创新为支撑进入高成长期的中小企业）名录。

【《平潭数字经济产业发展重点方向》编制】 2023年，平潭综合实验区行政审批局设立专班，研究明确以数字技术应用、数字文旅、数字贸易、数字民生、数字政府5个领域作为平潭数字经济产业发展路径，编制《平潭数字经济产业发展的重点方向（2023—2026）》，涵盖17项发展内容。

【平潭参展第六届数字中国建设峰会】 2023年4月27日，第六届数字中国建设峰会在福州开幕，平潭综合实验区参展，平潭瑞谦智能科技公司参展演示新一代智能交互终端以及智能识别眼镜。在峰会的省数字经济重点项目集中签约仪式上，区行政服务中心与福建实达集团股份有限公司签约数据跨境流动服务枢纽项目，项目建设“一标准、一通道、三平台”，包括探索设立一套数据跨境流动标准规范，链接一条国际互联网数据专用通道，建设数据跨境流动服务平台、监管平台和一体化应用支撑平台等3个系统平台，并带动相关数字经济配套产业。

【平潭数据跨境流动服务枢纽平台试运行】 2023年4月，由平潭综合实验区投资建设的省重点工程“平潭数据跨境流动服务枢纽平台”项目在第六届数字中国建设峰会期间投建，经过7个多月建设，达到设计目标。12月，项目通过专家评审，投入试运行，是全国首个具备全链条、全流程、一站式、智能化的数据跨境合作服务平台，为企业提供跨境数据传输、安全加密、合规性管理等服务，保障数据跨境安全，打造数字贸易和数据跨境流动服务监管的“平潭模式”。

【国际互联网数据专用通道申报】 2023年，平潭综合实验区行政审批局调研跨境电商、物流贸易等领域，了解相关企业对国际互联网访问的实际需求，推进国际互联网数据专用通道申报工作。5月，区管委会联合省通信局启动国际互联网数据专用通道申请工作，组织编制《平潭国际互联网数据专用通道申报方案》，并通过工业和信息化部审批，项目覆盖平潭新兴产业园、台创园、跨境电商物流园3个重点区域。

【平潭一体化大数据中心基础平台上线】 2023年5月，平潭综合实验区全岛一体化大数据中心基础平台完成建设并上线，建成数字平潭公共数据平台，汇聚市政监管、交通建设、不动产、自然资源等政务数据，实验区初步形成全岛集约化数字底座和中枢大脑，为工业互联网、智慧教育、智慧交通等平潭数字经济创新产业的应用提供条件。

【区档案与大数据中心项目建设】 2023年9月，平潭综合实验区档案与大数据中心项目主体结构封顶，项目位于天山北路东侧与公安南路南侧交叉口，是省重点项目之一，总投资额6.36亿元，用地面积1.54万平方米，地上12层，地下1层，是集城市大脑、综合服务大厅、档案馆及大数据中心等于一体的综合性数字化大楼。

【政务云平台扩容】 2023年12月，平潭综合实验区智慧岛公司建立电子政务网络安全态势感知平台，并上线至区智慧岛公司政务云系统，系统预先发现多起网络安全威胁事件并及时处置。政务云平台为实验区31家单位83个应用系统提供云计算资源服务。

（刘丽 林忍）

# 通信业

【概况】 2023年，平潭综合实验区电信业务收入4.32亿元，比上年增长0.1%。至年底，固定及移动电话用户总数46.01万户，比上年下降1.7%。其中，固定电话用户4.50万户，下降6.3%；移动用户41.51万户，下降1.2%。互联网宽带接入用户数21.84万户，比上年增长6.8%。平潭通信发展管理办公室扩大千兆光网覆盖和普及范围，加快5G网络规模化建设和系统化应用，完成年度的千兆城市申报工作；推进乡村振兴与农村业务发展，加快小岛大容量微波建设，提升中继带宽；全年受理网上行政审批系统业务58项。

【双千兆城市建设】 2023年，平潭综合实验区推进全域5G和千兆光网“双千兆”网络建设，完成年度千兆城市申报工作。新建5G基站168个，完成年度计划的102%；新增10G PON（无源光网络）端口1800个，完成年度计划120%。年内增加无线基站站点需求16个，新增接入公网光端口能力6000余户，按照国标保证各新楼新区光纤到户，推动农村及偏远地区重点区域网络覆盖，推进农村地区千兆光宽、5G网络建设，各项指标均超越双千兆城市建设标准。

【老旧小区通信改造】 2023年，平潭通信发展管理办公室推进平潭第三期33个老旧小区通信配套的建设，落实各改造小区在网用户的迁移及原有缆线的迁改，年内完成2000户在网用户迁改。开展通信迁改赔补工作，发放赔补费约540万元。在背街小巷改造过程中，新增通信管道约80孔千米，纳入实验区市政配套建设投入资金约400万元，减少运营商后期通信建设资金的投入。

【电信基础设施共享】 2023年，平潭通信发展管理办公室推进各运营企业电信基础设施共享。新建住宅小区、商住楼通信配套设施纳入小区建设工程，同步施工、同步验收。通信铁塔、机房、管道、杆路等资源共建共享，避免重复建设。中国电信、中国联通执行5G建设共建共享“一张网”。市政等通信管道与各运营商共享、无偿使用，利用电力公司海底光缆实现东庠、南海、南中等小岛的无线及光网信号开通。

【台胞通信优惠】 2023年，平潭通信发展管理办公室指导各运营企业制定台胞通信资费优惠政策，推出“两岸一家亲”台胞通信便利套餐，“漫游优惠包”是标准资费的三折，对长期在平潭的台胞推出岚台通优惠套餐。

【通信运营商监管】 2023年，平潭通信发展管理办公室召开行业生态建设座谈会，督促各运营企业加强行业自律和行业协同，落实好“携号转网”工作。配合区交通与建设局明确市政公用通信管道窨井盖由各免费使用的通信运营企业自行分片维护。组织各运营企业签订通信行业校园秋季市场营销承诺书，落实不进校营销。开展通信违规搭挂缆线整改，完成整改43.50皮长千米。对10个新楼新区开展通信质量监督。

【重要工作通信保障】 2023年，平潭通信发展管理办公室组织各运营企业开展防汛抗台风等工作，发送提醒短信100余万条。完成第七届两岸职工自行车赛、第12届共同家园论坛等重要活动的通信保障。联合平潭县人武部门组织运营企业对战时通信资源进行梳理。

【中国电信股份有限公司平潭分公司】 2023年，中国电信股份有限公司平潭分公司在网电信用户数超26万户，营业收入1.16亿元，比上年下降9.91%。

网络建设 建设开通5G站点154个套站，4G站点19个站；新增FTTH（光纤到户）0.20万线，新增10G PON端口624个。至年底，光网络资源累计15万线，10G PON

2023年7月，中国电信股份有限公司平潭分公司在苏平片区罗澳山开展5G基站建设 （陈晓明 摄）

端口2480个，实现千兆接入能力85%以上。

智慧平潭建设　提供智能综合信息服务，建设11个大中型智慧小区；建设视频监控600余路，覆盖16个村居；推进全区智慧停车平台、智慧灯杆、智慧交通运维服务、智慧党校等信息化项目建设。完成平潭国际赛车嘉年华、风筝冲浪、棒垒球、马拉松联赛等重要活动通信服务与网信安全保障。

【中国移动福建公司平潭分公司】2023年，中国移动福建公司平潭分公司在网电信用户数24.5万户；营业收入2.32亿元，比上年增长7.02%。

网络建设　通过新增5G—700兆站点、补充4G站点以及开通700兆超远覆盖站点，实现各乡镇行政村5G覆盖，具备全岛5G行业应用条件。消除弱覆盖及投诉黑点，解决新楼盘等区域覆盖问题，无线万投比比上年下降16.57%。新增海岛分级微波，加强乡镇通信保障。

智慧平潭建设　打造5G+智慧海洋气象项目，落地VR蓝眼泪直播、智慧气象监测等场景。参与平潭智慧图书馆建设，与区经济发展局开展工业企业数字化转型诊断。参与智慧养老建设，覆盖到多家养老机构、日间照料中心、长者食堂、农村幸福院等，提升养老场所智能看护功能。帮助区内1750余艘渔船安装北斗定位，保障船舶不漏管、不脱管。助力实验区建设全国首个全链条、全流程、一站式、智能化数据跨境合作服务平台，为福建自贸试验区企业提供一站式数据跨境解决方案。完成第八届“海洋杯”国际自行车嘉年华、海岛音乐会等活动通信保障30余次。

（陆万苓）

【中国联合网络通信有限公司平潭分公司】　2023年，中国联合网络通信有限公司平潭分公司主营收入突破1亿元，比上年增长10%，移动网络用户超6万户，宽带用户规模超2万户，投入网络建设资金超1300万元。

网络建设　至年底，开通联通5G基站420个，5G信号覆盖平潭县城、金井湾新城、全岛主干线、高速高铁、旅游景区，5G覆盖人口提升至90%。新增4G基站1100个，新建小区网络信号投诉率降低50%，4G人口覆盖率近100%。新建宽带网络端口2440个，全区宽带网络端口超6万个。加强乡村宽带建设，乡村宽带覆盖面拓宽至82%。推进双千兆城市建设，新增10G PON OLT3台，全区10G PON端口占比31%。新增政企精品网设备入网，健全政企业务网络承载能力。年内实现平潭海峡号航线5G信号80千米超远覆盖。

智慧平潭建设　参与旅游景区基础设施建设提升工作，智慧升级景区管理系统。参与数字乡村、智慧党建等平台建设，提升基层乡村数字治理水平。打造“智慧海事”平台，为水上安全、渔船精细化管理提供保障。

【福建广电网络集团平潭分公司】2023年，福建广电网络集团平潭分公司围绕智慧党建、数字文旅、乡村安防、应急广播系统等领域，结合广电网络技术优势，推进智慧广电乡村建设，建设19个智慧广电乡村工程项目。

网络建设　聚焦5G重要场景，投资400多万元，结合整村升级、新区入网和老旧小区改造等项目，推进网络结构建设和网络质量提速升级，完成22个网络改造工程，全区双向网络覆盖率97%，其中光纤区域覆盖率84%。

安播保障　做好视频专网、专项线路保障工作和干线运维管理工作，完成全国两会、成都大运会、杭州亚运会及亚残运会等安播保障任务。

（陈晶　陈晓明　李强　陈菲菲　林彦曦　陆万苓　俞海兰　高佳丽）

## 无线电管理

【概况】　2023年，福建省无线电监测站平潭直属分站开展平潭及周边海域无线电监测任务，查处平潭周边海域无线电有害干扰行为。平潭无线电管理部门协助做好区域内无线电设备销售、无线电频率管理和无线电安全保障等工作。

【无线电设备销售管理】　2023年，平潭无线电管理部门摸排走访老城区多家销售商店，进行宣传、指导，确保无线电发射设备的销售源头管理和市场规范运营。

【无线电频率管理】　2023年，平潭无线电管理部门协助配合省工信厅频率台站处，对区内的三大通信运营商等布设的发射基站随机核查；对广播电台的重点台站加强监管，进行数据抽查核实。

【无线电保障】　2023年，平潭无线电管理部门会同省无线电管理机构，对区内无线电保障安全的重点单位进行监督检查。协调联系省工信厅派无线电监督技术力量到平潭执行各类重要考试无线电安全保障任务。

（省无线电监测站平潭直属分站）

# 金融业

## 综述

【金融业发展】 2023年，平潭综合实验区金融业增加值57.11亿元，比上年增长10.8%，占全区生产总值比重15.4%，对全区生产总值增长贡献率41.8%，拉动全区生产总值增长1.30个百分点。

至年底，平潭本外币各项存贷款余额1758.36亿元，比上年增长12.45%，增幅高于全省2.82个百分点。其中，本外币各项贷款余额927.68亿元，比上年增长11.57%，增幅高于全省3.42个百分点，比地区生产总值增速高8.57个百分点；本外币各项存款余额830.68亿元，增长13.32%。年末贷款不良率0.73%，较全省低0.31个百分点。

区内银行发生跨境收支总额28.77亿美元，比上年增长98.91%。其中，跨境收入6.11亿美元，比上年增长10.06%；跨境支出22.66亿美元，增长154.22%。开立数字人民币钱包15.33万个，其中对公钱包0.57万个、商户0.30万个。

2023年，平潭综合实验区加快金融产业发展，推动类金融企业发展、金融服务和产品创新，建设金融业态丰富、门类相对齐全、适应区域发展的特色金融集聚平台。至年底，引进金融及类金融企业1861家，其中金融机构47家、类金融机构1814家。

【企业上市培育】 2023年，平潭综合实验区推进企业挂牌上市工作，成立推进企业上市工作领导小组，采取直接提升融资比重等方式，助推企业进入资本市场。年内，实验区2家企业上市。

*海通发展* 2023年3月29日，福建海通发展股份有限公司在上海证券交易所主板上市，是平潭首家上市的本土企业，也是全省第四家上市的民营航运企业。海通发展于2009年3月成立，主要从事国内沿海以及国际远洋的干散货运输业务，是国内民营干散货航运领域的龙头企业之一。

*蜂助手* 2023年5月17日，蜂助手股份有限公司在深圳证券交易所创业板上市，是实验区金融控股集团有限公司旗下控股上市公司——海峡创新互联网股份有限公司投资的第三家上市公司。

【稳健货币政策】 2023年，平潭综合实验区金融系统贯彻稳健的货币政策，提升货币政策工具精准性，发放支农支小再贷款2.44亿元，比上年增长62.67%，发放普惠小微贷款支持工具激励金195.78万元。开展“深耕‘土特产’贷动大‘闽’生”专项行动，加大对文旅、普惠小微、绿色发展等重点领域和薄弱环节支持力度。至年底，专项领域、普惠小微、绿色贷款余额分别比上年增长21.02%、38.3%、42.6%。落实房地产金融政策，中国人民银行平潭支行与区交建局等4个部门联合印发《关于优化平潭综合实验区个人住房贷款中住房套数认定标准的通知》，指导区市场利率定价自律机制下调二套住房商业性个人住房贷款利率政策下限。

【自贸区金融改革】 2023年，中国（福建）自贸试验区平潭片区推动自贸区金融改革创新，中国人民银行平潭支行拓展外汇货物贸易收支便利化试点，平潭试点企业数量在福州辖区排名第二，占比28.13%，平均收支业务办结时间较试点前缩短七成以上；指导银行拓展国际海运企业NRA（境外机构境内外汇账户）账户应用场景至9项。落地“银企融资对接”试点，5家企业取得授信额度1.68亿元，提款比例超90%。全区跨境人民币结算量超200亿元，比上年增长288.1%，超额1.65倍完成跨境人民币首办拓户目标，人民币成为平潭跨境交易第一币种。

【重点领域金融服务】 2023年，平潭综合实验区推出“助农闪贷”试点，运用财政贴息、担保增信、“数据+金融”数据风控等方式扩大普惠金融覆盖面，“助农闪贷”业务授信额度4350户5.54亿元，存量3727户3.40亿元。推动“文旅闪贷”“诚信闪贷”等金融创新产品。

2023年，福建省银保监局平潭监管组引导机构支持区重点项目建设，倾斜信贷规模，为重点项目复工复产、按时完成投资计划提供建设资金保障；集中信贷资源，支持区内能源风电、物流仓储等重点产业发展；提升对台、文旅、绿色金融服务能力，推动实验区设立3亿元“文旅闪贷”贴息贷款，至年底，住宿业与餐饮业贷款比年初增长43.21%；推动辖区银行向海上风力发电项目发放贷款36.53亿元。

【小微企业金融服务】 2023年，福建省银保监局平潭监管组提升普惠服务水平，落实普惠型小微企业信贷目标，督促法人银行单列小微企业专项信贷计划，提高信用贷款及中长期贷款占比，至年底，全区涉农贷款余额326.52亿元，小微企业贷款余额258.33亿元。提升惠民服务力度，指导银行业机构减费让利，引导符合条件的普惠小微企业、个体工商户通过企业贷款享受政策，全年发放福建省中小微企业提质增产增效贷款399笔，金额5.18亿元；新发放的普惠型小微企业贷款利率5.17%，比上年减少0.31个百分点。

2023年，中国人民银行平潭支行推动银行机构减费让利761.26万元，助力实体经济发展；协同推动实验区作为全国首批试点关区落地跨境电商零售进口税款电子支付业务，企业进口税费入库效率提高九成；推动4.72亿元退税资金直达市场主体，国债销售额比上年增长88.04%。

【对台金融服务】 2023年，平潭综合实验区推动两岸金融融合，服务两岸交流合作。开发数字人民币对台领域支付场景开发，完成福建省首单台资企业税款数字人民币缴交业务；拓展大额支付交易和旅游、贸易等场景运用，平潭台湾小镇智慧景区、台湾夜市等对台特色商圈实现数字人民币应用全覆盖；推动台胞专属“麒麟卡”和“两岸共同家园卡”绑定个人数字钱包功能，台胞服务App“台陆通”上线运行数字人民币场景，为台胞提供线上人民币支付通道。全国首创“台胞信用证担保”，为台胞提供授信担保并免收担保费。全省首创“台胞诚信闪贷”，为台胞提供融资服务。支持海峡股权交易中心“台资板”建设，实现台资企业融资金额23.17亿元。

2023年，中国人民银行平潭支行梳理台胞在平潭获取金融服务的9个方面45个问题，编写《台胞金融服务手册》，开展对台金融服务示范网点创建，整改提升新台币兑换服务，提高对台金融服务标准化、规范化水平。探索解决台胞移动支付便利性问题，拓展台商台胞金融信用证书应用场景，实现台商企业颁发零的突破，“台商台胞金融信用证书贷款风险化解机制”入选福建自贸试验区第20批创新举措名单并被评估为全国首创。

【福建省首单台资企业税款数字人民币缴交】 2023年，福建省首单台资企业税款数字人民币缴交业务完成，福建海峡高速客滚航运有限公司使用数字人民币缴交入库3635.86元人民币税款。至年底，全区开立数字人民币钱包15.13万个。

【全国首创“台胞信用证担保”】 2023年，平潭综合实验区在全国首

2023年，平潭综合实验区在全省首创“诚信闪贷·台胞贷”金融服务。图为台胞咨询贷款业务 （江信恒 摄于2023年11月10日）

创“台胞信用证担保”，鼓励政府性融资担保机构为取得台商台胞信用证的主体提供授信担保支持并免收担保费。年内为台胞放款57笔，担保总额1240万元。

（陈鹭 李敏 郭听枫）

## 银行业

【概况】 2023年，平潭综合实验区银行业金融机构17家，其中政策性银行1家、国有大型商业银行6家、股份制商业银行6家、城市商业银行1家、农村商业银行1家、村镇银行1家、民营银行1家。银行业金融机构网点60个，自动取款机123台，布设助农取款点289个。社区银行3家，银行网点遍布辖区各个乡镇，在农村设有16个营业网点，在边远小岛设有离行式网点2个。

【中国农业发展银行平潭分行】 至2023年底，中国农业发展银行平潭分行存款余额8.30亿元，存款日均余额8.91亿元，比上年增长20.08%。贷款余额54.48亿元，比上年增长5.64%；贷款日均余额53.79亿元，增长8.16%。实现投放贷款6.18亿元，资产质量优良。

城乡一体化贷款 投放6170万元用于区公共实训基地项目建设。投放1745.58万元用于央城家苑安置小区项目建设。投放1302万元用于金井湾产业配套职工公寓项目建设。投放2676.69万元用于管廊升级改造及维护（二期）项目。

农村人居环境改善贷款 投放2.14亿元用于长江澳海上风电场工程项目建设。投放244万元用于平潭综合智慧能源示范项目建设。投放1000万元用于企业日常生产经营活动。

其他贷款 投放农业小企业贷款700万元，用于企业日常生产经营活动。投放农村流通体系建设贷款1800万元，用于企业日常生产经营活动。投放地方储备粮油贷款3453万元，用于粮食收储。投放海洋资源开发与保护贷款1950万元，用于海洋国际会展中心二阶段项目建设。

（翁恺悦）

【中国工商银行平潭分行】 至2023年底，中国工商银行股份有限公司福建自贸试验区平潭片区分行一般性存款余额68.06亿元。其中，对公存款余额37.36亿元（公司存款余额12.44亿元、机构存款余额24.92亿元），储蓄存款余额30.70亿元。各项贷款余额156.99亿元，其中公司贷款余额60.90亿元、个人贷款余额88.02亿元、票据贴现余额8.07亿元。普惠贷款余额12.68亿元，任务完成率103.25%。

个人业务 实现私人银行客户数67户，管理资产5.30亿元。全量个人客户19.97万户，其中日均金融资产20万元以上客户5707户。个人理财时点规模3.36亿元，日均余额3.29亿元。信用卡消费额突破14亿元，e支付商户1484户。

外汇业务 连续3年获评外汇管理评价A级，跨境人民币“首办户”新增16户，小微套保“首办户”新增1户；年内完成2笔业务，实现跨境金融服务平台融资业务零的突破。

对公结算 全年新开对公结算账户698户，比上年增长19.52%，任务完成率位居全省第五。数据治理任务完成率居全省第二。净增机构账户6户，其中财政预算单位2户。新增公积金单位29户、缴存人数1622人。承办“福满金秋 八闽美食嘉年华暨千年一遇·平潭宴”25万元数字人民币消费券发放活动，建立平潭首家物业费缴交数字人民币消费场景。

（刘伟煌）

【中国农业银行平潭分行】 至2023年底，中国农业银行股份有限公司福建自贸试验区平潭分行资产总额144.11亿元，存款余额112.37亿元，贷款余额99.15亿元。

重大项目支持 投放1.66亿元贷款支持渔平高速、京台高速公铁两用大桥、“四路一渠”BT项目、坛西大道综合管沟、自来水厂二期、高铁站前广场、八方电商物流园、平潭肉联厂等项目建设。

旅游项目支持 投放2081万元贷款支持平潭国际演艺中心项目、台湾小镇提升工程。支持滨海旅游业贷款余额近1亿元。推出农行助力平潭文旅“向岚”计划，助推文旅、扶持小微等五大领域，新增合作主体120余个，信贷支持超4300万元。

绿色产业支持 对接中广核（福建）风力发电有限公司、福建平潭大唐海上风电有限责任公司，新增投放海上风电项目贷款5.81亿元，开立平潭起帆电缆基本账户。年末绿色信贷余额12.23亿元。

“三农”服务 推动鲍鱼养殖、紫菜养殖、海带养殖等传统特色产业“惠农e贷”覆盖面，制定《惠农e贷金融服务方案》，年内用信余额12.84亿元，惠及175个行政村，乡镇覆盖率100%，乡村覆盖率91.14%。投放各类文旅项目贷款

6500万元。

航运业支持　落地平潭本土培育的首家上市公司福建海通发展IPO（首次公开募股）募集资金主账户，募集资金14.48亿元。用好自贸区外币结汇政策红利，为船东协会会员单位办理NRA账户项下结汇781笔。

（游文秀）

【中国银行平潭分行】　至2023年底，中国银行股份有限公司福建自贸试验区平潭片区分行存款余额77.02亿元，日均存款余额90.14亿元。贷款余额90.88亿元。普惠贷款余额净增2.10亿元，战略性新兴产业贷款净增1.02亿元。

跨境金融业务　国际结算、结售汇、跨境人民币等业务市场份额居区内同业第一，全年国际贸易结算量2.04亿美元，结售汇2.43亿美元，跨境人民币结算量150.63亿元；年内获批2家贸易外汇收支便利化客户，交易319笔3356.33万美元。

数字人民币业务　探索数字人民币交易场景模式，建成“畅游平潭”“智慧政务”App数字人民币支付场景。

“畅游民宿贷”落地　推出平潭民宿专属信贷产品“畅游民宿贷”，通过创新担保方式、简化审批流程、开展联村联建等方式，助力区内文旅经济发展。

（林晨晴）

【中国建设银行平潭分行】　至2023年底，中国建设银行股份有限公司福建自贸试验区平潭片区分行存款余额69.77亿元。存款日均余额60.90亿元，其中个人存款日均余额43.78亿元。贷款余额96.94亿元，其中个人类贷款余额89.62亿元。

海洋经济支持　服务鲍鱼、紫菜等养殖业，发放海上养殖业贷款50户，贷款余额2295.65万元。发放海运业贷款客户8户，贷款余额1122万元。发放1440万元支持平潭外海海上风电场项目。便利国际航运业客户外汇结算，落地NRA账户105户。

绿色经济支持　授信省水投集团平潭水务公司3.43亿元贷款，推进区水务公司城乡供水一体化项目，实现大中型绿色信贷的突破。

乡村振兴支持　依托“惠懂你”平台，提供涉农贷款7.87亿元。捐赠15万元用于北港村新建8口饮用水水井，支持北港村乡村振兴。

涉台金融服务　开发免税市场数字人民币支付功能，落地省内首个“数字人民币+台胞服务”App应用场景。12月28日上线发行人民币单币种标准银联“福旅通”产品，为3名台胞客户开立“福旅通”产品。推进台胞绑预付卡移动支付业务，台胞通过中国银联云闪付申领预付卡，可在祖国大陆实现移动无障碍支付。

惠企服务　针对美团、携程等平台商户推出“商户云贷”，支持旅游食宿经营群体发展，为117家商户提供贷款5640.24万元。加强县域制造业信贷支持，制造业贷款余额1850.49万元。加大惠企降息力度，提供优惠贷款利率，免收评估费、综合财产险、抵押登记费等费用，给予小微企业82.33万元优惠。推动二手房“带押过户”业务办理70笔，投放贷款6166万元。

（陈琴）

【兴业银行平潭分行】　至2023年底，兴业银行股份有限公司平潭分行各项存款余额24.25亿元，贷款余额11.34亿元。应对中小微企业融资需求，通过福建“金服云”平台，为小微企业客户提供“快易贷”和“快押贷”等产品，实现融资申请、授权、审批、签约、提款、

2023年3月15日，中国银行平潭分行在万宝山公园开展国际消费者权益保护日金融知识宣传活动

（高静静 摄）

支付、还款等流程的线上化操作。对接在平潭创业的台胞经营融资需求，运用技术流授信产品，授信台资企业超2250万元。对接全国首个台胞社区按揭贷款需求，发放贷款4354万元。落地兴业银行首个台资企业数字人民币代缴物业费场景。办理兴业银行首笔台胞开立兴业数字钱包并办理新台币兑换数字人民币业务。

（高莉莉）

**【中国邮政储蓄银行平潭支行】** 至2023年底，中国邮政储蓄银行股份有限公司福建自贸试验区平潭片区支行实现各项存款余额40.29亿元，贷款余额57.38亿元。加大对“三农”支持力度，推出20万～50万元的“三农信用贷”产品，发放涉农贷款11.24亿元，服务客户数4742户。普惠型小微企业贷款金额比上年增加1.97亿元，服务客户数1308户；发放小微企业法人“无还本续贷”3993万元，下调加权平均利率。推进产业园项目、数字经济、海洋经济、绿色经济和文旅经济等重点领域项目信贷投放。推进保障房项目、并购项目和房地产协商机制白名单项目落地，支持房企建设项目融资需求和居民购房需求。

（陈金海）

**【海峡银行平潭支行】** 至2023年底，福建海峡银行股份有限公司平潭支行实现各项贷款余额17.43亿元，各项存款余额17.71亿元。通过银担合作模式，推出“渔岛民宿贷”业务，为平潭民宿创业个人提供信贷资金支持。推广个人渔船抵押贷款产品，解决渔民发展的资金瓶颈问题。参与台胞台企金融服务示范点工作，发放台胞台企贷款8家、贷款金额544万元。

（王以全）

**【中信银行平潭支行】** 至2023年底，中信银行有限公司福州平潭综合实验区支行实现自营存款时点余额17.28亿元，各项贷款余额17.52亿元。以代发工资、信用卡、薪金煲、个贷业务、工资信用贷为依托，做好存量客户的分层管理。拓宽零售渠道建设，实施“一户一策”；营销机关事业单位的代发工资业务。拓展出国金融业务，开展结售汇、境外汇款、留学贷款、保证金等业务。通过房抵贷、工资信用贷等产品，拓宽个贷渠道发展个贷业务。

（林群）

**【招商银行平潭支行】** 至2023年底，招商银行有限公司福州平潭支行实现各项存款余额6.67亿元，贷款余额5.53亿元。利用定价优惠、还款方式多样、授信期限长、随借随还、循环使用、审批流程简化等优势，通过线上线下拓展和营销的方式，实现闪电贷余额近1.86亿元。多次下调民营小微企业贷款利率，从年息超过7%下降至3.18%，降低小微企业融资成本。

（念文菲）

**【上海浦东发展银行平潭支行】** 至2023年底，上海浦东发展银行股份有限公司福州平潭支行实现存款余额5.64亿元，贷款余额22.48亿元，个人金融资产余额8.44亿元。不良贷款余额2479万元，不良贷款率1.2%，无500万元以上不良贷款，对公贷款保持零不良。

个人业务　发行新市民卡种，面向外来务工及非本人驻留人士开展农民工上门延伸开卡服务工作。推广数字账户，推动电子签章、电子协议等应用落地。

惠企服务　线上办理小微企业提出的申请审批银信贷、银税贷等产品业务。推进农村普惠金融服务点发展，发放个人涉农贷款2322万元，普惠贷款2.42亿元。支持海洋经济发展，为平潭长泰船舶修造公司提供短期流动资金贷款768.94万元。支持制造业发展，向制造企业发放贷款290万元。全年代发工资超8亿元，代发企业96家、个人客户数2578人。提供“带押过户”业务，发放贷款4笔285万元。

住房贷款　住房商业性个人住房贷款利率低至4%，年内发放个人住房贷款162笔1.50亿元。发放3个“保交楼”项目（平潭吾悦广场、金海湾、奥园钻石海）个人住房贷款11笔1077万元。

国企服务　年内为区城发集团、区实发集团、区城乡环境发展有限公司提供贷款9585.60万元。

涉台金融服务　提升“两岸e账通”账务服务系统，开通台资企业绿色通道，为宗仁科技（平潭）股份有限公司发放短期流动性贷款200万元。参与实验区和中国银联面向乘坐“海峡高速客滚轮”台胞推出的“台达通”数字银行卡业务。

跨境业务　拓展自贸区版跨境双向人民币资金池业务，为企业解决跨境资金流动需求，年内办理自贸区版跨境双向人民币资金池业务3个，办理跨境人民币业务量45.16亿元。

（薛爱钦）

**【平安银行潭支行】** 至2023年底，平安银行股份有限公司福州平潭支行资产总额8.58亿元。存款余额8.33亿元，其中储蓄存款2.71亿元、对公存款0.55亿元、其他存款5.07亿元。贷款余额3.49亿元，其中个人贷款余额3.49亿元、对公贷款余额0万元。发放贷款主要为个人中长期消费贷款，用于装修、购车等消费。开展消费者权益保护宣传活动及“普及金融知识·守住‘钱袋子’”金融知识宣传活动。加强票据风险防范，强化贷后管理与检查，加强贷款资料真实性和贷款用途合法性审查。全年无重大差错、无责任事故、无经济案件。

（郭云洪）

【中国民生银行平潭支行】 至2023年底，中国民生银行股份有限公司福州平潭支行实现存款总额10.56亿元，贷款总额13.63亿元。

小微企业服务　推出额度期限更长、还款方式灵活的小微贷款信贷品种，为符合条件的客户办理无还本续贷业务。落实小微企业及个体工商户支付手续费减费让利，为房产抵押提供免评估服务。至年底，小微贷款余额11.51亿元。

“三农”服务　响应省“一县一品”专项行动，推出无营业执照的小微客户可根据养殖、种植等证明材料申请抵押贷款政策，至年底，贷款余额2.54亿元。向平潭蔬果养殖等传统农业发放部分贷款。

重点项目支持　发放中广核（福建）风力发电有限公司固定资产贷款8亿元，期限12年，用于大练海上风电项目建设。

（林源）

【平潭农商银行】 至2023年底，福建平潭农村商业银行股份有限公司实现资产总额134.35亿元，贷款余额77.28亿元，存款余额104.13亿元。负债总额118.03亿元，实现金融市场业务收入1.68亿元，财务收入6.74亿元，财务支出5.04亿元。不良贷款余额5341万元，不良贷款率0.69%。

乡村振兴助力　发放涉农贷款3.04万户，贷款余额71.20亿元。落实“贷动‘闽’生”专项行动，发放支农再贷款4283户7.49亿元，户均贷款17.49万元；支小再贷款428户2.49亿元，户均贷款58.18万元。发放涉海贷款1.88万户，贷款余额44.02亿元，支农力度保持全区银行业首位。发放助学贷款4047户0.86亿元，通过省农信慈善基金会资助捐助贫困学子124人26.10万元。推进整村授信工作，授信1575户7.54亿元。推进农村信用体系建设，评定金融信用示范村63个、信用镇4个。

实体经济服务　推出“福农惠农贷”“福海兴农贷”“捕捞船及运输船抵押贷款”等信贷产品，涉海贷款余额46.04亿元。争取“文旅闪贷”贴息政策，为民宿、餐饮等文旅产业市场主体发放贷款1431笔1.68亿元，文旅产业贷款余额6.04亿元。运用纾困、创保贷、乡村振兴贷、科技贷、商贸外贸贷、台企快服贷以及提质增效专项贷等政策，发放贷款475笔4.53亿元；其中“提质增效”专项贷款334笔3.07亿元，居全区首位，为小微企业融资节省利息支出超400万元。

两岸融合支持　创建台胞台企金融服务示范网点，发放福建省首笔台胞居住证贷款20万元。受理台商台胞金融信用证申请155人次，发放个人证书145本，推进与台湾地区征信信息互通，放款17笔贷款740万元。发放台胞创保贷、台胞诚信闪贷等产品101笔2881万元。创新对台数字金融服务，发放福建省首笔台胞数字人民币贷款30万元。

（游昌花）

【平潭渝农商村镇银行有限公司】 至2023年底，福建平潭渝农商村镇银行有限公司资产总额5.12亿元，负债总额3.90亿元，所有者权益1.22亿元，各项存款余额2.39亿元，贷款余额4.37亿元，营业收入2733.72万元，利润总额348.62万元。涉农贷款3.32亿元，占比76.01%；不良贷款余额538.56万元，占比1.23%。开展“我为群众办实事之金融知识宣讲”活动，普及假币识别、防电信诈骗、反金融诈骗知识。到流水五星村开展“我为群众办实事之关爱老人、金融下乡”活动。

（平潭渝农商村镇银行）

【交通银行平潭支行】 至2023年底，交通银行股份有限公司福建自贸试验区平潭片区分行实现存款日均余额1.69亿元；各项贷款日均余额2.54亿元。各项贷款余额3.78亿元，各项存款余额2.32亿元。

企业培育　联系区市政开发公司、海坛片区管理局等单位，推广资金监管账户，实现资金留存2200万元。促进“银银合作”“银担合作”，与浦发银行平潭支行、区信平担保有限公司和区融资担保有限公司建立业务合作关系，提供普惠小微贷款业务。为战略性新兴领域和企业等匹配“税融通”等融资产品。

乡村振兴助力　提供鲍鱼养殖、水产品原料收购、水产品精深加工等特色业务的信贷支持，至年底，涉农贷款余额 8449 万元。

小微客户服务　提供小微企业线上抵押贷等服务，至年底，服务小微贷款户数 143 户，贷款余额 1.77 亿元，年内新增 8567 万元；个人经营性贷款余额 1.64 亿元。

房贷业务促进　以实验区房票安置项目改革为契机，推进个人房贷业务的发展，至年底，完成个人住房按揭贷款 262 笔，贷款余额 9098 万元。

（林瑜艳）

【福建华通银行】　2017 年 1 月，福建华通银行股份有限公司在平潭综合实验区注册，是福建省首家民营银行。至 2023 年底，福建华通银行股份有限公司资产总额 333.74 亿元，其中发放贷款和垫款金额 202.51 亿元。负债总额 310.51 亿元，其中吸收存款余额 252.42 亿元。实现利润 7552.91 万元。为部分企业新增用信金额 6.17 亿元；通过办理无还本续贷，缓解 250 户小微企业资金周转压力，贷款金额 1.96 亿元；为客户减免金融服务收费 228.16 万元，惠及 1171 户。3 月 24 日，发明的“一种智能化中台系统”获国家版权局颁发的发明专利证书 1 本。11 月 9 日，与上海慈善基金会举办儿童先天性心脏病公益捐赠仪式，捐赠 5 万元用于开展儿童先天性心脏病诊治项目。

（叶祥辉）

## 证券业

【概况】　2023 年，平潭综合实验区有证券公司 10 家，其中 4 家在平潭开设营业网点、2 家在上海经营。4 家在平潭设有营业网点的证券公司营业收入 2107.23 万元，比上年下降 65.4%。

【中金证券平潭营业部】　至 2023 年底，中国中金财富证券有限公司平潭西航路证券营业部客户资产约 130 亿元，客户数 1.40 万户，营业收入 1103 万元，获评 2022 年度平潭金融贡献突出集体。秉持合规理念，规范业务流程，开展反洗钱和合规学习与培训。推动投资者教育工作，线上线下联合开展，通过公司风控平台跟踪和短信平台及时发布投资者教育警示信息，线下走进社区，开展户外活动，与其他金融机构联合举办投资教育活动 16 场。

（李燕）

【平安证券平潭营业部】　至 2023 年底，平安证券股份有限公司平潭金井大道证券营业部客户资产 7474 万元，客户数 1452 户，营业收入 97.70 万元。把合规贯穿业务工作中，组织员工进行合规培训。优化合规风控体系，保护客户合法权益。开展投资者教育工作，通过走进社区广场、开展职场宣传、内部培训等方式普及证券风险常识和金融知识。

（俞小丽）

【兴业证券平潭分公司】　至年底，兴业证券股份有限公司平潭综合实验区分公司客户资产规模 115.68 亿元，自然人客户数 6065 户，机构客户数 12 户，营业收入 271.84 万元，缴纳税额 1521.52 万元。承揽平潭综合实验区城市发展集团有限公司发债项目，获批文总规模 18 亿元，发行一期福州地区首单地方国企点心债，首单地方国企绿色离岸债券。对接区内重点上市后备企业华信（平潭）物流有限公司，推荐其在海峡股权交易中心基础层挂牌展示。执行内控和风险管理体制机制，做好合规风险管理内控工作，开展各种形式投资者教育活动。

（游伟伟）

【海峡股权交易中心】　海峡股权交易中心于 2011 年 10 月在平潭注册成立，是全国唯一集区域股权交易市场、资源环境交易市场、金融资产交易市场于一体的区域性股权市场。2023 年，中心新增展示企业 935 家，累计展示 9229 家；新增交易层挂牌企业 27 家，累计挂牌 223 家。新增企业融资 55.80 亿元，累计融资 211 亿元。

“台资板”建设　引导台资企业在“台资板”展示、挂牌、托管，培育在福建的优质台资企业在祖国大陆上市，由原有的商事注册、培训咨询、政策对接等 24 项服务扩展为包括科技成果转化、产业资源对接、资质认证、绿色金融等 48 项综合服务。挂牌台资企业 131 家，展示台资企业 3000 家，实现台资企业融资 23.17 亿元，成为全国区域性股权市场中服务台企数量最多的市场。“支持海峡股交‘台资板’创新升级”写入《中共中央　国务院关于支持福建探索海峡两岸融合发展新路　建设两岸融合发展示范区的意见》。服务升级“陆台汇”，新增落地“陆台汇”服务 33 家，新增“台资板”展示台企 539 家。

“专精特新板”建设　推进企业基础服务体系建设，“专精特新”（专业化、精细化、特色化、新颖化特征的中小企业）专板建设方案入选中国证监会第二批区域性股权市场备案名单，中心处于中上水平。新增中小企业融资 7.49 亿元，股权融资 7.50 亿元，基金云平台入驻管理机构 44 家，注册基金 55 家，入驻企业 1857 家。

（郑福屏）

## 保险业

【概况】 2023 年，平潭综合实验区有保险业机构 17 家，其中财产险机构 8 家、人身险机构 9 家。从公司架构看，分公司 1 家，中心支公司 4 家，支公司 10 家，营销服务部 2 家。全年全区保险业机构保费收入 11.90 亿元，比上年下降 1.42%；其中，财产险保费收入 2.68 亿元，增长 1.44%；人身险保费收入 9.44 亿元，下降 2.23%。全年赔付给付 3.77 亿元，比上年增长 34.92%，其中财产险赔付支出 1.86 亿元、人身险赔付支出 1.91 亿元。

【农业保险发展】 2023 年，福建银保监局平潭监管组落实加快农业保险发展措施，支持拓展农业保险品种，保障农业生产。全区农业保险保费收入 1932.01 万元，比上年增加 765.07 万元。其中，能繁母猪、育肥猪保费收入 349 万元，水产养殖天气指数保险保费 90.14 万元，林木综合保险保费 18.11 万元，水稻种植保费 0.16 万元，台风指数保险保费 854.60 万元。全年提供风险保障金额 3.82 亿元，赔付金额 1745.29 万元。

【人保财险平潭支公司】 2023 年，中国人民财产保险股份有限公司福建自贸试验区平潭片区分公司保费收入 1.53 亿元，比上年增长 10.8%，计划完成率 100.2%；在平潭财险市场份额 51.6%，位居区内同业第一。年内赔付 9431.40 万元，缴纳税金 1566.60 万元。

社会服务 承保省港口工程有限公司等 12 家施工单位的工程一切险，保额 2.13 亿元；承保哲轩建设工程有限公司等 10 家施工单位安全生产责任险，保额 2.46 亿元；承保文化旅游企业、民宿、俱乐部等旅游交通相关行业公众责任保险、承运人责任保险以及安全生产责任保险，保额 4.20 亿元。

2023 年 6 月 15 日，人寿财险平潭中心支公司在平潭海坛古城开展防范非法集资活动宣传 （林黎 摄）

普惠保险 开展“惠闽保”和城乡居民大病保险 2 项普惠保险业务，惠闽保参保人数 6188 人。

涉农保险 全年涉农保险保费收入 1351.50 万元，满期赔付率 92%，主要涉及育肥猪、能繁母猪和台风指数保险。

【中国人寿平潭分公司】 2023 年，中国人寿保险股份有限公司福建自贸试验区平潭片区分公司保费收入 9.38 亿元，比上年增长 4.43%。其中，长险首年 2.86 亿元，长险续期 6.15 亿元，短期险 3698.45 万元。全年总赔付 1.70 亿元，平潭地区赔付 7730.69 万元。缴纳税收 825.10 万元。

理赔服务 推广智能投保使用和理赔保全 e 化服务，推出“重疾一日赔”等理赔直付服务。年内平均理赔个人业务申请支付时效 1.44 天，比上年缩短 0.92 天；48 小时内呼入一次性问题解决率 90.87%，比上年增长 2.39%。

涉台保险服务 为担任村（居）委会执行主任、里长的台胞设计费率优惠的人身保险组合产品，承保 21 人，保额 1861 万元。与区台胞台企服务中心合作，为 300 名台胞提供意外伤害保险，保额 0.41 亿元。

社会保障助力 实现城市定制型商业医疗保险惠民保保费（含公域）379.11 万元，参保人数 2.94 万人；其中平潭地区业务（含公域）保费 169.88 万元，比上年增长 6.24%，参保人数 1.32 万人。开展长期护理保险项目，长护险基金支付448.16万元。服务规模企业92家、中小微企业223家，覆盖企业员工5079人，提供人身保险27.85亿元。提供保单借款金额9.03亿元，比上年增长7.6%。

普惠保险多元化　实现银龄安康承保1.79万人，保费35.86万元。个人养老金业务245.02万元，承保256人。完成商业养老金266.4万元。女性安康承保2.96万人，保费256.34万元，比上年增长9%。学平险承保8821人，保费108.05万元。

乡村振兴助力　利用电商平台采购贫困县域农产品3.30万元，涉农长险业务6601.49万元；派驻农村网点的青年干部3人，在9个乡镇街道及片区开通线上乡村振兴服务小店，累计545家店铺，提供线上保险服务2.08万人次，风险保额50.09亿元。

【人寿财险平潭中心支公司】　2023年，中国人寿财产保险股份有限公司福建自贸试验区平潭片区中心支公司下辖1个营业机构和2个内设营业部，分别是福清市支公司、平潭第一营业部和非车险业务拓展部。年内，平潭地区保费收入3929.87万元，比上年增长12.55%，在平潭财险市场上排名第三，市场份额16.04%。受年度台风大灾影响，平潭地区赔付金额2837.62万元，比上年增长41.22%。平潭地区缴纳税金673.60万元。

涉农业保险　全年农业保险板块保费收入271.30万元，赔付金额292.72万元，满期赔付率106.93%。其中，海水养殖天气指数保险保费收入47.15万元，赔付169.93万元，满期赔付率266.9%（台风影响）；林木综合保险保费收入8.75万元，年内未发生赔付；水稻种植保险保费收入0.16万元，年内未发生赔付；温室大棚保险保费收入19.70万元，赔付金额5.80万元，满期赔付率99.04%（台风影响）；育肥猪养殖保险保费收入198万元，赔付金额117.90万元，满期赔付率68.83%。

实体经济服务　承保市政管廊、全民健身中心、海坛古城、部分民宿酒店等公众责任险，保费收入22.61万元，保额1.19亿元，完成赔付1.37万元。为福州海关提供关税保证保险保额160万元。为区社会事业局提供农民工工资支付履约保证保险保额2156.28万元，首次入围“惠闽保”项目共保主体，平潭第一营业部提供保额37.91亿元。

涉台保险服务　承保宗仁科技（平潭）股份有限公司航空货物运输保险，保费收入0.17万元，总保额189.34万元。承保区人力资源服务有限公司雇主责任保险，被保险人含台胞，保费收入0.36万元，保险金额568万元。

（郭听枫 郑方彤 陈花 朱仪 林黎）

## 类金融机构

【概况】　2023，平潭综合实验区有类金融企业1814家。其中，股权投资及资产管理类企业1555家，融资担保公司5家，融资租赁企业230家，区域性股权市场1家，交易场所登记结算中心1家，小额贷款公司1家，典当行12家，商业保理公司9家。

【股权投资类企业】　2023年，平潭实验区有股权投资类企业1555家，注册资金1838亿元。其中，394家在中国证券投资基金业协会登记，1201家纳入实验区重点监测对象。

【政府性融资担保公司】　2023年，平潭综合实验区有政府性融资担保公司1家——信平融资担保有限责任公司，注册资本总额2亿元。期末净资产2.12亿元，融资在保余额13.57亿元，担保放大倍数6.45倍，位居全省前列，中小微企业和“三农”主体服务数1235户次。

【融资租赁企业和商业保理企业】　2023年，平潭综合实验区有融资租赁企业230家和商业保理企业9家，其中融资租赁实际运营137家、商业保理实际运营6家。

【小额贷款公司】　2023年，平潭综合实验区小额贷款公司1家——平潭华兴小额贷款股份有限公司。注册资本额1.60亿元，资产总额1.84亿元，贷款余额1.47亿元，不良贷款余额3033.68万元，不良贷款率20.62%。

【典当行】　2023年，平潭综合实验区有典当行12家，注册资本总额2.11亿元，发生典当业务885笔，典当余额1.97亿元，典当总额5.06亿元。

（李敏 林文）

# 城乡建设与管理

## 综述

【城乡一体化推进】 2023年，平潭综合实验区推动城乡融合，实施海洋科技文化中心、大练旅游环岛路等城乡建设品质提升项目136个，完成投资额42.10亿元，项目数、投资额分别比上年增长27%、33%。完成全区城乡一体化专项规划编制，开展人口发展、土地流转、城市发展形态等专题研究，探索实验区城乡一体化发展。推进城乡水务一体化，福建省平潭及闽江口水资源配置工程（“一闸三线”工程）全线通水投入使用。制定城乡污水治理一体化实施方案，完成溯源排查850千米，开发信息管理平台并入库城乡污水管网1755千米，新建及改建城乡供水管网近100千米、污水管网44千米，形成城乡排水管网一张图。完成智慧水务工程、一体化调度中心可行性研究修编。推进城乡生活垃圾治理，新建生活垃圾分类屋（亭）20座，推动君山片区中楼地区镇域全域落实农村生活垃圾分类机制。

【宜居城市建设】 2023年，平潭综合实验区根据全省城乡建设品质提升实施方案要求，围绕宜居建设工程、绿色人文工程、交通通达工程、安全韧性工程、智慧管理工程及典型样板工程，策划生成城市类项目123个，总投资额106.17亿元，年度计划投资额34.14亿元，实际完成投资额34.34亿元，争取省级奖补资金2500万元。

2023年，平潭综合实验区金井新城如意社区入选全省城乡建设品质提升样板工程名单。图为如意社区天牛河公园（江信恒 摄于2023年9月）

【城市更新行动】 2023年，平潭综合实验区出台城市更新行动实施方案，完成老旧小区改造（三期、四期）工程，涉及小区24个、居民1800户，实现小区路平、地净、灯亮、管通。探索完整社区建设，投资额1.36亿元，开展3个完整社区建设试点。推进海绵城市建设，新改建雨水管网10千米，投资1500万元完成海坛片区澳前镇集镇环境整治。完善城市交通配套设施，完成新改扩建城市道路5千米。开展停车设施建设，采用新建、路侧施划、临时设置等方式，新增停车泊位1200余个。完成2个公园提升改造，完成2处口袋公园建设，新增公园绿地面积6300平方米。存量管廊升级改造及维护工程（二期）PPP项目竣工投入使用，完成20千米综合管廊的智慧化升级改造。新增各类型公厕，其中高品质旅游厕所3座，总投资300万元，分别在上楼村、金井片区市民广场、榕山村。至年底，城区三类标准以上公厕35座，农村公厕421座（其中三类标准以上109座、简易水冲式公厕312座）。

（王丽婷 周小凤）

表 24　2023 年平潭综合实验区政府性投资城乡建设重点项目一览表

| 序号 | 项目名称 | 总投资（亿元） | 建设年限 |
|---|---|---|---|
| 一、在建重点项目（56 个） | | 112.28 | |
| （一）金井片区（8 个） | | 9.87 | |
| 1. 区交通建设局（4 个） | | 4.95 | |
| 1 | 两岸馨苑 | 4.12 | 2020—2023 |
| 2 | 北楼路（环湖南路一如意路） | 0.45 | 2019—2023 |
| 3 | 临湖八路 | 0.23 | 2020—2023 |
| 4 | 两岸馨苑周边路网工程 | 0.15 | 2020—2023 |
| 2. 区农业农村局（3 个） | | 4.62 | |
| 1 | 跨海排洪渠工程 | 0.81 | 2022—2024 |
| 2 | 竹屿三孔水闸工程 | 0.30 | 2022—2023 |
| 3 | 金井新城水系景观提升和补水系统（一期）工程 | 3.51 | 2022—2024 |
| 3. 区资源生态局（1 个） | | 0.30 | |
| 1 | 三十六脚湖水库除险加固工程 | 0.30 | 2022—2023 |
| （二）海坛片区（20 个） | | 19.25 | |
| 1. 区交通建设局（13 个） | | 9.93 | |
| 1 | 旧城区道路改造提升 | 2.56 | 2019—2023 |
| 2 | 地震台周边路网工程 | 0.86 | 2019—2023 |
| 3 | 老旧小区改造（三期）工程 | 1.79 | 2021—2023 |
| 4 | 鹿原南路（海霞中路一红山中路） | 0.50 | 2019—2023 |
| 5 | 滨河路（龙凤路一海坛中路） | 0.46 | 2021—2023 |
| 6 | 岚城一路（瑶竹南路一光荣西路） | 0.15 | 2022—2023 |
| 7 | 岚城二路（中山大道一滨河路） | 0.45 | 2021—2023 |
| 8 | 岚城三路（中山大道一学村南路） | 0.73 | 2021—2023 |
| 9 | 岚城四路（瑶竹南路一光荣西路） | 0.15 | 2022—2023 |
| 10 | 学村南路（岚城三路一海坛东路） | 0.19 | 2021—2023 |
| 11 | 降屿周边路网 | 0.60 | 2021—2023 |
| 12 | 光荣西路（龙凤中路一海坛中路） | 0.38 | 2020—2023 |
| 13 | 竹屿再生水厂周边路网工程（二期） | 1.10 | 2018—2023 |
| 2. 区社会事业局（6 个） | | 7.74 | |
| 1 | 平潭城关第二幼儿园 | 0.72 | 2021—2023 |
| 2 | 平潭龙山小学新校区 | 1.87 | 2020—2023 |
| 3 | 平潭龙南初中（改扩建） | 1.35 | 2020—2023 |
| 4 | 平潭滨湖小学 | 2.10 | 2019—2023 |

续表 24

| 序号 | 项目名称 | 总投资（亿元） | 建设年限 |
|---|---|---|---|
| 5 | 平潭综合实验区中医院改扩建 | 0.20 | 2022—2023 |
| 6 | 平潭综合实验区君山养老服务中心项目 | 1.50 | 2022—2024 |
| 3. 区资源生态局（1个） | | 1.58 | |
| 1 | 平潭国家森林公园技术服务中心 | 1.58 | 2023—2023 |
| （三）君山片区（22个） | | 45.27 | |
| 1. 区交通建设局（17个） | | 14.35 | |
| 1 | 新港一路 | 0.15 | 2021—2023 |
| 2 | 芦洋西路（平岚一路—兴业路） | 0.11 | 2022—2023 |
| 3 | 松南路网 | 0.45 | 2022—2024 |
| 4 | 松环路（山门路—翠园北路） | 0.20 | 2022—2024 |
| 5 | 长兴路（麒麟大道—海霞中路） | 1.20 | 2021—2024 |
| 6 | 麒麟大道（福平互通—瑶竹路）完善工程 | 0.94 | 2022—2024 |
| 7 | 芦洋西路（兴业路—旺业路） | 0.46 | 2022—2023 |
| 8 | 平岚二路（中山大道—鹿原北路） | 0.51 | 2022—2023 |
| 9 | 建筑产业化基地周边路网项目 | 4.50 | 2022—2024 |
| 10 | 嘉兴路（兴业路—君山路） | 0.80 | 2022—2024 |
| 11 | 民主路（中山大道—瑶竹路） | 1.88 | 2023—2024 |
| 12 | 民主路（瑶竹北路—规划二路） | 0.65 | 2022—2023 |
| 13 | 平岚一路（中山大道—鹿原北路） | 0.38 | 2022—2023 |
| 14 | 平岚二路（鹿原北路—嘉兴路） | 0.24 | 2022—2023 |
| 15 | 旺业路（芦洋西路—鹿原北路） | 0.42 | 2022—2023 |
| 16 | 旺业路（鹿原北路—嘉兴路） | 0.54 | 2022—2024 |
| 17 | 长兴路（兴业路—盛业路） | 0.92 | 2022—2023 |
| 2. 区社会事业局（1个） | | 22.52 | |
| 1 | 福建信息职业技术学院平潭校区 | 22.52 | 2014—2023 |
| 3. 区农业农村局（2个） | | 0.52 | |
| 1 | 流水二级渔港 | 0.20 | 2022—2023 |
| 2 | 平潭君山生态水系及河道整治工程 | 0.32 | 2022—2023 |
| 4. 区经济发展局（1个） | | 4.40 | |
| 1 | 新兴产业园区标准化厂房项目 | 4.40 | 2022—2024 |
| 5. 区资源生态局（1个） | | 3.48 | |
| 1 | 君山片区海洋生态保护修复项目 | 3.48 | 2022—2023 |
| （四）苏平片区（4个） | | 4.83 | |
| 1. 区交通建设局（3个） | | 2.03 | |

续表 24

| 序号 | 项目名称 | 总投资（亿元） | 建设年限 |
|---|---|---|---|
| 1 | 北部生态廊道提升完善工程 | 0.55 | 2020—2023 |
| 2 | 环白青乡生态廊道 | 1.15 | 2020—2023 |
| 3 | 大练乡旅游环岛路（二期）一环海景观带项目 | 0.33 | 2020—2023 |
| 2. 区公安局（1 个） | | 2.80 | |
| 1 | 平潭综合实验区综合训练基地一期项目 | 2.80 | 2018—2023 |
| （五）跨片区（2 个） | | 33.06 | |
| 1. 区交通建设局（1 个） | | 2.11 | |
| 1 | 西部生态廊道（二期） | 2.11 | 2020—2023 |
| 2. 区农业农村局（1 个） | | 30.95 | |
| 1 | 平潭综合实验区防洪防潮工程 | 30.95 | 2017—2025 |
| 二、2023 年开工项目（47 个） | | 137.11 | |
| （一）金井片区（3 个） | | 9.71 | |
| 1. 区交通建设局（1 个） | | 0.14 | |
| 1 | 美丽之冠周边路网项目 | 0.14 | 2023—2023 |
| 2. 区社会事业局（1 个） | | 1.50 | |
| 1 | 福建医科大学附属协和医院平潭分院二期（感染楼、发热门诊） | 1.50 | 2023—2025 |
| 3. 区资源生态局（1 个） | | 8.07 | |
| 1 | 海洋科创孵化园区项目 | 8.07 | 2022—2025 |
| （二）海坛片区（12 个） | | 18.59 | |
| 1. 区交通建设局（9 个） | | 16.43 | |
| 1 | 莲花中路（和平大道一翠园中路） | 1.38 | 2021—2024 |
| 2 | 旧城区背街小巷提升改造 | 1.13 | 2022—2024 |
| 3 | 老城区道路提升工程 | 0.85 | 2022—2024 |
| 4 | 平潭龙凤路提升改造工程 | 0.80 | 2023—2024 |
| 5 | 老旧小区改造（四期）工程 | 1.50 | 2023—2024 |
| 6 | 平潭海坛街道城市更新完整社区（一期）项目 | 10 | 2022—2024 |
| 7 | 城市智慧服务提升工程 | 0.30 | 2023—2025 |
| 8 | 翠园北路（后池路一上楼加油站）段雨水截洪沟工程 | 0.13 | 2021—2024 |
| 9 | 学村南路（岚城三路一龙凤路） | 0.34 | 2023—2024 |
| 2. 区农业农村局（1 个） | | 0.50 | |
| 1 | 东澳中心渔港提升工程（原东澳中心渔港扩建工程） | 0.50 | 2023—2024 |
| 3. 区社会事业局（1 个） | | 1.50 | |
| 1 | 区医院公共卫生救治能力提升工程 | 1.50 | 2023—2024 |
| 4. 区经济发展局（1 个） | | 0.16 | |

续表 24

| 序号 | 项目名称 | 总投资（亿元） | 建设年限 |
|---|---|---|---|
| 1 | 平潭海上搜救中心综合指挥系统及信息化机房等配套工程 | 0.16 | 2022—2023 |
| （三）君山片区（16 个） | | 66.75 | |
| 1. 区交通建设局（12 个） | | 26.58 | |
| 1 | 麒麟大道周边提升工程 | 0.25 | 2023—2024 |
| 2 | 山门东路（松环路—金田路） | 0.53 | 2022—2023 |
| 3 | 强盛路（鹿原北路—瑶竹北路） | 1.41 | 2022—2024 |
| 4 | 瑶竹北路（车站北路—强盛路） | 1.73 | 2023—2025 |
| 5 | 长盛路（兴业路—规划二路） | 4 | 2022—2024 |
| 6 | 盛业路（中山大道—瑶竹北路） | 2.23 | 2022—2024 |
| 7 | 瑶竹北路（兴业路—民主路） | 3.56 | 2022—2024 |
| 8 | 兴业路（中山大道—瑶竹北路） | 2.17 | 2022—2024 |
| 9 | 鹿原北路（盛业路—君山路） | 2.70 | 2022—2024 |
| 10 | 鹿原北路（君山路—民主路） | 1.30 | 2022—2024 |
| 11 | 君山路（中山大道—长盛路） | 6 | 2022—2024 |
| 12 | 信息学院周边路网雨污管网提升工程 | 0.70 | 2023—2024 |
| 2. 区旅游文体局（3 个） | | 29.20 | |
| 1 | 棒球公园 | 1.20 | 2023—2023 |
| 2 | 海峡两岸青少年体育交流中心 | 8 | 2022—2024 |
| 3 | 国际棒垒球基地 | 20 | 2023—2026 |
| 3. 区经济发展局（1 个） | | 10.97 | |
| 1 | 平潭新兴产业园综合开发项目（一期） | 10.97 | 2023—2025 |
| （四）苏平片区（4 个） | | 1.53 | |
| 1. 区交通建设局（4 个） | | 1.53 | |
| 1 | 大练旅游环岛路（三期） | 0.70 | 2021—2024 |
| 2 | 大练岛渔限村环岛路 | 0.50 | 2023—2025 |
| 3 | 平潭有机肥厂进出厂道路工程 | 0.08 | 2023—2023 |
| 4 | 集镇街区改造工程 | 0.25 | 2023—2024 |
| （五）跨片区（12 个） | | 40.53 | |
| 1. 区交通建设局（7 个） | | 36.99 | |
| 1 | 平潭存量管廊外接电源工程 | 0.40 | 2023—2023 |
| 2 | 平潭综合实验区城乡污水处理提升工程 | 29.69 | 2023—2025 |
| 3 | 平潭港区进港航道及港池维护性疏浚工程 | 1 | 2023—2023 |
| 4 | 平潭综合实验区城市基础设施信息化综合管理平台 | 0.80 | 2023—2025 |
| 5 | 平潭综合实验区城市基础设施资源数据普查 | 0.30 | 2023—2025 |

续表 24

| 序号 | 项目名称 | 总投资（亿元） | 建设年限 |
|---|---|---|---|
| 6 | 西部生态廊道（一期） | 2.80 | 2020—2024 |
| 7 | 平潭综合实验区城市道路智慧灯杆改造提升工程 | 2 | 2023—2024 |
| 2. 区旅游文体局（1个） | | 0.10 | |
| 1 | 平潭滨海骑行徒步道 | 0.10 | 2023—2023 |
| 3. 区农业农村局（1个） | | 0.60 | |
| 1 | 2023年高标准农田建设项目 | 0.60 | 2023—2025 |
| 4. 区社会事业局（2个） | | 2.80 | |
| 1 | 平潭智慧医疗 | 1 | 2023—2025 |
| 2 | 平潭智慧教育“因材施教”项目 | 1.80 | 2023—2025 |
| 5. 区资源生态局（1个） | | 0.04 | |
| 1 | 平潭2023年农村土地整治项目 | 0.04 | 2023—2023 |

## 城乡规划

【概况】 2023年，平潭综合实验区构建“总体规划—专项规划—详细规划”的空间传导体系，完善规划编制体系，组织编制各类空间规划26项，其中批复实施11项、推进报批程序15项。

【平潭国土空间总体规划】 2023年10月25日，福建省人民政府批复同意开展《平潭综合实验区国土空间总体规划（2018—2035年）》修改工作，完善实验区农业空间、生态空间和建设空间格局，符合实验区发展实际，形成全方位空间管控。年内，区资源生态局启动《平潭综合实验区国土空间总体规划（2021—2035年）》编制工作，并先行启动城镇开发边界局部优化工作。

【专项规划编制】 2023年，平潭综合实验区资源生态局在国土空间总体规划的指导下，优先推进重要空间和资源专项规划编制，修订完善交通、给水、污水、燃气、电力、通信等12项支撑性专项规划成果，年内完成8个专项规划印发实施。

【详细规划编制】 2023年，平潭综合实验区资源生态局推进详细规划编制工作，优化生态、农业、城镇、海洋和魅力空间的要素布局。年内，完成芦洋、金井、澳前和流水等8个组团控制性详细规划修编工作，推进中楼、芦南等3个组团控制性详细规划编制工作，为建设项目审批提供法定依据。

【村庄规划编制】 2023年，平潭综合实验区资源生态局编制村庄规划162个，完成省自然资源厅村庄规划编制三年行动任务，完成率

2023年，平潭综合实验区启动国土空间总体规划编制工作，完善全区农业空间、生态空间和建设空间格局。图为竹屿湖俯瞰

（林君斌 摄于2023年3月20日）

111%，完成村庄规划备案入库100个，指导乡村振兴项目建设。

（王丽婷 周小凤）

# 公用事业

## ·供水·

【概况】 2023年，平潭综合实验区岛外调水量3014万吨，其中闽江调水1647万吨、“一闸三线”工程调水1367万吨。全年供水量2184.49万吨；售水量1815.03万吨。年内，平潭及闽江口水资源配置（“一闸三线”）工程全线通水，平潭告别靠天喝水历史。南部水厂每日供水能力15万吨，出厂水质达到国家生活饮用水卫生标准，在年度全省城市供水设区市运行健康排名第一。北部自来水厂工程基本完工，新增供水能力7.50万吨/日，形成主岛南北双厂区供水格局。完成27个老旧小区二次供水设施改造，改造总规模1.45万吨/日。

【平潭自来水厂（二期）工程投产】 平潭综合实验区自来水厂（二期）工程位于海坛街道中南村及金井镇红湖村，占地面积13.53万平方米，总建筑面积2.27万平方米，总投资额4.53亿元，规划建设20万吨/日的水厂和取水泵站、客水泵站各1座。2023年，工程完成净水一阶段工程扩建工作并投产供水，完成取水泵站和客水泵站建设，供水规模从10万吨/日提升至15万吨/日，满足主岛用水需求。

【平潭南北水厂双供水格局形成】 2023年6月，平潭北部水厂项目基本完工，进入内外装修和室外总体及附属设施施工收尾阶段，新增供水能力7.50万吨/日，与南部水厂形成双供水格局。

【旧城区供水设施改造】 2023年，平潭综合实验区开展旧城区二次供水设施改造，总投资额0.67亿元，改造27个小区，总规模1.45万吨/日，改造总长4700米，7月完成项目预验收，惠及1.20万户5.10万人，解决居民用水水质不佳、压力不稳等问题。

2023年，平潭综合实验区旧城区万豪汇景城二次供水设施完成升级改造。图为5月11日，平潭水务公司工作人员检查供水设备 （念望舒 摄）

【农村供水管网建设】 2023年，平潭综合实验区开展农村供水管网（小水接大水）建设，投资额0.43亿元，新建苏平片区燎原村、榕山村等9个行政村村内管网106千米、通村支管15千米、加压泵站3座，供水规模5175吨/日，2月完工通水。投资0.61亿元开展大练、屿头、南海等离岛乡镇饮水工程建设。投资0.28亿元开展平潭公铁大桥搭载水管建设，完成2000个基座安装工作。

【城乡供水一体化工程】 平潭综合实验区开展城乡供水一体化巩固提升工程建设，总投资额2.98亿元，新建111个行政村、10个景区配水管网等，新建34座加压泵站；供水规模4.31万吨/日，其中乡镇规模3.56万吨/日，景区供水规模0.75万吨/日；新建乡镇配水管网总管长2067千米，景区配水管网总长4.45千米。2023年，完成全部村庄的管网铺设、设备安装工作并通水，实现城乡供水同网、同质、同价、同服务目标。

【排水建设】 2023年，平潭综合实验区交通建设局新建改造雨水管网10千米。开展排水防涝日常养护，清淤疏浚排水管道39.47千米，更换井盖补齐168个，安装防坠落网269处。

（曾文静 杨开姿）

## ·供电·

【概况】 2023年，平潭综合实验区全社会用电量12.40亿千瓦时，比上年增长7.45%。其中，第一产业、第二产业和第三产业的用电量分别为0.32亿千瓦时、1.78亿千瓦时、5.02亿千瓦时；居民用电量5.28亿千瓦时。地区最高用电负荷25.09万千瓦，比上年增长9.8%。全区供电人口38.10万人，供电户数21.39万户。拥有娘宫变、竹屿变2座220千伏公用变电站，主变3台，容量540兆瓦；220千伏开关站1座（平原开关站），110千伏公用变电站6座（北厝变、前进变、金井变、官树下变、荷花变、桥锦头变），主变13台，容量631.50兆伏安；35千伏公用变电站1座（流水变），主变2台，变电容量26兆伏安。平潭供电公司获评2022—2023年度全省集体协商工作典型单位，城区供电服务中心营业班获评全国五一巾帼标兵岗和全省三八红旗集体。

【电网建设】 2023年，平潭综合实验区新建和改造10千伏线路28.98千米。新增及增容配变18台、新增配变容量1.04万千伏安，户均容量提升至3.71千伏安。

【电力民生服务】 2023年，平潭供电公司完成吾悦广场等项目验收送电，建成全省首个台胞综合能源服务智慧社区，护航国际邮轮首航，助力绿色航运。连续3年将“双满意”（让客户满意、让党和政府满意）工程纳入实验区为民办实事项目，保障47个重点项目投产送电，新增送电容量比上年增长254.8%。做好最高负荷首破25万千瓦保供工作，面对强台风“杜苏芮”“海葵”带来的极端暴雨天气，完成24小时抢修复电任务，实现无站房受淹、无重要用户停电目标。派出跨区支援队伍7支134人，奔赴厦门、莆田等地开展电网抢修支援。完成

2023年8月22日，平潭供电公司工作人员在绝缘斗臂车中开展苏澳镇10千伏友谊线电路消缺作业 （高仁齐 摄）

1个大中型小区、2个高考考点双电源改造，升级13个老旧小区电力设施。落实民生问题专项整治，下达低电压、频停整治项目107个，完成超2万户问题整改，户均停电时间比上年下降10.76%。完成北港村、梧峰村“村网共建”便民服务点建设，山门村入选全区乡村电气化示范点名单。

【供电安全建设】 2023年，平潭供电公司开展安全百日攻坚、重大事故隐患排查整治等专项行动，整治问题隐患635处，整改率99.5%。加强电网、作业风险双重预防，发布并处置电网风险38处，三级及以上作业风险25处。完成高故障、高污闪、大风口线路全量设备轮换及检修工作，实现污闪故障比上年下降68.42%、鸟害故障下降83.33%，百公里故障数7.35次。

（吴东艳）

## ·供气·

【概况】 至2023年底，平潭综合实验区签约天然气用户8.96万户，在用用户4.75万户，商业用户322户，工业用户5户。铺设管网362千米，其中通气管道215千米。全区城市燃气业务主要由平潭华润燃气有限公司经营，设有1座液化天然气应急调峰站，至年底销售气量1.76万立方米。

【燃气使用监管】 2023年，平潭综合实验区交通建设局做好燃气安全监管，组织开展专项检查15次，涉及燃气场站37家次，发现隐患141处并完成整改。开展全区燃气安全检查，对涉及使用燃气的931家餐饮场所进行排查。督促企业制定用户年度安检计划，安检户数7.90万户。

【燃气专项整治】 2023年，平潭综合实验区开展燃气专项整治行动，出台《平潭综合实验区瓶装液化石油气“黑气”治理专项整治方案》《平潭综合实验区瓶装液化气配送暂行管理规定》，开展专项安全检查14次，涉及燃气场站32家次，排查出安全隐患123处，责令

相关企业限期整改。

【“瓶改管”改造】 2023年，平潭综合实验区交通建设局推动“瓶改管”（瓶装液化气改换为管道天然气）建设，印发《平潭综合实验区关于实施餐饮场所“瓶改管”工作方案》，完成燃气立管改造1千米，22家瓶装液化气餐饮用户签约“瓶改管”改造。

（杨开姿 刘卫东）

## ·公共交通·

【概况】 至2023年底，平潭综合实验区开通公交线路44条，覆盖192个行政村、25个社区居委会，基本涵盖所有景点。其中，北线方向5条线路，涉及北港、长江澳、仙人井等景区；南线方向7条线路，涉及龙王头、“68海里”、海坛古城、南部湾、将军山等景区。全区出租汽车713辆；共享电动自行车2.03万辆，比上年增长35.6%。

【公交营运】 2023年，平潭综合实验区新能源公交车251辆，运行75.35万趟次、运输旅客1231万人次，日均发班2064趟次，日最高发班2411趟次。

【定制公交业务】 2023年，平潭综合实验区开展“约巴”“学巴”等定制公交业务。全年“约巴”运行30.15万趟次、运输旅客374.92万人次。“学巴”开通线路44条，服务学校13所、学生560人，运行2.18万趟次，接送学生21.87万人次。

【平潭新增2条高铁旅游大巴专线】 2023年，平潭综合实验区交通建设局推出2条高铁旅游大巴专线，包括“高铁站—老城区方向”和“高铁站—北港、长江澳方向”，票价实行日票价10元/人、夜间票价15元/人，缓解旅游旺季客流压力，方便旅客从高铁站直达旅游景区或住宿酒店。

（杨开姿）

# 污水处理

【概况】 2023年，平潭综合实验区完成15千米污水管网新建改造，新建7座污水提升泵站，连通7处“断头”市政管网。完成坛南湾再生水厂运营调试，新增污水处理能力1万吨/日。提高平潭污水处理厂、竹屿再生水厂污水处理能力，其中竹屿再生水厂工程处理污水量493万吨，出水水质满足排放标准。平潭水务公司养护雨水管网（含雨污合流长度）273千米，污水管网长度252千米；养护污水处理设施27座、泵站23座、雨水检查井6523个、雨水箅9193个、污水检查井8779个。全区城镇生活污水处理率99.98%。

2023年12月5日，平潭污水处理厂工作人员查看污水处理设备运行情况 （林君斌 摄）

【城乡污水处理一体化】 2023年，平潭综合实验区推进污水处理一体化工作，完成市政排水管网溯源排查1200千米，完善溯源排查与正本清源改造项目管理信息平台，初步形成城乡排水管网一张图。

【农村污水治理】 平潭农村污水治理项目工程（二期）项目总投资额6.79亿元，涉及4个片区116个行政村，其中87个行政村通过管网收集污水后可直接接入就近的市政污水管网，29个行政村新建污水处理站或收集池，项目于2020年4月开工建设。2023年，各片区标段推进扫尾及完工验收工作。至2023年底，项目完成污水收集管道建设496.71千米（君山片区170.55千米、苏平片区123.29千米、金井片区107.67千米、海坛片区95.20千米），建设提升泵98座（君山片区31座、苏平片区18座、金井片区30座、海坛片区19座）。

（林栋 曾文静 林剑 杨开姿）

# 园林绿化

【概况】 2023年，平潭综合实验区完成2个城市公园提升改造和2个口袋公园建设，新增公园绿地面积0.63公顷。推进路旁绿化，完成道路沿线绿化养护里程250.78千米，面积292.75公顷。做好城市景观花化彩化工作，推进规模化园建工程。突出福道、绿廊建设为目标的生态旅游功能，完成君山海岸线修复项目建设，新增福道长度12千米。至年底，全区城市建成区绿地面积1193.14公顷，其中公园绿地面积325.72公顷、广场用地面积10.90公顷、防护绿地面积330.10公顷、附属绿地面积371.42公顷、区域绿地面积155公顷；人均公园绿地面积18.10平方米，建成区绿地率39.55%，建成区绿化覆盖率42.6%。

【老旧公园提升】 2023年，平潭综合实验区推进老旧公园品质提升，改造莲花山公园、万宝山公园的整体绿化及景观，年内进场施工，提升园区风貌和智慧化水平。

【口袋公园建设】 2023年，平潭综合实验区完成疾病预防控制中心东南侧地块、出入境边防检查站北侧地块2处口袋公园建设，新增公园绿地面积0.63公顷。

【城市生态景观彩化】 2023年，平潭综合实验区打造城市生态景观从绿化到彩化、从单一向综合的转变，引进耐水、抗霜冻、适合平潭自然条件的混色矮牵牛。至年底，实验区有刺桐、黄槿、大腹木棉、鸡冠刺桐、台湾栾树、宫粉紫荆等开花乔木10余种，小叶紫薇、美国红火箭、银叶金合欢、广州樱、木槿、木芙蓉等开花灌木植物30余种。

2023年12月，平潭水仙花口袋公园建成开放。图为公园内的水仙花雕塑 （林君斌 摄）

【平潭水仙花口袋公园建成】 2023年12月，平潭水仙花口袋公园建成并投入使用。位于平潭出入境边防检查站附近，包括水仙花景墙、异形水仙花瓣坐凳、水仙花雕塑、水仙花元素景观格栅墙等设施组，成为市民休闲、拍照打卡的新去处。

（杨开姿）

# 市容管理

【概况】 2023年，平潭综合实验区按照主干道严管、次干道严控、背街小巷规范管理的市容管理标准，做好城关农贸市场周边、上埔海鲜一条街、海坛东路早（夜）市一条街、新入网改造路段、校园周边、大型商业街、临时集贸区等区域市容环境综合整治。区执法应急局重点治理群众反映强烈的夜市经营秩序、共享单车乱摆放、污水乱排放、海蛎壳“滴撒漏”、垃圾随意倾倒等问题，开展市容市貌专项整治90余批次，立案处罚194件，处罚金额46.72万元；开展执法应急讲堂等各类培训13期，参训人员797人次。推进城乡生活垃圾治理，新建生活垃圾分类屋（亭）20座，推动君山片区中楼地区镇域全域落实农村生活垃圾分类机制。

【环境卫生管理】 2023年，平潭综合实验区环卫作业车辆85辆，其中洗扫车7辆、抑尘车1辆、洒水车4辆、高压冲洗车5辆、转运车68辆。区交通建设局开展城乡人居环境卫生督查考评，发出通报12期、整改通知书180份；开展人居环境旅游卫生督查巡查，开展论坛、体育赛事等29次重大活动及迎检环境卫生保障督查巡查，发出人居环境整改通知85份，完成1046个问题整改。区执法应急局与环卫部门、属地社区协作，开展“牛皮癣”小广告清理和乱排污水、乱丢垃圾、乱堆乱放等清理整治行

2023 年，平潭综合实验区开展城乡人居环境整治。图为 4 月 17 日，平潭市民在城市公园内散步 （林君斌 摄）

动 60 余次；清理房前屋后、乱堆乱放 1700 余处、“牛皮癣”小广告 7000 余张；立案查处占道堆放 1 宗、乱倒污水 1 宗、随意倾倒建筑垃圾 10 宗，处罚金额 0.21 万元。

【垃圾分类管理】 2023 年，平潭综合实验区出台生活垃圾分类工作方案，建成分类屋 186 座、分类亭（箱）436 座，配备分类督导员、管理员 318 人，其中完成省级为民办实事新改扩建分类屋 20 座；立案查处随意抛撒城市生活垃圾 7 宗，处罚金额 0.09 万元，城镇生活垃圾无害化处理率 100%；君山片区中楼区域落实生活垃圾分类机制。区分类办开展生活垃圾分类督查执法，考核公共机构 310 个、各片区管理局 12 次，整改通知 149 份，完成 997 个问题整改，对违法违规行为行政处罚金额 1.10 万元；联合区执法应急局、市场监管局等部门开展厨余垃圾（餐厨垃圾）规范收运活动，提高厨余垃圾收集量。

【餐厨垃圾处理】 2023 年，平潭综合实验区餐厨垃圾处理厂项目日处理餐厨垃圾 150 吨，其中餐饮 50 吨、厨余 100 吨。全年收运餐饮垃圾 3.43 万吨，处理率 100%。

【建筑垃圾渣土管理】 2023 年，平潭综合实验区交通建设局开展建筑垃圾专项整治和资源化利用工作，摸排清理建筑垃圾点 261 处；落实建筑垃圾准运制度，督促小区物业与有资质的运输企业签订建筑垃圾清运合同，5 家运输单位办理建筑垃圾处置核准；资源化利用建筑垃圾 12 万吨。区执法应急局围绕施工工地扬尘降尘设施设置不到位、裸土未及时覆盖、渣土运输车辆出入场带泥出场以及未密闭运输造成路面“滴撒漏”和建筑垃圾乱倾倒等生态环保违法行为，检查工地项目 65 家，现场责令整改 6 家，约谈施工企业 5 家；立案查处随意乱倾倒建筑垃圾 9 宗，处罚金额 0.17 万元；渣土运输车辆未密闭运输 31 宗，处罚金额 8 万元。

【“两违”整治】 2023 年，区执法应急局落实“属地片区管理局网格化巡查、执法部门网格化督查、群众举报监督”的三线交叉管控机制，拆除新增“两违”（违法用地和违法建设行为）736 宗，面积 3.69 万平方米。强化“两违”综合治理，拆除各类“两违”679 宗，面积 3.28 万平方米；处置违法图斑 105 宗，面积 81.32 万平方米，暂缓拆除 287 宗。

（杨开姿 郭云芳）

## 城乡风貌保护

【概况】 2023 年，平潭综合实验区资源生态局、交通建设局等部门加强城乡形态格局保护与风貌管理，开展城乡历史建筑保护工作。委托专业团队开发动态监测电子监控平台，排查全区城乡历史建筑保护情况。联合各片区管理局建立网格化管理机制，组织社区网格员定期排查检测、按月报告历史建筑保护情况，基本做到历史文化遗产应保尽保。年内公布实验区第三批 25 栋历史建筑，完成测绘建档和保护措施编制。投资 1200 万元开展金井片区青观顶村传统村落改善提升项目建设，推动 8 栋传统风貌建筑活化利用。

【传统古村落改善提升】 2023 年 1 月，平潭综合实验区金井镇青观顶村入选省财政厅、省住建厅 2023 年第一批城乡人居环境建设专项资金名单，获得补助资金 350 万元，用于改善提升历史文化名镇名村传统村落。年内，实验区开展金井片区青观顶村传统村落改善提升项目，修缮传统风貌建筑 8 栋，投资额 1200 万元。

【石头厝开发利用及保护】 2023 年，平潭综合实验区开展青峰村石头厝传统村落和钱便澳村石头厝

**表 25 至 2023 年底平潭综合实验区入选中国传统村落、省级传统村落名单一览表**

| 级别 | 批次（数量） | 入选时间 | 村落名称 |
|---|---|---|---|
| 国家级 | 第三批（5 个） | 2014 年 12 月 | 苏澳镇斗魁村、流水镇东美村、流水镇山门村、敖东镇青观顶村、白青乡白沙村 |
| | 第六批（1 个） | 2023 年 3 月 | 苏平片区青峰村 |
| 省级 | 第一批（5 个） | 2015 年 10 月 | 敖东镇钱便澳村、流水镇北港村、白青乡青峰村、白青乡国彩村、白青乡白胜村 |
| | 第三批（1 个） | 2020 年 2 月 | 金井片区娘宫村 |
| | 第四批（1 个） | 2021 年 6 月 | 苏平片区东占村、海坛片区上井村 |

2023 年 10 月 13 日—14 日，大江论坛·第二届海峡两岸历史文化传承与创新论坛在平潭举行。图为开幕式现场 （林君斌 摄）

传统村落保护和活化利用工作，活化利用石头厝传统民居 36 栋。钟门村、青观顶发展石头厝民宿产业，吸引投资 4000 万元。区交通建设局通过综合海峡租养平台发布 3 个村落租养信息，发布租养传统风貌建筑 26 栋。

**【实验区第三批历史建筑名单公布】** 2023 年，平潭综合实验区第三批历史建筑名单公布，25 处建筑入选，其中海坛片区 5 处、苏平片区 20 处，均是乡村祖厝或民居，形制格局以四扇厝合院、四扇厝为主，具有历史文化价值和石头厝建筑特色。并开展测绘建档工作，编制完成《平潭综合实验区第三批历史建筑保护图则》并通过专家评审。至年底，全区历史建筑总数 95 栋。

**【第二届海峡两岸历史文化传承与创新论坛在平潭举行】** 2023 年 10 月 13 日—14 日，大江论坛·第二届海峡两岸历史文化传承与创新论坛在平潭举行，以“闽台古厝保护传承和活化利用”为主题，台盟福建省委会主委江尔雄出席并讲话，两岸专家学者、台胞代表 110 余人受邀参加。来自台湾大学、台湾师范大学和厦门大学、华侨大学、福建理工大学等高校机构的两岸专家学者围绕“两岸历史遗产保护与活化”“中华民族共同体建设的闽台实践”等议题发言，开展闽台古厝保护传承和活化利用交流，利用古村古厝资源助力乡村振兴。

（周小凤 杨开姿）

## 建筑业管理

**【概况】** 2023 年，平潭综合实验区建筑业完成总产值 234.81 亿元，比上年增长 14.5%，占比重 19.7%；建筑业增加值 72.75 亿元，增长 5.6%，拉动地区生产总值增长 1.10 个百分点。具有资质等级的总承包和专业承包建筑业企业完成建筑业总产值比上年增长 14.5%。出台《平潭综合实验区建筑业龙头企业实施方案》《平潭综合实验区关于进一步落实工程预付款制度的通知》等文件，推进水利工程“党建·标准化”示范工地建设，竹屿三孔水闸建设项目、平潭三十六脚湖水库除险加固工程获评省级“党建·标准化”示范工地。年内实验区房建市政工程、交通工程、水利工程质量安全形势平稳，未发生质量安全生产事故。

**【建筑业企业】** 2023年，平潭综合实验区新增建筑业企业687家，其中施工总承包资质企业138家、专业承包资质企业123家、劳务企业426家。至年底，全区建筑业企业2383家，其中总承包资质企业1107家、专业承包资质企业501家、劳务企业775家。

**【建筑工程审批】** 2023年，平潭综合实验区行政审批局办理建筑工程施工许可证53宗，建筑工程施工许可证信息维护变更36宗，建筑工程施工许可证注销1宗。受监房屋建筑工程项目64个，总建筑面积326.69万平方米，施工合同价89.90亿元。受监市政道路工程项目45个，总长度141.70千米，施工合同价30.80亿元。受监陆岛交通码头工程项目1个，施工合同价2581.52万元。

**【建筑市场监管】** 2023年，平潭综合实验区受监房屋建筑工程项目64个，市政工程项目45个，消防验收和备案抽查项目79个，在建交通建设工程4个、水利工程18个。区交通建设部门联合执法应急局、片区管理局开展在建房建与市政工程专项安全检查，检查项目102个；开展建设工程质量安全监督巡查工作134次；开展建筑市场检查，检查项目24个；开展勘察设计质量专项检查，抽查检查11个项目的建筑、结构、给排水、勘察情况；发出在建房屋与市政工程改正通知单140份，发出交通工程整改通知书9份，发出水利工程质量监督整改通知书26份。

**【岚台建筑业融合】** 2023年，平潭综合实验区备案的台湾地区建筑业企业64家，其中营造企业16家、工程技术顾问业企业5家、建筑师事务所43家。注册的台资建筑业企业6家，其中施工单位4家、设计单位2家。备案台胞建筑专业人员125人，职业资格采信的台胞专业人员47人。区交通建设局完成“海峡两岸房屋建筑工程计量与计价依据对比分析”课题。

（杨开姿）

2023年，平潭综合实验区化解14个房地产项目风险，做好“保交楼”工作。图为10月19日交付的两岸馨苑小区 （林君斌 摄）

## 房地产业管理

**【概况】** 2023年，平潭综合实验区房地产业生产总值22.56亿元，比上年下降2.6%，占全区生产总值比重的6.1%。房地产开发企业投资比上年下降66.7%，其中住宅投资下降66%。办理商品房预售许可证6宗，预售面积5.29万平方米。商品房预售价格备案9宗，现房销售价格备案5宗。

**【房地产市场调控】** 2023年，平潭综合实验区交通建设局牵头出台《关于进一步促进房地产市场平稳健康发展的若干措施》等文件，通过实施购买新建商品房补贴、放宽公积金贷款最低首付比例、放宽购房提取公积金申请条件等7个方面，稳定房地产市场。建立“保交楼”项目调度机制和工作专班，发挥国企“保交楼”主力军作用，完成“保交楼”项目13个。帮助房地产企业申请专项借款资金，保障房地产项目推进。

**【房地产市场开发经营】** 2023年，平潭综合实验区完成房地产投资额18.91亿元。至年底，个人住房贷款余额286.36亿元，房地产开发贷款余额9.56亿元。全年全区在建房地产项目25个，销售面积24万平方米；商品房中心区销售均价1.24万元/平方米，次中心区销售均价8299元/平方米。

**【房地产“保交楼”推进】** 2023年，平潭综合实验区房地产风险项目16个、套数1.08万套，年内完成14个项目风险化解工作。其中，省级专项借款项“保交楼”项目7个（蓝光鼎新·雍锦湾、奥园鼎新·钻石海、鼎新金海湾、协力锦绣城、吾悦广场、两岸馨苑、中辉紫御府），套数3847套，年内全部交付；省级恒大“保交楼”项目2个（恒大御景湾、恒大名都），套数1475套，交付1个项目恒大御景湾，交付843套；其他风险项目7个，套数5471套，交付正荣观邸、世茂璀璨湖郡、三盛国际海岸一期3个项目，交付2626套。

【房地产市场监督检查】 2023年，平潭综合实验区交通建设局实施房地产市场监测指标月汇总机制，加强预售资金监管。开展预收资金专项检查，召开规范房地产市场销售行为座谈会，联合多部门约谈房地产开发企业。会同区行政审批局、执法应急局、市场监管局抽查房地产开发企业、物业服务企业和房地产经纪机构。

【房屋安全隐患排查整治】 2023年，平潭综合实验区交通建设局完成7.20万栋自建房安全隐患排查工作，录入至省房屋安全信息管理系统。完成350栋50年以上一般安全隐患房屋整治工作。在海坛片区管理局开展房屋安全治理长效机制试点工作，探索100栋房屋“体检+保险”社会化治理。

（杨开姿）

## 物业管理

【概况】 2023年，平潭综合实验区开展物业服务企业有46家，涉及115个物业服务项目，其中住宅小区92个、商业办公项目23个，服务面积1319.79万平方米，物业服务行业从业人员3271人。年内，区交通建设局指导协助各片区处理各类投诉纠纷10件，组织小区安全检查，督促物业企业做好安全管理应急预案和宣传，抽查物业服务小区34个，消除安全隐患35处。

【物业侵占公共收益专项整治】 2023年，平潭综合实验区交通建设局印发《关于深化“整治物业服务企业侵占公共收益、收入及分配不公开等问题，维护业主利益”工作方案》等文件，排查住宅小区115个，核查出2019年以来应存入专项账户的公共收益金额195.96万元并完成整改。督促物业服务企业向小区业主宣传物业整治相关内容，发放宣传海报600份、手册1000本，开展定点宣传、入户宣传3场次。

【物业服务宣传培训】 2023年11月，平潭综合实验区交通建设局邀请法眼集团律师到平潭开展《中华人民共和国民法典》《福建省物业管理条例》课程讲授2场次，提升物业管理和服务水平。

（杨开姿）

## 不动产管理

【概况】 2023年，平潭综合实验区完成商品房交易5420套，面积64.08万平方米。其中，一手房交易3535套，面积39.22万平方米；二手房交易1885套，面积24.86万平方米。区行政服务中心发放不动产权证书9670本，不动产登记证明1.23万份，办件3.93万件；受理权属争议调处1件；办理行政复议3件；应诉行政诉讼案件2件；办理房屋租赁登记备案业务220件；提取使用维修资金43笔，金额502.20万元；收缴住宅专项维修资金8854.66万元；报请审批住房划拨土地使用权转让手续72宗，收取地价款1356万元。推行的不动产登记和交易“全程网办智能审批无纸办理”新模式，6月2日被省委改革办列入2022年度全省改革试点成果。

【不动产登记司法协同机制】 2023年，平潭综合实验区建立健全“不动产登记+司法协助”协同执行机制，建设不动产登记司法协助平台，延伸不动产登记服务网点至法院，在全省率先推出法院端、手机端办理涉案房产转移登记服务，提供不动产处置高效性。年内，机制列入省自然资源厅不动产登记创新做法并推广。

【集体土地所有权确权登记成果更新】 2023年10月15日，平潭综合实验区行政服务中心完成不动产汇交集体土地所有权登记成果更新工作，覆盖全区7个乡镇，汇交数据752宗，涉及193个村农民集体（村民小组），基本实现应登尽登、全面更新。

【清房攻坚行动】 2023年，平潭综合实验区行政服务中心摸底调查县政府公房租住情况，坚持全面清理与妥善安置并举，协同相关单位开展县政府公房清理整治，摸底调查134户，102户签订腾退协议，88户完成腾退。

（林仁贵）

# 生态环境保护

## 综 述

**【生态旅游岛建设】** 2023年，平潭综合实验区保护河湖水系、湿地、森林、海洋等自然资源，重点加强山水林田湖草系统治理和海岛、岸线、沙滩等独特资源保护，开展美丽海湾、森林城市、美丽乡村一体化建设，打造“田园风光、城市生活”、宜居宜业宜游的生态旅游岛。开展17个资源生态领域重点项目建设，年度计划投资额5.12亿元，完成投资额5.52亿元，占年度计划投资的107.81%；挖潜项目2个，产生投资1.22亿元。实施生态保护修复，君山海洋生态保护修复完工。推进国土绿化和林长制工作，全区森林面积1.23万公顷，森林覆盖率30.93%。平潭主岛海坛岛获评全国和美海岛，实验区生态文明示范区建设通过省级预审，启动“绿水青山就是金山银山”实践创新基地创建工作。

**【陆域生态保护红线划定】** 2023年，平潭综合实验区划定全区陆域生态保护红线面积41.32平方千米，占比3.62%，包括防风固沙、水源涵养、生物多样性维护等重要生态功能区域，主要分布君山地区、三十六脚湖和沿海生态保护地区。

2023年11月8日，2023国际海岛论坛在平潭综合实验区举行。图为论坛开幕式现场 （林君斌 摄）

**【海洋生态保护红线划定】** 2023年，平潭综合实验区划定全区海洋生态保护红线面积1099.35平方千米，占比96.38%，包括平潭国家地质自然公园、海坛湾国家海洋公园、牛山岛周边海域重要渔业资源产卵场等。

**【海坛岛获评全国和美海岛】** 2023年6月8日，平潭海坛岛入选自然资源部评选的“全国和美海岛”名单。海坛岛是平潭主岛，海岸蜿蜒曲折，岸线长408千米，其中100多千米是优质海滨沙滩。“和美海岛”创建示范工作是自然资源部为推进海岛地区生态文明建设和社会经济健康发展，在全国建设一批“生态美、生活美、生产美”的和美海岛。“和美海岛”每5年组织一次评选，称号有效期5年，考评指标包括生态保护修复、资源节约集约利用、人居环境改善、绿色低碳发展、特色经济发展、文化建设和制度建设等7个方面。

**【2023国际海岛论坛在平潭举行】** 2023年11月8日，2023国际海岛论坛在平潭综合实验区举行，是中

国—太平洋岛国海洋防灾减灾合作研讨会的分论坛。论坛由自然资源部海岛研究中心、区管委会、太平洋岛国发展论坛和中国海洋发展基金会主办，来自加拿大、印度尼西亚、斯里兰卡等国内外有关高校、科研院所的10余名专家学者围绕应对气候变化、海洋防灾减灾、蓝色经济发展和全球海洋治理等议题进行交流。

【环境保护宣传】 2023年，平潭综合实验区资源生态局开展世界地球日、世界环境日、世界海洋日等法治宣传活动，增强市民生态文明意识。开展环保设施线下开放活动，邀请志愿者参观平潭北厝垃圾焚烧发电厂、平潭污水处理厂、平潭县政府空气自动监测站。在海渔广场开展以“建设人与自然和谐共生的现代化”为主题的环境日宣传活动。组织人员参加法院涉及生态环境类案件宣判旁听。

（周小凤 王丽婷 陈雨曦）

## 环境质量

【概况】 2023年，平潭综合实验区环境空气质量综合指数1.95，连续8年优于全省九个设区市。三十六脚湖水源地III类水质达标率100%。近岸海域水质优良，居全省首位。全年颗粒物均值浓度比上半年减少3微克/立方米；细颗粒物均值浓度比上半年减少2微克/立方米。

【大气环境质量】 2023年，平潭综合实验区环境空气质量优良率98.9%，环境空气质量综合指数1.95，居全省前列。空气质量优217天，良144天，轻度污染4天（首要污染物为臭氧），空气质量6项污染物指标年均浓度符合国家标准。

【水环境质量】 2023年，平潭综合实验区三十六脚湖水源地III类水质达标率100%。实验区10个国省控点位近岸海域水质优良，优良面积比例96.3%，居全省首位。

【土壤环境质量】 2023年，平潭综合实验区发放工程规划建设许可证“一住两公”（居住用地和公共管理与公共服务用地）地块7宗。完成土壤污染状况调查，建设用地安全利用率100%。受污染耕地安全利用面积5.43公顷，安全利用率100%。

【声环境质量】 2023年，平潭综合实验区城市区域环境噪声年均值50.50分贝，质量级别二级，处于较好水平。城市道路交通噪声年均值61.80分贝，质量级别一级，处于好的水平。

（郑西德 刘寒 俞宏焰）

## 海洋生态保护

【概况】 2023年，平潭综合实验区策划实施受损岸段海洋生态保护修复项目，完成君山沿线、裕藩湾、大澳湾海岸带保护修复项目主体工程建设。推进“和美海岛”创建示范工作，海坛岛获评首届全国和美海岛。出台《平潭综合实验区“十四五”美丽海湾建设工作方案》，推进东南湾区、西部湾区“美丽海湾”建设，东南湾区入选福建省第一批“美丽海湾”建设优秀案例名单。开展入海排放整治和海漂垃圾治理，做好伏季休渔、增殖放流和水生野生动物资源保护工作。开展海岛保护国际交流，举办中国—太平洋岛国海洋防灾减灾合作研讨会、2023年国际海岛论坛。

【海岸保护修复】 2023年，平潭

表26 2023年平潭综合实验区污染物指标情况表

| 类别 | 浓度均值 | 比上年增长（%） |
|---|---|---|
| 二氧化硫（$SO_2$） | 2微克/立方米 | 0 |
| 可吸入颗粒物（PM10） | 27微克/立方米 | 17.4 |
| 臭氧8小时（$O_3$-8h）90%分位值 | 124微克/立方米 | 6.9 |
| 二氧化氮（$NO_2$） | 8微克/立方米 | 14.3 |
| 细颗粒物（PM2.5） | 14微克/立方米 | 16.7 |
| 一氧化碳（CO）95%分位值 | 0.6毫克/立方米 | -14.3 |

综合实验区资源生态局强化涉海规划指引，编制完成《平潭综合实验区海岸带综合保护与利用规划》。君山沿线、裕藩湾、大澳湾海岸带保护修复项目主体工程建设完工，完成国家下达的各项修复指标。申报国家生态文明试验区3亿元补助资金，策划海坛岛东北侧、西南端海洋生态保护修复项目，填平补齐营造沿海基干林带。至年底，实验区完成整治修复受损海岸线54.70千米，填平补齐营造沿海基干林带16千米。

【美丽海湾建设】 2023年，平潭综合实验区资源生态局推进东南湾区、西部湾区美丽海湾建设，全区近岸海域水质国控点位优良面积比例94.6%，国、省控点位优良面积比例96.3%，全省排名第一。12月，平潭东南湾区入选福建省生态环境厅公布的全省第一批美丽海湾优秀案例名单。

【伏季休渔】 2023年，平潭综合实验区参加伏季休渔渔船305艘。区海洋与渔业部门加强伏季休渔宣传和监管执法工作，重点监控边远渔港、澳口，看住重点港口、渔村、渔船。全年开展执法238次，清点渔船991艘次，查处违反伏休规定案件91件；涉案船舶77艘，其中渔船23艘、乡镇船舶47艘、“三无”船舶7艘；涉案运输渔获物车辆14辆。

【增殖放流】 2023年，平潭综合实验区海洋与渔业部门举办水生生物增殖放流活动7次，放流黑鲷、中国鲎、日本对虾和中国仙女蛤等5种水产种苗6.40亿尾，放流资金180万元。新建增殖放流科普宣传平台2个，恢复保护渔业资源，改善水域生态环境。

【水生野生动物保护】 2023年，平潭综合实验区农业农村局对区内酒店、海鲜楼等经营单位开展水生野生动物保护宣传执法行动72次，向经营者分发重点保护水生野生动物识别挂图，与经营者签订《保护水生野生动物承诺书》，设立24小时水生野生动物救助电话。参与救助和处理水生野生动物事件41件、放生2件、处置死体27件，移交相关单位制成标本12只。

（刘寒 周小凤 祁剑飞 苏桂山）

2023年，平潭推进东南湾区亲海休闲型“美丽海湾”建设，湾区北至海坛湾南澳底澳，南至塘屿，西至建民沙坝。图为海坛湾

（林映树 摄于2023年11月）

## 海蚀风蚀地貌保护

【概况】 平潭岛是由地壳运动而产生的大陆岛，岛上花岗岩在雨蚀、海蚀、风化等作用下，形成石牌洋、海坛天神、东海仙境等海蚀造型系列景观，以及骆驼峰、喜鹊岩等奇特象形石景。2023年，平潭综合实验区旅游文体局、资源生态局、执法应急局联合印发《平潭综合实验区关于进一步加强奇岩怪石旅游资源保护工作的通知》，开展奇岩怪石的普查认定、保护监管和开发利用工作，建立全区奇岩怪石数字化档案库。平潭奇岩怪石保护协会完成新一轮全区奇岩怪石普查登记工作，普查登记奇岩怪石373处，组织对南寨山骆驼峰、上井村风动石、坛南湾云雀岩进行保护，建立奇岩怪石认保人制度，设立平潭古十景“八阵石营”纪念碑。

【奇岩怪石普查认定】 2023年，平潭奇岩怪石保护协会完成平潭奇岩怪石新一轮普查工作，普查登记373处奇岩怪石，涉及有标准名称的岛礁28个，为全区奇岩怪石数字化档案库提供数据信息。向区旅游文体局提供建议首批纳入立牌保护的51处奇岩怪石和受破坏3处典型石景集中区的信息清单。向区行政审批局提供200处平潭奇岩怪石空间数据。

【奇岩怪石保护监督】 2023年，平潭奇岩怪石保护协会组织维护南寨山骆驼峰景观和通行路径，以防草木埋没。对上井村鸡母礶风动石因人为塞石而无法风动的问题，进行障碍清除，使风动功能小幅度恢复。发现上井村东湖山五级风可吹动的猴头风动石。发现坛南湾云雀岩及其周边多处岩石被用红漆涂鸦，提请主管部门查处并查获涂鸦人员，对云雀岩开展保护处置，维护奇岩怪石原始风貌。呼吁加固保护正面临断裂风险的湖南村“鹅头岩”、磹角底村“人仔磹”、上井村“望夫岩”等典型象形岩，呼吁消除对中南村观音石和建新村姜母岩的围占污染。呼吁处理青观顶村“天鹰落地”的施工破坏、大福海滩岩的堆物破坏、对塘屿棋盘山、尼古利山花岗岩球状风化石蛋地貌的采石修坟破坏行为，主管部门均采取处置措施。联合区党工委管委会办公室、旅游文体局开展奇岩怪石巡保工作。

**【护石文明倡议】** 2023 年 5 月，平潭奇岩怪石保护协会联合金井片区管理局在大福村、青观顶村开展护石宣传活动，发布护石文明规范倡议，倡导公众不采石、不违建、不涂刻、不乱爬，防范草木埋没典型石景，利用好奇岩怪石自然遗产及文化。7 月—8 月，联合区旅游文体局到 49 个村居和学校开展护石宣传，张贴发放护石宣传单。

**【奇岩怪石标识设立】** 2023 年 12 月，平潭综合实验区参照古树保护模式，在部分奇岩怪石显著位置设立标志标识，载明奇岩怪石基本信息、点位简介等。12 月，平潭奇岩怪石保护协会为被采石破坏的平潭古十景之一“八阵石营”设立遗址纪念碑。

**【平潭奇岩怪石认保人制度实行】** 2023 年，平潭奇岩怪石保护协会实施奇岩怪石认保人制度，47 名认保人对 98 处奇岩怪石开展公益巡查 2 次，维护奇岩怪石的景观和通行路径；9 名认保人完成对首批纳入认保的平潭奇岩怪石的全打卡任务。

（魏为燚）

2023 年 6 月 7 日，平潭奇岩怪石协会在金井镇竹览自然村测量象形石“无尾鱼”　（魏秀琴 摄）

## 森林保护

**【概况】** 2023 年，平潭综合实验区森林面积 1.23 万公顷，其中，国家级公益林面积 2458 公顷，省级公益林面积 5191 公顷。森林覆盖率 30.93%，森林蓄积量 66.86 万立方米，草地面积 825.64 公顷。区资源生态局推进全区国土绿化工作，固定投资额约 900 万元，完成营造林生产面积 568.67 公顷（含防沙治沙面积），超额完成省级下达的目标任务，苏平镇岱峰村完成省级森林村庄创建；总结乡村绿化美化实践经验，修编《平潭绿化导则》《乡村绿化验收考评办法》；推动出台《平潭综合实验区营造林项目管理办法（试行）》，规范全区营造林项目管理。年度省级林长制督查考核结果居优秀行列，平潭全区大部分乡村建成公园或公共绿地。至年底，实验区 17 个乡村获评福建省森林村庄，4 个村获评国家森林乡村，10 个村获评高级绿盈乡村。

**【造林绿化】** 2023 年，平潭综合实验区完成营造林生产面积 568.67 公顷（含防沙治沙面积），超额完成省级下达的目标任务。其中，植树造林面积 203.53 公顷，完成森林抚育面积 365.13 公顷。开展全民义务植树活动，组织机关企事业单位开展义务植树活动近百场，完成全民义务植树 68.70 万株。

**【防沙治沙】** 2023 年，平潭综合实验区资源生态局编制《平潭综合实验区创建全国防沙治沙综合示范区实施方案（2021—2030）》，获省林业局批准并报国家林草局备案。开展营造林生产、海岸带生态保护修复等项目，完成防沙治沙面积 240.93 公顷，其中分类保护面积 10.6 公顷、系统治理面积 227 公顷、合理利用面积 3.33 公顷。

**【涉林执法】** 2023 年，平潭综

2023 年 8 月 25 日，平潭综合实验区公安局森林警察支队在三十六脚湖林区放生涉案画眉鸟（区公安局 供图）

合实验区资源生态局立案查处林业行政违法案件 28 件，发出处罚决定书 23 宗，罚款 119.34 万元，其中 3 宗涉及刑事犯罪移送森林公安。推进森林督查整改落实，完成 2022 年度 15 个森林督查违法图斑、2023 年度 187 个森林督查图斑的整改工作。推进涉案林地生态修复工作，完成九狮山、青峰风电二期项目违法占用林地生态损害赔偿，索赔金额 40.14 万元。

2023 年，区公安局森林警察支队开展“食安 8 号”“祛火行动”等专项行动，破获“食药环森”领域刑事案件 14 件，抓获犯罪嫌疑人 28 人；侦办公安部督办案件 1 件、省公安厅督办案件 5 件；清查花鸟市场、野味餐馆等场所 80 余家，巡查重点林区和野生植物保护场所 18 处，破获森林和野生动物类案件 7 件，收缴珍贵、濒危野生动物活体 7 只，移送行政处理 3 件 3 人，行政处罚金额 7 万元。

**【林业有害生物防治】** 2023 年，平潭综合实验区完成各类林业有害生物监测面积 4333.33 公顷。通过施放药粉、捕捉林业有害生物等方式，防治林业有害生物发生面积 700 公顷。完成外来入侵物种普查，巩固互花米草除治成效，清除复萌或新入侵面积 1.71 公顷。

**【古树名木保护】** 2023 年，平潭综合实验区资源生态局推进古树名木管理保护工作，委托第三方开展古树名木保护牌制作、重新挂牌等工作。区人民检察院向有关部门发出检察建议书，要求采取措施加强古树名木保护。年内实验区 29 株古树名木挂上福建省古树名木保护牌，更新保护牌二维码信息，为公众提供科普信息。

**【林长制实施】** 2023 年，平潭综合实验区构建“实验区—片区—村居”三级林长体系，全区划分 203 个网格，配备 225 名林长和 82 名护林员，竖立林长公示牌 200 余面，实现森林资源管理网格化和全覆盖。依托智慧信息平台，组建林业无人机飞手队伍，加强森林资源监测。通过公检法部门挂牌驻点区林长办，公安部门建设“警察林”“生态警务室”，与电力部门联合设立森林防火视频监控点，形成以“林长制＋”为载体的森林资源保护常态化联动工作机制。年内，平潭位于省级林长制督查考核结果优秀行列。

**【生态警长制】** 2023 年，平潭综合实验区公安局森林警察支队实行生态警长工作机制，将全区森林面积划分 178 个网格区域，对应实验区、片区和村居分级配置 218 名森林警长，做到“一林一警”。开展生态安全巡查，立案查处非法采矿、非法占用林地和毁坏林木案件 4 件，抓获犯罪嫌疑人 6 人。与区森防办建立会商研判和森林火情通报机制，出动警力 780 余人次，巡查林区 112 批次，处置火警 134 起，制止违规用火行为 20 余起，移送行政处理 2 起 2 人。实施生态警务，建成数字生态警务运行中心 5 个、生态警务联勤工作站 3 个、生态警务室 1 个、生态学习党建馆 1 个、岸线生态修复补绿基地 1 个。

**【平潭岱峰村获评福建省森林村庄】** 2023 年，福建省绿化委员会、福建省林业局印发《福建省“百城千村”绿化美化宜居工程实施方案》，100 个村庄获评福建省森林村庄，平潭苏平片区岱峰村入选。至年底，岱峰村生态造林主树种 4 种、园林绿化主树种 13 种、果树 7 种，森林覆盖率 57.31%，村庄居住林木覆盖率 25%，适宜绿化地段的绿化率超 95%。

（周小凤 林凯琴 凌祥锋）

## 水资源保护

**【概况】** 2023 年，平潭综合实验区水环境质量保持优良，小流域优良水质 100%，县级及以上集中式饮用水水源地水质达标率 100%。用水总量0.49亿立方米，万元GDP用水量13立方米，万元工业增加值用水量控制在6立方米，农田灌溉水有效利用系数0.586。供水管网漏损率8.5%，农村自来水普及率88.9%。生活污水处理率98%，畜禽粪污综合利用率93%，畜禽规模养殖场粪污处理设施装备配套率100%，化肥农药施用量比上年下降2%，水土保持率92.6%。三十六脚湖Ⅰ～Ⅲ类优良水质比例保持100%，未发生藻类水华现象及影响供水安全的情况。

【饮用水水源保护】 2023年，平潭综合实验区有三十六脚湖、玉井水库、三桥水库3个饮用水水源保护区，君山水库、韩厝水库2个饮用水水源点，平潭三十六脚湖水库水源地水质达标率100%。区资源生态部门完成三十六脚湖水源一级保护区隔离围网完善改造项目，改建围网5.40千米；完成保护区视频监控工程项目建设，增设视频监控；基本完成三十六脚湖水源地源头截污治理和末端生态净化项目建设。

【水土保持监管】 2023年，平潭综合实验区农业农村局完成7个建设项目的水土保持方案审批和35个水保登记承诺备案。验收备案15个建设项目的水土保持设施，做到项目水保审批、验收比例100%。对30个在建生产建设项目开展水土保持监督检查41次。

【水土流失监测】 2023年，平潭综合实验区农业农村局协助省水保监测站开展水土流失年度消长分析，开展18个生产建设项目监督性监测。完成生产建设项目水土保持管理数据、国家水土保持重点治理项目信息录入。开展“天地一体化”监管和图斑精细化管理，制定水土保持监测和信息化年度工作实施计划。

【水土流失治理】 2023年，平潭综合实验区投入资金520万元，治理水土流失面积7.40平方千米，超额完成省下达任务目标。其中，水利部门投入400万元，开展4个片区水土流失综合治理，治理水土流失面积5.40平方千米；区资源生态局等部门投入120万元，开展风口沙地防风林种植、林带更新、生态整治，治理水土流失面积202平方千米。

【河湖长制实施】 2023年，平潭综合实验区将12条河（湖）纳入河长制工作范围。区河长办发布河湖长令，制定年度实验区河湖长制工作要点；召集2次河湖长制联席工作会议，下发提醒督办通知单19份，整改自查问题104个；完成主要河流“一河一策一档”编制报告更新工作。区级河（湖）长开展巡河（湖）7人次，各片区河湖长巡河78人次，全区河道专管员巡河1.36万次。区各部门出动1089人次，清理垃圾1784吨，清除河道高秆作物面积1409平方米。

【水政管理】 2023年，平潭综合实验区农业农村局完成全区取水许可电子证照更换，注销1本取水许可证，新增1本取水许可证。对全区20个取用水许可户安装水表计量，征收水资源费224.02万元。委托第三方公司检测农村饮水水质，福建水投平潭水务公司和威隆水厂农村供水水质均达标。

【节约集约用水】 2023年，平潭综合实验区完成县域节水型社会和水资源节约集约利用示范区的年度建设任务，完成实验区“十四五”节水型社会建设初步目标。至年底，实验区再生水利用总量494万立方米，其中，城市道路、绿化浇洒的市政中水回用水量56万立方米，生态湿地公园景观用水回用量438万立方米。区节水办、河长办及各片区管理局开展节水宣传活动，《中国水利报》节水专刊以“平潭：留住水 用好水 节约水”为题，报道平潭节水工作成效。

【节约用水监管】 2023年，平潭综合实验区管委会办公室和农业农村局组织开展机关事业单位和企业节约

2023年，平潭综合实验区推进饮用水水源保护。图为君山片区韩厝水库
（雷昀伟 摄于2023年5月）

用水监督检查。将实验区1个省级重点监控用水单位、2个市级重点监控用水单位列入省取用水在线监管平台，实时报送在线取用水信息。

**【《三十六脚湖保护区保护管理长效机制》出台】** 2023年1月2日，平潭综合实验区管委会印发《三十六脚湖保护区保护管理长效机制（修订）》，明确三十六脚湖是自然保护区（省级）、饮用水水源保护区双区叠加，自然保护区总面积13.40平方千米，分核心区、缓冲区、实验区，涉及金井镇北洋村、湖南村，海坛街道磹角底村、前进村等13个行政村。饮用水水源保护区大部分与自然保护区范围重叠，分一级保护区、二级保护区，涉及金井镇、海坛街道内的9个行政村。并明确部门职责，健全日常巡查机制，确保饮用水水源地的安全。

**【平潭综合实验区幸福河湖促进会成立】** 2023年12月13日，平潭综合实验区召开幸福河湖促进会成立大会，选举产生第一届会长、副会长、监事长等，实现福建省九市一区幸福河湖促进会全覆盖。促进会整合科研院所、高等院校、涉水企事业单位等力量，建设平潭幸福河湖。

**【江楼溪小流域水土流失治理】** 2023年12月，平潭综合实验区完成江楼溪小流域水土流失综合治理，治理面积5.05平方千米，生态水系建设2.30千米，占省下达安全水系建设任务数的460%，完成省委省政府为民办实事任务。

（雷昀伟 林强）

## 污染防治

**【概况】** 2023年，平潭综合实验区落实生态环境保护“党政同责、一岗双责”工作责任体系，打好污染防治攻坚战，加强生态环境分区管控，强化“三线一单”（生态保护红线、环境质量底线、资源利用上线和生态环境准入清单）在政策制定、环境准入、执法监督的应用，严格产业项目环境影响评价审查，防止高能耗、高污染项目落地。

**【大气环境防治】** 2023年，平潭综合实验区资源生态局通过老旧汽车淘汰、生产企业关停，挥发性有机物、氮氧化物分别减排58.43吨、72.70吨，完成年度重点工程减排量。开展挥发性有机物综合整治，排查涉挥发性有机废气企业，行政处罚3家，督促整改到位企业3家，完成无组织废气治理项目3个。开展锅炉综合治理，制定出台锅炉污染整治促进清洁低碳转型实施方案，开展锅炉绩效分级，完成年度锅炉整治任务。开展移动源污染治理，全区加油站供应符合VIB（国6B汽油）标准的车用汽油，完成车用汽油质量升级，淘汰营运柴油货车5辆，推广新能源汽车1710辆。开展柴油货车路检路查、入户抽查4次，检测柴油货车151辆。完成非道路移动源综合治理，抽测20台非道路移动机械尾气排放情况，淘汰老旧非道路移动机械5台。

**【水污染防治】** 2023年，平潭综合实验区推行化肥及农药零增长减量化行动，化肥和农药施用量比上年下降2%以上；3家畜禽规模养殖场粪污处理设施装备配套率100%，畜禽粪污综合利用率超93%；新建改造污水管网10千米，完成全区排水管网溯源排查900千米。

*溪流水污染防治* 2023年，实施东溪、西溪和南松溪3条溪流“水质管家”服务项目，由第三方专业队伍对小流域开展专业巡查管护，解决东溪海霞路雨水箱涵等污水直排问题，实施东溪小流域水环境综合整治工程，3条小流域断面平均水质均达Ⅳ类以上，其中南松溪达III类。

*排污口监测溯源* 定期监测和通报24个乡镇河长制代表断面水质情况，完成新一轮全区入河排污口排查、溯源和监测工作。

*地下水污染防治* 完成国控点位周边地下水保持方案编制，对1个地下水省控点进行调整，各个省控地下水点位水质监测未出现Ⅴ类指标。

**【海洋污染防治】** *入海排放整治* 2023年，平潭综合实验区资源生态局开展入海沟渠“除黑消劣”行动，实施东南湾区美丽海湾环境整治（一期）、入海沟渠除黑消劣（二期）等项目。出台提水式海水养殖池塘尾水分类治理工作方案，推动提水式养殖主体开展登记备案和尾水治理，完成提水式海水养殖整治47家。

*海漂垃圾治理* 完成第二轮非景区岸线海漂垃圾清理保洁服务项目招标，建立景区、非景区岸线海漂垃圾保洁队伍2支，配备保洁人员230人，实现全区清理保洁全覆盖。开展8期区级无人机航拍遥感监测，开展海漂垃圾回收超市试点活动。至年底，全区海漂垃圾平均分

布密度270平方米/千米，平均覆盖度1.6‰，完成省级下达目标要求。

【土壤环境防治】 2023年，平潭综合实验区资源生态局明确土壤污染状况调查责任单位，完成建设用地土壤污染状况调查和评审90宗。完成地块土壤污染状况调查和评审51宗，未发现问题。上传全国污染地块土壤环境管理信息系统备案，完成年度建设工程规划许可证发放和评审地块7宗，建设用地安全利用率100%。受污染耕地安全利用5.43公顷，安全利用率100%。

【辐射安全管理】 2023年，平潭综合实验区资源生态局开展涉镉等重金属排查整治，开展辐射安全隐患工作排查34家次，办理辐射安全许可证延续事项7件。对全区医疗辐射单位规范行使仪器、定期监测个人剂量、按规定报送年度总结报告等工作开展现场核查，召开核与辐射安全监管培训会议1次。召开辐射事故应急桌面推演，推动各部门熟悉辐射事故应急处置流程和具体工作任务。

【固体废物污染防治】 2023年，平潭综合实验区加强危险废物监管，全区危险废物处置利用率91.54%。首次将医疗机构纳入规范化评估范围，实现全区产废单位和经营单位规范化评估全覆盖。完成危险废物行政代处置工作，安全处置废墨水桶（危险废物）总重量31.96吨。推进新污染物治理，印发实施《平潭综合实验区新污染物治理工作方案》，对可能产生新污染物的7家企业化学物质产生、使用情况进行调查。年内，平潭首个因危险废物污染环境行为的污染环境罪案件宣判。

【交建领域节能减排】 2023年，平潭综合实验区出台《平潭综合实验区绿色建筑专项规划（2023—2030年）》，全年竣工民用建筑面积124.07万平方米，其中竣工绿色建筑面积123.64万平方米，占比超99%。全区交通领域节能领域淘汰营运柴油货车17辆，公交实现全面电动化；船舶污染物电子联单系统建成投入使用，并常态化运行。

（周小凤 郑西德 刘寒 俞宏焰 杨开姿）

## 环境监管

【概况】 2023年，平潭综合实验区资源生态局开展环境保护监管工作，开展巡查7044次，上报生态环境事件1384件。打击生态环境违法行为，下达环保行政处罚决定书7份，罚没金额15.84万元。落实生态环境损害赔偿制度，完成2次生态损害赔偿协议签订，缴交2笔损害赔偿金41.94万元。启动三十六脚湖水源保护区挖沙采矿生态环境损害赔偿案前期工作，损害赔偿金6.48万元。开展“清水蓝天”、排污许可证专项执法检查等行动，办理生态环境违法行为案件7件，处罚金额15.84万元。

【中央生态环保督察反馈整改】 2023年，平潭综合实验区开展第一轮和第二轮中央生态环保督察反馈问题整改“回头看”工作。推进7个第二轮中央生态环保督察反馈问题整改，“油品质量管控”“水产养殖环境管理”问题整改通过省级验收，剩余5个问题基本完成整改并开展阶段性总结。11月22日至12月22日，中央第一生态环境保护督察组进驻福建开展第三轮中央生态环保督察，督察组转平潭综合实验区办理信访件54件，并开展调研谈话、下沉督察、通报典型案例；围绕平潭无居民海岛保护不力、违规开发问题，海岛生态遭到破坏等问题，实验区开展反馈整改，办结26件，阶段性办结28件。

【环境影响评价审批】 2023年，平潭综合实验区环境影响评价审查部门服务项目落地，受理环评征求意见282项，受理环评文件审查29项，核发排污许可证49份。加强环评文件编制监管，抽取11份建设项目环评文件进行质量复核评分。开展“三线一单”动态更新工作，巩固实验区生态分区管控成果。完成排污许可证质量审核和年度执行报告规范性审核，对首次申请、重新申请排污许可证的企业开展现场联合检查，建立排污许可证核发技术评估机制。

【环保信访办理】 2023年，平潭综合实验区资源生态局受理并办结3件生态环境信访件，其中，水污染投诉1件，涉及生态环境破坏等问题的投诉件2件，均依法依规办理。

（俞宏焰 周小凤）

# 教 育

## 综 述

【教育事业发展】 2023年，平潭综合实验区各级各类学校114所，其中普通小学27所、初级中学5所、完全中学8所、九年一贯制学校4所、十二年一贯制学校2所、幼儿园65所（其中公办园28所）、职业中专1所、高职院校1所、特教校1所。拥有省一级达标高中1所，二级达标高中3所，三级达标高中3所，省级达标职专1所，省级示范性幼儿园2所。全区在校学生总数8.11万人，其中，中小学5.39万人，幼儿园1.23万人，高职院校1.27万人。公办教师0.37万人。

【教育教学改革】 2023年，平潭综合实验区社会事业局推进教育教学改革，落实“双减”（减轻义务教育学生作业负担、减轻义务教育学生校外培训负担）政策，压减校内作业总量和时长，开展校外培训机构治理。实现课后服务义务教育阶段学校课后服务全覆盖、有需求的学生全覆盖目标，参与课后服务学生2.70万人。

【教育基础建设】 2023年，平潭综合实验区推进14个教育领域项目建设。其中，城关第二幼儿园、滨湖小学、一中北校区、城关中学校舍修缮改造、实验幼儿园改扩建、中湖小学、城北小学7个项目建成投入使用；推进大卫幼儿园、龙山小学新校区、龙南初中（改扩建）、第二实验小学加固改造提升工程、镇门社区文化教育基地（实验小学修缮改造工程）5个项目建设；开展麒麟机关幼儿园、天逸幼儿园2个项目前期工作。

2023年8月，平潭城关第二幼儿园竣工并通过验收。图为幼儿园教学楼 （陈澜清 摄）

【教育经费投入】 2023年，平潭综合实验区落实教育经费优先投入，全年教育经费总投入金额15.37亿元。城乡义务教育公用经费约5000万元，幼儿园、小学、初中、普通高中生人均公用经费财政拨款标准分别为每生600元、820元、1050元和1000元，职业中专按专业人均4200～5600元，特殊教育人均公用经费9500元，边远离岛学校人均在基础上提高100元。下拨义务教育薄弱环节改善与能力提升专项资金663万元，下拨教育费附加和教育转移支付资金约2000万元，用于教学设施设备的购置和修缮改造，提升教育局域网建设覆盖、多媒体“班班通”、图书阅览室建设、音体美卫器材配备等教育标准化建设。

【教师队伍建设】 2023年，平潭综合实验区社会事业局推进师资均衡配置，调动123人，校际交流90人。加大引才力度，新招聘教师145人，其中优秀应届毕业生20人、公费师范生3人、硕士9人。选送2名乡村教师参加省乡村优秀青年教师培养奖励计划，选派1名教师参加新时代中小学学科领军教师示范性培训。申报评审正高级职称教师2人、高中初级职称教师151人、高级职称47人、中级职称94人、初级及转评10人。获评全省优秀教师、教育工作者5人，评选第二届区级优秀教育人才105人。遴选培养区级教学名师、学科带头人、骨干教师培养对象共356人，遴选培养区级名优骨干校（园）长95人，新增认定区级骨干教师58人，建成区级中小学名师工作室30个。获评省优秀科技辅导员1人、省乡村优秀青年教师2人，获省“先锋杯”少先队辅导员技能大赛二等奖1人；入选省级精品课和优秀案例13节、国家级3节。开展名优校（园）长、骨干校（园）长等培训，参训137人。

【素质教育】 2023年，平潭综合实验区社会事业局推动中小幼德育一体化建设，落实中小学思政创新改革行动。开展德育评选活动，评选区级新时代好少年20人，其中获评省新时代好少年1人。评选区第六届中小学生“诚信小公民”56人。开设体艺课程，完成普通高中体育与健康学业水平合格性考试、初高毕业升学体育考试，举办区“关工杯”中小学生乒乓球联赛、“关工杯”中学生联赛、棒垒球校际联赛等活动，承办姚基金希望小学篮球季福建赛区省级联赛，敖东小学获

2023年6月7日，平潭城中小学入选中国围棋协会公布的2023年第二批“全国围棋特色学校（幼儿园）”名单。图为城中小学举办围棋进校园活动 （念望舒 摄）

小组冠军。开展中小学生艺术测评，开展岚台伞灯、藤牌操、南岛语族文化等传统文化艺术进校园活动，举办“中华魂”主题读书系列活动，福建师范大学平潭附中1名学生获第八届全国学生“学宪法讲宪法”比赛一等奖。培养小、初、高、大拔尖创新人才，城关小学蓝海少年工作室获评全国科创筑梦青少年科学工作室，平潭一中获评省青少年科技教育先进集体，获评省优秀科技辅导员1人，“火星梦”“晨鸣号太空车”项目获省科普创新实验大赛二等奖。

【特色学校创建】 2023年，福建师范大学平潭附属中学入选首批全国健康学校建设单位名单，平潭城中小学入选2023年第二批全国围棋特色学校名单。国彩学校和澳前中心小学获评省中小学国防教育示范学校，第二实验小学获评省第三批家庭教育特色学校，城关中学获评省第四批中小学心理健康教育特色校，流水中心小学入选第二批省中医药文化教育试点学校名单，南海学校入选省级第四批乡村温馨校园建设典型案例学校名单。区特殊教育学校运动员在省第七届特殊奥林匹克运动会取得22枚金牌、12枚银牌、6枚铜牌，平潭特殊教育学校获批区首个特奥项目训练基地。

【教育督导】 2023年，平潭综合实验区管委会召开教育督导委员会成员会暨迎接“对市督导”省级评估动员部署会，完成自查自评工作。开展中小幼开学初工作、义务教育“双减”督导工作，完成校外培训机构管理、幼儿园保育质量评估暨办学行为等专项督导和中小学体育与健康教育质量、省级义务教育质量等监测工作。举办全区专（兼）职督学能力提升培训班，年内责任督学队伍解聘6人、未续聘4人、新聘4人。

【校园安全建设】 2023年，平潭综合实验区社会事业局开展校外培

训机构督导检查、防范学生溺水专项督察行动、“一校一策”道路交通安全隐患现场安全勘察行动、校园食品安全专项整治等行动19次，检查各类单位420余家次，排查整改隐患129处。开展教育系统大型安全生产培训活动6场，举办食堂食品安全管理优秀案例观摩会1场，安全生产专题活动9场，绘画、写作作品征集活动2次。开展突发事件应急演练672场次，参与师生56万余人次。全区公立校园配备校园保安、校车跟车员231人，选聘新一轮综治副校长115人，配齐校门口一键报警系统，校园及周边设立护学岗115个，成立处突应急分队5支、配备警力65人。向13所学校下达中小学校舍安全保障长效机制补助资金515万元，对18所中小学校、公办幼儿园实施“互联网+明厨亮灶”提升改造工程，推动全区各校电动自行车标志牌“一校一色”管理新模式。

【教育信息化建设】 2023年，平潭综合实验区组织各校学习运用智慧教育平台，提升教育教学质效，年内实验区对国家智慧教育平台访问量居全省第二。推进网络学习空间开通和利用工作，通过信息技术课、兴趣班等途径，网络学习空间开通率85.08%，全省排名第三。

（俞玲燕 王娇）

## 学前教育

【概况】 2023年，平潭综合实验区推进学前教育普及普惠工作，完成城关第二幼儿园、实验幼儿园改扩建等项目建设，全区学前儿童公办率和普惠率超过省定标准。推进集团化办学，3所小区配套幼儿园委托国企集团化办学和运营。至年底，全区有幼儿园65所，在园幼儿1.23万人。其中，公办幼儿园28所，在园幼儿8295人；民办幼儿园37所，在园幼儿4040人。年内，白青乡中心幼儿园、流水中心幼儿园获评全国“家（校）园共育”数字化项目第三批示范性幼儿园，实验幼儿园获评省级师范教育实践基地，第二实验幼儿园获评省级幼儿教育研究基地园培育单位，完成12所幼儿园保育教育质量评估。渔限学校附属幼儿班支教点通过乡村学前教育标准化办学点评估，3篇游戏案例获评省级优秀游戏案例。

2023年12月7日，2023年福建省幼儿教育研究基地园项目启动暨课题开题活动在福州举行，平潭第二实验幼儿园获评省级幼儿教育研究基地园培育单位

（区社会事业局 供图）

【普惠性学前教育】 2023年，平潭综合实验区坚持学前教育的公益性和普惠性发展方向，发挥政府发展学前教育主导作用。新开办城关第二幼儿园，新增公办学位450个。新增认定13所民办园为普惠园。至年底，区内普惠性幼儿园58所，其中民办普惠性幼儿园30所；在园幼儿1.15万人，普惠率93.4%；学前三年入园率99.3%。发放普惠生均公用经费补助资金166.28万元，持证教师奖补资金204万元。

【示范园创建】 2023年，平潭综合实验区社会事业局推进教育改革示范性学校工作，扩大示范性幼儿园覆盖面。至年底，实验区示范性幼儿园17所，其中省级示范性幼儿园2所、区级示范性幼儿园15所，示范性幼儿园占比率超省定标准。

【幼儿园集团化办学】 2023年，平潭综合实验区社会事业局引入国企参与幼儿园集团化办学，将协力锦绣城小区配套幼儿园、平潭大卫幼儿园、麒麟湾天逸幼儿园3所小区配套幼儿园委托国企进行集团化办学和运营，打造幼儿教育品牌。

【幼儿园办园督导】 2023年，平潭综合实验区社会事业局对富春城幼儿园等12所公民办幼儿园规范办园行为开展专项督导，通过责任督学挂牌督导。委托第三方教育评估机构开展42所民办幼儿园年度检查，评选出优15所、良好14所、合格9所、不合格4所。

（俞玲燕 王娇）

## 义务教育

【概况】 2023年，平潭综合实验区有义务教育学校47所，其中小学27所、初级中学5所、完全中学8所、九年一贯制学校4所、十二年一贯制学校2所、特教学校1所。小学生3.18万人，初中生1.42万人。秋季一年级适龄儿童毛入学率100%。应届初中毕业学生4998人，升入普通高中2818人。全区新增4所省级义务教育管理标准化学校，九年义务教育巩固率99.41%，农村学校“心理健康教育室配备”指标达成率88.17%。实施集团化办学和教育帮扶机制，缩小城乡教育差距。

【农村学校撤并】 2023年，平潭综合实验区实施规模化办学，调整教育规划布局，解决人口集中区域学位紧缺问题。推进农村小规模学校逐步撤并到优质学校，撤并思源学校和渔限学校初中部，思源学校小学部作为麒麟小学思源校区。

【标准化学校建设】 2023年，平潭综合实验区有义务教育管理标准化学校40所，占比居全省前列。新增平潭正旺小学、平潭上楼小学、平潭南中小学、平潭北厝初级中学4所省义务教育标准化学校。

【随迁子女就学】 2023年，平潭综合实验区有义务教育阶段适龄随迁子女入学人数1938人，全部安排入学就读。其中，小学入学人数1481人，入读公办学校1395人，公办学校接收比例94.19%；初中入学人数457人，入读公办学校395人，公办学校接收比例86.43%。

【台胞子女就学】 2023年，平潭综合实验区开辟台胞子女就学绿色通道，在学前教育至义务教育阶段，台胞子女在平潭学习可自主择校并享受本地学生同等待遇。年内新招收台胞子女学生18人，其中幼儿园4人、一年级3人、七年级5人、高中一年级3人、职业中专3人。至年底，台胞子女就读学生77人。

（俞玲燕 王娇）

## 特殊教育

【概况】 2023年，平潭综合实验区有特殊教育学校1所，学生203人，专任教师38人。全年6～14岁残疾儿童少年入学率100%。建有区级特殊教育资源中心1个；具有随班就读资源教室的学校5所，其中省融合教育实验学校2所。坚持特奥训练办学特色，通过实施特奥训练康复促进残疾儿童健康发展，组织全体学生开展滚球、游泳、田径、乒乓球、羽毛球、举重等特奥训练。

【特教师资培育】 2023年，平潭综合实验区有特殊教育专任教师38人，特殊教育区级骨干教师5人。特教教师绩效工资总量倾斜比例20%，特教教师津贴占基本工资15%。

【特教上门服务】 2023年，平潭综合实验区社会事业局开展送教上门工作，制订个性化送教计划，完成52名特殊儿童的送教上门活动。

【平潭首个特奥项目训练基地成立】 2023年11月23日，平潭综合实验区特奥项目训练基地举办揭牌仪式，平潭特殊教育学校获批实验区首个特奥项目训练基地。基地承担特奥运动员的培养、选拔、集训等工作，设有标准田径场、篮球场、足球场、滚球场等特奥训练场馆，配备宿舍、食堂、康复训练室、心理咨询室等功能区和各类康复器材设备，拥有体育、运动康复、心理咨询等各类专业教师38人。

【平潭代表队获省特奥会22枚金牌】 2023年5月，在福建省第九届残疾人运动会暨第七届特殊奥林匹克运动会中，平潭特殊教育学校夺得残运会金牌2枚、银牌9枚、铜牌11枚，特奥会金牌22枚、银牌12枚、铜牌6枚，奖牌总数排名全省第三。

（俞玲燕 王娇）

## 普通高中教育

【概况】 2023年，平潭综合实验区有高中学校10所，高中学生7880人。其中，公办高中6所，学生4681人；民办高中4所，学生3199人。全区参加普通高考考生2818人，其中应届毕业生2178人。应届毕业生本科以上录取1378人，特控线本科录取469人。参加省高职院校分类考试的普通高中类考生597人、中职学校类考生372人。全区有省级示范性普通高中建设学校1所、二级达标高中3所、三级达标高中3所，公办高中达标校占比100%。平潭第一中学获评省级航天特色学校、省级智慧校园试点校。

福建师范大学平潭附属中学获评全国健康学校建设单位，入选省普通高中特色示范项目立项（科技创新）名单。

【高中教学科研】 2023年，平潭综合实验区社会事业局举办课堂教学开放周（日）活动12场、学科研讨活动27场，分阶段开展教研片区专项视导。开展高考综合改革，落实选课、走班制度，继续依托高考研究室，整合区社会事业局的基教处、人事处，区教师进修学校、区教育考试院及各高中教学资源，聘请高三年级教师为学科指导组成员，制定全区高考复习备考方案，指导各校开展高考复习备考。

【平潭第一中学】 2023年，平潭第一中学实行"一校两区"管理，有北街校区和岚城校区2个校区，在校学生4735人，教职工332人。年内获"闽台棒球交流试点校""空军招飞工作先进单位""福建省第一批省级航天特色学校"和首批省级"智慧校园试点校"等称号。开展特色办学，科技创新与实践中心获省、区级奖项356人次，获评第七届福建省青少年科技教育协会先进集体。棒球队获全国五人制棒球锦标赛U15（15岁以下）组季军，获2023年省青少年棒球锦标赛U15组冠军、U18（18岁以下）组亚军。击剑队、网球队获省示范高中建设学校第四届击剑、网球展示活动获团体三等奖。初、高中组篮球队均获第二届海峡两岸青少年三人篮球赛冠军。1名教师获全国高中英语教师教学基本功大赛一等奖，1名教师获全国中教杯教师教学技能大赛一等奖，1名教师课程入选省级精品课名单，17名教师在省中小学作业设计比赛中获奖。22名教师的课例在省级获奖，其中3名教师的课例入选省优质课课例名单。

【福建师范大学平潭附属中学】 2023年，福建师范大学平潭附属中学在校学生2121人，教职工169人。学科竞赛获区级及以上奖项367次，其中国家级奖项6次、省级奖项70次、区级奖项291次。1名教师获评正高级职称，1名教师获评省级学科带头人，3名教师被认定为区级骨干教师，1名教师课程入选省级德育精品课名单，1名教师获省级说课二等奖，4名教师课程入选省级基础教育精品课名单，2名教师课程入选部级基础教育精品课名单，16名教师课程入选区级优质课名单、5名教师课程获评省级优质课、1位教师课程获评全国创新示范课，21名教师在区义务教育作业设计比赛中获奖。

【区级教学开放日活动】 2023年11月24日，课堂教学改革区级教学开放日活动和"青春与健康"德育班会观摩活动在平潭第一中学举行，全省多所学校400余名教师参加观摩，探讨高中课堂教学模式创新和新时期德育教学。活动包括高中语文、数学、英语等13个学科科目及专家讲座，来自南安成功中学、福安二中、平潭东庠学校的教师们开展42堂观摩课授课。

（俞玲燕 王娇）

2023年，平潭第一中学入选省级航天特色学校、省级智慧校园试点校。图为福建省平潭第一中学校门 （林君斌 摄于2023年2月26日）

## 职业教育

【概况】 2023年，平潭综合实验区优化职业教育办学条件，提高职业教育质量，实行产教融合，扩大职业教育办学规模。区内公办中职学校1所（平潭职业中专学校），省属高职院校1所（福建信息职业技术学院），打造具有典型示范效应的校外实训基地11个，厦门大学平潭研究院设有产教研中心开展职业教育。联合福建水利电力职业技术学院开展“3+2 中高职衔接师资研修班”，提升职业教育师资力量。

【现代学徒制人才培养】 2023 年，平潭综合实验区发挥职教联盟、校企合作委员会和专业建设指导委员会的平台作用，开展现代学徒制人才培养，推动平潭职业中专学校与行业企业开展合作、冠名办班，与区内 10 家企事业单位开展订单式人才培养。利用行业企业资源，建设校外实训基地，推进现代学徒制试点，形成学生到企业实训实习、教师到企业实践锻炼、员工到学校培训提升、师傅到学校指导实践的校企合作交流机制。

【产教融合】 2023 年，厦门大学平潭研究院启动两岸现代产业学院实训基地，产教研融合中心围绕职业教育产教研融合、新型产业人才培养，联合平潭职业中专学校完成《平潭—两岸现代职业教育—实训基地的可行性研究报告》。落地眼视光技术专业，完成眼视光技术实训室建设。成立两岸（闽台）中医药研究中心。完成北斗产教研综合实训基地建设。完成人工智能实训基地和网络安全认证基地的部分建设。

【平潭职业中专学校】 2023 年，平潭职业中专学校办学规模实现新突破，秋季招生 867 人，新增旅游类相关专业 3 个。至年底，在校生 2066 人，学校教职工 141 人（台胞教师 17 人）。设专业 18 个，其中中职专业 13 个，与福建信息职业技术学院、福建水利电力职业技术学院等高校联办五年专专业 5 个。

【岚岛工匠学堂成立】 2023 年 11 月 15 日，岚岛工匠学堂分别在平潭综合实验区两岸人才职业培训学校和平潭职业中专学校成立，区总工会与 2 所学校签署共建岚岛工匠学堂框架协议，为实验区建设培养技能型技术人才。

【平潭新增省级技能大师工作室】 2023 年，平潭综合实验区戴建华技能大师工作室获评省级技能大师工作室，工作室依托福建信息职业技术学院开展铣工职业技能工作。至年底，平潭在玉石雕刻、餐饮烹饪、智能制造等领域培育省级技能大师工作室 46 家，帮助 200 余人提升技能水平，其中 90 人考取高级工及以上技能等级。

（俞玲燕 王娇 陈莹）

## 高等教育

【概况】 2023 年，平潭综合实验区有福建信息职业技术学院、厦门大学平潭研究院 2 所高等教育办学、人才培养机构。福建信息职业技术学院拥有产学研合作企业 300 多家，校企联合开展“订单班”人才培养。厦门大学平潭研究院与 12 家高校及企业建立战略关系，促进跨地区的教育与产业交流合作。

【福建信息职业技术学院】 2023 年，福建信息职业技术学院设有办学专业 46 个，其中国家级骨干专业 6 个。在平潭办的学院系 4 个、专业 16 个，在平潭就读学生 1.27 万人。建有校内实训基地 70 个、校外实训基地 200 余个。获国家级教学成果奖一等奖 1 项、二等奖 2 项。

【厦门大学平潭研究院】 2023 年，厦门大学平潭研究院举办眼视光技术专业、留学预科语言培训班，在平潭学习的全日制学生 125 人。推动海峡两岸职业类院校和用人企业参与平潭建设，260 余人到平潭台创园实习实训。与企业签署横向课题科研项目，项目经费约 200 万元，推动实验区科技创新、产业发展以及高等教育人才培养。举办首届两岸妈祖文化学术研讨会、两岸青年思政实践营活动、两岸青年暑期科研实习班、《中华续道藏》编纂与海峡两岸道学文化研讨会、两岸陶瓷文化交流会暨陶瓷艺术展、首届两岸姓氏寻根大会、两岸数字寻根馆启动仪式等活动。建设海峡两岸学者专家智库网，培养青年学者人才。完成“平潭视角之琉球中华文化现况调查”课题研究，开展“两岸关系九字经”课题研究，形成《台胞台企在平潭生活工作创业就业的调查》报告。

【岚台高校交流合作】 2023 年，福建信息职业技术学院打造海峡两岸职业教育交流与合作先行校，借助台湾师范大学等台湾教育资源力量，新增双师专业英文教学培训等 2 个考试认证中心项目。至年底，聘请 20 名台胞教师任学院全职、兼职教师。

【首届全国高等院校马克思主义学院院长联席会议在平潭举行】 2023 年 4 月 22 日—24 日，首届全国高等院校马克思主义学院院长联席会议在平潭举行，来自全国各地 210 多所高等院校的马克思主义学院主要负责人、专家学者以及期刊界代表等 350 余人参加，围绕新时代马克思主义理论学科建设高质

2023 年 4 月 22 日—24 日，首届全国高等院校马克思主义学院院长联席会议在平潭举行。图为开幕式现场

（融媒体中心 供图）

量发展的机遇与挑战、马克思主义理论学科人才培养质量提升的思考、地方高校马克思主义理论学科建设的探索与实践、思想政治教育专业核心课程体系构建等分享新经验、新观点。12 名全国高等院校马克思主义学院主要负责人作主题报告，40 余名高等院校马克思主义学院院长、专家学者作平行分论坛报告。

（俞玲燕 王娇）

## 终身教育

**【概况】** 2023 年，平潭综合实验区终身教育工作经费 38.60 万元，划拨给各片区及相关单位。依托两岸国学中心、各大中小学校及社区常态化开展公益国学课程、举办学习贯彻党的二十大精神等活动。推动老年大学开展相关活动，开设民族舞、广场舞、书法、绘画、旗袍基础、笛子、二胡等课程。

**【终身学习平台建设】** 2023 年，福建信息职业技术学院拓展教育资源平台，打造终身学习共享平台，为学院学生、老年居民开展古琴艺术活动。以传统养生文化传承工作室为依托，开发“传统导引养生入门”等优质课程。城东小学校党支部开展“向梦而行”成人文化教育项目，8 名教师在每周二、周四晚授课，课程包括计算机、国学、家庭教育和地方特色知识等内容。至年底，开展成人文化教育开展 13 期，学员超千人次。

**【福建省全民终身学习活动周在平潭举行】** 2023 年 9 月 27 日，福建省“9·28 终身教育活动日”暨全民终身学习活动周在平潭举行，以“让学习成为一种生活方式”为主题，活动由省终身教育促进委员会主办，福建信息职业技术学院、区社会事业局等单位承办，600 余人参加线上线下活动。主会场设在福建信息职业技术学院（平潭校区），全省各地设分会场在线参与，线下与会人员参访福建信息职业技术学院（平潭校区）、上攀学堂、南岛语族博物馆等相关终身教育基地。

**【平潭获评省级终身学习品牌项目】** 2023 年 7 月，福建省级“百姓学习之星”“终身学习品牌项目”名单公布，平潭民间画家林福平获评省级“百姓学习之星”，平潭快乐仁爱文化培训中心家长学校获评省级“终身学习品牌项目”。

（俞玲燕 王娇）

## 综 述

【科技事业发展】 2023年，平潭综合实验区科技创新指标持续稳步增长，“科技型中小企业—高新技术企业—科技‘小巨人’企业”创新主体链初步成形，新认定国家高新技术企业12家，省级科技“小巨人”企业（具有较高成长性或者发展潜力巨大的科技创新型中小企业）3家，省“瞪羚”（以科技创新或商业模式创新为支撑、进入高成长期的中小企业）企业1家。科研项目在申报数量及质量上均取得突破，新立项国家重点研发计划项目1个，列入省级科技计划项目14个。新增发明专利45件、注册商标1073件，分别比上年增长31.8%、8.3%，新评定国家、省知识产权优势企业各2家。落实科技特派员制度，实现台湾科技特派员比例全省领先、科技特派员行政村全覆盖、科技特派员工作站乡镇全覆盖。实施“智汇平潭”全方位引才计划，全年招引人才837人、比上年增长43%。科技成果转化取得突破，技术合同认定登记点受理技术合同认定13份，技术交易额1971.95万元。

【科技投入与奖励】 2023年，平潭综合实验区引导企业注重研发投入，培育创新水平高、成长潜力大的科技创新主体。10月，省科学技术厅发布年度科技“小巨人企业”研发投入奖励名单，宗仁科技平潭公司和福建乐摩物联科技有限公司2家企业入选，分别获得5.10万元、18.70万元奖励。

【科技金融】 2023年12月20日，平潭实验区经济发展局与建设银行平潭片区分行举办战略合作签约暨科技金融推介会，建设银行平潭分行为实验区提供不少于20亿元的意向性融资，为区内科技型企业提供信贷融资、企业现金管理、投资银行等金融服务，推动科技与金融的融合。

【科技类培训管理】 2023年，平潭综合实验区经济发展局联合区社会事业局、行政审批局、市场监管局联合印发《平潭综合实验区科技类校外培训机构准入审批实施办法（试行）》，明确注册资本、培训场所、安全管理、培训内容、人员资质和收费标准等内容，规范实验区科技类校外培训机构发展。

（林超敏）

2023年12月20日，平潭综合实验区经济发展局与建设银行平潭片区分行举办战略合作签约暨科技金融推介会 （区经济发展局 供图）

# 科技创新

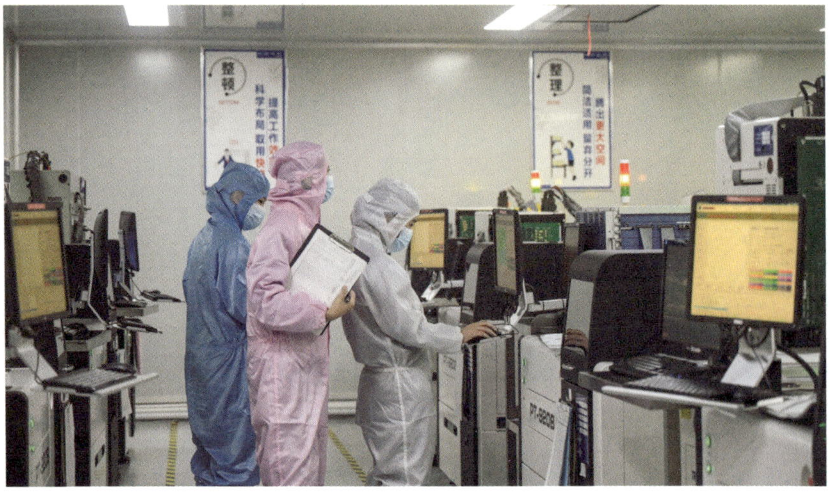
2023年，平潭集成电路企业宗仁科技入选年度省级科技“小巨人”企业研发投入奖励名单。图为12月19日，宗仁科技工作人员在车间内作业（林君斌 摄）

【概况】 2023年，平潭综合实验区科技创新指标增长，“科技型中小企业—高新技术企业—科技‘小巨人’企业”创新主体链初步形成，新认定国家高新技术企业12家、省级科技“小巨人”企业3家、省“瞪羚”企业1家。区经济发展局技术合同认定登记点受理技术合同认定13份，新立项国家重点研发计划项目1个，省级科技计划项目14个；指导28家科技型中小企业完成科技型中小企业评价系统的入库备案。深蓝药机（福建）生物科技有限公司在第12届中国创新创业大赛（福建赛区）暨第11届福建创新创业大赛中获得省赛优胜奖，并获得全国赛优胜奖。平潭瑞谦智能科技有限公司等12家企业通过年度国家级高新技术企业认定。

【科技创新主体培育】 2023年，平潭综合实验区打造“科技型中小企业—高新技术企业—科技‘小巨人’企业”创新主体链，新认定国家高新技术企业12家、省级科技“小巨人”企业3家、省“瞪羚”企业1家、区级科技型中小企业21家。至年底，全区培育有41家国家高新技术企业、10家省级科技“小巨人”企业、71家区级科技型中小企业。

【科技创新平台搭建】 2023年，平潭综合实验区有国家级科技企业孵化器1家、1家省级众创空间（均为平潭大闽孵化器管理有限公司），1家在建省级重点实验室——福建省海岛资源生态监测与保护利用重点实验室，和厦门大学平潭研究院、海丝研究院、福建信息职业技术学院等6家区级科技研发平台、区级科技创新创业服务平台。

2023年5月30日，平潭科技工作者在平潭水产良种实验有限公司的坛紫菜育苗中心察看坛紫菜育苗情况（林君斌 摄）

【科技项目成果】 2023年，平潭综合实验区省级科研项目在申报数量及质量上取得突破，新立项国家重点研发计划项目1个，省级科技计划项目14个，省级科技计划立项数量创新高。其中，自然科学基金项目6个，引导性项目1个，区域发展项目3个，创新资金项目2个，星火项目1个，后补助项目1个。“新型鱼酵素水貂饲料预混拌开发”“3D结构光人脸识别技术研发及应用”“微生物注浆技术在海洋岩土工程中的研究与应用”3个到期省级科技计划项目通过验收，验收通过率100%。

【科技成果转化】 2023年，平潭综合实验区推进科技成果转化工

表 27　2023 年平潭综合实验区新增省级及以上科研项目立项一览表

单位：个

| 项目类型 | 科研项目 | 数量 |
|---|---|---|
| 国家重点研发计划项目 | 《真空烧结炉成套设备及耐高温陶瓷材料的研制》 | 1 |
| 省级科技计划项目 | | 14 |
| 其中：自然科学基金项目 | 《RC48 通过内质网应激诱导免疫原性细胞死亡增强 PD-1 抑制剂在尿路上皮癌中治疗效果的研究》《SNORD3C 通过引导甲基化转移酶原纤维蛋白 FBL 对 RNA 2-0 －甲基化修饰促进胃癌的转移》《PIK3CG 基因甲基化下调 PI3K/AKT 通路在尤文肉瘤增殖的作用机制》《人羊膜间充质干细胞治疗卵巢早衰的实验研究》 | 4 |
| 引导性项目 | 《超低照度下的人脸识别关键技术研发及产业化》 | 1 |
| 区域发展项目 | 《坛紫菜种业技术创新与示范推广》《面向智能制造的高精度 ADC 芯片研发及产业化》《智慧碳汇渔业监测系统在养殖中的应用》《基于颈腰椎健康全生命周期管理体系和疾病防治的康养平台建设》《面向数字健康体验服务的 AIoT 多场景平台建设及产业化》 | 5 |
| 创新资金项目 | 《矿用随钻综合测井装备的研究和应用》《复杂背景下红外成像电力设备故障识别研究》 | 2 |
| 星火项目 | 《紫心甘薯金薯 20 沙地高优栽培技术研究与示范推广》 | 1 |
| 后补助项目 | 《宗仁科技（平潭）股份有限公司仪器设备后补助》 | 1 |

作，技术合同认定登记工作从无到有，向规范化、专业化发展。全年技术合同认定登记点受理技术合同认定 13 份，合同金额 1978.41 万元，技术交易额 1971.95 万元，涉及业务 13 项，包括技术转让、技术咨询、技术服务、技术许可等。

**【福建省第 12 届创新创业大赛平潭预赛举行】**　2023 年 7 月 18 日，由平潭综合实验区经济发展局主办，厦门大学平潭研究院、福建信息职业技术学院等单位联合承办的福建省第 12 届创新创业大赛平潭预赛在厦门大学平潭研究院举行，15 家具有知识产权的创新创业企业参赛，参赛项目涵盖新一代信息技术、生物医药、智慧渔旅等技术领域，其中超过 1/3 为台资企业或主营对台业务。平潭瑞谦智能科技公司、深蓝药机生物科技公司分别获得成长组、初创组第一名，并代表实验区参加省赛。深蓝药机生物科技公司产品“中药消杀剂”拿下省赛优胜奖并获全国赛优胜奖。

（林超敏 林炜）

## 海洋科技

**【概况】**　2023 年，平潭综合实验区依托自然资源部海岛研究中心、“一带一路”空间信息走廊海丝研究院和厦门大学平潭研究院海洋科技创新载体，加快海洋科技创新平台建设。发挥福建农林大学平潭科技研究院等平台作用，鼓励涉海企业建立企业技术中心。探索引进科研院校机构成立海洋药物和生物制品研发中心，建设海洋微生物菌种库、海洋药源种质资源库等平台。引进并培育海洋科技型人才，推荐选认海洋领域省级个人科技特派员 4 人、团队 2 个，选认区级海洋领域个人科技特派员 13 人。

**【海洋科技创新载体】**　2023 年，

2023年11月8日，中国—太平洋岛国防灾减灾合作中心海洋防灾减灾合作分中心在平潭启用，推动双方海洋科技合作　（海岛研究中心 供图）

平潭综合实验区有3家涉及海洋科研教育管理服务业机构，分别为自然资源部海岛研究中心、“一带一路”空间信息走廊海丝研究院和厦门大学平潭研究院。自然资源部海岛研究中心是实验区海洋科技基础研究的主要载体，“一带一路”空间信息走廊海丝研究院主要推进国家通信、导航和遥感等卫星系统开发利用和相应数据资源共享应用，厦门大学平潭研究院为实验区发展提供人才培养、科学研究、成果转化等服务。

**【自然资源部海岛研究中心】** 自然资源部海岛研究中心（简称中心）隶属于自然资源部，位于平潭综合实验区，承担全国海岛保护利用管理领域的技术指导、战略规划与政策研究、生态保护、防灾减灾、国际合作交流等工作。

2023年，中心承担自然资源部相关项目6个、科技部重点研发计划2个、基础调查专项2个、部自然资源科技战略研究项目1个，组织申报省级科研项目8个。推进实施地方技术服务和技术咨询项目30个，其中2023年度新增15个。提交各类报告、方案和建议30余份，获省部级科学技术奖项1个，推进海洋行业标准编制7项，参与发布国家标准2项，发表研究论文17篇。

2023年，中心开展国家海岛数据库建设，完成自然保护地、领海基点、养殖用海调查、疑点疑区监测、多媒体数据、海岛资源生态等数据的标准化处理与入库。开展并完成领海基点海岛管理信息系统、海岛资源评价模块的建设。推进国家海岛大数据中心建设，与华为、中国移动开展技术选型、安全架构等总体设计方面的研讨。提升“中国海监203”船海上科考平台保障能力，执行“基金委共享航次计划—台湾海峡春季航次”等4个专项航次任务。推进福建省海岛资源生态监测与保护利用重点实验室建设，召开学术委员会会议，制定开放课题基金指南，申报完成年度开放基金课题。开展《中国海岛志》编纂工作。

**【“一带一路”空间信息走廊海丝研究院】** 2023年，“一带一路”空间信息走廊海丝研究院加快推进海丝卫星应用，承接省北斗综合应用示范项目和高分专项“海峡态势感知及区域产业化应用”示范项目，利用闽东北区域协作平台，将卫星应用成果移植推广到闽东北协作区。年内，卫星综合应用服务门户系统上线运行，实现与国家高分遥感共享交易综合服务平台的互联互通，集成自然资源、环保、海洋、交通、林业等服务。

**【厦门大学平潭研究院】** 2023年，厦门大学平潭研究院继续与平潭综合实验区管委会开展海洋产业、人工智能等方面的科研合作，开展眼视光专业、语言预科班等人才培养工作。与企业签署横向课题科研项目近200万元，推动科技创新与产业发展。全年申请商标13个、专利数18个、软件著作权3项。开展海上实验室、现代海洋渔业示范基地、生物实验室建设和平潭中华鲎放流、平潭仙女蛤放流项目申请。成立两岸（闽台）中医药研究中心，承办第15届“北斗杯”全国青少年空天科技体验与创新大赛和第八届全国青少年无人机大赛。

**【平潭龙头村海上实验室设立】** 2023年，平潭综合实验区引入厦门大学平潭研究院资源，在龙头村建设海上实验室，开展高值海洋生物的养殖生态研究。实验室和中国科学院海洋研究所许飞研究员团队建立合作关系，进行北方牡蛎品种的养殖研究，同厦门大学海洋与地球学院海绵课题组合作进行海绵生态效应研究。开展鲍鱼、淡菜、坛紫菜、圆紫菜等平潭地区特色海洋生物资源的相关养殖，帮助平潭企业开发精深海洋加工产品。

**【平潭科技企业参展世界航海装备大会】** 2023年10月12日—15日，平潭综合实验区科技型企业正力海洋工程有限公司参加在福州召开的2023世界航海装备大会，1800吨风电安装船、3500吨自升自航式风电安装平台等一批海上智能装备模型参展，推介平潭海洋绿能服务。

（林超敏 李兵 梁丽玲 周利容）

## 科技特派员工作

**【概况】** 2023年，平潭综合实验区新选认省级个人科技特派员20人、团队科技特派员8队、法人科技特派员单位1个，延认区级个人科技特派员93人、团队科技特派员7队，入选省优秀科技特派员1人。实施“智汇平潭”全方位引才计划，全年招引人才837人、比上年增长43%。

**【科特派成果推广】** 2023年10月26日，由福建省科技厅主办的全省科技特派员成果现场对接活动在三明沙县召开，平潭综合实验区3项技术成果参加全省科技特派员成果现场展示。年内，区经济发展局向各片区、企业发布425项科技特派员成果，推动10个科技成果达成合作意向。

**【科特派项目开发】** 2023年，平潭综合实验区科技特派员实施科技开发项目26个，开展科技培训608场次，涉及8319人次。引进或推广应用新品种、新技术、新工艺、新装置88项，新申请或获得授权专利数12个，服务农户1750户、企业134家，形成利益共同体17个，制定技术标准8个。

**【“台湾科技特派员”品牌打造】** 2023年，平潭综合实验区通过创新科技特派员考核办法、建设科技特派员工作站，打造“台湾科技特派员”品牌，台湾科技特派员占比20%，实现台湾科技特派员比例全省领先、科技特派员192个行政村全覆盖、科技特派员工作站乡镇全覆盖。年内，新增选认省级个人的台湾科技特派员4人，延认区级个人的台湾科技特派员14人。

（林超敏）

## 科技普及应用

**【概况】** 2023年，平潭综合实验区科协围绕“提升全民科学素质，助力科技自立自强”主题，开展五大项八小项系列科普活动；联合区党工委宣传与影视发展部、经济发展局、社会事业局、农业农村局等单位，在福建信息职业技术学院平潭校区举办气象、中医科普专题讲座、科技模型制作等科普活动，获评福建省全国科普日优秀组织单位。至年底，实验区有1家省级优秀科普教育基地、4家省农技协科普教育和技术示范基地。

**【科普活动】** 2023年，自然资源部海岛研究中心结合世界地球日、全国防灾减灾日、世界海洋日暨全国海洋宣传日等节点开展海洋科普开放活动，接待参观海岛科学馆、海洋安全宣教馆人员约100批次3000人次。联合区资源生态局、区人民法院、区人民检察院开展和美海岛宣传、海岛科普讲堂、海洋科普进校园等活动，联合央广网开展活动网络直播，提升全民海洋意识。

2023年，平潭综合实验区气象局举办平潭首届“星辰大海”“气象万千”科普讲解和摄影大赛气象等气象科普活动31场次。受邀参

2023年10月10日，平潭综合实验区气象局邀请区内学生参观平潭气象展厅。图为学生们学习气象科普知识 （江信恒 摄）

加全国千乡万村气象科普行、全国气象服务协会年会宣讲，在各级媒体发布工作动态86篇、气象信息249篇（条）名单。在平潭国家基本站建站70周年之际拍摄的短视频《笃行七秩，解码风云》，获评第五届全国气象短视频创作观摩活动福建大区优秀作品；“去有风的那片海”蓝眼泪科普视频入选全国第二届“名家讲科普”活动十佳作品，联合省气象服务中心等单位开展“蓝眼泪”、直击台风“杜苏芮”等直播录制，参加央视《远方的家》等栏目录制。发布平潭方言《老翁谈天气》台风科普短视频，观看量超4.30万人次。开发平潭本地特色气象科普课程融入校园课后延时服务，与平潭城关中学、福建师范大学平潭附属中学签订合作协议，开展气象科普教育。举办“两岸气象文化”沙龙，为台湾民宿业者提供气象服务。

**【海岛研究中心科学馆获评省优秀科普教育基地】** 2023年，自然资源部海岛研究中心打造提升科学馆，采集制作海岛植物标本，编创科普视频，丰富科学馆展示内容，打造特色海洋、海岛科学科普品牌，获评年度福建省优秀科普教育基地建设项目，获40万元省级专项经费支持。

**【平潭首个乡村气象科普站设立】** 2023年，平潭综合实验区气象局推进气象科普工作，联合团区委在君山片区大坪村设立首个乡村气象科普站，为大坪村公益学堂赠送15种气象科普读物，宣讲气象防灾减灾知识。在气象科普站，群众通过“平潭气象”微信公众号、微博和气象科普基地二维码，获取气象预报预警信息、线上参观气象科普基地，学习气象知识。

（林超敏 杜立静 李兵 余文馨）

## 气象科技

**【概况】** 2023年，平潭综合实验区探索气象行业高质量发展，与省气象局签署市厅合作协议，聘任中国科学院研究员林朝辉为平潭气象高质量发展专家顾问，成立实验区气象高质量发展领导小组。投入542万元开展全区首部X波段天气雷达、首个人影烟炉作业点、坛南湾等2个旅游气象服务示范点等重点项目建设。改革科研团队、科技项目的设立和组织管理方式，重组2支创新团队，修订创新团队管理办法、科研项目管理办法和绩效考核管理办法，年内立项区局课题6项。推进两岸气象标准共通试点和全省首个气象野外观测站建设，开展平潭滨海旅游气象服务，“全国首创‘星辰大海’旅游气象服务新模式”等3项工作入选实验区年度首轮改革创新项目名单。研发的旅游气象服务技术获省气象科学技术成果三等奖，发表论文5篇，平潭国际旅游岛气象服务平台和微信小程序取得2项软件著作权。完成涉及“气象探测环境保护”项目立项并联审批114个，开展气象防雷安全监管。开展气象科普活动31场次，在君山片区大坪村设立首个平潭乡村气象科普站。至年底，平潭建有1个国家基本站和30个区域自动站，实现观测站网密度小于4千米。

2023年，平潭推出的两岸气象领域标准共通共研机制入选中国（福建）自贸试验区第20批创新举措名单。图为平潭海峡气象观测基地

（林君斌 摄于2023年3月）

**【气象共建合作】** 2023年7月7日，平潭综合实验区管委会与福建省气象局在福州签署市厅合作协议，双方在提升气象防灾减灾、海洋气象、旅游气象、生态文明气象、数字气象、气象科技创新等方面共建合作，推进气象“十四五”规划实施，推进人工影响天气工作和两岸气象融合发展。

**【两岸气象标准共通试点建设】** 2023年，平潭综合实验区气象局与台湾淡江大学、台湾气象服务产业发展协会、福州大学共同研制的“海峡两岸共通——闽台地区平均风速剖面评估方法”通过福建省地方标准立项，成为实验区成立以来立项的第二项地方标准。“两岸气象（旅游服务）标准共通试点”入选全省第二批13个标准共通试点项目名单并获批立项。“两岸气象领域标准共通共研机制”入选中国（福建）自贸试验区第20批创新举措名单，并被评估为全国首创。

**【气象预报预警】** 2023年，平潭综合实验区气象局开展气象预报预警服务，有效应对7场暴雨、5个台风、4次气象干旱过程，发布各类决策服务材料177期、灾害性天气预警信号266期、专题气象服务材料1450期，服务保障14项活动赛事。开展强对流客观算法研发，成果获全国智能网格预报技术方法大赛一等奖。推动印发《平潭综合实验区气象灾害应急预案》，重新修订强对流天气叫应制度，联合海事、农业农村局、资源生态局等部门开展灾害性天气应急联动工作。

**【平潭滨海旅游气象服务】** 2023年，平潭综合实验区气象局升级平潭国际旅游岛气象服务小程序，在北港等景点设立“星辰大海”旅游气象服务展示屏，相关服务产品对接到“畅游平潭”文旅官方小程序和《麒麟气象站》电视栏目。升级景观预报模型，“蓝眼泪”预测模型准确率提高至78%，为游客追“泪”提供科学指引，平潭“蓝眼泪”获评全国热门气象旅游典型案例，将

2023年，平潭气象局运用毫米波云雷达设备检测海雾水平分布情况。图为平潭海峡气象观测基地云雷达设备 （林君斌 摄于2023年3月）

日出日落等技术成果推广至泉州应用。研发的旅游气象服务技术获省百万职工创新大赛三等奖、省气象科学技术成果三等奖，发表5篇相关学术论文。平潭国际旅游岛气象服务平台和微信小程序取得2项软件著作权。首创“星辰大海”旅游气象服务新模式入选实验区年度首轮改革创新项目名单，并参加省改革创新项目评比。

**【海上风电气象服务】** 2023年，平潭综合实验区气象局拓宽行业气象服务，将气象服务拓展到海上风电领域，对接、探索推进全省首个海上风电防雷检测服务项目，为平潭海上风电作业提供气象服务。

**【气象防雷安全监管】** 2023年，平潭综合实验区气象局开展气象防雷安全监管，开展联合执法2次、专项监管检查4次，重点单位安全检查覆盖率100%，实施行业监管检查15次。制定出台《平潭综合实验区防雷信用管理办法》，规范防雷企业信用管理，在区公共资源交易管理中心中介超市中单列“防雷检测”类服务。防雷安全检查纳入每月消防联合检查，年内参与高层建筑重大火灾风险专项整治行动12次、检查高层小区18个。

**【全省首个气象野外观测站在平潭设立】** 2023年，平潭综合实验区气象局推进全省首个气象野外观测站建设，完成平潭海洋气象福建省野外科学观测研究站申报，聘请复旦大学教授王桂华为名誉站长，举办3场专家咨询会。开展基地激光能见度及激光湿度的外场定型考核试验，制作全省首份综合气象监测快报。

（余文馨 邓以勤）

## 综 述

【文化产业发展】 2023年，平潭综合实验区发挥“一岛两窗三区”政策优势，落实优秀传统文化传承发展工程，制定实验区文物保护总体规划、壳丘头考古遗址公园规划、音乐产业等专项规划，培育凸显两岸元素、海洋海岛基因及海丝文化特色的文化产业，构建两岸文化融合发展生态圈。全区规模以上企业文化企业4家，营业收入0.16亿元。

【文化交流合作】 2023年，平潭综合实验区依托南岛语族文化、平潭非遗等文化资源，举办“环太平洋史前文化”学术研讨会，组队考察巴布亚新几内亚等南太平洋岛屿国家，与巴布亚新几内亚马当省马当市建立友好城市关系，开展对外文化交流合作。举办首届两岸妈祖文化交流会、平潭词明戏学术研讨会、首届“平潭米糊”中医药文化交流论坛等学术交流活动，推动两岸非遗文化保护发展交流。举办“墨缘连两岸 诗画诉乡情”海峡两岸书画交流展、首届闽台（平潭）儿童戏剧嘉年华，搭建两岸文化交流桥梁。

【文化艺术类校外培训规范】 2023年，平潭综合实验区出台《文化艺术类校外培训机构准入实施意见（试行）》《文化艺术类校外培训机构预收费监管规定（试行）》，开展文化艺术类校外培训机构摸排整治工作，摸排全区70余家文化艺术类校外培训，督促办理准入许可证。

【文化市场监管】 2023年，平潭综合实验区新增3家娱乐场所、6家演出经纪机构。至年底，实验区娱乐场所21家、网吧3家、文艺表演团体11家、演出经纪机构14家、演出场所经营单位1家。区执法应急局做好文化市场监管工作，全年检查文化经营单位及其他相关经营场所689家次；办理案件21件，其中立案19件、当场处罚2件，吊销娱乐经营许可证2家，没收违法所得4.30万元。

（郭宁美 黄琼云 林世伟）

## 公共文化

【概况】 2023年，平潭综合实验区兼顾城乡文化均衡发展，利用“百姓大舞台”“流动舞台车”“海岛渔村村晚”开展文化惠民演出活动，举办“福文化”活动12场，“福文化”宣传23次，实施完成省委宣传部专项资金扶持平潭的4个“福文化”项目。拓展“我们的节日”主题活动，在元宵、端午、清明等假日，组织区文联各协会、各乡镇民间表演队及文化协会，开展春节写春联、元宵节猜灯谜、国庆文艺演出等活动。实施“文化惠民”工程，开展“街头音乐会”等街头艺术表演，打造“国风古韵·传统佳节”“文化润心”艺术普及等公共文化服务品牌，开展各类公益培训、群众文化、非遗民俗等活动220余场次，参与约35万人次（含网上直播参与人数），其中台胞约400人次。培育海岛生活季、“蓝眼泪”音乐节等自主IP品牌，举办音乐演艺活动140余场，其中蓝眼泪音乐节吸引游客1.80万人，实现综合经济效益超4000万元。发展街头文化，以政府购买服务的方式，举办125场街头文化艺术表演，超5万人次参加。

【公共文化服务体系建设】 2023年，平潭综合实验区加快建设区、片区、村（社区）设施配套完善、上下联动共享、全区全覆盖的三级公共文化服务体系，推动海洋科技文化中心建设及运营。完成区图书馆综合楼项目建设并投入使用，推进县域内图书馆分馆向乡村延伸，完成26个图书馆分馆、6个城市书房和75个图书流通点。推进4个片区文化站和20个重点村级综合文化服务中心改造提升。

【群众文化】 2023年，平潭综合实验区坚持“群众文化为人民、让群众做主角”的理念，鼓励群众组织举办各类文化活动。5月，“岚岛街头，艺起精彩”街头艺人表演活动启动，萨克斯、非洲鼓等民间音乐人在海坛古城、龙王头、金井市民广场等景区开展器乐演奏、演唱等街头表演，全年演出65场次，吸引市民游客5.50万人次观看。通过“百姓大舞台”开展具有国风古韵的传统文化活动20场次，参与群众3万余人次。

【全民阅读】 2023年，平潭综合实验区强化文旅融合新型阅读空间建设，延伸公共文化阵地，开展全民阅读活动，常态化举办“海坛书香”读书月活动，推进书香岚岛建设。4月15日—29日，在区图书馆举办世界读书日活动，举办图书交换会、亲子诵读比赛、有奖征文、非遗文化体验等活动13场，吸引读者1508人参与。7月1日至8月31日，在区图书馆举办暑期系列活动，为1960名读者提供“趣味绘读”特色培训课程、光影驿站、“暑来曙往·书香致远”亲子阅读主题课等活动64场次。开展区图书馆“听妈妈讲故事”亲子公益活动，面向4～8周岁儿童举办亲子阅读课290期、亲子手工课250期。

【行政村农家书屋全覆盖】 2023年，平潭综合实验区192个行政村全部完成农家书屋建设。全区农家书屋藏书23.85万册，各书屋平均藏书近1200册，涉及政治、经济、科技、生活、文化少儿等领域，部分行政村依托农家书屋开展“新时代乡村阅读季”“我的书屋·我的梦”“科技培训”等活动。

【区图书馆】 至2023年底，平潭综合实验区图书馆藏书71万余册，电子文献33万种，订阅报纸33种、期刊345种，读者证7.22万张，电子数据库7个，电子图书30.50万册，视听文献942件，数字文化资源总量110万亿字节，接待读者52.70万人次，外借文献40.60万册次。共建馆校阅读基地新增2个，开展共建馆校活动近50场次。年内，区图书馆综合楼建成，设有数字阅读区、视听休闲区、互动体验区及数字成果展示区等智慧图书馆多媒体智能交互悦读场景。获评全国一级馆、省儿童之家和区新时代文明实践文体活动基地。马腿意宿村分馆获评省“清新福建·清新书苑”文旅融合示范点。

【区文化馆】 2023年，平潭综合实验区文化馆坚持发展创新，结合系列传统节日、节庆日、纪念日及“街头艺人”“百姓大舞台”等品牌主题，举办各类文化及非遗民俗等活动220场次，线上线下参与人数35万人次，打造“国风古韵·传统佳节”、“文化润心”艺术普及、“星星之火”文化志愿服务等公共文化服务品牌。

【平潭海洋科技文化中心】 2023年8月10日，平潭海洋科技文化中心项目竣工验收。项目位于金井片区水岸文化风貌区，建筑面积5.20万平方米，总投资额4.88亿元，主体80%采用统一模具的钢结构，总用钢量8200吨，集图书馆、美术馆、文化馆、妇女儿童活动中心功能于一体，融入海洋元素、两岸交流和文旅融合特色业态产品，打造城市文化会客厅。

【平潭国际演艺中心】 2023年，平潭综合实验区国际演艺中心开展演出活动102场，其中A类演出21场、B类演出28场、C类演出21场、公益演出12场、公益活动20场。引进剧目《醒狮》《李白》，推出沉浸式演出作品《终极骗局3.0》《蓝

2023年12月22日，平潭综合实验区图书馆综合楼揭牌启用。图为馆内智能盘点机器人开展书籍定位工作 （林君斌 摄）

眼泪的平行宇宙》，首次上演国际交响乐团新年音乐会及钢琴协奏曲。

（郭宁美 林贤雄 薛芳 邱文 杨小梅 黄琼云）

## 文化活动

【概况】 2023年，平潭综合实验区弘扬传统文化，营造文化氛围，举办“玉兔迎春·瑞麟报福”新春文化嘉年华、“玉兔迎福·乐享新春”游园会、“我们的节日”新春元宵系列活动等文化活动80余场，举办海岛生活节、“蓝眼泪”音乐节音乐演艺活动152场。开展岚台文化交流，举办海峡两岸（平潭）合唱交流音乐会、海峡两岸书画交流展、儿童戏剧嘉年华等活动。

【“我们的节日”新春元宵系列活动】 2023年1月17日至2月4日，平潭综合实验区举办“我们的节日”新春元宵系列活动，包括游园打卡、汉服体验会、福文化画展、岚台元宵灯会等活动5场，吸引近千名市民参与观看。

【“粽香黄酒把菖蒲 两岸同胞迎端午”端午节游园活动】 2023年6月18日，“粽香黄酒把菖蒲 两岸同胞迎端午”端午节游园活动在平潭海峡两岸交流中心举行，设有包台味蛋黄肉、煎平潭特色面饼、缝制艾叶香囊、点雄黄、立蛋、投壶、猜谜、互动游戏等环节，邀请50名在平潭的台胞、50名平潭读者参与。

【第五届海峡两岸（平潭）合唱交流音乐会】 2023年8月11日，第五届海峡两岸（平潭）合唱交流音乐会在平潭国际演艺中心大剧场举行。台北爱乐妇女合唱团、台中葫芦墩爱乐合唱团、福州闽侯青橄榄合唱团和平潭蓝眼泪合唱团等7个合唱团430名演员参加演出，用歌声演绎两岸同胞的合唱之旅。

【“墨缘连两岸 诗画诉乡情”海峡两岸书画交流展在平潭举行】 2023年11月15日—22日，“墨缘连两岸 诗画诉乡情”海峡两岸书画展在区图书馆举行，来自海峡两岸的9名书画艺术家创作的80余幅作品参展，其中台胞作品40余幅，以书画艺术形式联结海峡两岸友谊，参观近1200人次。

2023年2月5日，岚台元宵灯会在平潭综合实验区金井湾市民广场举行　（林君斌 摄）

【首届闽台（平潭）儿童戏剧嘉年华】 2023年12月29日—31日，首届闽台（平潭）儿童戏剧嘉年华在平潭国际演艺中心举行，以“一路‘童’行 欢‘剧’岚岛”为主题，上演原创音乐儿童剧、魔术表演、木偶剧等节目，台湾猫头鹰儿童实验剧团献上亲子剧演出，观众2300余人次。

（郭宁美 黄琼云）

## 文学艺术

【概况】 2023年，平潭综合实验区围绕中心、服务群众开展各项文艺工作，组织作家、摄影家、美术家、音乐家、书法家开展专题创作、采风等活动，创作出一批精品力作。年内举办海峡两岸书画交流展、“两岸艺缘 情暖中华”闽台艺术邀请展、“四下基层 心系人民”主题书画展、“祖国豪逸 东岚毓秀”游天河书画展、“星辰大海·蓝眼泪”艺术作品展等文艺展览，展出作品千余件。邀请两岸艺术家举办讲座、艺术交流、座谈等活动。

【文学创作】 2023年，平潭综合实验区组织创作“千年一遇平潭宴”菜名故事文学作品《有滋有味平潭菜》。组织创作出版历史长篇小说《大宋风华》，获省文艺发展专项资金补助。区作家协会高云的诗歌作品《为着家国永安而从此出发》

入选为第五届“祖国颂”世界华语文学作品征集活动提名作品，诗歌《我为先进村献首诗》获“主播说乡村”短视频和“我为乡村献首诗”诗歌作品征集活动三等奖。选送文学作品参加由省总工会、省文联主办的“劳动最美丽”主题征文活动，林华斌的诗歌《农鞋（外一首）》获二等奖，刘宏华、余小燕合作的报告文学《工匠精神与美的魅力》《老蒋：以贝雕梦 让老手艺开枝散叶》获二等奖。余小燕的散文《五福庙福祉通两岸——海坛班兵写就台海情》获“福在八闽”全国征文活动三等奖。

**【音乐创作】** 2023 年，国家一级演员李海燕创作音乐作品《海麒麟》，歌词融入石头厝、南岛语族、词明戏、仙人井、坛南湾等景区元素，展现平潭历史底蕴和自然文化内涵。平潭蓝眼泪合唱团选送的合唱作品《蓝眼泪》线上参加勃拉姆斯国际冬季合唱节，获国际银奖。

**【书法创作】** 2023 年，平潭综合实验区文联组织参加“八闽丹青奖”第四届福建省书法双年展，杨朝安的篆刻作品《八闽历代文人诗词选》获银奖，林孔仁的行书作品《宋李纲诗四首》获银奖，陈涛的草书作品《宋张孝祥念奴娇词一首》入展。杨朝安的篆刻作品《鱼跃福地》获“鱼跃福地”第八届海峡两岸篆刻大赛铜奖。李艺的隶书作品《百字箴言》在首届“当代文化愚公杯”全国老年书法篆刻大展总决赛中获铜奖。

**【戏剧戏曲创作】** 2023 年 3 月 1 日—12 日，在第 16 届福建省戏剧水仙花奖决赛中，平潭闽剧团黄丽曦的参赛作品——话剧《收信快乐》获赛事二等奖。10 月 17 日—28 日，第 11 届福建省中青年演员比赛复决赛在福州举行，平潭闽剧团刘明焰的参赛作品《南归梦》选段中老生苏武唱段，获赛事银奖。

**【摄影创作】** 2023 年，平潭综合实验区摄影家协会伊海的作品《浪漫海峡公铁大桥》获第二届锦绣中华（金鼎奖）全国风光摄影大赛佳作奖，《倘佯》获“福渔福海平安守护”海洋摄影大赛入围奖，《快乐与激情》入选“福见石狮镜艳海丝”全国摄影大展。

**【舞蹈创作】** 2023 年，平潭综合实验区舞蹈家协会编导舞蹈作品《海坛欢歌》《我和我的祖国》，获全省全民健身运动会广场舞（健身操）总决赛二等奖。

**【工艺美术创作】** 2023 年，平潭综合实验区詹胜的贝雕作品《岛礁正春风》获第 12 届“争艳杯”全省工艺美术精品大赛金奖，林福平的沙画作品《土楼人家》获银奖，周明的贝雕作品《富贵平安》获铜奖，林美英的剪纸作品《万众一心共抗疫情》获优秀奖。林福平的沙画作品《渔乡》获第四届全省工艺美术创意设计大赛优秀奖。郑而华的工艺作品《归乡》《古道幽趣》入围南京第三届中国工艺美术博览会“百花奖”大赛。蒋心忠获评第六届省工艺美术大师，詹胜、郑而华获评第六届省工艺美术名人。

**【平潭蓝眼泪合唱团获国际大奖】** 2023 年 1 月 9 日—19 日，在奥地利米尔茨市举行的勃拉姆斯国际冬季合唱节中，平潭蓝眼泪合唱团选送合唱作品《蓝眼泪》以录像的形式在线上参赛，并获大赛银奖。合唱团由平潭音乐教师、音乐人以及来自各行各业的合唱爱好者组成，团员 60 余人，是平潭首支成人混声队伍，该次比赛是合唱团第一次参加国际性专业合唱比赛。

**【“两岸艺缘 情暖中华”闽台艺术邀请展在平潭举行】** 2023 年 12 月，平潭综合实验区举办“两岸艺缘 情暖中华”闽台艺术邀请展，闽台艺术家共同展示两岸特色的贝雕、沙画、岚台伞灯、木雕等艺术品作品，体现两岸文化同根同源。

（郭宁美 林贤雄 薛芳 林梦婷）

**表 28 2023 年平潭综合实验区文艺类赛事获奖一览表**

| 序号 | 赛事名称 | 获奖单位及人员 | 奖项名称 | 获奖类别 | 时间 | 地点 |
|---|---|---|---|---|---|---|
| 1 | 勃拉姆斯国际合唱节 | 平潭综合实验区蓝眼泪合唱团 | 成人混合合唱团 | 银奖 | 2023 年 1 月 | 线上 |
| 2 | 福建省工艺美术名人 | 詹 胜 | 平潭贝雕 | 省工艺美术名人 | 2023 年 3 月 | 福州 |

续表 28

| 序号 | 赛事名称 | 获奖单位及人员 | 奖项名称 | 获奖类别 | 时间 | 地点 |
|---|---|---|---|---|---|---|
| 3 | 第四届福建省工艺美术创意设计大赛创新创意设计大赛 | 蒋心忠、周　明 | 平潭贝雕 | 银奖 | 2023 年 3 月 | 德化 |
| 4 | | 施孝斌、施伟婷 | 平潭海柳雕 | 铜奖 | 2023 年 3 月 | 德化 |
| 5 | | 林福平 | 平潭沙画 | 优秀奖 | 2023 年 3 月 | 德化 |
| 6 | 第 16 届福建省戏剧水仙花奖 | 黄丽曦 | 表演奖 | 二等奖 | 2023 年 4 月 | 福州 |
| 7 | 第 19 届福建省少儿讲故事大王比赛 | 施奕晨 | 幼儿组 | 金奖 | 2023 年 9 月 | 福州 |
| 8 | | 蔡美恩 | 幼儿组 | 铜奖 | 2023 年 9 月 | 福州 |
| 9 | | 陈玥熹 | 小学低年级组 | 银奖 | 2023 年 9 月 | 福州 |
| 10 | | 郑歆乔、周若楠、王禹博、陈嘉琪 | 小学低年级组 | 铜奖 | 2023 年 9 月 | 福州 |
| 11 | | 李心媛 | 小学高年级组 | 金奖 | 2023 年 9 月 | 福州 |
| 12 | | 陈思妍、姚绍宇、曾思辰、王芷昕 | 小学高年级组 | 铜奖 | 2023 年 9 月 | 福州 |
| 13 | | 俞建晖 | — | 优秀指导教师奖 | 2023 年 9 月 | 福州 |
| 14 | | 林嘉莹 | — | 优秀指导教师奖 | 2023 年 9 月 | 福州 |
| 15 | 第三届“工匠杯工艺美术创新设计大赛” | 施孝斌 | 平潭海柳雕 | 铜奖 | 2023 年 9 月 | 福州 |
| 16 | 第 15 届福建音乐舞蹈节 | 何珺洁 | 声乐类节目奖 | 二等奖 | 2023 年 9 月 | 福州 |
| 17 | | 李海燕、梁　慧 | — | 声乐类原创音乐奖 | 2023 年 9 月 | 福州 |
| 18 | 中国特色旅游商品大赛 | 詹　胜 | 平潭贝雕 | 铜奖 | 2023 年 9 月 | 北京 |
| 19 | 第 12 届福建省工艺美术精品“争艳杯”大赛 | 施孝斌 | 平潭海柳雕 | 优秀奖 | 2023 年 10 月 | 莆田 |
| 20 | | 林福平 | 平潭沙画 | 银奖 | 2023 年 10 月 | 莆田 |
| 21 | | 林美英 | 剪纸 | 优秀奖 | 2023 年 10 月 | 莆田 |
| 22 | | 詹　胜 | 平潭贝雕 | 金奖 | 2023 年 10 月 | 莆田 |
| 23 | | 陈红秀、詹翔宇 | 其他工艺 | 优秀奖 | 2023 年 10 月 | 莆田 |
| 24 | “扬帆起航新征程”第五届福建省“读中华经典诵时代华章”诵读比赛 | 高韵词、曾伊婷 | 少年组 | 三等奖 | 2023 年 10 月 | 福州 |
| 25 | “街艺福见”——第三届福建省街头文化艺术展演活动 | 平潭综合实验区旅游与文化体育局 | 《骁》 | 入围奖 | 2023 年 11 月 | 福州 |

续表 28

| 序号 | 赛事名称 | 获奖单位及人员 | 奖项名称 | 获奖类别 | 时间 | 地点 |
|---|---|---|---|---|---|---|
| 26 | 首届福建省“阅向未来”青少年演讲比赛 | 游恩奇 | 少儿组 | 入围决赛作品奖 | 2023 年 11 月 | 福州 |
| 27 | 福建省级技能大师工作室 | 詹 胜 | 平潭贝雕 | — | 2023 年 12 月 | 福州 |
| 28 | 第 11 届福建省中青年演员比赛 | 刘明焰 | 戏剧曲艺木偶组 | 银奖 | 2023 年 12 月 | 福州 |

# 社会科学

【概况】 2023 年，平潭综合实验区推动社会科学事业发展，支持自然资源部海岛研究中心、厦门大学平潭研究院、平潭国际南岛语族研究院等社科平台载体建设，形成基础研究和应用性研究成果。年内，举办世界政治经济学学会第 16 届论坛、福建省社科界学术年会等社科活动。

【世界政治经济学学会第 16 届论坛在平潭举行】 2023 年 9 月 25 日—27 日，由世界政治经济学学会、福建师范大学、平潭综合实验区管理委员会、中国特色社会主义政治经济学研究中心（福建师范大学）联合主办的世界政治经济学学会第 16 届论坛在平潭举行，来自 20 多个国家和地区的近 300 名学者参会，围绕“中国式现代化与世界现代化进程”主题展开探讨。论坛揭晓 2023 年度“世界马克思经济学奖”和“21 世纪世界政治经济学杰出成果奖”的获奖者名单，并举行颁奖仪式。福建师范大学教授李建平和墨西哥城市自治大学教授海因茨·迪特里希获“世界马克思经济学奖”，南开大学教授张俊山、土耳其伊斯廷耶大学教授埃菲·坎·古尔坎等 9 人获“21 世纪世界政治经济学杰出成果奖”。

【福建省社科界学术年会在平潭举行】 2023 年 11 月 11 日—12 日，福建省社科界 2023 年学术年会教育分论坛外语教育子论坛在平潭举行，全省各地近百名英语教育研究者围绕“探索英语跨学科融合育人新途径”主题展开探讨。11 月 18 日，省社会科学界学术年会社科普及论坛“哲学视野中的中国式现代化”学术研讨会在平潭召开，来自省委党校、厦门大学、福州大学、福建师范大学等单位的 100 多名专家学者参会，从哲学维度探讨中国式现代化所蕴含的学理、哲理、道理。

（吴继贵 吴婉玲 梁丽玲 李兵 周利容）

# 历史文化遗产保护

## · 文物保护 ·

【概况】 2023 年，平潭综合实验区坚持“保护第一、加强管理、挖掘利用、有效利用、让文物活起来”的新时代文物工作方针，制定《平潭综合实验区全域文物保护规划》《平潭综合实验区基本建设工程中文物调查和考古勘探工作实施方案（试行）》等文物保护办法，开展文物保护单位修缮。

【文物保护政策】 2023 年，平潭综合实验区出台《平潭综合实验区基本建设工程中文物调查和考古勘探工作实施方案（试行）》《平潭综合实验区国有博物馆文物征集办法（试行）》等，为文物工作提供规范性指导。

【文物保护单位修缮】 2023 年，平潭综合实验区旅游文体局完成省级文物保护单位五福庙、琉球接贡使墓修缮工程以及上攀古建筑群消防工程施工。完成区级文物保护单位道彰岩摩崖石刻环境整治工程及十可知斋修缮工程。实施“白蚁防治”工程，采购“白蚁防治”服务项目，全年完成 15 处文物建筑的白蚁消杀等工作。

（杨虹 钟琳煜 王凯琴）

## ·海坛海峡水下考古调查·

【概况】 2023 年，平潭综合实验区开展海坛海峡水下遗址整体保护，举办“中国考古 01 号”船首航福建开放日活动，完成福建水下考古（平潭）基地（一期）项目建设，开展水下考古基地二期工程筹建工作，推动国家文物局水下考古东海基地落地，加快与北大文博考古学院共建工作。国家文物局在平潭开展“十四五”重点海域水下遗址调查项目——福建海坛海域水下考古调查，发现明代沉船遗址1处，并发布《保护水下文物平潭倡议》。中国社会科学院考古研究所、厦门大学入驻东花丘遗址、西营遗址开展考古发掘。

**延伸阅读：**海坛海峡是古代海上丝绸之路的必经之地。2013年，平潭海坛海峡水下遗址入选第七批全国重点文物保护单位名单，是中国沿海唯一一处国家级水下文物保护区。遗址确认有10处从五代至清代的沉船遗址，是全国水下遗存分布最密集、内涵丰富且文化面貌相对明确的水下遗存分布区之一。

**【国家文物局《保护水下文物平潭倡议》发布】**2023年4月1日，《中华人民共和国水下文物保护管理条例》修订实施一周年宣传活动在平潭国际南岛语族考古研究基地举行，由国家文物局主办，现场发布《保护水下文物平潭倡议》。倡议面向水下文物考古和保护工作者，水域内进行工程建设的业主方、施工方，水域内从事交通运输、科学考察、潜水、捕捞等主体，以及普通社会公众，号召发现水下文物或者疑似水下文物第一时间报告当地文物主管部门。

**【赤礁屿明代沉船遗址发现】**2023年4月17日，国家文物局考古研究中心与省考古研究院联合水下考古队伍到平潭综合实验区南海乡塘屿岛，开展国家文物局"十四五"重点海域水下遗址调查项目——福建海坛海域水下考古调查。6月17日—19日，发现确认一艘保存较好、价值较高的明代沉船"平潭海坛海峡赤礁屿二号明代沉船"，舱内排列整齐的船货瓷器，是中国沿海首次发现保存较好的明代中期（年代约为15世纪晚期）遗存，是中国发现明代最早的沉船遗址，有助于推动明代中期龙泉窑青瓷、景德镇青花瓷外销的考古课题研究。

**【"中国考古01号"船首航福建开放日活动】**2023年6月25日，"中国考古01号"船首航福建公众开放日活动在平潭海坛海峡举行，包括中国水下考古发展展示、座谈交流、登船参观等环节。"中国考古01号"船是中国自主研发、设计和建造的第一艘水下考古专用船，平潭是其第20个水下考古重大项目，重点协助开展海坛海峡水下考古调查。

2023年6月25日，"中国考古01号"船首航福建公众开放日活动在平潭海坛海峡举行。图为工作人员为学生介绍船上设施 （林君斌 摄）

**【福建水下考古（平潭）基地（一期）项目完工】**2023年，福建水下考古（平潭）基地（一期）项目建设完工，具备科研机构入驻正常运行条件。项目位于竹屿湾区域，总投资额1.80亿元，依托海丝文化与海坛海峡水下遗址，对中国标准砂厂东侧区域房屋进行改造施工、景观提升，工程面积2327平方米，包括水文物收藏保护、整理研究、陈列展示等功能。

**【考古纪录片《丝路上的水下考古（海坛寻踪）》播出】**2023年11月，由国家文物局考古研究中心指导、湖南广播电视台新闻中心制作的4集考古类纪录片《丝路上的水下考古》播出，其中"海坛寻踪"聚焦海坛海峡水下调查考古现场，展示考古发掘出的五代越窑青瓷花口盘、元龙泉窑印花大盘、明青花开光花卉纹大盘及清代"碗礁一号"上的大量瓷器。

（杨虹 钟琳煜 王凯琴）

## ·南岛语族文化考古研究·

**【概况】**2023年，平潭综合实验区立足壳丘头遗址群及其相关文物要素的整体保护，修改提升《壳丘头遗址群保护规划》并获省政府批复。深化"考古中国"重大课题——南岛语族起源与扩散研究，完成壳丘头、东花丘和龟山遗址的阶段性考古发掘工作，出土大量石器、陶器等文物，壳丘头新石器时代遗址群获评2023年度中国考古新发现。平潭国际南岛语族研究院开展壳丘头遗址群考古资料整理与修复工作，承办“环太平洋史前文化”学术研讨会，举办10场“南岛语族文化进校园”活动，扩大南岛语族文化影响力。

**【壳丘头新石器时代遗址群获评“中国考古新发现”】** 2023年12月，经中国社会科学院组织专家评审，平潭岛壳丘头新石器时代遗址群获评2023年中国社会科学院考古学论坛“中国考古新发现”。项目由中国社科院考古研究所、省考古研究院、厦门大学历史与文化遗产学院、实验区遗址公园保护与发展中心联合挖掘和申报。遗址群沿平潭海岸山体东麓背风坡地连续分布，包括壳丘头、西营、东花丘、龟山等遗址，经过多年持续、系统的考古学工作，建立起东南沿海岛屿地区距今7500～3000年的考古学文化序列，揭示出该地区7000年以来的史前聚落形态及其变化发展规律，深化对东南沿海地区史前人群利用海洋资源及史前农业文化向东南亚岛屿地区扩散历程的认识，为探索南岛语族起源与扩散提供重要线索。

**【西营遗址考古发掘】** 西营遗址距今约7300～6500年，代表平潭岛最早的新石器时代遗存。2023年10月，厦门大学对西营遗址南部进行第二次系统考古发掘，12月底结束野外工作，历时3个月，发掘面积300平方米，正南北向布设5米×5米探方12个，分为Ⅰ区和Ⅱ区发掘区2个，每区各6个探方。发掘可见5层地层堆积，第4层开始为新石器时期文化层。发现有贝壳堆积、墓葬、灰坑、柱洞等遗迹和陶器、石器、海陆生动物遗骸和人类骨骼等遗物。

海坛海峡水下考古发掘的部分“碗礁一号”沉船精美瓷器在平潭国际南岛语族考古研究基地内展出 （林君斌 摄于2023年3月13日）

**【东花丘遗址考古发掘】** 东花丘遗址距今约4000～3500年，是壳丘头遗址群中新石器时代末期的代表性遗存。2023年9月，中国社科院考古研究所东南考古工作队在遗址西部、北部和东南部开设4处发掘区，发掘面积700平方米。发掘出房址、贝壳堆、用火遗迹、柱洞、沟、灰坑等重要遗迹，出土陶器、石器、贝器、骨器、海陆生动物遗存等遗物。遗物中夹砂绳纹陶与以云雷纹为主要纹饰的印纹硬陶共存，代表当时平潭岛本地土著文化与来自闽江下流域外来文化之间碰撞、融合的过程。

**【《福建省平潭壳丘头遗址群保护规划》获批】** 2023年，《福建省平潭壳丘头遗址群保护规划》获福建省人民政府批复。规划按照“保护第一、加强管理、挖掘价值、有效利用、让文物活起来”的文物工作方针，对壳丘头遗址群的保护与利用进行科学合理的规划，从考古发掘、学术研究、活动展示、文化交流等方面，打造南岛语族文化品牌和平潭国际旅游岛文旅名片。

**【壳丘头遗址博物馆建设】** 2023年，平潭综合实验区完成壳丘头遗址博物馆主体工程建设和展陈大纲终稿编制工作，博物馆位于苏平镇上攀村，总建筑面积1.30万平方米，包括陈列展览区、公共服务区、藏品技术区等，项目以“山海相依”为造型意象，结合“南岛语族原乡”考古论证，打造“旅游+考古”的国际南岛语族文化交流载体。

**【区考古遗址公园保护与发展中心成立】** 2023年，平潭综合实验区成立区考古遗址公园保护与发展中心，核定事业编制10人，负责壳丘头考古遗址公园、海坛海峡水下遗址公园的保护管理、考古研究等。

**【“环太平洋史前文化”学术研讨会在平潭召开】** 2023年8月17日—20日，“环太平洋史前文化”学术研讨会在平潭召开，邀请来自美国、印度尼西亚、帕劳等国家及中国社会科学院考古研究所等国内

2023年6月，平潭国际南岛语族考古研究基地工作人员在龟山遗址进行文物采集工作 （江信恒 摄）

高校和智库的60名环太平洋史前文化研究领域专家学者参加，其中20名专家学者以南岛语族文化研究为纽带，从考古学、分子生物学、语言学、民族学、科技信息研究等多学科多角度发表主题演讲。

【壳丘头遗址群考古资料整理修复】 2023年1月—10月，平潭国际南岛语族研究院全面整理壳丘头、东花丘和龟山遗址发掘出土的陶片，包括清理陶片、根据陶质陶色分类统计、拼对并修复可复原陶器，挑选出可绘图的石器、陶器标本，完成拓片、绘图、描述、拍照等整理工作。

【南岛语族文化研究成果】 2023年，平潭综合实验区南岛语族研究院完成壳丘头遗址群考古资料整理与修复工作，撰写《壳丘头遗址周边区域考古调查工作计划书》《平潭海防遗存考古调查与研究工作计划书》《深化南岛语族考古研究 做实福建南岛语族祖源地文化品牌》《平潭文化遗产保护与利用》等学术作品。与厦门大学合作的《福建平潭榕山遗址发掘简报》在《东南文化》核心期刊上发表。与福建师范大学东南环境考古中心合作科研项目研究成果在《地理科学》核心期刊上发表。开展《南岛语族文化服务对外对台交流工作的路径研究》课题工作。

【南岛语族文化进校园】 2023年，平潭国际南岛语族研究院对区属6所中小学开展南岛语族文化进校园活动，每所学校组织安排《平潭与南岛语族》《平潭文化遗产及出土陶器纹饰介绍》《走进考古》课程讲座，让学校师生了解南岛语族文化。

（黄琼云 杨虹 钟琳煜 王凯琴）

## ·非物质文化遗产保护·

【概况】 2023年，平潭综合实验区根据“保护为主、抢救第一、合理利用、传承发展”方针开展非物质文化遗产保护工作，公布第七批区级非遗代表性项目名录和区级非遗代表性传承人名单，新增区级非遗代表性项目18个，新增区级非遗代表性传承人16人。推动省级非遗项目——词明戏申报国家级非遗项目。鼓励非遗传承人结合现代旅游需求，推进平潭非遗文创品定制，打造平潭非遗好礼。举办非遗相关活动80余场，举办首届中国平潭两岸妈祖文化交流会、平潭词明戏学术研讨会、首届“平潭米糊”中医药文化交流论坛等活动。平潭台湾小镇获评全省非遗与旅游融合发展十大优秀案例。与福建信息职业技术学院合作完成《平潭非物质文化遗产保护与文旅融合策略》课题。

【平潭第七批区级非遗项目公布】 2023年6月，平潭综合实验区第七批区级非物质文化遗产代表性项目名录公布，涵盖烧瓦塔、“敬头”妈祖文化、蝴蝶干海产品传统加工技艺、小吃鱼丸制作技艺等民俗、传统技艺、传统医药、民间文学、传统美术5个方面18个项目。

【平潭非遗作品获省工艺美术精品赛奖项】 2023年9月28日至10月2日，在莆田市工艺美术城举行的第12届福建省工艺美术精品“争艳杯”大赛中，平潭贝雕作品《岛礁正春风》获大赛金奖，沙雕画作品《土楼人家》获银奖，贝雕作品《富贵平安》获铜奖，贝雕作品《秋芳》《年年有余》和海柳雕《赤壁游》等获优秀奖，是平潭在全省工艺美术界最高级别赛事中取得的最好成绩。

【平潭藤牌操获评全国“一县一品”典型案例】 2023年2月，平潭藤牌操获评第一批全国“一县一品”特色文化艺术典型案例“文艺演出类”名单。藤牌操又称“藤牌舞”，发源于明嘉靖年间（1522—1566

### 表 29 至 2023 年末平潭综合实验区非物质文化遗产代表性项目名录一览表

| 序号 | 项目类别 | 项目批次 | 项目名称 | 认定保护单位 |
|---|---|---|---|---|
| 1 | 民间文学 | 区第六批，2021 年 | 平潭童谣 | 福建海山传媒有限责任公司 |
| 2 | | 区第七批，2023 年 | 石牌洋哑巴皇帝传说 | 区非物质文化遗产传承保护管理中心 |
| | | | | 平潭悠岚旅游发展有限公司 |
| 3 | 传统音乐 | 区第六批，2021 年 | 平潭排只 | 区仙宫下排只文化传承中心 |
| 4 | | 区第六批，2021 年 | 十番音乐 | 平潭城关福恩府 |
| 5 | 传统舞蹈 | 市第一批，2007 年 | 平潭藤牌操（福州市） | 区藤牌操协会 |
| | | 省第五批，2017 年 | 藤牌操 | |
| 6 | 传统戏剧 | 市第一批，2007 年 | 词明戏 | 区苍霞垄词明戏传习中心 |
| | | 省第七批，2022 年 | 词明戏 | |
| 7 | | 区第六批，2021 年 | 平潭闽剧 | 平潭县闽剧团 |
| 8 | 曲　艺 | 区第六批，2021 年 | 平潭评话 | 区曲艺家协会 |
| 9 | 传统美术 | 区第六批，2021 年 | 平潭沙画 | 林福平沙雕艺术馆 |
| 10 | | 区第七批，2023 年 | 平潭剪纸 | 区民间艺术家协会 |
| 11 | 传统技艺 | 区第二批，2017 年 | 平潭贝雕（区级） | 福建映像海坛文化创意有限公司 |
| | | 省第六批，2019 年 | 福建贝雕（平潭） | |
| 12 | | 区第三批，2019 年 | 岚台传统灯笼 | 桂箖（福建）文化传播有限公司 |
| 13 | | 区第四批，2019 年 | 平潭海柳雕 | 福州冬晴文化传媒有限公司 |
| 14 | | 区第六批，2021 年 | 海坛老酒酿造技艺 | 福建海坛酒业有限公司 |
| 15 | | 区第六批，2021 年 | 岭上线面 | 平潭智明长寿面坊 |
| 16 | | 区第七批，2023 年 | 平潭海产品传统加工技艺（蝴蝶干） | 区非物质文化遗产传承保护管理中心 |
| | | | | 白胜村村民委员会 |
| 17 | | 区第七批，2023 年 | 海山鼠系列渔船制造技艺 | 区非物质文化遗产传承保护管理中心 |
| | | | | 区德工文化发展有限公司 |
| | | | | 平潭县海山船舶制造店 |
| 18 | | 区第七批，2023 年 | 平潭螺钿工艺 | 区非物质文化遗产传承保护管理中心 |
| | | | | 区贝雕文化创意有限公司 |
| 19 | | 区第七批，2023 年 | 平潭传统小吃制作技艺（鱼丸） | 区非物质文化遗产传承保护管理中心 |
| | | | | 老宋食品有限公司 |
| 20 | | 区第七批，2023 年 | 平潭传统小吃制作技艺（薯粉面） | 区非物质文化遗产传承保护管理中心 |
| | | | | 区妹仔薯粉面加工坊 |
| 21 | | 区第七批，2023 年 | 石沪营造技艺 | 区非物质文化遗产传承保护管理中心 |

续表 29

| 序号 | 项目类别 | 项目批次 | 项目名称 | 认定保护单位 |
|---|---|---|---|---|
| 22 | 传统技艺 | 区第七批，2023 年 | 平潭传统小吃制作技艺（八宝饭） | 区非物质文化遗产传承保护管理中心<br>流水景明海鲜楼 |
| 23 | | 区第七批，2023 年 | 平潭传统小吃制作技艺（草燕） | 区非物质文化遗产传承保护管理中心<br>平潭三特伴手礼发展有限公司 |
| 24 | | 区第七批，2023 年 | 拔缯子 | 区非物质文化遗产传承保护管理中心<br>沧海村村民委员会 |
| 25 | 传统医药 | 区第一批，2016 年 | 国术损伤整复 | 平潭县沃前镇东星村元帅宫管理委员会 |
| 26 | | 区第三批，2019 年 | 米糊药 | 区中医院 |
| | | 省第七批，2022 年 | 平潭米糊 | 区中医院<br>福建阳阴堂生物科技有限公司 |
| 27 | | 区第三批，2019 年 | 平潭米糊药 | 福建阳阴堂生物科技有限公司 |
| | | 省第七批，2022 年 | 平潭米糊 | 区中医院<br>福建阳阴堂生物科技有限公司 |
| 28 | | 区第三批，2019 年 | 平潭释德悟传统中药外敷疗法 | 福建天麟生物科技有限公司 |
| 29 | | 区第四批，2019 年 | 翁氏二指禅外治技艺（以指代针）翁氏二指禅腰痛膏方、腰痛灵方综合性传统医术 | 平潭翁氏二指禅保健会所 |
| 30 | | 区第五批，2020 年 | 郑氏药浴导引按跷疗法 | 平潭斗魁医疗科技有限公司 |
| 31 | | 区第六批，2021 年 | 海山蔓化瘀祛痹外治疗法 | 平潭道地苦草种植有限公司 |
| 32 | | 区第七批，2023 年 | 德丰水龙膏拔毒疗法 | 平潭民间中医药学协会 |
| 33 | | 区第七批，2023 年 | 药坛扣膏外伤疗法 | 平潭民间中医药学协会 |
| 34 | | 区第七批，2023 年 | 内寒外治熏蒸法 | 平潭民间中医药学协会 |
| 35 | | 区第七批，2023 年 | 平潭苦草（筋骨草）防治慢性炎症 | 平潭民间中医药学协会 |
| 36 | | 区第七批，2023 年 | 皮肤灵汁剂传统疗法 | 平潭启兴科技有限公司 |
| 37 | 民　俗 | 区第六批，2021 年 | 玉屿缊灯 | 苏平镇民主村村委会 |
| 38 | | 区第六批，2021 年 | 大福村“台湾妈”妈祖文化 | 平潭县敖东镇大福村民委员会 |
| 39 | | 区第六批，2021 年 | 灯牌蛇 | 平潭县潭城镇右营金山官管理局 |
| 40 | | 区第六批，2021 年 | 平潭传统婚俗 | 区文化馆 |
| 41 | | 区第七批，2023 年 | 烧瓦塔习俗 | 金井镇苍海村民委员会 |
| 42 | | 区第七批，2023 年 | “敧头”妈祖文化 | 区非物质文化遗产传承保护管理中心<br>区妈祖文化交流协会 |

年），由抗倭名将戚继光所创的战阵“鸳鸯阵”演变而来，有400余年历史，是省级非遗项目。

**【平潭词明戏学术研讨会】** 2023年11月25日—27日，平潭词明戏学术研讨会举行，来自两岸戏剧界、非遗界、艺术界的专家学者及词明戏代表近50人参加活动，考察平潭苍霞垄词明戏传习中心、霞海禅寺、词明戏四大老艺人故居等地，调研词明戏的历史渊源、表演技巧、戏曲剧本等内容，探讨词明戏创新与传承。

2023年11月25日—27日，2023年平潭词明戏学术研讨会举行（念望舒 摄）

**【首届“平潭米糊”中医药文化交流论坛】** 2023年12月16日，首届平潭米糊中医药文化交流论坛在区中医院举行，论坛以“传承精华 赓续非遗薪火 守正创新 弘扬国医文化”为主题，8名省内中医药专家学者围绕平潭米糊展开专题研讨。平潭米糊作为第七批省级非物质文化遗产代表性项目，流传沿用有300余年历史，在传统剂型上实现创新，加工成米糊茶、米糊饼干等系列产品。

（黄琼云 李海燕 杨小梅）

## 融媒体

**【概况】** 2023年，平潭综合实验区融媒体中心立足国际旅游岛特色，推出多档专题节目以及系列短视频，以“赛事＋文旅”的形式推介赛车、棒垒球、水上运动等平潭赛事运动文化。推出《老外看平潭》《平潭浪涌》《平潭100种生活》《一路向岚》等原创栏目。推出《我自台湾来》栏目，展示平潭做好对台文章成效。策划推出短视频900余条，总播放量超1亿次，平台总粉丝约260万人。微信公众号发布稿件近2000条，流量245万次；海外平台发布超1500条推文，阅读量超624万人次。打造平潭蓝眼泪之约、全景直播等直播产品。围绕“蓝眼泪”主题，策划直播18场，总观看量超3500万次。讲好平潭故事，传播平潭好声音，入选全省优秀县级融媒体中心30强，入选新华社“县级融媒体中心政务商务服务典型事例”，获评全省“新春走基层”活动先进集体、“优秀融媒体中心”。年内13件作品获2022年度福建新闻奖，其中一等奖1件、二等奖3件、三等奖9件，2件作品获全省新闻副刊一等奖。

**【《平潭时报》】** 2023年，平潭时报社策划推出时政类主题报道21个、民生类主题报道10个，开设“学思想 强党性 重实践 建新功”“新时代 新征程 新伟业·学习贯彻全国两会精神”“绿水青山就是金山银山”“深学争优 敢为争先 实干争效”“闽水入岚 溯源之旅”“聚焦2023平潭国际赛车嘉年华”等专栏专题。开设《平潭时报》理论版《浪涌》，刊发15期40篇研究阐释文章。出版报纸359期，合计2432个版面；与台湾地区《前锋日报》合作，定向供稿155篇。年内《平潭时报》发行6520份，其中区内6485份、区外75份。

**【平潭广播电视台】** 2023年，平潭广播电视台综合频道播出电视新闻3135条，其中上传省台并被采用新闻469条、上传“学习强国”学习平台并被采用新闻117条。制作《平潭第一棒》《海岛追风去》《赛车365》3档原创栏目，集运动文化、资讯赛事直播于一体，推出16期节目、3部形象宣传片。《海岛追风去》节目形象宣传片在福州地铁电视滚动播出，覆盖6000余面屏幕，日均浏览量100万人次。平潭广播电视台综合广播（FM98.5）上传省广播被采用228条，上传中央广播电视总台“中国之声”被采用5条，上传“台海之声”被采用269条，通过海峡两岸广播协作网“2023年两岸广播春节联播”播出3期平潭年俗专题节目。以《小鬼当家》栏目为依托，举办小主播工作站挂牌、六一少儿线上演唱会、“我是小李白”少儿诗歌朗诵等活动10余场。

【新媒体宣传】 2023年，平潭综合实验区融媒体中心围绕塑造“国际旅游岛”高辨识度城市形象开展新媒体宣传工作，全年发布稿件、推文超过4万条，200余条稿件被“学习强国”学习平台、中央广播电视总台等采用，发布短视频2600余条，总播放量近1亿次；推出各类直播近210场，总曝光量近4000万次。推出VR作品《独家VR | 720°全景探秘世界最牛风机》为用户提供沉浸式体验，推出《2023蓝眼泪之约——爱TA就带TA来平潭看蓝眼泪》《老外看平潭》《大美平潭》等系列作品。

【广播电视安全播出】 2023年，平潭综合实验区融媒体中心做好君山广播电视转播台监听广播、监看电视工作，值机员巡查重点部位及网络线路，排除不安全因素，广播电视安全播出和安全传输实现“双安全”，完成标准化智慧运维监测系统建设。完成“村村响”农村广播电视基础设施管护工作，加强与各片区、村民广播员的沟通协调，保障广电“村村响”农村广播电视基础设施的安全稳定。

【广电网络】 2023年，福建广电网络集团平潭综合实验区分公司推动智慧广电、5G业务、品牌服务等工作，联合区总工会共建面向一线户外劳动者的“爱家驿站”（爱心驿站）。开展20余场志愿服务活动，翠园营业厅“爱家驿站”获评全国总工会2023年最美工会户外劳动者服务站点。开展智慧广电乡村建设，建设19个智慧广电乡村工程项目。开展广电网络工程建设，结合整村升级、新区入网和老旧小区改造等项目，投资400余万元推进5G网络建设，完成22个网络改造工程，实现双向网络覆盖率97%，其中光纤区域覆盖率84%。通过会议中心党建智融屏、专版互动电视以及电视开机画面开展相关宣传。打造智慧广电乡村项目，拓展“智慧融媒体党建宣传服务”项目，推进“万福千屏”、广网智融屏等智能化舆论引导平台建设。

（郭宁美 何荣昌 雷琼 林雄 蔡峰 高小思 高欣桐）

## 影视产业

【概况】 2023年，平潭综合实验区规模以上文化企业4家，营业收入0.16亿元，全区实现文化产业增加值3.79亿元。吸引31家影视剧组到平潭取景拍摄，包括电影《你是我的英雄》《黎明时分见》等在平潭取景拍摄。举办第三届IM（“In Moments”意为“从这一刻起”）两岸青年影展，吸引全球331所高校参与，1849部短片作品参赛，影展报道全网传播总量超4.50亿人次，总观看量超6373万人次。至年底，实验区注册影视企业402家，实际经营220家，包含影视拍摄、制作、发行、院线、演员经纪等上下游产业链，影视制作发行公司占比80%，龙头企业包括春秋时代、凤凰卫视、福建恒业影业、福建电影制片厂、融创中国等。

【影视产业奖补】 2023年，平潭综合实验区根据《平潭综合实验区关于促进两岸影视产业合作发展的实施意见》及实施细则，连续3年扶持IM两岸青年影展，向影展兑现奖补1200万元，其中对台湾地区青年导演颁发奖金超200万元。梳理首批20个影视项目，对符合条件的影视作品首播、拍摄、实体办公等项目进行奖补。

【影视基地设立】 2023年，平潭综合实验区与厦门大学电影学院、北京师范大学、福建师范大学、河北传媒学院、华侨大学等13所高校

2023年6月，平潭获评全国影视指定拍摄景地。图为平潭竹屿湾影视基地

（江信恒 摄）

## 表 30 第三届 IM 两岸青年影展麒麟表彰一览表

| 序号 | 奖项 | 获奖作品 | 主创人员及单位 |
|---|---|---|---|
| 1 | 麒麟最佳影片 | 《地儿》 | 李家和，河北科技大学 |
| 2 | 麒麟评委会大奖 | 《冬日订正》 | 张恩阳，北京电影学院 |
| 3 | 麒麟最佳导演 | 《失去》 | 丁启文，北京电影学院 |
| 4 | 麒麟新锐剧情短片 | 《垃圾袋》 | 王平波，北京电影学院 |
| 5 | | 《老脸》 | 骆米多，浙江传媒学院 |
| 6 | | 《洋装》 | 施方婷，北京电影学院 |
| 7 | | 《这个下午很无聊》 | 黄周行，北京师范大学珠海分校 |
| 8 | 麒麟新锐非剧情短片 | 《儿童文学》 | 梁静圆，中央戏剧学院 |
| 9 | | 《加速人生》 | 曲伸、贾道成，中国传媒大学 |
| 10 | “汉印”最具创意作品 | 《转生的巨人》 | 杨晗，中国传媒大学 |
| 11 | 麒麟优秀短片 | 《冰爽西瓜》 | 张航硕，伦敦电影学院 |
| 12 | | 《挂失》 | 王祎，北京电影学院 |
| 13 | | 《过家家》 | 曹昕怡，中国传媒大学 |
| 14 | | 《回家》 | 龙筱玉，厦门大学嘉庚学院 |
| 15 | | 《吉日格乐的文艺演出》 | 陈乐，中国传媒大学 |
| 16 | | 《就这样，扣下了摄影机的扳机》 | 陈锦宇，日本大学 |
| 17 | | 《白色子弹》 | 覃洁，中央戏剧学院 |
| 18 | | 《笼》 | 邱宸星，北京师范大学 |
| 19 | | 《迷途》 | 庄时俊，义守大学 |
| 20 | | 《那年凛冬》 | 张庄敬，台湾艺术大学 |
| 21 | | 《甘甘》 | 黄荣澍，北京电影学院 |
| 22 | | 《如梦夜话》 | 林彦豪，大叶大学 |
| 23 | | 《三喜》 | 杨达荣，香港浸会大学 |
| 24 | | 《水黾》 | 苏意惠，台湾艺术大学 |
| 25 | | 《我的朋友王秀枝女士》 | 安静一，浙江传媒学院 |
| 26 | | 《我生命的二次旅途》 | 唐汇聪，青岛电影学院 |
| 27 | | 《吸血鬼与魔法师》 | 郑安群，台北艺术大学 |
| 28 | | 《鹰栖凉山》 | 刘博濠，纽约大学 |
| 29 | | 《咫尺之间》 | 梅紫菱，美国艺术中心设计学院 |
| 30 | | 《自由的温度》 | 江孟谦，世新大学 |
| 31 | “生生不息成长计划”优选提案 | 《小径分岔的花园》 | 姜柏廷（个人） |
| 32 | “生生不息成长计划”哔哩哔哩明日关注奖 | 《我年轻的艺术家们》 | 陈文瀚（个人） |
| 33 | “生生不息成长计划”CCDF 选择奖 | 《我将停留在哪里》 | 李诗煜（个人） |
| 34 | “生生不息成长计划”影联选择奖 | 《僵尸外公》 | 钱柠（个人） |
| 35 | 智云“从平潭出发”72 小时极拍一等奖 | 《海山》 | 中国传媒大学戏剧影视学院 |
| 36 | | 《望海》 | 福建师范大学传播学院 |
| 37 | 智云“从平潭出发”72 小时极拍二等奖 | 《蓝》 | 山西传媒学院 |
| 38 | | 《对岸的沙》 | 河北传媒学院影视艺术学院 |
| 39 | | 《吟留别》 | 中国美术学院电影学院 |
| 40 | 智云“从平潭出发”72 小时极拍三等奖 | 《岚岛少年》 | 陕西师范大学新闻与传播学院 |
| 41 | | 《真我如海》 | 华侨大学新闻与传播学院 |
| 42 | | 《要像大海一样》 | 新疆艺术学院传媒学院 |

续表 30

| 序号 | 奖项 | 获奖作品 | 主创人员及单位 |
| --- | --- | --- | --- |
| 43 | 智云“从平潭出发”72 小时极拍三等奖 | 《幕间休息》 | 厦门大学电影学院 |
| 44 | | 《岚海遗珠》 | 北京师范大学艺术与传媒学院 |
| 45 | 智云“从平潭出发”72 小时极拍高校组织奖 | — | 中国传媒大学 |
| 46 | | — | 北京电影学院 |
| 47 | | — | 台湾艺术大学 |

达成合作意向，在平潭设立影视创作基地。平潭北港村的石头会唱歌、风中旅行、小隐见道被省委宣传部、省电影局认定为全省首批 20 个重点影视外景拍摄基地。

**【公益电影放映】** 2023 年，平潭综合实验区党工委宣传影视部加强对农村公益电影放映队伍管理，制定电影放映计划，推出“情系农村”系列电影，放映党的二十大精神、道路交通安全、“扫黄打非”、农村种养等宣传影片，为全区 192 个行政村放映电影 2340 场次，观众 9.37 万人。

**【第三届 IM 两岸青年影展表彰结果公布】** 2023 年 9 月 14 日，第三届 IM 两岸青年影展扶持表彰大会在平潭综合实验区举行，王小帅、谢飞、马可·穆勒等导演、编剧、出品人，陈妍希、马苏、李梦等演员，以及胡德夫、低苦艾等音乐人共同出席表彰大会，揭晓“麒麟表彰”单元及各奖项名单（见表 30）。河北科技大学李家和的作品《地儿》获麒麟最佳影片奖，获得奖金 30 万元。北京电影学院张恩阳的作品《冬日订正》获麒麟评委会大奖，台湾地区导演丁启文的作品《失去》获最佳导演奖。

**【在平潭取景电影《守岛人》获华表奖优秀故事片】** 2023 年 2 月 23 日，90% 取景于平潭的电影《守岛人》获得第 19 届中国电影华表奖优秀故事片，刘烨凭借《守岛人》获优秀男演员奖。华表奖与金鸡奖、大百花奖并称中国电影三大奖。电影讲述“人民楷模”王继才舍“小家”为“大家”、驻守边疆海岛 32 年的艰苦经历，凸显“守岛精神”。

2023 年 9 月 14 日，第三届 IM 两岸青年影展扶持表彰大会在平潭举行。图为获奖选手上台领奖 （江信恒 摄）

**【平潭 2 件作品获省第十届百花文艺奖】** 2023 年 10 月，平潭 2 件作品电影《冰峰暴》、电视剧《那些日子》获福建省第十届百花文艺奖项。电影《冰峰暴》由春秋时代（平潭）影业有限公司为第一出品单位制作，讲述发生在喜马拉雅山上的救援故事，展现中国登山救援队员的精神风貌。电视剧《那些日子》由省委宣传部、区党工委宣传影视部和福兆传媒（福建平潭）公司联合摄制，以全国脱贫攻坚获奖者中 10 名共产党员为故事原型人物进行创作。

**【平潭获评全国影视指定拍摄景地】** 2023 年 6 月 5 日，在首届中国电视剧大会——2023 影视基地峰会上，平潭被中国广播电视社会组织联合会授予“全国影视指定拍摄景地”称号。平潭影视取景地涉及全岛全域，包括竹屿湾影视基地、台湾风情影视基地以及坛南湾、北港文创村等。

（郭宁美）

# 体育

## 综述

**【品牌赛事活力岛建设】** 2023年，平潭综合实验区培育体育品牌赛事，加快体育基础设施建设，打造品牌赛事活力岛，推动全区体育事业发展，连续7年获评中国体育旅游十佳目的地。以“周周有赛事”为目标，开展赛车、风筝冲浪、棒垒球、沙滩运动等特色项目，全年举办62场品牌赛事活动、39场全民健身赛事活动。对照国际场地标准，建成棒球公园并提升改造平潭垒球馆。以惠民便民为主线，推动城乡健身场地设施安装配置、升级换代，人均体育场地面积3.20平方米，优化城市社区“10分钟体育健身圈”。组建棒垒球、排球、风筝冲浪特色运动项目区队，加强体育后备人才队伍建设，提高实验区竞技体育水平。

**【体育设施建设】** 2023年，平潭综合实验区推进品牌赛事和全民健身体育设施建设，投资2亿元建成棒球公园，提升改造平潭垒球馆。开工建设平潭国际赛车场，建成如意湖水上运动公园、国际风帆运动训练基地等体育设施。推动城乡健身场地设施安装配置、升级换代，完成龙海智慧体育公园、龙王头游泳池、屿头乡屿南村多功能运动场、上楼村体育公园和翠园体育公园等省、区为民办实事项目建设，完成龙王头国家森林公园健身步道、滨海骑行道等全民健身设施项目建设。

**【体育产业培育】** 2023年，平潭综合实验区制定出台体育赛事补助管理、支持赛车运动发展、支持棒垒球运动发展等政策，培育“瞪羚型”体育企业，乐恒（平潭）体育发展有限公司入选2023年福建省体育产业示范单位名单。引入水上卡丁车项目，打造水上运动休闲业态。平潭获评亚洲垒球竞赛训练基地、中国慢投垒球竞赛训练基地。

**【岚台体育交流】** 2023年，平潭综合实验区拓宽两岸体育交流领域，打造海峡两岸体育嘉年华品牌。举办第一届海峡两岸体育嘉年华暨海峡两岸青少年棒球冠军赛、海峡两岸（平潭）铁人三项公开赛、闽台青少年棒球邀请赛、海峡飘移邀请赛等10场活动，其中海峡两岸青少年棒球冠军赛全网观看量超1237.90万次。举办2023年闽台棒垒球运动交流合作发展研讨会，50名两岸专家学者参会探讨海峡两岸棒垒球运动的合作发展。海峡两岸体育嘉年华、棒垒球项目、平潭棒垒球品牌赛事入选2023年福建体育十大事件名单。推动台胞教练入校推广棒垒球、跆拳道等特色运动，

2023年，平潭如意湖水上运动中心建成投入使用，建有露营基地、水上卡丁车服务中心和水上卡丁车赛道。图为如意湖水上运动中心

（江信恒 摄于2023年10月）

培育省级“一地一品牌”特色运动项目。开展岚台汽车运动交流，主办海峡飘移邀请赛，吸引两岸26名精英车手参赛，6辆台湾地区车辆首次到福建参加比赛。依托对台职业资格标准采信举措，引进台湾地区体育技术型、管理型、运营型人才。

【体育宣传推广】 2023年，平潭综合实验区提升赛车、风筝、棒球、风筝冲浪等体育赛事影响力，策划“激情加速度”主题宣传，开设本土体育赛事电视栏目，年内福建省首档棒垒球电视栏目《平潭第一棒》播出1期，首档风筝冲浪电视栏目《海岛追风去》播出1期，全区首档赛车电视栏目《赛车365》播出3期。对接省内外媒体，以体育赛事为节点，通过“短视频+赛事直播”“网络专题+短视频+图文”等形式，推出系列赛事报道。聘请平潭籍运动员、风筝冲浪国家队队员陈静乐为平潭体育旅游形象代言人，通过体育健将名人效应对外推介平潭国际旅游岛。

【体育类培训规范】 2023年，平潭综合实验区旅游文体局规范体育培训行业市场，出台《平潭综合实验区体育类校外培训机构准入实施意见（试行）》《平潭综合实验区体育类校外培训机构资金监管规定（试行）》，开展百日会战专项整治，建立体育类校外培训机构台账，推出体育培训机构白名单。

（林勇庆 黄琼云）

## 群众体育

【概况】 2023年，平潭综合实验区完成龙王头国家森林公园健身步道、滨海骑行道、龙海智慧体育公园、龙王头游泳池等全民健身体育设施建设。免费或低收费开放公共体育场馆，建立国民体质监测中心2处，举办国家体育锻炼标准达标测验活动4场次。以政府购买服务方式委托区体育总会组队参加第六届省社区（乡村）体育联赛，其中荷塘采莲、拔河、定向比赛获一等奖。举办社会体育指导员培训班，培训各级社会体育指导员800余人，3人获评国家级社会体育指导员。发动区内学校、行政机关、企事业单位、村居等组建棒垒球业余队伍56支。

2023年4月18日，2023中国平潭全国中老年气排球精英赛在平潭综合实验区全民健身中心举行 （念望舒 摄）

【全民健身工程】 2023年，平潭综合实验区制定《2023年平潭综合实验区全民健身工程项目实施方案》，在全区新建6片篮球场、足球场，配置30套全民健身路径器材等设施，列入实验区为民办实事项目。投资1000万元完成龙王头国家森林公园健身步道，推动龙王头平潭浪涌无边游泳池项目和屿头乡屿南村多功能运动场项目等前期筹建工作。引进专业团队运营平潭全民健身中心、人民体育场、垒球馆等场馆，实行公共体育场馆对外免费或低收费开放。在平潭人民体育场、平潭全民健身中心建立国民体质监测中心，为群众提供免费体质健康检测服务，实现科学健身一站式服务。

【全民健身活动】 2023年，平潭综合实验区争创省级全民健身运动模范县，承办全国性重大体育赛事首届全国中老年气排球精英赛，举办青少年软式棒垒球交流赛、卡丁车职工联赛、冰雪嘉年华亲子趣味运动会、第11届“贺岁杯”八人制足球赛、“迎春杯”羽毛球公开赛、“迎春杯”青少年垒球赛、乡村社区乒乓球赛等全民健身赛事活动39场。

【青少年体育】 2023年，平潭综合实验区开展“奔跑吧·少年”儿童青少年主题健身活动，举办青少年体育赛事21场，1万多人次参与。加强体育后备人才培养，全区青少年运动员注册人数896人，获评一级运动员8人，获评二级运动员39人，区少体校入选国家体育后备人才基地名单。

【老年人体育】 2023年，平潭综合实验区老年人体育协会下属各片区老体协、辅导站、专项健身老年体育协会90余个，会员6000余人。组织参加中国门球冠军总决赛、老年人智力运动会等赛事3场，以及广场舞裁判员、老年人柔力球、老年人健身球操教练员等体育健身项目培训5场。

**【群众性棒垒球推广】** 2023年，平潭综合实验区加强特色运动后备人才队伍建设，与省棒垒球协会建立棒垒球发展战略合作。培养棒垒球教练100人，28所中小学校将棒垒球项目纳入体育课程。举办群众性棒垒球培训班，推广五人制棒球、慢投垒球、软式棒垒球等推广性棒垒球运动，组建棒垒球业余队伍56支。

**【首届全国中老年气排球精英赛在平潭举行】** 2023年4月18日—22日，首届全国中老年气排球精英赛在平潭全民健身中心举行，64支队伍参赛，漳州市长泰区气排球队获男子中年组冠军，莆田市排球协会队获女子中年组冠军。

（林勇庆 黄琼云 陈海云）

## 竞技体育

**【概况】** 2023年，平潭综合实验区提高竞技体育水平，组队参加省级、全国级别竞技运动比赛，取得突破性成绩（见表31）。陈静乐获亚运会帆船女子水翼风筝板比赛冠军，区棒垒球队获福建省青少年棒球锦标赛乙组冠军和甲组亚军，保持全福建省青少年棒球队伍领先水平。组建特色运动项目区队，平潭男排获全国男子排球锦标赛第六名。与省体育局合作共建帆板（风筝板）、棒垒球特色运动项目，创新培育竞技体育优势项目。组建风筝冲浪运动队、棒垒球队等，培养风筝冲浪、棒垒球等优秀运动员，打造平潭特色品牌运动项目。

2023年9月21日，平潭籍选手陈静乐获杭州第19届亚运会帆船女子水翼风筝板比赛冠军。图为比赛现场 （张涛 摄）

**【平潭籍运动员首获亚运金牌】** 2023年8月10日—20日，2023世界帆船锦标赛在荷兰海牙举行，平潭籍风筝冲浪运动员陈静乐以第七名的成绩赢得女子水翼风筝板的2024年巴黎奥运会参赛资格。9月21日，杭州第19届亚运会帆船比赛在宁波象山亚帆中心举行，陈静乐参加女子水翼风筝板项目比赛。在21日和22日进行的8轮比拼中，陈静乐居榜首。9月27日，陈静乐获水翼风筝板比赛冠军，创造平潭籍运动员亚运会金牌零的突破，是福建运动员在该届亚运会上的第九枚金牌、中国亚运代表团收获的第62枚金牌。

**【福建男排平潭俱乐部组建】** 2023年，平潭综合实验区推进“省队区办”工作，组建全省男子排球队平潭俱乐部。8月23日—31日，2023年全国男排锦标赛在河北保定举行，平潭男排参赛并获第六名，是近30年在此赛事中取得的最好成绩。

（林勇庆 黄琼云）

**表31 2023年平潭综合实验区体育赛事获奖一览表**

| 赛事名称 | 获奖人员 | 奖项名称 | 奖项等级 | 时间 | 地点 |
|---|---|---|---|---|---|
| 杭州第19届亚运会 | 陈静乐 | 帆船女子水翼风筝板 | 第一名 | 2023年9月 | 浙江宁波、舟山 |
| 2023亚洲大洋洲方程式风筝板锦标赛 | 陈静乐 | 帆船女子水翼风筝板 | 第一名 | 2023年11月 | 广东深汕 |
| 2023世界风筝板系列赛珠海总决赛 | 陈静乐 | 帆船女子水翼风筝板 | 第三名 | 2023年12月 | 广东珠海 |

续表 31

| 赛事名称 | 获奖人员 | 奖项名称 | 奖项等级 | 时间 | 地点 |
|---|---|---|---|---|---|
| 福建省青少年棒球锦标赛 | 平潭棒球代表队（蔡德福、陈　力、陈祥彬、丁乐熠、黄瑾瑜、林　祥、林旭圣、林煜凯、林志邦、念家兴、翁祖凯、杨承凯、亓乾懿、丁一鸣、丁皓晨、高梓妍、袁文豪、施宇翔） | 棒球（乙组） | 第一名 | 2023 年 7 月 | 福建龙岩 |
| | 平潭棒球代表队（陈泽恺、戴梓翊、李　浩、林铭海、林镇海、刘增金、施锦泽、魏伟康、陈世轩、林贺楠、林彦曦、林雨希、邱华荣） | 棒球（甲组） | 第二名 | 2023 年 7 月 | 福建龙岩 |
| 福建省青少年摔跤锦标赛 | 任菲儿 | 女子乙组 65 公斤 | 第二名 | 2023 年 8 月 | 南平武夷山 |
| | 叶兰坷 | 女子甲组 46 公斤 | 第三名 | 2023 年 8 月 | 南平武夷山 |
| | 魏海芳 | 女子甲组 69 公斤 | 第三名 | 2023 年 8 月 | 南平武夷山 |
| 福建省青少年跆拳道锦标赛 | 魏泽昆 | 跆拳道男子乙组 55 公斤 | 第二名 | 2023 年 8 月 | 三明尤溪 |
| 福建省青少年武术散打锦标赛 | 叶一凡 | 武术散打男子甲组 52 公斤 | 第二名 | 2023 年 8 月 | 南平邵武 |
| | 张书豪 | 武术散打男子丙组 48 公斤 | 第二名 | 2023 年 8 月 | 南平邵武 |
| 福建省青少年武术散打锦标赛 | 黄晨宇 | 武术散打男子丙组 42 公斤 | 第三名 | 2023 年 8 月 | 南平邵武 |
| | 张北漠 | 武术散打男子丙组 52 公斤 | 第三名 | 2023 年 8 月 | 南平邵武 |
| | 林可妍 | 武术散打女子丙组 | 第三名 | 2023 年 8 月 | 南平邵武 |
| 福建省青少年高尔夫球锦标赛 | 赵韵儿 | 高尔夫球女子丙组 | 第三名 | 2023 年 8 月 | 厦门海沧 |
| 福建省青少年武术套路锦标赛 | 何雨卿 | 男子甲组翻子拳 | 第二名 | 2023 年 8 月 | 莆田仙游 |
| | 丁奥轩 | 男子甲组翻子拳 | 第三名 | 2023 年 8 月 | 莆田仙游 |
| | 白　强 | 男子甲组绳镖 | 第一名 | 2023 年 8 月 | 莆田仙游 |
| | 王子昂 | 男子甲组绳镖 | 第二名 | 2023 年 8 月 | 莆田仙游 |
| | 周胤君 | 男子甲组孙式太极拳 | 第二名 | 2023 年 8 月 | 莆田仙游 |
| | 李　鑫 | 男子甲组武式太极拳 | 第三名 | 2023 年 8 月 | 莆田仙游 |
| | 庄林泽 | 男子甲组少林拳 | 第一名 | 2023 年 8 月 | 莆田仙游 |
| | 李星晨 | 男子甲组单鞭 | 第三名 | 2023 年 8 月 | 莆田仙游 |
| | 张耕豪 | 男子甲组 42 式太极剑 | 第一名 | 2023 年 8 月 | 莆田仙游 |
| | 林罗杰 | 男子乙组南拳 | 第三名 | 2023 年 8 月 | 莆田仙游 |
| | 林罗杰 | 男子乙组南刀 | 第三名 | 2023 年 8 月 | 莆田仙游 |
| | 黄芯怡 | 女子乙组南棍 | 第三名 | 2023 年 8 月 | 莆田仙游 |
| 全国青少年棒球锦标赛 U15 | 平潭四向棒垒球俱乐部代表队（陈世轩、邱华荣、林贺楠、陈祥彬、黄瑾瑜、林祥、林旭圣、丁乐熠、杨承凯、蔡德福、林雨希、冯俊硕、陈力、林煜凯、念家兴、亓乾懿、陈绎凯、翁祖凯） | 棒球俱乐部组 | 优胜组第二名 | 2023 年 8 月 | 山东威海 |
| 2023 年全国跆拳道俱乐部联赛（中部） | 吴伟康 | 跆拳道品势个人 | 第一名 | 2023 年 8 月 | 湖南长沙 |
| 2023 年“海口杯”中国跆拳道公开赛 | 吴伟康 | 跆拳道自创品势 | 第二名 | 2023 年 11 月 | 海南海口 |
| | 吴伟康 | 跆拳道团体品势 | 第二名 | 2023 年 11 月 | 海南海口 |

## 体育品牌赛事

**【概况】** 2023年，平潭综合实验区坚持以“国际风范、青春时尚”为主线，重点推广赛车、风筝冲浪、棒垒球运动，举办多项国际赛事，提升海峡两岸飘移邀请赛、海洋杯国际自行车赛、平潭国际风筝冲浪节等自主赛事。举办2023年亚洲沙滩排球锦标赛、U18（18岁以下）女子垒球亚洲杯、平潭国际赛车嘉年华等赛事活动62场，包括国际性赛事6场、全国级别赛事13场。

**【首届全国五人制棒球锦标赛在平潭举行】** 2023年3月11日—12日，首届全国五人制棒球锦标赛在平潭举行，比赛设U15（15岁以下）组、大学组、公开组，来自全国各地的18支代表队进行74场比赛。福建师范大学代表队、中山市东升高级中学代表队、中山市熊猫棒垒球俱乐部代表队分获大学组、公开组以及U15组别冠军。

**【海峡两岸（平潭）铁人三项公开赛暨城市家庭铁人三项赛举行】** 2023年5月28日，海峡两岸（平潭）铁人三项公开赛暨城市家庭铁人三项赛在龙王头海滨浴场举行，来自海峡两岸近500名选手参赛。比赛产生全程分龄组冠军8名、半程分龄组冠军9名，及游跑两项组、超短距离组、迷你距离组冠军各1名和家庭接力组冠军2名。其中，于姝珺获女子全程组冠军，李鹏程获男子全程组冠军。

**【亚洲沙滩排球锦标赛在平潭举行】** 2023年6月23日—26日，2023年亚洲沙滩排球锦标赛在平潭国际旅游岛沙滩运动基地举行，由亚洲排球联合会主办，是亚洲地区最高水平的沙滩排球赛事，被列入奥运会资格赛体系，比赛积分计入奥运会资格排名。比赛分男子组、女子组，来自中国、日本、伊朗、澳大利亚、卡塔尔等15个国家和地区的59支队伍参赛。中国沙排组合薛晨、夏欣怡获女子组冠军，中国组合阿黑旦、王婧哲获女子组季军。

**【海峡两岸体育嘉年华暨海峡两岸青少年棒球冠军赛在平潭举行】** 2023年8月20日，海峡两岸体育嘉年华暨海峡两岸青少年棒球冠军赛开幕式在平潭国际棒垒球馆举行。嘉年华活动涵盖棒球、武术、舞龙舞狮、帆船等28个海峡两岸品牌体育交流赛事活动。8月20

2023年3月11日—12日，首届全国五人制棒球锦标赛在平潭举行。图为比赛现场 （江信恒 摄）

2023年6月23日—26日，亚洲沙滩排球锦标赛在平潭举行，中国沙排组合薛晨、夏欣怡获女子组冠军。图为沙排比赛现场 （江信恒 摄）

日—24日，海峡两岸青少年棒球冠军赛举行，来自福建、台湾等地的20支球队484人参赛，广东棒球队、高雄市前金中学棒球队分获赛事青年组、U15组别冠军。

【平潭国际赛车嘉年华】 2023年8月25日—27日，平潭国际赛车嘉年华在如意湖国际赛道举行，嘉年华包含China GT中国超级跑车锦标赛、壳牌喜力国际汽联F4方程式中国锦标赛和超吉联赛PRO三大赛事，70名车手参赛，活动通过汽车赛事促进平潭“体育+旅游”融合。China GT是中国汽车类最高级别赛事；壳牌喜力国际汽联F4方程式赛事在英国、法国等10余个国家开展，是具有世界知名度、影响力的方程式赛事之一；超吉联赛PRO中国汽车运动爱好者参与的大型房车赛事。如意湖国际赛道全长2.94千米，设14个弯道，通过国际汽联非永久性三级赛道认证。

【U18女子垒球亚洲杯在平潭举行】 2023年8月29日至9月3日，U18（18岁以下）女子垒球亚洲杯在平潭垒球场举行，来自8个国家和地区的171名选手参赛。日本队获冠军，中国台北队获亚军，中国队获季军，均获得2024年U18女子垒球世界杯参赛资格。比赛期间，亚洲垒球联合会、中国垒球协会、福建省体育局及实验区管委会签署战略合作备忘录，平潭获评亚洲垒球竞赛训练基地。

【中国三人篮球联赛（福建平潭赛区）】 2023年9月16日—20日，中国三人篮球联赛（福建平潭赛区）在龙王头篮球公园举行。赛事是2023赛季中国男子三人篮球超级联赛卫星赛的第六站，武汉盛帆夺冠，在积分榜上位列第一。

【第八届“海洋杯”中国·平潭国际自行车嘉年华】 2023年9月24日，第八届“海洋杯”中国·平潭国际自行车嘉年华暨福建省自行车联赛（平潭站）在龙王头广场举行，1000多名来自世界各地的自行车选手参赛。意大利选手尼古拉斯·马利尼获男子公路精英组个人冠军，陈贻恩获男子公路挑战组个人冠军，刘振龙获男子公路青年组个人冠军，于学宾获男子公路中年组个人冠军，李治平获男子山地青年组个人冠军，羊魏获男子山地中年组个人冠军，段雪获女子公路组个人冠军。

2023年8月25日—27日，平潭国际赛车嘉年华举行。图为在国际汽联F4方程式中国锦标赛中，如意湖赛道上追逐的赛车 （江信恒 摄）

【第十届平潭国际风筝冲浪节】 2023年10月13日—16日，第十届平潭国际风筝冲浪节中国风筝板巡回赛平潭站暨平潭风筝冲浪自由花式国际锦标赛在龙王头海滩举行。来自中国、法国、泰国、越南、菲律宾等国家和地区的150名选手参赛，中国选手张宏毅、莫玉璐分获双向板竞速赛男子组、女子组冠军，郑国辉、唐蕾分获风翼竞速赛男子组、女子组冠军，越南选手HOANG PHU LAI获男子风筝冲浪自由花式冠军，平潭选手陈逸嫚获女子风筝冲浪自由花式冠军。

【2023平潭马拉松赛】 2023年10月29日，“奔赴山海·直通厦马”马拉松联赛（平潭站）2023平潭马拉松赛在龙王头广场举行，来自中国、阿根廷、埃塞俄比亚、法国、肯尼亚、泰国等国家和地区的近5000名运动员参赛。赛事设男、女马拉松，男、女半程马拉松和健康跑项目，中国选手张杰获马拉松男子组冠军，埃塞俄比亚选手车根·梅克德斯·费克德获马拉松项目女子冠军，埃塞俄比亚选手察拉·古尔梅萨·乐玛获半程马拉松男子组冠军，埃塞俄比亚选手阿拉德·古拉咪·泰勒获半程马拉松女子冠军。

【2023海峡飘移邀请赛在平潭举行】 2023年11月9日—12日，平潭国际赛车嘉年华—海峡飘移邀请赛举行，来自海峡两岸26名车手参赛，6辆中国台湾地区的车辆首次到福建参赛。冠速体育DRS飘移车队王祺、廖志雄和零公里润滑油ZM车队薛焜分获A组、B组和PRO组冠军。

（林勇庆 黄琼云）

# 卫生健康

## 综 述

**【医疗卫生机构】** 2023 年，平潭综合实验区各级各类医疗机构 326 家。其中，公立医疗机构 19 家［区属医疗机构 6 家、乡镇卫生院（社区卫生服务中心）13 家］，民营医院 6 家、村卫生所（卫生室）143 家、社区卫生服务站 1 家、门诊部、个体诊所、医务室等 157 家。全区开放病床 2141 张，其中区属医疗机构 730 张、乡镇医疗卫生机构 382 张、社会资本办医 1029 张。全区卫技人员 2966 人，其中区属医疗机构 1112 人、乡镇级医疗卫生机构 636 人、社会资本办医 1154 人、村卫生所 64 人。

**【医疗基础设施建设】** 2023 年，平潭综合实验区中医院改扩建工程建成投用，新增床位 70 张。完成区急救中心提升改造工程并竣工验收。区医院公共救治能力提升项目工程量建设进度超 50%。福建医科大学附属平潭协和医院二期项目发热门诊封顶，感染楼地下室底板建设完成。开展基层医疗机构改造提升项目建设，12 家卫生院完成验收。

2023 年 11 月 21 日，提升改造后的平潭综合实验区中医院病房综合楼启用 （林君斌 摄）

**【卫生人才队伍建设】** 2023 年，平潭综合实验区社会事业局公开招聘卫健系统事业单位工作人员 64 人，校园专场招聘 3 人。签约本科定向生 14 人，定向基层大专医学类毕业生分配到各乡镇卫生院 12 人。培训乡镇全科医生 19 人，引进卫健客座专家 1 人、紧缺急需专业人才 8 人。聘请医疗专家举办讲座 46 场次，开展手术指导 313 台次。选派 27 名中高级专业技术人员到基层医疗卫生机构开展传帮带活动，选派 4 名医务人员参与省第二批基层老中医药专家师承带徒项目。

**【无偿献血】** 2023 年，平潭综合实验区社会事业局健全无偿献血工作机制，贯彻落实《福建省献血条例》，开展 6 场大型无偿献血活动，献血 1449 人，献血量 45.09 万毫升。8 月，实验区血站（一期）工程建成投用，新增翠园中路爱心献血屋 1 处，为 713 名爱心人士提供采血服务。

**【爱国卫生运动】** 2023 年，平潭综合实验区举办第 35 个爱国卫生月主题宣传活动，以“宜居靓家园 健康新生活”为主题，发放“除四害”药品 90 余份、常用药 80 余份，接受义诊群众 85 人。在爱国卫生月期间，清理垃圾 680 吨，清理乱堆乱放 2750 处，整治违法小广告 1370 处。抽查验收农村户厕无害化改造建设项目，完成验收 7706 户。

开展集中灭蚊工作，控制登革热等传染病传播。至年底，全区创建省级卫生乡1个、省级卫生村9个。

【医疗志愿服务】 2023年，平潭综合实验社会事业局实施“千名医师下基层”对口支援，派出医务人员224人次，诊疗2148人次，推动优质医疗资源下沉。开展群众性应急救护公益培训，2028人通过救护员培训考核。组织区内医疗机构到基层和部队开展义诊活动7场次，400余人接受义诊服务。

【医政管理】 2023年，平潭综合实验区社会事业局加强医护人员执业管理，组织174人参加全国执业医师、执业助理医师资格考试。办结医师执业注册登记新证103件，变更执业地点等336件。护士执业注册登记新证118件，变更执业地点、延续注册登记等468件。放射诊疗许可登记15件。开展医疗机构执业许可证年度校验、有效期延续、新证申请及备案监管238家次。

【医疗科研成果】 2023年，平潭综合实验区申报省科技厅科研项目5项、省卫健委科研项目2项，获实用专利3个。发表SCI论文2篇、省级以上刊物上论文13篇，申报省科技厅与省卫健委科研项目7个。

（俞玲燕 陈云花）

## 公共卫生体系建设

【概况】 2023年，平潭综合实验区推进基本公共卫生服务工作，基本公共卫生服务人均补助标准提高至89元，65岁及以上老年人城乡社区规范健康管理率81.18%、高血压患者基层规范管理服务率80.41%、2型糖尿病患者基层规范管理率82.08%。组建106个家庭医生签约服务团队，签约17.38万人，重点人群签约率80.28%，精准扶贫开发对象签约100%。开展全国健康促进医院创建工作，区医院、中医院、北厝卫生院、潭城社区卫生服务中心、敖东镇中心卫生院、澳前镇卫生院达到国家级健康促进医院标准。

【乡村卫生服务】 2023年，平潭综合实验区社会事业局推进乡村卫生服务一体化管理，验收合格112家乡村卫生所。以医共体建设带动12家基层医疗卫生机构服务能力提升。分类指导乡镇卫生院开展福建省“优质服务基层行”活动，苏平片区苏澳卫生院达到推荐标准，平原、中楼、北厝、流水、敖东5家卫生院达到基本标准。落实乡村医生基础性津贴补助，发放乡村医生岗位基础津贴补助资金26.08万元，稳定乡村医生队伍。组织193名乡村医生开展村医规范培训。

【公共卫生应急建设】 2023年，平潭综合实验区社会事业局遴选推荐调整区紧急医学救援队队员，补充区紧急医学救援队伍人数至32人。开展卫生应急演练，6月3日，在东庠岛联合解放军301医院开展离岛伤员军地联合立体化救援演练。8月26日—28日，在东庠岛举办“健康使—2023”突发事件卫生应急综合演练，提升实验区紧急医学救援队伍应急处置能力。

【省级卫生村镇创建】 2023年，平潭综合实验区屿头乡获评省级卫生乡镇；9个村获评省级卫生村，分别是海坛街道上井村，苏平镇半山村、瓦瑶村、和平村，以及屿头乡东金村、东贵村、旺宾村、屿南村、田下村。

（俞玲燕 陈云花）

## 医药卫生改革

【概况】 2023年，平潭综合实验区深化医药卫生改革，建设紧密型县域医共体，促进优质医疗资源扩容下沉和均衡发展，形成“1+3+12”［建设以福建医科大学附属平潭协和医院（平潭综合实验区医院）为龙头，以区中医院、区妇幼保健院、海坛街道社区卫生服务中心3家医疗卫生机构为支撑，12家乡镇卫生院为网格］医疗卫生服务体系。区中医院与福州市中医院、福建省肿瘤医院组成医疗联合体。试点整合海坛片区医疗资源，海坛街道社区卫生服务中心医疗总收入、门诊量、出院量分别比上年增长30.53%、16.56%、58.13%，通过“优质服务基层行”服务能力推荐标准、社区医院省级复核。策划生成平潭妇幼保健中心项目，编制床位500张，启动编制设计方案等前期工作。

【省协和医院专科入驻平潭】 2023年，平潭综合实验区发挥福建医科大学附属平潭协和医院龙头作用，推动省协和医院胸外科、血液科、介入科、健康管理4个专科入驻平潭，相关科室负责人常态化在平潭上班，接诊约4000人次。

【联合病房试点】 2023年，平潭综合实验区医院、中医院与8家基层医疗卫生机构启动联合病房试点，设立联合病房床位37张，由区级医院与基层分院共同管理，年度基层医疗卫生机构床位使用率36.79%，比上年提高9.58个百分点。

【名医工作室门诊增设】 2023年，平潭综合实验区新增7个两岸名医工作室，接诊1460人次，开展手术171例，让患者在平潭家门口享受国家级、省级专家服务。

【双向转诊服务中心成立】 2023年，平潭综合实验区依托区医院成立双向转诊服务中心，向各乡镇卫生院、村卫生所医务人员公布24小时服务电话，为基层转诊患者提供门诊和检查检验、住院床位预约服务，为416名基层医疗卫生机构转诊患者优先提供门诊、医技检查、住院转诊等服务。

【医疗设施共享】 2023年，平潭综合实验区依托区医院先后组建院感、护理、药事管理、临床检验、病案管理、心血管内科6个医疗质量控制中心，填补实验区质量管理体系空白，提升区总医院同质化管理水平。加快影像中心、心电中心等“六大中心”资源共享，其中消毒供应中心、医学影像中心分别为全区医疗卫生机构提供服务394人次、1247人次。加快“四大中心”建设，卒中中心、呼吸中心建成投用，胸痛中心建设完成并通过省级胸痛中心联盟预检，筹建创伤中心，各中心全年接诊患者1.37万人次。

【医保支付方式改革】 2023年，平潭综合实验区卫健系统加快医保支付方式改革，全区符合DIP条件（按病种分值付费）医疗机构覆盖率100%，病种覆盖率89.65%，医保基金结算覆盖率97%。落实药品耗材集中采购医保资金结余留用政策，全年实际拨付结余留用医保资金259.24万元，用于激励医疗机构促进合理用药。加强医保监管，检查定点医药机构261家，约谈医药机构33家，暂停定点医药机构14家，追回医保基金423.55万元，处罚违约金51.38万元。

2023年7月25日，平潭综合区社会事业局联合区行政服务中心开展医保领域打击欺诈骗保专项整治行动。图为工作人员检查定点医疗机构医保使用情况 （区社会事业局 供图）

【岚台医药卫生融合】 2023年，平潭综合实验区卫健系统推动两岸医药卫生融合发展，鼓励台湾医学生就业、台医执业和台资办医、台胞就医，探索建立岚台医疗合作新模式。

台医执业 支持台湾地区医疗专业技术人员到平潭开展短期行医，扩大医疗相关领域对台职业资格采信工作，采信台胞医师10人，在平潭执业的台胞医师9人。年度卫健系统工作人员招聘考试中专设事业单位台胞专岗并完成招聘录用。区医院成立对台医疗工作办公室，协调保障台胞医生日常工作。

台资办医 制定《关于鼓励与支持台胞台企参与公共服务的若干举措》等文件，推出台胞台企在平潭开办二级以上非营利性医院可享受办医补助等5条医药领域优惠政策，年内吸引3家台资合资门诊部落地平潭办医。

台胞就医 协和医院平潭分院设立台胞服务中心，台胞在平潭就医享受“一卡通办、一窗受理、一支队伍、一站服务”待遇，年内服务台胞58人次。在平潭台胞及其家属可享受与祖国大陆居民同等的16项基本公共卫生服务。

岚台医疗交流 举办闽台医疗高品质融合发展学术研讨会、第14届闽台中医药学术论坛等交流会，两岸医疗卫生领域专家学者400余人参加，3个台湾名医工作室落地平潭。

（俞玲燕 陈云花）

## 重点医疗机构

【概况】 2023年，平潭综合实验区公立医疗机构门急诊量110.42万人次，比上年增长3.43%；出院病人3.50万人次，增长29.50%；总手术量1.94万台（其中住院手术量6058台）。

【福建医科大学附属平潭协和医院】 2023年，福建医科大学附属平潭协和医院收入4.13亿元，比上年增长1.77%；门急诊量52.88万人次，增长4.36%；出院病人数2.5万人次，增长23.18%；总手术量1.83万台（其中住院手术量5954台）。推动福建医科大学附属协和医院胸外科、血液科、介入科、健康管理4个专科下沉平潭，柔性引进10个名医工作室。启用首个高压氧舱，提高治愈率，降低致残率。承办2023年闽台医疗高品质融合发展学术研讨会。推出全流程台胞医疗服务，开设台胞服务中心，打通医保、行政审批等部门壁垒，为台胞就医全流程服务。

【平潭中医院】 2023年，平潭综合实验区中医院收入9251.88万元，其中医疗业务收入4029.15万元。门诊就诊19.97万人次，门诊人均费用250.38元。出院患者3042人次，出院病人平均费用4310.83元。与福州市中医院、福建省肿瘤医院组成医疗联合体，加入孟超肝胆医院牵头组建的闽东北协同发展区、福州都市圈肝病专科联盟，开展互助协作。推动中医药学会与平潭二中、麒麟小学、流水小学合作，创办中医药文化教育试点学校，传承中医药文化。12月，举办实验区首届“平潭米糊”闽台中医药文化交流论坛会。

【平潭精神病防治院】 2023年，平潭精神病防治院门诊诊疗人次8763人次，入院2587人次，出院2291人次。设置开放病区，开放心身病房18间、床位36张。走进平潭第二中学、实验小学举办“促进儿童心理健康 共同守护美好未来”心理讲座；联合区疾控中心举办“严重精神障碍管理的随访与技巧”讲座；联合各卫生院开展“严重精神障碍患者的居家管理”讲座。

【民营医院】 2023年，平潭综合实验区民营医院6家，分别是平潭精神病防治院、国德和平医院、宝岛医院、康家医院、安好医院、同霖医院。6家民营医院开放床位1029张，卫技人员568人，年内诊疗量4.67万人次、住院量7363人次。

（俞玲燕 陈云花）

## 卫生监督

【概况】 2023年，平潭综合实验区卫健系统推进职业病专项治理监督、监测及核查工作。加强基层卫生监督，监督覆盖率100%，卫生投诉处理率100%。

【职业健康监督】 2023年，平潭综合实验区卫健系统开展职业性尘肺病患者随访调查工作，核查职业性尘肺病患者的生存情况、职业史、保障情况、户籍及常住地址等信息，随访8名职业性尘肺患者。开展工业场所职业病危害因素监测和危害现状调查，推进职业病专项治理监督、监测及核查工作，完成粉尘危害重点单位监督执法17家，开展建设项目落实职业病防护“三同时”（建设项目职业病防护设施必须与主体工程同时设计、同时施工、同时投入生产和使用）情况核查，核查项目37个。完成职业卫生培训和放射卫生监测工作，发放培训合格证明52人、放射工作人员合格证17人。全年实验区无新发职业病。

【基层卫生监督】 2023年，平潭综合实验区卫健系统开展基层卫生监督检查1934户次，监督覆盖率100%。开展国家“双随机、一公开”监督抽查任务184户，监督完成184户，监督完成率100%。卫生监督执法查处案件20件（简易程序4件、一般程序16件），人均案件数7件，排名全省前列，罚没款总金额7.75万元。处理投诉167件，其中，住宿业（宾馆、民宿、客栈、出租屋等）卫生方面127件，二次供水5件，餐具消毒3件，游泳场所5件，美容纠纷13件，消毒产品方面8件，医疗纠纷投诉6件，处理率100%，办结率100%。推进全区营养健康餐厅（食堂）创建工作，评选出6家实验区营养健康食堂（餐厅）。

（俞玲燕 陈云花）

## 疾病防控

【概况】 2023年，平潭综合实验区卫健系统加强卫生监测检验、重大传染病防治、地方病防治、免疫规划、慢病管理，推进疾控体系改革。全区法定传染病及时报告率99.91%，及时审核率100%。开展心血管病高危人群早期筛查与综合干预项目，实验区入选第八期国家先进项目点名单。

【疫苗接种】 2023年，平潭综合实验区卫健系统加强疫苗接种，出生儿童数建证、建卡率100%；接种一类疫苗5.35万剂次，国家免疫规划的各类疫苗基础免疫接种率超95%。接种HPV（人乳头瘤病毒）、流感、乙肝、狂犬病、手足口病等二类疫苗11.23万支。开展疫苗针对传染病监测，全年报告甲肝 4 例、流行性腮腺炎 11 例、麻疹 1 例、百日咳 1 例。

【传染病防控】 2023 年，平潭综合实验区卫健系统传染病疫情网络直报系统全覆盖至各级医疗卫生机构，加强登革热、流感、猴痘、鼠疫等传染病监测预警。全年报告手足口病 597 例、乙肝病例 1305 例。开展重点场所布雷图指数和成蚊密度监测工作，监测 1106 户，蚊虫密度 4.6 只／人／小时。完成年度鼠疫监测工作任务，捕获鼠 192 只，采集血清标本 192 份，采集鼠肝、鼠脾 131 份，检测结果均为阴性。

【严重精神障碍患者救治服务】 2023 年，平潭综合实验区卫健系统加强严重精神障碍患者服务治疗工作，降低患者肇事肇祸风险。全年全区在册严重精神障碍患者 2061 人，报告患病率 5.36‰，在册患者管理率 96.41%，规范管理率 93.06%。开展居民心理健康问卷调查工作，调查显示居民心理健康素养水平达标率 21.52%。

（俞玲燕 陈云花）

## 生育服务

【概况】 2023 年，平潭综合实验区卫健系统开展生育支持政策宣传，利用“第 34 个世界人口日暨婴幼儿照护服务”主题宣传活动，加强生育政策及配套支持措施、“三孩”生育政策解读、计划生育家庭奖励扶助政策的宣传解读。公布托育服务普惠机构建设情况，宣传托育服务普惠政策，传播科学育儿知识和理念，营造生育友好氛围。

【生育关怀服务】 2023 年，平潭综合实验区卫健系统为计生家庭 35 周岁以上符合生育政策的高龄产妇住院护理一次性补助金 1000 元，发放 36 人、补助金额 3.60 万元。开展亲情暖心关怀服务，利用春节、重阳节等传统节日，区计生协会、家庭签约医生、村居志愿者开展慰问和关怀工作，发放慰问金及慰问品价值 5 万余元。做好计生特殊家庭再生育咨询、收养领养、心理慰藉、法律援助等服务。

【计划生育奖励落实】 2023 年，平潭综合实验区落实计划生育奖励保障，巩固计划生育利益示范成果。全年全区计生家庭奖励扶助 2407 人，发放资金 438 万元，资金发放率 100%，及时率 100%。10 户计生家庭女儿进入城关公立学校就读。7 户农村计生家庭女儿中考加分。为考入本科、大专、城关公立高中的 16 户计生家庭女儿补助金额 3.10 万元。对 5 名符合条件的计生家庭成员聘用至区公益性岗位。投入资金 237.48 万元，做好 412 名农村计生家庭人员的社会养老保险待遇保障工作，年内领取社保养老金 150 余人。为 1 户农村计生困难家庭提供家庭购房补助金额 1 万元。为 383 户计生家庭补助有线电视收视费 8.30 万元。免缴计生家庭城乡居民医保 5463 人，补助 207 万元。

（俞玲燕 陈云花）

## 妇幼保健

【概况】 2023 年，平潭综合实验区卫健系统围绕母婴安全推进妇幼健康各项工作，落实增补叶酸预防神经管缺陷、免费产前筛查诊断、新生儿遗传代谢性疾病筛查等妇幼公共卫生项目。全年全区孕产妇死亡率 0/10 万，婴儿死亡率 1.72‰，5 岁以下儿童死亡率 3.1‰，新生儿死亡率 3.1‰。加强婴幼儿普惠照护项目建设，新建 1 家 118 个普惠性托位婴幼儿照护服务机构，每千人口托位数 2.31 个。

【妇幼健康服务】 2023 年，平潭综合实验区卫健系统落实妇幼公共卫生项目，完成增补叶酸预防神经管缺陷 2110 人，完成免费产前筛查诊断 632 人、新生儿遗传代谢性疾病筛查 1639 例、先天性心脏病筛查 1643 人。开展适龄女性人乳头状瘤病毒（HPV）疫苗免费接种，为实验区 13 ～ 14 周岁未接种过 HPV 疫苗的女性免费接种二价 HPV 疫苗，全年接种 1341 人。推行线上“出生一件事”，发放出生医学证明 1786 张。利用“5・20”等节点与区行政服务中心联合开展婚孕检专项宣传活动，普及婚孕检知识。

【托育机构监管】 2023 年，平潭综合实验区卫健系统健全办托机构自查、行业协会监督、职能部门监管机制，开展巡检督查，对服务管理不到位的婴幼儿照护服务机构和监管不力的单位通报批评、限期整改。制定《婴幼儿照护服务规范管理评估细则》，每学期对婴幼儿照护服务机构进行考评。委托区职业中专学校进行婴幼儿照护社会师资培训，组织托育园长参加省内外相关培训，提高婴幼儿从业人员素质。开展托育机构安全隐患专项排查整改，年内托育机构未发生安全事故。

【妈妈小屋建设】 2023年，平潭综合实验区卫健系统关爱哺乳期女性，推进全区机关企业单位“妈妈小屋”建设，建有“妈妈小屋”34个。开展孕产妇早期健康教育活动，普及母婴设施安全使用和母乳喂养知识，营造生育友好的社会环境。

【婴幼儿普惠照护】 2023年，平潭综合实验区加强婴幼儿普惠照护项目建设，新建普惠性托位婴幼儿照护服务机构1家，新增普惠托位数118个。每千人口拥有3岁以下婴幼儿托位数2.31个，比上年增长27.8%。至年底，全区托位数855个，普惠托位数608个。

（俞玲燕 陈云花）

## 中医药事业

【概况】 2023年，平潭综合实验区二级甲等中医医院1家，开设有中医门诊的社区卫生服务中心1家和乡镇卫生院12家，中医诊所17家，中西医结合诊所3家，中医门诊部6家。

【区域中医医疗联合体组建】 2023年，平潭综合实验区中医院与福州市中医院、福建省肿瘤医院组成医疗联合体，加入孟超肝胆医院牵头组建的闽东北协同发展区、福州都市圈肝病专科联盟，进行资源共享、技术帮扶、互助协作。

【台胞中医健康服务站设立】 2023年，平潭综合实验区卫健系统推动平潭济元堂中医门诊部（台资合资）建设台胞健康服务站，为在平潭的台胞开展免费健康咨询、免诊疗费、协助转诊就医、家庭医生等服务。

【第14届闽台中医药学术论坛在平潭举行】 2023年7月1日—2日，由平潭综合实验区管委会、农工党福建省委会、台湾中医药学会主办的第14届闽台中医药学术论坛在平潭举行。农工党中央副主席邓蓉玲，省政协副主席、农工党福建省委会主委刘献祥出席论坛。论坛以“弘扬瑰宝，造福桑梓，促进交流，增进友谊”为主题，包括闽台中医药界学术研究成果交流、平潭名医工作室授牌、平潭海峡医药健康产业园项目推介3个议程，200余名两岸中医药专家学者参加活动，加强闽台中医药事业合作，推进实验区中医药健康产业发展。

2023年7月1日—2日，第十四届闽台中医药学术论坛在平潭综合实验区举行。图为项目推介现场 （江信恒 摄）

【闽台（民间）中医药交流会在平潭举行】 2023年12月28日，平潭综合实验区第二届“平潭米糊”文化节暨闽台（民间）中医药交流会在实验区中医院举行，活动以“大美中医 魅力非遗”为主题，市民游客通过现场观摩体验，了解感受平潭米糊的魅力，并举办全国名老中医药专家工作站揭牌及赠书仪式。

**延伸阅读：**平潭米糊药，又称药糊，是将调配好的中药分别研粉，与大米粉按比例混合均匀，调煮成糊，是平潭特色中医药养生保健疗法，获评第七批福建省非物质文化遗产和区级非物质文化遗产。

【中医药文化传播】 2023年，平潭综合实验区卫健系统推动区中医院、区中医药学会与平潭二中、麒麟小学、流水小学合作，创办中医药文化教育试点学校，促进中医药文化传承创新。举办中医药适宜技术培训班和中医药针灸推拿适宜技术技能竞赛。开展《中华人民共和国中医药法》《福建省中医药条例》宣传活动。

【中医人才队伍建设】 2023年，平潭综实验区卫健系统开展公开招聘2名康复医师入职。开展大专定向委培，入职康复治疗技术人员4名。通过“三支一扶”招收1名中医学专业人员、1名康复治疗技术人员。

（俞玲燕 陈云花 汪龙 汪建国）

# 社会生活

## 人口家庭

**【概况】** 2023年，平潭综合实验区构建生育友好型社会，推动全区人口高质量发展。区社会事业局开展人口预警监测，实现人口数据互联互通。开展“山盟海誓，爱在岚岛”婚姻登记服务系列活动，闽台“山盟海誓”集体婚礼品牌落地平潭。落实全区优化生育政策及配套措施，加强人口工作队伍建设。加强婴幼儿普惠照护项目建设，新建1家118个普惠性托位婴幼儿照护服务机构，每千人口托位数2.31个。营造生育友好氛围，推进全区机关企业单位“妈妈小屋”建设，建成“妈妈小屋”34个。提升收养管理和服务水平，全年依法办理收养登记9件。开展殡葬领域移风易俗宣讲，区公益性公墓（天慈园）和敖东、大练、澳前乡镇骨灰楼堂建成启用。

2023年，平潭综合实验区社会事业局举办“山盟海誓，爱在岚岛”婚姻登记服务系列活动。图为8月22日，区社会事业局和平潭海警局共同举办集体婚礼（区社会事业局 供图）

**【人口发展】** 2023年，平潭综合实验区总户数13.51万户，总人口45.30万人，其中男性23.08万人、女性22.22万人，性别比为103.90（女=100）。全区常住人口38.1万人，城镇化率61.61%。流动人口4.88万人，其中登记流动人口2.70万人。区社会事业局定期开展出生人口监测工作、完善人口信息采集和出生信息登记。卫生部门统计新生儿分娩数3215人，出生率6.94‰，二、三孩及以上孩次占比54.69%；死亡2392人，死亡率5.16‰，人口自然增长率1.78‰；网上生育登记次数2268条，受理数2264条，审核及时率99.84%。

**【婚姻登记】** 2023年，平潭综合实验区行政服务中心办理结婚登记2210对，离婚申请1208对，协议离婚862对，补发结婚证546对，补发离婚证134对，撤销婚姻登记1件，登记合格率100%，完成结婚档案的归档整理工作。

**【收养管理】** 2023年，平潭综合实验区规范收养登记工作，落实收养评估制度，保障收养人和被收养人的合法权益，依法办理收养登记9起。

**【殡葬管理】** 2023年，平潭综合实验区社会事业局做好清明节祭扫服务保障工作，实施现场祭扫和网络祭祀相结合，满足群众祭扫需求。开展殡葬领域移风易俗宣讲活动，倡导鲜花祭拜。清明期间安排工作人员4039人次，接待祭扫车辆2.60

万辆，接待祭扫群众 17.02 万人次，网络祭扫 1.80 万人次。区公益性公墓（天慈园）项目和敖东、大练、澳前乡镇骨灰楼堂建成启用。

（凌祥锋 林超敏 俞玲燕 张国童）

# 劳动就业

【概况】 2023 年，平潭综合实验区实现新增城镇就业人数 2618 人，完成率 104%。失业人员再就业人数 930 人，完成率 186%。困难人员实现就业人数 140 人，完成率 280%，就业创业呈现“人企岗”增长态势。征集就业困难等群体公益性岗位 95 个，上岗 75 人。举办招聘会 51 场次。

【职业技能鉴定】 2023 年，平潭综合实验区党工委党群工作部开展职业技能等级评价考试 15 场，参加考试 1449 人，发放技能等级证书 1212 本，其中高技能人才 378 人。年内，平潭台胞职业资格一体化服务中心获人力资源和社会保障部批准成为职业技能等级评价机构，引入福建字节跳动科技有限公司和福建大数据产业园区运营管理有限公司在平潭设立考点，为劳动者提供互联网营销师等热门职业工种考试服务，在平潭的省级机构考点增至 6 家。

【劳动争议仲裁】 2023 年，平潭综合实验区社会事业局处置各类劳动争议案件 267 件，审结案件 253 件，结案率 94.76%，涉及金额 1647.07 万元，调解率 65.07%。创新速裁模式，设立由 5 名仲裁员、2 名书记员组成的速裁庭团队，办案时限缩短至 30 天内，处置速裁案件 11 件，涉及 10 人 9.97 万元。“互联网＋调解”服务平台为当事人提供在线调解服务，受理 77 起，均在 6 天内办理。联合区人民检察院开展“检察支持仲裁”联动模式，协同处置 3 件工伤赔付案件，涉案金额 25.60 万元。保护暑期勤工俭学学生权益，为 7 名勤工俭学学生追回劳动报酬 2.87 万元，对于无法调解的纠纷为学生提供法律服务。组织青年仲裁员志愿者送法进企业，3 名青年仲裁员挂钩帮扶 6 家用人单位，开展 15 次法律服务送企活动。组织裁决结案劳动者进行调解，为 14 位劳动者追回劳动报酬和经济补偿金款项 38.25 万元。

2023 年 10 月 13 日，平潭综合实验区社会事业局举办“就在金秋·职面未来”暨“链接人才，驱动未来”高校毕业生金秋专场招聘会活动。图为招聘会线上直播带岗 （区社会事业局 供图）

【区劳动能力鉴定委员会成立】 2023 年 3 月 16 日，平潭综合实验区劳动能力鉴定委员会成立。至年底，作出劳动能力鉴定结论 86 件，其中病残 15 件、工伤 71 件。

【欠薪欠款整治】 2023 年，平潭综合实验区社会事业局排查化解欠薪风险隐患，开展欠薪欠款点题整治，要求全区工程建设领域在建项目创建无欠薪项目部，评定无欠薪标杆项目 4 个，并给予激励措施。解决线下登记诉求件 240 件，涉及 1654 人，金额 4724.58 万元。核实处理全国根治欠薪线索反映平台诉求件 375 起，涉及 3235 人，金额 2920.83 万元。核实处理微信小程序平台诉求件 354 起，涉及人数 3262 人，金额 5166.11 万元。开展普法宣传，组织农民工召开座谈会 30 余场，发放宣传册 5000 余份。

【工资监管指导】 2023 年，平潭综合实验区社会事业局做好工资监管和指导工作，督促用人单位履行工资支付义务。建立全区在建项目农民工工资支付监管平台台账，实现农民工工资支付可追溯。每季度对在建项目实地开展履约评价，抽查登记劳动合同、工资发放等情况，走访项目 164 家次，查处弄虚作假行为。开展劳动用工诚信评价、劳动保障守法诚信与用人单位工资支付行为等级评价，评定 A 级企业 33 家、B 级企业 0 家、C 级企业 1 家。

【高校毕业生就业】 2023 年，平潭综合实验区征集见习岗位 886 个，完成377名高校毕业生见习招收计划。开发省级“三支一扶”（到农村基层从事支教、支农、支医和扶贫）岗位34个，29名高校毕业生培训后上岗。开发基层公共管理和社会服务公益性岗位55个，55人上岗，其中安置就业困难高校毕业生53人。对高校毕业生提供就业服务，2023届离校未就业高校毕业生就业率99.72%，困难毕业生帮扶率、联系率及服务率100%。举办线上线下招聘会51场，征集岗位1.85万个，达成就业意向6925人。

【创业资金奖补】 2023年，平潭综合实验区兑现创业扶持政策，为1家企业发放一次性创业扶持补贴1万元，为11家企业发放创业担保贷款金210万元，以2000元/人标准为2名困难毕业生发放补贴4000元。举办多元创业项目，3名大中专毕业生创业项目获评省级资助9万元。举办第三届“岚台创翼”优秀创业项目评选，20个项目获146万元资助。

【就业创业政策宣传】 2023年，平潭综合实验区搭建就业创业平台提供就业指导，“平潭就业创业”抖音视频号发布2348个岗位。两岸融合创业创新驿站开展成长集中训练营读书分享会9期、工伤预防培训10期，参与426人次。举办2期初创企业经营者高层次进修班，培训139人次。

【脱贫人口跨省就业奖补】 2023年，平潭综合实验区对年度吸纳省外脱贫人口在企业连续就业1个月以上且缴纳1个月以上的社会保险（养老、工伤、失业任一险种）的用工企业，给予企业吸纳中西部脱贫人口跨省就业奖补，年内对55家企业109人发放跨省就业奖补120万元。

【“马兰花”创业培训】 2023年，平潭综合实验区组织开展“马兰花”创业培训，创业者系统学习创业知识与技能，增强创办企业能力，减少企业经营风险。全年开展2期“马兰花”创业培训，培训60人。

（俞玲燕 刘斯捷 陈莹）

## 收入和消费

【概况】 2023年，平潭综合实验区全体居民人均可支配收入3.41万元，比上年增加1649元，增长5.1%，扣除价格因素实际增长4.7%。人均消费支出2.48万元，比上年增加1333元，增长5.7%，扣除价格因素实际增长5.3%。

【城乡居民收入】 2023年，平潭综合实验区城镇居民人均可支配收入5.08万元，比上年增长4%。农村居民人均可支配收入2.38万元，比上年增长6.8%。

【城乡居民消费支出】 2023年，平潭综合实验区城镇居民人均消费支出3.38万元，比上年增长5.1%。农村居民人均消费支出1.20万元，比上年增长6.2%。

【城乡居民消费指数】 2023年，平潭综合实验区居民消费价格比上年增长0.4%，结构上呈现“六升二降”态势。食品烟酒类、居住类、生活用品及服务类、教育文化娱乐类、医疗保健类、其他用品及服务类分别比上年增长0.8%、1.3%、0.6%、1.8%、1.1%、3.8%，衣着类、交通通信类分别下降1.2%、3.3%。

（李香妹 罗雪源）

## 社会保险

【概况】 2023年，平潭综合实验区推进覆盖城乡的社会保险体系建设，扩大养老、医疗、工伤、生育保险覆盖面，强化最低生活及失业保障能力，开展社保基金管理问题专项整治。全区城乡居民养老保险及城镇职工基本养老保险参保人数26.40万人，医疗保险参保人数39.51万人，生育保险参保人数3.42万人，失业保险参保人数3.98万人，工伤保险参保人数6.04万人。

【养老保险】 至2023年底，平潭综合实验区城乡居民养老保险及城镇职工基本养老保险参保人数26.40万人，其中城镇职工基本养老保险参保人数6.27万人、城乡居民养老保险参保人数20.13万人。城乡居民养老保险待遇从每人每月200元提高至210元。被征地农民养老保险参保人数9.25万人，领取被征地养老待遇2.20万人。全区4530名贫困人员城乡居民基本养老保险费按最低缴费标准由政府全额代缴。

【工伤保险】 至2023年底，平潭综合实验区工伤保险参保单位2.56万家，参保人数6.04万人。基金收入2104.25万元，基金支出

1151.50万元。工伤认定受理136件，其中认定工伤110件、不予认定4件。

【生育保险】 至2023年底，平潭综合实验区生育保险参保3.42万人，生育保险待遇发放2.68万人次，生育医疗费用735.96万元，生育津贴1515.22万元。

【失业保险】 至2023年底，平潭综合实验区失业保险参保8472家、3.98万人。失业保险费入库金额1515万元，基金支出1498.29万元。

（俞玲燕 刘斯捷 林莉）

## 医疗保障

【概况】 2023年，平潭综合实验区基本医疗保险参保人数39.51万人，其中城乡居民基本医疗保险参保34.46万人、职工基本医疗保险参保职工5.05万人，常住人口参保率101.3%。健全重特大疾病医疗保险和救助制度，医疗救助对象扩大至五类。年内资助救助对象参保约1万人次，资助金额386.30万元。推行全流程台胞医疗服务，开通“台胞参保直通车”。

【医疗保险】 2023年，平潭综合实验区城镇职工基本医疗保险参保单位3265家，总人数5.04万人（在职职工3.78万人、退休人员1.26万），比上年增加226人。城乡居民基本医疗保险参保34.47万人，其中成年参保人员25.44万人、未成年参保人员9.03万人。城乡居民医疗保险财政补助标准每人每年680元。城镇职工住院1.23万人次，统筹基金支付9535.92万元，次均支付7742.08元；城乡居民住院6.25万人次，统筹基金支付3.09亿元，次均支付4943.16元。城镇职工大病保险补助（商业补充保险）0.24万人次，商保赔付1458.90万元，居民大病保险补助（商业补充保险）5.18万人次，商保赔付5848.14万元。

【医疗救助】 2023年1月，平潭综合实验区出台《关于健全重特大疾病医疗保险和救助制度的实施意见》，医疗救助对象从四类增加至五类，将因高额医疗费用支出导致家庭基本生活出现严重困难的大病患者纳入医疗救助，扩大医疗救助覆盖面，实行“先诊疗后付费”，推行“一站式”即时结算服务。全区城乡医疗救助基金政府筹集标准每人每年1159.39元，年内资助救助对象参保约1万人次，资助金额386.30万元。至年底，提供城乡居民医疗救助5.36万人次，救助金额1531.02万元。其中，门诊救助4.80万人次，救助金额332.96万元；住院救助0.55万人次，救助金额1096.82万元；一次性定额救助13人次，救助金额11.39万元；重特大疾病救助110人次，救助金额89.85万元。

【台胞医疗服务】 2023年，平潭综合实验区推行全流程台胞医疗服务，开通“台胞参保直通车”，台胞凭借台胞通行证等证件可在平潭办理祖国大陆基本医保参保业务，同时申领台胞第三代社保卡。至年底，台胞在平潭参加祖国大陆基本医保311人。台胞在平潭缴交的职工医保和储存额，可在其解除劳动合同时申请一次性提取。

（俞玲燕 刘斯捷 林莉）

## 住房保障

【概况】 2023年，平潭综合实验区开展住房保障资金专项整治，开展公共租赁住房常态化申请受理工作，加快保障性租赁住房周边配套设施完善。加强公积金管理，调整公积金缴存、提取、贷款政策，与福州、莆田、宁德、南平中心推进住房公积金服务“福州都市圈”，实现公积金区域协同共享。

【保障性住房分配管理】 2023年，平潭综合实验区公租房小区10个，总房源4483套，完成分配4022套，分配率89.72%。区社会保障性住房建设与管理领导小组办公室开展公租房配租工作，开展2次补选房工作，为117户住房困难家庭提供住房保障，其中包含中低收入住房困难家庭86户、分类保障定向配租家庭31户。开展住房保障家庭租赁补贴申请受理和发放工作，申请且符合租赁补贴资格的家庭215户，发放租赁补贴金额5.79万元。

【公积金缴存提取发放】 2023年，平潭综合实验区公积金缴存单位741家，缴存职工2.33万人，缴存额5.97亿元。至年底，缴存总额48.85亿元，缴存余额14.68亿元。全年1.10万名职工提取住房公积金，提取额5.27亿元。发放个人住房贷款201笔1.36亿元，回收个人住房贷款1.07亿元。发放异地贷款16笔1052万元，未发放公转商贴息贷款。受委托办理缴存和贷款业务银行4家。

【公积金改革】 2023年9月，平潭综合实验区住房公积金管理委员会出台《关于调整部分住房公积金政策的通知》，优化公积金提取和贷款政策。

缴存政策调整 实验区月缴存基数上限按2.77万元执行，下限按1960元执行，缴存比例为单位和职工各5%～12%，单位可在5%～12%内自主确定缴存比例。

提取政策调整 取消“住房公积金‘逐月冲还贷’2个月留存基数”限制，账户余额仅需保留1元。实现区内、区外住房公积金“逐月冲还贷”业务办理，打破公积金还款区域壁垒，办理纯商贷“逐月冲还贷”业务51笔。对办理租房提取公积金的职工，若后续购买平潭自住住房申请购房提取住房公积金，提取间隔无须满12个月。取消“职工支付房租提取的金额不能高于职工每月缴存的住房公积金”限制。租房提取额度由每人每月800元提高至1000元。对生育、抚养两个及以上未成年的多子女家庭，每人每月最高提取额度提高至1200元。

贷款政策调整 职工家庭第二次申请使用住房公积金贷款的，首付比例降至30%。购买产权面积在90平方米（含）以下的新建商品住房且属于家庭首套住房的，首付款比例不低于20%。生育、抚养2个及以上未成年子女家庭，可在最高可贷额度基础上增加10万元。

【公积金区域协同共享】 2023年，平潭综合实验区与福州、莆田、宁德、南平中心共同推进住房公积金服务“福州都市圈”，实现圈内同城化一体化发展。实行“全程网办”“圈内通办”“代收代办”“两地联办”等通办模式，推出第一批36项都市圈通办业务，打造11项同城同标准服务事项，破除都市圈内贷款受户籍限制的条件。全年办理都市圈服务事项合作业务45笔。

（杨开姿 林辉明）

# 社会福利

【概况】 2023年，平潭综合实验区社会事业局开展社会散居孤儿、事实无人抚养儿童和孤独症儿童探访关爱服务，实施“福彩圆梦·孤儿助学工程”等儿童关爱项目，提高孤儿和事实无人抚养儿童补贴。提高残疾人“两项补贴”（困难残疾人生活补贴和重度残疾人护理补贴）标准，加强残疾人服务保障。全年使用福彩公益金94.98万元。

【儿童福利】 2023年，平潭综合实验区农村留守儿童127人、事实无人抚养儿童245人、孤儿14人，均纳入服务保障范围。孤儿和事实无人抚养儿童补贴从1400元提高至1700元。至年底，全区发放事实无人抚养儿童补贴350.38万元，孤儿生活补贴25.70万元。实施“福彩圆梦·孤儿助学工程”，发放助学金5万元。开展社会散居孤儿、事实无人抚养儿童和孤独症儿童探访关爱服务，实施“福蕾行动计划”“服刑在押人员未成年人子女关爱保护活动”儿童关爱项目，探访关爱5513人次。开展乡镇（街道）儿童督导员和村（居）儿童主任业务培训，培训226人次，培训覆盖率100%。

【残疾人福利】 2023年，平潭综合实验区将区内困难残疾人生活补贴提高至107元、生活困难一级护理补贴提高至128元、生活困难的二级护理补贴提高至107元，惠及残疾人4471人。至年底，发放残疾人“两项补贴”1037.83万元。实施“福康工程”，为11名低保、特困残疾人免费适配假肢、轮椅等辅具。实施“精康融合”（精神障碍社区康复服务融合）三年行动，精神障碍康复服务中心服务600余人次。

【福利彩票】 2023年，平潭综合实验区使用福彩公益金99.98万元。其中，发放完全失能老人护理补贴1.26万元，发放“福彩圆梦，孤儿助学工程”助学金5万元，区域性养老服务中心建设补助47.78万元，养老从业人员培训4.78万元，政府购买乡镇养老服务40.60万元，精神障碍康复中心改造工程结算审核费0.56万元。

（洪思佳 俞玲燕）

# 社会救助

【概况】 2023年，平潭综合实验区坚持民生保障底线，巩固脱贫攻坚成果同乡村振兴衔接。区社会事业局联合相关部门建立防止特殊困难群体“漏保”“漏救”长效机制，加强数据共享、重点对象监测、开展返贫动态监测等。至年底，纳入动态监测低收入人口8300余人，发放低保金5699.17万元、特困供养金1873.68万元，临时救助金484.55万元。救助流浪乞讨人员40余人次。开展慈善支援项目活动57个，帮扶金额348.07万元。

【低收入人口监测】 2023年，平潭综合实验区完善低收入人口动态监测机制和监测预警机制，以“大数据＋网格化＋铁脚板”方式发现困难群众、实施救助。8300余名低收入人口纳入动态监测，新增城乡低保对象452户731人、特困对象57人、低保边缘人员335人。开展低保年度复核工作，退出不符合城乡低保人员284户511人。

【最低生活保障】 2023年，平潭综合实验区新纳入低保、特困、低保边缘对象1123人，退出不符合条件的对象641人，做到应保尽保，应退尽退。全年实验区城乡低保对象4180户6711人、特困对象886人，发放低保金5699.17万元、特困供养金1873.68万元，临时救助金484.45万元。帮助解决群众临时性、突发性困难，实施临时救助2361人次，发放临时救助金484.46万元。

【特困供养】 2023年，平潭综合实验区新增特困对象57人，特困对象886人，发放特困供养金1873.68万元。开展特困供养等救助对象年度复核工作，对不符合救助条件的对象，在落实延保渐退政策后予以退出，退出不符合特困对象130人，做到“应保尽保，应退尽退”。

【救助寻亲】 2023年，平潭综合实验区开展“寒冬送温暖”和“炎热送清凉”专项救助行动，建立“互联网＋”“警务大数据＋”等救助寻亲机制，救助流浪乞讨人员40余人次，寻亲成功并护送返乡的受助人员11人（流浪未成年人2人），接收异地救助站护送返乡的受助人员5人。

【慈善救助】 2023年，平潭综合实验区慈善组织12家，依法公开慈善信息。开展慈善手拉手行动，策划“金秋助学”“关爱岚孩子”“爱到万家”等慈善志愿项目活动57个，帮扶金额348.07万元，受益群众9821人次。区博爱助残志愿服务中心获首届“福建慈善奖”中的“优选慈善组织奖”，区环保志愿者协会获第五届“善行八闽——公益慈善项目大赛”二等奖。

（洪思佳 俞玲燕）

2023年2月21日，平潭综合实验区海坛片区社工组织东门社区居民开展“两岸拗九聚东门 传承美德扬孝道”活动 （区社会事业局 供图）

## 社区建设

【概况】 2023年，平潭综合实验区出台《平潭综合实验区实施“十四五”社区服务体系建设方案》，区社会事业局推进城乡社区近邻服务，下达省级近邻服务试点红山社区专项经费5万元，下达27个社区运转补助资金108万元，完成10名高校毕业生服务社区招募计划。指导村（社区）修订完善村规民约和居民公约，完成率100%。制定村（居）务公开、村（居）委会换届选举程序、村级印章管理等基层小微权力清单及流程图，规范村级权力运行。“看见一丝曙光一留守儿童工作案例”获全省2020—2022年社会工作优秀案例二等奖。

【社工站体系完善】 2023年，平潭综合实验区建立1个区级社工站服务指导中心、7个乡镇（街道）社会工作服务站、2个社工示范站服务体系。新增2个五星级社工站、5个四星级社工站，促进社工站规范化建设与发展。深化“五社联动”（社区、社会工作者、社区社会组织、社区志愿者、社区公益慈善资源组成社会关爱服务体系）实践，围绕“老小困残”、基层治理、乡村振兴等领域，开展活动80余场，服务5000余人次。

【社工队伍培育】 2023年，平潭综合实验区新增通过全国社会工作者职业水平考试人员74人。至年底，全区持证社工288人，比上年增长37.79%。开展第一批实验区优秀社会工作专业人才评选，21人获评优秀社会工作专业人才，11名持证社工、1家社工机构合计获得一次性奖补9.45万元。

【台胞社区营造师】 2023年，平潭综合实验区续聘台胞社区营造师21人，新聘用台胞社区营造师35人，培育20个岚台基层融合示范基地。下达联合党委工作经费372万元，保障两岸基层融合试点工作开展。推动实验区首个由台胞担任法定代表人的社会组织——岚台同心社工服务中心成立。

【闽台（平潭）社会工作人才论坛举行】 2023年3月27日，闽台（平潭）社会工作人才论坛在平潭举行，来自海峡两岸的90多名专家学者、社工代表参加活动。来自厦门大学、闽江学院、福建省社会工作联合会、广东省社会工作师联合会等的专家学者围绕社工人才队伍建设等议题作主题演讲，4名在平潭的台胞社工作交流分享，探讨两岸社会工作人才优势互补。活动同时举办“乡镇社工站与乡村振兴”“五社联动与基层治理”和“养老服务与积极老龄化”3场分论坛。

（洪思佳 俞玲燕）

# 地名及分界线管理

【概况】 2023年，平潭综合实验区社会事业局开展平潭县行政区划变更勘定工作，完成行政区划调整后新设一街三镇乡级界线勘定工作，勘定3条陆上乡级界线，总长度38.68千米，并将勘界成果档案上报福州市民政局审核、福建省民政厅备案。

【平潭县行政区划图编制出版】 2023年，平潭综合实验区利用最新勘界成果和“二普”（第二次全国地名普查工作）成果资料，编制出版平潭县行政区划图500张。

【“乡村著名”行动】 2023年，平潭综合实验区启动乡级界线联检工作，确保毗邻乡（镇）行政区域界线的完整、清晰推进。平潭作为全省9个“乡村著名行动”（民政部发起的加强乡村地名命名管理、地名标志设置维护、地名文化保护弘扬等地名建设活动）示范创建县（市、区）之一，挖掘和保护乡村地名文化，制发各类门牌2.26万块。

（洪思佳 俞玲燕）

# 社会组织管理

【概况】 2023年，平潭综合实验区新登记成立社会组织21家，其中社会团体10家、民办非企业11家。至年底，实验区社会组织392家，其中社会团体216家、民办非企业172家、基金会4家。

【社会组织备案管理】 2023年，平潭综合实验区社会组织年报率90.8%，《平潭综合实验区社区社会组织备案管理暂行办法》出台，规范社区社会组织备案管理。推动老年协会登记制转备案制，备案老年协会162家。推动实验区首个由台胞担任法定代表人的社会组织——岚台同心社工服务中心成立。

【社会组织环境优化】 2023年，平潭综合实验区社会事业局优化社会组织发展环境，开展规范行业协会商会“我为企业减负担”专项行动和行业协会商会乱收费专项清理整治工作，分类处置“僵尸型”社会组织23家，打击非法社会组织。

【平潭综合实验区诚信促进会】 2023年，平潭综合实验区诚信促进会开展“结对帮扶”贫困大学生捐资助学活动，86名会员单位企业家和社会爱心人士资助322名贫困大学生，发放助学金668.20万元，其中222名受助大学生完成学业。

（俞玲燕 洪思佳 陈海云 林永祥）

# 老龄事业

【概况】 2023年，平潭综合实验区社会事业局实施应对人口老龄化国家战略，完善居家社区机构相协调、医养康养相结合养老服务体系。印发实验区基本养老服务清单，面向14类老年群体，制定27项基本养老服务项目。推进君山养老服务中心建设，增设1个长者食堂。加大养老服务兜底保障力度，推进老年医疗卫生服务体系建设。

【养老基础设施建设】 至2023年底，平潭综合实验区建成各类养老服务机构和设施320个，养老床位3443张，每千名老年人拥有床位

2023 年 10 月 23 日，平潭童心颐养中心组织开展重阳节活动

（区社会事业局 供图）

数超 40 张，养老护理型床位占比超 80%。二级及以上乡镇级公办养老机构覆盖率 100%。新增三星级及以上农村幸福院 13 家，全区三星级及以上农村幸福院覆盖率超 60%。

【居家社区养老】 2023 年，平潭综合实验区社会事业局建立“片区 + 第三方机构”关爱探访机制，将 3301 名 7 类特殊困难老年人纳入探访关爱服务范围，关爱探访率 100%。实施城乡居家养老专业化服务项目，提供助洁、助餐等线下实体服务 4.64 万人次。以红山、辕门社区为试点，创新开展“社区 + 物业 + 养老”服务项目。推进智慧医养平台建设，构建“15 分钟医养服务圈”。

【老年医养康养】 2023 年，平潭综合实验区加强老年病科建设，开设医养结合机构 2 家。将 65 岁及以上老年人纳入家庭医生签约服务项目重点人群，65 岁及以上老年人签约 3.84 万人次。开展 65 岁及以上失能老年人健康评估和健康服务，海坛街道中埔社区获评全国示范性老年友好型社区。以苏澳镇卫生院为试点开展老年营养改善行动和为 65 岁及以上老年人提供医养结合服务试点工作。以海坛街道社区卫生服务中心为试点开展老年心理关爱行动，为社区 114 名老人提供心理健康评估。

【养老机构管理】 2023 年，平潭综合实验区社会事业局开展公建民营养老机构整治，完成 15 个问题整改，提升养老机构安全管理、服务质量。推进养老服务机构远程视频监控汇聚，实现全区养老机构、农村幸福院和照料中心监控全覆盖。开展冬春火灾防控行动等行动，排查养老机构 86 家次，排查出隐患 16 处并整改完成。开展打击整治养老服务诈骗行动，增强老年群体风险防范意识。开展养老从业人员培训 107 人次，组织参加全省养老护理员职业技能竞赛，提升养老服务水平。

【君山养老服务中心】 2023 年，平潭综合实验区推进大型康养项目君山养老服务中心建设，一期养老护理大楼建设进度超九成。中心于 2022 年 10 月动工建设，总投资额 1.50 亿元，总建筑面积 2.20 万平方米，包括养老护理大楼、老年活动中心、康复中心等，设置床位 300 张。

【离岛长者食堂增设】 2023 年，平潭综合实验区推进长者食堂建设，按照“政府补助一点、老人自付一点、村自筹一点、爱心慈善捐赠一点”筹资机制，建设用餐放心、吃得舒心的长者食堂。年内依托屿头乡屿南村农村幸福院，新增 1 个长者食堂，解决屿南村离岛老年人就近用餐问题。

【老龄文体娱活动】 2023 年 5 月 13 日，平潭综合实验区社会事业局开展“温情五月 关爱老人”母亲节包饺子活动，让老人体验动手制作美食的乐趣。6 月 15 日，开展端午节活动，为 320 名 60 岁以上的老人和 160 名特殊人员送去节日的慰问品。10 月 23 日，开展“九九重阳节 浓浓敬老情”慰问活动，为 535 名老年人发放慰问品、慰问金 8.50 万元。区老年大学开展“9·28”终身学习日系列活动，组织老年人学员参观区图书馆，帮助老年人线上阅读。

（洪思佳 俞玲燕）

## 民族宗教事务

【概况】 2023 年，平潭综合实验区民族宗教事务管理部门投入少数民族专项资金 60 万元，完成海坛片区上楼村白玉蜗牛养殖园等3个项目建设。协调设立宗教团体集中办公场所、推动平潭县基督教两会换届，建立健全教职人员教风监督举报平台、违规惩戒及公示通报等制度。举办“同心 同德 同行”福建省第九届禅之声论坛、两岸妈祖及临水夫人等宗教、民间信仰文化交流活动7场，参与4000余人次。

【宗教及民间信仰场所管理】 2023年，平潭综合实验区民族宗教事务管理部门规范宗教及民间信仰场所管理，完成首例道教与佛教场所合并，变更1处道教场所为佛教场所，新核准确立民间信仰活动场所联系点21处、备案点2处，民族宗教领域平安建设考评首次居全省前列。

【平潭组队参加省第十届少数民族传统运动会】 2023年4月24日—27日，平潭综合实验区党工委党群工作部组建由岚台两地少数民族同胞组成的特色代表团，参加福建省第十届少数民族传统体育运动会。平潭代表团47人参赛，获表演项目银奖、优秀组织奖、体育道德风尚奖和4个竞赛项目铜奖。

【平潭道教历史文化调研】 2023年，平潭综合实验区民族宗教事务管理部门聘请北京大学专业团队开展平潭道教历史文化调研，挖掘两岸道教文化交流史料，编撰完成《平潭道教历史及现状》。

【《中华续道藏》编纂与海峡两岸道学文化学术研讨会在平潭举行】 2023年8月4日，由《中华续道藏》编纂专门委员会、平潭道教协会、台湾中华道统文化学会、福建省海峡文化研究发展中心主办，厦门大学老子道学传播与研究中心、厦门大学平潭研究院等联办的《中华续道藏》编纂与海峡两岸道学文化学术研讨会在厦门大学平潭研究院举行，来自海峡两岸近百名专家学者和道教人士参加会议，两岸学者围绕《中华续道藏》编纂与研究、道教研究的前沿问题等内容研讨交流，推进《中华续道藏》编纂出版。

【首届闽台妈祖文化三岛会香活动在平潭举行】 2023年7月1日，“三岛迎妈祖 福泽佑闽台”2023首届闽台妈祖文化三岛会香活动在平潭综合实验区海坛街道霞屿村内湖天后宫举行，台湾、湄洲、平潭三岛妈祖宫庙和文化团体代表首次齐聚平潭，感受两岸妈祖文化同源牵起的两岸亲缘。现场展示世界非物质文化遗产妈祖信俗三献礼仪式，举办“三岛同缘——三岛妈祖文化”主题展、闽台妈祖平安福宴、妈祖巡安岚岛等活动，展演台湾阵头等传统节目。参访团前往莆田东皋妈祖文化园、贤良港、湄洲岛参与谒祖进香等活动。

【福建省第九届禅之声论坛在平潭举行】 2023年4月22日—23日，“同心 同德 同行”第九届禅之声论坛暨“大爱澄澥”系列活动在平潭综合实验区举行，活动由省佛教协会主办，平潭圆通澄澥寺、平潭苏平西来寺联合承办，全省各地宗教界代表300余人参加活动，与会嘉宾围绕新时代佛教的发展与传承、推进福建宗教中国化、平潭海岛佛教发挥联络两岸同胞作用等内容展开探讨。

（陈莹 周利容）

2023年7月1日，2023首届闽台妈祖文化三岛会香活动在平潭霞屿村内湖天后宫举行。图为两岸妈祖信众身穿传统服饰拜谒妈祖

（陈澜清 摄）

# 应急管理

## 综 述

**【应急体系建设】** 2023年，平潭综合实验区推进全灾种应急救援防御体系建设，完善各领域应急预案90件。完成6个全国减灾示范点、219个自然灾害避灾点、25处应急避难场所和293处地震预警终端系统建设。实现4个片区、211个村居基层防汛能力标准化建设全覆盖。区执法应急局作为实验区安办、减灾办、森防办、防汛办、抗震办等议事协调机构的挂靠单位，发挥牵头和沟通协调作用，推动应急管理工作党政领导责任、部门监管责任、属地管理责任、企业主体责任落实。

**【应急预案编制】** 至2023年底，平潭综合实验区修编完成区、片区、村（社区）三级应急预案，各级各类应急预案1758件，其中总体应急预案1件、专项和部门应急预案53件、片区预案36件、村（社区）预案1668件，涵盖自然灾害、事故灾难、公共卫生事件和社会安全事件等领域。

**【应急指挥平台建设】** 2023年，平潭综合实验区投入700余万元升级改造区应急指挥中心项目，汇聚执法应急、农业农村、资源生态、行政审批、公安等信息，搭建覆盖应急管理业务全流程信息化系统。年内，项目进入可行性研究编制和立项前期阶段。

**【应急力量建设】** 2023年，平潭综合实验区各行业防汛抢险应急队伍69支2011人，半专业扑火队伍6支130人，社会应急救援队伍2支66人。区执法应急局举办全区基层应急队伍业务培训，用好社会救援力量，提升应急综合保障水平。

**【应急物资储备】** 2023年，平潭综合实验区储备72类15万余件救灾物资。其中，区级救灾物资储备库1个，面积580平方米，储备14类救灾物资5万余件；防汛防火物资储备库1个，面积478平方米，储备58类应急救灾物资9万余件。

**【应急违法案件查办】** 2023年，平潭综合实验区印发《重大案件行政负责人集体讨论工作规定》等行政执法三项制度配套规定，查办国土与规划、城管、交通、文化、农业、安全生产与人社领域等各类违法案件771件，罚没款2125.51万元。

（郭云芳 吴树青 杨基潘）

## 防震减灾

**【概况】** 2023年，平潭综合实验区未发生地震灾害，开展地震灾害防范治理。防御影响平潭的5次台风、7场强降雨，实现汛期零伤亡目标。防范化解森林火灾风险，全年森林防灭火态势保持平稳。

**【地震灾害防治】** 2023年，平潭综合实验区执法应急局验收全区118处地震预警信息接收终端，检查地震应急避难场所、监测站点和地震预警信息发布终端管理使用情况，加强场所设备维护、物资监管。加强地震科普教育，开展“5·12”全国防灾减灾日主题宣传教育活动，发放宣传手册3000余份。在11所学校开展地震应急疏散演练，推选5名选手参加全省防震减灾科普讲解大赛，获三等奖1人、优秀奖4人。

**【地质灾害防治】** 2023年，平潭综合实验区执法应急局开展汛前地质灾害隐患点拉网式排查，落实汛期和非汛期极端天气值班值守和灾情速报制度；督促行业主管部门实施地灾治理工程，明确39处未销号隐患点的包保责任人，将人员居住情况纳入建档立卡管理，组织避险转移。区资源生态局开展地灾点治理，验收完成苏平、君山等片区2个排危除险工程项目，核销26个地质灾害隐患点；启动君山、金井片区5个地质灾害隐患点的治理工作。年内，平潭未发生地质灾害。

【防汛抗旱工作】 2023年，平潭综合实验区印发年度防汛抗旱工作要点，完善应急响应流程、调整防指组成人员名单、梳理会商、进驻、应急响应、物资调用等机制，梳理十大类防汛风险隐患121处，涉及12个区防指成员单位，并督促整改到位。区防汛办及各成员单位落实汛期24小时值班、领导带班制度，全年发布预警提醒、会商通报等119期，开展全区防汛防台风培训和防御强台风桌面演练等45场次，落实区级、片区、包村、村干部四级包保责任人1948人。摸底登记防汛力量，梳理完善全区69支防汛抢险队伍2011人，加强部门间救援队协调联动，统筹救援需求。

【防汛物资储备】 2023年，平潭综合实验区建有区级防汛物资仓库1个，储备防汛物资6.80万余件(套)，设置片区级防汛应急物资仓库7个、村居级仓库211个，形成三级物资储备体系。年内补充防汛抢险物资10个品类1700余件（套），梳理全区各级各部门防汛救援物资15.90万件（套），为2510名基层干部配备个人防护用品。

2023年5月12日，平潭综合实验区执法应急局开展地震应急疏散演练。图为学生们演练危险逃生 （区执法应急局 供图）

【台风暴雨防御】 2023年，平潭综合实验区遭受影响台风5次、暴雨7场，启动各级应急响应23次。区管委会召开调度会议防御台风“杜苏芮”“苏拉”“海葵”“小犬”，抓好海上、岸边、陆上防御工作，下达指令25条次，下沉干部1.34万人次，转移群众1649人次。在海上防控抓转移防回潮，撤离在册渔船1166艘次、乡镇船舶1.83万艘次、渔排从业者5819人次，客渡船停航45艘次，海上施工船舶停工71艘次，作业人员上岸683人次。各片区、村居安排值班人员759人次在153个澳口码头值班值守，严防人员回流。陆上防控方面，围绕景区非景区、在建项目等4个重点，在启动应急响应后，全区9个景区景点同步落实闭园措施，9个非景区景点落实专人巡防，在建工地同步落实关停，并落实除险加固工作。9个海堤、12个水闸、21座水库等按规定加强值守和巡查巡防。

【森林防火】 2023年，平潭综合实验区资源生态局结合森林资源分布状况和森林火灾发生规律，划定

2023年7月25日，平潭综合实验区做好防抗“杜苏芮”台风工作。图为区公安局民警帮助渔民上岸避台风 （区公安局 供图）

森林防火区；出台《平潭综合实验区违法违规野外用火举报奖励办法（试行）》；强化森林防火社会监督，鼓励公众举报违法违规野外用火行为；开展森林防火宣传、隐患排查、火源管控等工作，开展防火宣传6次，排查整改安全隐患52处。区公安局森林警察支队与区森防办建立定期会商研判和森林火情通报机制，巡查林区112批次，处置火警134起，制止违规用火行为20余起，移送行政处理2起2人。区消防救援支队处置林草火灾139起。

（郭云芳 周小凤）

## 安全生产监督管理

【概况】 2023年，平潭综合实验区发生各类生产安全事故7起，与上年持平，死亡（含失踪）6人，受伤5人。其中，建筑业事故1起，死亡1人，无人员受伤；经营性道路交通事故5起，死亡1人，受伤5人；渔业船舶事故1起，死亡4人，无人员受伤。区执法应急局开展重大事故隐患专项排查整治行动，排查整改重大事故隐患98处，查获非法载客休闲旅游船舶23艘，整改燃气安全问题1383个。落实好为民办实事项目，完成公共安全保障提升工程建设。

【安全生产责任落实】 2023年，平潭综合实验区执法应急局完善安全生产职责清单和年度任务清单，明确海上风电、电动自行车、休闲旅游船舶等新业态安全监管职责清单，探索构建“重点企业、船舶、项目部门主管，属地片区配合；小微生产性企业、乡镇船舶属地片区兜底，部门指导”的各方联动体系。督促整改省安办指导检查发现的470处问题隐患，自查重大事故隐患98处，挂牌督办11处，抽检企业1801家次，曝光约谈企业82家次，约谈通报部门6次，行政处罚227次304万余元，移送司法机关1人，一案双罚3件。节假日期间开展督导检查22次，调度干部2200人次盯防155个重点点位。

【安全生产监管】 2023年，平潭综合实验区执法应急局加强应急、交通、住建、燃气等领域联合执法，开展6轮海上“三无”（无船名船号、无船舶证书、无船籍港）船舶整治行动，查获非法载客休闲旅游船舶23艘，当场扣押10艘，移交片区取消船名号11艘，拆除扣押浮桥6座。组织3次联合检查和“回头看”工作，走访排查哈啰、美团、青桔3家共享电动车集中充电点，限期督改完成充电点屋顶使用可燃材料、未设置自动喷淋系统、充电区域与存放区域未形成防火分隔等13处问题隐患。

【安全生产宣传】 2023年，平潭综合实验区安全生产委员会各成员单位开展“安全生产大家谈”“班前会”“以案说法”等安全生产宣讲活动131场，参与5445人次。通过企业代表宣誓承诺、应急救援演练、救援器材展示等方式，向群众发放安全生产宣传材料8000余份，接受咨询500余人次。联合平潭海事局在金井码头举行海上搜救应急演练，参演人员100余人、参演船舶6艘、大型无人机1架，提升海上应急救援能力。

【海上船舶安全监管】 2023年，平潭海事局举办平潭海上搜救应急演练，首次以“主会场+现场直播”的形式，扩大演练受众面和影响力。开展海上军地协同，建设多功能海上应急救援基地。做好载运危险货物监管，完善运行船舶载运危险货物码头（货主）高质量选船机制，推动印发《平潭综合实验区海域船舶污染及海上船舶溢油应急预案》，

2023年5月12日，平潭综合实验区执法应急局开展第15个全国防灾减灾日主题宣传教育活动

（区执法应急局 供图）

全年发放燃油保险证书426件，保障166艘次危险货物船舶安全进出港，开展船载散装液体危险货物检查11次，多部门联合现场开箱检查1艘次。联合区管委会推出平潭海上交通管理系统，集成船舶北斗定位信息、雷达等数据，提升辖区水上人命救助智能化水平。

（郭云芳 何小辉）

## 消防救援

【概况】 2023年，平潭综合实验区消防安全形势平稳，火灾数、经济损失数分别比上年下降14.71%、81.25%，未发生人员伤亡及有影响的火灾事故。区消防救援支队接处警784起，其中火灾扑救430起、抢险救援161起、社会救助132起、公务执勤19起、其他出动42起。抢救被困人员108人，疏散被困人员80人，抢救财产价值1.04亿元，保护财产价值2.32亿元，获“岚岛卫士”称号。“火焰蓝”志愿服务队项目、“石头厝防火‘敲门行动’”志愿服务项目获省最佳志愿服务项目、新时代文明实践志愿服务项目大赛铜奖。实施为群众办实事消防清单，向省财政厅、消防救援总队争取25万元专项经费，改善711户低收入群体居住环境消防安全条件。

【综合救援能力建设】 2023年，平潭综合实验区消防救援支队开展消防执勤岗位练兵，组织指挥员、攻坚组等4类岗位培训及地震、水域等5类技术培训，参训人员均获地震救援、水域救援等资格证书。建设水域救援（近海岸际）实战化教学点，挂牌社会化实训基地，与省飞潜会、浙江逆浪等队伍开展合作。深化执勤消防站作战能力建设，完善融合版消防智能指挥系统。将区蓝天救援队、红十字会及全区微型消防站纳入消防调度体系，接入公安、气象、自然资源等部门数据资源。推动福建信息学院等11家单位组建消防志愿服务团体。开展改造电气线路、指导排查隐患等送安全上门服务。

2023年，平潭综合实验区消防救援支队开展消防执勤岗位练兵。图为2月27日，消防救援人员进行拉动演练 （平潭消防救援支队 供图）

【消防安全责任落实】 2023年，平潭综合实验区将消防安全工作纳入绩效考评、平安建设、精神文明等考核体系，消防基层基础纳入实验区乡村建设行动。区消防救援支队通报行业系统火灾情况和突出问题，组建4个片区消防安全委员会，落实“十四五”消防救援事业发展专项规划等任务，召开成员单位联络员会议4次、提示火灾防控工作5次。组织社会单位签订消防安全承诺书，公示14家单位消防安全违法行为，召开高风险单位工作例会4次以及物业服务企业、民宿、燃气经营企业消防工作提醒会各1次，约谈消防安全责任人、管理人300余人次。

【消防安全整治】 2023年，平潭综合实验区消防救援支队开展燃气、医疗机构、电动自行车、“生命通道”、经营性自建房等领域消防安全治理，推进君山镇鲍鱼笼堆垛重大火灾隐患整改销案，挂牌督办兴容华府重大火灾隐患和中海华侨城区域性火灾隐患，建立消防公益诉讼协作机制，核查90余家经营性住宿场所消防安全条件，整治重点区域消防车通道，指导全区80%乡镇、74%行政村建设乡镇消防队、微型消防站，检查单位883家次、督改隐患515处。

燃气领域消防整治 开展燃气安全专项排查整治推进会2次、警示约谈会1次，制发餐饮企业燃气检查指导手册，联合基层网格力量检查燃气经营、充装企业和使用燃气的餐饮娱乐场所1000余家，临

2023 年 11 月 17 日，平潭综合实验区消防救援支队在金井消防主题公园举办“消防安全进公园”活动

（平潭消防救援支队 供图）

时查封 1 家违规储存若干个液化气钢瓶企业。

医疗养老机构消防整治　联合区社会事业局对 12 家重点医疗卫生机构、14 家养老服务场所消防安全主体责任落实情况开展督导检查，协助解决微型消防站装备配备不足、人员灭火操作处置程序不熟练等疑难点 30 余个，建立问题清单 98 条，查封 1 家。

电动车和生命通道消防整治　联合执法应急局、片区管理局整治 12 个小区及周边商铺，清理违规停放车辆 30 余辆，剪切飞线 160 余条。配合交建、市监等部门开展共享电动车集中充电场所检查 3 次，督改隐患 20 余处，联合海坛片区开展电动自行车电池体检活动 2 次。

经营性自建房消防整治　发动片区组织村居委会、联合多部门开展自建房示范性消防检查，排查经营性自建房 2850 家，督促整改 480 处。

新业态消防整治　联合区旅游文体局、交建局、社会事业局等部门，排查室内冰雪活动、密室逃脱、仓储物流园区、私人影院等 11 家场所消防隐患，督改隐患 25 处。

消防产品整治　联合公安、市监等多个职能部门，检查单位 44 家，督改隐患 21 处，对 10 种消防产品开展抽查送检，现场集中销毁假冒伪劣消防产品 30 余件。

【消防安全宣传】　2023 年，平潭综合实验区消防救援支队推出消防安全警示案例 8 篇，制作消防科普短视频 82 个。与《福建日报》、福建广播影视集团等单位合作，邀请省级以上媒体专家开展宣传培训，完成中央级媒体上稿 22 条、省级媒体 69 条。建成金井市民广场和翠园消防安全文化主题公园。开展开放日活动，接待群众 500 余人次。推广使用消防志愿者及全民消防学习云平台，分别扩增注册人数至 1370 人、3.95 万人，组织各类消防培训 208 场次。

【森林火灾扑救】　2023 年，平潭综合实验区消防救援支队承担城镇、村庄、重要目标、重要地段和危险库（所）的森林火灾扑救任务，出动 276 辆消防车、1637 人次指战员，配合处置林草火灾 139 起，救援时长 42.35 小时。

【君山镇鲍鱼笼堆垛重大火灾隐患整改销案】　2023 年，平潭综合实验区消防救援支队开展君山镇鲍鱼笼堆垛重大火灾隐患整改工作，推动君山片区管理局投入 130 余万元建设鲍鱼笼集散分拣中心，容纳 120 万笼鲍鱼笼堆放需求，专门配备水泵房、室外消火栓、灭火器等相关器材，安装监控探头 4 台，年内区域性火灾隐患整改完毕并复查合格，提请区管委会对君山镇鲍鱼笼堆垛区域性火灾隐患摘牌。

（陈建华 郭彦）

## 金井片区

【概况】 金井片区位于平潭综合实验区西南部，三面临海，东面与海坛片区接壤，向西通过平潭海峡大桥与福清市交界，是进出平潭岛的交通要地，是区党工委、管委会所在地，自然资源部海岛研究中心、台湾创业园、厦门大学平潭研究院、福建师范大学附属中学、福建协和医院平潭分院、平潭国际演艺中心、平潭海洋科技文化中心坐落于此。2023 年，辖 1 个镇 1 个乡（金井镇、南海乡）、44 个村居（41 个行政村、3 个社区），户籍人口 8.50 万人，常住人口 4.43 万人。陆域面积 109.60 平方千米，海岸线 129 千米，自贸区面积 15 平方千米。林地面积 3647 公顷，森林面积 2766 公顷，森林覆盖率 25.59%。片区以农业为主、渔农并举，发展旅游业。有坛南湾、大福湾、凤凰湾、象鼻湾、竹屿湾、鹅头湾、山崎澳、将军山、南寨山、凤凰山、牛寨山、海坛天神和三十六脚湖水资源保护区等旅游景区。其中南寨山遍布风化花岗岩体，是国家级重点风景名胜区；海坛天神是平潭奇石“双绝”（石牌洋和海坛天神）之一。年内，金井片区管理局获评国际旅游岛建设先进集体、区平安建设先进集体和区经济社会发展先进集体，金井镇获评省全域生态旅游小镇，青观顶村项目建设获评省乡村振兴优秀案例和省乡村“五个美丽”建设典型案例，龙海村获评国际旅游岛建设先进集体、区美丽庭院示范村，如意社区获评全国综合减灾示范社区。

【党的建设】 2023 年，金井片区管理局党委有党员 2902 人、基层党组织 108 个。推进 11 个基层党组织升格、7 个党组织换届和 2 个“两新”（新经济组织、新社会组织）党组织成立，评选 12 个片区五星级基层党组织，打造 11 个区级五星级基层党组织和 5 个区级党建示范点。创办“天山红色讲坛”“建新海防文化课堂”等，打造“家门口的晚自习”“岚心党员议事平台”等社区活动载体。开展“进村入企话岚图”活动，挂钩服务民营企业 50 家，接待来访群众 102 人次，协调解决问题 106 个。成立 3 支特色宣讲队伍，向农村一线拓展宣传阵地 170 余个。开展机关、村居和其他服务业党员“三域先锋”创建活动，设置党员示范岗 227 个、党员责任区 73 个，开展党员应急突击行动 1 万余人次。

【经济发展】 2023 年，金井片区粮食种植 703.07 公顷，产量 3431 吨。渔业人口 3.01 万人，海捕总产值 2.90 亿元，近海养殖总产值 6.13 亿元。推动海上养殖设施升级改造，完成传统养殖渔排改造 9378 口、筏式养殖泡沫浮球面积 650.73 公顷，安装深水大网箱 12 口，完成率 100%。开展禁养区养殖回潮清退行动 4 次，清退面积 0.14 平方千米。完成村集体经济组织换届，强化“三资”（农村集体资金、资产、资源）监管，清查农村集体货币资金 3.10 亿元，推行村财片管模式，加强村财代理中心建设，规范各类资金 860 万元。推动坛南湾和将军山景村合作开发，构建“景区 + 村集体经合社 + 村民”景村融合发展模式。启动金井夜市，举办“助企惠民”年货节和岚台元宵灯会，评选 8 家岚岛餐饮放心店，牵头完成全区 8 个餐饮项目落地建设，服务新增餐厅 11 个，为“五一”国际劳动节假期旅游市场提供就餐位置 3000 余个。

【项目建设】 2023 年，金井片区完成固定资产投资 9.08 亿元，完成率 100.83%。推进 77 个区重点项目、115个社会投资项目建设，助力“岚起山海图”、竹屿湾游艇基地等项目落地金井。策划生成13个项目，启动建设“月畔栖霞”文旅项目、“日月星海”项目、建新村海防文化基地等7个项目。推进金井新城街道地质沉降修复工程建设，如意社区入选省城乡建设品质提升样板工程名单，获专项资金补助500万元。推进三十六脚湖保护区生活污水截污和末端生态净化工程建设，完成主管道建设2.10万米、接户管2.30万米，新纳管1110户。启动城乡环卫一体化服务改革，建立智慧环卫系统。完成土地征收0.34平方千米，房屋签拆除64座、坟墓签约62宗、迁移39宗。

【民生事业】 2023年，金井片区落实民生支出9590万余元，整治困难群众“漏保”“漏救”问题。新增低保113户158人，退出73户78人；新增特困14户14人，退出60户60人；临时救助468人105.43万元。城乡养老保险缴费率92.38%，城乡居民医疗保险缴费率99.16%。提升基层文化供给，开放运营金井片区24小时城市书房。开展新城街区、红山街道、景区周边专项整治行动，完成新城商业街管网改造及路面塌陷改造工程。推进农村户厕改造验收，开展“拉网式”大扫除12次，清运垃圾1万余车1.60万吨。

【平安建设】 2023年，金井片区开展在建工程安全生产检查并督促整改，对片区内餐饮经营企业、燃气企业等开展3轮燃气安全检查，检查相关企业189次，发现安全隐患并整改到位。开展自建房安全专项整治，排查录入非经营性自建房1.50万余栋，加固修缮83栋，处置50年以上一般安全隐患老旧房屋32栋。设置信访评理室45个，助力化解矛盾纠纷。

【乡村振兴】 2023年，金井片区探索乡村振兴红色、绿色、蓝色、金色、橙色“五色工程”，片区村集体经济收入1027万元。其中，集体经济收入10万元以上的村41个，占比100%；20万元以上的村21个，占比51.2%；50万元以上的村7个，占比17%。实施农民技术培训工程，开展线上培训10场。立足5个乡村振兴试点村情，推动16个乡村振兴试点示范项目实施。推动“阅读小镇”“岚起山海图”“娘宫小镇”等项目落地实施。提高乡村治理能力，将44个村（社区）划分127格，推行网格化服务管理；以“智慧龙海”为示范，推进“数字建新”、如意社区高空抛物监控布设等，探索3个村实行运用“清单制”、25个村实行运用“积分制”。

2023年8月5日，平潭综合实验区金井片区澳尾村闽台澳美农业融合示范基地对外开放。图为基地俯瞰 （林君斌 摄）

【生态建设】 2023年，金井片区开展撂荒地复耕工作，完成复耕复种面积66.97公顷，完成率109.23%。开垦新增耕地面积4.12公顷，整改耕地卫片图斑面积6.89公顷，实现年度耕地净流入面积1.09公顷。完成永久基本农田就地恢复面积8.46公顷，耕地图斑核查处置29宗，处置率85.3%。开展巡河里程7000余千米、河道清理等活动17次，河长制工作考评居全区第一。优化22名护林员巡山护林路线，整改新增林业违法图斑2处，开展巡林护林活动10场次，完成租地造林续租面积8.33公顷。全年新造林面积22.39公顷，林分修复面积35.90公顷，森林抚育面积107.76公顷。处置新增“两违”154宗面积8795平方米，建筑面积整改率92.7%。

【休闲观光农业】 2023年，金井片区推进凤梨休闲观光庄园、闽台农业融合发展示范园、台湾金钻凤梨田等高优农业项目落地，推动闽台特色农业发展；至年底，片区内有闽台澳美农业发展（平潭）公司、岚台融合兴旺农业科技公司、群策农业发展公司、金井现代农业科技公司、平潭福森农业开发公司5家台资农企，闽台农业融合发展产业园项目5个，推广应用火龙果、凤梨、小西红柿、释迦果、可食用无刺玫瑰等台湾农业新品种、新技术等。

【第二届平潭·两岸花朝艺术节】 2023年4月8日，第二届平潭·两岸花朝艺术节在金井湾市民广场举行，以“春光锦绣 花开见福”为主题，融合国风、汉服和非遗文化元素，开展非遗文化展演、国风会演、书画交流活动，并面向全区征集中华花朝花神形象大使，选送至全国中华花朝节活动。

（廖香莲 李继行）

2023年4月8日，第二届平潭·两岸花朝艺术节在金井湾市民广场举行。图为汉服表演　（林君斌 摄）

## 海坛片区

【概况】 海坛片区位于平潭综合实验区中东部，片区内猴研岛距离台湾新竹南寮渔港仅68海里，是祖国大陆距离台湾本岛最近的地方。2023年，辖2个镇1个乡（潭城镇、澳前镇、岚城乡），61个村居（社区23个、行政村38个），户籍人口15.34万人，常住人口25.03万人。陆域面积74.80平方千米，林地面积1.74万公顷。有龙王头沙滩、“68海里”景区等自然风光和南北古街、海坛古城等人文景观。海坛片区是平潭老城区，人口稠密，是平潭传统商贸、服务、物流活动的集聚地，游客的集散中枢。主要发展服务业、旅游业、文化创意产业、水产品捕捞加工业、传统商品贸易业等。是平潭对台发轫早的区域，建有台湾小镇、台湾文化广场、邓丽君影视基地、龙山俚欢乐夜市等，是台胞主要聚集区。年内，海坛街道红山社区获评全国文明实践巾帼志愿阳光站，东澳村获评全省美丽休闲乡村，澳前村获评全省首批文旅特派员试点单位和第三批高级版“绿盈乡村”（乡村建设富有绿化、绿韵、绿态、绿魂）。海坛街道人民武装部获评全区征兵工作先进单位，上楼村、东门社区获评全区先进民兵连部。

【党的建设】 2023年，海坛片区成立6个街区联合党委，实施抓党建促乡村振兴工作，发展村级集体经济。第一街区联合党委开展景村合作，采取3个重点村带动8个联建村，协同促进区域文渔旅协同发展，11个联合村集体经济总和比上年增长170%，澳前村党支部书记念金兴获评文化和旅游部乡村文旅带头人第四街区联合党委探索两岸基层融合，发挥台康社区核心作用，引入台胞村居副主任、人大代表、社工参与街区建设。创建党建示范品牌，8个党组织获评区级党建示范点，17个党组织获评区五星级党组织，2个党支部获评省级离退休干部“六好”示范党支部、省级“银发先锋”工作室。

【经济发展】 2023年，海坛片区完成固定资产投资额10.60亿元，新增“五上企业”（规模以上工业、有资质的建筑业、限额以上商贸业、规模以上服务业、房地产开发经营业法人单位）30家，占全区新增总数的44.78%。至年底，片区“五上企业”306家，占全区57.84%。38个行政村集体年经营性收入1285.50万元，比上年增长25.29%，其中50万～100万元以上的村6个、100万元以上的村2个。东澳村呈井喷式增长，收入214.46万元，比上年增长890%，居全区第一。

【项目建设】 2023年，海坛片区完成口袋公园、旧城区供水水质提升、托育机构完善、校园“明厨亮灶”、建材街区提升改造、全民健身场地设施建设及新时代电力“双满意”工程等9个为民办实事项目。解决老旧小区改造（三期）等16个项目19个征迁及民事协调问题，完成征地5700平方米、房屋签约5座、拆除12座。提升改造老旧小区31个，惠及2323户，完成旧路改造2条2.20千米。推进城乡

2023 年，平潭综合实验区海坛片区打造海坛城市安全文化公园

（林君斌 摄于 2023 年 1 月 17 日）

2023 年，平潭台湾文化广场康德夜市获评区级夜间经济示范区。图为康德台湾夜市

（念望舒 摄于2023年3月5日）

建设品质提升县城更新建设样板工程，基本完成东门、小湖 2 个完整社区建设，推进万嘉社区精细化管理子样板项目。

【民生事业】 2023 年，海坛片区关心关爱特殊群体，1084 户 1639 人纳入低保对象，发放低保金 1446.66 万元。218 人纳入特困对象，发放供养资金 451.26 万元。救助困难对象 604 户，发放临时救助资金 137.18 万元。1095 人享受残疾人生活补贴，952 人享受残疾人护理补贴。正旺村农村幸福院建成投用，城南村、中南村获评三星级农村幸福院，中埔社区获评全国示范性老年友好社区，实验区首个社区家庭教育指导站在东门社区成立。开展“优秀教师、优秀班主任、优秀教育工作者”评选，表彰 67 名教育工作者。完成霞屿小学等 12 个闲置校舍资产移交。

【平安建设】 2023 年，海坛片区推进平安建设工作，开展平安法治宣传活动 350 余场，中埔社区获评区首个防范非法集资宣传教育示范社区，红山社区、万嘉社区获评区平安建设先进集体。化解群众矛盾纠纷 102 件，为群众争取合法赔偿金 610 余万元。开展安全生产整治，对消防、在建项目工地和非景区景点安全等领域组织检查 661 家次，对 900 余家燃气餐饮商家开展 3 轮排查，为 146 个无物业小区、集资房等配备 1114 具灭火器和 399 个灭火器材箱。做好渔业安全生产管理，落实“定人联船”制度，推进北斗设备安装。开展农村道路交通安全隐患排查 24 次，整改道路隐患 83 处，农村公路管养综合考评全区第一。开展创城志愿活动、环境卫生清扫、交通安全等志愿活动 489 场。

【乡村振兴】 2023 年，海坛片区坚持农文旅产业融合发展，打造集观光旅游、文创展览、人才孵化等产学研一体的“风情线”。“68 海里”景区获评国家 AAA 级旅游景区，澳前村获评省“水乡渔村”休闲渔业基地并入选省首批文旅特派员试点单位名单，上楼村获评全国乡村治理示范村，海坛街道办事处获评全省乡村振兴示范乡镇，光裕村、澳前村获评全省乡村振兴示范村。新增备案民宿 34 家，至年底片区内备案民宿 90 家。引进官姜村、磹角底特色民宿、海景民宿集群项目 2 个，装修改造房屋 12 栋，总面积约 3000 平方米，总投资额超 2500 万元。片区旅游景区全年游客量超 15 万人次，新业态家庭旅馆新增 1.10 万家，带动 1 万余名村民就业。

【生态建设】 2023 年，海坛片区“绿盈乡村”创建覆盖率

90.6%，其中初级版“绿盈乡村”16个、中级版“绿盈乡村”10个、高级版“绿盈乡村”3个。上楼村等16个村通过省级农村生活污水提升治理核查评估。实施生态屏障建设营造林面积140.13公顷，其中新造林面积8公顷、林分修复补植面积91.53公顷、森林抚育面积40.60公顷。

【夏日夜经济打造】 2023年，海坛片区依托康德文化广场、邓丽君影视基地、台康—白鹭街区等载体，建设台胞经营、台湾工艺、台湾风味的“康德夜市”“龙山俚欢乐街”“花漾街区”等一批特色街区，台湾文化广场获评区级夜间经济示范区。龙山俚欢乐街夜市汇聚美食夜市、复古打卡、音乐派对等特色服务，摊铺数量146家，引进不重复业态96个品种，暑期高峰期日营业额超30万元，日均人流量1.50万人次；年内营业收入约300万元，成为平潭网红打卡点之一。举办蓝眼泪音乐节，吸引1.70万乐迷，微博等社交平台话题阅读量超1200万次。

（李加清 郑灵洁 蔡海玲 林文盛）

## 君山片区

【概况】 君山片区位于平潭综合实验区东北部，因主岛海坛岛最高峰君山坐落于此而得名。2023年，下辖1个镇1个乡（君山镇和东庠乡）、53个村居、137个自然村。户籍人口10.55万人，常住人口4.85万人。陆域面积98.03平方千米，岸线总长52.26千米。林地面积3807.16公顷，森林覆盖率37.19%。全年农作物总产量3.33万吨，其中粮食作物产量0.81万吨、经济作物产量2.42万吨、水果0.10万吨。全年水产品总产量9.30万吨，其中海洋捕捞4.52万吨、海水养殖4.76万吨、淡水养殖0.02万吨。是福平铁路入岛动车站所在地，区内主干路网基本形成，有新兴产业园区、新兴产业园区流水分园，储备项目发展用地面积2平方千米。有仙人井、君山、长江澳沙滩、东庠岛、小庠岛等风景名胜，以及北港文创村、磹水风韵古村、东美古厝村、马腿意宿村等乡村旅游资源。年内，君山片区管理局获评国际旅游岛建设先进集体、区经济社会发展先进集体、区平安建设先进集体。君山片区涉旅纠纷工作法被省委政法委评为福建新时代“枫桥式工作法”先进典型。东美村挂牌平潭首个省级无走私示范村，大坪村、裕藩村获评2023年度全省乡村振兴示范村，北港村获评省首批文旅特派员试点单位、区乡村振兴促进会示范基地，大坪村入选省级美丽宜居村庄培育对象名单，大坪村获评第六批全国“打黄打非”进基层示范点。

【党的建设】 2023年，君山片区开展主题教育集中学习20场次；结合“进村入企话岚图”活动，开展调研125次，形成报告8篇。在检视整改上，形成21项问题清单，开展2个专项整治并整改到位，建立健全制度8条，经验在全省主题教育整改整治推进会上交流。利用基层小微权力监督平台公开公示2300余次，开展直播活动393场次。“青述大坪”主题党日活动获第三届全国优秀主题党日品牌三等奖，2部电教片获第17届福建省党员教育电视片观摩交流评选活动三等奖，11个党组织获评实验区五星级基层党组织，裕藩村获评省级红色美丽村庄建设试点村。

【经济发展】 2023年，苏平片区52个行政村集体年经营性收入1589.60万元，比上年增长23.6%。52个行政村村集体经济收入均在10万元以上，其中11个村收入突破50万元、1个村突破200万元。

2023年12月2日，平潭综合实验区君山片区商会成立大会暨第一届一次会员大会召开。图为君山片区商会第一届领导班子成员授牌仪式

（君山片区管理局 供图）

2023年11月2日，第二届水仙花文化节之两岸“花”会在平潭综合实验区君山村举行。图为两岸同胞互动表演　　（江信恒 摄）

**【项目建设】**　2023年，君山片区年度固定资产投资任务11.48亿元，完成11.63亿元，完成率101%。实施重点项目142个，裕藩湾品牌度假民宿群项目、区城市配电网供电能力提升—共享储能电站项目（一期）、棒球公园、国际风帆运动训练基地等22个项目开工，芦洋西路（兴业路—旺业路）、平岚二路（中山大道—鹿原北路）、君山生态水系及河道整治工程、君山片区海洋生态保护修复项目等15个项目建成投入使用。实施君山沿线村居供水管网提升工程和北港村生活污水设施修缮，完成农村生活污水治理二期工程建设，加快城乡污水一体化配套管网建设。完成征地面积0.42平方千米，房屋签约6座，坟墓签约68宗。整改新增“两违”172宗，拆除违法建筑面积6714平方米，腾出土地面积1517平方米。

**【民生事业】**　2023年，君山片区加强社会保障，发放农村低保补助金1559.08万元、农村特困分散供养资金291.19万元、城市特困集中供养资金124.66万元，救助对象比上年增长1.94%，低收入人口保障率2.51%。保障困难群体基本生活，向482户1097人发放临时救助金105.28万元，新增低保对象100户184人。居民社会养老保险参保3.21万人，医保参保8.19万人，享受60周岁以上养老保险待遇1.66万人，享受失地养老保险待遇5502人。兑现各类利益导向资金171.32万元，救助884人次。为2045名计生对象兑现医保免缴政策，免缴资金83.80万元。

**【平安建设】**　2023年，君山片区探索运用“统、防、调”三字诀工作法促进旅游矛盾纠纷化解，获评福建省新时代“枫桥式工作法”先进典型。组建岸线巡逻队伍强化巡逻防控，实验区首个省级反走私示范点在东美村挂牌。受理处置各类信访问题684件，按期答复率100%，参评率99.5%，满意率99.24%。完成120户低收入群体居住环境消防安全改造和45个村居基层防汛能力标准化建设。开展经营性场所燃气安全排查114家，完成171个问题整改。房屋加固审批96栋，受理保障性住房申请130户，治理消除地质灾害点7处。

**【乡村振兴】**　2023年，君山片区推动乡村振兴试点示范项目建设，策划示范项目9个，总投资额1704万元，完工8个，完成投资额554万元。培育发展农业新型经营主体，好收成农民专业合作社获评国家农民合作社示范社，“自然有力”研学基地获评省级休闲农业示范点，佳兴农业有限公司获评2023年省级农业物联网应用基地。马腿村整村文旅开发项目二期投入运营，三期康养组团动工，获评省美丽休闲乡村和省乡村振兴民宿示范村。

**【生态建设】**　2023年，君山片区推动撂荒地复耕复种，完成撂荒地整治面积32.03公顷、耕地“非粮化”整改面积2公顷、未耕种耕地复耕复垦面积39.99公顷；完成87个耕地和永久基本农田划定成果核实图斑整改工作，完成耕地恢复任务面积20.67公顷。落实河湖长制，清理河道淤泥16千米、河道垃圾500吨。推进海上养殖升级改造和海上养殖清退工作，改造传统渔排36939口、筏式养殖面积93.33公顷、深水网箱12口，清退海上养殖面积0.77公顷。强化沿海防护林体系建设，新造林面积4.87公顷，补植改造面积2.60公顷，森林抚育面积28.60公顷，大渊村获评2023年中级版“绿盈乡村”。

**【涉旅纠纷化解工作法】**　2023年，君山片区探索化解处理旅游纠纷，整合力量打造“枫桥经验”平潭模式，组建君山片区旅游纠纷联合调处中心，各村居发动人大代表、离退休干部、民宿经营者等社会各界人员成立村居旅游纠纷联合调处中心，建立起基层党组织主导、扎根群众、覆盖各行各业的调解队伍，形成“统、防、调”三字诀涉旅纠纷工作法，被省委政法委评为全省新时代“枫桥式工作法”。全年化解各类旅游纠纷55起，选聘群众评议员20人，参与评议纠纷30余起。

【君山村第二届水仙花文化节】 2023年11月2日，君山片区君山村第二届水仙花文化节之两岸“花”会举行，邀请在福州和平潭创业就业的台胞感受水仙花魅力，雕刻师现场展示水仙花雕刻技巧，与嘉宾们交流养护技巧。文化节配套举办首届平潭农业农村农特产交流市集，展示金井玫瑰园、大坪村黄金百香果、当盛村洛神花等农产品。

（蔡文琴　陈若非）

## 苏平片区

【概况】 苏平片区地处平潭综合实验区北部，三面环海，东与君山片区接壤，南与金井片区毗邻，是平潭北大门。2023年，辖1个镇1个乡（苏平镇、屿头乡），61个行政村、10个岛屿、100多个岛礁，人口11.20万人，辖区面积86.59平方千米。海岸线长98千米，其中主岛部分海岸线长度43千米、大练岛33千米、屿头岛22千米。拥有石牌洋、长江澳、北部生态廊道、猫头墘、环白青生态廊道等旅游景点，以及“半洋石帆”海蚀柱（世界级）、“千层石蛋”球状风化（国家级）、大练月举海岸、岭下村通天门、海蚀崖、渔限村海蚀地貌等重要地质遗迹点。有上攀秋花生、屿头坛紫菜、钟门鲍鱼、白青蝴蝶干、大练花蛤、青峰蟳等农渔特产。蝴蝶干传统加工技艺、海山鼠系列渔船制造技艺等4项非物质文化遗产入选区级非遗名录。拥有国际性南岛语族考古研究机构——国际南岛语族考古研究基地，海坛海峡水下遗址、壳丘头群遗址2个全国重点文物保护单位，上攀古建筑群、红卫林氏民居（林福予故居）、钟门琉球接贡使墓3个省级文物保护单位，东边沙遗址、酒店杨氏支祠、瓦瑶山遗址、道彰岩摩崖石刻、哨所遗址、招康垅烟墩遗址6个区县级文物保护单位，以及斗魁村、白沙村、青峰村3个国家级传统古村落。年内，北部生态廊道入选全国第一批交通运输与旅游融合发展典型案例，成为2023年海峡飘移邀请赛的首站赛道，入选省2023年第一季度文旅热度榜单。

【党的建设】 2023年，苏平片区管理局党委有党员3372人、各级党组织152个。推动基层党建建设，制定《苏平片区基层党建品牌全域提升行动实施方案》，巩固提升钟门、国彩、上攀等6个党建示范点，新创红卫村基层党建示范点。组织党员干部开展春节慰问、学雷锋、无偿献血等活动近40场，参与超1000人次。

【经济发展】 2023年，苏平片区完成固定资产投资5.30亿元。规模以上工业总产值比上年增长2%，占全区生产值的17.9%。完成粮食播种面积任务960公顷，粮食作物产量4379吨，水产品总产量21.03万吨。农村居民人均可支配收入2.38万元，比上年增长6.8%。各行政村村集体经济收入总量1273.10万元，比上年增长9%，其中61个村经营性收入10万元以上、25个村收入超过20万元。培育精品民宿66家106栋，环白青东部生态廊道沿线形成民宿群落。引进“三年二班”等特色网红餐饮业11家，增加餐位600余个。扶持百香果生态采摘园、台盛农业采摘园等观光体验式两岸农业采摘园面积66.67公顷。引进国盟游钓（平潭）营地项目，打造休闲渔旅游钓营地。打造“童话海岛、剧游国彩”剧本游，填补实验区沉浸式乡村剧本游空白。

【项目建设】 2023年，苏平片区完成江楼村、立新村等13个行政村村庄规划新编、修编工作，实现村庄规划全覆盖。保障11个区重点项目建设，农村污水一期、二期工程及污水管线铺设基本完成，各行政村饮用水管网铺设完成、具备通水条件，渔限陆岛交通码头提升改造工程、北部生态廊道提升完善工程竣工验收，推进大练环岛路工程、青峰村古村落活化利用工程、国彩村古村落改造提升工程和屿头乡田下村新时代农村社区样板项目建设，完成平原卫生院改造提升和乡镇医院配套设施扩容。

【民生事业】 2023年，苏平片区促进城村校园共建，推动平潭一中和二中、城东小学和平原学校、城关小学和苏澳学校、实验小学和国彩学校教育发展联合结对。依托“上攀学堂”“田下学堂”，为乡村儿童开办国学、艺术、文创等公益课程500余节，平心公益教育志愿者队伍获评福建艺术普及志愿服务示范点，经验做法入选全国妇女工作改革创新入围案例名单。巩固拓展脱贫攻坚成果，关注1630户2031人低保、困难、特困对象生活动态，发放救助资金1979万元。使用中央、省级乡村振兴衔接补助资金400余万元，实施路灯铺设等刚性扶贫项目20个。帮扶留守儿童、困境儿童、事实无人抚养儿童、孤儿等190名特殊儿童群体。做好养老服务保障，建档立卡80周岁以上老年群体近3000人，发放高龄补贴近100万元。至年底，完成49家农村幸福院提升改造，获评三星级农村幸福院25家、四星级幸福院2家。

【平安建设】 2023年，苏平片区开展平安创建，辖区治安稳定，无刑事警情天数332天。打击整治电信诈骗，劝返重点四国滞留人员66人。打击海上走私犯罪，组织39个沿海村开展巡逻防控。办结信访事项1130件，办结率100%，调解信访评理事项127件，化解1桩38年的土地权属纠纷。整改食品、燃气、消防、民宿等领域安全隐患60余处，完成111户低收入群体居住环境消防安全改造。联合区红十字会设立长江澳景区红十字救护站，实现消防站和救援站“两站合一”。开展乡镇船舶整治，制定《乡镇船舶专项整治行动方案》《关于进一步加强苏平片区乡镇船舶管理的若干措施》，创设“船舶总量控制，新增候补登记”等5项工作机制。

【乡村振兴】 闲置土地利用 2023年，苏平片区利用闲置土地，整合流转村集体闲置土地面积0.13公顷、登记造册闲置房屋700余栋，统一对外招商。岱峰村盘活村集体闲置房屋，与企业合作开发“知岛”轻奢民宿。钟门村集中流转闲置民宅，连片开发民宿群落，实现村集体、村民经济双增收。当盛村整合成片闲置土地，与台商合作开发两岸农业园。红卫村、当盛村获评省乡村振兴示范村，东占村、岱峰村乡村振兴经验做法在省级媒体刊登。

美丽乡村打造 2023年，苏平片区获评高级版“绿盈乡村”2个、中级版“绿盈乡村”14个。创建美丽乡村微景观33处、美丽乡村小公园5个，东占村马山生态公园、红卫村陈立旭庭院获评全省乡村“五个美丽”建设典型案例。岱峰村获评省级森林村庄，凤美村获评省级美丽宜居村庄培育对象。开展环境卫生志愿活动，清理陈年垃圾500余吨。试点开展海漂垃圾兑换超市用品，清理农村生活垃圾8000余吨。开展农村改厕与污水治理，三格化粪池纳管率79.04%，户厕改造完成率94%，超额完成传统渔业养殖设施改造升级任务。选派乡村振兴指导员6人、台胞营造师4人、省区级科技特派员3人，上攀村、南盘村入选省首批文旅特派员试点单位名单。

2023年，平潭综合实验区苏平片区培育精品民宿，形成轻奢民宿群落。图为钟门村新开业特色民宿 （林君斌 摄于2023年12月）

【精品民宿群落培育】 2023年，苏平片区拥有枕海入眠民宿群、“海边边”民宿群、南盘民宿群等轻奢民宿，新增落地枕海入眠二期、白沙海景民宿群等民宿项目15个、民宿27栋、客房116间、床位136张。至年底，培育精品民宿66家106栋，环白青东部生态廊道沿线形成民宿群落。

【苏平革命史迹馆开馆】 2023年12月9日，平潭综合实验区苏平革命史迹馆开馆，位于苏平片区民主（玉屿）村，总建筑面积1376平方米，主要展示抗日战争时期和解放战争时期苏平地区革命历史。苏平片区红色资源丰富，有革命老区基点村7个、革命老区村14个，其中玉屿是平潭县游击支队重要活动地，登记烈士4人，为革命牺牲23人。

（袁政清 王强平）

## 人物录

【新闻人物】　陈静乐，2000 年 12 月出生，女，平潭综合实验区海坛街道澳前龙南村人，中国女子风筝冲浪运动员，福建省帆船帆板运动管理中心运动员、国家帆船帆板队运动员，2012 年 7 月开始学习风筝冲浪运动，多次参加全国锦标赛、亚洲锦标赛与世界锦标赛，是首位夺得风筝冲浪国际赛事冠军的中国人。2023 年 2 月，获得福建省“2022 年优秀运动员”称号；3 月，被评为 2021—2022 年度福建省三八红旗手；7 月，入选杭州第 19 届亚运会帆船帆板项目参赛运动员名单；9 月 27 日，在杭州第 19 届亚运会帆船项目女子风筝板决赛中，陈静乐以净得分 13 分夺得冠军，创造平潭籍运动员亚运会金牌零的突破，是福建运动员在该届亚运会上夺得的第九枚金牌；10 月，团省委授予其“福建青年五四奖章”；12 月，入选省体育局发布的杭州第 19 届亚运会获奖运动员教练员和有功集体表彰奖励名单，获记大功。

【见义勇为英雄模范】　2023 年 12 月 27 日，在福建省第 29 次见义勇为英雄模范表彰大会上，平潭 5 人受表彰。其中蔡文获“福建省见义勇为英雄”称号，吴运建、吴爱国、俞昌茂、念其强获“福建省见义勇为先进个人”称号。

蔡文，1982 年 3 月 23 日出生，男，汉族，平潭综合实验区君山片区东庠乡东庠村人，2007 年 7 月参加工作，2006 年 12 月加入中国共产党，大学学历，生前系中铝瑞闽股份有限公司机械工程师。2023 年 7 月 14 日 20 时许，在福州马尾区闽渔新村小区外，蔡文在骑电动车去接女儿时，听到小区门口掉落至窨井下的 2 名检修工人的呼救声。井内污水较深、水流湍急且含有毒有害气体，无人敢下井施救。情况危急，蔡文来不及多想就进入污水井内，用自己的肩膀和手臂力量奋力将 1 名昏迷人员往上托举。在救起第一个人后，他再次下井，第二个人被救上来，可蔡文却掉入下水道井内，不幸离世。2023 年 7 月，中铝瑞闽股份有限公司党委追授蔡文“优秀共产党员”称号；7 月 19 日，追授其为“马尾区见义勇为先进分子”；8 月，福州市见义勇为人员奖励和保护工作委员会授予其“福州市见义勇为先进分子一等奖”；10 月 9 日，入选中央政法委发布的 2023 年第三季度“见义勇为勇士榜”名单；11 月，被授予“福建省见义勇为英雄”称号。

吴运建，平潭综合实验区苏平片区屿头乡屿北村村民；吴爱国，平潭综合实验区苏平片区屿头乡屿北村村民。2022 年 1 月 31 日（除夕）7 时许，在平潭屿头西北部海域，2 名渔民驾驶的渔船因船桨被渔网绳子缠住，导致失去动力无法正常行驶。此时海上波涛汹涌，风力 10 级以上，气温骤降，渔船最终被海浪打翻。吴运建得知消息后，立即与村民吴爱国驾驶小快艇赶到事发海域，凭借多年的海上经验，他们很快到达事发地点附近。随后，吴运建操控着快艇，让吴爱国先用锚绳将其固定，然后慢慢靠近渔船，2 人一起将绳子扔向落水渔民，随后爬到船上，将绳索系在 2 名落水渔民身上，在狂风巨浪中将他们抱上快艇，最终安全回到码头。

俞昌茂，平潭综合实验区海坛街道澳前东星村村民；念其强，平潭综合实验区海坛街道澳前南赖村村民。2021 年 11 月 12 日 17 时，2 名渔民驾船在东霞村海域钓鱼，返航时船只主机发生故障，又逢恶劣天气，海上风力 9 级，渔船被狂风打翻，2 名渔民落海，危在旦夕。俞昌茂与念其强接到求助信息后，立即驾船前往搜救。

到达猴研岛附近的定尾礁时，他们发现故障船只一头扎进大浪中，但未见人影，于是立刻拨打求救电话，并在海上不断搜寻落海渔民。一直搜寻到次日凌晨1时许，俞昌茂和念其强终于在猴研岛附近发现远处有疑似救生衣的漂浮物，靠近后发现是一名穿着救生衣的渔民，他们迅速将其拉上船。两人继续搜救另一名落海渔民，经过反复搜寻，终于在另一处海域找到并将其救上船。

# 荣誉榜

表32 2023年平潭综合实验区获省级及以上表彰的先进集体一览表

| 表彰奖项 | 单位名称 | 授予单位 |
|---|---|---|
| 全国巾帼文明岗 | 平潭综合实验区人民检察院第二检察部 | 全国妇联 |
| 全国法院系统妇女岗位建功先进集体 | 平潭综合实验区人民法院自由贸易区法庭 | 最高人民法院 |
| 全国维护妇女儿童权益先进集体 | 平潭综合实验区关心下一代工作委员会 | 全国妇联 |
| 全国侨联系统先进组织 | 平潭综合实验区归国华侨联合会 | 中国侨联、国务院侨办 |
| 第20届福建青年五四奖章集体 | 国家税务总局平潭综合实验区税务局第一税务所（办税服务厅） | 共青团福建省委、福建省青年联合会 |
| 2022年度福建省五四红旗团委 | 平潭综合实验区行政审批局团委 | 共青团福建省委、福建省青年联合会 |
| 2022年度福建省五四红旗团（总）支部 | 苏平镇上攀村团支部 | 共青团福建省委 |
| 全省税务系统先进集体 | 国家税务局平潭综合实验区税务局第一税务所（办税服务厅） | 福建省人力资源和社会保障厅、国家税务总局福建省税务局 |
| 全省统计系统先进集体 | 平潭综合实验区统计局 | 福建省人力资源和社会保障厅、福建省统计局、国家统计局福建调查总队 |
| 全省市场监管系统先进集体 | 平潭综合实验区市场监督管理局药械监督管理处 | 福建省人力资源和社会保障厅、福建省市场监督管理局 |
| 全省商务系统先进集体 | 平潭综合实验区经济发展局口岸工作处 | 福建省人力资源和社会保障厅、福建省商务厅 |
| 全省优秀法庭 | 平潭综合实验区人民法院君山人民法庭 | 福建省人力资源和社会保障厅、福建省高级人民法院 |
| 全省工会系统先进集体 | 福建平潭农村商业银行股份有限公司工会委员会 | 福建省人力资源和社会保障厅、福建省总工会 |

表33 2023年平潭综合实验区获省级及以上表彰的先进个人一览表

| 表彰奖项 | 姓名 | 工作单位及职位 |
|---|---|---|
| 全国住房和城乡建设系统劳动模范 | 任　帅 | 平潭综合实验区先行实业有限公司副总经理 |
| | 林　志 | 平潭综合实验区城市发展集团有限公司建设管理部经理 |
| 全国住房和城乡建设系统先进工作者 | 陈　华 | 平潭综合实验区综合执法与应急管理局指挥中心一级主任科员 |

续表 33

| 表彰奖项 | 姓名 | 工作单位及职位 |
|---|---|---|
| 全国行政执法先进个人 | 林　梅 | 平潭综合实验区执法应急局法规处处长、一级主任科员 |
| 全国归侨侨眷先进个人 | 林秀松 | 长江汉枫（福建）投资有限公司董事长 |
| | 郑熙强 | 福建省榕源建设工程有限公司副总经理 |
| | 林　文 | 平潭综合实验区归国华侨联合会党组成员、副主席 |
| 全国侨界杰出人物提名奖 | 林正佳 | 佳信海坛控股集团有限公司董事长 |
| 福建省劳动模范 | 丁昌强 | 平潭综合实验区先行实业有限公司工程一部经理 |
| | 陈孟邦 | 宗仁科技（平潭）有限公司董事长 |
| | 林月莲 | 平潭综合实验区金井片区青观顶村党支部书记、村委会主任 |
| 第八届福建省道德模范 | 林　锋 | 平潭综合实验区君山片区管理局党委委员、四级调研员，君山镇人民政府副镇长 |
| 全省最美退役军人 | 丁　恒 | 平潭综合实验区退役军人关爱协会会长 |
| 福建省先进工作者 | 吕振南 | 平潭综合实验区苏平片区管理局党群工作处处长 |
| | 章　颖 | 国家税务总局平潭综合实验区税务局一级行政执法员 |
| 全省税务系统先进工作者 | 冯德福 | 国家税务总局平潭综合实验区税务局货物和劳务税科科长、一级主办 |
| | 林晓玲 | 国家税务总局平潭综合实验区税务局第二税务所所长 |
| 全省商务系统先进工作者 | 毕　太 | 平潭综合实验区经济发展局口岸工作处处长 |
| | 王　萍 | 平潭综合实验区招商与产业促进中心事业干部 |
| 全省市场监管系统先进工作者 | 林小强 | 平潭综合实验区市场监督管理局坛东分局三级主任科员 |
| | 苏高锋 | 平潭综合实验区市场监督管理局苏平分局副局长 |
| | 陈秋萍 | 平潭综合实验区委员会组织与权益部负责人 |
| 全省工会系统先进工作者 | 何　霖 | 国家税务总局平潭综合实验区税务局工会主席、四级高级主办 |
| 全省侨联系统先进工作者 | 林良明 | 平潭综合实验区侨联党组书记、主席 |
| | 蔡荔明 | 平潭综合实验区侨联办公室副主任 |
| 全省老龄工作系统先进工作者 | 林岚英 | 区社会事业局公卫家庭处职员 |
| 全省法院先进个人 | 潘　瑜 | 平潭综合实验区人民法院苏平人民法庭四级法官 |
| 全省统计系统先进个人 | 郑　鹏 | 平潭综合实验区经济发展局统计处处长 |
| 全省优秀教育工作者 | 杨　鸿 | 麒麟小学校长 |
| 全省优秀教师 | 张文彬 | 教师进修学校教师 |
| | 林肖明 | 城东小学教师 |
| | 颜　文 | 城中小学教师 |
| | 黄建武 | 南海学校教师 |
| 第 20 届福建青年五四奖章 | 陈雷翔 | 福建平潭瑞谦智能科技有限公司董事 |
| | 陈建翔 | 平潭综合实验区旅游与文化体育局办公室副主任 |
| 2022 年度福建省优秀共青团员 | 高婕希 | 平潭第一中学高中 2020 级学生 |

# 机构及负责人名录

（截至 2023 年 12 月）

## 平潭综合实验区党工委、管委会

党工委书记 赖　军
党工委副书记、管委会主任 黄建波
党工委委员、管委会副主任 何杰民
党工委委员、管委会副主任 文学林
党工委委员 陈毅坤
党工委委员 黄惠元
党工委委员 郑晓东
党工委委员、管委会副主任 陈训明
管委会副主任 方良栋
管委会副主任 潘新雅
二级巡视员（二级警务专员） 周建军
薛理朝
蒋政平
孙树群
叶苏凤

## 中国（福建）自贸区平潭片区管委会

主任 赖　军
常务副主任 黄建波
副主任 何杰民
文学林
方良栋

## 区人大工委、区政协工委

### 区人大工委

主任 赖　军
副主任，县人大常委会党组书记、主任 陈诗强
副主任，县人大常委会党组副书记、副主任 游小峰
副主任，县人大常委会党组成员、副主任 陈时雄
副主任，县人大常委会党组成员、副主任 林　国
副主任，县人大常委会副主任 谢永生

### 区政协工委

常务副主任，县政协党组书记、主席 陈乃龙
副主任，县政协党委副书记、副主席 周训岚
副主任，县政协党组成员、副主席 翁伟强
副主任，县政协副主席 曾艳华
县政协四级调研员 林　强

## 片区管理局

### 金井片区管理局

党委书记、局长 林　武
党委副书记 陈国华
党委委员、副局长 林心平
林友庄
党委委员、科技副局长 李继行
党委委员、副局长 陈志艳
党委委员 王　盛
郑明智
丁元华

### 海坛片区管理局

党委书记、局长 卓华彬
党委副书记 陈鸿朝
党委委员、副局长 翁　彬
王茂武
林文盛
党委委员 陈雄强
任祖娇
林鎏建

### 君山片区管理局

党委书记、局长 张著名
党委副书记 程　波
党委委员、副局长 林岚华
党委委员、副局长 陈　华
陈李凯
党委委员 许巧清
党委委员 林　挺

**苏平片区管理局**

党委书记、局长 林小兵
党委副书记 欧阳志为
党委委员、副局长 潘 杰
韩祥平
副局长 薛 艺
党委委员 王谋良
林 峰
林鹏飞
念保雄
党委委员 杨 峰

## 区纪工委、监察工委

纪工委书记、监察工委主任 黄惠元
纪工委副书记、监察工委副主任
郑建双
叶 强
纪工委委员、巡审办主任 陈存国
纪工委委员 高扬潭
袁 斌
监察工委委员 郑海忠
陈小梅
二级调研员 林圣叶
周 宝
三级调研员 林章银
驻区经济发展局纪检监察组组长
念云钦
驻区自然资源与生态环境局纪检监察组组长 王家响
驻区财政金融局纪检监察组组长
潘传强
驻区社会事业局纪检监察组组长
郑振安
驻区公安局纪检监察组组长 俞永春
驻区人民法院纪检监察组组长
陈 晖
驻区人民检察院纪检监察组组长
郭国庆
驻金井片区纪检监察组组长 陈 涛
驻海坛片区纪检监察组组长 陈书平
驻君山片区纪检监察组组长 庄 亮
驻苏平片区纪检监察组组长 余 龙

## 党工委机构

**区党工委、管委会办公室**

主任，兼区国防动员办公室主任，县委办（县政府办）主任 朱海光
室务会成员 张遵耀
室务会成员、副主任 危必贞
室务会成员，区自贸深改办主任
贾尉斌
室务会成员 林贤华
室务会成员、副主任 陈振强
杨 凡
叶春晖
庄俊洋
翁绳信
科技副主任 张腾龙
室务会成员 翁岚斌
室务会成员 黄金平

**区党工委党群工作部**

部长（平潭县委党群工作部部长）
潘勇杰
部务会成员 邓培树
林 峰
部务会成员 李加龙
副部长 胡东荣
叶 云
部务会成员 魏 坚

**区党工委宣传影视部**

部长 肖文静
部务会成员 洪建设
科技副部长 苏令举
部务会成员 卓国志
副部长 叶智诚

**区党工委政法工作部**

部长，区信访局局长 曹承代
部务会成员 丁林兴
李 云
副部长，区信访局副局长 林茂海
部务会成员 俞兆善
部务会成员 潘传宋

**区党工委台湾工作部（区管委会台湾工作部）**

部长 曾海方
部务会成员 方 明
吴灵芳
副部长 张洪椿
林 芳
陈明丽
部务会成员 谢宜齐

**区党工委巡察审计办**

主任 陈存国
副主任 林 芸
四级调研员 林龙珠

## 法院、检察院

**区人民法院**

党组书记、院长 董 宇
党组成员，县人民法院副院长
施建雄
陈 兴
党组成员、科技副院长，县人民法院副院长 卢椰枫
危胜频
县人民法院审判委员会专职委员
刘东海
党组成员，县人民法院审判委员会专职委员 高 潮

**区人民检察院**

党组书记、检察长 王 桦
党组成员、副检察长 潘森林
魏可严
郑 申
党组成员 任为群
党组成员、副检察长 戴惠芳

## 区直行政部门

**区经济发展局**

党组书记 林永通
局长，区统计局局长 林 润

党组成员、副局长 林信禄
党组成员、科技副局长 简高鹏
党组成员，区科学技术协会党组成员、副主席 林　炜
党组成员、科技副局长 黄国亮
党组成员、副局长 林　宏
林继红
党组成员 林　强
林　庚

**区公安局**

党委书记、局长 陈毅坤
党委副书记、常务副局长 蒋政平
党委委员、政治部主任 唐佳佳
党委委员 林芬岚
党委委员、副局长 杨贤煌
党委委员 陈　斌

**区财政金融局**

党组书记、局长 陈伟明
党组成员、副局长 陈贤强
陈　凡
何代斌
党组成员 林　文

**区旅游文体局**

党组书记、局长 魏长春
党组成员、副局长 张传晖
党组成员 吴运平
游建斌
薛　文
科技副局长 黄婕潇
副局长 戴曦东

**区社会事业局**
**（区退役军人局）**

党组书记、局长 王　浩
党组副书记 任　斌
党组成员、副局长 程义明
党组成员、副局长 黄勤铭
党组成员、科技副局长 杨武盖
党组成员、副局长 林　黎
陈春美

党组成员 王　娇
王远星

**区资源生态局**

党组书记、局长 阮伟忠
党组成员 李志胜
王天军
党组成员、副局长 郭　炯
林述佳
林常永
党组成员、科技副局长 车　东
党组成员 杨　泉

**区交通建设局**

党组书记、局长 李　平
党组成员 薛学强
党组成员 杨　联
党组成员、副局长 林庆明
刘卫东
党组成员 柯长盛
蒋金促
科技副局长 张建宏

**区行政审批局**

党组书记、局长 江裕森
党组成员 林云英
党组成员 吴灵芳
党组成员、副局长 陈信锥
吴永宁
党组成员 吴丰斌
何鹏翔
党组成员 张功亮

**区执法应急局**

党委书记、局长 林传国
党委委员 黄高龙
林性勇
党委委员、副局长 郭为建
杨　奋
林　华

**区市场监督局**

党组书记、局长 吴尧全

党组成员 王新新
凌　敏
党组成员、科技副局长 林颖怡
党组成员 林培杰
魏　清
党组成员、副局长 高建武
任　贵
林　瑞

**区农业农村局**

党组书记、局长 江　涛
党组成员 林同璋
党组成员、副局长 王江波
潘宏春
严　东
党组成员 高　华
林谋惠
科技副局长 梁生雄
党组成员 郑誉寰
党组成员 吴锦亮

**区国资局**

党委书记 万顺灿
局长 沈福泉

## 群众团体

**区总工会**

党组书记、副主席 何　盈
党组成员、副主席 刘维忠
党组成员、经审会主任 翁晓萍

**团区委**

书记 林智宏
副书记 熊志华

**区妇联**

党组书记、主席 林　平
党组成员、副主席 张晶楠

**区科协**

党组书记、主席 邓连生
党组成员 吴兆阳

**区计生协**

党组书记、常务副会长　薛理杰
副会长　魏小琴

**区文联**

党组书记、主席　邓培树
党组成员　卓国志
党组成员、副主席　邱　文

**区侨联**

党组书记、主席　林良明
党组成员、副主席　林　文

**区残联**

党组书记　施　敏
理事长　瞿小华
党组成员、副理事长　郭友恩
林晓燕

**区红十字会**

党组书记、常务副会长　高文生

**区工商联**

党组书记　陈佳丁

## 区属事业单位

**区党工委党校**
**（区行政学院）**

常务副校（院）长　林　峰
副校（院）长　任国华
科技副校（院）长　梁　虹

**区台胞台企服务中心**

副主任　许碧恩
施道明

**区融媒体中心**

党组书记、主任　洪建设
党组成员、副主任　林振泉
党组成员　高　芳
彭　征

**区自然资源中心**

主任　王天军
副主任　邹海闽
王光华
陈　弘
科技副主任　齐　林

**区社会事业中心**

主任　任　斌
副主任　郭家齐
王谋良

**区城乡交建中心**

主任　薛学强

**区创新研究院**

院长　贾尉斌
科技副院长　张学成
副院长　吴继贵
张腾龙
卢学晖

**区招商与产业中心**

主任　林　庚
副主任　林　浩
丁上真

**区行政服务中心**

主任　吴丰斌
副主任　王谋良

**区农业农村中心**

副主任　郑誉寰
吴锦亮
李万明
林心坤

**区人力资源中心**

主任　魏　坚

**区旅游文化服务中心**

主任　薛　文
副主任　薛理琪
陈建翔
林惠玲

**区财政金融中心**

主任　俞榕芳
副主任　游书恒

**区应急事务中心**

主任　施　枫

**区廉政审计中心**

副主任（主持工作）　廖桂林
副主任　林　平

## 区属国企

**区城市发展集团**

党委书记、董事长　伍传和
党委副书记、总经理　刘栋钢
监事会主席　郑官塘
党委委员、专职副书记、董事
林　猛
党委委员、副总经理　王　耿
庄海斌
蔡履沐
党委委员、总会计师　周　艳
党委委员、纪委书记　陈　龙
副总经理　陈　苏
林喜乐

**区文旅发展集团**

党委书记、董事长　林郁川
党委副书记、总经理　林　彦
党委委员、副总经理　陈　宏
林东明
林　勇
陈小鸿
陈寒凝

**区实业发展集团**

党委副书记、总经理　马　清
党委委员、副董事长　官　俊
党委委员、副总经理　杨大发

叶　雄
刘金乐
党委委员、纪委书记　赵朝武
董事　林素明

**区金融控股集团**
党委副书记、总经理　徐　项
党委委员、副总经理　林　玮
陈文胜
张诗江
党委委员、纪委书记　潘　立
党委委员、副总经理　陈李喜
副总经理　姚庆喜
监事会主席（总审计师）　李建平

## 驻岚行政事业机构

**人行平潭支行**
行长　林　勃
副行长　郭　云
纪检组组长　徐彤飚
副行长　宋科进
副调研员　张祖建

**区税务局**
党委书记、局长　姚　元
党委委员、纪检组组长　颜志伟
党委委员、副局长　宫　懿
林述云
林国强
党委委员、总经济师　冯德福
党委委员、总会计师　黄茂萌

**平潭海关**
关长、党委书记　罗赋毅

**区气象局**
党组书记、局长　郑　伟
党组成员、纪检组组长　高诚良
党组成员、副局长　邓以勤
王颖波
三级调研员　林茂义

**区消防救援支队**
支队长　王永生
政治委员　刘伟奇
副支队长、一级督导员　林　滢
副支队长兼灭火救援指挥部部长
郭　彦
副政治委员　魏增辉

**平潭边检站**
站长　蔡东晓

**平潭海事局**
党委书记、局长　刘必胜
党委委员、副局长　高祥霖
党委委员、纪委书记、副局长　林仲全
二级高级主办　孙　鹏

**平潭银保监组**
组长　张长昆

**区通管办**
副主任　林　敏

**平潭人武部**
部长　胡剑明
政治委员　曾庆辉
副部长　郭名福

**自然资源部海岛研究中心**
主任、党委书记　张海峰
党委副书记、纪委书记　洪再展
副主任　林河山

**国家统计局平潭调查队**
党组书记、队长　黄兴晓
党组成员、副队长　施友禄
党组成员、党组纪检组组长　王小瑄

**福建信息职业技术学院**
党委书记　吴品云
党委副书记、校长　江吉彬
党委副书记　王兴中
党委委员、副校长　李宏达
史　进
柏定国
党委委员　林志斌
党委委员　卢小松

**平潭海警局**
局长　洪炯雄
政治委员　韩月岩

**厦门大学平潭研究院**
执行院长　林　凡
副院长　陈　铭
杨武盖

**平潭国际南岛语族研究院**
院长　范雪春
总顾问　傅宪国
副院长　侯榕贵
总顾问　许桂荣

**海峡两岸仲裁中心**
副秘书长　陈朝晖

## 央属企业、省属企业

**福建广电网络平潭分公司**
党委书记、总经理　林传东

**福建新华发行集团平潭分公司**
经理　余锦彬
副经理　曾剑辉

**中国邮政平潭分公司**
总经理　范怡丹
副总经理　曾　兴
郑晓捷
高旭斌

**平潭电信平潭分公司**
总经理　张　瑶

**中国移动平潭分公司**
总经理　李光达

副总经理　陈自潮
　赵　弢

**中国联通平潭分公司**

副总经理　刘洋君

总监　林　霞

**国网平潭供电公司**

总经理、党委副书记　林方琳

党委书记、副总经理　魏舒恒

总会计师　卢绍华

副总经理　吴　斌
　王晓强

纪委书记、工会主席　夏明铭

**省水投（平潭）水务公司**

党委委员、副董事长、总经理　林　剑

**平潭烟草公司（县烟草局）**

局长、经理　陈　武

副经理　谢昕欣

**平潭华润燃气有限公司**

总经理　吴灵干

## 在岚金融单位

**农发行平潭分行**

党委书记、行长　沈永春

党委委员、纪委书记、副行长　张　雄

党委委员、副行长　阳　猛

**工行平潭分行**

党委书记、行长　郑　宇

党委委员、纪委书记　张　辉

党委委员、副行长　林　睿

行长助理　严克樟
　陈潇砚

**农行平潭分行**

党委书记、行长　黄陈韧

**中行平潭分行**

行长、党委书记　辛　艳

副行长、党委委员　郭　晶

党委委员、纪委书记　林隆航

副行长、党委委员　翁　羽
　卓维协

**建行平潭分行**

行长　刘必辉

副行长　康　骊

纪检特派员　钟秀云

副行长　陈而钦

**兴业银行平潭分行**

行长　林日捷

副行长　潘彦阳

行长助理　林　正

**邮储银行平潭支行**

行长　林文龙

**海峡银行平潭支行**

行长　高　岩

**中信银行平潭支行**

行长　吴　强

**招商银行平潭支行**

行长　曾铭心

**浦发银行平潭支行**

行长　刘用敬

副行长　钟飞舟

**平安银行平潭支行**

行长　陈海萍

**民生银行平潭支行**

行长　艾思聪

行长助理　杨仁喜
　陈　锴

**平潭农商行**

党委书记、董事长　于　剑

党委副书记、行长　郑锦峰

纪委书记、监事长　蒋伟立

党委委员、副行长　李　华
　张伟义

党委委员　李传新

**平潭渝农商村镇银行**

行长　佘春梅

**交通银行平潭支行**

行长　陈阳芳

**福建华通银行**

行长　汪　宇

**人民财产保险股份有限公司平潭支公司**

经理　叶　凯

**人保寿险平潭分公司**

经理　钱少华

**人寿保险股份有限公司平潭分公司**

党委书记、总经理　余晓烨

党委委员、副总经理　许爱锋

党委委员、纪委书记、总经理助理　朱昌浩

党委委员、总经理助理　张河川

**人寿财产保险股份有限公司平潭支公司**

党委书记、总经理　江东升

**海峡股权交易中心（福建）有限公司**

董事长兼总裁　董智兴

**华福证券有限责任公司平潭营业部**

副总经理　卢雪英

**平安证券有限责任公司平潭营业部**

负责人　武　文

**兴业证券股份有限公司平潭分公司**

总经理　林贤华

**中国中金财富证券有限责任公司平潭营业部**

负责人　王雨亭

# 文献选编

## 在实验区党工委经济工作会议上的讲话

平潭综合实验区党工委书记 赖军

（2023年12月27日）

本次会议的主要任务是，以习近平新时代中国特色社会主义思想为指导，深入贯彻落实中央和省委经济工作会议精神，回顾总结2023年经济工作，分析当前经济形势，部署2024年经济工作。这里，我强调三点意见。

### 一、深入学习贯彻中央和省委经济工作会议精神，切实把思想行动统一到党中央决策和省委部署上来

在中央经济工作会议上，习近平总书记发表重要讲话，全面总结2023年经济工作，深刻分析当前经济形势，系统部署2024年经济工作，为我们做好经济工作提供根本遵循。

（一）深刻领会今年中国发展取得的重要成就。今年以来，以习近平同志为核心的党中央团结带领全党全国各族人民，顶住外部压力、克服内部困难，着力扩大内需、优化结构、提振信心、防范化解风险，推动中国经济波浪式发展、曲折式前进，总体回升向好。这些重要成就，充分彰显中国经济发展的巨大韧性、潜力和内生动力，进一步增强我们全力战胜前进道路上各种困难和挑战的信心和定力。

（二）深刻领会新时代做好经济工作的规律性认识。中央经济工作会议指出做好经济工作"五个必须"的规律性认识：必须把坚持高质量发展作为新时代的硬道理，必须坚持深化供给侧结构性改革和着力扩大有效需求协同发力，必须坚持依靠改革开放增强发展内生动力，必须坚持高质量发展和高水平安全良性互动，必须把推进中国式现代化作为最大的政治。这些规律性认识，是习近平经济思想的丰富和发展，是做好当前和今后一个时期经济工作必须牢牢把握的基本指针。

（三）深刻领会党中央关于当前形势的科学判断。中国经济回升向好、长期向好的基本趋势没有变，但也面临一些困难和挑战，主要是有效需求不足、部分行业产能过剩、社会预期偏弱、风险隐患仍然较多，国内大循环存在堵点。当今世界变乱交织，国际政治纷争和军事冲突多点爆发，世界经济形势依然低迷。中国发展面临的外部环境仍然是战略机遇和风险挑战并存。这些重要判断，对我们准确认识大局大势，保持清醒坚定，更好识变应变求变，始终把握工作主动权，具有重要指导作用。

（四）深刻领会党中央对明年经济工作的政策取向。中央经济工作会议指出做好明年经济工作要坚持的政策取向是：坚持稳中求进、以进促稳、先立后破，积极的财政政策要适度加力、提质增效，稳健的货币政策要灵活适度、精准有效，强化宏观政策取向一致性，加强经济宣传和舆论引导，唱响中国经济光明论。这些政策取向，既充分体现党中央抓经济工作一以贯之的要求，又高度契合当前形势发展需要。我们要贯通起来理解和把握，确保沿着党中央指引的方向前进。

（五）深刻领会明年经济工作的重点任务。中央经济工作会议强调九个方面重点任务：以科技创新引领现代化产业体系建设，着力扩大国内需求，深化重点领域改革，扩大高水平对外开放，持续有效防范化解重点领域风险，坚持不懈抓好"三农"工作，推动城乡融合、区域协调发展，深入推进生态文明建设和绿色低碳发展，切实保障和改善民生。这些重点任务，是推动高质量发展的重要发力点，我们必须对标对表、紧抓不放，全面推动落地落实。

在省委经济工作会议上，省委书记周祖翼深刻分析当前形势，提出2024年全省经济工作的总体要求、预期目标以及"一稳固、三加快、三提升"重点任务：一要稳固回升向好态势，推动经济运行保持在合理区间；二要加快推进新型工业化和实施新时代民营经济强省战略，以更大力度培育发展新动能；三要加快建设两岸融合发展示范区，构建闽台全域融合新格局；

四要加快美丽福建建设，加强生态环境保护；五要提升区域协调发展水平，促进城乡融合发展；六要提升民生保障水平，持续提高人民生活品质；七要提升安全稳定水平，切实防范重点领域风险。省长赵龙对明年全省经济工作提出六项重点工作：一是稳增长，二是加快建设现代化经济体系，三是统筹区域和城乡协调发展，四是着力保障和改善民生，五是加强生态文明建设，六是全力守底线保安全。

从平潭情况看，这一年来，在各方共同努力奋斗下，经济社会发展取得可喜变化，主要体现在：一是始终坚定“一岛两窗三区”战略定位，政策配套日益完善，新版总规纳入全省“1+2+N”的政策框架体系一体推进；二是主要经济指标整体趋稳向好，经济发展基本摆脱税收奖补驱动、房地产拉动的依赖，地区生产总值、固定资产投资实现扭负为正，逐渐进入合理、健康发展区间；三是文旅市场复苏渐暖，游客、到访外宾和企业日益增多，社会关注度越来越高；四是干部作风更加扎实，干部之间的评价更加客观，使用干部的视野更加开阔，干事创业氛围骨架浓厚。但同时，我们也要清醒看到，平潭仍存在不少困难和挑战，主要是经济体量小、市场韧性不足、财力较为薄弱、人才较为紧缺等。实验区各级各部门必须坚定不移锚定方向，坚持稳中求进、以进促稳、先立后破，推动经济实现质的有效提升和量的合理增长。

## 二、锚定目标任务，推动明年经济工作实现高质量发展

2024 年是中华人民共和国成立 75 周年，也是习近平总书记来岚考察 10 周年，平潭综合实验区设立 15 周年。各级各部门要认真贯彻落实中央和省委经济工作会议的部署要求，着重抓好八个方面重点工作。

（一）持续构建现代化产业体系。这是推动高质量发展的必然要求，要推动各产业、各要素跨界融合，延伸产业链条，不断增强实体经济创新力和竞争力。一是推动航运业、建筑业回归。落实关于促进民营经济发展壮大的若干措施，通过区属国有企业与民营企业合作，促进航运业、建筑业两大传统行业加快回归，落地平潭，注册平潭，真正使平潭人的企业成为平潭的产业。二是壮大海洋经济和文旅经济。平潭海洋、文旅产业基础良好，要着力推动养殖、捕捞、航运、海工等业态转型升级，全力支持海通发展、正力海工等民营企业做大做强；围绕度假型、主题型旅游发展方向，增业态推产品、优环境提服务，促进文旅经济提档升级。三是培育绿色经济和数字经济。加快“零碳岛”规划建设，拓展以海上风电为主导的新能源产业链，打造特色零碳旅游，促进碳交易、用电转换，形成新的产业体系，让绿色既成为平潭的底色、更成为平潭的亮色。培育壮大集成电路产业，推动实施数据跨境流动服务枢纽、智能算力中心、智能网联汽车测试基地等项目，抢占数字智能高地，加快形成新质生产力。

（二）持续扩大消费需求。国际旅游岛建设，既要注重市场秩序改善，又要注重消费场景升级，推动从单纯追求流量向促进人均消费转变，以高质量消费业态扩大新型消费力。一是以“出海”开发全新场景。重点培育邮轮、游艇、游船、帆船、冲浪、潜水等高端业态，推动一批游艇游船泊位、游艇明年“五一”前投入使用。二是以赛事活动做热旅游氛围。举办风筝冲浪、棒垒球、会展会议等高端赛事活动，吸引中高端客群，形成中高端消费。三是以夜游激发消费活力。常态化举办烟花观星观泪演艺夜市活动，丰富夜间消费场景，延长在地时间。四是以规模经营提升服务质量。着力推进旅游业态由单一零散向规范化、规模化、集团化发展，促进旅游市场管理水平和服务质量有效提升。

（三）持续深化改革。坚持大胆改革、小心求证、勇敢实践，以改革为动力促进高质量发展。一是深化体制改革。结合新一轮机构改革，持续优化政府管理结构、部门职能职责，推动治理效能不断走向科学化、规范化和法治化，更好顺应经济社会发展变化。二是深化机制改革。体制侧重于定型，机制侧重于运行，紧密相连、不可分割。要以机制上的改革破解体制上的内在问题。重点是进一步理顺投资促进、重点项目建设和大型活动等统筹协调机制，通过机制调整、流程再造，促进生发新的结构性功能，进一步畅通部门间的沟通协调，不断提高工作效率。三是深化做法改革。城乡一体化改革是从事物规律的认识变化到做法变化的过程，要持续推动城乡道路、供水、污水、公交等一体化水平，逐步实现公共资源服务一体化配置。

（四）持续扩大对外开放。锚定赋予建设“两岸深度融合发展的先行区”战略定位，做深“往来便利”“同等待遇”两篇文章，在两岸人员、货物和生产要素往来便利上实现新突破，在落实台胞台企同等待遇上实现新作为，全力打造两岸共同市场、共同家园。一是

引新人。着力重构两岸往来主通道，推动岚台海上客运直航尽快复航，探索推进闽台游艇自由行，开通平潭—台湾邮轮航线，打造两岸人员往来最便利的地方。着力打造台胞就业创业集聚平台，提供从创业计划书到融资、孵化、开办、上市、退出等全生命周期服务，在职业资格采认、金融服务、访问国际互联网等方面提供最大便利化支持，让更多台胞特别是“首来族”到平潭筑梦圆梦。二是上新货。抢抓共同市场政策优势，着力推动多领域、深层次的交流合作，打造对台经贸合作最开放的区域、台湾商品登陆的最便捷区域。重点是，做大对台跨境电商贸易业态，探索建设海峡两岸服务贸易合作区；加强与台湾基金合作，成立“募全球、投全球”的发展基金；积极借鉴引进台湾现代农业、精致农业经验，发挥海西隔检动植物中心作用，打造台湾种苗引进主通道；推动对台小额贸易创新发展，扩大对台小额商品交易市场免税商品经营范围和应用场景，让平潭成为大陆消费台湾商品最便捷、最集中的区域。三是紧纽带。以妈祖文化、关帝文化、祖籍地文化特别是南岛语族文化为纽带，增进文化认同，促进民心相通。持续办好共同家园论坛、两岸村里长、IM两岸青年影展等涉台交流活动，密切两岸交流交往。

（五）持续抓好“三农”工作。借鉴运用“千万工程”经验，加快城乡一体化改革，全力打造“田园风光、城市生活”。一是促进农业转型升级。着力推动海洋渔业现代化转型，转变近海养殖方式，稳步推进海上养殖综合整治，有计划地清退近海养殖。优化农渔业生产模式，大力培育种业，扩大远洋捕捞，推动海产品、农产品精深加工，延伸产品产业链，打造平潭农渔产品特色品牌。二是推动城乡一体化。加快农村“三块地”改革和海域“三权分置”改革，推动土地、海域等要素集中流转、成片开发，推动农民、渔民向市民转变。创新景村一体化发展模式，推动景村服务、标准、定价、收费、推广等一体化，形成“以景带村、景村互动”的良好局面。三是稳妥实施村庄撤并。农村人口加快向城镇集中、城乡要素加速融合是个大趋势，要学习浙江、江苏等地经验做法，科学合理定位布局，稳妥优化乡村行政区划设置，分类分区实施并村撤村、连片开发，进一步优化农村资源，提高社会管理和服务能力。

（六）持续推进生态文明建设。以正确的战略眼光、价值判断走好绿色经济的发展路子，加快美丽平潭建设，当好生态文明建设的优等生。一是不折不扣完成中央生态环保督察反馈问题整改。各级各部门要作为重大政治任务，严肃认真、动真碰硬抓整改，限期完成整改销号。同时，要举一反三，对环保滞后指标要分类施策，力争明年全部达标。二是加快推进城乡污水处理一体化。污水处理是当前平潭生态保护的重点任务，要以全域治理、全域达标为目标，全面实施城乡污水“一张网”管理，提升城乡污水治理水平。从严管控近海养殖、畜禽养殖，加大综合整治力度，坚决杜绝以牺牲环境为代价，对于不达标的坚决退出。三是加强海岸线保护管理。优质的沙滩岸线是平潭生态资源最鲜明的优势。要以“美丽海湾”建设为抓手，加强海岸线、海域及无居民海岛巡查监管，大力推进海洋生态保护修复与环境治理、沿海防护林体系建设、入海沟渠“除黑消劣”等工作，加大海漂垃圾综合治理，加快南部湾等生态廊道建设，着力打造更多“百里画廊”“最美滨海岸线”。

（七）持续保障和改善民生。坚持以人口为导向，优化公共资源配置，加快补齐民生短板弱项，让发展成果更多惠及人民群众。一是提高城乡居民收入水平。拓宽居民就业渠道，健全与经济增长相适应的居民收入增长机制，合理调节城乡、区域、不同群体间分配关系，激发有潜能的消费，提高居民收入水平。二是优先补齐学位短板。从交通半径看，除离岛外，其他村庄均在老城区“半小时服务圈”内。要按照人口的实际分布，优化布局配置教育资源。当前，最紧缺的是金井新城学位，要集中力量加快建设，确保2025年秋季开学前投用。同时，要拓宽服务半径，消除城市学校和农村学校概念，实现区域统筹、资源覆盖。三是优化医疗资源配置。深化医疗体制改革，发挥平潭协和医院龙头作用，推进平潭协和医院“大专科、小综合”建设，带动提升基层医疗机构网络服务能力。四是提升养老服务社会化水平。既注重补齐养老床位短板，更注重提升社会化服务质量。要着力发展社会化的养老服务，把服务送到老人床边，靠市场服务去贴近老人，着力提升养老服务保障水平。五是深化殡葬改革。深化殡葬服务领域突出问题治理，加快推动公益性公墓、骨灰楼堂建设，倡导移风易俗，推动转变传统丧葬习俗。

（八）持续防范化解风险。统筹高质量发展与高水平安全，密切防范化解重点领域风险，坚决守住不发生系统性风险的底线。一是保化债。正确认识和看待实验区地方债务问题，严格落实化债计划，加强“借、用、管、还”全生命周期管理，既发挥合理举债对促进有效投资的积极作用，又保持发展与债务之间动态平衡。二是保交楼。高度关注房地产领域存在的风险，督促已交付风险楼盘做好业主反映问题整改，对未交付楼盘继续实行一楼一策，督促按计划复工、交付。三是保安全。绷紧安全之弦、夯实安全之策、牢记安全之责，深刻吸取“12·22”渔船倾覆事故教训，从严从紧抓好安全生产各项工作，特别是要加强年终岁首安全检查排查，牢牢守住安全生产红线底线。四是保稳定。紧盯各级两会等关键节点和敏感时期，加强矛盾纠纷排查化解，确保社会大局安定稳定。

### 三、加强党对经济工作的全面领导，着力提振干事创业精气神

目标既定，重在落实，贵在力行。做好明年经济工作，必须坚持和加强党的全面领导，全力以赴推动党工委、管委会各项决策部署落到实处。

（一）坚持党的领导。各级党委（党组）要深化开展主题教育、“深学争优、敢为争先、实干争效”行动和“四下基层”工作制度，传承弘扬“马上就办、真抓实干”优良传统作风，巩固拓展“进村入企话岚图”活动成果，切实提高把方向、用好人、谋大事的能力水平。各级领导干部要坚持做到内心判断正确、价值选择正确、方向把握正确，确保贯彻落实各项工作不打折扣、不走样变形，确保最终效果符合上级决策意图和区党工委工作要求。

（二）改进工作作风。要把项目落下来，聚焦盯固投、抓进度、重前期、保要素，推进项目落地建设。要把政策定出来，紧抓新版总规赋予平潭一系列重大政策机遇，提高创制政策、把握政策的能力，全力列单子、保进度、重研究，推动重大政策、重大项目、重大活动落地，发挥政策最大效益。要把难点突破掉，切实增强快议快决能力，避免问题由小拖大、由大拖难。要把企业服务好，持续推进处级及以上领导干部点对点挂钩机制，通过领导带、部门跟、投促统、干部上的方式，服务好区内重点企业、有潜力企业和纳税大户，营造亲清政商关系。

（三）加强能力建设。当前，经济社会发展依然面临诸多困难挑战，对各级党组织和领导干部的能力素质提出新的更高要求。要做好主题教育整改“后半篇文章”，提前筹备好民主生活会各项准备工作，推动实验区各项工作高质量完成。抢抓发展机遇期和政策窗口期，保持孜孜不倦的学习态度和钻研精神，深钻细研、更新观念、开拓视野，养成面对新问题马上研究、面对新情况加强学习的习惯，进一步提高破解发展难题、解决实际问题的能力，以谋发展、抓发展实绩彰显使命担当。

# 平潭综合实验区管委会工作报告

## ——2024年1月18日在平潭综合实验区人大工作会议暨平潭县第十八届人民代表大会第三次会议上

平潭综合实验区管委会主任　黄建波

各位代表，同志们：

现在，我代表平潭综合实验区管委会，向大会报告工作，请予审议，并请政协委员和列席人员提出意见。

### 一、2023年工作回顾

2023年是全面贯彻党的二十大精神的开局之年，是三年新冠疫情防控转段后经济恢复发展的一年，是实施《平潭综合实验区总体发展规划（2023—2035）》的第一年。一年来，我们深入学习贯彻党的二十大和二十届二中全会精神，坚决贯彻落实习近平总书记重要讲话重要指示批示精神，坚定沿着习近平总书记亲自为平潭擘画的“一岛两窗三区”宏伟蓝图，在省委、省政府和实验区党工委的正确领导下，扎实开展主题教育，深学争优、敢为争先、实干争效，迎难而上、开拓进取、创新有为，取得了沉甸甸的收获。

这一年，中共中央、国务院出台《关于支持福建探索海峡两岸融合发展新路建设两岸融合发展示范区的意见》，国务院批复《平潭综合实验区总体发展规划（2023—2035）》，省委发布加快建设两岸融合发展示范区的22条实施意见，平潭的战略地位、重大使命和重要机遇更加凸显。

这一年，平潭游客接待量突破1000万人次、旅游收入突破100亿元，平潭国际邮轮中心开港并实现首航，风筝冲浪运动员陈静乐夺得平潭历史上首枚亚运金牌，壳丘头遗址群最新考古成果在京发布，文旅经济迈出全新步伐。

这一年，福建最大的引调水工程“一闸三线”全线贯通，城乡供水一体化取得历史性成效，平潭人民从此告别“靠天吃水”的日子，喝上幸福水、放心水。

这一年，全球首台16兆瓦超大容量海上风电机组在平潭安装并网、创单机单日发电量世界纪录，全省首个大型集中式共享储能电站开工并获批国家新型储能试点示范项目，全国首个全链条、全流程、一站式的数据跨境服务平台投入试运行，实验区的发展潜力在一个个大项目中充分彰显。

初步统计，2023年实验区地区生产总值比上年增长3%，固定资产投资增长3.8%，一般公共预算总收入增长6.9%，地方一般公共预算收入增长7.9%，城镇居民人均可支配收入与农村居民人均可支配收入增速均超GDP增速。

一年来的主要工作和成效是：

（一）以落实国家战略为契机，抢抓发展新机遇，创新成果不断涌现，政策红利不断释放。

政策创制加速提质。制定游艇旅游业发展若干措施、推动跨境电子商务优化提升若干措施、海峡两岸仲裁中心建设若干意见等十多个方面的政策措施，台资企业注册业务“全程网办”、台湾居民个税补贴“免申即享”、台湾人才职业晋升机制、全流程台胞医疗服务等措施率先实施，全省首个由台胞担任法定代表人的社会组织“岚台同心社工服务中心”在平潭成立。

自贸试验再谱新篇。推出海上风电“净零碳”模式、知识产权行政司法“三同步”工作机制等17项创新举措，其中全国首创8项。民宿“承诺备案+全程网办”新模式案例入选“中国改革2023年度地方全面深化改革典型案例”。创新远程智能施封系统、进境拼箱货物“拆单”放行等措施，口岸通关便利化水平进一步提高。

投融资模式有力创新。争取到中央预算内投资补助资金3.01亿元，专项债项目资金60.20亿元。区属国企综合运用公司债、点心债、PPN等融资工具，实现自主融资约70亿元。创新央地合作模式，以资产换产业、以政策引投资，中能建、省能化集团等央企及省属国企项目成功落地。

（二）以深化结构调整为主线，狠抓培育新动能，经济运行回升向好，迈入健康发展轨道。

特色产业稳步提升。风电行业产值比上年增长24.2%；建筑业总产值增长14.5%，平潭海峡公铁大桥、福州至平潭铁路站房及相关工程平潭站2个项目获中国建设工程鲁班奖；水运总周转量增长12.2%，船舶总运力突破600万载重吨、占全省运力超1/4，“海通发展”成为首个登陆沪市主板的本土船运公司。

发展势头更加强劲。投资促进和重点项目建设推进两大机制务实高效，签约起帆平潭海缆基地、岚悦酒店等社会投资项目79个、计划总投资339亿元，15个省重点项目超额完成年度计划，政府性投资完成115亿元，比上年增长70%；扎实落实一系列延续、优化、完善的税费政策，出台促进民营经济发展壮大“28条”，全省首推“个转企”改革，全年新登记市场主体2.5万户、比上年增长1.7倍。

科创支撑不断增强。新认定国家高新技术企业12家、省级科技小巨人企业3家、省“瞪羚”企业1家。新立项国家重点研发计划项目1个，列入省级科技计划项目14个。新增发明专利45件、注册商标1073件，分别同比增长31.8%、8.3%，新评定国家、省知识产权优势企业各2家。实施“智汇平潭”全方位引才计划，全年招引人才837名、比上年增长43.39%。

（三）以举办重大活动为牵引，着力开发新业态，文旅市场持续升温，对外交流开创新局。

旅游人气持续集聚。深入打造浪漫岛、欢乐岛、活力岛、舒心岛，不断推出“星球唤想·蓝眼泪”、“岚起山海图”、龙山俚欢乐街、龙王头·蓝眼泪海街、渔人码头等消费新场景，新增酒店住宿床位4500余张，限额以上住宿业、餐饮业营业额分别比上年增长60%、20%。棒球公园、水上卡丁车基地等建成投用，U18女子垒球亚洲杯、亚洲沙滩排球锦标赛、国际汽联F4方程式中国锦标赛、第十届平潭国际风筝冲浪节等62场体育赛事成功举办；《李白》《天鹅湖》等优秀剧目和跨年烟花秀、IM两岸青年影展、蓝眼泪音乐节等152场演艺活动精彩纷呈。

两岸往来日益密切。停航3年多的“海峡号”货运复航，澳前台湾小镇1号免税商城开业。台胞职业资格一体化服务中心跻身国家职业技能等级评价机构，采信服务从平潭走向全国，受益台胞累计超2000人。台湾旅行商业同业公会等重要团组陆续到访，举办第12届共同家园论坛、第七届海峡两岸村里长交流会、第14届闽台中医药学术论坛等涉台交流活动共120余场，参与台胞超3000人次。

对外交流渠道拓宽。蒙古国人民党总书记、太平洋岛国政治家联合考察团、中国—太平洋民间友好论坛嘉宾团等10余批200多名高级别外宾来访，“中国—太平洋岛国海洋防灾减灾合作研讨会”“环太平洋史前文化学术研讨会”等高规格涉外活动接连举办，与太平洋中国友好协会签订建立友好合作关系备忘录，与巴布亚新几内亚马当省马当市、汤加塔布岛签订友好城市关系意向书，国际“朋友圈”不断扩容。

*（四）以城乡融合为目标，打造“田园风光、城市生活”，城乡环境明显改善，功能品质加快提升。*

城乡建设再上新台阶。实施海洋科技文化中心、大练旅游环岛路等城乡建设品质提升项目136个，完成投资42.1亿元，项目数、投资额分别比上年增长27%、33%。北部生态廊道入选全国第一批交通与旅游融合发展典型案例。新建及改建城乡供水管网近100千米、污水管网44千米，改造老旧小区19个。金井新城、高铁中心站商圈的业态明显丰富，商业氛围更加浓厚。

乡村振兴实现新进展。学习运用“千万工程”经验，分批推进60个村庄13个连片规划编制，选定10个村开展整村示范整治，“骑”妙追“泪”之旅入选文化和旅游部全国乡村旅游精品线路，多个村庄获全国“一村一品”示范村、省级“水乡渔村”休闲渔业示范基地、省级美丽渔村等称号。压实耕地保护和粮食安全责任制，完成复垦复耕4500余亩（约300公顷），超额完成粮食播种5.50万亩（约3666.67公顷）、总产量1.90万吨的省定任务。平潭县获评省级农产品质量安全县。

生态保护取得新成效。从严推进中央第三轮生态环保督察问题整改工作，加大无居民海岛保护力度。成立实验区幸福河湖促进会，整治修复君山环岛沿线、大澳湾等海岸线生态功能，清退超规划养殖面积450亩（30公顷），改造传统养殖渔排6.80万口、筏式养殖泡沫浮球1.8万亩（1200公顷），近岸海域国控点位水质优良面积比例94.6%，全年空气质量综合指数1.95，位列全省第一，海坛岛获评全国“和美海岛”。

*（五）以群众需求为导向，持续增进民生福祉，有效提升社会治理能力，增强群众获得感幸福感安全感。*

公共服务扩容提质。改扩建城关第二幼儿园等6所学校，新增公办学位1170个，学前教育公办率、普惠率、义务教育公办率分别提高5.6%、3.7%、1.5%，均超过省定标准，高考本科上线率高出全省8.57个百分点。福建医科大学附属协和医院胸外科等4个专科入驻平潭分院，落地7个两岸名医工作室，区中医院完成改扩建工程并投入使用。健全区级医院和基层医疗卫生机构双向转诊机制，开展联合病房建设，群众就医更加方便。

保障体系逐步健全。举办招聘会51场次，新增城镇就业人口2618人。面向14类老年群体，制定27项基本养老服务项目，开展“社区+物业+养老”服务项目试点，关心关爱离退休干部。城乡居民基础养老金标准、低保标准保持全省前列，残疾人“两项补贴”、优抚对象抚恤和生活补助待遇逐年提升。

社会大局安定稳定。设立31个村级联合党委、实现村居全覆盖，网格化服务不断完善，上楼村获评全国乡村治理示范村，红山社区荣获全国文明实践巾帼志愿阳光站。常态化扫黑除恶斗争取得重大战果，成功打掉1个涉医美、娱乐等跨行业黑社会性质犯罪组织，全区刑事发案数比上年下降10%，创近12年新低。中央信访联席办交办三批312件“治重化积”事项化解率99%。完成“保交楼”项目13个，交付住宅8000余套。深入抓好安全生产专项整治、食品药品安全监管，有效应对“杜苏芮”“海葵”等超强台风不利影响。

此外，妇女、儿童、老龄、工会、共青团事业持续进步，区关工委获评第八次全国维护妇女儿童权益先进集体；社会福利、残疾人、慈善、人防等取得新进展，民族团结、宗教和顺，拥军优属工作巩固提升，退役军人服务保障持续加强。

*（六）以主题教育为抓手，凝心铸魂真抓实干，干部精神面貌焕然一新，干事创业本领不断提高。*

政治忠诚更加坚定，扎实开展学习贯彻习近平新时代中国特色社会主义思想主题教育，以学铸魂、以学增智、以学正风、以学促干，坚定拥护“两个确立”、坚决做到“两个维护”。作风建设更加过硬，深化运用“四下基层”制度，通过“进村入企话岚图”活动，全区县处级以上领导干部遍访220个村居和1510家重点企业，面对面听民意，实打实解难题；开展“12345”热线“领导接线”活动，推动领导干部直插一线解决问题；智慧图书馆、校园“明厨亮灶”等41件省、区为民办实事项目全面完成；在全区党员干部中广泛开展向林锋同志学习活动，干事创业精气神不断提振。依法行政更加深入，在全省率先完成党政机关法律顾问全覆盖，完成实验区历年行政规范性文件全面清理和集中发布工作，定期向人大报告工作、向政协通报情况，办理人大代表建议77件、政协委员提案138件，办结率100%。廉洁底线更加牢固，驰而不息纠治“四风”，自觉接受各类监督，做好常态化“经济体检”工作，围绕社保基金、住房保障、义务教育等7个领域开展重点民生资金专项整治，确保财政资金使用精准高效。

各位代表，同志们！回望2023年，我们经历风雨，看到风景，平潭发展取得新的成绩。这个成绩的取得，根本在于习近平新时代中国特色社会主义思想的科学指引，是省委、省政府和实验区党工委正确领导的结果，是人大代表、政协委员和社会各界有效监督、大力支持的结果，是全区上下干部群众艰苦努力、砥砺奋进的结果。在此，我代表实验区管委会，向全区广大人民群众，向人大代表、政协委员、各民主党派、工商联和无党派人士、各人民团体和社会各界人士，向中央和省驻岚单位、驻岚部队、武警官兵、公安干警和消防救援队伍，向所有关心支持平潭发展的台港澳同胞、海外乡亲，表示衷心的感谢和崇高敬意！

一年来的实践，我们更加深切地体会到：必须始终坚定拥护“两个确立”、坚决做到“两个维护”，“一岛两窗三区”宏伟蓝图是我们笃定前行的正确方向和坚定目标。必须始终坚持稳中求进工作总基调，完整、准确、全面贯彻新发展理念，以发展理念转变引领发展模式创新。必须始终坚持解放思想、先行先试，在政策创制、制度创新、机制创设上积极进取。必须始终坚持人民至上、为民造福，同人民群众想在一起、干在一起，汇聚起磅礴合力。必须始终坚持拼搏奋斗、勇争一流，改变“等靠要”惰性，摒弃“一般化”标准，力戒“差不多”思维。必须始终坚持全面从严治党，增强忧患意识、发扬斗争精神，以严和实的态度加强队伍自身建设。

我们清醒地看到，实验区发展仍面临不少困难挑战，主要是：推进新旧动能转换、夯实高质量发展根基任重道远；两岸融合、自贸深改等领域在全国叫得响的品牌还不多；旅游业供给侧结构性改革还需深化；财政收支矛盾比较突出；城乡一体化进程还不够快；基层治理体系和治理能力现代化水平有待进一步提升；少数干部的斗争精神、斗争本领仍需增强。对此，我们将采取有力措施，切实加以解决。

## 二、2024年工作安排

2024年是中华人民共和国成立75周年，是实施“十四五”规划的关键一年，是习近平总书记亲自为平潭擘画“一岛两窗三区”宏伟蓝图10周年。新的一年，团结就是力量，信心赛过黄金。我们务必保持定力，昂扬斗志，团结奋进，推动实验区各项事业不断开创新局面，努力交上一份优异答卷。

今年工作的总体要求是：以习近平新时代中国特色社会主义思想为指导，全面贯彻落实党的二十大精神以及中央经济工作会议精神，按照省委十一届五次全会和省委经济工作会议的部署，坚持稳中求进工作总基调，完整、准确、全面贯彻新发展理念，围绕推动高质量发展首要任务和构建新发展格局战略任务，紧扣两岸融合发展示范区建设和新总规落地实施，加快构建全方位对台开放格局，建设高标准的国际旅游岛，统筹推进城乡一体化发展，统筹高质量发展和高水平安全，巩固和增强经济运行回升向好态势，持续推动经济实现质的有效提升和量的合理增长，厚植绿色底色，增进民生福祉，保持社会稳定，加快推动建设两岸同胞幸福宜居的共同家园。

今年经济社会发展的主要预期目标是：地区生产总值比上年增长3.5%；固定资产投资增长5%；一般公共预算总收入、地方一般公共预算收入增幅保持在合理区间；社会消费品零售总额增长5%；居民人均可支配收入与经济增长协调同步。

实现上述目标，必须扎实抓好六个方面工作。

*（一）丰富优质旅游供给，持续提升平潭国际旅游岛的辨识度、美誉度。*顺应旅游形态从观光型向体验型转变的趋势，推动更具辨识度的新业态新场景不断涌现，市场秩序更加规范，游客总量合理把控，以规模化经营促消费升级，力争实现旅游人均消费1100元以上，旅游业增加值占GDP比重10%。

做优休闲度假主题游。做足“海”的文章，发展游艇、帆船、帆板、海钓等水上运动和休闲业态，建设潜水体验项目，打造五星村风筝冲浪、大福湾帆船游艇等特色海滩。加快澳前渔港游艇基地、竹屿湾游艇基地和游船码头建设，开通东南沿海境内邮轮航线，培育东北亚、东南亚国际邮轮航线。争取开通对台邮轮航线，探索闽台游艇自由行。创新推出烟花季、灯光秀、环湖夜游、实景演艺等旅游产品。推动南部湾创建国家级旅游度假区。优化旅游产品组合策略，团队旅游、定制旅游和自驾游兼顾，推出18小时、24小时、36小时、48小时游产品，以及浪漫游、发呆游、亲子游等主题游线路。

激发体旅融合新热潮。完善体育场馆设施，加快建设国际赛车场、海峡两岸青少年体育交流中心、棒垒球基地等高水平场馆。积极承办2024年世界沙滩排球职业巡回赛、风翼冲浪世界杯、U18女子垒球世界杯小组赛、ChinaGT中国超级跑车锦标赛等重大赛事30场以上，营造赛事活力岛氛围。系统推广普及赛车、棒垒球、风筝冲浪，成立相关俱乐部，培育赛事运营本土团队，推动向上下游延伸产业链。

抢占文旅发展制高点。推动中国水下考古展览馆、壳丘头博物馆开馆运营，推进挂牌成立水下考古东海基地，积极创建国家考古遗址公园。开展全国第四次不可移动文物普查工作，推动词明戏、藤牌操申报国家级非物质文化遗产项目。推进驻岛音乐人计划，常态化开展街头艺人展演，策划举办海岛生活季、音乐节、两岸流行音乐会、大型演唱会等，厚植城市音乐涵养。新建竹屿湾影视基地电影级VP/XR虚拟棚，启动龙山俚欢乐小镇二期改造工程。强化IM两岸青年影展成果孵化，形成更多平潭投资制作的影片。以蓝色海洋文化为基调，融入音乐、艺术、运动、时尚等元素，创造属于新时代平潭的新文化。

坚持营销服务两手抓。强化社会、行业、网络、机构等渠道的宣传推广，加强与台湾旅行商业同业公会合作，重启台北、高雄旅游推广站，举办海峡两岸旅游产品博览会，赴台开展旅游专场推介活动。深化智慧文旅应用场景开发，落实景区舒适度指数、交通拥堵指数发布机制，推行景区景点预约制。优化全岛车辆接驳体系，加快全岛标识标牌规范化、国际化改造提升。加强旅游从业人员培训，倡导热情周到服务、文明诚信经营。加强网约房治安管理，开发一批高端民宿集群、露营地，推动风帆度假酒店、全季酒店、国惠精品酒店等投入运营，全年新增住宿房间5300间、床位7300张。

*（二）构建全方位对台开放格局，持续在探索两岸融合发展新路上走前头、作表率。*积极探索两岸融合发展示范区建设，定期发布台胞台企有感的政策举措，不断推动各项工作取得新进展，形成更多深化两岸经济融合、社会融合、情感融合的“平潭经验”。

建设两岸共同市场先行区域。扩大采信台湾认证机构有关认证结果范围，推动更多台湾商品进入祖国大陆市场。加强两岸行业标准共通人才队伍建设，开展更多标准共通试点。提升对台航线运力运能，试点跨境电商分布式仓储模式，设立全球商品中心仓，做大新零售、“保税+”等供应链创新业态。增加对台小额商品交易市场免税商品种类，支持叠加多种贸易监管方式，充实旅游购物场景。打造对台金融合作特色功能区，为优质台资企业在海峡股权交易中心挂牌上市设立绿色通道，培育区内台资企业加入省、区年度重点上市后备名单。打造两岸农渔产品贸易重要通道，申报创建国家级台湾农民创业园，争取台湾流动渔船渔民试点和自捕水产品定点上岸免税政策。

建设台胞宜居宜业首选地。推动对台海上客运直航尽快复航。拓展台湾居民居住证核验应用场景，加快“台胞e政务”平台建设，推广“台职通”App。多渠道满足台胞移动支付需求。研究台胞台企访问国际互联网便利化措施和相关监管措施，探索在台胞集聚的社区、园区等特定区域率先开展试点。鼓励在商业设施、公共场所等融入台湾元素，营造台胞熟悉亲切的生活环境。完成新一轮两岸职业资格标准比对，扩大直接采认台湾地区职业资格标准范围，举办专家论坛，持续提高台胞职业资格一体化服务在全国的覆盖面。实施两岸英才行动计划，建设“两岸人才港”，全力打造两岸人才聚集地和台青创业孵化基地。

打造基层治理融合样板。出台台胞参与实验区医疗、养老、教育等公共服务相关措施，分批推出可由台资企业或台湾团体参与管理的场所清单。制定社区营造行业规范和台湾社区营造师职业标准、两岸融合试点村居创星评级标准。持续推动平潭村居和台湾村里“结对子”，围绕乡建乡创、产业发展、基层治理等方面增进交流合作。继续推行台胞在人大、政协任职，扩大台胞参政议政队伍。推动更多台湾重要民间团体、社会组织依法依规在平潭设立代表机构。做强海峡两岸仲裁中心，加快律师、公证、仲裁、司法鉴定等公共法律服务能力提升。

增进两岸同胞心灵契合。加强闽台文化溯源研究，深入实施“南岛语族起源与扩散研究”项目，吸引台湾专业机构和人员参与考古项目。建成投用两岸数字档案文献馆，全面展现两岸融合发展历程。举办研学夏令营，建设两岸青少年研学基地，促进教育、文化、旅游等深度合作。持续提高共同家园论坛、海峡两岸村里长交流会、两岸职工自行车赛等涉台品牌活动的含金量，以活动凝聚人心。加强两岸宗教信仰、民俗文化、姓氏宗亲、乡亲姻亲等交流交往，深化两岸同胞情感融合。

（三）推进高水平制度型开放，持续为高质量发展拓空间、添动力。加强顶层设计，推动与国际通行规则、规制、管理、标准等相衔接的制度体系和监管模式加快构建，高水平的贸易与投资便利化政策体系逐渐成型，外资外贸企稳向好。

推进贸易投资自由便利。加快推进“一线”放开、“二线”管住海关监管办法落地，开展适用综保区政策、出入境检验检疫、货物通关便利化等领域政策创新。完善“一线”不予免（保）税清单、“二线”不予退税货物清单优化调整方案，推动新一轮配套税收优惠政策尽快获批。发展“互联网+服务业”，在网络游戏、影视动漫、集成电路设计外包、互联网医疗等领域支持企业创新数字服务内容及模式，创建海峡两岸服务贸易合作区。便利商务人员临时入境，优化出入境服务管理。深入实施QFLP试点，稳定和扩大利用外资规模。

深化重点领域改革。落实金融体制改革，创新“文旅闪贷”“诚信闪贷”等金融产品，推广“见贷即保”“批量担保”等融资担保模式，引导金融机构加大对科技创新、绿色转型、普惠小微、数字经济等方面的支持力度。实施新一轮国企改革深化提升行动，围绕提高企业核心竞争力和增强核心功能，加快战略性重组和专业化整合，优化国有资本布局，提升投融资能力，增强造血功能。优化基层管理体制机制，深化差异化、精准化赋权探索，强化区直派驻机构管理，推动派驻机构纳入片区统一组织协调，推动更多资源、权限下沉。

激发民营企业活力。建立向民间资本推介的重大项目、产业项目、特许经营项目三张清单，拓宽民营经济市场空间。持续加大对建筑业、航运业等传统产业扶持力度，推动转型升级、做大做强。筹建国家技术转移海峡中心平潭分中心，加大民营企业原始创新保护力度，完善科技创新孵化体系，推动新评科技型中小企业、高新技术企业等数量不断增长。优化营商环境，扩大免申即享政策范围，规范涉企收费，持续清理拖欠企业账款。设立“平潭企业家日”，完善“企话岚图”等机制，着力解决好企业融资、用地、用工、用能等急难愁盼问题，让企业投资放心、创业安心、发展顺心。

提升国际合作平台。联合自然资源部海岛研究中心筹办中国　岛屿国家海洋合作论坛等高规格国际会议，吸引太平洋国家专家学者、青年学生来岚开展南岛语族文化论坛、研学等活动，争取缔结更多的国际友城。推进与太平洋国家、友城意向城市在基础设施、海洋渔业、海岛旅游、南岛语族文化、防灾减灾等领域开展交流合作，推动区内企业“走出去”投资。深入实施引侨资汇侨智聚侨力工程，增强侨商侨胞凝聚力。

（四）培育发展新质生产力，持续在构建现代化产业体系上再聚焦、再突破。立足资源禀赋，紧盯特色产业链招商，推动数字经济、绿色经济、海洋经济、生物医药等领域一批标志性项目落地，产业投资比重明显提高，新型工业化稳步推进，经济增长新动能不断增强。

深入推动数实融合。聚焦数字技术应用、数字文旅、数字贸易、数字民生、数字政府等5个核心方向，推进37个、总投资额64.93亿元的数字经济项目，重点建设1000P算力以上的智算中心并投入运营，推动旅游商贸、航运物流等传统产业数字化转型。开展“信号升格”专项行动，加强重点场景网络覆盖。推动平潭数据跨境流动服务枢纽平台取得实效，开通国际互联网数据专用通道。加快智能网联汽车试点城市与先导区创建。培育壮大集成电路产业，谋划新兴产业园集成电路封装测试厂及配套集成电路保税专用仓建设。

大力发展绿色经济。编制平潭“零碳岛”顶层规划及相关实施细则，加快海洋碳汇市场化交易探索与实践，率先推动旅游产业零碳化发展，先行推出一批零碳旅游路线、旅游景点、旅游示范村。加快共享储能电站、起帆平潭海缆基地等项目建设，加速布局海上风电运维业态，打造源网荷储一体化零碳示范区。培育节能环保产业，稳步推动“无废城市”建设，探索两岸绿色能源合作、技术交流。积极推广应用新能源汽车，加快充换电桩、港口岸电等基础设施建设。

培育壮大海洋经济。持续打造水乡渔村示范基地，大力发展休闲垂钓、旅游观光、渔市体验等渔旅结合新业态。着力推动海洋渔业走向深远海，加快“岚岛一号”智能化深海装备、深海养殖等一批海洋牧场项目建设。做大做强海洋工程装备业态，加强与船舶制造维修、海上风电装备、深远海养殖等深度融合，推动海洋工程装备产业向高端化、智能化、绿色化发展。推动航运运力结构优化调整，建立更加开放的国际船舶登记制度，完善鼓励并支持社会资本发起设立国际航运产业基金，吸引中资“方便旗”船舶回国登记。

开辟生物医药赛道。促进平潭海峡医药健康产业园与海西隔检中心园区联动发展，打造动植物良种引育重要口岸。探索低风险植物源性中药材经平潭口岸进口试点，在区内加工成产品后销往内地，打造两岸中药材交易平台。引进各类生物制药、基因制药等企业的研发中心及第三方研发机构，加快形成生物医药产业链。

不断扩大有效投资。深化稳增长重要项目集中攻坚行动，实施区重点项目400个，年计划投资195亿元，加快新兴产业园基础设施、海峡梦之城（一期）、鹅头湾滨海国际旅游度假区等重大项目建设，实现开、竣工项目200个以上。创新“飞地经济”模式，推动政策辐射和园区共建，促进福州新区与实验区产业协同发展。聚焦文旅、数字、海洋、绿色四大领域加大招商力度，力争新引进亿元以上项目30个、10亿元以上项目15个，开工率60%以上。

（五）紧紧围绕共同富裕，持续在城乡一体化上加快步伐、提高实效。统筹新型城镇化和乡村全面振兴，把全岛作为一个整体来统一规划、建设和管理，推动常住人口城镇化率提高至62%以上，人口市民化水平明显提升，城乡发展差距和居民生活水平差距进一步缩小。

建设宜居韧性智慧城市。坚持规划先行，开展《平潭综合实验区国土空间总体规划》修编。继续实施城乡建设品质提升行动，加快全岛智慧交通网规划布局，推进城乡污水处理巩固提升工程、陆岛交通码头建设，持续提升城乡基础设施一体化水平。持续推进繁荣金井新城。运用数字技术提升城市运行、海洋安全、应急指挥处置等领域管理水平。

促进城乡要素双向流动。稳妥有序推进村级建制调整工作，进一步优化城乡布局。根据国家相关试点成果，探索集体性经营性建设用地入市，加快推进农村“房地一体”宅基地确权登记颁证工作。推进海域“三权分置”改革，实施连片养殖用海“招拍挂”，完善村集体经济合作组织的收入分配、股权交易等机制，推进城乡各类要素高效流转。出台人才返乡入乡激励措施，引导毕业生到乡、能人回乡、农民工返乡、企业家入乡，强化科技特派员选任，推动供需精准对接。

加快乡村产业振兴。加强监测帮扶，巩固拓展脱贫攻坚成果同乡村振兴有效衔接。深入学习运用“千万工程”经验，落实“千村示范引领、万村共富共美”工程。建立利益共享机制，完成龙王头、坛南湾、长江澳、68海里、仙人井等核心景区的景村一体融合工程。鼓励整村开发，借鉴台湾精致农业经验，丰富乡村景观、农事体验等旅游业态，打造大坪村红色旅游等乡村旅游品牌，引导农村劳动力向现代服务业转移。加强良种选育创新攻关，提升农产品精深加工，开展驰名商标、绿色食品、地理标志产品等品牌创建。毫不放松抓好耕地保护和粮食安全工作，持续推进撂荒耕地复垦复种，新建、改造高标准农田面积1万亩（666.67公顷），粮食播种面积5.5万亩（3666.67公顷）、总产量1.90万吨。

加强生态文明建设。全面落实中央生态环保督察通报和反馈问题整改工作，全面排查梳理生态环保领域共性问题，进一步建章立制、保持长效。加强船舶制造等行业挥发性有机物全过程治理，协同控制PM2.5和臭氧污染，确保优良空气天数比例稳定在99.2%以上。严格落实林长制，完成营造林面积0.6万亩（400公顷）。严格落实河湖长制，推进入海排污口整治，实施东南湾区美丽海湾环境整治项目、入海沟渠“除黑消劣”工程，推进小流域沿线村庄生活污水“三水分流”改造，推进国家级水资源节约集约利用示范基地建设。启动建设固废处置及资源化利用中心，加强建筑垃圾管理。加快推进近海养殖清退整改，开展“海漂垃圾超市”试点，加强渔业垃圾源头管控。开展沙滩、水质、植被等生态要素的观监测、评估和修复，推进申报全国美丽海湾优秀案例。

提升社会治理能力。加快建设党建引领下的综治中心、网格化服务管理、矛盾纠纷多元化解“三位一体”机制，推进社会治理重心向基层下移，构建城乡一体化治理新格局。坚持和发展新时代“枫桥经验”“浦江经验”，深入开展信访问题源头治理专项行动，全面推进信访工作法治化。深化文明城市创建工作，推进青年发展型城市建设。

（六）坚持以人民为中心，持续让发展成果更加可感、可及。加大民生投入，推动主岛与离岛公共服务布局更加科学均衡，在学有所教、劳有所得、病有所医、老有所养、住有所居等方面持续取得新进展，社会保持和谐稳定。

顺应上好学的期盼。推动首批三所幼儿园交付国企运营，创建省级示范性幼儿园1所、区级示范性幼儿园2所，实现学前教育普惠率逐年提高。建成投用龙山小学新校区、实验小学滨湖校区和龙南初中，并于秋季开始招生。启动金井学校建设，缓解新区就学压力。扩大普通高中办学规模，推动平潭一中建设省示范性普通高中、福建师大平潭附属中学创建省一级达标高中。推动台资教育机构和企业来岚开办学前教育、职业教育、技能培训机构。

满足就好医的需求。加快推进福建医科大学附属协和医院平潭分院二期项目，依托平潭分院打造台胞医疗服务中心。启动妇幼保健中心、医学检测实验室、两岸国医馆提升工程等项目。总结海坛街道社区卫生服务中心试点经验，加快推进苏平、君山片区整合资源打造区域医疗次中心。开展安宁病房、无陪护病房、家庭病床等试点，满足多样化就医需求。推进离岛卫生院配足配齐常用医疗设备，方便离岛群众在“家门口”就医。

加强住好房的保障。加快保障性租赁住房周边配套设施完善，建立“市场 + 保障”的房地产业发展新模式，促进房地产市场平稳健康发展。千方百计做好“保交楼”工作。完善物业服务监管机制和考评体系，常态化开展物业行业联合执法检查，推动解决物业管理领域群众反映的突出问题。持续推进老旧小区改造，探索社区“嵌入式”服务设施建设，推出一批“小而美”的民生项目。

落实兜得牢的要求。更加突出就业优先导向，充分发挥两岸就业创业村居服务站职能，支持发展新就业形态，促进高校毕业生、农民工等重点群体稳定就业。优化社会救助和慈善制度，促进残疾人事业全面发展，做好优待抚恤工作。推动区公益性公墓投入运营，加快推进离岛殡葬改革。完善智慧康养平台建设，提升居家养老专业化服务，打造“15 分钟养老服务圈”。出台提升离退休干部精准化服务水平的若干措施，用心用情做好老干部服务保障和关心下一代工作。

坚守防得住的底线。坚定不移贯彻总体国家安全观，切实维护政治安全。更好发挥群团组织作用，巩固民族团结、促进宗教和谐。抓实新时代国防动员等工作，深化全民国防教育，优化退役军人工作，支持驻岚部队建设。常态化推进扫黑除恶斗争，巩固提升“平安平潭”建设，统筹防范化解房地产、债务、金融等风险，重拳打击整治电信网络诈骗等突出违法犯罪。持续提升食品药品、农产品、特种设备质量安全保障水平。强化乡镇船舶安全管理。健全落实安全生产责任制，守护好人民群众生命财产安全。

## 三、坚持党的全面领导，持之以恒加强自身建设

奋进新征程，责任无比重大，使命无上光荣。我们一定全面加强自身建设，自我加压、接续奋斗，切实做到让党放心、让群众满意。

把政治建设摆在首位。坚持把党的全面领导贯穿管委会工作全过程，持续推动学习贯彻党的创新理论深化内化转化，巩固拓展主题教育成果。深入贯彻习近平总书记对平潭工作系列重要讲话重要指示批示精神，做到不折不扣、雷厉风行、求真务实、敢作善为抓落实，把“两个确立”“两个维护”注入灵魂、融入血脉、化为行动。

切实做到依法行政。推深做实法治政府建设，深入实施“八五”普法，提高运用法治思维、法治方式推动发展的能力。坚持民主科学决策，加大政务公开力度。深化行政执法体制改革，加强重点领域执法，不断提高执法的规范性和透明度。自觉接受人大依法监督、政协民主监督和社会舆论监督，高质高效办理人大建议、政协提案。

提高创造性执行效能。坚持“马上就办、真抓实干”，完善跟踪督办机制、绩效考核机制、协调联动机制，当好执行者、行动派、实干家。巩固完善具有平潭特色的“四下基层”制度，推进“进村入企”工作常态长效。组织好第五次全国经济普查。深化政务服务“一网一门一次”改革，提升政务服务标准化规范化便利化水平。扎实完成省、区为民办实事项目，让群众看到成效、得到实惠、感到满意。

永葆清正廉洁本色。坚决落实全面从严治党政治责任，纵深推进管委会系统党风廉政建设，提高对“一把手”和领导班子监督实效，推动“审巡纪”贯通协同。牢固树立和践行正确政绩观，力戒形式主义、官僚主义，切实为基层松绑减负。把“过紧日子”的要求落到实处，严控一般性支出，兜牢基层“三保”底线，把更多资金用在促进发展、保障和改善民生事业上。

各位代表，同志们！大道如砥、征途如虹。让我们更加紧密地团结在以习近平同志为核心的党中央周围，在省委、省政府和实验区党工委的坚强领导下，团结一心、乘势而上，久久为功推进“一岛两窗三区”建设，为加快谱写中国式现代化的平潭篇章而不懈奋斗！

# 2023年平潭综合实验区出台管理办法选编

## 平潭综合实验区民宿管理办法

### 第一章 总则

**第一条** 为规范民宿经营管理，促进民宿业持续健康发展，根据《中华人民共和国旅游法》《福建省旅游条例》等有关法律、法规规定，结合实验区实际，制定本办法。

**第二条** 本办法所称民宿，是指民宿经营者利用当地民居等相关闲置资源（含集体用房、农林厂房等），为游客提供体验当地自然、文化与生产生活方式的小型住宿设施。

**第三条** 民宿发展依据《平潭综合实验区民宿开发控制规划》实行总量控制，坚持协调统一、安全有序、凸显特色、保护生态的原则，实现经济效益、社会效益和生态效益相统一。

**第四条** 民宿管理遵循政策引导、便利准入、加强监管、行业自律的原则。

### 第二章 基本条件和备案程序

**第五条** 民宿单幢建筑的客房数量不超过14间，建筑层数不超过4层，且建筑面积不超过800平方米。

**第六条** 民宿经营场地应符合国土空间规划、国际旅游岛总体规划等相关规划要求。

禁止在耕地和永久基本农田、生态保护红线、地质灾害隐患红线及禁止开发民宿区域内开发民宿。

**第七条** 民宿消防安全按照《农家乐（民宿）建筑防火导则（试行）》规定的技术标准执行。

利用石头厝建筑开办的民宿，应当符合石头厝民宿消防管控要求。必要时可增设消防疏散通道（室外疏散楼梯、缓降安全绳），不认定为违法建筑。

**第八条** 民宿备案后应安装旅馆业治安管理信息系统，进行住客实名登记。

**第九条** 民宿兼营食品销售和餐饮服务的，应符合《食品安全法》《平潭综合实验区小餐饮、小食杂、食品生产加工小作坊生产经营管理办法》等相关规定。

**第十条** 民宿经营应保持环境卫生整洁，公共用品用具要一客一换一消毒，一次性用品用具要一客一换。服务人员应办理健康证。

**第十一条** 民宿经营应做好污水收集处理工作，污水管网覆盖范围内的要排入污水管网，覆盖范围外的要进行集中收集处理，严禁直接排放污水。生活垃圾应分类处理。

**第十二条** 民宿经营应制定安全管理制度和应急预案。

**第十三条** 民宿开发建设及经营不得对周边居民生活造成影响。

**第十四条** 民宿遇政府征收，征收补偿标准按照民宿建设前原面积、原用途进行评估。

**第十五条** 民宿经营应依法申请商事登记，申请登记的营业执照经营范围为“住宿服务”。

**第十六条** 民宿经营实行备案制度，备案程序遵循便民原则。备案事项包括：

（一）民宿名称、地址；

（二）法定代表人或负责人、经营者的有效身份证件及联系方式；

（三）民宿设计方案（连片开发的应提供编制连片开发设计方案、外立面改造方案、功能布局方案及施工图）；

（四）民宿建筑面积、建筑层数、客房数量信息；

（五）民宿建筑权属（房产证复印件、房屋买卖合同或村居证明）；

（六）营业执照；

（七）诚信经营承诺书（含住宿价格、安全生产、固投纳统承诺等）；

（八）民宿征迁承诺书。

民宿经营者应对其提供的备案事项信息或者材料的真实性负责，不得隐瞒真实情况或者提交虚假材料。

### 第三章 连片开发管理

**第十七条** 连片开发，是指经投资项目备案，由同一投资主体编制连片开发设计方案，在同一区域内投资规模达到5栋及以上且相邻栋间距不超过50米，建筑总面积1000平方米及以上，投资额500万元及以上的民宿开发行为。

**第十八条** 鼓励在符合条件的村落进行连片开发。《平潭综合实验区民宿开发控制规划》已明确为整村开发的，不再对单体民宿开发进行备案。

**第十九条** 鼓励公司化、集团化运营，创新招商模式，积极引入高端开发运营主体，推进民宿发展提档升级。

**第二十条** 引导农村集体经济组织通过注册公司、组建合作社、村民入股等方式自主或与社会资本合作，参与连片开发（包括物业卫生、布草清洗等其他管理服务）。

**第二十一条** 连片开发的民宿，可根据连片开发设计方案，依据国土空间规划，通过全域土地综合整治、城乡建设用地增减挂钩等方式有效盘活利用存量建设用地用于民宿建设，村庄规划中可预留不超过5%的建设用地机动指标，用于发展乡村旅游等必须在村庄建设边界外进行的少量配套设施建设，配套设施产权归村集体所有。

**第二十二条** 支持连片开发民宿探索点状供地、农村土地“三权分置”（所有权、资格权、使用权）模式、集体经营建设用地入市等创新用地政策。

**第二十三条** 支持对已收储的国有闲置房产资源，统一对外招商，引进专业化团队开发民宿，打造民宿产业发展示范点。

**第二十四条** 连片开发的民宿，可根据设计方案，按照业态需要，配备可移动、可拆卸的临时构筑物，面积参照《福建省农村村民住宅建设管理办法》规定执行。

**第二十五条** 对连片开发民宿参与国家、省级各类奖项评选、等级评定、旅游精品线路推介，以及在小微金融贷款等政策申报方面，予以优先支持。

## 第四章 建筑风貌管理

**第二十六条** 民宿建筑风貌应与当地景观环境相协调。除实行连片开发的民宿外，建筑风格应符合《平潭综合实验区农房建筑立面图集》《平潭综合实验区石头厝保护与开发管理暂行办法》要求。

**第二十七条** 民宿修复改造应按照原址、等面积的原则，根据备案的设计方案实施，不得随意变更。不得破坏建筑主体和承重结构，必要时应采取加固措施，确保建筑使用安全。

**第二十八条** 民宿经营者应当委托有资质的第三方机构对建筑垃圾进行清运处理。对未委托的，统一由片区管理局联系第三方机构提供服务，费用由民宿经营者自行承担。

**第二十九条** 申请外立面改造的连片开发民宿，其开发范围应在《石头厝风貌保护村落清单》以外；设计方案、施工图应委托乙级及以上资质的建筑设计单位编制。

## 第五章 价格管理

**第三十条** 实行客房价格诚信经营承诺制。民宿备案必须签订诚信经营承诺书，并上墙公示，向消费者公开。

已备案民宿应在本办法印发之日起30日内完成诚信经营承诺书签订。

**第三十一条** 民宿经营者存在价格违法行为，扰乱正常市场价格秩序，侵犯消费者权益，以及拒绝提供监督检查所需资料或提供虚假资料的，按照《价格法》《价格违法行为行政处罚规定》等法律法规依法处罚。

**第三十二条** 民宿行业协会应推动行业价格自律，倡导民宿经营者履行诚信经营承诺、合理设定客房价格，协助价格主管部门维护市场价格秩序。

## 第六章 监督管理

**第三十三条** 民宿经营过程中出现以下情况且拒不整改的，予以撤销备案资格，并列入企业信用黑名单：

（一）随意改变外立面、新增“两违”；

（二）违反诚信经营承诺书情节严重；

（三）不良行为引发严重负面舆情，造成恶劣社会影响；

（四）其他应受行政处罚的。

**第三十四条** 被撤销备案资格的民宿，民宿经营者自撤销备案之日起两年内再次申请备案的，备案主管部门可以不予受理。

**第三十五条** 未备案而擅自经营旅馆业的，由公安部门按照《旅馆业治安管理办法》依法处置。

**第三十六条** 民宿产权、经营权发生变更的，应自变更之日起30日内向民宿窗口备案。

决定终止营业的，应提前向民宿窗口办理注销手续，应当恢复原貌的恢复原貌，配套的临时构筑物必须无条件拆除。

**第三十七条** 民宿提供的服务信息应客观、真实，广告宣传必须真实、合法，不得欺骗和误导消费者。

民宿经营应公开承诺经营规范和服务标准，在醒目处公布投诉电话，自觉接受监督。

## 第七章 附则

**第三十八条** 本办法由区旅游与文化体育局负责解释。备案细则、开办具体程序、临时构筑物审批细则等，由区行政审批局另行下发。

**第三十九条** 本办法自印发之日起实施，有效期五年。《平潭综合实验区乡村民宿管理办法》（岚综管综〔2021〕3号）同时废止。

# 平潭综合实验区健全重特大疾病医疗保险和救助制度的实施办法

为做好人民群众重特大疾病医疗保障工作，减轻困难群众重特大疾病医疗费用负担，强化基本医保、大病保险、医疗救助三重制度综合保障，将脱贫攻坚期医保扶贫政策融入医疗救助制度，建立健全防范和化解因病致贫返贫长效机制，根据《福建省人民政府办公厅关于健全重特大疾病医疗保险和救助制度的实施意见》（闽政办〔2022〕39号）精神，现就健全重特大疾病医疗保险和救助制度有关工作制定如下实施办法：

## 一、救助对象范围

医疗救助对象是指符合救助条件的困难职工和城乡居民，分为五类：

第一类：特困供养人员、孤儿（含事实无人抚养儿童）；

第二类：县以上地方政府相关部门认定的重点优抚对象、革命“五老”人员、计划生育特殊家庭成员、重度残疾人；

第三类：最低生活保障对象、纳入乡村振兴部门监测的农村易返贫致贫人员、脱贫（享受政策）人员；

第四类：最低生活保障边缘家庭成员；

第五类：不符合上述四类救助对象条件，但因高额医疗费用支出导致家庭基本生活出现严重困难的大病患者（简称因病致贫重病患者）。因病致贫重病患者应同时符合以下条件：

（一）申请前12个月政策范围内医疗费用个人自付达到或超过平潭上年度居民人均可支配收入的；

（二）申请前12个月的家庭总收入扣除家庭成员个人负担的医疗费用后，家庭人均收入低于平潭最低生活保障边缘家庭标准的；

（三）家庭财产符合平潭最低生活保障边缘家庭条件的。

同时符合多重救助身份的人员按待遇就高原则给予救助。第二类医疗救助对象，今后因政策调整应退出医疗救助体系的，从其规定；纳入乡村振兴部门监测的农村易返贫致贫人员、脱贫（享受政策）人员在规定的过渡期内享受相应救助政策，过渡期后重新认定，符合救助条件的继续纳入救助范围。

## 二、救助对象认定

民政部门负责认定特困供养人员、孤儿（含事实无人抚养儿童）、最低生活保障对象、最低生活保障边缘家庭成员、革命“五老”人员，并会同医保等相关部门做好因病致贫重病患者的认定工作；乡村振兴部门负责认定农村易返贫致贫人员、脱贫（享受政策）人员；退役军人事务部门负责认定重点优抚对象；卫生健康部门负责认定计划生育特殊家庭成员；残联负责认定重度残疾人。

各医疗救助对象认定部门建立相应的人员信息库，并负责救助对象信息比对校验、动态维护、及时更新，每月15日前应当将认定核准的救助对象名单、待遇享受及终止时间等信息发送区行政服务中心（医保经办机构），由行政服务中心直接办理，实行医疗救助和基本医疗保险、大病保险同步结算的“一站式”服务。

## 三、救助方式及标准

救助对象依法参加基本医保，按规定享有基本医保、大病保险、医疗救助三重制度保障权益。强化医疗救助、临时救助、慈善救助等综合性保障措施，精准实施分层分类救助。

（一）实行资助参保政策。全面落实城乡居民基本医保参保财政补助政策。2023年度医疗救助资助参保按原政策执行，从2024年度起，对个人缴费确有困难的群众按规定给予分类资助，确保应保尽保，其中：对第一、二类救助对象给予全额资助；对第三类救助对象按照90%比例给予定额资助。对符合条件的新增救助对象应及时认定并资助参保，相关待遇从认定之日次月起执行，以出院结算时间为准；认定前个人当年已参保的，不再资助参保。对享受定额资助的救助对象中因个人原因放弃参保的，应做好参保动员，提高其参保积极性；经相关部门多次动员后仍不按规定缴费参保的，视为放弃当年医疗保险和救助待遇。

（二）实行大病保险倾斜支付政策。发挥大病保险补充保障作用，完善大病保险对救助对象的倾斜支付政策。对特困供养人员、孤儿、最低生活保障对象、返贫致贫人口大病保险起付标准比普通参保人降低50%，报销比例提高5个百分点，取消大病保险封顶线，切实提高大病保险保障能力。

（三）实行医疗救助保障。强化医疗救助托底保障功能，按照“先保险后救助”的原则，对基本医保、大病保险等支付后个人医疗费用负担仍然较重的救助对象按规定实施救助。救助费用主要覆盖救助对象在定点医药机构发生的住院费用、因慢性病需长期服药或患重特大疾病需长期门诊治疗（简称门诊特殊病种治疗）的费用。由医疗救助基金支付的药品、医用耗材、医疗服务项目原则上应符合国家有关基本医保支付范围的规定。除国家另有明确规定外，不得自行制定或采用变通的办法擅自扩大医疗救助费用保障范围。

1. 起付标准。第一、二、三类救助对象不设救助起付标准，第四类救助对象按平潭上年度居民人均可支配收入的10%确定起付标准为3100元，第五类救助对象按平潭上年度居民人均可支配收入的25%确定起付标准为7700元。

2. 救助比例。统一门诊特殊病种和住院救助比例，共用年度救助限额。救助对象在医保定点医药机构发生的住院和门诊特殊病种治疗的政策范围内费用，经基本医保、大病保险后个人自付部分，在年度救助限额内，第一类救助对象按90%比例救助，第二、三类救助对象按70%比例救助，第四类救助对象按60%比例救助，第五类救助对象按50%比例救助。基本医保、大病保险起付标准以下的政策范围内个人自付费用，也按规定纳入救助保障。对未按规定转诊的救助对象，所发生的医疗费用原则上不纳入医疗救助范围。

3. 救助限额。年度救助限额按不低于平潭上年度居民人均可支配收入核定，超过后医疗救助基金不再支付。第一、二、三类救助对象限额为10万元；第四、五类救助对象限额为6万元。

4. 动态调整。起付标准和救助限额原则上每三年调整一次。

（四）实施倾斜救助。对规范转诊且在省域内就医的救助对象，经三重保障制度综合保障后政策范围内个人负担仍然较重、导致基本生活严重困难的人员，每年度根据救助资金结余情况，依申请实行倾斜救助，避免过度保障。具体救助办法和标准如下。

1. 每年度医疗救助资金累计结余超过1000万元的，可启动倾斜救助工作。

2. 救助条件：个人负担的医疗费用超过申请家庭本年度总收入额2倍、家庭医疗费用支出明显困难且家庭拥有的货币财产总额不超过当地12个月城乡低保标准之和。

3. 救助标准：经基本医保、大病保险和门特、住院医疗救助报销后，政策范围内个人自付费用在3万元以内（含3万元），按50%给予救助；自付费用在3万元～5万元（含5万元）的部分，按60%给予救助；治疗的自付费用在5万元以上的部分，按70%给予救助。原则上每人每年救助总额不超过10万元。

4. 救助时限：政策范围内个人自付费用的计算时限为每年的1月1日至当年的12月31日。符合条件的救助对象每人每年申请一次救助，倾斜救助原则上每年启动一次。

## 四、救助保障措施

（一）实行“先诊疗后付费”。对规范转诊且在省域内定点医疗机构住院的第一、二、三类救助对象，实行“先诊疗后付费”，全面免除其住院押金。做好异地安置和异地转诊救助对象登记备案、就医结算，按规定转诊的户籍地参保救助对象，执行户籍地所在统筹区救助标准。

（二）畅通救助获得渠道。第一、二、三、四类救助对象无须申请，实行“一站式”结算，直接获得医疗救助。第五类因病致贫重病患者实行依申请一次性救助制度，区行政服务中心医保部门根据区社会事业局民政处提供的名单实施医疗救助，具体申请和审核审批等程序另行制定。畅通医疗救助申请渠道，增强救助时效性。

（三）加快推进一体化经办。医保部门依托医疗保障信息平台，深化基本医保、大病保险和医疗救助服务融合，实行“一站式”服务、“一窗口”办理，提高结算服务便利性。相关部门应建立救助服务事项清单，优化医疗救助经办管理服务规程，做好救助对象信息共享互认、资助参保、待遇给付等经办服务。

## 五、工作保障

（一）落实救助对象全员参保。各片区、村居、挂钩联系帮扶干部要把组织参保工作做深做细；区税务、医保部门要统筹做好保费征缴工作，适应人员流动和参保需求变化，灵活调整救助对象参保缴费方式，确保及时参保、足额缴纳、人费对应；区民政、乡村振兴、卫生健康、退役军人事务、残联等部门要各司其职，确保困难群众全面参保。

（二）建立健全防范化解因病致贫返贫长效机制。区行政服务中心医保部门全面开展参保人员高额医疗费用支出预警监测，重点监测经基本医保、大病保险等支付后个人年度医疗费用负担仍然较重的低保边缘家庭成员和农村脱贫人口，将预警监测情况信息推送给区民政、乡村振兴等部门。区民政、乡村振兴等部门要及时核实确认，符合医疗救助对象认定条件的反馈至区行政服务中心医保部门纳入医疗救助范围。

（三）建立动态调整的城乡医疗救助筹资机制。全面清理现行各级医疗保障扶贫政策，脱贫攻坚期出台的三重保障制度外的地方保障措施资金，统一并入医疗救助基金。合理确定医疗救助筹资标准，并视医疗救助需要、经济社会发展和财政承受能力等情况动态调整，所需资金按现行财政体制分级承担。

（四）加强基金预算管理。加强基金预算执行监督，全面实施预算绩效管理，提高救助资金使用效率。按照安全有效、经济适宜、救助基本的原则，引导医疗救助对象和定点医疗机构优先选择纳入基本医保支付范围的药品、医用耗材和医疗服务项目，严控不合理费用支出。

（五）支持发展慈善救助。鼓励慈善组织和其他社会组织设立大病救助项目，发挥补充救助作用。推动慈善信息资源共享，规范个人大病求助信息发布，推行阳光救助。建立慈善参与激励机制，定期开展慈善表彰，落实相应税收优惠、费用减免等政策。

（六）鼓励发展医疗互助和商业健康保险。发挥职工医疗互助的互济功能，支持医疗互助有序健康发展。支持商业健康保险发展，鼓励、引导和支持商业保险机构探索实施与基本医保相衔接的普惠型商业医疗保险，保障基本医保政策范围内个人自付较高的费用和政策范围外的费用，补齐多层次医疗保障体系中商业健康保险的短板。

## 六、工作要求

（一）强化组织领导。强化党委领导、政府主导、部门协同、社会参与的医疗救助工作机制。将重特大疾病医疗保险和救助制度落实情况作为加强和改善民生的重要指标，纳入各级政府工作绩效评价。各片区管理局、区直各有关单位要切实加强组织领导，落实主体责任，贯彻政策措施，强化监督检查。建立健全部门协同机制，加强医疗保障、社会救助、医疗卫生制度政策及经办服务统筹协调。实行政策风险评估，建立重大事件应急处置机制，确保政策落地、待遇落实、群众得实惠。

（二）加强部门协同。区医保部门负责统筹推进医疗保险和救助制度改革和管理工作，落实好医疗保障政策。各救助对象认定职能部门做好认定及信息共享。区民政部门负责慈善救助工作。区财政部门按规定做好资金支持。区卫生健康部门强化对医疗机构的行业管理，落实先诊疗后付费、分级诊疗和大病专项救治，开展家庭医生签约服务工作。区税务部门做好基本医保保费征缴相关工作。区银保监部门加强对商业保险机构承办大病保险的行业监管，规范商业健康保险发展。区乡村振兴部门做好农村易返贫致贫人口监测。区工会做好职工医疗互助和罹患大病困难职工帮扶。

（三）加强基层能力建设。加强基层医疗保障经办队伍建设，统筹医疗保障公共服务需求和服务能力配置，做好相应保障。积极引入社会力量参与经办服务，大力推动医疗救助经办服务下沉，重点提升信息化和经办服务水平。建立覆盖省、市、县、乡、村五级医疗保障服务网络。加强医疗救助政策和业务能力培训，努力打造综合素质高、工作作风好、业务能力强的基层经办队伍。

本实施办法自 2023 年 1 月 1 日起执行。之前制定的相关规定与本实施办法不一致的，以本实施办法为准，脱贫攻坚期出台的三重保障制度外的救助政策同时废止。

# 平潭综合实验区游艇租赁管理办法（试行）

**第一条** 为加强游艇租赁管理，维护市场经营秩序，保障人民群众生命财产安全，保障水上交通安全，促进游艇租赁业健康有序发展，根据《中华人民共和国安全生产法》等有关法律法规，结合实验区实际，制定本办法。

**第二条** 在实验区内从事游艇租赁业务活动的，适用本办法。

**第三条** 本办法所称的游艇租赁，是指以游览观光、休闲娱乐、商务等活动为目的，由游艇租赁业务经营人以整船租赁方式向承租人提供游艇和驾驶劳务服务，按照租赁时间计费的一种租赁活动，不包括游艇租赁业务经营人为乘员安排的任何离艇水上活动服务。

游艇租赁业务经营人（以下简称“经营人”）是指在实验区办理商事登记，从事游艇租赁业务活动的企业法人。

经营人负责对租赁游艇和游艇操作人员实行统一管理，对其行为承担法律责任。

经营人应当同时符合《游艇安全管理规定》关于游艇俱乐部的相关要求。

**第四条** 区交通运输主管部门负责具体实施本行政区域内的游艇租赁行业管理工作。

海事管理机构负责实施辖区内游艇水上交通安全和防治游艇污染水域环境的监督管理。

公安、市场监管、旅游文体、综合执法等行政管理部门，按照各自管理职责，做好全区游艇租赁业务的监督管理工作。

行业协会根据行业发展要求，开展服务质量考核、统计分析、信息咨询等工作，充分发挥行业自律作用。

**第五条** 经营人从事游艇租赁业务，应当拥有一定规模的自有（经营人占有51%以上所有权份额）游艇和满足游艇停泊的泊位（含租赁泊位），并持下列材料原件及复印件向区交通运输主管部门进行备案，并对材料真实性、合法性和完整性承担相应的法律责任。

（一）游艇租赁经营范围相适应的《企业法人营业执照》；

（二）海事管理机构备案公布的游艇俱乐部名单；

（三）游艇名册及有效的游艇船舶证书（包括船舶检验证书、船舶国籍证书、所有权证书等法律、法规以及规章规定的证书）和游艇操作人员适任证书；

（四）足额的游艇承运人责任保险、艇上人员意外伤害保险。其中，艇上人员意外伤害保险赔偿限额按照不低于50万元／人，人数按游艇适航证书核定的乘员定额数计算；第三者责任保险的责任限额不低于500万元；

（五）游艇所有人与经营人签署的游艇租赁或委托协议，协议应当明确双方在游艇使用、航行、停泊安全以及游艇的日常维护、保养及安全与防污染管理方面的责任；

（六）经营管理制度、诚信经营服务承诺书投诉受理机制；

（七）与已验收合格的游艇停泊码头经营者签订的靠泊协议；

（八）游艇经营管理人员、安全管理人员任命书（每10艘租赁游艇至少配备1名游艇安全管理人员）、简历、身份证明、劳动合同；

（九）法律、法规、规章规定的其他材料。

经营人新增游艇从事租赁业务的，应当提供上述（四）（五）（六）项规定的材料。

经营人在从事游艇租赁业务期间，应当确保本条所列材料持续合法有效。

**第六条** 经营人在从事游艇租赁业务期间，第五条所列有关证书、文件变更的，应当在变更之日起15个工作日内向原备案机关备案并提交变更后的证书、文件。经营人或其游艇终止租赁业务的，应提前30个工作日向原备案机关书面报告。

**第七条** 区交通运输主管部门收到提交的备案材料后，应当核对提交的备案材料是否齐全，内容是否完整、准确，备案事项是否满足规定要求。对备案材料符合条件的，应当在5个工作日内开具备案回执。

**第八条** 区交通运输主管部门应对辖区内的经营人及租赁游艇的相关信息实施动态管理，及时向社会公布经营人及租赁游艇名录。经营人应在租赁业务经营场所显著位置设立公示牌，对经营人及租赁游艇的相关信息进行公示。

**第九条** 经营人应当遵循依法经营、诚实守信、公平竞争的原则，实行明码标价，不得违反《反不正当竞争法》和《价格法》。

**第十条** 经营人应当与承租人签订游艇租赁合同，明确服务内容、服务标准、双方权利义务等内容，向承租人提供合法票据。经营人未与承租人订立合同的，不得提供游艇租赁服务。承租人租赁的游艇不得转租。

**第十一条** 经营人应当对租赁游艇和游艇操作人员实行统一管理。租赁游艇和游艇操作人员未经经营人统一调派，不得私自提供游艇租赁服务。

**第十二条** 经营人不得以散客收费的方式从事水路旅客运输经营。除应遵守游艇适航证书记载的航行限制外，经营人租赁游艇航行水域距岸最远不得超过20海里，夜航游艇应符合海事主管部门对于夜航的相关安全标准和技术要求，满足夜间航行条件，不具备号灯及其他夜航条件的游艇不得夜航。

**第十三条** 租赁游艇乘客实行实名制管理。经营人应当在开航前完成乘艇人员实名制查验、如实记录乘客身份和乘艇等信息。对乘客身份和乘艇的信息自采集之日起保存期限不得少于一年，涉及视频图像信息的，自采集之日起保存期限不得少于90日。对身份不明或者拒绝身份查验的，不得提供游艇租赁和乘艇服务。

**第十四条** 经营人应确保游艇操作人员安全配员满足海事管理机构要求。

经营人按照海事管理机构要求为租赁游艇配备合格的游艇操作人员，并不免除其为保证游艇安全航行增加相应的游艇操作人员的责任。经营人应本着确保游艇和乘员安全的原则，综合考虑游艇的吨位、技术状况、主推进动力装置功率、航区、航程、航行时间、通航环境和游艇操作人员值班、休息制度等因素，增加相应的游艇操作人员。

游艇操作人员应当按照船员管理等有关法律法规，承担船长职能。租赁游艇配备2名及以上游艇操作人员的，由经营人书面任命其中1名游艇操作人员承担船长职责。

**第十五条** 租赁游艇乘员实行定额管理，乘员定额12人以上的游艇不得从事游艇租赁经营活动。乘员定额包括游艇操作人员及乘客，在游艇适航证书上予以注明（最多不得超过12人）。

**第十六条** 经营人应当按照游艇安全管理办法、防治污染水域环境等有关法律法规规定，承担租赁游艇安全、防治污染等相关具体责任。

**第十七条** 租赁游艇遇险或发生水上交通事故、污染事故，游艇操作人员及乘客、经营人应当立即向海事管理机构和交通运输部门报告。经营人应当立即启动应急预案。

**第十八条** 公安、旅游文体、市场监管等部门应当强化游艇租赁市场的监督管理，加强对经营人的经营行为、服务质量等情况监督检查，及时发现、制止和纠正各类违法违规行为，依法依规给予处理，并向社会公开监督检查和处理结果。区交通运输主管部门应做好统筹协调工作。

**第十九条** 公安、旅游文体、市场监管等部门应当建立健全社会监督机制，公布投诉举报电话、电子邮箱等，及时受理和处理投诉举报信息并反馈处理结果。区交通运输主管部门应做好统筹协调工作。

**第二十条** 原备案机关发现经营人及其从事租赁业务的游艇有下列情况之一的，应当将其从备案名录中删除并向社会公布：

（一）第五条中所提供的材料虚假无效或被注销、撤销等情况的；

（二）暂停或者终止租赁业务的；

（三）不再具备备案条件的；

（四）经营者未按规定进行变更备案或者报送统计信息；

（五）未按照海事部门的有关要求落实安全管理、船舶防污染主体责任，被海事部门取消备案的；

（六）由区交通运输主管部门或综合行政执法机构责令限期整改，逾期整改不通过的；

（七）根据法律法规规定和国家、省、市有关规定，其他不适合从事游艇租赁业务的情形。

**第二十一条** 经营人违反治安管理行为属于公安机关管辖的，由公安机关依法给予治安管理处罚；涉嫌犯罪的，依法追究刑事责任。

**第二十二条** 本办法所使用的租赁游艇包括帆艇，指具备机械推进动力装置的船舶（含具有机械辅助动力的帆艇），不包括普通客船、摩托艇、皮划艇、冲锋舟、无机械动力帆船以及长度小于五米船艇等船舶。

租赁游艇改变用途从事水路运输经营活动的，应当按照国家有关规定，办理船舶检验、登记和船舶营运许可等手续。

**第二十三条** 本办法由区交通建设局负责解释。

**第二十四条** 本办法自印发之日起施行，有效期2年。

# 统计资料

表 34　2023 年平潭综合实验区国民经济主要指标一览表

| 指标 | 单位 | 1—12 月 | 比上年增长（%） |
|---|---|---|---|
| 一、地区生产总值 | 亿元 | 370.19 | 3 |
| 二、工业增加值 | 亿元 | 15.91 | 2.80 |
| #规模以上工业增加值 | 亿元 | — | 1.80 |
| 全社会用电量 | 万千瓦时 | 123968 | 7.50 |
| #工业用电量 | 万千瓦时 | 15661 | -1.90 |
| 三、固定资产投资 | 亿元 | — | 3.80 |
| #项目投资 | 亿元 | — | 39 |
| 四、社会消费品零售总额 | 亿元 | 57.20 | -3.90 |
| 五、全区接待游客数 | 万人次 | 1026.15 | 45.70 |
| 旅游总收入 | 亿元 | 105.84 | 66.70 |
| 六、实际使用外资 | 万美元 | 601 | 27.90 |
| #合同外资额 | 万美元 | 12175 | -79.70 |
| 七、进出口总值 | 亿元 | 170.60 | -19.20 |
| #进口总值 | 亿元 | 80.70 | -9.80 |
| 出口总值 | 亿元 | 89.90 | -26.10 |
| 八、一般公共预算总收入 | 亿元 | 43.09 | 6.90 |
| #地方一般公共预算收入 | 亿元 | 25.41 | 7.90 |
| #税收收入 | 亿元 | 17.55 | 5.30 |
| 一般公共预算支出 | 亿元 | 67.20 | -4.30 |
| 九、金融机构本外币存款余额 | 亿元 | 830.68 | 13.30 |
| #住户存款余额 | 亿元 | 413.43 | 14.30 |
| 金融机构本外币贷款余额 | 亿元 | 927.68 | 11.60 |
| 十、建筑业总产值 | 亿元 | 234.81 | 14.50 |
| 十一、居民消费价格总指数 | % | 100.40 | — |
| 十二、全体居民人均可支配收入 | 元 | 34099 | 5.10 |
| #城镇居民人均可支配收入 | 元 | 50788 | 4 |
| 农村居民人均可支配收入 | 元 | 23787 | 6.80 |
| 全体居民人均消费支出 | 元 | 24802 | 5.70 |
| #城镇居民人均消费支出 | 元 | 33759 | 5.10 |
| 农村居民人均消费支出 | 元 | 19891 | 6.20 |

表 35 2023 年平潭综合实验区分行业固定资产投资情况表

| 行 业 | 比上年增长（%） |
| --- | --- |
| 农、林、牧、渔业 | -21 |
| 采矿业 | 0 |
| 制造业 | -55.60 |
| 电力、热力、燃气及水的生产和供应业 | -37.80 |
| 建筑业 | 0 |
| 批发和零售业 | -41.30 |
| 交通运输、仓储和邮政业 | 50.90 |
| 住宿和餐饮业 | 50.30 |
| 信息传输、软件和信息技术服务业 | 84.60 |
| 金融业 | 0 |
| 房地产业 | -66.70 |
| 租赁和商务服务业 | 0 |
| 科学研究和技术服务业 | 2413.40 |
| 水利、环境和公共设施管理业 | 90.20 |
| 居民服务和其他服务业 | -41.10 |
| 教育 | -80.20 |
| 卫生和社会工作 | 176.40 |
| 文化、体育和娱乐业 | 73 |
| 公共管理和社会组织 | 193.10 |
| 国际组织 | 0 |

表 36 2023 年平潭综合实验区房地产开发和销售主要指标一览表

| 指 标 | 比上年增长（%） |
| --- | --- |
| 投资完成额 | -66.7 |
| 其中：住宅 | -66 |
| 其中：90 平方米及以下 | 16 |
| 房屋施工面积 | -24.10 |
| 其中：住宅 | -30.20 |
| 房屋新开工面积 | -70.60 |
| 其中：住宅 | -61.50 |
| 房屋竣工面积 | -58.20 |
| 其中：住宅 | -62.20 |
| 商品房销售面积 | -28.60 |
| 其中：住宅 | -33.30 |
| 本年实际到位资金 | -54.20 |
| 其中：国内贷款 | -86.70 |
| 个人按揭贷款 | -35.70 |

表 37　2023 年平潭综合实验区金融机构本外币存贷款一览表

| 指　标 | 年末数（亿元） | 比上年末增长（%） |
|---|---|---|
| 金融机构本外币存款余额 | 830.68 | 13.30 |
| 其中：非金融企业存款 | 291.79 | 18.10 |
| 住户存款 | 413.43 | 14.30 |
| 其中：人民币存款余额 | 827.02 | 13.40 |
| 金融机构本外币贷款余额 | 927.68 | 11.60 |
| 其中：人民币贷款余额 | 915.63 | 10.60 |

表 38　2023 年平潭综合实验区旅游经济主要指标一览表

| 指标 | | 单位 | 绝对数 | 比上年增长（%） |
|---|---|---|---|---|
| 旅游总人数 | | 万人次 | 1026.15 | 45.70 |
| 旅游总收入 | | 亿元 | 105.84 | 66.70 |
| 国内旅游人数 | 合计 | 万人次 | 1024.81 | 45.60 |
| | # 省外游客 | 万人次 | 379.35 | 189 |
| | 省内游客 | 万人次 | 645.46 | 12.70 |
| | # 一日游游客 | 万人次 | 551.88 | 28 |
| | 过夜游客 | 万人次 | 472.93 | 73.40 |
| 国内旅游收入 | | 亿元 | 104.80 | 65.40 |
| 入境旅游人数 | | 万人次 | 1.34 | 442.50 |
| # 台湾同胞 | | 万人次 | 0.82 | 838.40 |
| 旅游外汇收入 | | 亿美元 | 0.15 | 672.30 |

表 39　2023 年平潭综合实验区国内游客旅游经济主要指标一览表

| 周期 | 国内旅游人数 | | 国内旅游收入 | |
|---|---|---|---|---|
| | 规模（万人次） | 比上年增长（%） | 规模（亿元） | 比上年增长（%） |
| 一季度 | 169.73 | 16.30 | 13.10 | 25.70 |
| 二季度 | 250.21 | 39.70 | 21.01 | 67.60 |
| 三季度 | 368.35 | 57.30 | 41.97 | 84.40 |
| 四季度 | 236.52 | 63.40 | 28.71 | 62.80 |
| 2023 年 | 1024.81 | 45.60 | 104.80 | 65.40 |

# 媒体报道选录

## 平潭石沪，海中“珠链”

在福建的基岩海岸潮间带上筑起的一道又一道弧形石堤，往往上百米长，仿佛镶嵌于海岸的美丽花边。它们是利用潮差原理进行捕捞的一种定置渔具，叫石沪。

从空中看上去，石沪紧贴于海岸，像散落的珠链，也像精巧秀美的花边。实际上，这些“珠链”是古老的捕鱼工具，往往是上百米长的庞然大物。长久以来，福建一直有用石沪捕鱼的传统，历史上的福建海岸从北到南，遍布数以千计的石沪。从全国视野看，台湾海峡两岸是中国石沪分布最密集的地区，福建石沪群与澎湖、台湾石沪群，共同构成“海峡石沪群落”，形成一个独特的渔业文化圈。

### 石沪最早出现于明代福建

沪是利用潮差原理而设计的陷阱式渔具，全世界都有，史前人类就已经发明出沪。用竹子建造的沪，称竹沪；用木头建造的沪，叫木沪；但它们在海水中坚持不了多久。现今见到的古沪，基本都是石沪。

最简单的石沪，就是建在潮间带的一条石堤，潮来鱼入，潮去鱼留。讲究点儿的，会根据潮间带的地势、风向、潮流等因素，精心设置沪堤、沪门和沪房等构件，产生各种复杂的变体，包括“沪中沪”，令人赞叹。

福建是中国记载石沪最早的地区，明代石沪在此蔚然成风。清代石沪跨越海峡，传播到当时的福建省台湾府诸县。至今，台湾海峡两岸依然是中国石沪最密集的地区，形成独特的“海峡石沪群落”景观。

明代，福建沪业十分兴盛，并出现石沪。石沪有正式与简易之分。很多石沪非常简单，人们利用潮间带的现成岩礁，补筑几处沪堤，留出沪门，就是一个简易的石沪，看上去若有若无。正式的石沪比较完备，属于大型定置网渔具，官府要登记征税，更有数不清的简易石沪，没有纳入官方视野，散布在福建漫长而曲折的海岸线上。

福建明代为什么会出现大量石沪？一是福建沿海的台风比江浙沿海大得多，竹沪常被台风摧毁，更加坚固的石沪应运而生。二是与北方海岸不同，福建多基岩海岸，到处是砾石滩，闽人又善于采石，拥有修筑石沪的现成材料和技术。三是明代实行“海禁”政策，所谓“片板不许下海”，严重影响渔民出海捕捞，他们被迫转向“沪业”，投入大量人力物力修筑石沪。

### 平潭石沪成游客亲水打卡地

平潭是以海坛岛为主体的群岛县，如今改为平潭综合实验区。民国《平潭县志》卷四“山川志”详细列出沪、竹沪、鲎沪、石沪等81处，其中明确记载“石沪”的有15处。平潭石沪有个特点，退潮后沪内还留有海水，需要人用小网捕捞，大潮后才会彻底排干海水，渔获特别多。石沪捕捞的主要是小型渔获，如鳀鱼、丁香鱼、小石斑、螃蟹、章鱼等。偶尔也会困住大鱼，1938年屿头岛田下村的石沪曾捕到248公斤（千克）的石斑鱼。

福建的海岛，都经历过清初的“迁界”，有20年时间变成无人岛。平潭小庠岛的居民都是清朝康熙年间从福清等地迁来的。按砂美村一些人的说法，沪楼这地方原来只有石沪，怕人偷鱼，人们在岸边建了草寮看沪，住的人渐渐多了，草寮变成石厝、楼房，形成聚落，所以叫沪楼村，成为因看沪而兴起的村庄。

来到平潭北部的长江澳，游客很多，海滩上散落

平潭大练岛白礁石沪 （冯木波 摄）

着几处圆形或迷宫形的石沪。石沪被改造为特色景点，成为游客亲水打卡的胜地。

大练岛是一个离岛，如今已经通车，南岸围东村的白礁沪有人维护，沪堤长而整齐，西南端与岩礁相连，岩礁上有座小庙，岩礁与海岸之间的沙滩形成天然的沪门。

石沪是古代海洋渔业的文化遗存，矗立在海陆交汇处，潮汐往复，冬去春来。石沪不是永恒的，如果无人使用和维护，再坚实的沪堤也会被风浪摧毁、倒塌、散乱一地，最终复归于自然。

从全国视野看，台湾海峡两岸是中国石沪分布最密集的地区，福建石沪群与澎湖、台湾石沪群，共同构成“海峡石沪群落”，形成一个独特的渔业文化圈。这种独特的石沪景观，是中国历史悠久的渔业文化——“沪业”传播到闽台地区，适应当地地理、气候、洋流、历史和社会文化等因素，自然演变的结果。如果没有明清时期的长期“海禁”，没有闽台地区强大的宗族社会组织，海峡两岸的石沪不会如此普遍，蔚为大观。石沪是最具福建特色的一种文化遗产，具有丰富的渔业文明内涵和强大的视觉冲击力。“海峡石沪群落”的概念，将闽台石沪的起源与演变视为一个整体现象，更具广度和深度。

（作者：萧春雷，摘选自《中国国家地理》2023年3月、总第749期《海中“珠链”从福建石沪到“海峡石沪群落”》

## 平潭：港兴潮起通天下

2023年10月，平潭港口岸金井港区3号泊位国际邮轮码头启用。这座码头是福州港规划的唯一一个15万吨级邮轮泊位，也是福建在海峡西岸北部区域布局的第二个邮轮码头，能同时满足15万总吨级邮轮和5万吨级货轮靠泊使用的要求，助力平潭打造“海峡邮轮经济圈”重要枢纽。

平潭四面环海，位于太平洋西岸航线南北通衢必经之地，历史上曾是诸多朝代对外通航的重要港口之城。在其延绵408千米的海岸线上，有着283个天然港湾、澳口，可建1万至30万吨级泊位的就有10多处。

因海而生，弄潮而兴。实验区成立后，平潭加快推进港口建设，优化口岸服务水平，口岸综合实力不断攀升。

### 千古岚港逐大潮

考古发现表明，史前时期，与大陆一水之隔的平潭就有先民繁衍生息。远在6000多年前的新石器时代，壳丘头先民就在此临海而居，开启“以海为田、与海共舞”的生活，并形成壳丘头遗址群等。沧海桑田，岁月流转。漫长的时光中，越来越多先民自闽东、闽中、闽南等地迁徙而来，推动岚岛诸多码头港口的形成与发展。

据史料记载，平潭最早的码头位于苏澳钟门下澳底，其对岸便是福清海口和长乐松下。时至宋初，苏澳港开始对外通商，渐成集市，入口以柴米为大宗，出口以鱼盐为大宗。到宋嘉祐年间，由于平潭船舶往来频繁，朝廷便在钟门设巡检司，管理船舶和海防要务，港口码头日渐繁华。这一时期，海上丝绸之路兴盛，福建海外贸易盛况空前，平潭逐渐成为海上丝路的重要途经地，海坛海峡就是这段历史的有利佐证。

海坛海峡位于平潭主岛东北方，水深狭长，自古以来便是船舶避风航行的黄金航段。古时，一艘艘商船满载着中国瓷器、香料、丝绸等，经过海坛海峡开往茫茫大洋。此地成为中国沉船分布最密集、种类最多、年代序列最完整的海域之一，堪称“水下遗址博物馆”。

造型精致的青花缠枝牡丹纹罐、极具异域风情的高足盖杯、色泽明净的龙泉窑青釉盘……海坛海峡确认的沉船遗址有13处，并出水大量珍贵文物，呈现遗存数量多、分布集中、内涵丰富等特点，不仅有沉船遗址，也有水下文物点和锚地遗址，仅“碗礁一号”沉船就出水1.70万余件文物。这些沧海遗珠成为水下考古的重要遗产，也为平潭附近水域航线航路、海洋贸易和海丝文化交流等研究提供重要的实物资料。

清雍正五年（1727年），海禁解除，平潭渡口数量剧增。潭城、苏澳、屿头、大练、流水、娘宫、观音澳等口岸均有渡船往来。改革开放以来，平潭海洋贸易枢纽地位日益突出，港口建设不断加快。2011年11月，国务院批复《平潭综合实验区总体发展规划》，提出平潭岸线资源丰富，拥有良好的港湾和优越的深水岸线，适宜建设大中型港口。这为平潭口岸经济发展勾勒出新蓝图。经过多年建设，平潭港区逐步建成以金井作业区、澳前作业区为主的现代港口经贸区，为平潭重点发展保税加工、保税物流、货运代理、转口贸易及港口物流业，建设对台经贸合作前沿平台等打下坚实基础。

## 开放开发兴岚岛

在金井港区，满载着鞋帽、日用品等货物的万吨级货物滚装船“台北快轮”鸣笛起锚，缓缓驶向台北港。十多年前，这里还是一望无际的盐碱荒滩。2011年，金井港区建设的第一桩打在吉钓湾。吹沙造地、修建道路、高楼崛起……平潭持续推进金井港区基础设施建设，提升港口服务水平和吞吐能力，昔日沉寂的滩涂摇身成为平潭开放开发的前沿。

很快，海风又“吹”来好消息。2015年2月，交通运输部批复同意金井港区3号泊位临时开放，主要发展多用途运输、国际邮轮旅游观光等，开启金井港区为平潭连通世界的历史使命。仅仅一个月后，金井港区开港投用，对台集装箱定点班轮航线旋即开通。2015年4月，中国（福建）自由贸易试验区平潭片区揭牌，福建省将港口业务布局延伸至金井港区。金井港区三面临海，前沿水深15.40米，这里航道深邃、回旋水域畅通，泊位还设有集装箱滚装运输通道、桥吊等，适合大型船舶靠港作业，是不可多得的天然良港。

2019年3月，金井港区通过国家验收对外开放，跻身国家一类口岸行列。至2023年底，金井港区建成并投入使用3个5万吨级多用途货运泊位，配套仓储物流仓库、口岸服务大楼、通关查验设施等，金井港区成为平潭口岸发展的一个缩影。

依托“通江达海”的港口资源优势，平潭以建设自由港为目标，培育跨境电商、服务贸易等新业态，以跨境电商物流园等平台为载体，加快形成保税进口业务“全球一盘货，一仓发全网”布局，实现进出口货物“海海联运”“海空联运”。2023年上半年，平潭口岸跨境电商保税进口出区1520万余票，比上年增长3.8%；出区货值26.80亿元，增长92%。

## 岚台互通如一家

金秋时节，“丰收乐曲”在平潭东澳中心渔港奏响。这里停泊着大大小小的渔船，渔民三五成群地忙活着将一筐筐鲜美的渔获搬运上车。这片渔港水连台湾海峡，毗邻福建省三大渔场之一的牛山渔场，渔货交易兴旺。东澳又名“观音澳”，是以前澳前镇的一座港口，也曾是帆樯林立的对台贸易港口。

平潭与台湾隔海相望，这里是祖国大陆距离台湾本岛最近的地方。位于平潭东南端的观音澳，就承载着一段岚台商贸往来的历史。早在清咸丰年间，观音澳就成为对台通航的主要港口之一，产自福建的茶叶、竹笋、香菇、茶油、桐油等商品常常经由观音澳销往台湾。与之相对的是，大量的台货由此上岸，涌入大陆市场。

改革开放后，东澳港成为全国第一批台轮停泊点，越来越多台湾渔轮在此休整、补给，靠港街道商铺林立。彼时，不少台湾渔民带着手表等货物前来交易，还与当地渔民交换黄花鱼、梭子蟹等水产。1981—2007年，东澳台轮停泊点接待来靠台湾渔船近2万艘次、台胞8.30万人次。

现今的东澳中心渔港沿岸而立，配套建设码头、商业街、美食区等。渔港不远处，岸线长9.20千米的澳前港区拔地而起，设置1个万吨级客货滚装船泊位以及1个待泊泊位，能够承担岚台两岸客货直航业务。2011年11月，澳前高速客滚码头启用，高速客滚轮“海峡号”首航台湾台中。随着平潭对台海运快件运营步入常态，“台车入闽”实现零的突破，两岸“人畅其行、货畅其流”的愿景加速变为实景。

2019年，平潭在全国率先实现与台湾地区北部、中部、南部港口客运货运航线，以及金门、马祖货运航线的全覆盖。近年，平潭凭借区位、政策优势，不断推动两岸经济全面对接、文化深度交流、社会融合发展，越来越多台胞渡海来岚追梦逐梦。

就在距离澳前客滚码头1千米处，一座极具闽南风格的建筑群落引人瞩目。这是对台小额商品交易市场，总建筑面积近16万平方米。在此，消费者可享受每人每日6000元的消费免税额度。今年6月底，经过改造装修后，对台小额商品交易市场1号免税商城焕新亮相，300多家台湾厂商入驻，是祖国大陆单体最大的台湾商品免税购物商城。

## 海丝踏波再扬帆

迈向新时代，向海经济迎来新机遇。平潭坐落于东北亚和东南亚两个经济板块的连接点，地理位置优越。2015年11月发布的《福建省21世纪海上丝绸之路核心区建设方案》，明确提出支持福州、厦门、平潭等港口城市建设海上合作战略支点。沿着丝路航线，平潭打开高质量发展的全球视野。

2023年8月26日，伯利兹籍“Rong Hai189”轮从金井港区驶离，前往新加坡、印度尼西亚等国，开展航运任务。为保障船舶高效通关出境，平潭边检站提前对船舶和船员进行筛查，沟通联检单位，快速为外籍换班船员办理登轮手续，“一站式”完成船体检查和船员查验等手续。

立足区位、政策叠加优势，平潭拓展与东南亚、南亚等地区，以及太平洋岛国的交流与合作。2023年，平潭先后和巴布亚新几内亚马当市、汤加塔布岛签署建立友好城市关系意向书，共同开展经济、旅游、文化等领域的合作。

着眼于以港兴产，平潭近年来不断聚集人流、物流、资金流等，推动腹地产业与临港产业融合，促进特色产业高质量发展，加速融入全球产业链。平潭依托金井港区常态化开展风机设备等海工重大件相关业务，如吊装、转运、维修、保养、出口等，进一步释放码头产能，2020年以来，港区海上设备装卸作业总吞吐量超百万吨。

旅游业也迎来新机遇。2023年6月，台湾海峡两岸旅行发展协会与平潭综合实验区旅游行业协会签订合作协议，启动平潭国际旅游岛“星辰大海、浪漫一夏”畅游活动项目，依托澳前台湾小镇、海上观光游船“海坛1号”等载体，发展购物游、亲水游，加快打造两岸旅游经济带，助推平潭国际旅游岛建设。

波涛浪涌，风起扬帆。下一步，平潭将抢抓国务院批复的新一轮总体发展规划的重大机遇，立足于“加快打造高水平开放的创新实验平台”战略定位，瞄准国内外两个市场，实施更加开放的海关监管模式，持续拓宽海空联运大通道，续写新世纪海上丝绸之路新篇章。

（作者：张哲昊、程枝文、郭雅莹，《福建日报》，2023年11月3日）

## 乘着海峡的风追逐电影梦

夏末初秋的福建平潭岛，有海风，有沙滩，有音乐，更有电影。9月12日—14日，第三届IM两岸青年影展（简称“IM影展”）举办。线下久违的两岸青年影人带着作品相聚平潭，参加展映，聆听大师课，对接创投平台，打开“追风”“追影”“追梦”的IM模式。

### 为两岸青年影人提供交流平台

IM影展是由福建省电影局、福建省广播电视局、福建省广播影视集团、平潭综合实验区管委会主办，以扶持全球高校青年影视创作力量为目标的专业影像节展。IM是“In Moments”的缩写，意为“从这一刻起”。

本届IM影展收到来自全球331所高校的1849部作品，征片数量创下2020年举办以来的三届之最，其中88.6%的主创群体为95后新生代电影人。50部入围作品中，有41部剧情片、9部非剧情片，27部为导演首作。尤其值得一提的是，入围作品中有15部来自宝岛台湾，10余名台湾青年创作者来到影展现场。

来自台湾的85后陈秋甫是第二次有作品参加IM影展。由她担任制片人的《带妈妈出去玩》在第一届影展时拿下最佳影片。这一次，她担任导演编剧的《阿月与阿英》再次入围主竞赛单元。

陈秋甫本科在台湾大学读药学专业，从30岁开始转行学习影视制作，《阿月与阿英》是她再次回到校园，在台湾艺术大学念书后拍摄的第一个剧情短片。与《带妈妈出去玩》一样，《阿月与阿英》的故事主人公是老人，取材自陈秋甫的母亲与外婆，呈现的是当下高龄化社会“老老相顾”的常态。

刚毕业于台湾世新大学的90后导演陈培凯此次带来作品《大年初二》，灵感来源于外公过世后的第一个大年初二，20年不曾变过的行程和传统，因每个人心境的变化而悄然改变。短片对现代社会人与人之间的细腻情感与世俗生活的日常样貌进行描摹。

“IM影展走到第三届，无论是题材还是地区，涉猎的范围越来越广，很难整体去做一个评价，但这也正是令人高兴的一点，因为它呈现当下年轻创作者色彩缤纷的创作状态。”本届 IM 影展主竞赛单元评委会主席、导演王小帅表示。

## 助力更多青年影人成长

为青年创作者成长保驾护航，持续致力于让更多人被“看见”，是 IM 影展一直以来的坚持。

据 IM 影展组委会统计，前两届入围 IM 影展的 100 名青年导演，在之后又入围或获得 487 个国内外电影节展的奖项。例如第二届 IM 影展获奖作品《三只蚂蚁》，获得 2022 年金鸡百花电影节十佳短片奖；凭《未竟人生》获得第二届 IM 影展的麒麟新锐非剧情短片后，导演陈昱璁又在第 47 届学生奥斯卡纪录片单元获得金奖。

本届 IM 影展同样在资金、经验、资源等方面为青年创作者“铺路架桥”：影展扶持资金合计约 280 万元人民币，主竞赛单元“麒麟最佳影片”奖金为 30 万元人民币，依然是全球短片类影展中的“顶配”；影展还举办大师班、公开课、映后谈、影视产业论坛等 20 多项子活动，王小帅、马可·穆勒、谢飞、李睿珺、耿军、阿美、陈玲珍等国内外资深影视前辈，与青年影人面对面交流，答疑解惑。

在电影大师班上，被誉为“将中国电影推向世界的第一人”的国际策展人、影评人、制片人马可·穆勒打开青年影像创作的多维世界。在他看来，学电影最重要的是多看电影，通过另外一个人的眼睛去看世界。

在影视产业论坛上，知名导演、电影教育家谢飞与青年创作者分享自己对人才培养的思考：“未来电影将与技术深度融合，广播、电影、电视、网络也会打破界限，电影产业需要培养适应多元需求的融媒体人才。青年人应该在实践中寻找自己的位置。”

为了让青年创作者与产业实现对接，本届影展的“生生不息”成长计划首次增加提案大会版块。入围的 11 个“进行中”项目在接受多名业界导师指导后，直接面对来自华夏影视、华策影视、横店影视、阿里影业、抖音等电影制作发行机构组成的决策人团队，多家机构为心仪项目设立扶持奖项。

来自中国传媒大学的姜柏廷带着《小径分岔的花园》斩获该计划优选提案奖项，《小径分岔的花园》是他获得上一届影展“麒麟优秀短片”奖短片延伸出来的长片项目。“从短片到长片，IM 影展见证着我们的成长。”姜柏廷说，“这个奖项将给自己的长片计划带来很大的支持，期待未来能带着长片在平潭与大家相见。”

## 共同推动两岸影视产业发展与融合

从首届 IM 影展落地平潭开始，“IM”便成为平潭新的标签，它代表着年轻、先锋、活力。从首届的“每一朵浪花都去向岛屿”，到第二届的“向着海风，野蛮生长”，再到第三届的“风大又怎样”，IM 影展赋予平潭新的精神气质。

作为祖国大陆离台湾最近的地方，平潭也正成为两岸青年电影人的光影“梦工厂”。近年来，平潭先后出台多项具有对台特色并突出扶持两岸高校学生、青年影视人才的影视政策；先后投资 8.3 亿元，建成台湾风情影视基地，为两岸青年影视人才提供摄影棚免费、基地住宿优惠等系列措施。

“受平潭影视产业政策以及自然人文资源的吸引，我正在筹拍平潭首部纪录片《岚岛秘境》。前期在相关部门的协调帮助下，项目审批时效缩短一个多月，不久前拿到拍摄许可证，推动了拍摄计划提速。”来自平潭真像文化传媒有限公司的青年导演柳涛说。

据了解，以第三届 IM 影展为契机，平潭还在进一步谋划建立两岸青年影视人才库。国内已有 13 所高校在此设立“学生创作基地”，探索高校影视教育与平潭影视产业合作发展新路径。

“平潭 IM 的氛围很好，我们在这里可以与同行面对面交流，碰撞出不一样的火花。”收获本届影展“麒麟优秀短片”奖项的台湾艺术大学青年导演张庄敬说。他期待两岸青年影人今后能加强交流合作，共同推动两岸影视产业发展与融合。

“通过 IM，通过平潭，两岸乃至全球的青年影人可以互相交流、取长补短，又可以寻觅合作机遇。”王小帅说，“大家走动起来，未来华语电影才能更上一层楼。”

（作者：郑娜，《人民日报》，2023 年 10 月 25 日第 7 版）

## 说 明

一、本索引采用主题词分析法，按主题词首字汉语拼音字母顺序排列。

二、类目、分目标题用黑体字。“特载”“大事记”“人物 荣誉”“附录”内容不作索引。

三、索引主题词后的数字表示页码，数字后的 a、b、c 表示栏别左中右。

四、空一字起排的款目为上一主题的“附见”。

### A



### B



### C

## D

## E



## F

## G

## H

## J

## K

## L

## M

## N



## P

## Q

## R



## S

## T

## U



## W

## X

## Y

## Z